이해와 설교를 위한
요한복음

이해와 설교를 위한

요한복음

조석민 지음

초판 1쇄 인쇄	2019년 4월 22일
초판 1쇄 발행	2019년 5월 1일
발행처	도서출판 이레서원
발행인	문영이
출판신고	2005년 9월 13일 제2015-000099호
편집장	이혜성
편집	송혜숙, 오수현
영업	김정태
총무	곽현자

경기도 고양시 일산동구 중앙로 1160 오원플라자 801호
Tel. 02)402-3238, 406-3273 / Fax. 02)401-3387
E-mail: jireh@changjisa.com
Website: jireh.kr / Facebook: facebook.com/jirehpub

책값은 표지에 있습니다.

ISBN 978-89-7435-514-2 93230

신저작권법에 의해 한국 내에서 보호받는 저작물이므로 저작권자의 서면 허락 없이 이 책의 어떠한 부분이라도 전자적인 혹은 기계적인 형태나 방법을 포함해서 그 어떤 형태로든 무단 전재하거나 무단 복제하는 것을 금합니다.

이 도서의 국립중앙도서관 출판예정도서목록(CIP)은 서지정보유통지원시스템 홈페이지(http://seoji.nl.go.kr)와 국가자료공동목록시스템(http://www.nl.go.kr/kolisnet)에서 이용하실 수 있습니다. (CIP 제어번호: 2019010976)

| 이해와 설교를 위한 |

요한복음

● 조석민

이레서원

추천사

이 주석은 요한복음 본문의 의미를 이해하도록 도우려는 목적에 충실하다. 저자 나름의 관점과 주장이 뚜렷하지만, 그 역시 본문을 이해하고자 하는 열심의 맥락 속에 녹아 있다. '설교자를 위한 적용'은 본문 이해 자체가 말씀에 기초한 순종이라는 더 넓은 그림의 일부임을 알려 준다. 이 주석은 숙련된 요한복음 전문가가 스스로 말씀을 이해하고 이를 살아 내려고 애써 온 긴 여정의 결과물이다.

권연경 숭실대학교 기독교학과 교수

한국 학자가 번역의 과정 없이 독자들과 직접 소통할 수 있는 양질의 주석이 절실하던 차에 조석민 교수가 요한복음 주석을 펴냈다. 요한복음에 대한 저자의 열정과 분석과 적용이 빛을 발하는 탁월한 주석이다. 요한복음을 연구하는 설교자들과 신학생들이 꼭 읽어야 할 필독서로 추천하는 바이다.

권해생 국제신학대학원대학교 신약학 교수

탁월한 성경 주석 능력이 돋보이는 저술이다. 이 책에서는 균형 잡힌 시각으로 요한복음의 숲과 나무를 볼 수 있도록, 그동안의 학문적인 성과를 바탕으로 한 귀한 통찰들을 풀어 놓는다. 또한 정교하고 간결한 본문 해석은 요한복음을 연구하려는 학생들과 설교자들에게 큰 도움이 될 것이다.

김문현 KC대학교 신약학 교수

이 책은 장인의 손으로 빚어낸 명품 주석서이다. 저자는 정련된 언어, 숙성된 신학, 군더더기 없는 문체로 권위 있는 주해를 제공한다. 그리고 '설교자를 위한 적용'에서는 우주에서 날아오는 운석 같은 통찰들을 농축된 목회적 언어로 제공해 준다.

김정훈 백석대학교 신학대학원 신약학 교수

우리 시대를 위한 요한복음 전공자인 조석민 교수가 드디어 주석을 펴냈다. 이 주석은 오랜 시간 동안 여러 방면에서 요한복음을 가르친 결과물이다. 학문적으로 말하자면 요한복음에 대한 그동안의 연구와 이해의 폭이 매우 넓게 나타난다. 동시에 목회적 고민이 면면에 녹아 있어, 독자들이 요한복음을 현실에 적용하여 살아가는 길을 발견하게 한다.

조병수 합동신학대학원대학교 前 총장, 신약학 교수

머리말

요한복음을 전공하고 오랫동안 이 복음서를 가르쳐 온 사람으로서 이 복음서의 주석을 출판한다는 것에 여러 가지 마음이 교차한다. 한편으로는 오랜 빚을 청산하는 심정이면서도 동시에 무언가 허전한 구석이 남는다. 주석을 쓰면서 그 독자 대상으로, 현재 목회 일선에서 묵묵히 설교하며 교회를 건강하게 세워 나가는 목회자들과 신학교에서 장래 목회를 준비하면서 공부하는 학생들, 그리고 진지하게 성경을 연구하려는 교인들을 생각했다. 이 주석이 학문적인 토론의 장은 아니지만 어느 정도 학문적 성과를 반영하여 가치 있고 실용적인 정보를 제공해야 한다는 점을 고려하였다. 그래서 요한복음의 각 절을 해설하되 그 부분을 현실 목회에서 어떻게 적용해야 할지 깊이 묵상하고 연구하였다.

본서에서는 전체 본문을 문학 구조에 따라 나눈 후 각 단락별로 주석하되 앞뒤 단락과의 연결 관계를 간략하게 소개하였고, 주석할 단락에 대한 개괄적인 설명도 요약하여 제시하였다. 문장이 끝나는 각 절을 기준으로 석의하였으나, 주제가 연결될 경우 몇 구절을 함께 묶기도 했다. 석의를 마친 단락 끝에는 〈설교자를 위한 적용〉을 제공하였다. 아무쪼록 이 주석이 또 하나의 거추장스러운 애물단지로 남지 않기를 바라며, 또한 독자들이 성경 본문을 이해하고 설교하는 데 작은 도전과 도움이 되기를 바란다.

최근에 좋은 외국 주석들이 번역 출간되어 요한복음 연구에 많은 도움을 주고 있다. 본서에서는 논지와 주장의 근거 제시를 위하여 참고한 주석의 번역본이 있는 경우 원서가 아닌 번역본의 출처를 표시하였다. 그 번역 주석들은 브라운(R. E. Brown)의 『요한복음, I, II』(2 vols.), 카슨(D. A. Carson)의 『요한복음』, 바레트(C. K. Barrett)의 『요한복음(I), (II)』(2 vols.), 크루즈(C. G. Kruse)의 『요한복음』이다. 하지만 이 주석들 외에, 이해하기 어려운 번역 문장과 오탈자가 많은 번역 주석은 원서의 출처를 밝혔다.

필자는 한국 교회와 한국 신약학계에 작은 기여라도 하고 싶은 간절한 심정으로 오랫동안 요한복음을 연구해 왔다. 영국 브리스틀 대학교(Bristol University)에 속한 트리니티 신학대학(Trinity Theological College)에서 존 놀란드 박사(Dr. John Nolland)의 지도 아래 석사 논문과 박사 논문을 썼다. 박사 학위 논문은 감사하게도 영국 Sheffield Pheonix Press에서 *Jesus as Prophet in the Fourth Gospel*이라는 제목으로 2006년에 출판되었다. 『요한복음의 새관점』(서울: 솔로몬, 2015)은 그동안 발표했던 논문의 일부를 모은 것이다. 에스라 성경대학원대학교와 기독연구원느헤미야, 그리고 그 외의 여러 신학대학교에서 요한복음과 신약 과목들을 가르치면서 학생들에게 많은 질문을 받으며 연구를 심화시킬 수 있었기에 당시 필자의 강의를 수강한 모든 분께 다시 한 번 감사의 말을 전한다.

이 주석의 원고를 다듬어 탈고하는 시간이 생각보다 꽤 오래 걸렸다. 그동안 요한복음을 강의했던 강의안들과 여러 곳에 투고한 논문들을 모아 주석에 반영하는 작업은 녹록한 일이 아니었다. 기록적인 폭염을 고스란히 몸으로 체험하며 탈고에 매달려 있느라 아내와 휴가지 한번 갈 여유가 없었기에 아내에게 너무나 미안하다. 그리고 교정과 편집 과정에서 수고를 아끼지 않고 꼼꼼하게 교정해 준 이레서원의 송혜숙 과장께 고마운 마음을 전하고 싶다. 또한 이 주석의 출판을 결정하고 그 계획을 실행하는 과정에서 수고를 아끼지 않은 이레서원의 이혜성 편집장과 편집위원들께도 감사를 드린다. 무엇보다도, 곁에서 묵묵히 기다려 주며 응원해 준 아내 박춘란에게 감사와 사랑의 마음을 담아 이 책을 출판한다.

2018년 10월 31일
고양동에서 가을의 정취를 맛보며 조석민

주요 원칙들

1. 성경 본문에 대한 논의는 각 소단락 처음에 제시된 개역개정의 내용과 장절 구분에 기초한다. 그러나 개역개정이 헬라어 원문과 번역상의 차이가 현저하여 본문 이해에 어려움이 있거나, 본문 해석과 관련하여 새로운 번역이 필요한 경우 필자의 사역이나 다른 번역본을 참고하고 그 출처를 밝힌다. 헬라어 성경 본문은 Nestle-Aland 28판을 사용한다.
2. 개역개정을 영어 성경과 비교할 경우 New Revised Standard Version(NRSV), Revised English Bible(REB), New American Bible(NAB), New Jerusalem Bible(NJB)로 제한하여 사용하며, 괄호 안에 약자로 표기한다.
3. 요한복음의 장절을 표기할 때는 책명을 생략한다(예. 3:16). 같은 장에서 논의할 때는 장 표기를 생략한다(예. 24절).
4. 구약외경의 인용은 가톨릭성경인 공동번역을 사용하며, 그 외에는 출처를 따로 밝힌다. 외경은 약자로 표기하지 않고 전체 책명을 밝힌다.
5. 헬라어와 히브리어는 본문의 이해를 위하여 꼭 필요한 경우에만 사용하며, 음역을 먼저, 원어를 그 뒤에 표기한다. 문장이 길 경우 음역은 생략하고 번역만 제공한다.
6. 헬라어 한글 음역은 통상적인 음역 규정을 따랐으나 θ는 τ와 구별하기 위하여 'ㅌ'나 'ㅆ' 대신에 'ㄸ'의 음가를 사용한다(예. θεός는 '떼오스', ἀληθινός는 '알레띠노스').
7. 요한복음에 나오는 단어나 표현의 사용 빈도를 제시할 때, 그 빈도수는 한글 성경이 아닌 헬라어 성경이 기준이다.
8. 사건이나 인물의 연대 표기 시 주전은 BC(Before Christ)가 아니라 BCE(Before Common Era)로, 주후는 AD(Anno Domini)가 아니라 CE(Common Era)를 사용한다.
9. 각주는 인용의 출처와 논의의 이해를 돕는 보충적 설명 또는 그 논점을 입

증하는 참고 문헌 및 기타 정보를 제공할 때 제한적으로 사용한다. 각주에서 참고 문헌은 특별한 경우가 아니면 저자의 성과 약식 서명 및 면수만 표기한다.

용어 해설 및 약어표

1. 용어 해설

교차 대칭 구조(Chiastic structure): 한 단락 안에서 병행되는 낱말이나 개념을 차례대로 교차하여 배열하는 문학 구조를 일컫는 전문 용어로, 대체로 그 대칭의 중심을 이루는 단락이 핵심 내용을 담고 있다. 이 구조가 요한복음에서 자주 발견된다.

게마트리아(Gematria): 고대 문자가 의미하는 숫자를 이용하여 히브리어 단어와 문장을 암호화하여 해석하는 방법이다. 히브리어의 알파벳에는 각 글자에 대응하는 숫자가 존재한다.

디다케(Didache): 열두 사도의 가르침으로, 일반적으로는 2세기 초에 교회의 가르침을 모아 놓은 것을 가리킨다. 생명과 죽음의 길, 세례, 예배, 성찬, 사도들과 예언자들의 지위와 직분에 대해 다룬다.

라이랜즈 파피루스(The Rylands Papyrus): 가장 오래된 사본으로, 요한복음 18:31-33, 37-38이 포함되어 있다. 이 사본은 신약 사본 P^{52}로 명명되었으며, CE 125년경에 제작된 것으로 추정된다. 현재 영국 맨체스터에 있는 존 라이랜즈 도서관(John Rylands Library)에 소장되어 있다.

미쉬나(Mishnah): 바리새파와 랍비 유대이즘의 구전 전승 안에서 발전된 랍비의 할라카(법적·절차적) 자료의 권위 있는 모음집이다. 3세기 초 랍비 유다 하나시(Judah ha-Nasi, 135-217년경)가 정리하고 수정하였다. 본서에서 미쉬나는 단비(H. Dany)와 유스너(J. Neusner)의 영어 번역본을 사용하였다.

보드머 파피루스(Papyrus Bodmer) II: 이 사본은 요한복음 1:1-21:9의 대부분이 포함되어 있으며, 신약 사본 P^{66}으로 명명되었고, 약 2세기경에 제작되었다. 현재 스위스 제네바 근처의 콜로니(Cologny)에 있는 비블리오테카 보드머리아나 도서관(Bibliotheca Bodmeriana Library)에 소장되어 있다.

사마리아 오경(Samaritan Pentateuch): 사마리아인들이 보존하여 자신들의 경전으로 믿고 있는 히브리어 구약성경의 수정본으로, 마소라 사본과 다른 육천여 개의 변형이 존재한다. 사마리아인들은 팔레스타인의 나블루스를 중심으로 거주했는데, 신약 시대에 그 지역을 사마리아라고 불렀다.

얌니아 회의(Council of Jamnia): CE 90년경 얌니아(Jamnia), 지금의 야브네(Yavneh)에서 열렸던 유대교 정경에 관한 회의를 말한다.

인클루지오(Inclusio): 단락의 처음과 끝에 동일하거나 비슷한 낱말, 표현, 개념 등을 반복적으로 기술하여 그 단락의 주제를 강조하는 문학 구조를 가리킨다.

옥시린쿠스 파피루스(The Oxyrhynchus Papyri): 이집트의 베네사 근처에 위치한 옥시린쿠스에서 1897-1907년에 처음 발견된 파피루스 단편 문헌들이다. 이 파피루스에는 요한복음 18:36-19:7이 포함되어 있다. 신약 사본 P^{90}으로 명명되었고, 약 2세기경에 제작되었다. 현재 영국 옥스퍼드의 애슈몰린 미술관(Ashmolean Museum)에 소장되어 있다.

외경(The Apocrypha): 정경에는 포함되지 않고 가톨릭성경과 칠십인역에 포함되어 있는 책들로서, 구약의 외경은 묵시적 성격을 띠며, 신약의 외경은 영지주의적 색채를 지닌 책들이 많다.

위경(The Pseudepigrapha): 구약성경의 정경이나 외경에 포함되지 않은 고대 유대 문헌과 헬레니즘적 유대 문헌들을 가리킨다. 위경은 약 BCE 200년에서

CE 200년 사이의 작품으로, 구약성경의 어떤 인물을 이상적으로 표방한 내용들이다.

에저톤 파피루스(The Egerton Papyrus) II(Unknown Gospel): 이 사본은 불완전한 사본 조각으로, 요한복음과 유사한 병행 구절이 들어 있다. 약 CE 120-130년경에 제작된 것으로 추정되며, 현재 영국 대영박물관에 소장되어 있다.

칠십인역(LXX): 히브리어 구약성경의 헬라어(그리스어) 번역본(Septuagint)으로, 초대 교회에서 가장 선호하는 번역본이었다. 예수 당시 사람들에게 널리 알려졌고, 신약성경 저자들이 구약성경을 인용할 때 자주 사용하였다.

2. 약어표

ABD	D. N. Freedman (ed.), *Anchor Bible Dictionary*. 6 vols. New York: Doubleday, 1992.
ACCS	Ancient Christian Commentary on Scripture
AYB	Anchor Yale Bible
BDAG	W. Bauer, et al (eds.), *A Greek-English Lexicon of the New Testament and Other Early Christian Literature*. Chicago: Chicago University Press, 3rd edn, 2000.
BECNT	Baker Exegetical Commentary of the New Testament
BSR	Biblioteca di scienze religiose
CBQ	*Catholic Biblical Quarterly*
DJG	J. B. Green, et al (eds.), *Dictionary of Jesus and the Gospels*. Leicester: IVP, 1992.
EDNT	H. Balz. and G. Schneider (eds.), *Exegetical Dictionary of the New Testament*. 3 vols. Grand Rapids: Eerdmans, 1990-93.
HALOT	L. Koehler and W. Baumgartner, *The Hebrew and Aramaic*

	Lexicon of the Old Testament. 2 vols. Leiden: Brill, 2001.
JBL	*Journal of Biblical Literature*
JSNT	*Journal for the Study of the New Testament*
JSNTSS	Journal for the Study of the New Testament Supplement Series
JTS	*Journal of Theological Studies*
LCL	Loeb Classical Library
NICNT	New International Commentary of the New Testament
NIDNTT	C. Brown (ed.), *The New International Dictionary of New Testament Theology.* 4 vols. Carlisle: Paternoster Press, 1992.
NIDOTTE	W. A. VanGemeren (ed.), *The New International Dictionary of Old Testament Theology and Exegesis.* 5 vols. Carlisle: Paternoster Press, 1996.
NIGTC	New International Greek Testament Commentary
NovT	*Novum Testamentum*
NovTS	Novum Testamentum Supplement
NTD	Das Neue Testament Deutsch
NTM	New Testament Monographs
NTS	*New Testament Studies*
SBLDS	Society of Biblical Literature Dissertation Series
SNTSMS	Society for New Testament Studies Monograph Series
TDNT	G. Kittel and G. Friedrich (eds.), *Theological Dictionary of te New Testament.* 10 vols. trans. G. W. Bromiley. Grand Rapids: Eerdmans, 1964-76.
TNTC	Tyndale New Testament Commentary
TynB	*Tyndale Bulletin*
WBC	Word Biblical Commentary

Contents

차 례

추천사 005
머리말 006
주요 원칙들 008
용어 해설 및 약어표 010

요한복음 이해를 위한 서론 019
1. 요한복음의 특징 021
2. 요한복음의 선지자 기독론 022
3. 요한복음의 시간 024
4. 요한복음의 절기 027
5. 요한복음의 믿음 031
6. 요한복음의 저자 034
7. 요한복음의 기록 시기 036
8. 요한복음의 기록 장소와 목적 038
9. 요한복음의 수신자 039
10. 요한복음의 종교적·문화적 배경 039
11. 요한복음의 문학 구조 040

I. 요한복음의 서론(1:1-51) 047
1. 복음서의 시작: 성육신하신 예수와 세례자 요한 및 예수의 제자들(1:1-51) 049
   1.1. 사람의 몸으로 세상에 오신 '로고스'(1:1-18) 050
   1.2. 세례자 요한의 정체성과 역할(1:19-28) 062
   1.3. 하나님의 어린양 예수(1:29-34) 068
   1.4. 세례자 요한의 두 제자(1:35-42) 072
   1.5. 예수의 제자들: 빌립과 나다나엘(1:43-51) 075

II. 갈릴리 가나의 두 표적과 예수를 만난 사람들(2:1-4:54)　081

2. 갈릴리 가나에서 일어난 첫 번째 표적(2:1-12)　083
- 2.1. 표적 사건의 서론(2:1-2)　084
- 2.2. 표적 사건의 암시(2:3-5)　085
- 2.3. 표적 사건의 과정(2:6-8)　087
- 2.4. 표적 사건의 확인(2:9-10)　088
- 2.5. 표적 사건의 결론(2:11-12)　089

3. 예수의 성전 사건과 사람들의 반응(2:13-25)　092
- 3.1. 예수의 성전 사건(2:13-17)　092
- 3.2. 예수의 성전 사건에 대한 유대인의 반응(2:18-20)　096
- 3.3. 저자 요한의 해설(2:21-22)　098
- 3.4. 예루살렘 사람들의 반응(2:23-25)　099

4. 예수와 니고데모(3:1-21)　102
- 4.1. 예수와 니고데모의 영생에 대한 대화(3:1-10)　102
- 4.2. 하늘에서 내려오신 인자 예수(3:11-15)　108
- 4.3. 영생과 심판(3:16-21)　111

5. 예수와 세례자 요한(3:22-36)　115
- 5.1. 예수와 세례자 요한(3:22-24)　115
- 5.2. 정결 예식에 대한 변론(3:25-30)　117
- 5.3. 세례자 요한의 증언(3:31-36)　120

6. 예수와 사마리아 여성(4:1-42)　123
- 6.1. 예수와 사마리아 여성의 대화의 서론(4:1-6)　123
- 6.2. 하나님의 선물과 생수(4:7-15)　127
- 6.3. 선지자 예수와 예배 장소(4:16-26)　131
- 6.4. 사마리아 여성의 예수 이해(4:27-30)　137
- 6.5. 예수와 제자들의 대화(4:31-38)　139
- 6.6. 예수를 만난 사마리아 사람들의 반응(4:39-42)　141

7. 예수의 선지자적 자의식(4:43-45)　144

8. 갈릴리 가나에서 일어난 두 번째 표적(4:46-54)　145

Contents

III. 유대인의 명절과 예수의 표적 사건(5:1-10:42) 153

9. 안식일에 일어난 첫 번째 표적(5:1-47) 156
9.1. 38년 된 병자를 치유하신 예수(5:1-18) 156
9.2. 영생과 심판을 선언하시는 예수(5:19-29) 166
9.3. 하나님의 아들 예수의 심판 권세(5:30-47) 174

10. 유월절 표적(6:1-71) 183
10.1. 오천 명을 먹이신 예수(6:1-15) 183
10.2. 바다 위를 걸으신 예수(6:16-29) 191
10.3. 생명의 떡이신 예수(6:30-40) 196
10.4. 생명의 떡과 영생(6:41-59) 202
10.5. 예수를 떠나는 제자들(6:60-71) 207

11. 초막절과 예수의 정체성(7:1-8:59) 213
11.1. 예수의 초막절 강화(7:1-52) 215
*부록: 죄 지은 여인을 용서하신 예수(7:53-8:11) 240
11.2. 세상의 빛이신 예수(8:12-29) 246
11.3. 예수와 유대인들의 논쟁(8:30-59) 255

12. 안식일에 일어난 두 번째 표적과 수전절의 예수(9:1-10:42) 266
12.1. 날 때부터 맹인 된 사람을 치유하신 예수(9:1-38) 266
12.2. 예수와 바리새인들(9:39-10:21) 283
12.3. 수전절의 예수(10:22-42) 291

IV. 병들어 죽은 나사로의 부활과 예수의 죽음 암시(11:1-12:50) 299

13. 병들어 죽은 나사로를 살려 내신 예수(11:1-44) 302
13.1. 병든 나사로의 죽음(11:1-16) 303
13.2. 부활이요 생명이신 예수(11:17-27) 308
13.3. 예수의 눈물을 이해하지 못한 유대인들(11:28-37) 311
13.4. 나사로를 살리시는 예수(11:38-44) 314

14. 예수와 산헤드린 공회(11:45-57) 318
14.1. 예수의 죽음을 모의하는 산헤드린 공회(11:45-54) 319
14.2. 유월절과 예수를 찾는 유대인들(11:55-57) 321

15. 예수의 죽음 암시(12:1-50) 323

- 15.1. 예수의 발에 향유를 부은 마리아(12:1-11) 324
- 15.2. 예수의 예루살렘 입성(12:12-19) 330
- 15.3. 예수의 죽음 암시(12:20-36) 333
- 15.4. 유대인들의 불신앙(12:37-50) 342

V. 예수의 최후 만찬과 고별 설교 및 기도(13:1-17:26) 349

16. 예수의 세족 행위와 최후 만찬(13:1-30) 351

- 16.1. 예수의 세족 행위(13:1-17) 351
- 16.2. 최후의 만찬과 제자의 배신(13:18-30) 359

17. 예수의 고별 설교(13:31-16:33) 365

- 17.1. 고별 설교의 서론(13:31-38) 365
- 17.2. 제자들을 위로하시는 예수(14:1-31) 369
- 17.3. 제자들의 믿음을 격려하시고 핍박을 예고하신 예수(15:1-16:4a) 386
- 17.4. 제자들에게 보혜사 성령을 보내기로 약속하신 예수(16:4b-33) 402

18. 예수의 기도(17:1-26) 418

- 18.1. 예수 자신을 위한 기도(17:1-8) 419
- 18.2. 제자들을 위한 기도(17:9-19) 423
- 18.3. 모든 믿는 자를 위한 기도(17:20-26) 427

VI. 예수의 수난과 부활(18:1-20:31) 433

19. 예수의 수난과 십자가 죽음(18:1-19:42) 435

- 19.1. 가룟 유다의 배신과 체포되신 예수(18:1-14) 436
- 19.2. 베드로의 예수 부인(否認)(18:15-27) 441
- 19.3. 빌라도의 예수 심문과 무죄 선언(18:28-19:16) 446
- 19.4. 십자가에 못 박히신 예수(19:17-27) 460
- 19.5. 예수의 죽음과 장례(19:28-42) 465

20. 예수의 부활과 복음서의 기록 목적(20:1-31) 472

- 20.1. 예수 부활의 증인들(20:1-18) 472
- 20.2. 부활하신 예수를 만난 제자들(20:19-29) 482
- 20.3. 요한복음의 결론과 기록 목적(20:30-31) 490

Contents

VII. 부록: 부활하신 예수의 현현(21:1-25)   493

21. 부활하신 예수의 현현(21:1-25)   495
21.1. 부활하신 예수와 베드로(21:1-14)   495
21.2. 부활하신 예수와 베드로의 고백(21:15-19)   500
21.3. 베드로와 예수께서 사랑하신 제자(21:20-25)   503

참고 문헌   506
저자 색인   517

요한복음 이해를 위한 서론

1:1–51

요한복음은 '독자적 복음서'(Maverick Gospel), 또는 '영적 복음서'(Spiritual Gospel) 등으로 알려져 있다. 읽고 묵상하면 할수록 그 의미가 새롭게 다가오기 때문에 '신비한 복음서'(Mystical Gospel)라고도 불린다. 그래서 요한복음을 어린아이가 물장구칠 수 있고 동시에 코끼리도 헤엄칠 수 있는 수영장에 비유하기도 한다. 이렇게 신비하고 특이한 복음서를 깊이 이해하기 위해서는 요한복음의 서론적인 주제들을 간략하게라도 알고 있는 것이 도움이 된다. 서론적인 주제는 이 복음서의 특징, 요한복음의 선지자 기독론, 요한복음에 나오는 시간과 절기들, 요한복음의 핵심 주제라고 할 수 있는 믿음, 그리고 요한복음의 저자, 기록 시기 및 장소와 목적, 수신자, 종교적·문화적 배경과 전체 문학 구조의 개관이다.[1]

1. 요한복음의 특징

요한복음을 공관복음과 비교해 보면 다음과 같은 몇 가지 특징을 발견할 수 있다.

첫째, 공관복음과 마찬가지로 복음서라는 독특한 형식을 통하여 예수를 하나님의 아들, 그리스도로 소개한다. 하지만 사복음서 중에서 요한복음에만 그 기록 목적이 분명하게 기술되어 있다("오직 이것을 기록함은 너희로 예수께서 하나님의 아들 그리스도이심을 믿게 하려 함이요 또 너희로 믿고 그 이름을 힘입어 생명을 얻게 하려 함이니라"[20:31]).

둘째, 역사적 사실을 신학적 필요에 따라 독특한 방법으로 기술하고 해석한다(참조. 2:13-23). 그러므로 독자는 이 복음서가 전기적 성격을 띠지만, 정확한 연대의 역사적 기록과는 다른 부분이 있음을 인식할 필요가 있다.

---

[1] 요한복음의 신학 및 기타 주제와 관련하여 논의될 사항이 많지만 다른 주석에서 쉽게 찾아볼 수 있기에 중복을 피하고 본문 이해를 위한 최소한의 내용들만 서론에서 간략하게 기술한다. Barrett, 『요한복음(I)』, 109-155; Brown, 『요한복음, I』, 151-84, 1015-55; Smith, 『요한복음 신학』; 김문경, 『요한신학』; Koester, *Word of Life*를 참조하라.

셋째, 공관복음에는 나오지 않는 예수의 고별 설교가 포함되어 있다. 예수께서는 십자가 고난과 죽음을 앞두고 마지막 만찬을 하시면서 제자들을 가르치셨다(참조. 13-16장).

넷째, 신약성경에서 가장 긴 예수의 기도가 기록되어 있다(17장).

다섯째, 공관복음에는 없는 예수의 독특한 언행이 기록되어 있다. 물로 포도주를 만드신 사건(2장), 니고데모와의 대화(3장), 사마리아 여성과의 대화(4장), 선한 목자의 비유(10장), 병들어 죽은 나사로를 살리신 사건(11장), 제자들의 발을 씻기신 사건(13장), 보혜사 성령을 보내신다는 약속(14장), 포도나무와 가지의 비유(15장) 등이다.

여섯째, 기록상 차이는 분명히 있지만 공관복음과 동일한 사건과 주제를 소개한다. 제자를 부르심(1:35-51), 성전 사건(2:13-22), 보리떡 다섯 개와 물고기 두 마리로 오천 명을 먹이심(6:1-15), 나귀를 타고 예루살렘으로 입성하심(12:12-19), 최후의 만찬(13:21-30) 등이다.

2. 요한복음의 선지자 기독론[2]

요한복음 저자는 예수께서 행하신 기적 사건을 독특하게도 '표적'(表蹟)이라고 표현한다(참조. 20:30-31). 이 표적들은 예수의 신분을 드러내는 것과 매우 밀접한 관련이 있다. 이는 단순히 예수의 놀랍고 신비한 능력을 보여 주는 것을 넘어 그분의 정체성을 드러낸다.

요한복음에는 총 여섯 개의 표적 사건이 나온다. (1) 물이 변하여 포도주가 됨(2:1-11), (2) 왕의 신하의 아들을 고쳐 주심(4:46-54), (3) 38년 된 병자를 고쳐 주심(5:1-47), (4) 오병이어(伍餠二魚)로 오천 명을 먹이심(6:1-15), (5) 날 때부터 맹인 된 사람을 고쳐 주심(9:1-10:21), 그리고 (6) 죽은 나사로를 다시 살

---

[2] 이 부분은 필자의 박사 학위 논문을 간략하게 요약한 것으로, 조석민, 『요한복음의 새관점』, 99-120을 참조하라. 더 자세한 내용은 영국에서 출판된 Cho, *Jesus as Prophet*을 참조하라.

리심(11:1-44). 저자는 예수께서 물 위를 걸으신 사건(6:16-29)과 예수의 일곱 제자들이 디베랴 바다에서 153마리의 물고기를 잡은 사건(21:1-14)에는 표적이라는 단어를 사용하지 않는다.

여섯 개의 표적 사건 속에서 예수는 모세와 엘리야, 그리고 엘리사와 같은 선지자로 묘사된다. 오병이어 표적 사건에서는 사람들이 예수를 '참으로 세상에 오실 그 선지자'(6:14)로 인식하고, 날 때부터 맹인 된 사람은 눈을 뜬 후에 예수를 '선지자'(9:17)라고 부른다. 이처럼 요한복음의 저자는 예수께서 행하신 표적 사건을 기술함으로써 독자가 예수를 선지자로 인식하도록 돕는다. 또한 명시적으로 '선지자'라는 칭호를 사용하여 예수를 선지자의 모습으로 그려 낸다. 즉 이 표적 사건들에는 선지자로서의 예수의 신분을 묘사하기 위한 저자의 신학적 의도가 들어 있다.

예수를 선지자로 묘사한 이유를 두 가지로 살펴볼 수 있다. 첫째, 독자가 예수를 하나님의 아들, 그리스도로 더 쉽게 인식하고 고백하도록 교량 역할을 하기 위한 교육적 의도 때문이다. 유대인들이 예수를 하나님의 아들, 그리스도, 그리고 메시아로 곧바로 받아들이기에는 너무나도 큰 어려움이 있으므로, 그 중간 단계로서 유대인들에게 친숙한 선지자의 모습을 내세운 것이다. 둘째, 기독론적 균형을 맞추기 위해서이다. 요한복음에서는 처음부터 로고스 기독론이 부각된 고(高)기독론(High-Christology)이 등장한다. 요한복음의 고기독론은 영지주의 기독론(Docetic Christology)으로부터 영향을 받았다고 이해할 수 있다. 이에 대하여 저자가 기독론적 균형을 유지하기 위하여 저(低)기독론(Low-Christology)에 해당하는 선지자 기독론(Prophet Christology)을 제시한 것이다. 이런 점에서 선지자 기독론은 변증적 기능(Apologetic Christological role)을 한다.

선지자 기독론을 통하여 저자는 요한복음 전체에서 예수를 하나님의 아들, 그리스도로 소개하며, 구약성경에서 예언한 종말의 선지자, 즉 메시아로 소개하고 있다.[3]

---

[3] 요한복음에 나오는 신론, 성령론, 교회론, 구원론 등등 여러 신학적 주제와 관련해서는 Keener, *John*, I, 280-330; Brown, 『요한복음, I』, 151-84, 1015-55; Smith, 『요한복음 신학』; Koester,

3. 요한복음의 시간[4]

요한복음에서는 시간을 명시적으로 표현하는데, '열 시쯤'(1:39), '여섯 시쯤'(4:6), '일곱 시'(4:52), '제육시'(19:14) 등이다. 19세기 이후 현재까지 대다수의 학자가 요한복음에 나오는 시간 표현을 유대인들이 사용한 시간 개념으로 이해한다. 그래서 로마인들이 사용한 시간으로 이해하는 학자는 오늘날 매우 소수이다.[5] 하지만 본서에서는 아래와 같은 이유로 로마식 표기를 따른 것으로 추정한다.

유대인들은 하루의 시간을 해가 뜨는 시간부터 해가 지는 시간까지 열두 시간으로 나누어서 이해했다.[6] 그러나 당시 로마인들은 공식적인 하루(the official day)의 시작을 자정(midnight)부터로 보았다.[7] 요한복음 11:9에서 예수께서 '낮이 열두 시간'('도데카 호라이', δώδεκα ὧραί)이라고 말씀하신 것은 정해진 어떤 시간이 아니라 낮 시간 전체를 뜻하는 것 같다. 하지만 이 표현이 유대인들의 시간 개념을 의미하는지, 아니면 로마인들이 사용했던 시간을 말하는지는 본문에 명확하게 드러나지 않는다. 유대인들이나 로마인들 모두 낮을 열두 시간으로 계산했기 때문이다.[8]

요한복음이 기록되었을 당시에는 로마식 하루 시간 계산법이 로마 본국과 예속 국가에서 이미 일반적으로 통용되고 있었다. 따라서 요한복음의 저자가 독자들의 이해를 돕고자 이 로마식 계산법을 사용했을 가능성이 있다.[9] 이러

---

*Word of Life*를 참조하라.
[4] 요한복음에 나오는 시간에 대한 자세한 논의는 조석민, 『요한복음의 새관점』, 19-45을 참조하라.
[5] 로마의 시간 개념으로 이해하려는 학자들은 Westcott, Tasker, Hendriksen, Culpepper 등이다. 그중 Hendriksen은 일관성이 없게 시간 개념을 적용한다.
[6] 유대인들은 해가 뜰 때부터 낮의 시간을 계산했지만, 그들에게 하루의 시작은 해가 지는 때부터 다음 날 해가 지는 때까지였다.
[7] Plummer, *St. John*, 341-42; 홍창표, 『신약과 문화』, 242-48; Morris, *John*, 138-39; Carson, 『요한복음』, 752-53; Westcott, *St John*, 282을 참조하라.
[8] Morris, *John*, 480-81; Bruns, 'The Use of Time', 285-90, 특히 286을 보라.
[9] Tasker, *John*, 209; 김선정, 『요한복음서와 로마황제숭배』, 23-24; Hengel, 'Hellenization' of

한 추측은 요한복음의 저자가 로마인들에게 사회적·문화적·정치적 영향을 직·간접적으로 받은 흔적을 통해 뒷받침된다. 이 흔적을 살펴보면 다음과 같다.

첫째, '로마인들이 와서 우리 땅과 민족을 빼앗아 가리라'(11:48)에서 명시적으로 '로마'가 언급된다. 이는 당시 유대와 로마와의 정치적 관계를 구체적으로 드러내 주며, 요한복음에서만 발견되는 독특한 표현이다.

둘째, 19:19은 예수께서 십자가에 못 박히신 후에 빌라도가 '나사렛 예수 유대인의 왕이라'라고 쓴 이름표를 십자가 위에 붙이는 내용이다. 저자는 그 이름표가 히브리어(Hebrew), 라틴어(Latin), 헬라어(Greek)로 기록되었다고 밝힌다. 이 중 히브리어는 당시 아람어(Aramaic)를 의미한다. 그 이름표의 언어에 대한 설명이 공관복음(마 27:32-44; 막 15:21-32; 눅 23:26-43)에는 나오지 않는다. 라틴어는 당시 군대 및 사회의 공식적인 언어였고, 헬라어는 로마 제국의 상용어로 갈릴리 지역에서도 통용되는 언어였다.[10]

셋째, 요한복음에 나오는 '디베랴'라는 지명에서 더 구체적으로 발견된다. (1) 6:1에서는 유대인들에게 잘 알려진 갈릴리 바다를 언급하는데, 그들에게 익숙한 지명인 게네사렛 호수(the lake of Gennersaret)가 아니라, '디베랴의 갈릴리 바다'라고 한다.[11] (2) 요한복음 6:23에는 갈릴리 바다에 대한 언급이나 다른 지명이 나오지 않고, '디베랴'('티베리아도스', Τιβεριάδος)라는 로마의 공식적인 지역 명칭만 명시된다.[12] (3) 더욱이 21:1에서는 유대인들에게 익숙한 '갈릴리 바다'라는 표현이 로마의 공식적인 명칭인 '디베랴 호수'로 바뀐다. 신약성경에서 오직 요한복음에서만 '디베랴'(Tiberias)라는 지명이 사용된다. 다만 누가복음 3:1에서 로마 황제의 이름을 언급할 때 '디베료'(Tiberius, '티베리우스')가 나온다. 일반적으로 통용되던 지명인 갈릴리(Galilee) 대신 '디베랴'가 요한

Judaea, 19-29을 참조하라.
10 Keener, *John*, II, 1137.
11 누가복음 5:1과 마카베오상 11:67에서는 갈릴리 바다를 게네사렛 호수라고 부른다(참조. 민 34:11; 막 6:53; 마 14:34).
12 '디베랴'는 헤롯 안티파스가 로마 황제 티베리우스의 업적을 기념하기 위하여 붙였던 지명에서 유래되었다. Culpepper, 『요한복음 해부』, 345-46; Morris, *John*, 302; Strange, 'Tiberius', 547-49; van Tilborg, *Reading John*, 205-207.

복음에 나온다는 것은 저자는 물론 독자들도 로마에 사회적·문화적·정치적 영향을 받았음을 나타내 준다.

나아가, 요한복음의 독자 중에는 유대인들의 사회적·문화적, 그리고 종교적 관습들을 이해하지 못하는 이들이 있었음을 알 수 있다.[13] 그렇다면 이들은 아마도 로마의 관습에 익숙했을 것이다. 따라서 로마식 시간 계산법을 보편적으로 수용하고 있었으리라고 추측할 수 있다.[14]

이들이 유대인들의 관습들을 이해하지 못하고 있었다는 증거는 다음과 같다.

첫째, 요한복음의 저자가 유대인들의 관습들을 친절하게 설명한다. (1) 2:6에서는 돌로 만든 항아리 여섯의 용도를 '유대인의 정결 예식'이라고 설명한다. 당시 유대인들의 사회적·문화적 관습을 설명한 것이다.[15] (2) 11:55과 18:28에서 유월절의 성결 예식을 설명한 것은 독자 중에 이 예식 풍습을 모르는 이들이 있었다는 증거로 볼 수도 있다. (3) 4:9b '유대인이 사마리아인과 상종하지 아니함이러라'라는 설명은 유대인들의 독특한 사회적·문화적 관습을 보여 준다.

둘째, 저자가 유대인의 명절들에 대해 잘 모르는 독자들을 배려하여 설명한다. (1) 2:13에서는 유월절을 굳이 '유대인의 유월절'이라고 설명한다. 이는 6:4과 11:55(참조. 5:1)에서도 동일하게 반복된다. (2) 7:2에는 유대인의 중요한 명절 가운데 하나인 초막절이 나온다. 저자는 초막절을 소개하면서도 굳이 '유대인의 명절인 초막절'이라고 표현한다. 유대인 중에 초막절을 모르는 사람은 없었을 것이다. 그런데도 이렇게 표현했다는 것은 독자 중에 이 사실을 모르는 사람이 있었으리라고 추측할 수 있다.[16] (3) 10:22에서는 수전절이 소개된다. 유대인이라면 수전절이 1년 중 어느 때의 절기인지 모를 수가 없었다.[17] 그런데 저자가 '예루살렘에 수전절이 이르니 때는 겨울'이라고 구체적

---

13 요한복음의 독자에 대한 자세한 논의는 Keener, *John*, I, 142-70을 참조하라.
14 Hengel, *'Hellenization' of Judaea*, 30-44을 참조하라.
15 Brown, 『요한복음, I』, 368을 보라.
16 Culpepper, 『요한복음 해부』, 346-50을 보라.
17 수전절에 대한 정보는 Yee, *Jewish Feasts*, 83-92을 보라.

으로 설명하면서 이 사실을 잘 모르는 독자를 배려한다.

이렇게 유대인의 관습들과 절기들을 자세히 설명한다는 것은 독자들이 이 부분에 익숙하지 않다는 전제가 성립되게 한다. 그렇다면 이 독자들은 로마의 영향 아래에 있었을 것이다. 그래서 당시 공식적으로 통용되던 로마식 시간 개념을 더욱 쉽게 받아들일 수 있었을 것이다.[18] 요한복음의 기록 장소로는 소아시아의 에베소가 매우 유력하게 언급된다.[19] 이런 점을 고려한다면 소아시아 지역에서 하루의 시작을 로마식으로 자정부터 계산했다는 기록은,[20] 요한복음에 언급된 시간들이 로마의 시간 개념이었을 가능성을 더욱 높여 준다.

요약하면, 저자가 로마의 영향 속에서 살던 독자들을 배려하여 친절히 설명한 내용은 요한복음 내에 명시적으로 언급된 시간 표현이 당시 로마식 시간 계산법임을 암시해 준다. 그러므로 1:39에 나오는 '열 시쯤'은 오전 10시, 4:6의 '여섯 시쯤'은 오후 6시, 4:52의 '일곱 시'는 오후 7시, 그리고 19:14의 '제육시'는 오전 6시를 의미한다.

4. 요한복음의 절기

요한복음에 언급된 구약성경의 절기들은 유월절(Passover)과 초막절(the Feast of Tabernacles)이다. 이 외에 수전절(the Feast of Dedication)이 나오는데 이는 구약성경에 나오는 절기가 아니라 신구약 중간기에 제정한 절기로, 모세의 율법과는 아무 관련이 없다.

---

18 Culpepper, 『요한복음 해부』, 345-46을 참조하라.
19 van Tilborg, *Reading John*, 59-109을 참조하라.
20 Westcott, *St. John*, 282; Morris, *John*, 708.

4.1. 유월절과 초막절

요한복음에는 '유월절'('파스카', πάσχα)이라는 단어가 열 번 나오고(2:13, 23; 6:4; 11:55〈2회〉; 12:1; 13:1; 18:28, 39; 19:14),[21] 이 단어를 직접 사용하지 않고 유월절을 지칭하는 표현이 나오기도 한다(참조. 4:45; 7:8〈2회〉, 10, 14; 11:56; 12:12; 13:29). 요한복음에서 유월절은 예수의 죽음을 설명하는 기능을 가지고 있다. 예수께서 십자가 위에서 죽으신 사건이 유월절의 어린양 도살과 연결된다. 예수의 죽음은 많은 사람을 위한 대속의 죽음이었다(참조. 요일 2:2; 4:10). 즉 유월절은 속죄의 제물로 돌아가신, 하나님의 어린양이신 메시아 예수를 묘사하거나 암시하는 기능이 있다.

요한복음에서 초막절(草幕節)은 '유대인의 명절인 초막절이 가까운지라'(7:2)에 한 번 나온다. 참고로, 초막절에 대한 언급은 신약성경 전체에서 오직 여기에만 나온다. '초막절'('스케노페기아', σκηνοπηγία)은 유대력[22]으로 일곱 번째 달(7월)인 티스리월(Tishri, 그레고리력의 9월과 10월에 해당함) 15일부터 7일간 계속되는 절기(참조. 레 23:34)인데 하루를 더해서 8일 동안(참조. 레 23:36) 명절로 지킨다. 유월절, 오순절(Pentecost)과 함께 이스라엘의 삼대 절기 중 하나이다. 구약에서는 초막절이 레위기 23:33-36, 39-43, 신명기 16:13-15 등에 나온다. 요한복음의 저자는 초막절과 관련하여, 빛이신 예수의 정체성을 보여 주려고 의도한다. 모세가 명령한 율법대로 초막절을 지키던 유대인들은 그 의식 속에서 새로운 출애굽을 내다보며 하나님 나라의 축복이 임할 것을 기대했다. 요한복음의 저자는 초막절을 통해 예수께서 모세처럼 세상의 구원자로서 하나님의

---

21 신약성경 전체에 유월절이 모두 29회 나오는데, 마태복음에 4회(26:2, 17, 18, 19), 마가복음에 5회(14:1, 12[2회], 14, 16), 누가복음에 7회(2:41; 22:1, 7, 8, 11, 13, 15), 그리고 사도행전 12:4, 고린도전서 5:7, 히브리서 11:28에 각각 1회씩 나온다.

22 유대력의 열두 달 이름은 구약성경에는 일부만 나오고, 엘레판틴 파피리(the Elephantine Papyri)에는 모두 언급되어 있다. 이 문서에 의하면 첫째 달의 이름은 니산(Nisan)이고, 그다음 달은 이야르(Iyyar), 시반(Sivan), 타무즈(Tammuz), 아브(Ab), 에룰(Elul), 티스리(Tishri), 마체스반(Marcheshvan), 키스레브(Chislev), 테베트(Tebeth), 세바트(Shebat), 그리고 마지막 열두 번째 달이 아달(Adar)이다. Vanderkam, 'Ancient Israelite', 814-20(특히 818)을 보라.

나라를 구현하시는 분이라는 사실을 암시한다.

4.2. 수전절

수전절은 구약성경에 나오는 유대인의 절기가 아니다. '수전절'('엥카이니아', ἐγκαίνια) 또는 성전 봉헌절은 성경 전체에서 요한복음 10:22에만 나온다. 수전절(修殿節)을 '하누카'(Hanukkah)라고 부르는데, 이 명칭은 히브리어 동사 '하나크'(חנך, '봉헌하다', 참조. 신 20:5)에서 유래한 명사 '하누카'(חנכה, '봉헌', 참조. 스 6:16)가 기원이다(참조. HALOT, I, 334). 수전절은 '새롭게 한 날' 또는 '깨끗하게 한 날'이라고도 부른다. 이 절기는 마카비 운동에서 그 기원을 찾을 수 있다. BCE 167년에 시리아(Syrian)의 안티오쿠스 에피파네스(Antiochus Epiphanes)가 예루살렘을 점령한 후 성전에 이방 신상(제우스의 신상)을 세웠다. 그는 유대인들에게 그 신상 앞에서 절하도록 강요했으며, 돼지 피를 번제단에 바르는 등 유대인의 성전을 더럽히고 모독했다. 이런 암울한 상황에서 BCE 164년에 유다 마카베오(Judas Maccabaeus)와 그 형제가 궐기하여 시리아 군대를 격파하고 성전을 정결하게 한 후 하나님께 성전을 봉헌했다.[23] 봉헌한 후 새로운 제단에서 제사드린 것을 시작으로 해서 해마다 12월 중순경에 8일 동안 절기를 지켰는데 이 승리의 절기가 수전절이다.

요한복음의 저자가 '예루살렘에 수전절이 이르니 때는 겨울이라'(10:22)라고 설명한 것으로 보아 수전절의 시기가 12월경이었음을 알 수 있다. 공동번역 마카베오하 1:9을 보면 "이 일을 생각하여 이제 우리는 여러분께 기슬레우월에 초막절을 지키시도록 권고하고 싶습니다. 백팔십팔년"이라고 하여 하누카를 '기슬레우월에 초막절'이라고도 불렀음을 알 수 있다.[24] 그리고 수전절 시기에 많은 등불로 성전을 장식하기에 '빛의 축제'라고도 불렀다(참조.

---

23 Yee, *Jewish Feasts*, 83-88을 보라. 공동번역 마카베오상 4:36은 "유다와 그의 형제들은, '이제 적을 다 무찔렀으니 올라가서 성소를 정화하여 다시 봉헌합시다' 하고 말했다"라고 기록한다.
24 공동번역 마카베오상 4:36-59, 마카베오하 1:9, 18; 10:1-8을 참조하라.

Josephus, *Ant*. xii, 7:6).

요한복음에서 수전절의 언급은 유월절과 초막절처럼 예수로 말미암은 구속사의 전개 속에서 시간의 흐름을 알려 주는 표현이면서 동시에 하나님의 아들이신 예수 안에서 구원의 역사가 이루어지고 있음을 암시해 준다. 요한복음 10:11, 15, 17에서 예수는 연속적으로 '나는 양들을 위하여 목숨을 버린다'라고 선언하신다. 예수는 이렇게 자신에게 다가오는 십자가의 죽음을 비유적으로 선언하신 후에 수전절을 언급하신다. 수전절이 '빛의 제사'라고 불렸듯이 예수는 빛 되신 자신의 정체성을 드러내며 하나님의 아들로서 십자가 위에서 구속의 역사를 이루기 위하여 죽으실 것을 말씀하신다(참조. 10:36). 요한복음의 저자는 유대인들이 메시아로 세상에 오신 예수를 의심하고 있을 때 참성전이시고 빛이신 예수의 정체성을 암시하고자 수전절을 언급한 것이다(참조. 10:23-30).

요약하면, 저자는 예수의 정체성을 여러 절기를 통해서 간접적으로 암시한다. 먼저 유월절을 언급하면서 유월절 양으로 세상에 오신 예수를 소개하며, 십자가 위에서 죽으시는 예수의 모습을 유월절 양의 죽음과 연결한다. 저자는 유월절을 통해서 이스라엘 백성이 애굽에서 구원을 받았듯이 예수의 십자가 죽음을 통해서 구원의 역사가 이루어진다는 사실을 밝힌다. 초막절에 대한 언급 역시 빛이신 예수의 정체성과 연결된다. 요한복음의 시작 부분에서 저자는 빛으로 오신 예수께서 생명의 빛을 주시는 분임을 설명한다. 수전절도 초막절과 마찬가지로 생명의 빛이신 예수를 암시한다. 특히 수전절은 성전 정화를 기념하는 승리의 날이기에 성전 되시는 예수의 정체성을 드러내 준다. 요한복음에서 유월절, 초막절, 수전절의 언급은 예수께서 십자가의 죽음과 부활, 그리고 승천을 통해서 구원의 역사를 이루어 새로운 이스라엘 공동체를 세우실 것을 암시하는 신학적 의미가 있다(참조. 14:1-7).

5. 요한복음의 믿음[25]

신약성경에서는 일반적으로 '피스티스'(πίστις)라는 명사를 사용하여 '믿음'을 표현한다. 이 단어는 '신앙', '믿음', '신뢰'(faith, belief, trust) 등의 뜻을 지녔다. 그런데 요한복음에서는 동사 '피스튜에인'(πιστεύειν)으로 '믿음'을 표현한다. 이 동사는 '믿다'(believe)라는 뜻이다. 즉 이 헬라어 동사를 사용하여 영어에서 볼 수 있는 동명사(動名詞)의 형태와 유사하게 '믿음'(believing)을 표현한다. '피스튜에인'의 사전적 정의는 '~을 진실로 믿다', '~을 확신하다', '~을 진실이라고 생각하다', '~의 지고한 가치를 인정하다' 등이다(참조. BDAG, 816-18).[26] 이 동사가 공관복음에 총 34회 나오는데,[27] 요한복음에는 거의 세 배에 가까운 98회나 반복적으로 나온다. 전반부인 1-12장에 76회,[28] 후반부인 13-21장에 22회 나오고, 15, 18, 21장을 제외한 모든 장에서 이 동사를 볼 수 있다.[29]

이와는 대조적으로, '믿음'을 표현하는 명사 '피스티스'는 이상할 정도로 단 한 번도 나오지 않는다. 신약성경 전체에 '피스티스'가 모두 244회 나오는데 그중 바울 서신에 142회, 공관복음에 24회,[30] 요한 문헌에 5회(요일 5:4; 계 2:13, 19; 13:10; 14:12)가 나오지만, 요한복음에는 전혀 나오지 않는다.[31] 그동안 이 이유에 대하여 다양한 의견이 제시되었으나 이렇다 할 성과는 없었다. 아마도 정적이고 소극적인 믿음의 자세가 아닌, 성도의 적극적인 반응과 믿음의 행위

---

25 더 자세한 논의는 조석민, '요한복음의 믿음', 27-39을 참조하라.
26 Louw and Nida, *Greek-English Lexicon*, 370; Bultmann, 'πιστεύω κτλ', *TDNT*, VI, 174-228을 참조하라.
27 '피스튜에인'(πιστεύειν)은 마태복음에 11회, 마가복음에 14회, 그리고 누가복음에 9회 나온다.
28 1:7, 12, 50; 2:11, 22, 23, 24; 3:12(2회), 15, 16, 18(3회), 36; 4:21, 39, 41, 42, 48, 50, 53; 5:24, 38, 44, 46(2회), 47(2회); 6:29, 30, 35, 36, 40, 47, 64(2회), 69; 7:5, 31, 38, 39, 48; 8:24, 30, 31, 45, 46; 9:18, 35, 36, 38; 10:25, 26, 37, 38(2회), 42; 11:15, 25, 26(2회), 27, 40, 42, 45, 48; 12:11, 36, 37, 38, 39, 42, 44(2회), 46.
29 3:19; 14:1(2회), 10, 11(2회), 12, 29; 16:9, 27, 30, 31; 17:8, 20, 21; 19:35; 20:8, 25, 29(2회), 31(2회).
30 공관복음에서 '피스티스'는 거의 기적과 관련해서만 사용된다. 물론 제자들의 충성을 나타내는 용도로 쓰인 경우도 있다(참조. 눅 18:8; 22:32). France, 'Faith', 223-26, 특히 223을 보라.
31 Painter, *Quest for the Messiah*, 384을 보라.

를 강조하기 위해서 동사형을 사용한 것으로 보인다.³²

요한복음에서 저자는 '피스튜에인'과 관련하여 다양한 어법을 사용하는데, 여섯 가지 용법 중 자주 나오는 네 가지 어법에 집중하여 '믿음'의 의미를 살펴볼 수 있다.

첫째, 전치사 '에이스'(εἰς)와 연결되어 목적격(accusative)과 함께 사용된다. 한글 성경에서는 '~을 믿다'로 번역하며, 요한복음 전체에 36회 나온다. 하나님이 목적어인 경우가 1회(14:1), 예수의 이름이 3회(1:12; 2:23; 3:18), 그리고 32회가 예수와 관련이 있다.³³ 이 용법은 하나님이 믿음의 대상인 한 번을 제외하고는 모두 예수를 믿는 믿음과 직접적으로 연결된다.

둘째, '피스튜에인'이 여격과 함께 사용된다. 요한복음에 18회 나오는데,³⁴ 주로 모세, 예수, 또는 하나님 아버지를 믿는 것, 또는 그분의 말씀이나 구약 성경 말씀을 믿는다고 할 때 사용된다. 특히 믿지 않는 유대인들과 예수께서 논쟁할 때 자주 나온다(참조. 5:24, 38, 46, 47, 47; 8:31, 45, 46; 10:37, 38; 비교. 10:25, 26). 이 용례들은 여격과 함께 사용된 경우라도 이런 구문 자체가 항상 믿음의 궁극적 목적인 예수 또는 그분의 말씀을 믿음의 대상으로 삼지는 않음을 보여준다.

셋째, 접속사 '호티'(ὅτι)와 연결되는 종속절(subordinating clause)과 함께 사용된다. 한글 성경은 '~이라고 믿다'로 번역하며, 요한복음에 총 13회 나온다.³⁵ 이 어법은 예수의 정체와 기원, 하나님 아버지로부터 보내심을 받은 사역(11:42; 16:27; 17:8, 21), 예수와 하나님과의 친밀한 관계(14:10) 등과 같이 믿음의 내용을 묘사할 때 사용된다.³⁶ 이런 구문에서 믿음은 모두 기독론적인 내

---

32 요한복음의 저자는 '사랑'을 뜻하는 단어를 사용할 때도 명사 '아가페'(ἀγάπη, '사랑')보다 동사 '아가판'(ἀγαπᾶν, '사랑하다')을 더 선호한다.
33 2:11; 3:16, 18, 36; 4:39; 6:29, 35, 40; 7:5, 31, 38, 39, 48; 8:30; 9:35, 36; 10:42; 11:25, 26, 45, 48; 12:11, 36, 37, 42, 44(2회), 46; 14:1, 12; 16:9; 17:20.
34 2:22; 4:21, 50; 5:24, 38, 46(2회), 47(2회); 6:30; 8:31, 45, 46; 10:37, 38(2회); 12:38(구약의 인용에서); 14:11.
35 4:21; 6:69; 8:24; 11:27, 42; 13:19; 14:10, 11; 16:27, 30; 17:8, 21; 20:31.
36 Kysar, *Preaching John*, 62-63을 참조하라.

용을 의미한다. 다시 말하면, 이런 문장 구조는 예수 그리스도가 믿음의 유일한 대상이자 내용이라는 사실을 확인해 준다.[37] 이 어법은 믿음이란 예수가 하나님의 아들 메시아이며, 하나님으로부터 오신 분이라고 고백하는 기독론적 확신임을 나타내 준다.

넷째, '피스튜에인'이 목적격이나 여격 또는 종속절과 관계없이 독립적 용법으로 사용된다. 요한복음에 총 30회 나온다.[38] 이 독립적 용법은 대부분 믿음의 대상을 명백히 지시하지 않지만(참조. 4:53; 9:38; 11:15, 40), 때로 예수를 믿는 믿음과 밀접하게 연결되어 있어서 그 의미가 매우 분명히 드러나는 경우도 있다(참조. 3:18; 4:39, 41; 6:40, 47; 9:36). 이 용법은 그리스도인의 헌신을 간결하게 묘사하는 표현으로 볼 수도 있다.[39] 그러나 모든 독립적 용법이 항상 진정한 믿음을 의미한다고 단정하는 것은 매우 조심스러운 판단이 전제되어야 한다.

저자가 믿음의 다양한 단계를 다양한 어법으로 소개하는 이유는 믿음이 단 한 번의 경험으로 생기는 것이 아니라 믿음에는 지속적으로 발전시켜 나가야 하는 역동적인 특성이 있음을 보여 주기 위함이다.[40] 그래서 헬라어 명사 '피스티스'를 단 한 번도 사용하지 않고 동사 '피스튜에인'을 반복해서 사용한 것이다. 저자는 예수를 하나님의 아들, 메시아로 인식하지 못하는 사람들을 향해 예수께 나아오는 행동을 강조하기 위하여 '피스튜에인'을 사용하는 것 같다. 그리고 예수를 믿기는 하지만 아직 믿음의 성숙 단계에 이르지 못한 사람들을 향하여 중단하지 말고 지속적으로 예수께 나아오라고 격려하며 자극하기 위해 의도적으로 '피스튜에인'을 사용한다고 볼 수 있다.

---

37 Schnackenburg, *John*, I, 563.
38 1:7, 50; 3:12(2회); 15:18; 4:41, 42, 48, 53; 5:44; 6:36, 47, 64(2회); 9:38; 10:25, 26; 11:15, 40; 12:39; 14:11, 29; 16:31; 19:35; 20:8, 25, 29(2회), 31.
39 France, 'Faith', 225을 보라.
40 Guthrie, *New Testament Theology*, 583을 보라.

6. 요한복음의 저자

요한복음의 저자를 '예수께서 사랑하시는 제자', 즉, 세베대의 아들, 사도 요한이라고 이해하는 것이 전통적인 견해이다(참조. 마 4:21; 막 1:19; 눅 5:10). '베드로가 돌이켜 예수께서 사랑하시는 그 제자가 따르는 것을 보니 그는 만찬석에서 예수의 품에 의지하여 주님 주님을 파는 자가 누구오니이까 묻던 자더라'(21:20)와 '이 일들을 증언하고 이 일들을 기록한 제자가 이 사람이라 우리는 그의 증언이 참된 줄 아노라'(21:24)에 등장하는 인물을 사도 요한이라고 보는 것이다. 이에 대한 증거를 유세비우스(Eusebius)의 교회사(*Historia Ecclesiae*)와 무라토리 정경(Canon Muratori)에서 찾아볼 수 있다.[41] 요한복음의 저자를 사도 요한이 아닌 장로 요한으로 보기도 한다.[42] 하지만 사도 요한이 장로 요한으로도 불렸을 가능성이 있다. 사도 베드로도 자신을 장로로 소개한다. "너희 중 장로들에게 권하노니 나는 함께 장로 된 자요 그리스도의 고난의 증인이요 나타날 영광에 참여할 자니라"(벧전 5:1).

요한복음 본문 안에서 추측할 수 있는 저자의 정체는 다음과 같다.

첫째, 저자는 1:14에서 '우리가 그의 영광을 보았다'라고 언급하면서 현장 증인(eyewitness)으로 자신을 묘사한다. 요한복음에서는 '예수께서 사랑하시는 제자'가 현장 증인으로 종종 묘사된다(참조. 19:23-27, 35; 20:2-10; 21:7).[43]

둘째, 21:20, 24에 의하면 그 이름을 분명히 알 수는 없지만 열두 제자 중 한 명임은 틀림없다. 이 사람은 '예수께서 사랑하시는 제자'로, 유월절 전에 최후의 만찬에 참석했던 제자 중 한 사람이다(13:23). 또한 이 제자는 대제사장이나 관리들과 친분이 있었다(18:15-16). '예수께서 사랑하시는 제자'는 요한

---

[41] 유세비우스의 교회사(Historia Ecclesiae=*HE*)에 의하면 이레니우스(*HE* 5.8), 알렉산드리아의 클레멘트(*HE* 6.14), 오리겐(*HE* 6.25,7)이 요한복음의 저자로 사도 요한을 언급한다.
[42] Hengel, *Johannine Question*, 74-108; Bauckham, 'Papias and Polycrates', 24-69; idem., 'Beloved Disciple', 21-44을 참조하라.
[43] Bauckham, *Jesus and the Eyewitnesses*, 358-83을 참조하라.

복음에서 베드로와 짝을 이루어 자주 등장한다(13:23-24; 18:15; 20:3; 21:20).⁴⁴ 공관복음에 의하면 베드로와 함께 자주 등장하는 제자는 요한과 야고보이다(마 17:1; 막 5:37; 9:2; 눅 8:51; 9:28).

셋째, 팔레스타인의 지리에 익숙했다. '요단 강 건너편 베다니'(1:28), '베다니는 예루살렘에서 가깝기가 한 오리쯤'(11:18), '갈릴리'(1:43), '벳새다'(1:44), '갈릴리 가나'(2:1; 4:46; 21:2), '사마리아'(4:3-4), '예루살렘의 양문 곁의 베데스다'(5:2), '디베랴의 갈릴리 바다'(6:1, 23; 21:1), '실로암'(9:11), '기드론 시내 건너편'(18:1) 등은 팔레스타인의 지리에 익숙한 사람이 아니라면 알 수도 없고 표현할 수도 없는 내용들이다.

넷째, 당시 사마리아인과 유대인 사이의 사회적·문화적 관습을 잘 알고 있었다. 예수께서 사마리아 여성과 대화를 나눌 때 그 여성이 보인 반응에 대해 저자는 '유대인이 사마리아인과 상종하지 아니함이러라'(4:9)라고 설명한다.

다섯째, 유대교의 종교적 관습을 잘 알았다. (1) 유대교의 절기인 유월절(2:13; 6:4; 19:14), 초막절(7:2), 성전 봉헌절, 또는 수전절(10:22), 그리고 안식일(5:9; 9:15; 19:31)을 언급한다. (2) 가나 혼례 장소에 있던 여섯 개의 돌 항아리가 '유대인의 정결 예식'(2:6)을 위한 용도라고 설명한다. (3) '할례는 모세에게서 난 것이 아니요 조상들에게서 난 것이라'(7:22)라는 유대인의 율법 규정을 설명하고, 초막절의 끝 날이 '큰 날'(7:37)이라고 말한다. (4) 유월절의 정결 예식을 설명한다(11:55; 18:28). (5) 구약성경을 직접 인용하거나 간접적으로 암시한다(1:23; 2:17; 6:31, 45; 7:38, 42; 8:17; 10:34; 12:15, 34, 38-40; 13:18; 15:25; 17:12; 19:24, 28, 36, 37). 이는 모두 저자가 유대인의 종교 문화에 대해 해박하다는 증거이다.

여섯째, 아람어와 헬라어에 익숙했고, 라틴어도 어느 정도 알고 있었다. 저자는 '랍비'(1:38), '메시야'(1:41), '게바'(1:42), '실로암'(9:7)을 헬라어로 번역하여 제시한다. 또한 '베데스다'(5:2), '가바다'(19:13), '랍오니'(20:16)라는 단어가 히브리어[45]라는 사실을 밝히고 그 의미를 설명한다. 그리고 예수의 십자가 위

44　Bauckham, *Jesus and the Eyewitnesses*, 384-411을 참조하라.
45　저자가 말하는 히브리어는 당시 사람들이 통용하던 아람어이다.

에 '나사렛 예수 유대인의 왕이라'라고 쓰인 이름표가 붙어 있었는데 이 글이 아람어와 라틴어와 헬라어로 기록되었다고 설명한다(19:19-20). 나아가서, 당시 유대와 로마 사이의 정치적 관계(11:48)와 로마의 문화까지도 파악하고 있었던 것 같다. 이는 공관복음에는 나오지 않는, 로마의 공식 지명(地名)인 '디베랴'를 사용하는 것에서 추측할 수 있다(6:1, 23; 21:1).

이러한 여러 가지 정황 증거로 미루어 볼 때 초대 교회의 전통이 여전히 수용 가능하기에 요한복음의 저자는 사도 요한이라고 말할 수 있다.

7. 요한복음의 기록 시기

기록 시기를 정확하게 알기란 현재로서 매우 어려운 실정이다. 본문에서 언급되는 상황과 복음서 외부의 증거를 토대로 시기를 추정할 수 있을 뿐이다.

첫째, 베드로의 순교가 암시된 부분을 보고 추측할 수 있다. "내가 진실로 진실로 네게 이르노니 네가 젊어서는 스스로 띠 띠고 원하는 곳으로 다녔거니와 늙어서는 네 팔을 벌리리니 남이 네게 띠 띠우고 원하지 아니하는 곳으로 데려가리라 이 말씀을 하심은 베드로가 어떠한 죽음으로 하나님께 영광을 돌릴 것을 가리키심이러라 이 말씀을 하시고 베드로에게 이르시되 나를 따르라 하시니"(21:18-19). 베드로는 로마의 황제 네로(Nero)가 기독교인들을 박해하기 위하여 CE 64년에 일으킨 대화재 사건 때 십자가에 거꾸로 매달려 화형 당하였다고 전해진다.[46] 그렇다면 요한복음의 집필 시기는 아무리 빨리 잡아도 CE 65년 이후일 것이다.

둘째, 요한복음에는 공관복음(참조. 마 3:7; 16:1, 6, 11, 12; 22:23, 34; 막 12:18; 눅 20:27)과 사도행전(행 4:1; 5:17; 23:6-8)에 등장하는 사두개인에 대한 언급이 전혀 없다. 사두개인들은 CE 70년 이전 유대와 예루살렘에서 성전을 중심으로 제

---

46   Perkins, *Peter*, 131-50을 참조하라.

사장들과 함께 많은 종교적 역할을 감당하며 특권을 누렸던 유대교 종파 가운데 하나이다.[47] 이들에 대한 언급이 전혀 없다는 사실은 예루살렘 성전이 파괴되어 더 이상 이들의 종교적 활동이 이루어지지 않았고, 이로 인하여 이스라엘 역사에서 사두개파가 자취를 감추었다는 암시로 볼 수 있다. 그렇다면 이 복음서는 CE 65년 이후보다 훨씬 늦은 시기인 CE 70년 이후에 기록되었다고 추정할 수 있다.

셋째, 요한복음에서는 공관복음에 전혀 나오지 않는 종교 전문 용어인 '아포쉬나고고스'(ἀποσυνάγωγος, '출교')가 세 번 사용되었다(9:22; 12:42; 16:2). 이 단어는 신약성경에서 유일하게 요한복음에만 나오는데, 유대교 회당에서 추방하는 '출교'를 의미한다. 이 단어가 CE 90년경에 모인 얌니아 회의(the Council of Jamnia) 때 사용되었다.[48] 이 회의에서 유대인들은 예수를 그리스도로 믿고 고백하는 유대인을 회당에서 추방하기로 결의하였다. 그리고 매일 기도드릴 때 사용하는 '18축복 기도문'('비르카트 하미님', ברכת המינים, the Eighteen Benedictions)의 12번째 기도문(the Twelfth prayer) 속에 거만한 이방인들 또는 이단자들[49]을 저주하는 부정적인 내용을 삽입했다.[50] 요한복음에서 이 단어를 사용했다는 것은 당시 공식적인 출교는 없었을지라도 이와 같은 상황을 알고는 있었다는 확실한 증거이다. 그렇다면 복음서의 집필 시기가 아무리 빨라도 CE 90년 이후일 것이라는 추측이 가능하다. 더 정확하게 말하면, CE 90년 이후 기독교인들을 조직적이고 체계적으로 박해하기 시작한 시기이다.

넷째, 하지만 언제 완성되었는지 확정하기가 쉽지 않다. 다만, 이집트에서 발견된 라이랜즈 파피루스(The Rylands Papyrus 457)(=P[52])[51]와 에저톤 파피루

---

47 Carson, 『요한복음』, 148; 사두개인에 대한 더 자세한 정보는 Porton, 'Sadducees', *ABD*, V, 892-95을 참조하라.
48 얌니아 회의에 대해서는 Schrage, 'ἀποσυνάγωγος', *TDNT*, VII, 848-52; Lewis, 'Jamnia (Jabneh)', *ABD*, III, 634-37을 참조하라; '출교'에 대한 더 자세한 논의는 본서 9:22의 주석을 참조하라.
49 아마도 예수를 믿는 그리스도인들이 포함되어 있었을 것이다.
50 van der Watt, *Johannine Gospel and Letters*, 113.
51 요한복음 18:31-33, 37-38이 포함되어 있고, 약 CE 125년경에 제작된 것으로, 현재 영국

스(The Egerton Papyrus II)⁵²에 의하면, 요한복음이 CE 90년 이후 100년 이전에 기록되었을 가능성이 있다. 라이랜즈 파피루스와 에저톤 파피루스가 2세기 초에 이집트에 존재했다는 증거는 그 사본들이 제작되기 이전 최소한 20-30년 전에 요한복음의 정경성과 가치를 인정했다는 의미이다. 따라서 요한복음이 아무리 늦어도 CE 100전에 이미 완성되어 널리 읽혔음을 알 수 있다. 더욱이 보드머 파피루스(Papyrus Bodmer II)(=P⁶⁶)⁵³와 옥시린쿠스 파피루스(The Oxyrhynchus Papyri)(=P⁹⁰)⁵⁴는 2세기 초기 이후에 요한복음이 널리 통용되어 읽혔음을 암시한다.

결론적으로, 앞에서 언급한 것처럼 복음서 자체가 암시하는 처음 두 가지 정황과 이 복음서의 외부 증거 및 요한복음 사본들의 증거를 토대로 이 복음서의 기록 연대를 추정하면 CE 90-100년 사이이라고 할 수 있다.

8. 요한복음의 기록 장소와 목적

요한복음 연구자들은 요한복음이 기록된 장소를 에베소, 알렉산드리아, 안디옥 중 한 도시라고 추정한다.⁵⁵ 하지만 대부분의 학자가 전통적인 견해를 따라 에베소를 최종 집필 장소로 본다. 최근에 에베소와 관련된 고고학 자료의 연구가 이를 더욱 뒷받침해 준다.⁵⁶

요한복음의 집필 목적은 20:30-31에 분명하게 나온다. "예수께서 제자들

Manchester의 John Rylands Library에 소장되어 있다.
52 이 사본은 현재 London British Museum에 소장되어 있고, 약 CE 120-130년경에 제작된 것으로 추정된다.
53 파피루스 P⁶⁶에는 요한복음 1:1-21:9의 대부분이 포함되어 있고, 약 2세기경에 제작되었으며, 현재 스위스 Geneva 근처의 Cologny에 있는 Bibliotheca Bodmeriana Library에 소장되어 있다.
54 요한복음 18:36-19:7이 포함되어 있고, 현재 영국 Oxford의 Ashmolean Museum에 소장되어 있고, 약 2세기경에 제작되었다.
55 Beasley-Murray, *John*, lxxv-lxxxi를 참조하라.
56 van Tilborg, *Reading John in Ephesus*; Kalantzis, 'Ephesus as a Roman', 103-119; Horsley, 'Inscriptions of Ephesos', 105-68을 참조하라.

앞에서 이 책에 기록되지 아니한 다른 표적도 많이 행하셨으나 오직 이것을 기록함은 너희로 예수께서 하나님의 아들 그리스도이심을 믿게 하려 함이요 또 너희로 믿고 그 이름을 힘입어 생명을 얻게 하려 함이니라." 즉, 예수를 하나님의 아들, 그리스도로 소개하고 그분을 믿어 영생을 얻게 하려는 데 그 목적이 있다. 그러므로 요한복음의 주제도 예수가 누구인지, 믿음이란 무엇인지, 영생이란 무엇인지를 설명하는 내용에 초점이 맞추어져 있다.

9. 요한복음의 수신자

요한복음의 처음 수신자가 누구였는지 정확하게 알기는 어렵다. 추측하건대 아마도 유대인들과 사마리아인들, 그리고 그리스 사람들을 포함한 온 세상의 모든 사람인 것 같다. 그 내용이 본문 속에서 암시된다. 첫째, 구원이 유대인에게서 난다(4:22)고 명시적으로 언급한다. 둘째, 사마리아 여성과의 대화(4장)를 통해서 사마리아인들에게도 예수 그리스도를 알린다. 셋째, 헬라 사람들이 예수를 만나는 장면이 나온다(12:20-26). 넷째, '우리에 들지 아니한 다른 양들'(10:16)은 유대인들이 아닌 다른 이방인들을 가리킨다.

요약하면, 요한복음의 일차적인 독자는 팔레스타인 거주 유대인들과 디아스포라 유대인들이다. 그리고 사마리아 사람들이 포함되었을 것이다. 나아가서, '하나님이 세상을 이처럼 사랑하사'(3:16)와 '세상의 구주'(4:42), 그리고 '헬라인'(12:20-26)의 언급에서 볼 수 있듯이 저자가 모든 인류를 수신자로 고려하고 있음을 알 수 있다. 이런 점에서 요한복음의 수신자는 모든 인류이다.

10. 요한복음의 종교적·문화적 배경

요한복음은 헬라 문화보다는 유대 문화의 배경, 즉 구약성경의 배경과 밀접한 관계가 있다.[57] 물론 1장에 나오는 로고스가 그리스 문화의 배경을 암시하는 것 같지만 전체적으로는 유대의 종교적·문화적 배경이 지배적으로 나타난다. 그 예들은 다음과 같다.

첫째, 요한복음에는 구약에 대한 간접 암시와 구약의 직접 인용이 많이 나온다(1:23; 2:17; 6:31, 45; 7:38, 42; 8:17; 10:34; 12:15, 34, 38-40; 13:18; 15:25; 17:12; 19:24, 28, 36, 37).[58] 인용된 구약성경은 본문 이해에 크게 도움을 준다.

둘째, 구약성경의 인물들인 아브라함(8:33, 37, 39[2회], 40, 52, 53, 56, 57, 58), 모세(1:17, 45; 3:14; 5:45, 46; 6:32; 7:19, 22, 23; 8:5; 9:28, 29), 그리고 엘리야(1:21, 25) 등이 이 복음서에서 그리스도와 관련하여 중요한 역할을 한다. 이 인물들은 세례자 요한을 이해하고 나아가 이 복음서 전체를 이해하는 데 중요한 해석의 열쇠를 제공한다.

셋째, 요한복음에 등장하는 안식일(5:10; 9:15; 19:31), 유월절(2:13; 6:4; 18:39; 19:14), 초막절(7:2), 수전절(10:22) 등은 이 복음서가 구약성경적인 배경을 가졌음을 알려 준다. 또한 '유대인', '바리새인', '레위인', '제사장' 등의 단어 사용도 요한복음의 구약성경적인 배경을 잘 보여 준다.

11. 요한복음의 문학 구조

요한복음을 이해하기 위해서는 문학적으로 분석하고 그 내용을 살펴보아야 한다. 저자는 다양한 문학적 장치와 특징을 사용하는데 즉, 등장인물의 묘사, 구성, 상징(참조. 4:14; 7:37-38), 순환 기법(Inclusio), 대칭 구조(Chiasm), 풍자(Irony), 오해(Misunderstanding, 참조. 2:19-21; 3:3-4; 4:10-11; 6:26-27; 8:33-35; 11:11-13), 서사 문체 및 시간(Narrative and Time), 이중 의미의 용어(Double Entendre,

---

57   종교적·문화적 배경에 대해서는 Brown, 『요한복음, I』, 69-89; Barrett, 『요한복음(I)』, 51-71; Keener, *John*, I, 171-232을 참조하라.
58   구약 인용에 대한 자세한 논의는 Menken, *Old Testament Quotations*; Westermann, *Gospel of John*을 참조하라.

Twofold Meanings, 참조. 3:14; 8:28; 9:4; 12:34), 시적 문체(Poetic Format, 참조. 1:1-18; 17장), 저자의 설명 또는 해설(Author's Comment 또는 Footnote, 참조. 1:41, 42; 2:6, 22; 4:9b; 7:39; 9:7; 11:16) 등을 살펴보는 것은 본문 이해에 매우 큰 도움을 준다.[59]

요한복음은 현재의 장절을 기준으로 그 내용과 주제에 따라 다음과 같이 일곱 개의 중심 단락으로 구분할 수 있다.[60]

(1) 1:1-51 서론의 역할을 하는 1장은 요한복음의 시작을 알리며, 성육신 하신 예수와 세례자 요한 및 예수의 제자들을 소개한다(1:1-51). 그리고 가장 중요한 신학 주제 가운데 하나인 '예수는 누구인가'라는 질문에 대답하기 위한 안내자 역할을 한다.[61] 하지만 그동안 대부분의 학자가 단지 1:1-18만을 서론으로 간주하였다. 이 짧은 단락을 서론으로 보면 예수에게 매우 제한된 기독론의 명칭들이 사용된다. 즉 '말씀'('로고스', λόγος, 1, 14절), '하나님'('떼오스', θεός, 1, 2, 6, 12, 18절), '독생자'('모노게네스', μονογενής, 14, 18절; 참조. 3:16, 18), '오시는 이'('엘코메노스', ἐρχόμενος, 15절),[62] 그리고 '그리스도'('크리스토스', Χριστός, 17절)이다.

반면에 19-51절에서는 이 복음서에 등장하는 중요한 기독론의 명칭들이 모두 사용된다. '하나님의 어린 양'(29, 36절), '성령으로 세례를 베푸는 이'(33절), '랍비'(38, 49절), '메시야'(41절), '요셉의 아들 나사렛 예수'(45절), '하나님의 아들'(34, 49절), '이스라엘의 임금'(49절), 그리고 '인자'(51절)이다. 요한복음의 핵심 주제가 기독론임을 고려할 때 기독론과 관련된 명칭이 모두 등장하

---

59 문체에 대해서는 Brown, 『요한복음, I』, 194-98; Barrett, 『요한복음(I)』, 20-34을 참조하라.
60 요한복음을 비롯한 신약성경의 장(Chapter)은 캔터베리의 대주교(the Archbishop of Canterbury)인 Stephen Langton(1150/55-1228)이 1205년에 구분했고, 절(Verse)은 파리의 인쇄업자 중 한 명인 Robert Estienne(Stphanus, 1503-1559)이 1551에 신약성경을 출판하면서 처음으로 구분했다. 그 후 몇몇 수정이 있었지만, 대체로 그들이 분류한 것을 현재까지 사용하고 있다. Cross and Livingstone (eds.), *Oxford Dictionary of the Christian Church*, 950; K. Aland and B. Aland, *Text of the New Testament*, 6-7; Greenlee, *Textual Criticism*, 64을 참조하라.
61 일반적으로 한 책의 서론은 전체 내용을 간략하게 조망해 주는 안내자 역할을 하는데, 이것은 자주 반복하여 사용되는 단어, 전체를 아우를 수 있는 중요한 신학 사상 또는 사상의 암시, 그리고 특이한 문학 구조 등을 통해서 확인할 수 있다. 요한복음의 서론과 관련된 논의는 조석민, 『요한복음의 새관점』, 49-73을 참조하라.
62 요한복음에서 '오시는 이'는 기독론의 명칭으로 사용된다(참조. 3:31; 6:14, 35; 11:27; 12:13). 이와 관련된 논의는 Cho, *Jesus as Prophet*, 263-64을 참조하라.

는 1장 전체를 서론으로 확장하여 이해하는 것이 적절해 보인다. 더욱이 세례자 요한이 예수의 증인으로 6-8, 15절에 등장하는데, 19-42절과 그 이후에도 지속적으로 나온다. 이런 점을 고려하면 서론을 1-18절로 제한하기보다 19-51절을 모두 포함하는 1장 전체로 이해하는 것이 적절하다.[63]

(2) 2:1-4:54 갈릴리 가나에서 일어난 두 표적과 예수를 만난 사람들을 묘사한다. 가나의 두 표적은 이 단락의 문학 구조에서 처음과 마지막에 각각 위치하여 다음과 같이 인클루지오(inclusio)를 형성하면서 교차 대칭 구조(chiastic structure)를 이룬다.

   A 갈릴리 가나에서 일어난 첫 번째 표적(2:1-12)
      B 예수의 성전 사건과 사람들의 반응(2:13-25)
         C 예수와 니고데모(3:1-21)
            D 예수와 세례자 요한(3:22-36)
         C′ 예수와 사마리아 여성(4:1-42)
      B′ 예수의 선지자적 자의식(4:43-45)
   A′ 갈릴리 가나에서 일어난 두 번째 표적(4:46-54)

이 구조에서 A단락(2:1-12)은 A′단락(4:46-54)과 서로 대칭을 이루면서 갈릴리 가나에서 행하신 예수의 표적을 기술한다. B단락(2:13-25)과 B′단락(4:43-45)은 각각 예수의 선지자로서의 행위와 자의식을 통해 드러난 정체성과 관련하여 서로 대칭을 이룬다. B단락에 기록된, 성전에서의 예수의 행동은 구약성경의 선지자와 같은 행동으로, 그분의 선지자로서의 직분을 암시하고 있다.[64] B′단락은 저자의 설명인데, 예수께서 '선지자가 고향에서는 높임을 받지 못

---

63 세례자 요한은 예수를 증언하는 매우 중요한 역할을 담당하는 등장인물로서, 1:6-8, 15, 19-42 이후에도 3:22-30; 5:33-36; 10:40-42에 계속해서 나온다.
64 2:13-22은 예수의 성전 사건을 기술한 내용이다. 여기에서는 예수가 성전을 중심으로 유대인들에게 경고의 메시지를 선포한, 구약성경의 선지자와 같다고 암시한다. 이런 논의에 대해서는 Cho, *Jesus as Prophet*, 111-19을 참조하라.

한다'(4:44)라고 스스로 증언하신 예수의 선지자 직분에 대한 자의식을 설명한다. C단락(3:1-21)과 C′ 단락(4:1-42)은 예수를 만나 대화한 두 사람이 각각 대조를 이룬다. C단락은 유대인 남성인 니고데모가 밤에 예수를 찾아와 대화한 내용이고, C′ 단락은 이름이 알려지지 않은 사마리아 여성을 예수께서 찾아가셔서 만나 대화하신 내용이다.[65] D단락(3:22-36)은 전체의 교차 대칭 구조 속에서 핵심 단락으로, 예수가 누구인지에 대하여 세례자 요한과 비교하면서 예수의 정체성을 기술한다.

(3) 5:1-10:42 유대인의 명절과 예수의 표적이 소개된다. 이 단락에서는 유대인의 명절인 유월절, 초막절, 수전절이 모두 소개된다. 유대인의 명절이 5:1에 나오는데 이 명절이 유대인의 어떤 명절인지는 알 수 없다. 6:4에서는 유월절을 언급하고, 뒤를 이어 오병이어 표적 사건(6:1-15)과 갈릴리 바다 위를 걸어서 제자들의 배에 오르신 사건(6:16-29), 그리고 생명의 떡에 대한 예수의 긴 강화(6:30-59)와 예수를 떠나는 제자들(6:60-71)이 소개된다. 초막절이 7:2에 나오며, 이 절기에 예수가 태어나면서부터 눈먼 사람을 안식일에 고쳐 주신 표적 사건이 기술된다(9:1-38). 마지막으로, 수전절이 10:22에 나오고, 이 절기 때 예수께서 '나와 아버지는 하나이니라'(10:30)라고 선언하신다.

(4) 11:1-12:50 죽은 나사로의 부활 표적이 서술되고, 예수의 죽음과 부활이 예고된다. 11장은 예수께서 병들어 죽은 나사로를 다시 살리신 표적 사건에 대한 기록으로, 공관복음에는 나오지 않는 매우 독특한 내용이다. 12장은 나사로가 살아난 후에 마르다와 마리아가 예수를 위하여 감사의 잔치를 여는 장면이다. 11장은 12장과 긴밀하게 연결되어 있다. 예수께서 죽은 나사로를 살리신 일은 예수의 예언적 표적(Jesus' prophetic sign)으로, 자신의 죽음과 부활을 미리 암시하는 역할을 한다.

2-4장에 기록된 갈릴리 가나의 두 표적(2:1-12; 4:46-54)과 5-10장에 나오는

---

65 2-4장의 교차 대칭 구조 속에서, 밤에 예수께 찾아온 니고데모와 오후 6시경에 예수를 만난 사마리아 여성이 모두 영적 어둠에 있는 사람으로 암시된다(사마리아 여성이 예수를 만난 시간에 대한 논의는 본서의 해당 본문 주석을 참조하라). 이들은 예수를 만나서 그분에 대한 인식이 점차 긍정적으로 변화되었지만 예수에 대한 명시적 신앙 고백은 하지 않았다(참조. 7:50-52; 19:38-42).

유대인의 명절에 발생한 세 표적(5:1-18; 6:1-15; 9:1-10:21) 사건들은 각기 독립된 사건처럼 보인다. 하지만 이 사건들은 '예수의 십자가 죽음과 부활의 영광'이라는 주제와 서로 긴밀하게 연결되어 있고, 이 주제를 향하여 점진적으로 나아간다.

(5) 13:1-17:26 예수의 최후 만찬과 유언 같은 고별 설교, 그리고 제자들을 위한 기도가 서술된다. 이 단락은 요한복음 전체의 구조 속에서 후반부인 13-21장의 시작 부분이다. 예수께서는 죽음을 앞두고 제자들과 마지막 저녁 식사를 하는 중에 제자들의 발을 씻겨 주시고(13장), 유언 같은 고별 설교를 하시며(14-16장), 제자들을 위해 기도하신다(17장).

(6) 18:1-20:31 이 단락에서는 예수의 수난과 부활을 소개한다. 18-19장은 예수께서 기드론 시내 건너편 동산에서 체포되어 유대인들과 안나스, 그리고 빌라도와 그의 군인들에게 고난을 당하시고, 십자가 위에서 운명하시는 내용이다. 이어지는 20장은 무덤에 장사된 예수께서 다시 살아나시어 제자들을 만나고, 평화를 선언하시는 내용이다. 20장의 마지막 부분에서 저자가 이 복음서의 기록 목적을 분명히 밝힌다(20:30-31).

(7) 21:1-25 부록의 역할을 하는 21장의 중심 주제는 부활하신 예수께서 베드로에게 나타나신 사건이다. 이 마지막 장에서는 예수께서 베드로와 대면하여 말씀하신 내용이 나오고, 저자가 이 복음서를 누가 썼는지, 그리고 집필 목적이 무엇인지를 다시 한 번 밝힌다.

요한복음의 전체 구조인 일곱 단락을 간략하게 요약하면 다음과 같다.

   I. 요한복음의 서론(1:1-51)
      1. 복음서의 시작: 성육신하신 예수와 세례자 요한 및 예수의 제자들(1:1-51)

   II. 갈릴리 가나의 두 표적과 예수를 만난 사람들(2:1-4:54)
      2. 갈릴리 가나에서 일어난 첫 번째 표적(2:1-12)
      3. 예수의 성전 사건과 사람들의 반응(2:13-25)

4. 예수와 니고데모(3:1-21)

5. 예수와 세례자 요한(3:22-36)

6. 예수와 사마리아 여성(4:1-42)

7. 예수의 선지자적 자의식(4:43-45)

8. 갈릴리 가나에서 일어난 두 번째 표적(4:46-54)

III. 유대인의 명절과 예수의 표적 사건(5:1-10:42)

9. 안식일에 일어난 첫 번째 표적(5:1-47)

10. 유월절 표적(6:1-71)

11. 초막절과 예수의 정체성(7:1-8:59)

12. 안식일에 일어난 두 번째 표적과 수전절의 예수(9:1-10:42)

IV. 병들어 죽은 나사로의 부활과 예수의 죽음 암시(11:1-12:50)

13. 병들어 죽은 나사로를 살려 내신 예수의 표적(11:1-44)

14. 예수와 산헤드린 공회(11:45-57)

15. 예수의 죽음 암시(12:1-50)

V. 예수의 최후 만찬과 고별 설교 및 기도(13:1-17:26)

16. 예수의 세족 행위와 최후 만찬(13:1-30)

17. 예수의 고별 설교(13:31-16:33)

18. 예수의 기도(17:1-26)

VI. 예수의 수난과 부활(18:1-20:31)

19. 예수의 수난과 십자가 죽음(18:1-19:42)

20. 예수의 부활과 복음서의 기록 목적(20:1-31)

VII. 부록: 부활하신 예수의 현현(21:1-25)

21. 부활하신 예수의 현현(21:1-25)

I. 요한복음의 서론

1:1–51

요한복음의 시작은 공관복음의 서두(序頭)와 비교할 때 뚜렷한 차이가 있다. 마태복음은 예수의 족보(마 1:1-17)와 탄생 이야기(마 1:18-25)로 시작된다. 마가복음은 그 이야기가 생략되고 세례자 요한의 사역(막 1:1-15)이 소개된다. 누가복음은 세례자 요한의 탄생 이야기(눅 1:1-80) 다음에 예수의 탄생 이야기(눅 2:1-20)가 나온다. 공관복음과 달리 요한복음은 선재(先在)하신 '로고스'(the pre-existent Logos)에 대한 내용으로 시작된다.

1. 복음서의 시작: 성육신하신 예수와 세례자 요한 및 예수의 제자들(1:1-51)

요한복음의 서론인 1:1-51은 다섯 단락으로 구분된다. 첫 번째 단락(1:1-18)에서 저자는 하나님이신 '로고스'가 사람의 몸으로 이 세상에 오신 것을 묘사한다. 두 번째 단락(1:19-28)에서는 '세례자 요한'(John the Baptist)[1]의 정체성과 역할을 서술하면서 그가 예수의 증인으로서 중요한 역할을 한다고 밝힌다. 세 번째 단락(1:29-34)은 하나님의 어린양이신 예수를 세례자 요한이 증언하는 내용이다. 네 번째 단락(1:35-42)에서는 세례자 요한의 두 제자인 안드레와 이름이 알려지지 않은 제자를 소개하고, 그 제자들이 예수를 따르는 제자가 되는 상황을 보여 준다. 마지막으로, 다섯 번째 단락(1:43-51)에서는 예수께서 빌립과 나다나엘을 그분의 제자로 부르시는 사건을 그린다.

1장 전체의 문학 구조를 요약하면 아래와 같다.

사람의 몸으로 세상에 오신 '로고스'(1:1-18)
세례자 요한의 정체성과 역할(1:19-28)
하나님의 어린양 예수(1:29-34)

---

[1] 본서에서 '세례자 요한'이라는 명칭은 '세례(침례) 요한'을 가리키며, 요한복음에서는 사용되지 않은 공관복음의 표현 '요안네스 호 밥티스테스'(Ἰωάννης ὁ βαπτιστής)를 의미한다(참조. 마 3:1; 막 1:4; 눅 7:20).

세례자 요한의 두 제자(1:35-42)

예수의 제자들: 빌립과 나다나엘(1:43-51)

1.1. 사람의 몸으로 세상에 오신 '로고스'(1:1-18)[2]

요한복음이 '로고스'에 대한 내용으로 시작하는 이유는 '로고스'가 하나님의 아들, 예수 그리스도이시며, 이 세상에 사람의 몸으로 오셔서 구원을 이루시는 주체로, 요한복음 전체의 핵심 주제이기 때문이다. 요한복음은 '로고스'가 하나님이시며, 하나님의 창조 사역에 참여하였고, 창세전에 하나님과 함께 존재했으며, 생명이시고, 어두운 이 세상에 빛으로 오신 예수 그리스도이심을 보여 준다. 이런 의미를 담아내기 위하여 저자는 교차 대칭 구조(chiastic structure)를 사용한다.[3]

    A 말씀(1-5절)

        B 세례자 요한(6-8절)

            C 세상의 참빛(9-11절)

                D 하나님의 자녀(12-13절)

            C′ 성육신(14절)

        B′ 세례자 요한의 증언(15절)

    A′ 은혜와 진리(16-18절)

A단락(1-5절)에서는 말씀('로고스')이신 하나님을 소개하고, 그 대칭을 이루는 A′단락(16-18절)에서는 그 말씀이 사람의 몸으로 세상에 오신 독생자(獨生子)이며 그를 통해서 하나님이 계시되었다고 서술한다. B단락(6-8절)에서는 세례자 요한이 빛에 대하여 증언하는 자임을 설명하고, 그 대칭이 되는 B′ 단락

---

[2] 이 단락의 구조와 석의에 대한 자세한 논의는 조석민, 『요한복음의 새관점』, 49-73을 참조하라.

[3] Talbert, *John*, 66-67; Staley, *Print's First Kiss*, 52-57을 보라.

(15절)에서는 빛으로 오신 예수 그리스도를 증언하는 세례자 요한을 다시 강조한다. C단락(9-11절)에서는 이 세상의 참빛으로 오신 예수를 묘사하고, 그 대칭이 되는 C′ 단락(14절)에서는 말씀이 이 세상에 사람의 몸으로 와서 우리 가운데 거주한다고 강조한다.

D단락(12-13절)은 이 교차 대칭 구조의 중심축으로, 가장 중요한 핵심 내용이 들어 있다. 이 단락에서는 '로고스'가 육신이 되었고 또한 생명과 빛을 가져왔다고 강조하면서, 누구든지 말씀과 빛으로 오신 예수를 영접하고 그 이름을 믿으면 하나님의 자녀가 된다고 설명한다. D단락은 요한복음 전체의 기록 목적과도 잘 조화된다(참조. 20:30-31).

1.1.1. '로고스'(1:1-5)

¹ 태초에 말씀이 계시니라 이 말씀이 하나님과 함께 계셨으니 이 말씀은 곧 하나님이시니라 ² 그가 태초에 하나님과 함께 계셨고 ³ 만물이 그로 말미암아 지은 바 되었으니 지은 것이 하나도 그가 없이는 된 것이 없느니라 ⁴ 그 안에 생명이 있었으니 이 생명은 사람들의 빛이라 ⁵ 빛이 어둠에 비치되 어둠이 깨닫지 못하더라

1절 복음서의 첫 구절에서 저자는 '말씀'('로고스', λόγος)의 사역과 기능, 그리고 그의 인격적인 모습을 묘사하고, 동시에 '말씀'이 하나님이시라고 선언한다.[4] 복음서의 첫머리가 '태초에 말씀이 계시니라'로 선언된 것은 "태초에 하

---

[4] Carson, 『요한복음』, 191-202; Schnackenburg, *John*, I, 221-49; Keener, *John*, I, 364-87을 참조하라. '로고스'는 '말씀'으로 번역되어 1절에 3회, 그리고 14절에 나온다. '로고스'는 요한복음에서 기독론의 명칭 가운데 하나로, 일인칭 단수 주격으로만 1장 이후 4:37; 6:60; 7:36; 8:37; 10:37; 10:35; 12:38, 48; 14:24; 15:25; 17:17; 18:9, 32; 21:23에 지속적으로 등장한다. 스토아(Stoics) 학파에서는 '로고스'를 만물을 존재하게 하는 이성의 원리로, 인간 이성과 영혼의 본질에 속하는 것으로 이해하였다. 이들에게는 '로고스' 외에는 다른 신이 없었고, '로고스'가 존재하는 모든 것의 씨앗이었다. '로고스'에 대한 더 자세한 설명은 BDAG, 598-601; *NIDNTT*, 3, 1081-1119을 참조하라. 히브리어 구약성경의 헬라어 번역본인 칠십인역(LXX)에서는 히브리어 '다바르'('말씀')가 '로고스'로 번역되었다(*NBD*, 703). 헬라 철학자들은 '로고스'를 '이성', '학문', '발화', '메시지' 등으로 이해하였다. 특히 필로(Philo)는 '로고스'를 '세상을 이끄는 힘', '하나님의 모상', '창조의 도구', '관념 세계의

나님이 천지를 창조하시니라"(창 1:1)를 떠올리게 한다. '태초'의 헬라어 '알케' (ἀρχή)는 '시작', '처음', '기원', '근원', '원리' 등의 의미로 다양하게 번역될 수 있다(참조. BDAG, 137-38). '로고스' 곧 '말씀'의 등장은 구약성경의 지혜 문학과 유대교의 영향으로 이해될 수 있다(참조. 잠 8:23-36). 하나님께서 창조 이전에 계셨던 것처럼 '로고스'도 창조 이전에 하나님과 함께 계셨음을 요한복음은 분명히 밝힌다. 요한복음은 '로고스'의 선재(先在) 사상을 그리는 것으로 시작하는데 이 '말씀'이 하나님과 함께 존재했고 '말씀'이 곧 하나님이라고 소개한다.

2절 '로고스'가 처음부터 하나님과 함께 계셨다는 사실을 로고스를 의인화하여 다시 언급한다. 1절의 주어인 '로고스'가 2-5절, 그리고 10절에서 삼인칭 남성 단수 지시 대명사와 인칭 대명사로 쓰인 후, 14절에 다시 나온다. 이 구절들에 나오는 이 지시 대명사와 인칭 대명사를 모두 '말씀'으로 대입해서 읽으면 의미가 잘 드러난다. 1절에 이어 2절에서도 하나님과 관련하여 헬라어 전치사 '프로스'(πρός, '~과 함께', 참조. BDAG, 874)가 사용된 것은 '로고스'가 하나님과 처음부터 친밀한 관계를 맺고 있었음을 알려 준다.[5]

3절 '로고스'의 창조 사역을 밝히면서 '만물이 그로 말미암아 지은 바 되었으니 지은 것이 하나도 그가 없이는 된 것이 없느니라'라고 선언한다. 모든 것이 '로고스'를 통해서 창조되었고 '로고스' 없이는 아무것도 창조되지 않았다는 뜻이다. 창세기의 창조 모티브와 관련하여 요한복음의 새 창조 모티브가 시작되는 지점이다.[6] 창세기 1:1-31에서는 하나님의 창조 사역이 서술되는데 이 사역에 '로고스'가 함께했음이 암시된다. 이와 유사한 내용이 신약성

담지자', '피조물의 접착제', '영혼의 안내자' 등으로 이해하였다. Schenck, 『필론 입문』, 136-48을 보라.
[5] Carson, 『요한복음』, 200-201; Brown, 『요한복음, I』, 215-17; Keener, *John*, I, 367-74을 참조하라.
[6] 요한복음의 새 창조 모티브에 대한 자세한 논의는 Endo, *Creation and Christology*; 권해생, '요한복음의 새 창조 모티브', 135-75을 참조하라.

경 골로새서 1:16-17("만물이 그에게서 창조되되 하늘과 땅에서 보이는 것들과 보이지 않는 것들과 혹은 왕권들이나 주권들이나 통치자들이나 권세들이나 만물이 다 그로 말미암고 그를 위하여 창조되었고 또한 그가 만물보다 먼저 계시고 만물이 그 안에 함께 섰느니라"), 히브리서 1:2("이 모든 날 마지막에는 아들을 통하여 우리에게 말씀하셨으니 이 아들을 만유의 상속자로 세우시고 또 그로 말미암아 모든 세계를 지으셨느니라")에 나온다. 하나님의 손을 벗어난 창조물의 존재란 상상할 수 없다. 그분의 손바닥 안에서 우리의 삶이 투명하게 드러난다.

4절 '로고스'의 역할을 설명하면서 '로고스'가 하나님의 생명을 함께 소유하고 있다고 증언한다. 요한복음에서 '생명'의 헬라어 '조에'(ζωή)는 육체적 생명이 아닌 영원한 영적 생명을 의미한다.[7] 하지만 '로고스' 안에 있는 신적 생명이 어떻게 인간 존재에게 빛을 비추어 주는지에 대해서는 분명하게 설명하지 않는다. '로고스' 안에 있는 이 '생명'을 사람들의 빛이라고 비유한다. 이 빛이 '로고스'로 말미암아 비추어진다. '로고스'를 빛 자체라고 소개하는 것은 빛이 창조하신 창조주 하나님과 같은 역할과 기능을 한다는 사실을 드러내 준다. 창세기 1:3-5에 의하면 빛은 첫째 날 창조되었다. 하나님이 빛을 창조하시면서 창조 사역이 시작된 것이다. 하나님은 빛을 창조하신 후에 그 빛을 보시고 '좋다'라고 하셨다(창 1:4).[8] 하나님께서 빛에 대하여 특별한 관심이 있으셨음을 알 수 있다(참조. 8:12).

5절 빛이 어둠 가운데 비추어졌음을 선언하면서 하나님께서 빛을 창조하신 사건을 떠올리게 한다(참조. 창 1:3-5). 하지만 어둠이 그 빛을 깨닫지 못했다고 지적하면서 사람들이 빛을 인식하지 못하고 '로고스'를 배척한 사실을 암시한

---

[7] 요한복음에 '생명'으로 번역된 헬라어 '조에'(ζωή)가 36회 나오는데 그중 '영원한 생명' 곧 '영생'으로 번역된 헬라어 표현 '조에 아이오니오스'(ζωὴ αἰώνιος)는 총 17회 나온다. '생명'에 대한 더 자세한 설명은 Brown, 『요한복음, I』, 1031-36을 참조하라.

[8] 창세기 1장의 창조 기사에서 형용사 '좋은'('토브', טוב)은 창조의 둘째 날에는 사용되지 않았다(참조. 창 1:4, 10, 12, 18, 21, 25, 31). *HALOT*, 1882-83을 보라.

다. 빛으로 오신 '로고스'가 처음 세상에 오신 날부터 지금까지 계속 그 빛을 비추고 계시지만 빛을 인식하지 못하는 사람들이 있음을 알 수 있다.

1.1.2. 세례자 요한(1:6-8)

⁶ 하나님께로부터 보내심을 받은 사람이 있으니 그의 이름은 요한이라 ⁷ 그가 증언하러 왔으니 곧 빛에 대하여 증언하고 모든 사람이 자기로 말미암아 믿게 하려 함이라 ⁸ 그는 이 빛이 아니요 이 빛에 대하여 증언하러 온 자라

6절 하나님께로부터 보내진 사람의 이름이 세례자 '요한'이라고 분명하게 밝힌다. 세례자 요한을 '하나님으로부터 보내심을 받은 사람'이라고 소개한 것은 그를 선지자처럼 보이게 하려는 저자의 의도이다. 또한 이 소개를 통하여, 하나님으로부터 이 땅에 보내진 예수의 선지자적 역할을 간접적으로 드러내려는 의도도 있다.⁹ 하나님 앞에서 자신의 정체성과 이 세상에 보내진 목적을 아는 것은 그리스도인에게 매우 중요한 일이다.

7절 세례자 요한의 역할이 빛에 대하여 증언하는 것이라고 선언한다. 세례자 요한은 '로고스'가 하나님이 보내신 그분의 아들이며 빛으로 오신 예수라고 증언하는 자이다. 즉 빛으로 암시된 '로고스'(5절)를 증언하여 모든 사람으로 하여금 '로고스'이신 예수가 하나님의 아들이심을 믿게 하는 역할을 한다. 사람이 자신의 역할을 분명히 깨달으면 방향을 잃지 않으며 그 역할을 기쁘게 감당하면서 최종 목적지를 향해 나아간다.

8절 세례자 요한의 역할이 다시 반복해서 기술된다. 그는 빛이 아니라 그 빛에 대하여 증언하러 온 자이다. 공관복음에서는 세례자 요한을 단순히 세례를

---

9 Keener, *John*, I, 388-93을 보라.

베푸는 자로 소개한다. 하지만 요한복음에서는 예수를 증언하는 자라고 소개하여 증인으로서의 역할을 강조한다. 요한은 이러한 자신의 정체성을 확실하게 인식하고 있었기에 빛이신 예수를 증언하는 일에만 매진했다. 오늘날 모든 사역자가 세례자 요한처럼 사역해야 한다. 복음 사역자는 자신이 빛이라고 증언하는 자가 아니라 빛이신 예수를 증언하는 자이다.

1.1.3. 세상의 참빛(1:9-11)

⁹ 참 빛 곧 세상에 와서 각 사람에게 비추는 빛이 있었나니 ¹⁰ 그가 세상에 계셨으며 세상은 그로 말미암아 지은 바 되었으되 세상이 그를 알지 못하였고 ¹¹ 자기 땅에 오매 자기 백성이 영접하지 아니하였으나

9절 저자가 세상에 참빛이 왔음을 알린다. '참'이라고 번역된 '알레띠노스'(ἀληθινός)는 '진정한', '참된', '진실한'이라는 의미로, 4:23; 6:32; 15:1; 17:3 등에도 나온다.¹⁰ 여기서는 세례자 요한이 빛이 아니라 '로고스'가 참된 빛이라는 점을 강조한다. 저자는 참빛이 세상에 어떻게 왔는지 설명하는 것보다 그 빛이 모든 사람에게 비추어졌다고 증언하는 것에 초점을 맞춘다. '로고스'이신 예수는 자신의 사역 속에서 자기 정체성을 빛으로 선언하신다(참조. 8:12).

10절 '그가 세상에 계셨으며 세상은 그로 말미암아 지은 바 되었으되 세상이 그를 알지 못하였고'라는 예수에 대한 증언은 빛으로 오신 예수를 세상이 알아보지 못한 상황으로 설명해 준다(참조. 5절, '빛이 어둠에 비치되 어둠이 깨닫지 못하더라'). 예수께서 세상에 계셨고, 세상이 예수로 말미암아 창조되었지만 세상 즉, 어둠 가운데 있는 세상 사람들은 이 땅에 오신 예수를 알아보지 못한다. '세상'으로 번역된 헬라어 '코스모스'(κόσμος)는 당시 헬라인들에게 '우주

---

10 요한복음에 '알레띠노스'(ἀληθινός)가 총 아홉 번 나온다. 더 자세한 논의는 Brown, 『요한복음, I』, 1019-23을 참조하라.

(universe), 또는 '질서'를 뜻했다.[11] 하지만 요한복음에서 '세상'은 영적 어둠 가운데 있는 세상 사람들을 지칭하는 단어로 자주 사용된다(참조. 3:16; 12:31).

11절 예수께서 자기 땅에 오셨지만 세상 사람들은 그분을 영접하지 않았다. '자기 땅'은 헬라어 '타 이디아'(τὰ ἴδια)인데 같은 단어가 16:32에서는 '제 곳' 으로, 19:27에서는 '자기 집'으로 번역되었다. 이런 표현은 창조주로서의 예수의 정체성을 암시해 준다. 저자가 사람들이 예수를 영접하지 않았다는 사실을 언급함으로써 그분을 구약성경에 등장하는 거절된 선지자 전통(the rejected prophet motif) 속에서 이해되도록 묘사한 것이다.[12] 예수를 이 세상에 오신 하나님으로 알아보지 못하고 배척한 사람들이 바로 그분을 영접하지 않은 사람들이다.

1.1.4. 하나님의 자녀(1:12-13)

[12] 영접하는 자 곧 그 이름을 믿는 자들에게는 하나님의 자녀가 되는 권세를 주셨으니 [13] 이는 혈통으로나 육정으로나 사람의 뜻으로 나지 아니하고 오직 하나님께로부터 난 자들이니라

12절 이 구절은 이어지는 다음 구절과 함께 하나의 단락을 구성한다. 교차 대칭 구조의 중심축이며 이 복음서 전체의 핵심 메시지이다. 요한복음의 집필 목적이 이 단락에서 간접적으로 드러난다(참조. 20:30-31). '로고스'이신 예수를 영접하고 그 이름을 믿는 사람들은 하나님의 자녀가 되며 영원한 생명을 즐길 수 있다.[13] '로고스'를 받아들이지 않는 사람들과 대조적인 '영접하는 자들'은 '그 이름을 믿는 자들'이며, 이 사람들에게 하나님께서 그분의 자녀가

---

11   요한복음에 78회 나오는 '세상'('코스모스', κόσμος)에 대한 더 자세한 논의는 Brown, 『요한복음, I』, 1036-38을 참조하라.
12   Cho, *Jesus as Prophet*, 159-64을 참조하라.
13   Carson, 『요한복음』, 216-18; Keener, *John*, I, 399-405을 참조하라.

되는 권세를 주셨다. '영접하다'로 번역된 헬라어 '엘라본'(ἔλαβον)은 '람바노' (λαμβάνω, '수용하다', '받다', '영접하다') 동사의 과거 시제로, '취하다', '제거하다', '받다', '수용하다', '선택하다' 등 매우 다양한 의미가 있다(참조. BDAG, 583-85). 문자대로 번역하면 '그들이 그를 영접했다'('엘라본 아우톤', ἔλαβον αὐτόν)이다. '그를 영접한 사람'은 곧 '그 이름을 믿는 사람들'이다. 그의 이름이 본문에 나오지는 않지만 문맥상 '예수'를 암시한다.[14] 어떤 사람의 이름을 믿는다는 것은 그 사람과 그의 인격을 믿는 것이다. 왜냐하면 이름은 그 사람만의 독특한 생명의 정체성을 나타내며, 그 정체성은 그 사람의 인격과 삶을 신뢰할 수 있는 근거이기 때문이다. '권세'의 '엑수시아'(ἐξουσία)는 '권리', '선택', '능력', '권위'를 뜻한다(참조. 1:12; 5:27; 10:18; 17:2; 19:10-11; BDAG, 352-53). 예수를 믿는다는 것은 그분의 가르침과 그분이 계시한 하나님의 뜻을 받아들이는 것이다. '로고스'이신 예수를 영접하면 하나님의 자녀가 되는 권리를 받는다. 그 권리는 하나님이 은혜로 주신다. 요한복음에서는 이렇게 예수의 이름을 믿는 자들과 믿지 않는 자들을 반복해서 비교한다(참조. 3:11, 32-33; 5:34; 12:48; 17:8).

13절 믿음과 영생의 개념을 설명하면서, 모든 인간이 하나님의 자녀로 다시 태어나야만 한다고 가르친다. 저자는 하나님의 자녀가 되는 것이 단순히 자연적이며 생물학적 탄생의 결과가 아님을 분명하게 교훈한다. '혈통'으로 번역된 헬라어 '하이마'(αἷμα)는 '피'를 의미한다. '피'는 고대 세계에서 생명 탄생의 개념을 설명하는 단어였다. 당시에는 어머니의 피와 아버지의 피가 섞여서 생명이 탄생한다고 이해했다.[15] 하나님의 자녀가 된다는 것은 생물학적 '혈통'으로 태어나는 것이 아니며, 인간의 의지적 결정이나 남편의 뜻에 의한 것도 아님이 '육정'이라는 표현을 통해서 강조된다. '육정'의 헬라어 '뗄레마토스 사르코스'(θελήματος σαρκὸς)는 '인간의 의지'를 뜻하며, '사람의 뜻'으로

---

14 '그의 이름'('오노마 아우토', ὄνομα αὐτῷ)이 6절에도 나오는데 그때는 요한을 가리킨다. 12절의 이름은 우리의 구원자, 메시아 예수를 의미한다.
15 Bernard, *John*, I, 18; Carson, 『요한복음』, 218을 참조하라.

번역된 '뗄레마토스 안드로스'(θελήματος ἀνδρός)는 '남편의 뜻'을 의미한다. 저자는 인간의 방법이나 능력으로는 하나님의 자녀가 될 수 없고, 오직 하나님의 방법으로 하나님께로부터 출생되어야 한다는 점을 강조한다. 그러므로 인간의 구원과 영생은 전적으로 하나님의 은혜의 선물이며 그분의 자녀가 되어 누리는 권리이다.

1.1.5. 성육신(1:14)

¹⁴ 말씀이 육신이 되어 우리 가운데 거하시매 우리가 그의 영광을 보니 아버지의 독생자의 영광이요 은혜와 진리가 충만하더라

14절   교차 대칭 구조 속에서 C′ 단락인 14절은 9-11절(C단락)과 대칭을 이룬다. 이 구절에서 저자는 '로고스'가 세상에 어떻게 왔는지에 대하여 매우 중요한 진리를 선포한다.¹⁶ 말씀이 육신이 되었다는 것은 하나님의 은혜의 본질이 성육신(incarnation)하여 이 세상에 나타나신 것을 의미한다. 성육신하여 세상에 오신 예수가 '로고스'이다. 태초부터 하나님과 함께 계셨던 '로고스'가 성육신하여 그 존재 양식이 변화되었다. 그 결과 '로고스'가 이 땅에서 우리와 함께 거주하게 되었다. '거하시매'로 번역된 헬라어 동사 '스케노오'(σκηνόω)는 '살다', '거주하다', '텐트를 치다', '장막을 치다'라는 의미이다(참조. BDAG, 929). 이 단어는 출애굽기 40:34-38에서 하나님께서 이스라엘 진중에서 자신을 계시하셨던 사건을 떠올리게 한다. 요한복음의 저자는 이 단어를 사용하여 '로고스'가 '임마누엘'(참조. 마 1:23)이며, 하나님이 우리 가운데 거주하심을 암시한다.

사람이 되신 '로고스'는 자신의 '영광'을 드러내신다. '영광'('독사', δόξα)은 하나님의 임재를 암시한다(참조. 출 40:34-35).¹⁷ 성육신하신 '로고스'를 통해서

---

16   Carson, 『요한복음』, 218-26; Schnackenburg, *John*, I, 265-73; Keener, *John*, I, 406-12을 참조하라.
17   '영광'으로 번역된 헬라어 '독사'(δόξα)가 요한복음에 모두 19회 나온다. '영광'에 대한 자세한 논의는 Brown, 『요한복음, I』, 1027-28을 참조하라. Brown이 '독사'(δόξα, '영광')가 18회 나온다고

우리가 하나님의 영광을 보았고, 그 영광이 바로 사람의 몸으로 세상에 오신 오직 한 분이신 예수이시다. 성육신하신 '로고스'를 표현하기 위하여 '모노게네스'(μονογενής)가 사용되는데, 개역개정은 이 단어를 '독생자'로 번역한다. '모노게네스'는 하나님 아버지로부터 오신 '로고스'의 유일성을 강조하는 표현이다.[18] 요한복음에서는 유일하고 독특한 '로고스'이신 하나님의 영광을 반복적으로 언급한다(참조. 5:36, 37, 43; 6:42, 57; 8:16, 18, 42; 12:49; 13:3; 14:24; 16:28; 17:21, 25; 20:21).

1.1.6. 세례자 요한의 증언(1:15)

[15] 요한이 그에 대하여 증언하여 외쳐 이르되 내가 전에 말하기를 내 뒤에 오시는 이가 나보다 앞선 것은 나보다 먼저 계심이라 한 것이 이 사람을 가리킴이라 하니라

15절 이 구절은 14절(C' 단락)과 마찬가지로 한 절이지만 교차 대칭 구조에서 한 단락(B' 단락)의 역할을 하며, 6-8절(B단락)과 대칭을 이루면서 세례자 요한의 증언을 다시 기술한다. 세례자 요한이 매우 중요한 공적 선언을 하고 있다는 사실이 '외쳐'라는 헬라어 동사 '크라조'(κράζω)를 통해 나타난다. 이 동사가 칠십인역(LXX)에서는 선지자들이 하나님의 말씀을 공개적으로 선포할 때 사용되었다(참조. 사 6:3-4; 42:2; 렘 33:3).[19] 독자는 세례자 요한이 구약성경의 선지자처럼 보이도록 의도된 것을 '크라조' 동사를 통해 짐작할 수 있다. '크라조'는 요한복음 안에서 예수께서 진리를 공적으로 선포하실 때도 사용된다(참조. 7:28, 37; 12:44). 세례자 요한이 공적으로 선언하는 내용은 성육신하신 '로고스'인 예수 그리스도이다. 누가복음 1:24-31을 보면 예수께서 세례자 요한보

제시한 것은 오류이다.
18 14절에서 사용된 '모노게네스'(μονογενής)에 관한 자세한 논의는 Brown, 『요한복음, I』, 232-33; Kruse, 『요한복음』, 104-105; Bernard, *John*, I, 23-24을 참조하라.
19 Cho, *Jesus as Prophet*, 224-26; Fendrich, 'κράζω', 313-14; Grundmann, 'κράζω, κτλ', 898-903을 참조하라.

다 6개월 늦게 태어나셨다. 하지만 세례자 요한은 예수를 '나보다 앞선 자'라고 증언하고, 자신보다 '먼저 계신 자'라고 선언한다. 이 선언은 '태초에 말씀이 계시니라'(1:1)와 관련해서 이해해야 한다. 세례자 요한은 창조 이전에 하나님과 함께 '로고스'로 존재하셨던 예수의 선재 사상을 이미 이해하고 있었던 것 같다.

1.1.7. 은혜와 진리(1:16-18)

[16] 우리가 다 그의 충만한 데서 받으니 은혜 위에 은혜러라 [17] 율법은 모세로 말미암아 주어진 것이요 은혜와 진리는 예수 그리스도로 말미암아 온 것이라 [18] 본래 하나님을 본 사람이 없으되 아버지 품 속에 있는 독생하신 하나님이 나타내셨느니라

16절 저자가 14절에서 일인칭 복수 대명사 '우리'를 사용하여 자신을 다른 사람과 함께 언급했던 것처럼 다시 '우리'를 사용하여 자신이 '은혜 위에 은혜'를 받았다고 표현한다. '은혜 위에 은혜'는 헬라어 '카린 안티 카리토스' (χάριν ἀντὶ χάριτος)인데, 그대로 직역하면 '은혜에 은혜', '은혜 대신 또 다른 은혜', '다른 것으로 대치된 은혜'이다. 이 표현에서 해석의 열쇠는 전치사 '안티'(ἀντί, '~에 상응하다', '~에 대한 보답으로', '위에', '~에 더하여', '~대신에', 참조. BDAG, 87-88)이다. 이 단어를 어떤 의미로 해석하느냐에 따라 뜻이 달라질 수 있다.[20] 이 전치사를 '대신에'로 해석하여 '은혜 대신에 은혜'라고 이해하는 것이 문맥상 가장 적절해 보인다. 한 가지 은혜에서 다른 은혜로 연계된다는 뜻이 아니라, 지속적으로 증가하는 능력과 함께 더 나은 것으로 대치되는 하나님의 은혜를 뜻한다.

17절 모세로 말미암아 주어진 '율법'과 예수 그리스도로 말미암아 온 '은혜

---

20 Carson, 『요한복음』, 227-33에서 전치사 '안티'의 해석에 대한 자세한 논의를 참조하라. Keener, *John*, I, 420-26; Schnackenburg, *John*, I, 275-81을 참조하라.

와 진리'가 대조된다. '은혜와 진리'는 성육신하신 예수 그리스도 자체이시며, 동시에 그분이 기적을 행하시고 보여 주신 하나님의 영광과 선포하신 하나님 나라의 복음이다.

18절 '은혜와 진리'가 '율법'을 능가하는 이유를 설명한다. 천지 창조 이래 하나님을 본 사람이 아무도 없지만, 하나님 아버지 품속에 있었던 오직 한 분이신 예수께서 성육신하셔서 하나님을 계시하고 있기 때문이다. 예수 그리스도로 말미암아 나타난 계시가 모세의 율법을 능가한다. 모세는 하나님을 보지 못했으나(참조. 출 33:19-20), 예수는 하나님을 보았고, 예수는 자신을 통하여 하나님을 알 수 있도록 사람들에게 하나님을 계시하신다. '로고스'의 역할은 하나님을 보여 주는 것이다. '독생하신 하나님'은 헬라어 '모노게네스 떼오스' (μονογενής θεός)의 번역으로, 예수가 하나님의 하나밖에 없는 유일한 분이라는 의미이다. 하나님 아버지 품속에 있었던 오직 하나뿐인 예수가 자신의 인격과 말씀, 그리고 사역을 통하여 하나님을 계시하신다. 그러므로 창세전에 하나님과 함께 계셨던 '로고스'는 사람의 몸으로 세상에 오신 예수이며 그가 곧 하나님이시다.

설교자를 위한 적용(1:1-18)

●● 창세전에 '로고스'였던 예수께서 인간의 몸을 입고 세상에 오신 성육신 사건은 기적 중의 기적이어서 이를 적절히 표현할 단어를 찾기가 어렵다. 이 신비로운 사건 덕분에 사람들이 하나님을 직접 만날 수 있고 보고 경험할 수 있는 은혜를 받았다. 하지만 이 은혜는 그 가치를 아는 사람만이 누릴 수 있는 신비한 선물이다. 빛으로 오신 '로고스' 하나님을 거부하는, 어둠에 길들여진 사람들은 자신들의 암울한 처지를 깨닫지도 못한다. 인류의 비극이 시작되는 출발선이다. 빛으로 세상에 오신 '로고스' 하나님은 그 속에 영원한 생명을 간직하고 계신다. 세례자 요한이 빛으로 오신 예수를 증언하지만, 어리석은 인간들은 눈과 귀를 막은 채 빛을 피하여 익숙한 동굴 속으로 들어가 안주하고

만족하며 살아간다. 인간이 자신의 기원과 운명을 하나님 안에서 깨닫지 못하면 삶의 의미를 찾기란 모래 속에서 진주를 발견하는 것만큼이나 어렵다.

인간이 하나님의 자녀로 살아간다는 것은 특별한 은혜와 권리를 누리는 것이다. 하나님께로부터 태어나는 것이기에 인간 쪽에서는 선택권이 전혀 없다. 마치 육적 출생을 스스로 결정할 수 없는 것과 같다. 그리스도인은 하나님의 자녀로 태어났기에 예수의 이름을 믿고 세상에서 하나님의 자녀의 신분으로 빛을 드러내며 살아간다. 하나님의 자녀로 살아간다는 것은 어둠 속에서 살아가는 사람들이 하나님을 경험하도록 빛이신 예수를 드러내는 것이다. 예수께서 육신의 몸을 입고 세상에 계셨을 때 세상이 하나님을 보고 경험할 수 있도록 그 역할을 감당하셨다. 이제는 하나님의 자녀 된 그리스도인들이 그 역할을 해야 한다. 우리가 빛의 역할을 신실하게 감당할 때 세상 사람들이 하나님을 경험할 수 있다.

1.2. 세례자 요한의 정체성과 역할(1:19-28)[21]

이 단락은 앞 단락 '육신이 되신 로고스'(1-18절)와는 전혀 상관없는 내용처럼 보이지만 실제로는 서로 긴밀하게 연결되어 있다. 이 두 단락을 이어 주는 연결 고리는 한글 성경에는 번역되지 않은 접속사 '카이'(καί, '그리고')이다. 또한 세례자 요한(6-8, 15절)도 매우 중요한 연결 고리이다. 이 단락에서는 예수를 증언한 '세례자 요한'의 신분과 역할을 더욱 구체적으로 묘사한다.

구조를 살펴보면, 19절과 24절의 반복적인 표현에 의해서 확연히 두 단락으로 구분된다. 첫 번째 단락 19-23절에서는 세례자 요한의 정체성에 대한 질문과 대답이 나온다. 두 번째 단락 24-28절에서는 제사장들과 레위인들이 세례자 요한의 정체성을 다시 확인하려고 질문을 던지고 이에 대한 세례자 요한의 대답이 기술된다.

---

21 이 단락의 문학 구조와 기능 및 석의에 대하여는 조석민, 『요한복음의 새관점』, 77-95을 참조하라.

1.2.1. 세례자 요한의 정체성(1:19-23)

¹⁹ 유대인들이 예루살렘에서 제사장들과 레위인들을 요한에게 보내어 네가 누구냐 물을 때에 요한의 증언이 이러하니라 ²⁰ 요한이 드러내어 말하고 숨기지 아니하니 드러내어 하는 말이 나는 그리스도가 아니라 한대 ²¹ 또 묻되 그러면 누구냐 네가 엘리야냐 이르되 나는 아니라 또 묻되 네가 그 선지자냐 대답하되 아니라 ²² 또 말하되 누구냐 우리를 보낸 이들에게 대답하게 하라 너는 네게 대하여 무엇이라 하느냐 ²³ 이르되 나는 선지자 이사야의 말과 같이 주의 길을 곧게 하라 광야에서 외치는 자의 소리로라 하니라

앞에서 간략하게 언급했던 세례자 요한의 정체성 즉 '네가 누구냐?'라는 질문이 이 단락의 핵심 내용이다. 여기서 세례자 요한의 역할이 그리스도와 관련해서 더 자세하게 소개된다. 세례자 요한은 자신이 메시아가 아님을 분명히 밝히면서 자신은 이사야 선지자의 예언대로 메시아를 증언할 자라고 말한다.

19절 세례자 요한의 정체를 파악하고자 유대인들이 제사장들과 레위인들로 구성된 대표단을 예루살렘에서 파송한다. 요한복음에서 여러 등장인물 중 하나인 '유대인'('이유다이오스', Ἰουδαῖος)이 처음 나온다. 이 구절에서 '유대인'은 예루살렘의 종교 지도자들을 가리키는데, 더 구체적으로는 '바리새인들'(24절)이다. 요한복음에 등장하는 유대인의 정체성에 대해서는 학자들 사이에서 아직까지 논란이 있다. 문맥마다 동일하지 않기에 매번 확인해야 한다. 저자는 유대인에 대하여 부정적으로(참조. 8:30-59; 11:46), 또는 긍정적으로(참조. 4:9, 22; 11:45; 12:11) 묘사한다.[22]

'예루살렘'은 단순히 대표자들이 파송된 장소만을 의미하는 것이 아니라, 예루살렘 공회를 동시에 암시한다(참조. 11:47). 당시 예루살렘에는 산헤드린 공

---

22 Carson, 『요한복음』, 245-47을 참조하라.

회(the Sanhedrin)가 있었는데 이 공회는 레위인들, 대제사장들, 장로들, 서기관들, 그리고 백성의 신망을 받는 일반 지도자들로 구성되었다(참조. 막 15:1).[23] '유대인들'은 세례자 요한이 자신들이 지금까지 고대하던 메시아인지 확인하려고 공식적으로 '제사장들과 레위인들'을 파송한다. 요한복음에서 오직 이 구절에서만 제사장과 레위인이 함께 등장한다. 세례자 요한에게 이들이 '네가 누구냐?'라고 질문하는 모습은 당시에 여러 종류의 메시아 대망 사상이 편만했음을 보여 주는 증거이다.

20절 세례자 요한의 대답은 분명하다. 자신은 그리스도가 아니라고 딱 잘라 말한다. 이 대답으로 말미암아 당시 유대인들 가운데 구약성경에서 약속한 메시아를 기다리던 이들이 있었음을 알 수 있다. '나는 그리스도가 아니다'('에고 우크 에이미 호 크리스토스', ἐγὼ οὐκ εἰμὶ ὁ χριστός)라는 어법은 이후에 예수께서 '나는 ~이다'('에고 에이미', ἐγὼ εἰμί)라고 자신의 정체성을 밝힐 때 사용하셨던 형식과 동일하다(참조. 6:35, 48, 51; 8:12; 10:7, 9; 10:11, 14; 11:25; 14:6; 15:1, 5). 세례자 요한의 대답과 예수의 말씀이 극명한 대조를 이룬다.

21절 유대인들이 세례자 요한에게 엘리야냐고 묻자 요한이 아니라고 확실하게 밝힌다. 이 질문 역시 당시에 엘리야와 같은 메시아가 오시리라는 기대가 팽배했음을 알려 준다. 그리고 엘리야가 메시아를 위해 길을 예비할 것이라고 믿는 사람들도 있었음을 보여 준다(참조. 왕하 2:11; 말 3:1; 4:5-6; 마 16:13-20; 막 8:27-30; 눅 9:18-21).[24] 이제 유대인들이 세례자 요한에게 '그 선지자'('호 프로페테스', ὁ προφήτης)가 아닌지 묻는다. 세례자 요한이 아니라고 대답한다. '그 선지자' 질문은 신명기 18:15-18에 약속된 '나[모세]와 같은 선지자'에 대한 내용이 그 배경이다. 모세와 같은 선지자가 다시 올 것이라는 메시아사상이 당시

---

[23] 산헤드린 공회의 구성원은 시대별로 차이가 있다. 신약 시대에는 대제사장이 산헤드린의 핵심 역할을 했다(참조. 마 27:41; 막 14:53). 산헤드린에 대하여는 Twelftree, 'Sanhedrin', *DGJ*, 728-32을 참조하라.

[24] Lincoln, *John*, 110-12을 참조하라.

에 있었음을 알 수 있다.[25]

22-23절 세례자 요한이 유대인 대표자들의 질문에 모두 부정적으로 답한 후, 이사야의 예언을 인용하여 자신의 정체를 밝힌다. "외치는 자의 소리여 이르되 너희는 광야에서 여호와의 길을 예비하라 사막에서 우리 하나님의 대로를 평탄하게 하라"(사 40:3). 자신은 그리스도가 아니며 오히려 그리스도를 위해 길을 예비하는 자라고 밝힌다. 메시아가 오심을 세상에 알리는 '소리'의 역할을 하는 것이다. 유대인들은 세례자 요한이 '메시아'이거나 아니면 '엘리야', 또는 '그 선지자' 중 하나라고 생각했다. 이 세 가지 중 하나가 아니라면 거짓 선지자일 가능성도 고려했던 것 같다(참조. 7:25-52). 세례자 요한의 대답은 독자들이 예수의 정체를 분명히 인식하도록 도와준다. 요한은 자신의 사역이 예수를 증언하는 것임을 정확히 알고 있었다. 예수를 증언하는 모든 복음 사역자는 자신의 임무와 역할을 분명히 인식하여 증언자의 역할에 충실해야 한다.

1.2.2. 세례자 요한의 역할(1:24-28)

[24] 그들은 바리새인들이 보낸 자라 [25] 또 물어 이르되 네가 만일 그리스도도 아니요 엘리야도 아니요 그 선지자도 아닐진대 어찌하여 세례를 베푸느냐 [26] 요한이 대답하되 나는 물로 세례를 베풀거니와 너희 가운데 너희가 알지 못하는 한 사람이 섰으니 [27] 곧 내 뒤에 오시는 그이라 나는 그의 신발끈을 풀기도 감당하지 못하겠노라 하더라 [28] 이 일은 요한이 세례 베풀던 곳 요단 강 건너편 베다니에서 일어난 일이니라

세례자 요한이 베푸는 물세례와 관련하여 그의 역할에 대한 질문과 답이 소개된다. 유대 사회 안에 메시아사상이 팽배해 있었음을 알 수 있다. '그리스

---

25 Cho, *Jesus as Prophet*, 205-12; Brown, 『요한복음, I』, 286-88을 참조하라.

도', '엘리야', 그리고 '그 선지자'가 유대인들이 기다리던 메시아의 모습이었다. 아울러 이 일이 베다니에서 일어났다는 정보도 제공한다.

24절 '바리새인들'은 19절에 등장한 '유대인들'에 대한 보충 정보로 볼 수 있다. 그렇다면 제사장들과 레위인들을 예루살렘에서 파송한 유대인들이 예루살렘 공회의 일원인 바리새인들이었을 가능성이 있다. 그런데 제사장과 레위인은 일반적으로 사두개파였고, 사두개파와 바리새파는 서로 경쟁하는 관계였다(참조. 행 5:17; 23:7). 하지만 요한복음이 기록될 당시에는 사두개파가 더 이상 종교적·정치적 권력을 행사하지 못하던 때였고, 바리새파가 유대교의 강력한 세력으로 존재했다.[26] 공관복음과 달리 요한복음에는 성전을 중심으로 종교 권력을 행사하던 사두개인들에 대한 언급이 전혀 나오지 않는다(참조. 막 12:18; 마 3:7; 16:1, 6, 11, 12; 22:23, 34; 눅 20:27). 이는 요한복음이 성전 파괴 이후에 기록되었을 것이라고 추정하게 하는 중요한 증거가 된다.

25절 세례자 요한이 자신을 '그리스도', '엘리야', 그리고 '그 선지자'와 동일시하지 않고 부정하였기에(참조. 20-21절) 이에 대한 질문이 계속 이어진다. 이 질문 안에 세례자 요한이 공개적으로 물로 세례를 베풀었다는 사실이 암시되어 있다. 바리새인들은 이 물세례를 종말론적 세례로 이해했다. 바리새인들의 질문에서 독자는 '그리스도', '엘리야', '그 선지자'가 그 당시에 모두 물로 세례를 베풀었을 것이라고 추측하지 않아야 한다(참조. 3:22-23; 4:1-2). 저자는 이 질문을 통해서 예수가 물이 아니라 성령으로 세례를 베푸실 분이심을 미리 암시하려는 것이다(참조. 1:33; 막 1:8).

26절 요한복음 안에서 세례자 요한이 공개적으로 물로 세례를 베풀었음을 확실하게 알려 주는 최초의 언급이다. 요한이 '나는 물로 세례를 베풀거니와'

---

26   Keener, *John*, I, 431-33을 참조하라.

라고 자신의 행위를 제시하면서 이것이 종말론적 행위가 아니라고 항변한다. 요한복음에서 세례자 요한은 공관복음에서와는 달리, 단순히 물세례만 베푸는 일만 하는 것이 아니라, 예수께서 성령으로 세례를 베푸실 자임을 증언한다(참조. 눅 1:13-17). 세례자 요한이 예루살렘에서 파송된 대표자들에게 예수를 '너희 가운데 너희가 알지 못하는 한 사람'이라고 소개한다. 이는 '빛이 어둠에 비치되 어둠이 깨닫지 못하더라'(1:5)와 '그가 세상에 계셨으며 세상은 그로 말미암아 지은 바 되었으되 세상이 그를 알지 못하였고'(1:10)의 내용을 반영한다. 유대인들은 그들 가운데 계신 예수를 알아보지 못했다. 우리 가운데 함께하시는 예수를 알아보는 것은 전적으로 하나님이 주시는 은혜이며 복이다.

27절 '내 뒤에 오시는 그'('호 오피소 무 엘코메노스', ὁ ὀπίσω μου ἐρχόμενος)라는 묘사는 예수의 정체성을 암시한다(참조. 1:15). 이 구절에 나오는 세례자 요한의 모습은 "그가 전파하여 이르되 나보다 능력 많으신 이가 내 뒤에 오시나니 나는 굽혀 그의 신발끈을 풀기도 감당하지 못하겠노라"(막 1:7)라는 고백과 유사하다. 신발끈을 풀어 주는 일은 종이 하는 일이었다. "제자는 신발끈을 푸는 일을 제외하고 종이 주인에게 하는 모든 봉사를 자기 스승에게 다 해야 한다"[27]라는 속담도 있다. 요한은 자신의 정체성과 역할을 확실하게 인식한 후 예수를 소개하고 있다.

28절 저자가 '요단 강 건너편 베다니'라는 구체적인 장소를 언급함으로써 요한과 대표자들 사이에 있었던 문답 사건에 역사성을 부여한다. 또한 자신이 팔레스타인 지역에 익숙한 사람임을 드러낸다. 하지만 현재 이 장소가 어디인지는 정확히 알 수 없다(참조. 11:18).

---

27 Bernard, *John*, I, 41.

설교자를 위한 적용(1:19-28)

●● 하나님 앞에서 자신이 누구인지, 무엇 때문에 존재하는지를 아는 사람들은 어두운 세상에 빛을 비추며 살아간다. 세례자 요한은 자신의 역할을 확실하게 알고 있었다. 하지만 종교 권력자들은 세례자 요한의 정체성에 대해 의문을 제기한다. 이에 합법적으로 대표단을 파송하여 공개적으로 질문한다. 이들은 법이라는 제도 속에서 합법적인 절차에 따라 세례자 요한을 심문하고 탐문했지만 만일 그가 거짓 선지자로 판명될 경우 그를 처형하려는 속셈도 가지고 있었다. 종교가 권력이 되어 사람들을 억압하면 합법을 가장하여 거짓도 참이 되게 할 수 있다. 종교가 권력이 되지 않도록 복음을 전하는 자는 자기 정체성을 분명히 인식하여 진실하고 겸손히 하나님을 섬겨야 한다. 합법을 가장하여 불법을 저지르는 세상에서 오만한 겸손과 거짓된 경건으로 포장하지 않고 정직하게 자신을 드러내는 태도가 필요하다.

세례자 요한은 메시아가 오기를 간절히 바라는 군중의 기대 심리의 한가운데 우뚝 서 있었다. 그의 행위와 메시지가 사람들에게 큰 관심을 불러일으켰다. 복음 사역자에게 사람들의 관심을 끌고 자신이 전하는 메시지의 내용에 귀를 기울이게 하는 일은 매우 중요하다. 하지만 섣부른 행동이나 감언이설로 사람들의 관심을 끌지 않아야 한다. 세례자 요한은 자신이 예수를 증언하는 자라는 자기 정체성을 잊지 않았다. 군중의 관심과 기대에 상관없이 자신의 역할에 충실하였다. 요한이 자신을 광야의 소리라고 소개한 것은 모든 복음 사역자들이 본받아야 할 인식이며 태도이다. 복음 사역자의 사명은 소리를 내어 예수가 그리스도이심을 전하는 것이다. 소리는 제 기능을 발휘한 후 흔적도 없이 사라진다. 사역자는 자기 이름을 세상에 드러내려고 발버둥치지 말고 눈에 보이지 않게 존재하는 분명한 소리가 되어야 한다. ●●

1.3. 하나님의 어린양 예수(1:29-34)

²⁹ 이튿날 요한이 예수께서 자기에게 나아오심을 보고 이르되 보라 세상 죄를 지고 가

는 하나님의 어린 양이로다 ³⁰ 내가 전에 말하기를 내 뒤에 오는 사람이 있는데 나보다 앞선 것은 그가 나보다 먼저 계심이라 한 것이 이 사람을 가리킴이라 ³¹ 나도 그를 알지 못하였으나 내가 와서 물로 세례를 베푸는 것은 그를 이스라엘에 나타내려 함이라 하니라 ³² 요한이 또 증언하여 이르되 내가 보매 성령이 비둘기 같이 하늘로부터 내려와서 그의 위에 머물렀더라 ³³ 나도 그를 알지 못하였으나 나를 보내어 물로 세례를 베풀라 하신 그이가 나에게 말씀하시되 성령이 내려서 누구 위에든지 머무는 것을 보거든 그가 곧 성령으로 세례를 베푸는 이인 줄 알라 하셨기에 ³⁴ 내가 보고 그가 하나님의 아들이심을 증언하였노라 하니라

세례자 요한의 사역이 예수를 증언하는 일임을 지속적으로 보여 준다. 공관복음과 달리 요한복음에는 세례자 요한이 예수께 물세례를 베풀었다는 기록이 나오지 않는다. 세례자 요한이 예수를 세상 죄를 지고 가는 하나님의 어린양이라고 소개한다. 그리고 성령으로 세례를 베푸실 자이며 하나님의 아들이라고 증언한다.

29절 '이튿날'은 헬라어 '테 에파우리온'(τῇ ἐπαύριον)의 번역으로, 세례자 요한이 대표단의 질문에 대답한 다음 날을 말한다. 세례자 요한이 예수께서 자기에게 가까이 다가오시자 그분을 가리키며 '보라 세상 죄를 지고 가는 하나님의 어린 양이로다'라고 소개한다. '세상 죄를 지고 가는'이라는 표현은 속죄제를 위하여 백성의 죄를 지고 가는 염소와 유월절 양이 그 배경이다(참조. 레 16:21-22; 출 12:1-11; 사 53:1-12). '하나님의 어린 양'에 해당하는 헬라어를 직역하면 '하나님의 양'('호 암노스 투 떼우', ὁ ἀμνὸς τοῦ θεοῦ)이다. 예수께서 세례자 요한에게 나아오신 이유는 물세례를 받으시기 위함이 아니다. 요한은 물세례 사건을 과거의 일로 묘사한다(참조. 1:32-33). 예수께서 물로 세례를 받으실 때 그 위에 성령이 내려오시는 것을 보고 이미 그분이 누구인지 알고 있었다. 예수께 '하나님의 어린 양'이라는 의미를 부여한 것은 예수의 대속적인 희생 죽음을 암시하려는 의도이다. 그리고 예수를 유월절 어린양으로 소개하기 위함이다(참조. 19:14, 29, 36). 초대 교회는 유월절 어린양의 죽음을 속죄의 의미로 이

해했다(참조. 고전 5:7; 벧전 1:18-19; 2:22-25).[28]

30-31절 '내가 전에 말하기를'(30절)은 15절에 언급된 그의 외침을 반영한다. 세례자 요한이 '내 뒤에 오는 사람이 있는데 나보다 앞선 것은 그가 나보다 먼저 계심이라'라고 예수를 소개하여 그분의 선재성을 다시 강조한다. 그리고 요한이 예수께 물로 세례를 베푸는 이유는 그분을 이스라엘에 나타내려는 목적 때문이라고 밝힌다. '나타내다'의 헬라어 동사 '파네로오'(φανερόω)는 이 복음서에 모두 9회 나오는데, 예수의 정체를 분명하게 드러낼 때 사용된다(참조. 2:11; 3:21; 7:4; 9:3; 17:6, 21:1[2회], 14).

32절 예수께서 물세례를 받으실 때에 성령이 비둘기처럼 내려와서 그분 위에 머물렀다. 이는 성령이 예수와 함께 계신다는 의미이다. 요한은 성령이 그분 위에 내려오시는 것을 보기 전까지는 그분이 하나님의 어린양이심을 몰랐다. 성령의 역사로 그분이 메시아이심을 알게 된 것이다. "비둘기가 성령을 상징한다는 근거는 분명하지 않다."[29] 성령이 하늘에서 비둘기처럼 내려온다는 묘사는 공관복음의 영향으로 이해할 수 있으며(참조. 막 1:10; 마 3:16; 눅 3:22), 하나님께서 성령을 한량없이 주셨다는 것을 의미한다(참조. 3:34).

33-34절 세례자 요한이 자신이 물로 세례를 베풀기 위해 이 세상에 보내졌으며, 성령이 누군가의 위에 머무르면 그가 '성령으로 세례를 베푸는 이'라는 말씀을 하나님께 들었다고 고백한다. 그래서 예수가 '성령으로 세례를 베푸는 이'임을 알게 된 것이다. '나도 그를 알지 못하였으나'는 31절의 반복이다. 예수께 성령이 강림하는 것을 직접 보기 전까지는 예수가 누구인지 알지 못했다는 뜻이다. 또한 요한이 예수를 '하나님의 아들'(the Son of God)이라고

---

[28] '하나님의 어린양'에 대하여는 Barrett, 『요한복음(I)』, 271-74; Brown, 『요한복음, I』, 303-311을 참조하라.
[29] Brown, 『요한복음, I』, 300.

증언한다.³⁰ 요한복음에서 '하나님의 아들'('호 휘오스 투 떼우', ὁ υἱὸς τοῦ θεοῦ)이라는 기독론의 명칭이 정확히 사용된 것은 총 일곱 번이고(참조. 1:34, 49; 5:25; 10:36; 11:4, 27; 20:31), 동일한 헬라어 표현은 아니지만 '하나님의 아들'로 번역된 19:7을 포함하면 모두 여덟 번이다. 하나님의 아들을 단순히 '아들'로 표기한 곳도 많다. 요한복음에서 예수를 '하나님의 아들' 또는 '아들'로 표현한 것은 예수와 하나님의 친밀한 관계를 묘사하려는 의도이며, 동시에 메시아를 가리키는 방식이다. 특히 요한복음의 집필 목적이 명시적으로 나타난 20:31에서 '하나님의 아들'은 '메시아'와 동의어이다.

설교자를 위한 적용(1:29-34)

●● 예수는 세상 죄를 지고 가는 하나님의 어린양이시다. 사람들이 예수를 알고자 성경을 읽지만 예수를 '세상 죄'와 연결 지어 올바로 이해하지는 못한다. 여기서 '세상 죄'란 단순히 개인의 죄악뿐만이 아니라 악한 사람들로 말미암아 형성된 세상의 악한 구조와 모습을 모두 함축한다. 세상을 이해하는 시각과 관점이 각각 다르기에 사람들은 세상에 대하여 때로 긍정적인 태도도 보이고 때로 부정적인 태도도 보인다.

세상이 하나님으로 말미암아 창조되었건만 세상은 자기 땅에 오신 성육신하신 예수를 거부한다. 창조주를 인식하지 못하고 스스로 존재하려는 잘못과 죄악을 저지른다. 창조주 하나님을 알지 못하고 그분이 보내신 예수를 영접하지 않으면 인간은 세상 죄 가운데 어울려 살아갈 수밖에 없다. 세상 죄를 목격하고도 입을 다물고 행동하지 않으면 세상이 변화되지 않는다. 세상 죄를 지

---

30   시내산 사본, 고대 라틴 역본, 고대 시리아 역본 및 소수 교부들의 증언과 약 3세기경의 옥시린쿠스 사본(Oxyrhynchus Papyri)은 34절의 '하나님의 아들'('호 휘오스 투 떼우', ὁ υἱὸς τοῦ θεοῦ)을 '하나님의 택하신 자'('호 엑크렉토스 투 떼우', ὁ ἐκλεκτός τοῦ θεοῦ)로 읽는다. 본문을 '하나님의 택하신 자'로 읽는 것이 더 어려운 독법이기 때문에 원래의 독법일 수 있다. 그러나 P⁶⁶과 P⁷⁵는 '하나님의 아들'로 읽고 있으며, 저자는 '택하신 자'라는 단어를 요한복음의 다른 곳에서는 전혀 사용하지 않는다. Barrett, 『요한복음(I)』, 276-77; Brown, 『요한복음, I』, 301-302을 참조하라.

고 가신 예수를 믿고 따라가며 하나님의 나라를 소망하고 행동하는 사람이 세상을 변화시킬 수 있다.

예수를 올바로 이해하고 그분을 영접하는 일은 인간의 지혜와 지식으로는 불가능하다. 세례자 요한도 성령이 예수 위에 내려오는 것을 보기 전까지는 예수를 하나님의 아들, 메시아로 인식하지 못했다. 예수를 세상 죄를 지고 가는 하나님의 어린양으로 인식하려면 유월절 양에 대한 구약성경 본문을 읽고 묵상하며 연구해야 한다. 거기에 성령의 조명이 더해져야 비로소 예수를 인식할 수 있다. 이는 세상을 객관적으로 조망할 수 있는 안목이다. 세상의 모든 일이 하나님과 관계가 있기에, 그 일을 이해하기 위해서는 예수를 아는 지식과 지혜가 필요하다. ●●

1.4. 세례자 요한의 두 제자(1:35-42)

35 또 이튿날 요한이 자기 제자 중 두 사람과 함께 섰다가 36 예수께서 거니심을 보고 말하되 보라 하나님의 어린 양이로다 37 두 제자가 그의 말을 듣고 예수를 따르거늘 38 예수께서 돌이켜 그 따르는 것을 보시고 물어 이르시되 무엇을 구하느냐 이르되 랍비여 어디 계시오니이까 하니 (랍비는 번역하면 선생이라) 39 예수께서 이르시되 와서 보라 그러므로 그들이 가서 계신 데를 보고 그 날 함께 거하니 때가 열 시쯤 되었더라 40 요한의 말을 듣고 예수를 따르는 두 사람 중의 하나는 시몬 베드로의 형제 안드레라 41 그가 먼저 자기의 형제 시몬을 찾아 말하되 우리가 메시야를 만났다 하고 (메시야는 번역하면 그리스도라) 42 데리고 예수께로 오니 예수께서 보시고 이르시되 네가 요한의 아들 시몬이니 장차 게바라 하리라 하시니라 (게바는 번역하면 베드로라)

'하나님의 어린 양'이라는 표현이 앞 단락(29-34절)과 이 단락을 이어 주는 연결 고리 역할을 한다. 이 단락에서는 예수의 제자가 되는 과정을 보여 준다. 공관복음과 달리 요한복음에서는 세례자 요한의 두 제자가 예수의 제자가 되는 내용을 소개한다. 두 제자 중 한 명이 베드로의 형제 안드레이고 다른 한 제자의 이름은 알려지지 않았다. 두 제자가 예수와 종일 같이 있으면서 깊은 교제를 나눈다. 그 후에 안드레가 베드로에게 예수를 메시아라고 소개한다.

35-37절 '또 이튿날'은 앞 단락과 시간이 연속적으로 이어짐을 나타내는 표현이다. '또'의 헬라어 '팔린'(πάλιν)은 시간의 연속성을 나타내는 부사이다. 요한이 자기의 두 제자와 함께 있다가 예수께서 거리로 나와서 다니시는 것을 보고 그분을 가리켜 '하나님의 어린 양'이라고 선언한다. 두 제자가 그 선언을 듣고 예수를 따라간다. 즉 예수의 제자가 된 것이다. 그들이 '하나님의 어린 양'을 '유월절 어린양'으로 이해했음을 알 수 있다.

38절 예수께서 두 제자에게 그들의 필요가 무엇인지 묻자 그들이 예수의 거처에 대해 질문한다. 두 제자가 예수를 '랍비여'라고 부른 것으로 보아 예수를 아마도 당시의 랍비 중 한 명으로 여긴 것 같다. 저자가 '랍비'(38절), '메시야'(41절), 그리고 '게바'(42절)를 번역하여 설명한 것은 갈릴리 주변에 살지만 아람어 단어를 잘 모르는 독자들의 이해 수준을 고려한 것이라고 볼 수 있다.

39절 예수께서 '와서 보라'라고 하시며 두 제자를 초청하신다. 이에 그들이 예수가 계신 곳으로 와서 함께 교제를 나눈다. 그때가 '열 시쯤'이었다. 이는 로마식 시간 표기이다.[31] 로마 시간은 오늘날의 시간 계산법과 같기에 오전 10시경을 뜻한다.[32] 이 두 제자는 오전에 예수가 거하시는 곳에 가서 함께 종일 교제했다.

40-41절 두 제자 중 한 명의 이름이 안드레이고, 다른 제자는 이름이 나오지 않는다. 세례자 요한의 제자였던 안드레가 예수를 따른 후에 그의 형제 시몬

---

[31] 이 시간을 상징적으로 해석하는 경우가 있는데 전혀 설득력이 없다. Bultmann, *John*, 100을 참조하라.
[32] 요한복음에는 시간에 대한 언급이 총 네 번 나온다(참조. 1:39; 4:6, 52; 19:14). 이 시간들은 모두 유대의 시간 개념이 아니라 로마식 시간 표기이다. 더 자세한 논의는 조석민, 『요한복음의 새관점』, 19-45을 참조하라.

베드로에게 예수를 '메시야'라고 소개한다. '메시야'는 갈릴리 지역에서 사용되던 아람어로 '기름 부음을 받은 자'라는 뜻이다. 헬라어로는 '그리스도'('크리스토스', χριστός)이다.

42절 안드레가 베드로를 예수께 데리고 간다. 예수께서 베드로의 이름을 게바로 바꾸어 주신다. 이 단락에서는 예수의 열두 제자 중 두 사람인 베드로와 안드레를 소개한다.

설교자를 위한 적용(1:35-42)

●● 세례자 요한의 두 제자가 예수를 따르는 제자가 된 사건은 매우 의미심장하다. 두 제자는 어떤 점에서는 스승을 배반한 자들이다. 하지만 훌륭한 스승은 더 좋은 길, 진리의 길로 제자들을 인도한다. 요한이 예수를 하나님의 어린양이라고 증언하자 그들은 아무 주저함 없이 스승의 말을 믿고 예수를 따라간다. 스승의 말을 절대적으로 신뢰한 것이다. 세례자 요한과 그 제자들의 관계는 스승과 제자가 신뢰 속에서 관계를 형성해 가는 바람직한 모습을 보여 준다. 하지만 오늘날, 일부 말씀 사역자는 성도들을 맹목적인 신앙인으로 길들여 무조건 자기에게 순종하게 하고, 그들을 통해 물질적인 이익을 취하는 것에만 관심이 있다. 이름만 사역자일 뿐이다. 세례자 요한의 두 제자는 스승이 소개한 예수를 따르며 스스로 질문하고 예수와 함께 머물면서 직접 가르침을 받는다. 질문이 없는 오늘날의 그리스도인의 모습은 교회의 암울한 자화상이다.

예수께 직접 가르침을 받은 제자 안드레가 베드로에게 예수를 증언한다. "우리가 메시야를 만났다." 이 고백이 메시아를 고대하던 베드로에게 한 줄기 빛처럼 다가왔다. 우리는 내가 만난 예수를 어떻게 고백할 것인지, 무엇을 증언할 것인지 심각하게 고민해야 한다. 예수를 만나 가르침을 받고 도전을 받았다면 반드시 그에 대한 반응이 나타나기 마련이다. 그리스도인이라고 생각하는데 자기 안에 이러한 고민과 반응이 없다면 자기 정체성을 확인해 보아야 한다. 듣고 배운 지식은 생각하게 만들고, 생각은 말과 행동으로 필연적으로 드러나게 되어 있다. 삶의 변화가 일어나지 않는 이유는 지식을 얻었지만 그 지식을 신뢰하지 못해서 그 안에 머물러 있지 않고 생각하지 않기 때문이다. 생각하지 않으면 말과 행동이 변화되지 않는다. 예수를 만난 개인적인 경험은 성경을 읽고 깨달아 그 지식이 내 안에서 재정리될 때 올바른 진리 지식으로 남아서 나를 변화시킨다. ●●

1.5. 예수의 제자들: 빌립과 나다나엘(1:43-51)

⁴³ 이튿날 예수께서 갈릴리로 나가려 하시다가 빌립을 만나 이르시되 나를 따르라 하시니 ⁴⁴ 빌립은 안드레와 베드로와 한 동네 벳새다 사람이라 ⁴⁵ 빌립이 나다나엘을 찾아 이르되 모세가 율법에 기록하였고 여러 선지자가 기록한 그이를 우리가 만났으니 요셉의 아들 나사렛 예수니라 ⁴⁶ 나다나엘이 이르되 나사렛에서 무슨 선한 것이 날 수 있느냐 빌립이 이르되 와서 보라 하니라 ⁴⁷ 예수께서 나다나엘이 자기에게 오는 것을 보시고 그를 가리켜 이르시되 보라 이는 참으로 이스라엘 사람이라 그 속에 간사한 것이 없도다 ⁴⁸ 나다나엘이 이르되 어떻게 나를 아시나이까 예수께서 대답하여 이르시되 빌립이 너를 부르기 전에 네가 무화과나무 아래에 있을 때에 보았노라 ⁴⁹ 나다나엘이 대답하되 랍비여 당신은 하나님의 아들이시요 당신은 이스라엘의 임금이로소이다 ⁵⁰ 예수께서 대답하여 이르시되 내가 너를 무화과나무 아래에서 보았다 하므로 믿느냐 이보다 더 큰 일을 보리라 ⁵¹ 또 이르시되 진실로 진실로 너희에게 이르노니 하늘이 열리고 하나님의 사자들이 인자 위에 오르락 내리락 하는 것을 보리라 하시니라

이 단락에서는 예수께서 제자를 부르시는 두 번째 사건이 나온다. 예수께서 직접 빌립을 부르신다. 빌립이 나다나엘을 찾아가서 자신이 경험하여 아는 예수를 증언한다. 이 증언 가운데 예수에 대한 정체성이 그 칭호와 함께 소개된다. 나다나엘이 빌립의 강력한 권고를 받아 예수를 만난 후에 자신의 신앙을 고백한다. 이 고백에서 예수에 대한 기독론적 칭호인 '하나님의 아들'과 새로운 칭호인 '이스라엘의 임금'이라는 표현이 나온다. 그리고 요한복음에서

처음으로 '인자'라는 칭호가 예수의 예언 속에서 그분의 정체성과 관련하여 사용된다.

43-44절 '이튿날'은 예수가 세례자 요한의 두 제자, 그리고 베드로를 만난 이후의 시간을 말한다. 예수께서 갈릴리로 나가시다가 빌립을 만나 '나를 따르라'라고 초청하신다. 이는 공관복음에서 예수께서 제자들을 부르시는 전형적인 모습이다(참조. 마 4:19; 9:9; 막 2:14; 눅 5:27). 빌립이 예수의 부르심에 어떻게 반응했는지 구체적인 언급은 없다. 다만 빌립이 벳새다 사람이고 안드레와 베드로와 한 동네에 살고 있다는 설명(44절)으로 짐작해 볼 때, 예수를 만나기 전에 안드레와 베드로에게 이미 예수에 대한 어떤 정보를 들었을 가능성이 있다. 또한 빌립이 예수를 만난 후에 나다나엘을 찾아가 예수에 대하여 증언한 내용을 보면, 그가 예수의 부르심에 긍정적으로 반응하여 그분의 제자가 되었음을 충분히 짐작할 수 있다.

45절 빌립이 예수를 만난 후에 그분의 제자가 된다. 그리고 나다나엘에게 가서 예수에 대하여 '모세가 율법에 기록한 분', '여러 선지자가 기록한 분'이라고 증언한다. 이것은 구약성경에 나오는 '율법'과 선지자의 '기록'이 모두 예수에 관한 내용임을 암시해 준다. 빌립은 자신이 만난 예수가 '요셉의 아들 나사렛 예수'라고 분명하게 증언한다. 개인적인 신비한 경험이나 특별한 체험에 근거하여 예수를 소개하지 않는다. 개인적인 경험은 제한적이고 주관적이어서 객관적인 가치와 중요성을 갖지 못한다.

46절 예수에 대하여 전해들은 나다나엘이 '나사렛에서 무슨 선한 것이 날 수 있느냐'라고 반응한다. '무슨 선한 것'의 헬라어 '티 아가톤'(τι ἀγαθόν)은 사물보다는 사람을 뜻한다. 또한 '나사렛에서'('에크 나자렛', ἐκ Ναζαρέτ)의 '에크'는 나사렛 지역 출신 또는 출생을 나타내는 전치사이다. 나사렛이라는 갈릴리의 작은 지역에서 무슨 메시아가 나올 수 있겠느냐는 반문이다. 빌립이 이렇게 부정적인 반응을 보이는 나다나엘에게 '와서 보라'('엘쿠 카이 이데', ἔρχου καὶ ἴδε)

라고 강력하게 초청한다.

47절 빌립의 초청을 받은 나다나엘이 예수께 나아간다. 예수께서 그를 향하여 "'참으로 이스라엘 사람'('알레또스 이스라엘리테스', ἀληθῶς Ἰσραηλίτης)이라 그 속에 '간사한 것이 없도다'"('돌로스 우크 에스틴', δόλος οὐκ ἔστιν)라고 말씀하신다. 헬라어 부사 '알레또스'는 '진실한' 또는 '정직한'이라는 뜻이고, 명사 '돌로스'는 '속임' 또는 '거짓'이라는 뜻으로, 두 단어가 서로 반대의 의미이다(참조. BDAG, 44, 256). 이러한 평가는 예수의 초자연적인 능력을 암시한다(참조. 2:24-25). '참으로 이스라엘 사람'이란 예수를 영접하고 그 이름을 믿는 자를 말한다. 육신의 혈통으로 참된 이스라엘 사람이 되는 것이 아니라, 비록 나다나엘 같은 유대인일지라도 예수를 영접하며 그 이름을 믿고 하나님께로부터 태어나면 참된 이스라엘 사람이 된다는 진리를 간접적으로 시사하신 말씀이다(참조. 12-13절). 나다나엘이 예수께서 자기를 알고 계심에 놀라면서 어떻게 자신을 아느냐고 예수께 묻는다.

48절 예수께서 빌립이 나다나엘을 데려오기 전에 이미 그가 '무화과나무 아래에 있을 때에' 보았다고 대답하신다. 나다나엘이 나무 밑에서 무엇을 했는지, 예를 들어 기도와 명상을 했는지, 아니면 토라를 읽고 연구했는지에 대해 본문은 침묵한다. 그러므로 어떤 해석도 상상과 추측에 불과할 뿐이다. 이 구절이 의도하는 바는 예수의 초자연적인 능력을 드러내는 것이다.

49절 나다나엘이 예수의 대답을 듣고 더욱 놀라운 반응을 보인다. 예수를 '하나님의 아들'('호 휘오스 투 떼우', ὁ υἱὸς τοῦ θεοῦ)이며 '이스라엘의 임금'('바실레우스 투 이스라엘', βασιλεὺς τοῦ Ἰσραήλ)이라고 부른 것이다. 이와 같은 기독론의 칭호는 나다나엘의 신앙 고백이라고 이해할 수 있다. 이 칭호가 요한복음에서 반복적으로 사용된다. '하나님의 아들'은 요한복음 안에서 세례자 요한이 처음 사용했다(참조. 1:34). '이스라엘의 임금(왕)'이라는 표현은 왕 기독론(King christology)의 표상으로, 오병이어의 표적 설명(6:15)에도 나오고, 예수께서 예루살렘에 입성하실 때 군중이 환호하며 외치는 단어이기도 하다(참조. 12:13). 예수께서 빌라도에게 심문받으실 때와 십자가에 달리실 때도 '유대인의 왕' 과 '왕'이라는 단어가 집중적으로 사용된다(18-19장). '왕'이 이와 같이 집중적 으로 사용된 것은 예수께서 '유대인의 왕'이시며 또한 '세상의 왕'이시라는 암 시이다. 하지만 예수는 빌라도에게 고난을 받으시고 십자가에서 죽음을 맞이 하실 것이다.

50절 예수께서 나다나엘에게 '내가 너를 무화과나무 아래에서 보았다 하므 로 믿느냐?'라고 질문하신 후 이보다 더 큰 일을 보리라고 예언하신다. '이보 다 더 큰 일'이란 직접적으로는 예수의 첫 번째 표적인 물이 변하여 포도주가 된 사건(2:1-12)을 암시하며,[33] 간접적으로는 그분의 고난과 십자가에서의 죽 음, 그리고 부활을 암시한다. 죽음과 부활을 암시한다는 근거를 이어지는 구 절에서 사용된 '인자'라는 단어에서 찾을 수 있다. 요한복음에서 1:51 다음으 로 '인자'라는 표현이 사용된 곳이 3:13-14인데 거기에 예수의 죽음과 부활 을 암시하는 내용이 나온다.

51절 이 구절을 다시 번역하면 이와 같다. "그(예수)가 그(나다나엘)에게 말한 다. 진실로 진실로 내가 너희에게 말한다. 너희는 하늘이 열려 있는 것과 하나 님의 천사들이 하늘과 사람의 아들 사이를 오르내리는 것을 보게 될 것이다." 요한복음에서 처음으로 '진실로 진실로'('아멘 아멘', $ἀμὴν\ ἀμήν$)라는 표현이 나온 다. 이중 아멘(Double Amen)은 요한복음에만 나오는 독특한 표현으로, 총 스물 다섯 번 나온다.[34] 이 표현은 예수의 입술을 통해서만 사용되었고, 항상 중요 한 선언 전에 나온다.[35] 마치 구약 시대의 선지자처럼 하나님이 말씀하신 것 을 받아서 선포하는 듯한 표현이다. 이런 점에서 구약성경에 나오는 '여호와

---

33 조석민, 『요한복음의 새관점』, 121-47을 참조하라.
34 1:51; 3:3, 5, 11; 5:19, 24, 25; 6:26, 32, 47, 53; 8:34, 51, 58; 10:1, 7; 12:24; 13:16, 20, 21, 38; 14:12; 16:20, 23; 21:18.
35 Schnackenburg, *John*, I, 366-68을 보라.

께서 말씀하시되'와 유사하며, 신적 권위가 있는 중요한 내용의 선언을 암시한다.³⁶ '하늘이 열리고 … 보리라'라는 표현은 하나님의 일들에 관한 환상을 본다는 의미인데 요한계시록에도 나온다(참조. 계 4:1; 19:11).

이 구절에서 '인자'('휘오스 안뜨로푸', υἱὸς ἀνθρώπου)라는 단어가 처음 사용된다. 요한복음에서 '인자' 또는 '사람의 아들'은 대부분 예수의 죽음과 밀접하게 연결되어 사용되기에 예수의 십자가 사건 전에만 등장한다.³⁷ 예수께서 십자가에서 죽으셔서 아버지의 일을 완성하신 후 아들을 믿는 모든 자에게 영생을 주심으로써 자기 쪽으로 이끄신다는 의미가 '인자' 속에 포함되어 있다. '하늘이 열리고 하나님의 사자들이 오르락 내리락 하는 것을 보리라'라는 내용은 창세기 28:10-19에 언급된 야곱의 벧엘 사건을 생각나게 한다. '하나님의 사자들'의 헬라어 '투스 앙겔루스 투 떼우'(τοὺς ἀγγέλους τοῦ θεοῦ)는 '하나님의 천사들'을 말한다. 이 천사들은 하나님의 명령에 따라 활동하는 영적 존재이다. 창세기와 요한복음에서는 하나님의 천사들의 역할이 분명하게 드러나지 않는다. 요한복음의 저자는 1장을 마무리하면서, 제자들이 인자의 사역 기간 중에 그의 영광을 볼 것이라고 하여 예수에 대한 환상을 볼 것을 약속한다.³⁸

설교자를 위한 적용(1:43-51)

●● 예수께서 빌립을 제자로 선택하여 직접 부르신다. 그리스도인은 하나

---

36 요한복음의 이중 아멘에 대하여는 Cho, *Jesus as Prophet*, 164-69을 참조하라.
37 요한복음에서 '인자'('호 휘오스 투 안뜨로푸', ὁ υἱός τοῦ ἀνθρώπου)가 모두 13회 사용되었다(참조. 1:51; 3:13, 14; 5:27; 6:27, 53, 62; 8:28; 9:35; 12:23, 34[2회]; 13:31). 이 가운데 12:34에 나오는 두 번의 '인자'(Son of Man)만 예수 주변의 '무리들'이 예수께 질문하면서 사용했고, 나머지는 모두 예수의 입으로 직접 사용하셨다. 공관복음에는 총 66회 나오는데 모두 예수께서 직접 사용하신 매우 특별한 칭호이다. 이는 예수의 정체를 암시하는 표현이다. 요한복음의 '인자'에 대한 더 자세한 논의는 Brown, 『요한복음, I』, 351-56; Carson, 『요한복음』, 288-90; Marshall, 'Son of Man', 775-81; Moloney, *Johannine Son of Man*; Burkett, *Son of Man in the Gospel of John*에서 참조하라.
38 1:51은 마태복음 26:64과 평행 본문이다. 대제사장이 예수를 향하여 메시아가 맞는지 확인하는 질문을 던지자 예수께서 인자의 환상에 대한 약속을 대답으로 제시하신다.

님이 주신 은혜와 특권으로 그분의 부르심에 반응하여 예수를 따르는 사람이다. 빌립이 그 부르심에 응답하여 예수를 따라나선다. 빌립이 예수를 이해하게 된 배경에는 구약성경의 지식이 작용한다. 빌립이 나다나엘에게 예수에 대해 소개할 때 모세의 율법과 선지자의 기록인 구약성경 말씀을 증거로 제시한다. 즉 개인의 특별한 경험이나 기적 체험이 아닌 구약성경에 나오는 말씀을 근거로 하여 요셉의 아들 나사렛 예수가 메시아라고 증언한다. 한국 교회에서는 개인의 간증을 중요시하는 경향이 있다. 하지만 이는 득보다 실이 많은데, 그 이유는 그 간증을 들은 사람들을 번영신앙과 무속신앙으로 잘못 인도할 가능성이 크기 때문이다.

    많은 사람이 그릇된 편견에 사로잡혀서 자기 나름대로 예수를 이해한다. 나다나엘 역시 나사렛이라는 지역에 대한 편견에 빠져서 예수를 올바르게 받아들이지 못했다. 빌립이 나다나엘에게 예수를 만나도록 강권하여 그분을 면전에서 뵙게 했을 때 나다나엘은 예수를 보고 믿게 되었다. 그리고 곧바로 '당신은 하나님의 아들이시요 당신은 이스라엘의 임금이로소이다'라고 신앙을 고백한다. 사람들을 예수께로 인도하는 일은 모든 그리스도인의 의무이자 특권이지만 결코 쉽지 않은 일이다. 그리스도인은 성경을 읽고 묵상하면서 깨닫게 된 예수를 증언해야 한다. 그리고 정직하고 진실하게 신앙을 고백해야 한다. 우리가 일상에서 예수를 따라 살지 않는다면 사람들을 예수께 인도할 수 없고 그들에게 예수를 만날 기회를 제공할 수도 없다. 이는 세상 모든 사람을 제자 삼으라는 그분의 명령에 반(反)하는 삶이다. ●●

II. 갈릴리 가나의 두 표적과 예수를 만난 사람들

2:1-4:54

요한복음 2장부터 4장까지는 갈릴리 가나라는 장소와 예수의 표적이라는 주제가 중심이 되어 '가나에서 가나까지'라는 하나의 문학적 단위가 형성된다. 물이 변하여 포도주가 된 표적은 갈릴리 가나에서 행하신 예수의 첫 번째 표적으로, 이 단락 전체의 시작 부분에 기술된다(2:1-12). 예수께서 행하신 두 번째 표적은 왕의 신하의 아들의 열병을 고쳐 주신 것이다. 이 사건 역시 첫 번째 표적이 일어났던 곳과 같은 가나 지역에서 일어났다. 이 내용이 전체 단락의 마지막 부분에 나온다(4:46-54).

2. 갈릴리 가나에서 일어난 첫 번째 표적(2:1-12)

물이 변하여 포도주가 된 표적 사건을 다음과 같이 교차 대칭 구조 속에서 다섯 부분으로 이해할 수 있다.

    A 표적 사건의 서론(1-2절)
        B 표적 사건의 암시(3-5절)
            C 표적 사건의 과정(6-8절)
        B′ 표적 사건의 확인(9-10절)
    A′ 표적 사건의 결론(11-12절)

먼저 A단락(1-2절)에서는 표적이 일어난 장소인 갈릴리 가나와 등장인물들인 예수의 어머니, 예수, 예수의 제자들이 소개된다. B단락(3-5절)에서는 표적이 발생할 것이라는 암시가 예수의 어머니와 예수의 대화를 통해 제시된다. C단락(6-8절)은 이 구조의 중심축으로, 이 사건의 핵심 내용을 담고 있다. 저자가 '하인들'에게 명령하시는 예수와 이 명령에 순종하는 '하인들'을 묘사하면서 이 표적이 어떻게 발생했는지를 설명한다. B′단락(9-10절)은 B단락과 대칭을 이루며, 연회장의 말을 통해서 표적 사건이 실제로 일어났음을 증언하는 내용이다. A′단락(11-12절)에서는 이 사건에 대한 설명적 요약과 사건 이후의 상황이 간략하게 기술된다.

이 구조 속에서 C단락은 전체 표적 사건의 핵심으로, 예수의 정체를 암시하는 내용을 다룬다. A단락과 A′ 단락에서는 '갈릴리 가나'라는 표적을 일으킨 장소와 등장인물들을 통해 인클루지오의 구조를 형성하면서 이 사건이 하나의 독립된 사건임을 밝힌다. B단락과 B′ 단락에서는 포도주가 떨어진 상황에서 물이 변하여 포도주가 된 표적 사건을 묘사한다. 먼저 B단락에서는 포도주가 떨어진 것을 예수의 어머니가 발견하고 예수께 이 사실을 알린다. B′ 단락에서는 하인들이 예수의 명령에 순종하여 물을 길어 항아리를 채운 후, 그 물을 떠서 연회장에게 가져다준다. 연회장이 물로 된 포도주를 맛보고 품질이 '좋다'고 신랑을 불러 증언한다. 이 표적의 핵심에 예수가 자리 잡고 있음을 C단락이 보여 준다.[1]

2.1. 표적 사건의 서론(2:1-2)

[1] 사흘째 되던 날 갈릴리 가나에 혼례가 있어 예수의 어머니도 거기 계시고 [2] 예수와 그 제자들도 혼례에 청함을 받았더니

1-2절 '사흘째 되던 날'은 예수께서 갈릴리로 가시는 길에 빌립과 나다나엘을 부르신 사건(1:43)과 이 표적 사건을 연결하려는 저자의 묵시적 의도가 들어 있는 표현이다. 그렇지만 요한복음 1:19-51에 언급된 날들이 대략 4일의 경과를 암시하고(1:29, 35, 43), '사흘째 되던 날'과 자연스럽게 연결되지 않기 때문에 어떤 기준에서 이날을 묘사한 것인지 정확하게 알 수는 없다.[2] 단지 예수와 제자들이 초대를 받은 혼례 장소에 도착한 날임을 알 수 있을 뿐이다.[3] 저자가 '가나'라는 잘 알려지지 않은 장소를 언급한 것은 이 혼례의 역사

---

1   2:1-12에 대한 자세한 논의는 조석민, 『요한복음의 새관점』, 123-48을 참조하라.
2   '사흘째 되던 날'을 상징적으로 해석하려는 시도가 있지만 근거와 이유가 명확하지 않다. 상징적 해석과 관련해서는 Moloney, *John*, 66-67을 참조하라.
3   Keener, *John*, I, 496. Keener는 '사흘째 되던 날'이 혼례라는 특별한 날을 의미할 수 없고, 한

적 신빙성을 높이기 위한 장치이다.⁴ '예수의 어머니도 거기 계시고'라는 기록으로 보아 아마도 이 혼례가 예수의 어머니와 어떤 관계가 있었던 것 같다. 손님이라기보다 신랑 가족의 일원으로서 이 혼례에 협력하고 있었으리라고 추측할 수 있다. 하지만 예수와 제자들은 초대를 받아 그곳에 참석했다.

2.2. 표적 사건의 암시(2:3-5)

³ 포도주가 떨어진지라 예수의 어머니가 예수에게 이르되 저들에게 포도주가 없다 하니 ⁴ 예수께서 이르시되 여자여 나와 무슨 상관이 있나이까 내 때가 아직 이르지 아니하였나이다 ⁵ 그의 어머니가 하인들에게 이르되 너희에게 무슨 말씀을 하시든지 그대로 하라 하니라

3절 예수의 어머니는 '포도주가 떨어졌을 때', 그 사실을 가장 먼저 알고 이 일에 관여했다. 예수의 어머니가 예수에게 직접 '저들에게 포도주가 없다'라고 말한 것은 이 혼례가 예수의 어머니와 깊은 관계가 있음을 시사한다. 이 점은 1절에서 예수의 어머니가 이 잔치에 이미 참석하고 있었다는 설명에서도 어느 정도 암시된다. 예수의 어머니는 예수가 이 일을 어떤 식으로든지 해결할 것이라는 심리적 기대가 있었던 것 같다. 그렇지 않았다면 가장 먼저 예수에게 알리지 않았을 것이다. 이러한 심리적 기대는 성령으로 예수를 잉태하여 출산함으로써 하나님의 신비한 표적을 체험한 것과 결코 무관하지 않다(참조.

주간의 세 번째 날도 아니며, 다만 예수와 제자들이 초대를 받고 잔치가 열리는 그곳에 도착한 날을 의미할 뿐이라고 한다. 그리고 1세기 당시 팔레스타인의 결혼 풍습에 처녀는 넷째 날에, 과부는 다섯 번째 날에 결혼을 했다는 정보를 제공한다.

4   저자가 어떤 사건을 소개하기에 앞서 이미 잘 알려진 갈릴리라는 장소보다, 사람들에게 잘 알려지지 않은 작은 지역인 가나를 언급한 것은 자신이 이 지역의 지리에 해박한 지식이 있다는 암시이며 또한 이 사건의 역사성을 강조하기 위함이다. '가나'라는 장소는 요한복음 안에서 총 4회 언급된다(2:1, 11; 4:46; 21:2). 가나가 현재 어떤 장소인지에 대해서는 두 가지 의견이 있다. Kefar-Kenne이거나 Khirbet-Qanah라고 한다. 두 장소 모두 오늘날의 나사렛(Nazareth)에서 멀지 않기에(약 12킬로미터) 당시에는 충분히 걸어서 갈 수 있는 곳이었다. Keener, *John*, I, 495-96을 참조하라.

마 1:18-25; 눅 1:26-56). 그렇다면 포도주가 떨어진 상황을 예수에게 말했을 때, 그를 자신의 아들로서 대한 것이 아니라 표적을 행하는 자(a miracle worker)로 대한 것일 수도 있다. 하지만 예수의 어머니는 직접적인 요청은 하지 않았고 단지 상황만 알려 주었다.

4절 '여자여 나와 무슨 상관이 있나이까 내 때가 아직 이르지 아니하였나이다'라는 예수의 대답으로 보아 예수가 어머니의 말을 어떤 요청의 수준에서 이해한 것 같다. 여기서 '여자여'('귀나이', γύναι)라는 칭호는 존칭어를 사용하는 문화권에 사는 현대인들의 귀에 거슬린다. 하지만 이는 어머니를 경멸하거나 비하하는 칭호가 아니다. 신약성경에서 '여자여'는 여성들에게 인사나 말을 건네는 일상적인 표현이다(참조. 4:21; 20:13, 15, 참조. 8:10; 마 15:28; 눅 13:12; 22:57; 고전 7:16). 예수께서는 십자가 위에서 사랑하는 제자에게 자신의 어머니를 부탁할 때도 이 칭호를 사용하셨다(19:26).

'나와 무슨 상관이 있나이까?'라는 대답은 신랑의 가족과 예수의 가족이 매우 가까운 관계일 것이라는 추측을 불식시킨다. 하지만 단순히 그 관계를 부정한다기보다는 포도주가 떨어졌다는 문제에 대한 당혹스러움을 표현한 것이라고 볼 수 있다.[5]

그리고 '내 때'('헤 호라 무', ἡ ὥρα μου)는 예수가 고난을 받아 십자가 위에서 죽으신 뒤 다시 살아나셔서 하나님의 구원 역사를 성취하게 될 십자가 사건을 의미한다.[6] 그래서 이 '때'라는 표현이 십자가 사건이 시작되는 고별 설교와 기도(14:1-17:26)까지에서만 나오고 18장 이후에는 전혀 등장하지 않는다. '때가 아직 이르지 아니하였나이다'는 그 '때'가 지금은 아니지만, 다가오고

---

[5] Keener, *John*, I, 506. 동일한 헬라어 표현(τί ἐμοὶ καὶ σοί)이 마가복음 5:7과 누가복음 8:28에 나오는데 그 뜻도 요한복음과 똑같다. 또한 칠십인역(LXX)에서도 사사기 11:12, 열왕기상 17:18, 열왕기하 3:13, 역대하 35:21 등에 나온다. 이 표현의 번역과 해석에 대하여는 Moloney, *John*, 71을 참조하라.
[6] 예수께서 자신의 죽음을 암시하면서 언급하신 '때'가 요한복음에 여러 번 나온다(참조. 2:4; 7:6, 8, 30; 8:20; 12:23, 27 [2회]; 13:1; 16:32; 17:1).

있음을 인식하신다는 암시이다. 이는 포도주가 떨어진 상황에 대한 대답이 아니라 자신의 죽음을 내다보며 대답하신 것이다.[7] 요한복음에서 예수는 자신의 죽음을 이미 인식하고 있고, 그 죽음을 향하여 한 걸음씩 나아가시는 모습으로 묘사된다.

5절 예수의 어머니는 예기치 않은 대답을 들었음에도 기대를 버리지 않는다. 그래서 하인들에게 '너희에게 무슨 말씀을 하시든지 그대로 하라'라고 일러둔다. 어머니와 예수의 대화 속에서 독자는 예수가 표적을 행하게 될 것과 그의 어머니가 기대하고 있는 표적이 곧 가시화될 것을 짐작할 수 있다.

2.3. 표적 사건의 과정(2:6-8)

[6] 거기에 유대인의 정결 예식을 따라 두세 통 드는 돌 항아리 여섯이 놓였는지라 [7] 예수께서 그들에게 이르시되 항아리에 물을 채우라 하신즉 아귀까지 채우니 [8] 이제는 떠서 연회장에게 갖다 주라 하시매 갖다 주었더니

6절 '두세 통 드는 돌 항아리 여섯'이란 돌로 만든 물 항아리인데 유대인의 정결 예식을 위한 용도라고 저자가 설명한다(참조. 3:25; 11:55; 18:28). '유대인의 정결 예식'이라는 표현에는 유대의 문화와 종교 풍습에 익숙하지 않은 독자들을 배려하려는 저자의 의도가 들어 있다. 당시 이 예식과 항아리의 용도를 모르는 유대인은 없었다. 이 구절에서 저자는 '유대인의 정결 예식'에 사용될 물이 포도주로 곧 변화될 것이라는 사실을 암시한다. 포도주로 변화될 물의 양은 항아리의 수용 능력과 비례할 것이다. 여섯 물 항아리에 들어갈 물의 양은 총 150리터 정도이다.[8] 여기서 항아리의 숫자를 굳이 상징적으로 이해할

---

7 '내 때가 아직 이르지 않았다'라는 대답을 포도주가 떨어진 상황과 연결하면, 결혼 잔치가 '천국 잔치'의 비유라는 상징성을 갖게 된다. 그러나 저자는 결혼 잔치를 상징적으로 말하지 않고 실제 상황으로 묘사한다.
8 Moloney, *John*, 72; Barrett, 『요한복음(I)』, 300-301을 참조하라.

필요도 근거도 없다. 다만 이렇게 큰 항아리가 집에 여섯 개나 있다는 것은 매우 이례적인 일이었기에 아마도 혼례를 위해 잠시 빌려왔다고 추측해 볼 수 있다.[9]

7절 예수께서 결혼 잔치를 돕는 자들에게 '항아리에 물을 채우라'라고 명령하신다. 그들이 항아리의 아귀까지 물을 채운다. 예수의 어머니가 그들에게 한 당부를 잊지 않고 성실히 수행한 것이다.

8절 예수의 새로운 명령에 따라, 잔치를 돕는 자들이 물로 된 포도주를 연회장에게 가져다준다. '아르키트리클리노스'(ἀρχιτρίκλινος)는 '연회 책임자', '잔치를 맡은 사람'인데 주로 종이 이러한 일을 담당했다(참조. BDAG, 139). 하지만 이 이야기 속에서는 종이 아니라 가족 중의 한 사람이거나 신랑의 친구였을 가능성이 크다.[10] 그 이유는 연회장이 포도주를 맛본 후 신랑을 불러 감사와 칭찬의 말을 하기 때문이다(9-10절). 잔치를 돕는 자들은 예수의 명령에 적극적으로 순종했다. 하지만 표적 사건의 결과는 아직 나타나지 않았다. 정결 예식에 쓰려고 채워 둔 물이 포도주로 변한 것은 유대인들이 이해할 수 없는 혁명적인 사건이다. 이 사건을 통해서 저자가 드러내고자 하는 바는 예수께서 유대인의 율법보다 크신 분이라는 사실이다.

2.4. 표적 사건의 확인(2:9-10)

[9] 연회장은 물로 된 포도주를 맛보고도 어디서 났는지 알지 못하되 물 떠온 하인들은 알더라 연회장이 신랑을 불러 [10] 말하되 사람마다 먼저 좋은 포도주를 내고 취한 후에 낮은 것을 내거늘 그대는 지금까지 좋은 포도주를 두었도다 하니라

---

9   Moloney, *John*, 68, 72; Keener, *John*, I, 509-13을 참조하라.
10 Michaels, *John*, 150, 각주 36을 보라.

9절 연회장이 물로 된 좋은 포도주를 마시고 나서 신랑을 부른다. 그는 물이 변하여 포도주가 된 사실을 전혀 모른다. 이것은 일종의 아이러니이며, 요한의 문학적 기술로 볼 수 있다.[11] 저자는 연회장이 물로 된 포도주를 맛보고도 포도주가 어디서 났는지 알지 못한다고 서술한다. 물이 변하여 좋은 포도주가 되었다는 사실은 오직 예수와 물을 떠다 준 사람들만 알고 있다. 하지만 이 사람 중 누구도 그 기적의 포도주를 맛보지 못했다. 표적을 몸으로 체험하지 못한 자들만 그 표적을 이미 알고 있으니 정말 아이러니한 상황이다(참조. 20:29).

10절 연회장이 신랑에게 '사람마다 먼저 좋은 포도주를 내고 취한 후에 낮은 것을 내거늘 그대는 지금까지 좋은 포도주를 두었도다'라고 말함으로써 독자들에게 표적이 일어났음을 알린다. 독자들은 이미 물이 변하여 포도주가 되었다는 사실을 알고 있다. 하지만 언제 물이 변했는지는 모른다. 물을 항아리에 부었을 때인지, 항아리에 있는 물을 떠서 연회장에게 가져다주었을 때인지, 아니면 연회장이 입을 대고 마실 때인지 전혀 알 수가 없다. 저자는 이 부분에 관심이 없는 듯하다. 또한 어떻게 해서 포도주로 변했는지에 대해서도 침묵한다. 이것은 이 표적 사건의 핵심이 물이 언제 어떻게 포도주로 변했는지에 있지 않음을 암시한다.

2.5. 표적 사건의 결론(2:11-12)

[11] 예수께서 이 첫 표적을 갈릴리 가나에서 행하여 그의 영광을 나타내시매 제자들이 그를 믿으니라 [12] 그 후에 예수께서 그 어머니와 형제들과 제자들과 함께 가버나움으로 내려가셨으나 거기에 여러 날 계시지는 아니하시니라

11절 저자가 첫 표적을 묘사하면서 단수 명사 '세메이온'($\sigma\eta\mu\epsilon\tilde{\iota}o\nu$)이 아니라

---

11 Moloney, *John*, 72-73; Duke, *Irony*, 83-84을 보라.

중성 복수 소유격 '세메이온'(σημείων)을 사용하여 '알켄 톤 세메이온'(ἀρχὴν τῶν σημείων)이라고 한다. 즉 '표적들 가운데 첫째'(the first of the signs)라는 뜻이다. 갈릴리 가나에서 행하신 여러 표적 가운데 '첫 표적'이다. 예수께서 이 표적을 통하여 자신이 누구인지 그 정체성을 드러내신다. 이는 저자가 예수께서 그의 '영광'('독사', δόξα)을 나타내셨다고 기술한 것과도 밀접한 관계가 있다.

여기서 '영광'이란 예수께서 자신을 계시하여 사람들이 볼 수 있도록 드러내신 행위를 말한다. 예수의 표적은 하나님의 '영광'을 드러낸 것이다(참조. 민 14:22).[12] 이 단어가 이미 1:14에 나왔는데, 하나님의 영광이 예수 안에서 나타났다고 설명할 때 사용되었다. 예수의 영광이란 하나님과의 본질적인 관계, 그리고 그분의 순종에 근거한다. 그리고 이 영광은 예수께서 '내 때'(2:4)를 언급하신 것과 관련이 있고, 예수의 수난과 죽음을 통해서 성취된다(참조. 7:39; 12:16, 23; 13:31-32).

이 표적 사건으로 인하여 제자들이 예수를 믿게 되었다. 하지만 이때는 진정한 의미에서 예수를 하나님의 아들, 그리스도로 믿은 것이 아니었다. 그 이유는 저자가 제자들의 믿음에 대하여 '죽은 자 가운데서 살아나신 후에야 제자들이 이 말씀하신 것을 기억하고 성경과 예수께서 하신 말씀을 믿었더라'(2:22)라고 주석하기 때문이다. 그래도 예수를 구약 시대의 선지자와 같이 '표적 행하는 자'(miracle worker)로 감지했을 가능성은 있다.[13] 물이 변하여 포도주가 된 기적 사건은 구약 선지자들의 표적 사건들과 비교될 수 있다(참조. 출 15:22-27; 왕상 17:8-16; 왕하 4:1-7). 이 첫 번째 표적은 사건 자체에 의미가 있는 것이 아니라, 이 사건을 통하여 예수의 정체성을 드러내는 데 목적이 있다.[14]

12절 이 구절은 기적 사건 이후의 상황을 그리면서 동시에 예수의 성전 사건과 이어 주는 연결 고리 역할을 한다. 저자는 자신이 선호하는 관용적 표현인

12　Lincoln, *John*, 130-31; Keener, *John*, I, 515-16을 참조하라.
13　Cho, *Jesus as Prophet*, 98-100; Klink, 'What Concern', 273-87을 참조하라.
14　조석민, 『요한복음의 새관점』, 109-110; Cho, *Jesus as Prophet*, 254-84을 참조하라.

'그 후에'('메타 투토', μετὰ τοῦτο)를 사용하여 이야기의 연결을 시도한다(참조. 7:1; 11:7; 19:28). 예수께서 그 어머니와 형제들, 제자들과 함께 가버나움으로 내려가셨는데 거기서 오래 머물지는 않으셨다. 이후에 예수는 가버나움이 아니라 예루살렘 성전에서 등장하신다. 이 구절에서 처음으로 예수의 형제들이 소개된다(참조. 7:3-5, 10). 하지만 가족 사항이 자세히 나오지는 않는다. 요한복음뿐 아니라 공관복음 어디에서도 그 정보가 자세히 소개되지는 않는다.

설교자를 위한 적용(2:1-12)

●● 예수 그리스도를 믿고 그분께 나의 삶을 전폭적으로 맡기는 것은 내 삶의 필요를 채우기 위한 수단이나 방법이 아니다. 예수께서 첫 번째 표적을 일으키신 목적은 필요를 제공하시는 자신을 사람들로 하여금 믿게 하시려는 것이 아니었다. 자신이 하나님이 보내신 그분의 아들, 즉 메시아라는 정체성을 드러내시기 위함이었다. 제자들과 함께 혼례에 참석하신 예수께서는 어머니에게 포도주가 떨어졌다는 황당한 소식을 듣게 되었다. 하지만 이에 대하여 즉시 해답을 내놓지는 않으신다. 그 포도주를 채워 주시기 위하여 이 세상에 오신 것이 아니기 때문이다. 예수는 자신의 사명과 목적을 잊지 않고 '내 때가 아직 이르지 않았다'라고 대답하시면서 자신의 죽음의 때를 암시하신다. 즉 십자가의 고난과 죽음을 통해서 사람들에게 영원한 생명을 주시려고 세상에 오신 자신의 사명을 분명히 인식하고 계셨다. 사명을 분명히 인식하고 죽음을 향해 걸어가셨지만 인간의 필요와 요구를 사소하게 여기거나 무시하지 않고 묵묵히 채워 주셨다.

예수께서 행하신 이 첫 번째 기적으로 말미암아 많은 사람이 예수를 알게 되었다. 하지만 기적을 직접 체험하기도 하고 소문으로 듣기도 했지만 예수를 하나님의 아들, 메시아로 믿지 않았다. 기적을 체험하고 보았다고 해서 반드시 믿음이 생기지는 않는 것이다. 그리스도인에게 믿음이란 예수가 누구인지 확실하게 깨닫고 그분처럼 살아가는 삶 자체이지 기적 체험이 아니다. ●●

3. 예수의 성전 사건과 사람들의 반응(2:13-25)

이 단락에서는 예수의 정체성이 드러나는 성전 사건(2:13-17)을 소개하고 이에 대한 유대인들의 반응을 그린다(2:18-20). 그리고 유대인들이 예수께 '표적을 보여 달라'라고 요구했을 때 예수께서 대답하신 내용을 저자 요한이 해설한다(2:21-22). 마지막으로, 예루살렘 사람들이 예수의 표적 사건을 보고 반응한 내용을 기술한다(2:23-25). 이 마지막 단락은 요한복음 2장 전체의 결론이면서 동시에 3장의 서론 역할을 한다.

3.1. 예수의 성전 사건(2:13-17)

¹³ 유대인의 유월절이 가까운지라 예수께서 예루살렘으로 올라가셨더니 ¹⁴ 성전 안에서 소와 양과 비둘기 파는 사람들과 돈 바꾸는 사람들이 앉아 있는 것을 보시고 ¹⁵ 노끈으로 채찍을 만드사 양이나 소를 다 성전에서 내쫓으시고 돈 바꾸는 사람들의 돈을 쏟으시며 상을 엎으시고 ¹⁶ 비둘기 파는 사람들에게 이르시되 이것을 여기서 가져가라 내 아버지의 집으로 장사하는 집을 만들지 말라 하시니 ¹⁷ 제자들이 성경 말씀에 주의 전을 사모하는 열심이 나를 삼키리라 한 것을 기억하더라

'예수의 성전 사건'¹⁵은 조금씩 내용의 차이가 있기는 하지만 마가복음 11:15-17, 마태복음 21:12-13, 누가복음 19:45-46에도 나온다. 이 사건은 요한복음과 공관복음의 내용을 비교할 때 설명이 쉽지 않다.¹⁶ 요한복음에서는 이 사건을 예수께서 공생애를 시작하신 후 첫 유월절이 다가왔을 때 예루살렘에서 일어났다고 소개한다. 요한복음에는 총 세 차례의 유월절이 나온다(참조. 2:13; 6:4; 11:55). 하지만 공관복음은 예수께서 십자가에서 처형되기 전 유월

---

15   2:13-22을 소위 '예수의 성전 청결 사건'이라고 부르는 것은 본문에 대한 해석자의 주관적 해석이 포함된 명칭이어서 그 의미가 왜곡될 수 있기에 본서에서는 '예수의 성전 사건'이라고 표현한다.
16   이 주제와 관련된 더 자세한 논의는 Brown, 『요한복음, I』, 394-407을 참조하라.

절에 예루살렘에 들어가셨을 때 일어난 사건으로 기록한다.

이렇게 사건 발생 시기가 현저히 다른 것에 대하여 그동안 다음과 같은 의견들이 제시되었다. (1) 공관복음 저자들이 예수의 초기 성전 사건을 기록하지 않았다. 요한복음에 언급된 유대인의 다른 명절과 관련된 사건에 대한 기록이 없는 것과 같다. 공관복음 저자들은 오직 마지막 유월절에 일어난 성전 사건만 기록했다. (2) 요한복음의 저자가 이 사건을 자신의 신학적 의도에 맞도록 문학적 장치를 사용해서 예수의 공생애 앞부분에 배치한 것이다. 요한복음에서는 사건을 연대기적으로 기술하지 않고 주제에 따라 저자가 의도적으로 사건을 배치하여 기록한다. (3) 성전 사건이 예수의 생애에서 두 번 일어났다. 처음은 공생애 초기에, 두 번째는 십자가 처형 전에 일어났다. 이 세 번째 견해를 수용하는 학자는 많지 않지만, 가능성을 완전히 무시할 수도 없다.

세 가지 제안 중 (1)과 (3)은 가능성이 희박하고 근거가 확실하지 않아서 수용하기 어렵다. 그중 (2)가 공관복음과의 갈등을 최소화하면서 요한복음의 특성을 이해하도록 도움을 주므로 사건 발생 시기와 관련된 문제에 적절한 대안이 될 수 있다.[17]

13-14절 예수께서 유월절이 가까이 이르렀을 때 예루살렘으로 올라가신 것은 유대인의 규례를 따르신 행동이다. 예수께서 '성전'('히에론', ἱερόν) 안으로 들어가신 장소는 성전의 바깥마당인 '이방인의 뜰'(the Court of Gentiles)로 추정된다. 그 장소에서 '소와 양과 비둘기' 파는 사람들과 돈 바꾸는 사람들이 앉아 있는 것을 보신 것이다.[18] 이곳에는 다른 나라에서 살고 있는 디아스포라 유대인 순례자들이 성전세를 낼 수 있도록 동전을 바꾸어 주는 교환소가 있

---

17 성전 사건의 역사성에 대해서는 Keener, *John*, I, 520을 참조하라.
18 '소와 양, 비둘기'는 예수 당시 성전 제사에서 일반적으로 사용되던 제물이다(참조. "이스라엘 자손에게 말하여 이르라 너희 중에 누구든지 여호와께 예물을 드리려거든 가축 중에서 소나 양으로 예물을 드릴지니라"[레 1:2]; "만일 여호와께 드리는 예물이 새의 번제이면 산비둘기나 집비둘기 새끼로 예물을 드릴 것이요"[레 1:14]). 비둘기는 가난한 사람들의 제물이었다(참조. "만일 그의 힘이 어린 양을 바치는 데에 미치지 못하면 그가 지은 죄를 속죄하기 위하여 산비둘기 두 마리나 집비둘기 새끼 두 마리를 여호와께로 가져가되 하나는 속죄제물을 삼고 하나는 번제물을 삼아"[레 5:7]).

었다. 성전세란 이스라엘 백성 중 20세 이상 되는 남자라면 반드시 반 세겔의 속전을 바쳐야 하는 세금으로(참조. 출 30:13-16)[19] 로마의 동전이나 다른 나라의 화폐가 아닌 유대의 세겔(Tyrian coinage)로 바쳐야 했다. 이때 동전을 교환해 주는 상인들이 환전 수수료를 챙겼다.[20] 상인들은 희생 제사에 제물로 쓰이는 동물들을 팔기도 했다. 먼 곳에서 예루살렘까지 동물을 데리고 올 경우 병들거나 죽을 위험이 있었기에 이미 오래전부터 관행적으로 성전에서 동물을 팔았고, 이는 제사장들과 성전 경비병들도 묵인한 일이었다.[21] 희생 제사를 위한 편리 제공이라는 포장 속에 감춰진 종교적 관습의 적폐이자 그 속에서 자기 이익을 챙기려는 종교 권력자들의 탐욕이 불러온 관행이었다.

15절 예수께서 노끈으로 '채찍'('프라겔리온', φραγέλλιον)을 만들어 양과 소를 다 내쫓고 돈 바꾸는 사람들의 돈을 쏟으며 상을 엎으신다. 어쩌면 상식적으로 이해하기 어려운 물리적 폭력 행위이다. 당시에 성전에 들어갈 때는 무기나 무기로 사용될 만한 막대기 같은 것을 가지고 갈 수 없었다. 그래서 예수께서 채찍을 직접 만드신다. 이 내용이 요한복음에만 나온다. '노끈'('스코이니온', σχοινίον)은 "소나 양의 잠자리에 사용된 골풀"[22]로 만들어진 끈을 가리킨다(참조. BDAG, 982). 예수께서는 장사하는 사람들을 성전에서 몰아내셨다. 자본주의 사상과 물질이 주는 풍요로움과 안락함에 길들여진 현대 교회에 예수께서 오신다면 어떤 행동과 말씀을 하실지 염려된다.

16절 예수께서 화를 내시며 장사하는 이들을 내쫓으신 이유는 첫째, 성전이 예수의 아버지 하나님의 집이기 때문이다(참조. 14:2; 눅 2:49). 둘째, 성전은 장사하는 곳이 아니며, 장사를 하고 있다는 것은 자신의 아버지 하나님을 모욕하는 일이기 때문이다. 하지만 성전의 종교 권력자들(제사장, 사두개인, 성전 경비병

---

19 반 세겔은 두 데나리온 또는 한 드라크마에 해당한다(참조. 마 17:27).
20 Brown, 『요한복음, I』, 390-91; Carson, 『요한복음』, 316을 참조하라.
21 Carson, 『요한복음』, 316-17을 참조하라.
22 Brown, 『요한복음, I』, 391.

등)은 성전 마당에서 장사꾼들이 장사를 하도록 허락했다.[23] 자신들의 물질적 탐욕을 채울 수 있었기 때문이었다. 예수께서 그렇게 과격하게 행동하신 것은 성전 예배의 거룩함(the purity of temple worship)에 대한 지극한 관심이지, 성전 제사를 폐지하시려는 의도는 아니었다(참조. 4:23-24). 예수께서는 순례자들이 희생 제사를 드리고자 제물을 사는 것 자체를 반대하신 것이 아니다. 성전에 예배하러 온 이들이 성전세를 내는 데 적합한 동전으로 환전하는 것을 반대하신 것도 아니다. 다만 그러한 상행위들이 성전 마당에서 이루어진 것에 대하여 분개하여 경고하며 시위하신 것이다.[24]

그리고 장사하는 모든 사람에게 폭력을 무자비하게 사용하신 것이 아니라 구약성경에 나오는 선지자처럼 상징적인 행동을 보이셨다. 특히 비둘기 파는 사람들에게는 그 비둘기를 다 풀어 날려 보내거나 그 사람들을 쫓아내신 것이 아니라 '이것을 여기서 가져가라 내 아버지의 집으로 장사하는 집을 만들지 말라'라고 경고하셨다. 복음서의 저자가 이를 묘사한 이유는 예수의 행위 속에서 구약성경의 예언의 성취를 보게 하기 위함이다. '내 아버지의 집으로 장사하는 집을 만들지 말라'라는 말씀은 "그 날에는 만군의 여호와의 전에 가나안 사람('케나아니', כְּנַעֲנִי, '장사꾼')이 다시 있지 아니하리라"(슥 14:21b)라는 말씀이 그 배경이다.[25]

17절 제자들이 예수의 엄청난 행동을 보고 몹시 놀라고 두려워한다. 그들이 두려워한 까닭은 종교 권력자들이 보여 줄 반응을 예상했기 때문이었다. 그리고 예수께서 권세 있게 행동하고 말씀하셔서 놀랄 수밖에 없었다. 이 구절을 보면 제자들이 '주의 전을 사모하는 열심이 나를 삼키리라'라는 말씀을 기억했다고 한다. 이 말씀은 "주의 집을 위하는 열성이 나를 삼키고 주를 비방하

---

23 Keener, *John*, I, 522-23을 참조하라.
24 Carson, 『요한복음』, 317을 참조하라.
25 히브리어 '케나아니'는 '가나안 사람' 또는 '장사꾼'을 뜻한다. '장사꾼'의 의미일 때는 대부분 부정적인 용례이다. *NIDOTTE*, II, 669을 보라.

는 비방이 내게 미쳤나이다"(시 69:9)의 앞부분을 인용한 것이다.[26]

요한복음의 저자는 공관복음에서 이 사건을 다루며 인용한 구절(참조. 사 56:7; 렘 7:11)이 아닌 시편 69:9을 인용한다. 그리고 동사의 시제를 과거 완료형에서 미래형으로 변경한다. 저자의 신학적 해석이 드러나는 대목이다.[27] 제자들은 나중에, 다시 말해서 예수의 죽음과 부활 이후에, 이 말씀을 기억했다.[28] 보혜사 성령의 회상 사역의 결과이다. 하지만 예수의 제자들은 성전 사건에 대하여 성경 말씀을 잘못 적용했다. 이 사건을 올바로 이해하지 못하여 예수의 첫 번째 공적 사역의 성취로 오해하고 말았다. 예수는 아버지의 집이며 기도의 장소인 성전 안에서 장사가 이루어진 것에 분노하셨다. 장사를 못 하게 하거나 성전 예배 자체를 폐지하려는 의도로 행동하신 것이 아니었다. 요한복음의 저자는 이 성전 사건을 예수의 십자가 사건과 부활에 적용한다.

3.2. 예수의 성전 사건에 대한 유대인의 반응(2:18-20)

[18] 이에 유대인들이 대답하여 예수께 말하기를 네가 이런 일을 행하니 무슨 표적을 우리에게 보이겠느냐 [19] 예수께서 대답하여 이르시되 너희가 이 성전을 헐라 내가 사흘 동안에 일으키리라 [20] 유대인들이 이르되 이 성전은 사십육 년 동안에 지었거늘 네가 삼 일 동안에 일으키겠느냐 하더라

---

26   시편 69:9의 뒷부분은 바울이 "그리스도께서도 자기를 기쁘게 하지 아니하셨나니 기록된 바 주를 비방하는 자들의 비방이 내게 미쳤나이다 함과 같으니라"(롬 15:3)에서 인용한다. 이 구절은 요한복음에 인용된 열 개의 시편 중 첫 번째 용례이다. 시편 69:9(요 2:17), 78:24(요 6:31), 78:16, 20(요 7:38), 82:6(요 10:34), 118:26(요 12:13), 41:9(요 13:18), 69:4(요 15:25), 22:18(요 19:24), 69:21(요 19:28), 34:20(요 19:36). Daly-Denton, *David in the Fourth Gospel*, 27-31, 33-38을 참조하라.
27   인용된 시편 69:9은 칠십인역(LXX)에서는 κατέφαγεν('카테파겐', '나를 삼켰다')으로 과거 완료형이 사용되었지만, 가장 권위 있는 바티칸 사본에는 καταφάγεταί('카타파게타이', '나를 삼키리라')로 미래형으로 기록되어 있다. Daly-Denton, *David in the Fourth Gospel*, 118-31을 참조하라.
28   인용된 시편의 말씀은 구약성경에 기록된, 하나님을 열심히 섬기는 인물들, 예를 들면, 비느하스(Phineas), 엘리야, 마따디아를 연상하게 한다(참조. 민 25:6-13; 왕상 19:10, 14; 시락 48:1-4; 마카베오상 2:23-26).

이 단락은 예수의 성전 사건을 목격한 유대인들의 반응을 기록한 것이다. 유대인들이 이 과격한 행동을 목격하고서는 예수께 표적을 보여 달라고 요청한다. 예수가 하나님이 보내신 선지자이거나 아니면 거짓 선지자라고 생각한 것이다. 다시 말해서, 이 성전 사건으로 말미암아 선지자적 표상을 목격했다고 판단한 것이다. 예수께서 선지자의 표상으로 '너희가 이 성전을 헐라 내가 사흘 동안에 다시 일으킬 것이다'라고 대답하신다. 자신의 죽음과 부활을 암시하는 내용이다.

18절 유대인들이 예수가 도대체 무슨 권위로 성전에서 이런 행동을 하는지, 그 권위를 증명할 수 있는 선지자의 표적을 요구한다. 즉 기적 행위를 말하는데 이는 때때로 구약성경에서 참선지자를 증명하는 표증이었다. 당시 성전에서 이와 같은 엄청난 행동을 할 수 있는 사람은 구약성경에 나오는 선지자 같은 사람뿐이었다. 구약성경에서는 하나님의 집이 훼손되는 것을 꾸짖는 선지자들을 쉽게 찾아볼 수 있다(참조. 렘 7:11; 슥 14:21; 말 3:1).

19절 예수께서 즉시 '너희가 이 성전('나오스', ναός)을 헐라 내가 사흘 동안에 일으키리라'라고 대답하신다.[29] '일으키리라'로 번역된 헬라어 동사 '에게이레인'(ἐγείρειν, '일으키다')은 건축에 적합한 단어이지만 몸의 부활에도 사용할 수 있다. 공관복음에서는 예수께서 '성전을 지으리라'라고 선언하셨을 때 헬라어 동사 '오이코도메인'(οἰκοδομεῖν, '세우다')을 사용한다(참조. 막 14:58; 마 26:61). '오이코도메인'은 건물 건축에만 사용되는 용어이다.[30] 요한복음 저자가 '에게이레인'을 선택한 것에는 예수의 십자가 죽음과 부활을 상징하고 암시하려는 의도가 들어 있다.

---

29 19절에 나오는 '성전'('나오스', ναός)은 14절의 '성전'('히에론', ἱερόν)과는 다른, 성전 본체에 해당하는 건물이나 성소를 뜻한다.
30 Brown, 『요한복음, I』, 399-400을 참조하라.

20절 유대인들이 예수의 대답에 격렬하게 반응하면서 '이 성전은 사십육 년 동안에 지었거늘 네가 삼 일 동안에 일으키겠느냐'라고 반문한다. '이 성전'은 헤롯 대왕이 BCE 20년 또는 19년경에 성전 재건축을 시작하여 46년간 지은 성전을 가리킨다.[31] 유대인들이 예수의 말을 문자대로 적용하고 이해한다. 성전의 의미를 제대로 이해하지 못한 것이다. 비유와 상징을 사용하지 않으면 오늘날 우리의 일상적인 대화도 많은 제한을 받는다. 비유와 상징은 직접 표현하기 어렵고 까다로운 의미들을 쉽게 전달하고 이해하도록 돕는다. 성경도 문자대로만 해석하면 본문의 의미를 오해할 수도 있다. 문자 그대로의 해석과 상징과 비유를 통해 속뜻을 파악하는 해석 능력이 필요하다. 예수께서는 성전 사건의 의미를 자신의 죽음과 부활에 적용하신다. 하지만 유대인들은 성전 사건의 의미도, 예수가 누구인지도 전혀 알지 못했다. 성경 말씀을 읽지만 예수의 죽음과 부활의 의미를 현재의 삶에 연결하지 못하고 그저 죽은 문자와 정보로만 대하고 있다면 이는 오늘날 그리스도인이 처한 큰 비극이 아닐 수 없다.

3.3. 저자 요한의 해설(2:21-22)

[21] 그러나 예수는 성전된 자기 육체를 가리켜 말씀하신 것이라 [22] 죽은 자 가운데서 살아나신 후에야 제자들이 이 말씀하신 것을 기억하고 성경과 예수께서 하신 말씀을 믿었더라

이 단락은 저자 요한의 주석으로, '너희가 이 성전을 헐라 내가 사흘 동안

---

[31] Josephus의 기록에 의하면 헤롯 대왕의 성전 재건축은 BCE 20년 또는 19년경에 시작되었다. 여기에 유대인들이 언급한 46년을 계산하면 예수와 유대인들이 대화를 나누고 있는 시기를 CE 26년 또는 27년경으로 추산할 수 있다(Josephus, *Ant.* XV, 380, 398-400을 참조하라). 그렇다면 2:13의 유월절은 CE 26년 또는 27년의 유월절이다. 하지만 Brown은 이 연대를 CE 28년으로 계산하고, 이 시기가 세례자 요한의 사역을 디베료 15년(시리아력으로 10월 27-28일)으로 제한하는 누가복음 3:1("디베료 황제가 통치한 지 열다섯 해 곧 본디오 빌라도가 유대의 총독으로, 헤롯이 갈릴리의 분봉 왕으로, 그 동생 빌립이 이두래와 드라고닛 지방의 분봉 왕으로, 루사니아가 아빌레네의 분봉 왕으로")과 일치한다고 주장한다. Brown, 『요한복음, I』, 392-93을 참조하라.

에 일으키리라'에 대한 해설이다. 그리고 제자들의 믿음에 대한 정보를 제공한다.

21절 저자가 예수의 답변이 참된 성전이신 그분의 육체를 가리켜 하신 말씀이라고 설명한다. 성전을 헐어 버리라는 명령은 그분의 죽음을 암시하신 것이다. 저자가 이 사건을 예수의 죽음과 연결하여 신학적으로 해석하고 있음을 볼 수 있다.[32] 저자는 이 사건을 통해서 예수께서 성전보다 크신 분임을 드러내려고 한다.

22절 저자가 예수의 제자들도 예수 생전에는 그분의 말씀을 온전히 믿지 못했고, 예수께서 십자가 위에서 죽으시고 부활하신 후에야 생전에 하신 그분의 말씀을 기억하고 믿었다고 설명한다. 그만큼 예수를 온전히 믿고 따르는 것이 어렵다. 진실하고 성숙한 믿음을 가지고 살아가는 것은 한순간에 갑자기 이루어지지 않는다. 시간이 필요하다.

3.4. 예루살렘 사람들의 반응(2:23-25)

[23] 유월절에 예수께서 예루살렘에 계시니 많은 사람이 그의 행하시는 표적을 보고 그의 이름을 믿었으나 [24] 예수는 그의 몸을 그들에게 의탁하지 아니하셨으니 이는 친히 모든 사람을 아심이요 [25] 또 사람에 대하여 누구의 증언도 받으실 필요가 없었으니 이는 그가 친히 사람의 속에 있는 것을 아셨음이니라

---

32 예수의 성전 사건에서는 성전과 관련된 세 개의 헬라어 단어가 사용된다. 첫째, '히에론'(ἱερόν)은 요한복음에서 자주 사용되는데, 성전 전체를 뜻한다(참조. 2:14, 15; 5:14; 7:14, 28; 8:2, 20, 59; 10:23; 11:56; 18:20). 둘째, '나오스'(ναός)는 성전 전체 또는 지성소를 가리키는데, 요한복음에서 오직 여기에만 나온다(참조. 2:19, 20, 21). 예수께서 자기 몸을 비유적으로 말하실 때 이 단어가 사용되었다. 셋째, '오이코스'(οἶκος)는 집이라는 뜻이다. 성전이 아버지 하나님께 속한 것이라는 의미로 사용된다(참조. 2:16, 17; 14:2).

이 단락은 2장과 3장을 연결해 주는 '교량 구절'(bridge passage)의 역할을 한다.[33] 갈릴리 가나의 첫 번째 표적 사건과 예수의 성전 사건에 대한 결말이면서, 동시에 요한복음 3장에 나오는 니고데모 이야기의 서론에 해당한다. 이 단락에서 '예루살렘'이라는 도시의 이름이 언급되고, '유월절'이라는 절기가 나온다. 이 단락을 통해 예수와 니고데모가 유월절에 예루살렘에서 대화했음을 알 수 있다.

23절 이 구절에 나오는 '표적'('세메이아', σημεῖα)은 헬라어 '세메이온'(σημεῖον)의 복수 형태로, '표적들'이라고 번역하는 것이 더 정확하다. 예수께서 유월절에 예루살렘에 머무시는 동안 많은 사람이 그분이 행하신 여러 가지 표적을 보고 그의 이름을 믿었다. 예수께서 첫 번째 표적뿐 아니라 기록되지 않은 여러 가지 표적을 행하셨고 사람들이 이를 목격했다는 뜻이다(참조. 20:30). '그의 이름을 믿었다'는 표현은 1:12을 연상하게 한다. 그의 이름은 하나님의 독생자이며 세상에 빛으로 오신 예수이다.

24절 예수께서는 표적들을 보고 예수를 믿는다고 고백한 사람들의 믿음이 온전한 믿음이 아님을 이미 알고 계셨다. 예수는 사람들의 마음을 아는 초자연적인 능력을 가지고 계셨다. 이미 이 능력을 나다나엘을 부르실 때 보여 주셨다(참조. 1:48; 4:17-18). 믿음은 기적을 경험하고 그 기적에 근거해서 믿을 때 온전해지는 것이 아니라, 예수를 인격적으로 만나 그분께 나를 완전히 맡기는 신뢰 속에서 온전해진다. 우리는 하나님의 은혜로 말미암아 예수를 믿고 그분께 내 삶을 맡기며 그분의 말씀을 따라 살아간다.

25절 예수께서는 사람들의 마음과 생각을 이미 알고 계셨다. 그래서 어떤 사람에 대하여 남들의 증언을 들으실 필요가 없었다. 이 구절은 예수께서 니고데

33　Mlakuzhyil, *Christocentric Literary Structure*, 104; Moloney, *John*, 90을 보라.

모의 생각을 이미 알고 계셨던 사실을 설명해 준다. 예수는 니고데모가 질문하기 전에 먼저 그의 필요를 아시고 질문하셨다. 우리의 마음과 생각을 아시므로 예수께서는 그 어떤 것도 숨기고 감출 것이 없음을 깨닫는 것이 바로 지혜이다.

설교자를 위한 적용(2:13-25)

●● 그리스도인은 겉으로 드러나는 모습과 태도 그리고 몇 가지 특별한 행동만을 보고 남을 평가해서는 안 된다. 예수 당시 유대인들은 예수의 정체성을 파악하지 못해서 우왕좌왕했다. 예수께서 성전에서 장사하는 사람들에게 과격한 행동과 말씀을 하셨을 때 유대인들은 당황했다. 그리고 예수가 무슨 권세로 성전에서 장사꾼들을 쫓아냈는지 궁금해했다. 당시에 성전에서 권세 있는 행동과 말을 할 수 있는 사람들은 성전을 배경으로 권력을 행사했던 종교 권력자들뿐이었다. 유대인들이 예수를 선지자로 이해하고 그에 대한 표적을 보이라고 요구한다. 구약 시대의 선지자는 하나님이 보내신 자임을 증명하기 위하여 기적을 일으켰기 때문이다. 하지만 예수는 이미 표적을 보여 주셨고, 자신의 십자가 고난과 죽음, 그리고 부활을 통해서 그 정체성을 분명히 드러내신다.

성전 마당에서 장사하는 사람들은 종교 권력자들의 먹잇감이었다. 성전 마당에서 장사를 하도록 허락해 주는 일은 큰 권세가 있어야 가능했다. 종교 권력자들은 돈에 대한 탐욕을 장사하는 이들을 통해 성취했다. 하지만 장사하는 사람들 역시 종교 권력자들과 결탁하여 경제적 이득을 취했다. 당시 종교 권력자들은 돈이라는 달콤한 맛에 길들여져서 가난하고 힘없는 사람들을 약탈하는 것을 당연하게 여겼다. 오늘날 교회 지도자들이 자본주의 경제 구조 속에서 길들여지고, 자본의 힘에 끌려가는 결정을 하는 것은 예수 당시 탐욕으로 가득했던 종교 권력자들의 행동과 하나도 다르지 않다. 타락한 지도자가 이끄는 교회는 자본주의 경제 구조 속에서 교회가 교회를 위해 존재하는 역설적인 상황을 만들어 낸다. 교회가 존재의 의미를 잊어버린 것이다. 돈 때문에 움직이는 교회, 경제력을 하나님의 말씀의 능력보다 우선하는 교회는, 예

수께서 성전 마당에서 장사하는 사람들을 무섭게 질타하셨던 것처럼, 예수께 질타받을 대상일 뿐이다. ●●

4. 예수와 니고데모(3:1-21)

이 단락에 나오는 예수와 니고데모와의 대화는 하나의 예술적인 문학 단위를 이룬다. 하지만 앞 단락(2:23-25)에서 이미 언급했듯이, 이 대화는 3:1이 아니라 2:23에서부터 시작되어 3:21에서 끝난다.

이 단락은 2:23-25을 포함하여 다음과 같이 네 단락으로 구분된다.

> 예루살렘 사람들의 반응: 예수와 니고데모 이야기의 서론(2:23-25)[34]
> 예수와 니고데모의 영생에 대한 대화(3:1-10)
> 하늘에서 내려오신 인자 예수(3:11-15)
> 영생과 심판(3:16-21)

4.1. 예수와 니고데모의 영생에 대한 대화(3:1-10)

¹ 그런데 바리새인 중에 니고데모라 하는 사람이 있으니 유대인의 지도자라 ² 그가 밤에 예수께 와서 이르되 랍비여 우리가 당신은 하나님께로부터 오신 선생인 줄 아나이다 하나님이 함께 하시지 아니하시면 당신이 행하시는 이 표적을 아무도 할 수 없음이니이다 ³ 예수께서 대답하여 이르시되 진실로 진실로 네게 이르노니 사람이 거듭나지 아니하면 하나님의 나라를 볼 수 없느니라 ⁴ 니고데모가 이르되 사람이 늙으면 어떻게 날 수 있사옵나이까 두 번째 모태에 들어갔다가 날 수 있사옵나이까 ⁵ 예수께서 대답하시되 진실로 진실로 네게 이르노니 사람이 물과 성령으로 나지 아니하면 하나님의 나라에 들어갈 수 없느니라 ⁶ 육으로 난 것은 육이요 영으로 난 것은 영이니 ⁷ 내

---

34 첫째 단락인 2:23-25은 본서 2장의 해당 석의 부분을 참조하라.

가 네게 거듭나야 하겠다 하는 말을 놀랍게 여기지 말라 ⁸ 바람이 임의로 불매 네가 그 소리는 들어도 어디서 와서 어디로 가는지 알지 못하나니 성령으로 난 사람도 다 그러하니라 ⁹ 니고데모가 대답하여 이르되 어찌 그러한 일이 있을 수 있나이까 ¹⁰ 예수께서 그에게 대답하여 이르시되 너는 이스라엘의 선생으로서 이러한 것들을 알지 못하느냐

이 단락에서는 하나님 나라와 영생에 대하여 예수와 니고데모가 대화한다. 그래서 '하나님 나라', '거듭남'(중생), 다시 말해서, '하나님 나라를 보는 것', '하나님 나라에 들어가는 것'이 주제어이다. 하지만 니고데모가 거듭남의 의미를 오해한다. 이 단락은 요한복음의 서론에 나오는 '하나님의 자녀'(1:12-13)라는 개념을 설명해 주는 기능을 한다. 예수께서는 니고데모에게 어떻게 해야 하나님의 자녀가 되는지, 그리고 하나님의 자녀에게 하나님 나라와 영생이 무슨 의미인지를 육체의 출생을 비유로 들어 설명하신다.

1절 니고데모가 '유대인의 지도자'이고, 그가 '바리새인'이라는 정보가 제공된다.[35] '바리새인'이라는 표현은 니고데모의 혈통과 신분, 그리고 그가 율법을 잘 지키는 사람이라는 사실을 나타내 준다. 요한복음의 서론에서는 영생이 좋은 혈통과 신분, 율법의 준수로 얻을 수 있는 것이 아니라고 설명한다(참조. 1:12-13). '유대인의 지도자'란 산헤드린 공회 의원을 말하는데 그의 사회적 지위와 경제적 부유함을 암시하는 표현이다.[36] 예수는 니고데모가 사람들에게 잘 알려진 '이스라엘의 [그] 선생'(3:10)임을 인정하신다. '[그] 선생'('호 디다스칼로스', ὁ διδάσκαλος)이라는 칭호에 헬라어 관사 '호'(ὁ)가 사용된 것은 그가 이미 잘 알려진 사람임을 나타낸다.

---

35 니고데모는 7:50-52과 19:39-42에도 등장한다. 그는 영생과 믿음이라는 주제와 관련하여 중요한 역할을 한다. 니고데모에 대한 더 자세한 논의는 본서의 해당 주석을 참조하라.
36 Keener, *John*, I, 535-36을 보라.

2절 니고데모가 '밤'('뉙토스', νυκτός)에 예수를 찾아온다. 하지만 저자는 그가 왜 밤에 왔는지 그 이유를 밝히지 않는다. 이에 대하여 여러 의견이 있으나 대부분 추측에 의존하고 있어서 신빙성이 없다.[37] 요한복음에서 '밤'은 부정적인 의미와 영적 어둠의 상태를 나타낸다(참조. 9:4; 11:10). 저자가 이 용어를 예수를 찾아온 시간에 사용함으로써 니고데모가 영적으로 어두운 상태임을 암시한다.[38]

니고데모가 대화를 시작하면서 '우리는 안다'('오이다멘', οἴδαμεν)라는 동사의 일인칭 복수형을 사용한다. 마치 바리새파 또는 유대인을 대표하는 것 같은 표현이다. 니고데모가 알고 있다고 말한 표적은 2:1-12에 나오는 포도주 표적이거나 2:23에서 언급한 다른 표적들일 것이다.[39] 니고데모가 예수를 '랍비'라고 호칭하면서 '하나님께로부터 온 선생'으로 이해한다. 즉 구약 시대 때 기적을 행하던 선지자 같은 인물로 인식한 것이다. '하나님께로부터 왔다'라는 표현은 선지자를 보내신 하나님의 사역을 암시한다(참조. 신 18:18).[40]

3절 니고데모가 예수를 찾아왔지만 아직까지 질문은 하지 않고 있다. 예수께서 '진실로 진실로'('아멘 아멘', ἀμὴν ἀμήν)라는 이중 아멘 표현을 사용하여 자신의 권위를 드러내신다(참조. 1:51). 그리고 '사람이 거듭나지 아니하면' 하나님 나라를 볼 수 없다고 선언하신다. '거듭나다'로 번역된 헬라어 '겐네떼 아노뗀'(γεννηθῇ ἄνωθεν)에서 '아노뗀'은 '위로부터', '처음부터', '다시'라는 의미이다(참조. BDAG, 92). 즉 거듭남이란 육체적인 출생처럼 자연스러운 태어남이 아니라 '위로부터' 또는 '다시' 태어남을 의미한다.

4절 니고데모가 '네가 거듭나야 한다'라는 예수의 말씀을 단순히 생물학적 출생으로 이해한다. 그래서 예수께 '사람이 늙으면 어떻게 날 수 있사옵나이

---

37 Barrett, 『요한복음(I)』, 322; Keener, *John*, I, 536을 참조하라.
38 Kruse, 『요한복음』, 155-56; Schnackenburg, *John*, I, 369-71을 보라.
39 2:23과 3:2에 단수로 번역된 '표적'이 헬라어 성경에서는 '표적들'('세메이아', σημεῖα)이다.
40 Brown, 『요한복음, I』, 430을 보라.

까 두 번째 모태에 들어갔다가 날 수 있사옵나이까'라는 어리석은 질문을 한다. 여기서 '늙으면 어떻게 날 수 있사옵나이까'라는 반문으로 보아 그가 어느 정도 나이가 들었음을 유추해 볼 수 있다.

5절 예수께서 자신의 가르침을 오해한 니고데모에게 다른 관점으로 '거듭남'을 설명하신다. 5절은 3절과 다음과 같은 평행 구조를 형성한다.

> **3b절** 사람이 <u>거듭나지 아니하면</u> 하나님의 나라를 <u>볼 수</u> 없느니라
> **5b절** 사람이 <u>물과 성령으로 나지 아니하면</u> 하나님의 나라에 <u>들어갈 수</u> 없느니라

> **3b절** ἐὰν μή τις γεννηθῇ <u>ἄνωθεν</u> <u>οὐ δύναται ἰδεῖν</u> τὴν βασιλείαν τοῦ θεοῦ
> **5b절** ἐὰν μή τις γεννηθῇ <u>ἐξ ὕδατος καὶ πνεύματος</u>, <u>οὐ δύναται εἰσελθεῖν εἰς</u> τὴν βασιλείαν τοῦ θεοῦ

이 평행 구조에 의하면, '거듭나는 것'(3절)이란 '물과 성령으로 태어나는 것'(5절)이고, '하나님의 나라를 보는 것'(3절)이란 '하나님의 나라에 들어가는 것'(5절)이다. 요한복음 전체에서 '하나님의 나라'라는 표현이 3절과 5절에만 나온다.[41] 흥미롭게도, 요한복음에서는 '하나님의 나라에 들어가는 것' 또는 '하나님의 나라를 보는 것'을 '영생'이라고 표현한다(참조, 3:15).[42] 즉 이 복음서 안에서는 '하나님의 나라'와 '영생'을 교환하여 사용할 수 있다.[43] 요한복음에서 영생은 하나님 나라의 본질이다.

'물과 성령으로 난다'('겐네떼 엑스 후다토스 카이 퓨뉴마토스', γεννηθῇ ἐξ ὕδατος καὶ

---

41 예수께서는 '하나님의 나라'와 유사한 의미로 '내 나라'라는 표현을 18:36에서 세 번 사용하신다.
42 이 주제에 대해서는 조석민, 『요한복음의 새관점』, 151-77을 참조하라.
43 '생명' 또는 '영생'에 대한 더 자세한 논의는 Brown, 『요한복음, I』, 1031-36을 참조하라.

πνεύματος)에서 '물과 성령'은 모두 동일한 한 가지 출생을 의미한다. '물과 성령으로 태어나는 것'은 두 종류의 출생이 아니라 '거듭남', '위로부터 태어남', '다시 태어남'과 같은 하나의 출생을 의미한다. 문법적으로 보면 '물'과 '성령'은 모두 관사 없이 하나의 헬라어 전치사 '엑스'(ἐξ, '~로부터, ~에서, ~로'; 참조. BDAG, 295-98)가 사용되었고, 이 전치사는 두 단어를 모두 지배하며 한 가지 의미를 제시한다. '물과 성령'에 사용된 헬라어 접속사 '카이'(καί, '과')는 앞 단어를 부가적으로 설명(epexegesis)하는 기능이 있다. 이러한 헬라어 문법을 적용하여 다시 번역하면 '물 즉, 성령'이다.[44] '물'이 곧 성령이다.[45] 만일 '물'을 '물세례'로, 그리고 '성령'을 '성령세례'로 해석하면, 구원이 물세례에 의해 가능하다는 결론을 내릴 수 있다. 하지만 이는 신구약성경 전체의 구원 사상에 맞지 않는다.[46]

6절 이 구절은 인간의 삶을 나타내는 것으로, 서로 반대되는 두 세력을 암시한다(참조. 롬 7:13-25; 8:1-17). 다시 말해서, '육신을 따라 사는 삶'과 '성령에 의해 인도되는 삶'은 서로 완전히 다른 삶이라는 뜻이다. 즉 생물학적 출생과 영적 출생이 서로 다르다는 의미이다. 그러므로 생물학적 출생으로는 하나님 나라에 들어갈 수 없고, 영적 출생을 통해서만 들어갈 수 있음을 강조한다. 영적 출생에 대해서는 저자가 이미 설명한 바 있다(1:12-13).

7절 예수께서 니고데모에게 바리새인으로서 당연히 알고 있어야 할 '거듭남'에 대하여 다시 한 번 강조하신다. '놀랍게 여기지 말라'라고 말씀하신 것은 일반 사람들의 이해를 돕기 위한 것이다(참조. 5:28). 사람들은 거듭남 즉, 영

44　Blass and Debrunner, *Greek Grammar*, 228을 보라.
45　요한복음에서 '물'이 성령으로 비유된다는 점을 4:14와 7:38-39에서 확인할 수 있다. 특히 7:39에서는 '생수'가 곧 '성령'이라고 설명한다. 물이 성령을 상징한다는 이해는 신구약성경 전체의 가르침과도 조화를 이룬다. 다시 말해서, 인간의 거듭남은 물세례가 아니라 오직 성령의 역사로 이루어진다(참조. 1:12-13).
46　Barrett, 『요한복음(I)』, 328-30; Kruse, 『요한복음』, 158-60을 보라.

생에 대한 설명을 들으면 대부분 믿지 못하겠다는 반응을 보이면서 어떻게 그런 일이 가능한지 이해하지 못한다. 그만큼 구원은 하나님의 신비에 속하는 영역이다.

8절 예수께서 '거듭남'이란 성령으로 태어나는 것이라고 가르치신다. 그리고 이를 바람으로 비유하시면서 헬라어 '프뉴마'(πνεῦμα)의 '영' 또는 '바람'이라는 두 가지 의미를 사용하여 언어유희(word play)로 설명하신다. 헬라어 '프뉴마'는 히브리어로 '루아흐'(רוּחַ)인데 헬라어나 히브리어에서 두 단어는 모두 '영' 또는 '바람'이라는 두 가지 뜻으로 사용 가능하다.[47] 예수는 사람들이 바람이 부는 것을 느끼고 알지라도 그 바람의 방향을 알 수 없듯이, 성령으로 태어난 사람은 자신의 영적 출생에 대하여 어떤 느낌을 받을 수는 있지만 정확히 알 수는 없다고 설명하신다. 즉 그 신비한 영적 출생을 느낄 수는 있지만 이성적으로 또는 논리적으로 확실하게 말할 수는 없다는 뜻이다. 하지만 여기서 분명히 말할 수 있는 것은 '성령으로 난 사람'은 성령의 지배를 받으며 삶을 하나님의 통치 아래에 맡긴다.

9절 니고데모는 유대인이고 바리새인이었지만 성령으로 거듭나는 것에 대해 무지했다. 그래서 예수께 다시 반문한다. 니고데모가 이 부분을 자신의 이성으로 이해할 수 없음을 시인하고 있다. 동시에 그의 반문은 성령으로 태어난다는 것의 신비를 더해 준다. 성령으로 말미암은 출생 즉, 영생은 하나님의 신비 그 자체이다.

10절 예수께서 니고데모를 '이스라엘의 선생'으로 인정하신다. 니고데모가 바리새인이며 예루살렘 공회 의원이기에 그는 이스라엘 백성의 선생으로서 율법을 가르쳤으리라고 충분히 짐작할 수 있다. 예수는 니고데모가 이스라엘

---

47 Koehler and Baumgartner, *Hebrew and Aramaic Lexicon*, II, 1979-80; Barrett, 『요한복음(I)』, 332-33; Kruse, 『요한복음』, 160-61을 보라.

의 선생이기에 당연히 '중생', 곧 '하나님의 나라에 들어가는' 비밀을 알고 있어야 한다고 강조하신다.

4.2. 하늘에서 내려오신 인자 예수(3:11-15)

[11] 진실로 진실로 네게 이르노니 우리는 아는 것을 말하고 본 것을 증언하노라 그러나 너희가 우리의 증언을 받지 아니하는도다 [12] 내가 땅의 일을 말하여도 너희가 믿지 아니하거든 하물며 하늘의 일을 말하면 어떻게 믿겠느냐 [13] 하늘에서 내려온 자 곧 인자 외에는 하늘에 올라간 자가 없느니라 [14] 모세가 광야에서 뱀을 든 것 같이 인자도 들려야 하리니 [15] 이는 그를 믿는 자마다 영생을 얻게 하려 하심이니라

이 단락에서 주목할 점은 화자가 일인칭 단수에서 복수로 변경된 것이다. 예수께서는 하늘에서 내려온 자가 인자라고 가르치신다. 그리고 자신의 십자가 고난을 인자의 들림으로, 즉 모세가 광야에서 놋 뱀을 만들어 장대에 높이 매단 것에 비유하신다. 또한 인자를 믿는 자마다 영생을 얻는다고 교훈하신다.

11절 예수의 권위를 드러내는 이중 아멘 '진실로 진실로'가 다시 나온다(참조. 1:51). 예수께서는 '내가 안다'라고 말하지 않으시고, 2절에서 니고데모가 표현한 대로 '우리가 안다'('오이다멘', οἴδαμεν)라고 동일하게 말씀하신다. 이 표현을 의도적으로 사용하신 이유는 니고데모와 그가 속한 바리새파, 그리고 유대인들이 '영생'에 대하여 잘못 알고 있기에 그 오류와 오해를 분명하게 지적하시기 위함이다.[48]

---

[48] Schnackenburg, *John*, I, 375-77; Kruse, 『요한복음』, 162-63을 보라. 하지만 예수가 사용하신 복수 인칭 '우리'와 관련해서 이해하기 어려운 부분이 있다. 이 표현이 요한 공동체를 나타낸다거나, 또는 저자의 시대착오적인 기술이라는 등등의 다양한 의견이 제기되지만, 본서에서처럼 니고데모와 그가 속한 그룹을 가르치려는 예수의 의도라고 이해하는 것이 문맥상 가장 적절해 보인다. Carson, 『요한복음』, 354-55을 참조하라.

12절 '땅의 일'과 '하늘의 일'이 비교된다. '땅의 일'은 인간의 생물학적 출생을 의미한다. 예수께서 하나님 나라에 들어가는 것을 인간의 생물학적 출생과 비교하여 설명하신다. '하늘의 일'은 영적 출생을 의미하며, '물과 성령으로 태어나는 것'(5절), '성령으로 태어나는 것'(8절)을 말한다. 이 일이 16절에서 더 구체적으로 설명된다. '하늘의 일'을 '땅의 일' 곧, 생물학적 출생과 비교하여 설명할 수 있는데, 사람이 자신의 육체적 출생을 결정할 수 없는 것처럼 성령으로 태어나는 것 역시 자신이 결정할 수 없고 이는 오직 하나님의 주권에 속한 일이다. '하늘의 일'은 하나님의 자녀가 되는 것이며, 이는 '혈통으로나 육정으로나 사람의 뜻으로 나지 아니하고 오직 하나님께로부터' 태어나야 가능하다(참조. 1:12-13).[49]

13절 예수께서 '하늘의 일'을 하늘에서 내려온 자 곧 인자를 통해서 구체적으로 제시하신다. '하늘에서 내려온 자'와 '하늘에 올라간 자'는 오직 인자뿐이시다(참조. 1:51).[50] 그러므로 '하늘의 일'은 '하늘에서 내려오고 하늘에 올라간 자'만이 설명할 수 있다는 논리가 성립된다.

14절 '인자'의 수난이 모세가 광야에서 놋 뱀을 든 사건과 비교된다(참조. 민 21:4-9). 놋 뱀 사건은 예수의 십자가 사건의 예표(type)이다. 즉 십자가 사건이 원형(antitype)이다. 동사 '휩쏘오'(ὑψόω)는 '들려 올라가다'와 '영광을 얻다', '명예를 얻다'라는 이중적인 의미가 있다(참조. BDAG, 1045-46). '인자가 들려야 하리니'는 십자가 사건(참조. 8:28; 12:32)과 동시에 그 십자가 사건을 통해서 예수가 얻게 될 영광을 암시한다(참조. 12:23; 13:31-32).

15절 '인자'가 들려야 하는 십자가 사건이 '영생'과 관련이 있음을 알 수 있다. '인자'를 믿는 자, 곧 십자가에 달리신 예수를 믿는 자만이 영생을 소유할

---

49 Schnackenburg, *John*, I, 377-79; Kruse, 『요한복음』, 163을 참조하라.
50 Barrett, 『요한복음(I)』, 335-36; '인자'에 대해서는 본서 1:51의 주석을 참조하라.

수 있다. 십자가 위에서 높이 들려 죽게 될 예수는 그를 믿는 자들에게 영생을 주기 위하여 필연적으로 이 고난의 과정을 거쳐야 한다. 예수께서는 이 과정과 의미를, 광야에서 불 뱀에 물려 죽어 가던 사람들이 장대에 달린 놋 뱀을 보고 살아났던 민수기 21:4-9의 기적 사건을 통해서 설명하신다.[51] 이 사건을 비유로 들어 니고데모에게 영생 곧, 하나님 나라에 들어가는 것을 설명하신다.[52] 영생에 대한 정의가 17:3에 명확히 제시된다. "영생은 곧 유일하신 참 하나님과 그가 보내신 자 예수 그리스도를 아는 것이니이다."

설교자를 위한 적용(3:1-15)

●● 구원은 하나님의 신비이다. 하지만 하나님이 선물로 주시는 구원을 니고데모처럼 잘못 이해하는 사람들이 있다. 니고데모는 유대인이며 바리새파였는데 구원을 유대 종교 속에서 이해하고 있었다. 하나님 나라에 들어가는 것, 또는 하나님 나라를 보는 것을 갈망했지만 아직 거듭남에 대해 잘 알지 못했다. 거듭남은 우리의 이성으로는 이해할 수 없는 신비한 출생이다. 인간의 노력으로는 도저히 구원을 얻을 수 없다. 그런데도 구원 즉 영생을 자신의 몇몇 의로운 행동이나 종교적 행동으로 얻으려고 노력하는 사람들이 있다.

생물학적 육체의 출생을 이해한다면 구원, 성령으로 거듭나는 것, 하나님 나라를 보는 것, 하늘의 일을 어느 정도 이해할 수 있다. 먼저 육체의 출생을 살펴보면, 태어난 그 자신은 그 출생 여부와 조건 사항을 결정할 수 없다. 그가 태어난 이유와 근거는 부모에게서 찾을 수 있지 태어난 당사자에게서는 아무것도 찾을 수 없다. 영적 출생도 이와 유사하다. 영적 출생의 원인과 이유가 모두 하나님께 있다. 하나님의 자녀는 하나님께로부터 태어난다(참조. 1:12-13; 3:3, 5). 구원은 하늘의 일이며 하나님으로 말미암은 것이기에 신비 그 자체이다.

인간은 하나님께서 성령을 통해서 주시는 영생을 다 이해할 수는 없다. 다

---

51 Barrett, 『요한복음(I)』, 338-39; Kruse, 『요한복음』, 164-65을 보라.
52 Kruse, 『요한복음』, 165-67을 참조하라.

만 주신 선물을 감사함으로 받을 뿐이다. 니고데모가 이스라엘의 선생으로서 백성을 가르치면서도 정작 자신의 영적 출생에 대해서는 지식이 전혀 없었던 까닭은 구원을 잘못 배웠기 때문이다. 안타깝게도, 이와 유사한 문제가 오늘날 그리스도인들이라고 자부하는 사람들에게서도 발견된다. 이는 자신의 구원을 스스로에게서 찾기 때문이다. 하나님이 선물로 주시는 구원은 성령의 역사이며 하나님의 신비에 속하는 영역이기에 인간의 이성과 논리로는 이해할 수가 없다. 우리는 그저 믿음으로 그 내용을 고백하며 감사할 뿐이다. ●●

4.3. 영생과 심판(3:16-21)

[16] 하나님이 세상을 이처럼 사랑하사 독생자를 주셨으니 이는 그를 믿는 자마다 멸망하지 않고 영생을 얻게 하려 하심이라 [17] 하나님이 그 아들을 세상에 보내신 것은 세상을 심판하려 하심이 아니요 그로 말미암아 세상이 구원을 받게 하려 하심이라 [18] 그를 믿는 자는 심판을 받지 아니하는 것이요 믿지 아니하는 자는 하나님의 독생자의 이름을 믿지 아니하므로 벌써 심판을 받은 것이니라 [19] 그 정죄는 이것이니 곧 빛이 세상에 왔으되 사람들이 자기 행위가 악하므로 빛보다 어둠을 더 사랑한 것이니라 [20] 악을 행하는 자마다 빛을 미워하여 빛으로 오지 아니하나니 이는 그 행위가 드러날까 함이요 [21] 진리를 따르는 자는 빛으로 오나니 이는 그 행위가 하나님 안에서 행한 것임을 나타내려 함이라 하시니라

이 단락의 주제는 영생과 심판이다.[53] 저자는 예수의 독백을 자신의 설명으로 사용하여 예수의 가르침이 계속되고 있음을 간접적으로 드러낸다.[54] 그 단서를 15-16절에 나오는 '영생'이라는 단어에서 찾을 수 있다. 예수는 니고데모의 오해를 바로잡아 주고자 '하나님의 나라'를 '영생'으로 바꾸어서 설명하신다. 15절의 '영생'에 대한 설명이 16절에서 저자의 입술을 통해서 제시되며,

---

53 이 단락의 발화자의 정체에 대해서는 조석민, 『요한복음의 새관점』, 169-76을 참조하라.
54 Carson, 『요한복음』, 363-64을 보라.

동시에 요한의 예수(the Johannine Jesus)께서 저자를 통해 영생과 심판을 설명하신다.

이 단락의 16-18절에서는 세상에 오신 독생자 예수와 관련된 영생과 심판의 의미가 묘사된다. 이어지는 19-21절에서는 심판의 과정이 기술되며, 특히 하나님의 심판이 사람들의 악한 행위를 통해서 이미 시작되었음을 암시한다.[55] 이 단락에서는 영생의 의미가 심판과 구원을 통해서 분명하게 드러난다.

16절 이 구절에서는 1:12-14, 17을 다시 설명하면서 구원의 보편 진리를 제시한다.[56] '독생자를 주셨으니'(참조. 1:14, 18; 3:16, 18; 요일 4:9)에서 헬라어 동사 '디도미'(δίδωμι, '주다')는 하나님의 지극한 사랑의 행위를 나타낸다. 하나님이 '독생자'('모노게네스', μονογενής)를 주신 것은 그분의 사랑을 가시적으로 표현하신 것이다(참조. 요일 4:9-11). 요한복음에는 '세상'('코스모스', κόσμος)이라는 단어가 78회 나오는데 모두 부정적인 의미로 사용되며, 주로 '이 땅의 불신자들'을 가리킨다(참조. 1:5).[57] 즉, 세상은 그 아들 예수를 '알지 못하는 자들'(1:10)이고 예수를 '영접하지 아니한 사람들'(1:11)이다.[58] '영생'은 총 17회 나오는데 공관복음에 나오는 '구원' 또는 '하나님의 나라'와 같은 개념이다.

17절 하나님이 독생자를 주신 이유를 16절에 이어서 다시 설명한다. 16절의 '영생을 얻는 것'이 이 구절에서는 '구원을 받는 것'이다. '하나님께서 그 아들을 보내신 것은 세상을 심판하시기 위함이 아니다'라는 표현이 8:15, 26, 12:47에도 나온다. 하지만 예수께서 사람들을 심판하시리라는 사실도 암시한다(참조. 5:22, 30). 하나님의 아들 예수께서 이 땅에 오신 목적이 구원과 심판이라는 설명은 참으로 모순적이다. 하지만 하나님께서 아들을 보내신 일차 목적은 세상을 사랑하셔서 그 아들 예수를 믿는 자들이 멸망하지 않고 영생을

---

55 Schnackenburg, *John*, I, 403-9.
56 Barrett, 『요한복음(I)』, 339-42; Kruse, 『요한복음』, 167-70을 보라.
57 Brown, 『요한복음, I』, 1036-38을 참조하라.
58 Schnackenburg, *John*, I, 398-400을 참조하라.

얻게 하시려는 데 있다. 하나님께서는 자신이 세상을 심판하시는 자가 아님을 분명히 선포하신다. 마지막 심판을 다 아들에게 맡기셨다. 그 심판의 목적도 '모든 사람으로 아버지를 공경하는 것 같이 아들을 공경하게 하려 하심'이다(5:23).[59] 그러므로 예수께서 '내 말을 듣고 나 보내신 이를 믿는 자는 영생을 얻었고 심판에 이르지 아니하나니 사망에서 생명으로 옮겼느니라'(5:24)라고 선언하신다. 하나님께서 그 아들 예수를 세상에 보내신 근본 목적은 세상을 구원하시기 위함이다.

18절 구원과 심판이 이미 시작되었다는 사실이 '벌써'('예데', ἤδη)라는 부사어를 통해 암시된다. '그를 믿는 것'은 '하나님이 보내신 독생자 예수의 이름을 믿는 것'이다. 믿지 아니하는 자는 '하나님의 독생자의 이름'을 믿지 않는다. 그런 자들은 이미 심판을 받았다. 구원과 심판이 이미 이 땅에 현존하고 있다(참조. 3:36).

19절 심판의 과정과 결과가 간략하게 설명된다. 개역개정에서 '정죄'로 번역한 '크리시스'(κρίσις)는 이미 '죄가 있는 것으로 판결된 상태'를 말한다. 이 구절은 1:4-5을 기억나게 한다. "그 안에 생명이 있었으니 이 생명은 사람들의 빛이라 빛이 어둠에 비치되 어둠이 깨닫지 못하더라." 사람들이 '어둠'('스코스', σκότος)을 더 사랑하는 이유는 그들 자신의 악한 행위에 기초한다. 사람들의 악한 행위는 그들이 빛보다 어둠을 더 사랑한 결과를 통해서 알 수 있다. 그들은 빛을 거부하고 어둠에 머물러 있다. '빛'('포스', φῶς)은 단순히 물리적인 빛이 아니라 의인화된 표현으로, 이 세상에 빛으로 오신 예수를 가리킨다. 빛을 묘사하면서 다양한 동사 곧, '(빛이) 오다'('엘코마이', ἔρχομαι), '(빛을) 사랑하다'('아가파오', ἀγαπάω), '(빛을) 미워하다'('미세오', μισέω, 20절)를 사용한 것은 빛의 인격적 실체를 암시하기 위함이다.

---

59   Kruse, 『요한복음』, 170-72을 참조하라.

20절 '악을 행하는 자'는 빛보다 어둠을 더 사랑한다. 그리고 빛으로 말미암아 자신의 행위가 만천하에 드러날까 염려한다. 그래서 빛을 미워한다. 세상에 빛으로 오신 예수께서는 악한 행위가 그대로 노출되도록 역사하신다. 빛이신 예수의 존재 자체가 어둠을 사라지게 하신다. 악을 행하는 자들이 더 이상 숨을 곳이 없다. 요한복음에서 어둠은 악을 상징하며, 그 악은 무질서와 공허한 세상의 실상을 나타낸다.

21절 '빛을 미워하는 자'와 대조적으로 '진리를 따르는 자'가 나오는데 이 사람은 빛을 사랑한다. 저자는 '진리를 따르는 자'가 '하나님 안에서 행하는 자'라고 설명함으로써 행함이 곧 심판의 근거가 됨을 밝힌다. 예수께서도 '선한 일을 행한 자는 생명의 부활로, 악한 일을 행한 자는 심판의 부활로 나오리라'(5:29)라고 선언하시며 행위에 대한 심판을 교훈하셨다.

설교자를 위한 적용(3:16-21)

●● 인간의 삶에서 영생과 심판의 주제는 강력한 영향력을 행사한다. 어떤 이들은 이 세상에서 살아가는 동안 영생을 얻기 위한 준비를 해야 한다고 생각한다. 그래서 영생을 얻기 위해서라면 그 어떤 일도 마다하지 않는다. 하지만 어떤 사람들은 적당히 즐기면서 영원한 생명도 획득해 보려고 헛된 욕망을 포장하며 살아간다. 무속신앙은 어리석은 인간이 헛된 욕망을 갖도록 부추겨서 인간으로 하여금 불속으로 뛰어들게 한다. 무속신앙을 믿는 사람들은 신을 길들여서 자신이 원하는 것을 소유하려고 신과 거래를 한다. 그 철저한 거래 속에서 신의 존재를 확인하기에 원하는 것을 주지 않는 신은 언제든지 버릴 준비가 되어 있다. 어떤 이들은 자신의 재력, 학벌, 명예, 사회적 계급, 윤리적·도덕적 행위 등으로 영생을 획득해 보려고 노력한다. 헛된 노력일 뿐이다.

예수 그리스도 안에 있는 영생을 현재 누리면서 살아가지 않는다면 미래에도 영생을 얻을 수 없다. 영생은 죽음 이후의 그 어떤 삶이 아니다. 현재와 매우 긴밀하게 연결되어 있다. 영생은 하나님이 성도에게 주시는 선물이다.

인간에게 심판과 죽음이라는 주제는 언제나 너무 무겁고 심각하다. 성경은 인간이 태어나서 살다가 죽는 것은 피할 수 없는 운명이라고 가르친다. 그리고 인간의 죽음 이후에 심판이 있다고 경고한다. 사람은 누구나 예외 없이 심판대 앞에 설 수밖에 없다. 죽음과 심판을 피할 수 있는 방법이나 수단이 인간에게는 없다. 하나님께서는 예수 그리스도의 죽음과 부활을 통해서 은혜와 사랑의 선물을 주셔서 인간들이 죽음과 심판을 피할 수 있는 길을 열어 놓으셨다. 심판은 미래에 다가올 사건이 아니라 이미 시작된, 그리고 현재 경험하고 있는 일이다. ●●

5. 예수와 세례자 요한(3:22-36)

이 단락은 요한복음 안에서 세례자 요한이 예수에 대하여 증언하는 마지막 부분이다. 저자가 예수와 세례자 요한의 사역 활동을 설명하면서, 예수의 제자들이 물세례를 베푼 것(22, 26절, 참조. 4:1-2)과 세례자 요한이 물세례를 베푼 것(23-30절)을 비교한다. 이 두 그룹의 세례가 다른 장소에서 같은 시간대에 서로 병행되어 이루어졌음을 알 수 있다(26절). 세례자 요한의 제자들이 한 유대인과 정결 예식을 두고 변론하고, 세례자 요한은 자신의 사역을 설명하면서 예수에 대한 증인의 역할을 감당한다.

이 단락은 다음과 같이 세 부분으로 구분된다.

>예수와 세례자 요한(3:22-24)
>정결 예식에 대한 변론(3:25-30)
>세례자 요한의 증언(3:31-36)

5.1. 예수와 세례자 요한(3:22-24)

²² 그 후에 예수께서 제자들과 유대 땅으로 가서 거기 함께 유하시며 세례를 베푸시더

라 ²³ 요한도 살렘 가까운 애논에서 세례를 베푸니 거기 물이 많음이라 그러므로 사람들이 와서 세례를 받더라 ²⁴ 요한이 아직 옥에 갇히지 아니하였더라

예수와 제자들이 예루살렘에서 유대 땅으로 이동하여 세례를 베푼다. 세례자 요한도 '살렘 가까운 애논'에서 세례를 베푼다. 저자는 요한이 아직 감옥에 갇히지 않았다고 하면서 그가 활발히 사역하는 모습을 그린다. 이는 저자가 공관복음에 기록된 세례자 요한의 투옥 사건과 죽음에 대해 이미 알고 있음을 나타낸다. 저자는 공관복음에 기록되어 있는 세례자 요한의 투옥과 죽음을 반복하여 기술하지는 않는다.

22절 저자의 관용적 어구인 '그 후에'('메타 타우타', μετὰ ταῦτα)가 사용되어 앞 단락과 관계가 있음을 알리고 동시에 장소의 이동을 보여 준다(참조. 5:1, 14; 6:1; 7:1; 11:7; 21:1). 본문의 배경이 유대 땅으로 바뀌었다. 예수께서는 니고데모와 예루살렘에서 대화를 나누셨는데, 이제부터는 새로운 장소, 즉 '유대 땅'으로 이동하셔서 제자들과 사역을 펼쳐 가신다. 새로운 단락이 시작된다. 이 구절에서는 예수께서 세례를 베푸신 것처럼 묘사하는데 이는 세례자 요한의 제자들이 오해한 것이다(26절). 세례는 예수의 제자들이 베풀었다(참조. 4:1-2).

23절 '살렘 가까운 애논'('애논 엥구스 투 살레임', Αἰνὼν ἐγγὺς τοῦ Σαλείμ)의 위치와 역사성에 대한 논의가 오늘날까지도 계속되고 있다. 그 위치를 정확히 알 수 없기 때문이다. 그래서 혹자는 이를 근거로 요한복음의 역사성을 부인하기도 한다. 하지만 우리가 현재 알지 못하는 장소가 과거에는 존재했을 가능성이 얼마든지 있다. 다만 아직까지 발굴되지 않았거나 그 장소인 줄 모르고 있을 뿐이다. 지명을 명확히 표기한 것은 저자가 세례자 요한의 활동에 역사성을 부여하기 위함이다. 물론 '살렘'(구원)과 '애논'(샘, Aenon)이라는 지명을 상

징적으로 이해할 수도 있다.⁶⁰

24절 저자가 공관복음에 언급된, 세례자 요한의 투옥 사건과 그의 죽음을 알고 있다고 암시한다(참조. 막 6:17-29; 마 14:3-12; 눅 3:19-20). 아마도 저자는 공관복음 중 최소한 하나의 복음서를 알고 있었던 것 같다. '요한이 아직 옥에 갇히지 아니하였더라'라는 이 구절은 요한복음을 독자적인 복음서로 알고 있는 사람들에게 이 복음서가 공관복음과 전혀 상관없는 별개의 복음서가 아님을 증명해 준다(참조. 6:1-15; 12:12-19).

5.2. 정결 예식에 대한 변론(3:25-30)

²⁵ 이에 요한의 제자 중에서 한 유대인과 더불어 정결예식에 대하여 변론이 되었더니 ²⁶ 그들이 요한에게 가서 이르되 랍비여 선생님과 함께 요단 강 저편에 있던 이 곧 선생님이 증언하시던 이가 세례를 베풀매 사람이 다 그에게로 가더이다 ²⁷ 요한이 대답하여 이르되 만일 하늘에서 주신 바 아니면 사람이 아무 것도 받을 수 없느니라 ²⁸ 내가 말한 바 나는 그리스도가 아니요 그의 앞에 보내심을 받은 자라고 한 것을 증언할 자는 너희니라 ²⁹ 신부를 취하는 자는 신랑이나 서서 신랑의 음성을 듣는 친구가 크게 기뻐하나니 나는 이러한 기쁨으로 충만하였노라 ³⁰ 그는 흥하여야 하겠고 나는 쇠하여야 하리라 하니라

이 단락에서는 세례자 요한의 제자와 한 유대인 사이에 벌어진 정결 예식에 대한 논쟁을 다룬다. 세례자 요한의 제자들이 예수께서 사람들에게 직접 물세례를 베푼 것으로 오해하여 경쟁적으로 질문한다. 세례자 요한이 자신은 예수를 그리스도라고 증언하는 사역을 수행할 뿐이며, 예수는 높아지셔야 하고 자신은 낮아져야 한다고 고백한다.

---

60 Wilckens, *Johannes*, 75, "요한은 물들이 많이 있는 샘에서 세례를 주었다. 그런데 그곳은 예수가 활동했던 곳, 즉 구원과 가까운 장소이다."

25절 세례자 요한의 '세례'를 '정결예식'('카따리스모스', καθαρισμός)이라고 표현한다(참조. 2:6; 11:55). '카따리스모스'는 2:6에도 나온다. 세례자 요한의 '세례'를 문맥 속에서 이해하면 '물세례'의 형식을 띠며 유대교의 '정결예식'을 대치한 것이라고 볼 수 있다. 두 예식의 공통점은 물을 사용하여 더러운 것을 씻어 내는 종교적 정화 의식을 수행한다는 것이다.

26절 세례자 요한의 제자들이 자기 스승에게 '요단 강 건너편에서 세례를 받으신 예수(참조. 1:28)가 사람들에게 물세례를 베푼다'라고 보고한다. 그리고 사람들이 예수에게로만 몰려간다고 덧붙인다. 하지만 이는 제자들이 상황을 오해한 것이다. 예수가 아닌 예수의 제자들이 세례를 베풀고 있었다(참조. 4:1-2). 이 구절에서는 요한복음에서 처음이자 마지막으로 세례자 요한의 제자들이 요한을 '랍비'라고 부른다.

27절 세례자 요한의 증언이 계속 이어진다(참조. 1:19-28). '하늘에서 주신 바 아니면 사람이 아무 것도 받을 수 없느니라'는 하나님께서 허락하시지 않으면 인간은 그 어떤 것도 받을 수 없다는 말이다. '하늘에서 주신 바'란 그리스도로 말미암아 인간에게 선물로 주어지는 '영생'과 '그리스도' 자체이다. 이 내용이 31-35절에서 다시 설명된다.

28절 세례자 요한이 제자들에게 자신이 그리스도가 아니라고 다시 밝힌다(참조. 1:20). 요한은 자신의 역할이 예수께서 그리스도이심을 알리는 것이라고 확실하게 인식하고 있었다. 이 일을 감당하기 위하여 예수보다 먼저 이 세상에 온 것이다(참조. 눅 1:5-24, 57-80). 요한이 제자들에게 자신이 예수의 증언자라고 알릴 사람들이 바로 '너희'라고 하면서 그들의 사명을 알려 준다. 요한복음에서 '나는 ~이다'의 헬라어 '에고 에이미'(ἐγώ εἰμί)는 예수께서 자신을 메시아로 선언하실 때 사용된다.[61] 이 구절과 1:20에서 세례자 요한은 부정 부사, '우크'(οὐκ)를 사용하여 '나는 그리스도가 아니다'('에고 우크 에이미 호 크리스토스', ἐγὼ οὐκ εἰμὶ ὁ χριστός)라고 강조한다.

29절 세례자 요한이 자신을 신랑의 음성을 듣고 기뻐하는 신랑의 친구에 비유한다.[62] 그 당시 유대인의 결혼식에서 '신랑의 친구'는 '신랑의 들러리'가 되어 혼인의 증인 역할을 했고 동시에 예식이 원만하게 진행되는지 살피는 일을 맡았다. '서서 신랑의 음성을 듣는'이라는 표현은 들러리가 혼인 첫날밤에 신랑을 신부에게 안내하고, 그 신방 밖에서 신랑의 음성을 들으려고 기다리는 모습을 묘사한 것이다. 신랑의 들러리는 신랑의 음성을 듣는 것으로 이 결혼이 잘 진행되고 있는지 확인했다.[63] 여기서 '신랑의 음성'이란 첫날밤 신부가 처녀인 것을 확인했을 때 기뻐하면서 소리치는 유대인의 관습을 가리킨다(참조. 신 22:13-21).[64]

30절 예수가 세례자 요한보다 더 우월하다는 진술이다. 요한복음 저자는 이런 대조를 통해 기독론적인 관심을 날카롭게 드러낸다. 예수는 계속해서 커져야 하고, 세례자 요한은 작아져야 한다는 이 진술은 공관복음의 전승, "여자가 낳은 자 중에 세례 요한보다 큰 이가 일어남이 없도다 그러나 천국에서는 극

---

61   요한복음에 이 표현이 총 29회 나온다(4:26; 6:20, 35, 41, 48, 51; 7:34, 36; 8:12, 18, 24, 28, 58; 9:9; 10:7, 9, 11, 14; 11:25; 12:26; 13:19; 14:3, 6; 15:1, 5; 17:24; 18:5, 6, 8). 이 중 9:9을 제외하고는 모두 예수께서 자신을 언급한 것이다. 더 자세한 연구는 Ball, *'I Am' in John's Gospel*; Schnackenburg, *John*, II, 79-89; Brown, 『요한복음, I』, 1083-95을 보라.
62   요한복음에서는 공관복음보다 예수와 세례자 요한 사이의 대조가 더욱 뚜렷하게 드러난다(참조. 1:6-8, 15, 26-27). 이 비유에서 신부는 성도, 신랑은 그리스도, 신랑의 친구는 세례자 요한 자신이다(참조. 2:1-11; 사 62:4-5; 렘 2:2; 호 2:16-20). 구약성경에서는 이스라엘을 하나님의 신부라고 불렀고(참조. 사 54:5; 겔 16:13; 호 3:19; 말 2:11), 신약성경에서는 교회를 그리스도의 신부라고 부른다(참조. 엡 5:32; 고후 11:2; 계 19:7; 21:29; 22:17).
63   Kruse, 『요한복음』, 179-80; Keener, *John*, I, 578-81을 참조하라.
64   구약 시대 때에는 결혼 첫날밤에 여성이 자신의 '처녀의 표적'을 증명해야 했다. 그렇지 못하면 그 결혼은 파기되었고 그 여성은 돌에 맞아 죽었다. 조석민, 『신약성서의 여성』, 22-23, 36-38을 참조하라.

히 작은 자라도 그보다 크니라"(마 11:11, 참조. 눅 7:28)와 관련이 있다.

5.3. 세례자 요한의 증언(3:31-36)

³¹ 위로부터 오시는 이는 만물 위에 계시고 땅에서 난 이는 땅에 속하여 땅에 속한 것을 말하느니라 하늘로부터 오시는 이는 만물 위에 계시나니 ³² 그가 친히 보고 들은 것을 증언하되 그의 증언을 받는 자가 없도다 ³³ 그의 증언을 받는 자는 하나님이 참되시다는 것을 인쳤느니라 ³⁴ 하나님이 보내신 이는 하나님의 말씀을 하나니 이는 하나님이 성령을 한량없이 주심이니라 ³⁵ 아버지께서 아들을 사랑하사 만물을 다 그의 손에 주셨으니 ³⁶ 아들을 믿는 자에게는 영생이 있고 아들에게 순종하지 아니하는 자는 영생을 보지 못하고 도리어 하나님의 진노가 그 위에 머물러 있느니라

이 단락에서는 세례자 요한이 '위로부터 오시는 이'와 '하늘로부터 오시는 이'라는 설명을 통해 예수의 신적 기원을 묘사한다. 마치 니고데모와의 대화 내용처럼 하나님 나라와 영생을 떠올리게 한다(참조. 3:1-21). 예수는 하나님이 보내신 분이며, 그분의 말씀을 전하시는 분이다. 이 단락에서는 영생과 심판의 현재성이 강조된다. 하나님의 아들 예수를 믿는 자에게는 현재 영생이 있고, 순종하지 않는 자에게는 하나님의 진노가 현재 그 위에 머물러 있다고 진술한다.

31절 예수는 '위로부터 오시는 이'('호 아노뗀 엘코메노스', ὁ ἄνωθεν ἐρχόμενος)이시다. 예수의 권위가 내포된 이 표현은 '중생의 실재성'을 나타낸다. 유사한 표현이 '하늘에서 내려온 자 곧 인자'(3:13)라는 예수 자신의 진술에 나온다. 또한 '땅에서 난 이'('호 온 에크 테스 게스', ὁ ὢν ἐκ τῆς γῆς)란 '위로부터 오시는 이'와 대조되는 이 땅의 사람을 말한다. 아마도 예수와 대조되는 세례자 요한을 가리키는 표현일 것이다. 기독교에서 중생은 위로부터 오신 분인 예수에 의해서 이루어지는, 위로부터 태어난 생명이다. 중생은 예수 그리스도의 십자가에서 시작된다. 왜냐하면 성령으로 말미암아 중생이 가능한데, 이 성령을

십자가에서 고난받으신 예수 그리스도께서 보내 주시기 때문이다(참조. 14:16, 26; 15:26; 16:7).

32-33절 '친히 보고 들은 것을 증언하는 자'가 바로 예수이시다. 이 내용은 니고데모와의 대화를 연상시킨다. "우리가 아는 것을 말하고 본 것을 증언하노라 그러나 너희가 우리의 증언을 받지 아니하는도다"(3:11). '그의 증언을 받는 자'란 예수의 증언을 받아들이는 사람으로, '하나님은 신실하시다'('호 떼오스 알레떼스 에스틴', ὁ θεὸς ἀληθής ἐστιν)라는 사실을 분명히 인정한 사람이다. 예수께서 '하나님은 신실하신 분이다'라는 진리를 자신의 삶을 통해 증언하셨다.

34절 '하나님이 보내신 이' 역시 예수를 가리킨다. 예수께서 하나님의 '말씀'('레마', ῥῆμα)을 대언하시기에 그 말씀이 곧 하나님의 말씀이다. '성령을 한량 없이 주심이니라'는 하나님 아버지와 그 아들 예수의 완전한 교제를 의미하며, 또한 예수께서 믿는 자들에게 성령을 제한 없이 부어 주신다는 이중의 뜻이 있다.

35절 '만물을 다 그의 손에 주셨으니'는 31절에 나온 '만물 위에 계시나니'와 함께 예수 그리스도의 특별한 권위를 나타낸다. 예수가 하나님의 아들로서 만유의 상속자(참조. 히 1:2)가 되는 특권을 가지셨다는 뜻이다. 세상의 주권자로서 예수는 하나님께로부터 모든 권세를 받으셨다(참조. 13:3; 17:7).

36절 '아들을 믿는 자'와 '아들에게 순종하지 아니하는 자'가 대조를 이룬다. 아들을 믿는 것이 그 아들에게 순종하는 삶이라는 것이다. '아들을 믿는 자'는 영생을 현재 소유하고 있다. 하지만 '아들에게 순종하지 아니하는 자'는 영생을 보지 못할 뿐 아니라, 하나님의 진노가 현재 그 사람 위에 머물러 있다. '하나님의 진노가 그 위에 머물러 있느니라'라는 표현은 이미 하나님의 진노가 실현되어 그 진노 속에서 살아간다는 뜻이다(참조. 3:18). 이 문장에서는 헬라어 동사의 현재 진행형이 사용된다. 문법적으로 풀이하면 현재뿐 아니라 앞으로도 계속 하나님의 진노가 지속된다는 뜻이다. 요한복음에 나오는 하나님의 진노는 공관복음에 묘사된 '임박할 진노'와 전혀 다른 사상을 보여 준다(참조. 마 3:7; 눅 3:7). 이 복음서에서 하나님께서 진노하시는 이유는 사람들이 그 아들 예수를 믿지 않고 순종하지도 않기 때문이다. '진노'('오르게', ὀργή)가 이 복음서에서 여기에만 나온다. 공관복음에는 총 네 번 나온다(참조. 마 3:7; 막 3:5; 눅 3:7; 21:23). 요한복음에서 영생이 미래의 사건이면서 동시에 현재의 일이듯이(참조. 17:3), 하나님의 진노도 현재 진행되면서 미래에도 계속될 사건이다.

설교자를 위한 적용(3:22-36)

●● 무한 경쟁 사회 속에서 살아가는 그리스도인에게 최고의 가치는 경쟁에서의 승리가 아니다. 우리는 승리를 통해서는 진정한 만족감을 얻을 수 없다. 예수와 세례자 요한은 서로 경쟁하면서 사역하지 않았다. 세례자 요한은 자신의 사명과 역할이 무엇인지 분명히 알고 있었다(3:29-30). 하지만 세례자 요한의 제자들은 물세례를 베푸는 예수에게 경쟁심을 느꼈던 것 같다(참조. 3:22, 26). 예수의 제자들이 세례를 베풀었는데 그들이 오해한 것이다(참조. 4:1-2). 경쟁은 쓸데없는 오해를 불러일으키기도 한다. 그리스도인의 믿음이란 경쟁에서 승리하는 것이 아니다. 어쩌면 경쟁에서 탈락하여 세상의 가치관으로 보면 패배하는 것일 수도 있다. 믿음은 어떤 상황 속에서도 끝까지 예수를 따라가는 것이다.

예수께서는 경쟁에서 이기거나 인기를 얻기 위하여 제자들을 불러 모으지 않으셨다. 위로부터 오신 예수는 만물 위에 계시고, 아버지 하나님께로부터 만물을 다스리는 권세를 받으셨다. 인기를 얻기 위한 그 어떤 말과 행동이 필요 없으신 분이다. 하나님의 말씀을 믿고 가르치는 사역자들 중 거품처럼 사라질 인기에 큰 비중을 두는 이들이 있다. 모범을 보일 책임이 있는 사역자에게 인기는 오히려 독약이 될 수 있다. 예수께서 자신의 고난과 죽음을 아시면서도 그 십자가를 향해 묵묵히 걸어가신 것처럼 사역자는 자신을 드러내지 않고 겸손히, 하나님의 말씀의 능력을 삶 속에서 보여 주어야 한다. 예수를 믿

는다는 것은 그 말씀에 순종하며 살아가는 것이기 때문이다. ●●

6. 예수와 사마리아 여성(4:1-42)

이 단락은 '수가'(Sychar)라는 지역의 우물곁에서 예수께서 사마리아 여성을 만나 대화하신 내용이다. 예수께서 그 여성에게 물을 좀 달라고 요청하시면서 대화가 시작된다. 예수는 '하나님의 선물'과 '생수'에 대하여 이야기하시며 자신의 정체를 드러내신다. 하지만 사마리아 여성은 예수를 '타헤브'로 받아들인다. 여성의 동네 사람들이 예수께 말씀을 듣고 마침내 예수를 '세상의 구주'로 고백한다.

전체 내용은 다음과 같이 여섯 단락으로 나뉜다.

　　예수와 사마리아 여성의 대화의 서론(4:1-6)
　　하나님의 선물과 생수(4:7-15)
　　선지자 예수와 예배 장소(4:16-26)
　　사마리아 여성의 예수 이해(4:27-30)
　　예수와 제자들의 대화(4:31-38)
　　예수를 만난 사마리아 사람들의 반응(4:39-42)

6.1. 예수와 사마리아 여성의 대화의 서론(4:1-6)

[1] 예수께서 제자를 삼고 세례를 베푸시는 것이 요한보다 많다 하는 말을 바리새인들이 들은 줄을 주께서 아신지라 [2] (예수께서 친히 세례를 베푸신 것이 아니요 제자들이 베푼 것이라) [3] 유대를 떠나사 다시 갈릴리로 가실새 [4] 사마리아를 통과하여야 하겠는지라 [5] 사마리아에 있는 수가라 하는 동네에 이르시니 야곱이 그 아들 요셉에게 준 땅이 가깝고 [6] 거기 또 야곱의 우물이 있더라 예수께서 길 가시다가 피곤하여 우물 곁에 그대로 앉으시니 때가 여섯 시쯤 되었더라

이 단락은 앞 단락과의 연결 고리인 1-2절과 예수께서 사마리아 여성을 만나기 바로 전인 상황을 설명하는 서론 3-6절로 구성되어 있다. 예수가 유대에서 갈릴리로 이동하면서 사마리아 수가 지역을 통과하신다. 저자는 수가 지역에 대한 설명과 우물의 기원, 그리고 예수가 도착하신 시간 등의 정보를 이 단락에서 제공한다.

1-2절 이 두 구절은 앞 단락(3:22-36)과 뒤 단락(4:3-42)을 연결하는 고리 역할을 한다. 바리새인들이 예수의 사역에 대해 잘못된 정보를 들었음을 예수께서 인지하고 계신다. 저자는 예수가 직접 세례를 베푼다는 잘못된 정보를 바로잡는다. "예수께서 친히 세례를 베푸신 것이 아니요 제자들이 베푼 것이라."

3-4절 예수께서 유대에서 다시 갈릴리 지역으로 이동하신다. 예수의 활동 범위가 주로 유대와 갈릴리 지역임을 알 수 있다. 이 정보는 앞 단락(3:22-36)의 내용과 이어진다. 예루살렘에서 니고데모를 만나신 후에 예수께서는 제자들과 유대 땅으로 가서 머무시다가(3:22), 다시 갈릴리로 이동하신다. 헬라어 부사 '팔린'(πάλιν, '다시')을 통해 이 연결 고리를 확인할 수 있다. 예수께서 유대 땅에서 갈릴리로 이동하시면서 사마리아 지역을 통과하신다. 유대에서 갈릴리로, 또는 그 반대로 이동할 때는 사마리아를 통과하여 가는 것이 일반적인 방법이었다. 이동 거리가 가장 짧아서 삼 일이면 목적지에 도착할 수 있었다(참조. Josephus, *Life*, 269; *Ant*. xx. 118). 아니면 사마리아를 우회하여 요단 계곡을 따라 동쪽으로 가든지, 지중해 해안 길을 따라 서쪽으로 가야 했는데 둘 다 시간이 더 많이 소요되는 길이었다.[65] 저자가 '사마리아를 통과하여야 하겠는지라'라고 기술하면서 비인칭 동사 '데이'(δεῖ, '~해야만 한다', 참조. BDAG, 213-14)와 동사 '디엘코마이'(διέρχομαι, '통과하다', '지나가다', 참조. BDAG, 244)를 사용하여 예수의 의지를 나타낸다. 즉 사마리아 사람들을 구원하시려는 하나님의 뜻이

---

65 Kruse, 『요한복음』, 187; Carson, 『요한복음』, 386-88을 보라.

예수의 순종을 통해서 이루어지고 있음을 표현하고 있다(참조. 4:34).

5-6절 사마리아 지역에 있는 '수가'(Συχάρ, 'Sychar')라는 동네가 소개된다. 이 '수가'를 오늘날의 '아스카르'(Askar)라고 여기는 주장에 대해 브라운(R. E. Brown)이 문제를 제기한다.[66] 만일 '수가'를 '아스카르'로 이해하면, 이 장소는 "현재의 나블루스(Nablus)로부터 남동쪽으로 약 1.5킬로미터 떨어진 곳에 위치해 있으며, 그리심 산과 에발 산을 구분하는 계곡 입구에 위치해 있는 고대 세겜의 터와 매우 가깝다"(신 11:26-32; 27:13-28:68).[67] '야곱이 그 아들 요셉에게 준 땅이 가깝고'라는 표현을 "야곱이 밧단아람에서부터 평안히 가나안 땅 세겜 성읍에 이르러 그 성읍 앞에 장막을 치고"(창 33:18), "내가 네게 네 형제보다 세겜 땅을 더 주었나니 이는 내가 내 칼과 활로 아모리 족속의 손에서 빼앗은 것이니라"(창 48:22)라는 창세기 말씀에 비추어 유추하면 이 '수가'를 '세겜'(Sychem)으로 이해하는 것이 적절해 보인다.[68]

하지만 이러한 이해는 구약성경에서 '야곱의 우물'(6절)을 찾을 수 없다는 점에서 어려움을 만난다. 다만 야곱이 당시 그 지역의 땅을 소유했다는 사실을 "그가 장막을 친 밭을 세겜의 아버지 하몰의 아들들의 손에서 백 크시타에 샀으며"(창 33:19)에서 확인할 수 있다. 야곱이 세겜 근처에서 요셉에게 땅의 한 부분을 물려준 것은 "또 이스라엘 자손이 애굽에서 가져 온 요셉의 뼈를 세겜에 장사하였으니 이곳은 야곱이 백 크시타를 주고 세겜의 아버지 하몰의 자손들에게서 산 밭이라 그것이 요셉 자손의 기업이 되었더라"(수 24:32)에서 확인된다(참조. 12절).

야곱의 우물은 '예수께서 길 가시다가 피곤하여' 머무르신 장소이다. '길 가시다가'의 헬라어 '호도이포리아'(ὁδοιπορία)에는 '걷기', '여행'의 의미가 있다(참조. 고후 11:26; BDAG, 690). 즉 종일 여행하셔서 피곤하여 지친 상황을 암시한

---

66 Kruse, 『요한복음』, 188; Brown, 『요한복음, I』, 481을 참조하라.
67 Kruse, 『요한복음』, 188.
68 Schnackenburg, *John*, I, 424을 참조하라.

다. 이때가 '여섯 시쯤'이었다. 이 시간을 유대인들이 사용한 시간 개념으로 이해하면 낮 12시이다. 이 시간은 물을 길으러 나오기에는 적합하지 않은 시간이다(참조. 7절).⁶⁹ 특별한 경우가 아니면 어느 누구도 이렇게 태양이 내리쬐는 한낮에 물을 긷지 않았다. 그러므로 이 시간을 로마 시간인 오후 6시로 보는 것이 적절하다. 그래야 여성이 물을 길으러 온 행위가 자연스럽게 보인다. 또한 종일 걷느라 지치시고 목마르신 예수의 모습도 이해가 간다. 더욱이 제자들이 음식을 사러 동네로 들어갔다는 설명도 오후 6시경이라는 정황을 뒷받침해 준다(참조. 4:8, 27, 31).⁷⁰

이 시간을 낮 12시로 보는 학자들은 그 근거를 4:16-18에서 찾는다. 이 여성의 사생활이 문란했기에 동네 사람들을 피하여 대낮에 물을 길으러 왔다는 것이다.⁷¹ 하지만 지나친 확대 해석이다. 뒷부분을 보면, 이 여성은 예수를 만난 후에 동네 사람들에게 가서 예수를 증언하고(4:28-29), 동네 사람들 역시 이 여성과 대화를 나눈다(4:42). 이 점은 여성이 남들의 이목을 피해 가면서 고립된 생활을 했다기보다 오히려 동네 사람들과 교제하면서 살았음을 시사해 준다.⁷²

링컨(A. T. Lincoln)은 주석에서 이 시간을 해석하면서, 야곱과 라헬이 우물가에서 만난 시간이 한낮이었기에(창 29:7), 예수와 사마리아 여성도 야곱의 우물가에서 '정오'에 만났을 가능성이 있다고 말한다.⁷³ 하지만 학자들 사이에 논쟁이 있으므로 결정적인 시간 개념은 아니라고 한다. 바레트(C. K. Barrett)도 주

69　Morris, *John*, 228. Morris는 "여성이 물 길러 오기에 이상한 시간"이라고 설명한다. Brown, 『요한복음, I』, 482; Keener, *John*, I, 592-93을 참조하라.
70　Carson, 『요한복음』, 389을 참조하라.
71　예를 들면, Morris, *John*, 228. Morris는 "이 여성은 평판이 나쁘고, 간단히 설명해서 그 장소에서 다른 여성들을 피하려고 그 시간을 선택했다"라고 주석한다.
72　만일 사마리아 여성이 다른 사람들의 눈을 피해 수치스럽고 고립된 삶을 살고 있었다면, 예수를 선지자로 인식했다고 해도 동네 사람들을 찾아가지 않았을 것이다. 그리고 예배 처소에 대하여 질문한 것으로 보아(4:20-26) 어쩌면 경건한 종교 생활을 하고 있었을지도 모른다. 이 여성은 자신의 동거인을 남편이라고 속이지 않았고, 다섯 번 결혼했던 사실도 부인하지 않고 바로 인정했다(4:16-19).
73　Lincoln, *John*, 172을 보라.

석에서 "요한이 사용한 시간 계산법에 대해서 확실하게 말할 수는 없다"[74]라고 밝힌다. 결론적으로, 전후 문맥을 살펴볼 때 당시 로마식 시간 계산법에 따라 오후 6시가 본문의 상황에 더 잘 어울린다.[75]

6.2. 하나님의 선물과 생수(4:7-15)

[7] 사마리아 여자 한 사람이 물을 길으러 왔으매 예수께서 물을 좀 달라 하시니 [8] 이는 제자들이 먹을 것을 사러 그 동네에 들어갔음이러라 [9] 사마리아 여자가 이르되 당신은 유대인으로서 어찌하여 사마리아 여자인 나에게 물을 달라 하나이까 하니 이는 유대인이 사마리아인과 상종하지 아니함이러라 [10] 예수께서 대답하여 이르시되 네가 만일 하나님의 선물과 또 네게 물 좀 달라 하는 이가 누구인 줄 알았더라면 네가 그에게 구하였을 것이요 그가 생수를 네게 주었으리라 [11] 여자가 이르되 주여 물 길을 그릇도 없고 이 우물은 깊은데 어디서 당신이 그 생수를 얻겠사옵나이까 [12] 우리 조상 야곱이 이 우물을 우리에게 주셨고 또 여기서 자기와 자기 아들들과 짐승이 다 마셨는데 당신이 야곱보다 더 크니이까 [13] 예수께서 대답하여 이르시되 이 물을 마시는 자마다 다시 목마르려니와 [14] 내가 주는 물을 마시는 자는 영원히 목마르지 아니하리니 내가 주는 물은 그 속에서 영생하도록 솟아나는 샘물이 되리라 [15] 여자가 이르되 주여 그런 물을 내게 주사 목마르지도 않고 또 여기 물 길으러 오지도 않게 하옵소서

예수께서 물을 길으러 온 사마리아 여성에게 '물을 좀 달라'라고 요청하시면서 대화가 시작된다. 예수의 제자들은 양식을 사러 갔다는 저자의 설명과 함께 이 장면에서 사라진다. 예수께서 이 여성에게 '하나님의 선물'과 '생수'를 설명하신다. 그리고 자신의 정체성을 알리시지만 이 여성이 이해하지 못한다. 비록 제한적이기는 하지만 예수의 정체성에 대한 사마리아 여성의 인식이

---

74 Barrett, 『요한복음-(I)』, 370.
75 시간에 대한 자세한 논의는 이 주석의 서론과 조석민, 『요한복음의 새관점』, 19-45을 참조하라; Koester, *Symbolism*, 266에서는 '여섯 시쯤'에 대한 상징적 해석을 거부한다; 이와 다른 견해는 Bruns, 'Use of Time', 285-90을 참조하라.

점진적으로 변화되어 간다.

7-8절 여행에 지친 예수께서 우물가에 앉아 있다가 물을 길으러 온 사마리아 여성에게 물을 달라고 요청하신다. 유대인 남자가 사마리아 여성에게 무언가를 요청하는 일은 당시로서는 자연스러운 모습이 아니었다. 그래서 사마리아 여성이 매우 당황스러워한다. 이에 대한 저자의 설명이 9절에 나온다. 예수의 제자들은 음식을 사러 '수가'라는 동네로 들어갔다(참조. 27, 31-33절). '사다'('아고라조', ἀγοράζω)라는 동사는(참조. 6:5; BDAG, 14) 일반적인 상거래를 나타낸다. 그리고 동네로 들어간 것으로 보아 때가 저녁임을 알 수 있다. 당시 여행자들은 보통 점심 식사와 물을 준비하여 여행을 떠났다. 그리고 현지에서 저녁 식사와 하룻밤 머물 장소를 구했다.

9절 여성이 예수의 요청에 '당신은 유대인으로서 어찌하여 사마리아 여자인 나에게 물을 달라 하나이까'라고 반문한다. 당시 유대인과 사마리아인 사이에 종교적·사회적·문화적·정치적 갈등이 있음을 암시하는 질문이다. 저자가 그 깊은 간극과 첨예한 갈등을 '유대인이 사마리아인과 상종하지 아니함이러라'라고 설명한다. 이 설명은 저자의 주석이다. '상종하다'로 번역된 동사 '셩크라오마이'(συγχράομαι)는 '~을 다루다'가 아니라, '~와 함께 사용하다', '~와 함께 통용하다'라는 뜻이다(참조. BDAG, 953-54).[76] 바레트와 모리스(L. Morris)는 자신들의 주석에서 이 구절을 CE 65년 또는 66년경에 제정된 유대인 정결법 규정으로 이해한다.[77] 당시 유대인들은 사마리아 여성들이 갓난아기 때부터 월경을 한다고 생각했기에 항상 부정한 상태라는 고정 관념이 있었다.[78] 이런 관점에서 사마리아인들과 항아리를 함께 사용하지 않는다는 원칙이 세워졌다. 유대인들과 사마리아인들은 이와 같은 관습을 서로 잘 알고 있었다. 이 사

---

76 Morris, *John*, 229 각주 22를 보라.
77 Barrett, 『요한복음(I)』, 370-72; Morris, *John*, 229을 보라.
78 Mishnah, *Niddah* 4:1, "The daughters of Samaritans are menstruants from their cradle" (Danby, *Mishnah*, 1933).

마리아 여성은 사마리아의 종교와 문화 속에서 살아가고 있었기에 유대인 남자인 예수가 자신에게 말을 걸고, 더욱이 물을 달라고 요청하기까지 한 상황을 도저히 받아들일 수 없었다.[79]

10절 예수께서 여성의 질문에 대답하신다. 답변 속에 '하나님의 선물'('텐 도레안 투 떼우', τὴν δωρεὰν τοῦ θεου)과 '생수'('후도르 존', ὕδωρ ζῶν)라는 단어가 등장한다. '하나님의 선물'과 '네게 물 좀 달라 하는 이가 누구인 줄' 사이에 사용된 '카이'(καί, '그리고')는 부가적 설명의 기능을 가진 접속사로서, 곧 예수 자신이 '하나님의 선물'임을 암시한다. '생수'는 '살아 있는 물'이라기보다는 '생명의 물'이라는 뜻으로, 예수께서 성령으로 말미암아 주시는 영원한 생명을 의미한다(참조. 3:5; 7:37-39; 17:3). 하지만 이 여성은 '하나님의 선물'인 예수의 정체를 전혀 눈치 채지 못한다. 그래서 예수께 영생의 물을 구하지 않는다. 예수께서 이 여성에게 '만일 네가 내 정체를 알았더라면 나에게 생수를 구했을 것이고, 그 생수를 이미 받았을 것이다'라고 말씀하신다.

11절 예수의 말씀을 문자적으로 이해한 여성이 '주여 물 길을 그릇도 없고 이 우물은 깊은데 어디서 당신이 그 생수를 얻겠사옵나이까'라고 반문한다. 여기서 예수를 부르는 칭호가 바뀐 것을 알 수 있다. 처음에는 예수를 '유대인 남자'(9절)라고 불렀으나 대화가 진전되면서 '주'라고 칭하면서 존대어를 사용한다. 예수에 대한 이 여성의 인식이 변화된 것이다.

12절 사마리아 여성이 계속 질문한다. "우리 조상 야곱이 이 우물을 우리에게 주셨고 또 여기서 자기와 자기 아들들과 짐승이 다 마셨는데 당신이 야곱보다 더 크니이까?" 예수를 자기의 조상 야곱과 비교하면서 그에 대하여 묻는다는 것은 이 여성이 사마리아 종교의 전통과 배경 속에서 살아가고 있음

---

79 Dexinger, 'Limits of Tolerance in Judaism', 88-114을 참조하라.

을 암시한다. 사마리아인들은 야곱을 그들의 조상으로 여겼다.[80] 유대인들은 아브라함을 조상이라고 말한다. 8장을 보면, 유대인들이 예수와 논쟁할 때 '너는 이미 죽은 우리 조상 아브라함보다 크냐?'(8:53)라고 질문한다.

야곱은 사마리아 종교의 종말론(Samaritan Eschatology)에 등장하는, 마지막에 올 선지자 '타헤브'(תהב, Taheb)로 종종 간주되었다.[81] 사마리아 종교에서 '타헤브' 사상은 종말론에 관한 거의 모든 부분과 깊이 관련이 있다. 저자는 예수를 오해하며 무의식적으로 뱉어 낸 여성의 말을 통해서 예수가 야곱보다 크신 분임을 드러낸다.[82] 또한 여성이 자기의 종교와 문화 전통에 깊이 뿌리박고 살아가는 자임을 보여 준다. 자기의 조상이 야곱이라는 사실을 강조하면서 예수께 질문한 것이다(참조. 4:20).[83] 여성은 자신의 종교와 문화 속에서 예수를 만나 자신의 관점에서 그를 이해하려고 한다.

13-14절 예수께서 물을 얻어먹는 것을 포기하신 채, 이 여성에게 두 종류의 물을 말씀하신다. 우물가에서 '물'을 주제로 삼아 이 여성의 관심을 끄신다. 첫 번째 물은 사람이 마시는 일반적인 물로서 이 물을 마시면 다시 목마르게 된다. 하지만 두 번째 물은 예수께서 주시는 물로서 이 물을 마시면 영원히 목마르지 않는다. 이 물이 '영생하도록 솟아나는 샘물'이다. 예수는 이 물로 성령을 비유하시며 이 물을 주리라고 약속하신다(참조. 7:37-39). '솟아나다'로 번역된 '할로마이'(ἅλλομαι)는 '뛰어오르다'라는 뜻으로, 생명체가 뛰어오르는 동작과 같은 빠른 움직임과 활력을 묘사하는 데 사용된다(참조. 행 3:8; 14:10; BDAG, 46). 생명체가 아닌 물의 빠른 움직임을 이 동사로 묘사한 것은 매우 드문 용례이다. 예수께서는 성령을 '영생하도록 솟아나는 샘물'에 비유하여 예

---

80 Neyrey, 'Jacob Traditions', 424-25을 보라.
81 Dexinger, *Taheb*, 266-92, 특히 272-76; Crown, 'F. Dexinger, "Der Taheb"', 139-41을 참조하라.
82 Brown, 『요한복음, I』, 484을 보라.
83 Keener, *John*, I, 601-602; Olsson, *Structure and Meaning*, 139-42; 조석민, 『요한복음의 새관점』, 181-201을 참조하라.

수를 믿는 자들 안에서 역사하시는 성령의 끊임없는 활기찬 활동을 생생하게 묘사하신다.[84] 크루즈(C. G. Kruse)는 '할로마이'가 "기독교 신앙의 인식적 측면 뿐만 아니라 경험적 측면을 상기시키기도 한다"[85]라고 주석한다.

15절 사마리아 여성이 계속해서 예수의 말씀을 오해한다. 그래서 '주여 그런 물을 내게 주사 목마르지도 않고 또 여기 물 길으러 오지도 않게 하옵소서'라고 요청한다. 여자가 '영생하도록 솟아나는 샘물'에 관심이 생겼다. 하지만 그 관심은 영적인 부분에 대한 것이 아니라 현실적인 삶의 필요 즉, '목마르지도 않고 물 길으러 오지도 않게 되는 것'이다. 물에 관심이 생겼지만 예수가 누구인지 아직 알지 못한다. 더욱이 '영생하도록 솟아나는 샘물'이 무엇인지 전혀 모른다. 오늘날 예수를 알지 못한 채 현실적인 삶의 필요를 채우려고 예수를 믿는 그리스도인이 있다면 이 여성의 믿음과 크게 다르지 않을 것이다. 이는 온전한 믿음이 아니다.

6.3. 선지자 예수와 예배 장소(4:16-26)

[16] 이르시되 가서 네 남편을 불러 오라 [17] 여자가 대답하여 이르되 나는 남편이 없나이다 예수께서 이르시되 네가 남편이 없다 하는 말이 옳도다 [18] 너에게 남편 다섯이 있었고 지금 있는 자도 네 남편이 아니니 네 말이 참되도다 [19] 여자가 이르되 주여 내가 보니 선지자로소이다 [20] 우리 조상들은 이 산에서 예배하였는데 당신들의 말은 예배할 곳이 예루살렘에 있다 하더이다 [21] 예수께서 이르시되 여자여 내 말을 믿으라 이 산에서도 말고 예루살렘에서도 말고 너희가 아버지께 예배할 때가 이르리라 [22] 너희는 알지 못하는 것을 예배하고 우리는 아는 것을 예배하노니 이는 구원이 유대인에게서 남이라 [23] 아버지께 참되게 예배하는 자들은 영과 진리로 예배할 때가 오나니 곧

84　Brown, 『요한복음, I』, 484-85; Kruse, 『요한복음』, 192-93; Keener, *John*, I, 602-605을 참조하라.
85　Kruse, 『요한복음』, 192-93.

이 때라 아버지께서는 자기에게 이렇게 예배하는 자들을 찾으시느니라 ²⁴ 하나님은 영이시니 예배하는 자가 영과 진리로 예배할지니라 ²⁵ 여자가 이르되 메시야 곧 그리스도라 하는 이가 오실 줄을 내가 아노니 그가 오시면 모든 것을 우리에게 알려 주시리이다 ²⁶ 예수께서 이르시되 네게 말하는 내가 그라 하시니라

사마리아 여성이 자신의 과거를 모두 알고 있는 예수를 사마리아 종교의 선지자, '타헤브'(Taheb)로 인식한다. '타헤브'로 인식하자마자 예수께 예배 장소에 대하여 질문한다. 예수께서는 예배 장소보다 하나님께 참된 예배를 드리는 것이 더욱 중요하다고 대답하신다. 그리고 본인이 메시아임을 밝히신다.

16-17절 사마리아 여성이 현실적인 필요를 채워 달라고 요구하자 예수께서 갑자기 남편을 데려오라고 하신다. 예수께서는 이 여성에게 법적 남편이 없음을 이미 아셨다(18절). 이 여성이 '나는 남편이 없나이다'라고 솔직하게 대답한다. 예수께서 이 말이 옳다고 평가하신다. 정직하고 진실한 대답으로 본 것이다. '옳도다'로 번역된 부사 '칼로스'(χαλῶς)는 도덕적으로 긍정적인 평가를 내릴 때 사용하는 단어이다(참조. 막 7:37; 갈 4:17; 히 13:18; BDAG, 505-506).

18절 예수께서 '너에게 남편 다섯이 있었다'라고 하시며 여성의 과거에 대해 말씀하신다. 이는 이 여성의 윤리적·도덕적 부정함을 지적하신 것이 아니다.⁸⁶ 자신의 정체성을 알려 주시고자 놀라운 능력을 소유하고 있음을 보여 주신 것이다(참조. 1:47-48). 과거에 남편 다섯이 있었다는 것은 결혼과 이혼을 다섯 번 했음을 나타내 줄 뿐 여성의 부정함을 증명해 주는 자료는 아니다.⁸⁷ 더욱이 합법적으로 이혼과 재혼을 하였다면, 남편이 다섯 있었다는 이유만으로 이 여성을 부정하다고 평가할 수는 없다. 당시 유대나 사마리아 사회에서

---

86 남편 다섯과 현재의 남자에 대한 다양한 해석은 Barrett, 『요한복음(I)』, 376-77을 참조하라.
87 조석민, 『요한복음의 새관점』, 211-17을 참조하라.

정당한 이혼은 부정하거나 이상한 일이 아니었다.[88] 유대인 남자들은 이혼에 해당하는 사유가 발생했을 때 합법적으로 이혼할 수 있었고, 그런 경우 여자에게 이혼 증서를 써 주었다(참조. 막 10:2-12; 고전 7:15-16).

하지만 아내가 먼저 이혼을 요구한 경우는 찾아보기 어렵다.[89] 남편이 아내를 쉽게 버릴 수 있었던 사회적 상황을 고려한다면, 이 여성 역시 합법적으로 이혼 증서를 받고 이혼했을 것이다. 만일 이혼의 사유가 남편에게 있었는데도 이혼을 당했다면 그 남편이 오히려 부정한 자일 것이다. 더욱이 다섯 남편과 모두 사별(死別)하여 계대 결혼을 했다면 이 여성을 결코 부정하다고 평가할 수 없다(참조. 막 12:18-27; 마 22:23-33; 눅 20:27-40).[90]

예수께서 '네 남편이 아니다'라고 하시며 여성이 현재 같이 살고 있던 남자를 남편으로 여기지 않으신 것은 그 남자가 동거인임을 암시한다. 합법적으로 결혼하지 않고 남자와 살았다면 그 잘못을 지적할 수 있다. 하지만 혼인을 할 수 없는 상황에서 어쩔 수 없이 동거한 경우라면 이 여성을 부정하다고 쉽게 평가할 수 없다.[91] 당시 사마리아나 유대에서 남편 없이 여자 혼자 살아간다는 것은 사회적으로나 경제적으로 매우 어려운 일이었다. 이 여성이 경제적 어려움으로 인하여 불가피하게 동거를 한 것이라면 오히려 이 여성은 동정받아야 할 처지이다. 어쩌면 경제적인 이유로 일시적으로 동거하는 것을 묵인하고 인정하는 사회였을 수도 있다.[92]

예수께서 사마리아 여성의 과거와 현재의 상태를 말씀하시면서 '네 말이

---

88 Carson, 『요한복음』, 396. 당시에 법적으로는 몇 번 결혼하든지 상관이 없었으나 랍비들은 세 번 이상 결혼하는 것을 인정하지 않았다. Barrett, 『요한복음(I)』, 376; Brown, 『요한복음, I』, 485을 참조하라.
89 de Vaux, *Ancient Israel*, 34-36; 조석민, 『신약성서의 여성』, 23, 43-45을 참조하라.
90 Carson, 『요한복음』, 396. Carson은 여성이 과거의 남편들과 사별했거나 이혼했을 개연성을 언급한다. Brown, 『요한복음, I』, 485을 보라.
91 Bruce, *John*, 106-107. Bruce는 합법적으로 결혼하지 못하고 동거할 수밖에 없었던 혼인의 법률적 장애 요소가 있었을 것이라고 이해한다.
92 de Vaux, *Ancient Israel*, 39-40; Kim, 'A Korean Feminist Reading of John 4:1-42', 100-119을 참조하라.

참되도다'라고 긍정적으로 거듭 평가하신다.⁹³ 책망, 꾸짖음과 같은 부정적인 반응을 전혀 보이지 않으신다. 두 번이나 긍정적으로 평가하신 것을, 나다나엘을 향하여 '보라 이는 참으로 이스라엘 사람이라 그 속에 간사한 것이 없도다'(1:47)라고 말씀하신 것과 비교할 수 있다. 여성에게 '참되도다'라고 할 때 사용된 헬라어는 '알레떼스'(ἀληθής)이다. 나다나엘에게는 '알레또스'(ἀληθῶς)가 사용되었다. 전자는 형용사, 후자는 부사라는 차이만 있을 뿐 그 의미는 동일하다. 예수께서 사마리아 여성을 나다나엘처럼 긍정적으로 평가하고 있음을 알 수 있다.

19절 나다나엘이 예수의 초자연적 인지 능력을 깨닫고 그분을 향하여 '랍비여 당신은 하나님의 아들이시요 당신은 이스라엘의 임금이로소이다'(1:49)라고 고백한 것처럼 사마리아 여성 역시 '주여 내가 보니 선지자로소이다'라고 고백한다. 이 여성이 평소에 인식하고 있었던 메시아사상이 드러난다. 사마리아 여성은 자신의 종교와 문화 속에서 예수를 인식한 후 그동안 기다려 온 종말의 선지자 '타헤브'라고 확신하고 고백한다.⁹⁴ 이 여성의 고백, '프로페테스 에이 수'(προφήτης εἶ σύ)를 관사의 의미를 살려서 번역하면 '당신은 그 선지자입니다'이다.⁹⁵ '그 선지자'인 '타헤브'를 예수와 일치시킨 것이다. 사마리아 종교에서 '그 선지자'란 '모세와 같은 선지자'로서, 유대인들은 그 선지자가 마지막 날에 오실 것이라고 믿었다. 사마리아인들 역시 '사마리아 오경'(Samaritan Pentateuch)의 신명기 18:15-18에서 약속한 대로 '그 선지자'(타헤브)를 믿고 소망하며 기다려 왔다. 사마리아 오경은 모세 오경과 내용상 거의 차이가 없다.⁹⁶ 사마리아인들은 유대인들처럼 하나님을 예배하였으며, 사마리

---

93   Ridderbos, *John*, 158-61. Ridderbos는 예수의 평가가 법정에서 옳다고 선언하는 것과 같다고 이해한다.
94   Brown, 『요한복음, I』, 486; Moloney, *John*, 127-31을 보라.
95   Cho, *Jesus as Prophet*, 181-82; Colwell, 'A Definite Rule', 12-21, Barrett, 『요한복음(I)』, 377을 참조하라.
96   Willianson, 'Samaritans', 724-28을 보라.

아 오경을 그들의 신앙적 권위로 인정하였다.

20절 여성이 '우리 조상들은 이 산에서 예배하였는데'라고 말한 것으로 보아 사마리아인들이 오래전부터 그리심 산에서 예배드리고 있었으며, 현재에도 이 여성이 실천적으로 종교 생활을 하고 있음을 알 수 있다. 사마리아 여성은 예수를 선지자 '타헤브'로 인식하였기 때문에 예배 장소에 대한 문제를 주제 삼아 대화를 해 나간다.[97] 당시 이 문제는 사마리아인들과 유대인들 사이에 가장 민감한 종교 현안이었다. 아마도 선지자가 명쾌한 해답을 제시해 줄 것이라고 기대했을 것이다. 이러한 질문과 기대를 통해, 이 여성이 경건한 신앙인이었을 것이라고 추측해 볼 수 있다.[98]

21절 예수께서 '여자여 내 말을 믿으라 이 산에서도 말고 예루살렘에서도 말고 너희가 아버지께 예배할 때가 이르리라'라고 대답하신다. 여기서 '여자여'는 당시 여성을 부르던 매우 일반적인 칭호이다(참조. 2:4; 19:26; 20:13, 15). 예수는 사마리아인들의 종교 행위나 관습이 아니라 자신이 가르쳐 주는 내용을 믿으라고 권고하신다. 사마리아인들이 모여서 예배드리는 그리심 산이나 유대인들이 예배 장소로 택한 예루살렘도 참된 예배 장소가 아니라고 말씀하신다. 그리고 예배 장소보다 더 중요한 것이 바로 아버지께 예배드리는 것이라고 지적하신다. 요한복음에서 '아버지'는 예수께서 하나님을 부르시는 칭호로, 하나님과 자신의 관계를 나타내는 특별한 용어이다. 예수는 '아버지께 예배할 때'가 곧 올 것이라고 말씀하신다. 이는 예수의 십자가 사건과 부활 이후의 시간을 암시하는 표현이다(참조. 2:4; 5:28; 16:2, 25). 예수께서는 여성이 물어본 예배 장소라는 주제를 바꾸어서 예배의 대상에 초점을 맞추신다. 예배 장소보다 더 중요한 것이 바로 예배의 대상이신 하나님을 아는 것이다.

---

97 Moloney, *John*, 132.
98 '사마리아 종교'에 대하여는 조석민, 『요한복음의 새관점』, 181-201을 참조하라.

22절 예수께서 사마리아인들은 알지 못하는 것을 예배하고 유대인들은 아는 것을 예배한다고 말씀하신다. 유대인들은 '구원이 유대인에게서 난다'라는 구원의 비밀을 알고 있다는 뜻이다. 이 말씀은 이방인들을 향한 구원이 시작되었음을 암시한다. 하나님께서 이스라엘 백성을 택하여서 구원을 베푸셨으나 이제는 구원이 더 이상 유대인들의 특권이 아니라는 것이다. 그래서 '아버지께 예배할 때'가 곧 올 것이라고 언급하신 것이다. 그 '때'는 예수의 십자가 죽음과 부활을 통해서 이루어진다.

23-24절 "아버지께 참되게 예배하는 자들은 영과 진리로 예배할 때가 오나니." '영과 진리'('프뉴마티 카이 알레떼이아', πνεύματι καὶ ἀληθείᾳ)에서 '과'('카이', καί)가 부가적으로 설명(epexegesis)하는 접속사이므로 '영 즉, 진리'로 번역하는 것이 문맥과 어울린다(참조. 3:5).[99] 하나님 아버지께서 찾으시는 자들은 어떤 특정한 장소에서 예배드리는 사람들이 아니라, 아버지께 영으로 예배드리는 자들이다. 하나님께 영으로 예배드린다는 의미는 첫째, 성령으로 드리는 예배를 말한다. 하나님은 영이시기에 성령 곧, 진리로 드리는 예배를 받으신다. 인간이 만든 예배 순서와 기타 모든 형식은 영으로 예배드리기 위한 보조 역할만 할 뿐이다. 둘째, 성령으로 거듭난 사람들만이 드릴 수 있다는 뜻이다. 성령으로 거듭난 하나님의 자녀가 아니면 참된 예배를 드릴 수 없다. 셋째, 하나님이 성령으로 드리는 예배에 함께하신다는 의미이다.

25절 이 여성은 '메시야' 곧, '그리스도'라고 불리는 구원자가 오시리라는 사실을 알고 있다. '메시야'를 헬라어로 번역하면 '그리스도'이다(참조. 1:41). 사마리아 종교에서 종말에 올 메시아는 선지자 '타헤브'를 가리킨다.[100] 사마리아 여성은 사마리아 오경에서 약속한 '그 선지자'가 와서 모든 것을 알려 주며

---

[99] 요한 문헌에서 '카이'(καί)의 부가적 설명 기능이 자주 발견된다(참조. 1:16; 4:23; 계 1:19; 2:2, 19; 3:17). Blass and Debrunner *Greek Grammar*, 228을 보라.
[100] Moloney, *John*, 129-30, 133-34; Beasley-Murray, *John*, 62를 참조하라.

회복해 줄 것이라고 고대하고 있다.

26절 예수께서 여성에게 '네게 말하고 있는 사람'('호 랄론 소이', ὁ λαλῶν σοι)이 '나다'('에고 에이미', ἐγώ εἰμί)라고 하시며 자신의 정체를 분명히 알려 주신다. 요한복음에서 가장 명시적으로 '내가 메시아, 곧 그리스도이다'라고 예수 자신이 선언하고 계신다. 예수께서 여성의 잘못된 메시아 인식을 수정해 주시려고 아주 확실하게 본인이 메시아임을 밝히셨지만, 이 여성은 사마리아 종교와 문화 속에서 형성된 믿음의 관점을 전혀 바꾸지 않고 그저 자신이 믿고 싶은 대로 믿는다.

6.4. 사마리아 여성의 예수 이해(4:27-30)

²⁷ 이 때에 제자들이 돌아와서 예수께서 여자와 말씀하시는 것을 이상히 여겼으나 무엇을 구하시나이까 어찌하여 그와 말씀하시나이까 묻는 자가 없더라 ²⁸ 여자가 물동이를 버려 두고 동네로 들어가서 사람들에게 이르되 ²⁹ 내가 행한 모든 일을 내게 말한 사람을 와서 보라 이는 그리스도가 아니냐 하니 ³⁰ 그들이 동네에서 나와 예수께로 오더라

이 단락에서는 제자들이 먹을 것과 머물 곳을 알아보려고 동네로 들어갔다가 다시 예수께 돌아오는 모습을 그린다(참조. 8, 30절). 제자들이 떠났다가 다시 돌아올 때까지 예수와 여성의 대화가 계속되고 있었다. 이제 이 여성이 물동이를 버려두고 자신의 동네로 향한다. 여성은 삶의 터전인 동네로 들어가서 예수에 대하여 '내가 행한 모든 것을 내게 말한 사람'이라고 증언한다.

27절 예수의 제자들이 음식을 사서 돌아왔는데, 예수께서 여성과 여전히 대화하고 계신 모습을 보고 매우 당황스러워한다. '이상히 여겼으나'로 번역된 '따우마조'(θαυμάζω)는 '놀라다', '기이하게 생각하다'라는 뜻이다(참조. BDAG, 444-45). 제자들이 당황스러워한 이유는 당시 여성과 길에서 오랫동안 대화하

는 것이 금기 사항이었기 때문이다.[101] 하지만 제자들은 예수께 어떤 질문도 하지 않는다.

28절 사마리아 여성은 예수가 자신이 믿고 기다려 온 선지자 '타헤브'라고 확신한다. 그리하여 물동이를 버려두고 자기 동네로 들어가서 예수를 증언한다. '물동이를 버려두고' 떠난 이유를 문맥 속에서 살펴보면 세 가지로 해석이 가능하다. 첫째, 제자들이 이 상황에 대해 예수께 부정적으로 말했을 가능성이 있다. 제자들은 예수께서 이 여성에게 '물을 좀 달라'라고 요청하시며 대화를 시작하는 모습을 보고 동네로 갔는데 그들이 돌아올 때까지 대화가 끝나지 않고 있자 당황했다.[102] 둘째, '물을 좀 달라'라고 하셨던 예수의 요청에 응답하여 물을 마실 수 있도록 배려한 것이다. 셋째, 예수를 '타헤브'로 인식하자 당황스럽고 놀라서 물을 길으러 온 것을 잊었다.

29절 이 여성이 예수의 정체에 대해 어느 정도 의심을 하면서 동네 사람들에게 '내가 행한 모든 일을 내게 말한 사람을 와서 보라'라고 증언한다. 그리고 혹시 '이 사람이 우리가 기다리는 그리스도 즉, 타헤브가 아닐까?'라고 반문한다.[103] 이 여성은 예수께서 자신의 과거를 모두 알고 있고, 예배 장소와 예배 대상에 대해 예수께서 하신 말씀에 근거하여 예수를 '타헤브'로 인식했다. 하지만 유대인인 예수를 그렇게 믿는다는 것이 너무 엄청나고 놀라운 일이어서 한편으로는 그 확신과 믿음에 대해 동네 사람들의 판단을 기대한다.

30절 사마리아 여성의 증언을 들은 동네 사람들이 예수를 '타헤브'로 인식하고 예수께로 모여든다.

---

101 Kruse, 『요한복음』, 200-201을 참조하라; Brown, 『요한복음, I』, 488, "집회서 9:1-9에서는 사마리아인은 여자에게 유혹당하지 않도록 조심해야 한다고 말하며 랍비 문헌(*Pirqe Aboth* 1:5, TalBab *'Erubin* 53b)에서는 여자에게 공적으로 말을 걸어서는 안 된다고 경고한다."
102 Kruse, 『요한복음』, 201-202을 참조하라.
103 Brown, 『요한복음, I』, 489을 보라.

6.5. 예수와 제자들의 대화(4:31-38)

³¹ 그 사이에 제자들이 청하여 이르되 랍비여 잡수소서 ³² 이르시되 내게는 너희가 알지 못하는 먹을 양식이 있느니라 ³³ 제자들이 서로 말하되 누가 잡수실 것을 갖다 드렸는가 하니 ³⁴ 예수께서 이르시되 나의 양식은 나를 보내신 이의 뜻을 행하며 그의 일을 온전히 이루는 이것이니라 ³⁵ 너희는 넉 달이 지나야 추수할 때가 이르겠다 하지 아니하느냐 그러나 나는 너희에게 이르노니 너희 눈을 들어 밭을 보라 희어져 추수하게 되었도다 ³⁶ 거두는 자가 이미 삯도 받고 영생에 이르는 열매를 모으나니 이는 뿌리는 자와 거두는 자가 함께 즐거워하게 하려 함이라 ³⁷ 그런즉 한 사람이 심고 다른 사람이 거둔다 하는 말이 옳도다 ³⁸ 내가 너희로 노력하지 아니한 것을 거두러 보내었노니 다른 사람들은 노력하였고 너희는 그들이 노력한 것에 참여하였느니라

이제 예수의 대화 상대가 제자들로 바뀐다. 예수께서 추수하는 비유로 제자들을 가르치신다. 이 비유는 사마리아 동네 사람들이 모두 예수를 믿게 될 것을 미리 알려 주는 선지자적 예언과도 같다.

31-32절 제자들이 예수께 구해 온 음식을 권한다. 하지만 예수께서는 '너희가 알지 못하는 먹을 양식'이 있다고 말씀하신다. 이는 일종의 수사적 표현으로, 사람이 먹는 양식을 뜻하는 것이 아니다. 이 양식이 무엇인지는 34절에서 밝혀진다.

33-34절 제자들이 예수의 말씀을 문자 그대로 해석한다. 그래서 '누가 예수께 잡수실 것을 갖다 드렸는가?'라고 서로 질문한다. 사마리아 여성이 예수가 말씀하신 '내가 주는 물'(14절)의 의미를 오해한 것과 똑같은 모습이다. 이에 예수께서 '먹을 양식'이 무엇인지 설명하신다. "나의 양식은 나를 보내신 이의 뜻을 행하며 그의 일을 온전히 이루는 것이니라"(참조. 신 8:3). 여기서 '그의 일'이란 하나님께서 예수를 이 땅에 보내셔서 죄인들을 구원하시어 영생을 주시는 일이다.

35절 예수께서 하나님의 일을 더 구체적으로 설명하신다. '[아직] 넉 달이 지나야 추수할 때가 이르겠다'에서 '추수할 때'는 자연적인 추수기를 가리킨다. 이와 대조되는 문구인 '[이미] 희어져 추수하게 되었도다'는 하나님의 구원 계획이 이루어지는 종말론적 사건으로, 사람들이 구원받을 때가 온다는 말씀이다. 이 말씀 속에는 사마리아인들이 곧 구원을 받으리라는 암시가 들어 있다. 헬라어 부사 '에티'(ἔτι, '아직')와 '에데'(ἤδη, '이미')가 하나님의 구원 계획에 대한 시간적 상황을 나타내 준다.

36-37절 '거두는 자'는 추수하는 자이며, 자기 삯을 받았다는 것은 이미 추수가 시작되었음을 알려 준다. 추수가 '영생에 이르는 열매를 모으는 것'으로 다시 표현된다. '영생에 이르는 열매'는 '영생하도록 솟아나는 샘물'(14절)과 같은 표현으로, 영생 자체를 상징한다. 여기서 '뿌리는 자'와 '거두는 자'가 동일 인물이 아니다. 예수께서는 이러한 상황을 '한 사람이 심고 다른 사람이 거둔다'라는 당시의 속담을 인용하여 구체적으로 설명하신다. 심는 자가 반드시 거두리라는 보장이 없고, 때때로 뿌리지 않았어도 거두게 되는 것이 인생의 역설이다. 한편 뿌리고 거두는 것에 대한 비슷한 내용이 구약성경에도 나온다. "여호와의 말씀이니라 보라 날이 이를지라 그때에 파종하는 자가 곡식 추수하는 자의 뒤를 이으며 포도를 밟는 자가 씨 뿌리는 자의 뒤를 이으며 산들은 단 포도주를 흘리며 작은 산들은 녹으리라"(암 9:13).

38절 예수와 제자들의 사역이 설명된다. 예수께서는 영적 추수의 때가 이미 도래했음을 선포하신다. 예수께서 뿌린 것을 제자들이 수확하도록 그들을 파송하신다. 제자들이 예수의 사역을 계승하는 것이다. 제자들은 자신들이 노력하지 않은 결과를 얻게 될 것이다. 영적 추수의 결과는 사마리아 사람들이 예수를 세상의 구주로 고백하는 모습에서 구체적으로 나타난다(참조. 42절). '다른 사람들' 속에는 세례자 요한이 포함된다. 예수 이전에 세례자 요한의 사역과

노력이 있었기에 제자들이 그 결과도 수확하게 될 것이다.[104]

6.6. 예수를 만난 사마리아 사람들의 반응(4:39-42)

[39] 여자의 말이 내가 행한 모든 것을 그가 내게 말하였다 증언하므로 그 동네 중에 많은 사마리아인이 예수를 믿는지라 [40] 사마리아인들이 예수께 와서 자기들과 함께 유하시기를 청하니 거기서 이틀을 유하시매 [41] 예수의 말씀으로 말미암아 믿는 자가 더욱 많아 [42] 그 여자에게 말하되 이제 우리가 믿는 것은 네 말로 인함이 아니니 이는 우리가 친히 듣고 그가 참으로 세상의 구주신 줄 앎이라 하였더라

사마리아 여성이 동네 사람들에게 예수를 '타헤브'로 소개한다. 동네 사람들이 이를 확인하고자 예수께 그 동네에 머무시기를 요청한다. 예수께서는 이틀을 거기에서 머무시면서 그들에게 말씀을 직접 가르치신다. 그 결과 많은 사람이 예수를 '타헤브'가 아닌 '세상의 구주'라고 고백한다.

39절 사마리아 여성이 자신의 경험에 의존하여 동네 사람들에게 예수를 소개한다. '내가 행한 모든 것을 그가 내게 말하였다'에서 '행한 모든 것'이란 여성의 과거의 결혼 생활과 현재 사생활에 대한 내용이다(참조. 16-18절). 이 여성은 자신에 대해 자세히 알고 있는 예수를 선지자 '타헤브'라고 여긴다. 이 증언을 듣고 동네 사람들도 예수를 '타헤브'로 이해하고 믿는다.

40-41절 사마리아 사람들이 예수께 와서 자기들과 함께 머물기를 요청한다. 예수가 거짓 선지자인지 아니면 자신들이 기다리고 있었던 '타헤브'인지 확인하기 위해서이다. 예수께서 그곳에서 이틀을 머무신다.
초대 교회 당시 열두 사도의 교훈집인 '디다케'(Didache)는 참선지자와 거

---

104 Kruse, 『요한복음』, 208; Carson, 『요한복음』, 414-15을 참조하라.

짓 선지자를 판별하는 방법과 기준을 이렇게 제시한다. 디다케 11:4-6은 "여러분에게 오는 모든 사도는 마치 주님처럼 영접받을 일입니다. 그는 그러나 하루만 머물러야 합니다. 그렇지만 필요하다면, 이틀을 머물러도 됩니다. 만일 사흘을 머물면 그는 거짓 예언자입니다. 그리고 사도가 떠날 때에는 (다른 곳에) 유숙할 때까지 (필요한) 빵 외에 (다른 것은) 받지 말아야 합니다. 만일 그가 돈을 요구한다면 그는 거짓 예언자입니다."[105]

디다케의 기준에 따르면 예수는 이틀만 머무셨기 때문에 참선지자이다(참조. 43절). 사마리아 동네의 많은 사람이 예수가 머물고 있는 숙소에 가서 그분에게 가르침을 받은 후 그분을 믿게 되었다. 그들이 인식한 예수의 정체는 '타헤브'가 아니었다. 하나님이 세상을 구원하려고 보내신 메시아였다. 예수께서는 신비하고 놀라운 능력의 말씀으로써 사마리아 사람들의 사상과 믿음을 변화시키셨다.

42절 이틀간 예수의 말씀을 직접 들은 사마리아 사람들이 예수를 '세상의 구주'라고 고백한다. 그들은 처음 예수를 소개한 사마리아 여성에게 이제는 더 이상 네 말을 듣고 예수를 믿는 것이 아님을 분명히 밝힌다. 그들과 여성이 인식한 예수의 정체성을 구별한 것이다. 이는 사마리아 여성이 예수를 올바로 이해하지 못했음을 암시한다. '세상의 구주'('호 소테르 투 코스무', ὁ σωτὴρ τοῦ κόσμου)라는 표현은 당시 로마 제국의 왕들, 예를 들면, 아우구스투스, 티베리우스, 네로 등에게 사용되었던 칭호이다.[106] 사마리아인들이 '타헤브'가 아닌 '세상의 구주'로 예수를 고백한다. 이런 고백은 예수를 로마 제국의 왕 이상이라고 여긴 것이다. '세상의 구주'는 신약성경에서 이곳과 요한일서 4:14에만 나온다.

---

105 정양모, 『디다케』, 81.
106 Kruse, 『요한복음』, 210-11; Carson, 『요한복음』, 416-17을 참조하라.

설교자를 위한 적용(4:1-42)

●● 사람은 자신이 믿고 있는 종교에 영향을 받는다. 사마리아 여성처럼 말이다. 이 여성은 예수를 만나 오랫동안 대화를 나누었지만 자신의 문화적·종교적 신념이 전혀 흔들리지 않았다. 그래서 예수가 물을 좀 달라고 요청했을 때 이상히 여겼다. 이 여성은 종교적 신념이 투철했기에 예수를 자기 조상 야곱과 비교하면서 '당신이 야곱보다 위대한가?'라고 질문한다. 예수께서 자신을 세상에 올 하나님의 아들, 곧 메시아라고 소개하시지만 사마리아 여성의 귀에는 그 말이 들리지 않는다. 사람은 자신이 믿고 확신하는 것에 이끌려 살아간다. 그러므로 개종이라는 것이 얼마나 어려운 일인지 모른다.

하지만 이 여성도 현실적 필요 앞에서는 다른 모습을 보인다. 예수께서 하나님의 선물인 예수 자신과 생수에 대하여 설명하시자 곧바로 그 물을 달라고 한다. 믿음은 현실적인 문제를 해결하거나 필요를 채우는 수단이 아니다. 하지만 인간은 자신이 섬기는 종교의 절대자가 자신의 문제를 해결해 주고 현실적인 필요를 채워 주기를 바란다. 어쩌면 이를 위해 신을 섬긴다.

믿음이란 자기 신념에 빠져 사는 것이 아니라 예수가 누구신지 성경을 통해서 분명히 알고 그분을 확신하며 살아가는 것이다. 신실한 믿음을 갖기 위해서 모든 그리스도인은 끊임없이 질문을 던지며 확인하고 분명한 대답을 성경에서 찾아야 한다. 그래야 온전하고도 신실한 믿음을 가질 수 있다. 사마리아 사람들의 신앙 고백은 사마리아 여성이 증언한 예수의 정체성, 선지자 '타헤브'에 근거한 확신이 아니라, 예수의 말씀에 기초한 믿음의 확신이었다. 반면에 이 여성은 예수를 타헤브로 인식하였기에 사마리아 종교의 영향력에서 완전히 벗어나는 것이 쉬운 일은 아니었다. 하지만 이 여성도 사마리아 동네 사람들의 놀라운 변화에 영향을 받아 결국 예수를 올바로 인식했을 것이라고 추측할 수 있다. ●●

7. 예수의 선지자적 자의식(4:43-45)

⁴³ 이틀이 지나매 예수께서 거기를 떠나 갈릴리로 가시며 ⁴⁴ 친히 증언하시기를 선지자가 고향에서는 높임을 받지 못한다 하시고 ⁴⁵ 갈릴리에 이르시매 갈릴리인들이 그를 영접하니 이는 자기들도 명절에 갔다가 예수께서 명절중 예루살렘에서 하신 모든 일을 보았음이더라

이 단락은 2-4장 전체의 교차 대칭 구조(chiastic structure) 속에서 예수의 성전 사건 단락(2:13-25)과 짝을 이룬다. 예수께서 그 사건에서 자신의 선지자 같은 신분을 간접적으로 드러내셨다면, 이 단락에서는 선지자의 신분에 대한 자의식을 보여 주신다. 예수께서 친히 '선지자가 고향에서는 높임을 받지 못한다'(44절)라고 증언하셨다고 저자 요한이 설명한다. 공관복음에도 이처럼 예수께서 선지자 신분과 연결하여 자신의 정체성을 드러내시는 내용이 나온다(참조. 막 6:4; 마 13:57; 눅 4:24).[107]

43절 예수께서 사마리아 동네에서 이틀을 머무신 후 자기 고향인 갈릴리로 이동하신다. 저자가 '이틀'을 머물렀다는 사실을 독자에게 다시 확인해 준다(참조. 40절). 앞에서 설명했듯이, 그분이 참선지자의 자격 요건을 갖추었음을 알려 주는 표현이다(참조. 디다케 11:4-6).

44절 예수께서 자신을 선지자로 인식하고 계심을 알 수 있다. 저자는 간접 화법을 사용하여 당시 잘 알려져 있는 '선지자가 고향에서는 높임을 받지 못한다'라는 속담을 예수께서 자신에게 적용한 것으로 묘사한다. 이는 예수께서 고향인 갈릴리로 가시지만 거기에서 존경을 받지 못하실 것을 암시한다. '높임'으로 번역된 '티메'(τιμή)는 '존경', '경의', '숭배'라는 뜻이다(참조. BDAG, 1005).

---

107 이 단락의 자세한 논의는 Cho, *Jesus as Prophet*, 142-53에서 참조하라.

45절 예수께서 갈릴리에 도착하시자 사람들이 예수를 환영한다.[108] 개역개정에서 '영접하다'라고 번역된 동사 '데코마이'(δέχομαι)는 명목상 받아들인다는 뜻이다. 갈릴리 사람들은 예수를 영접했지만, 진정으로 환영하고 높이지는 않았다. 단지 예루살렘에서 예수께서 베푸신 놀라운 기적 사건들을 보았기 때문에 영접했을 뿐이다. '명절중 예루살렘에서 하신 모든 일'이 바로 기적 사건들이다(참조. 2:23).

8. 갈릴리 가나에서 일어난 두 번째 표적(4:46-54)

⁴⁶ 예수께서 다시 갈릴리 가나에 이르시니 전에 물로 포도주를 만드신 곳이라 왕의 신하가 있어 그의 아들이 가버나움에서 병들었더니 ⁴⁷ 그가 예수께서 유대로부터 갈릴리로 오셨다는 것을 듣고 가서 청하되 내려오셔서 내 아들의 병을 고쳐 주소서 하니 그가 거의 죽게 되었음이라 ⁴⁸ 예수께서 이르시되 너희는 표적과 기사를 보지 못하면 도무지 믿지 아니하리라 ⁴⁹ 신하가 이르되 주여 내 아이가 죽기 전에 내려오소서 ⁵⁰ 예수께서 이르시되 가라 네 아들이 살아 있다 하시니 그 사람이 예수께서 하신 말씀을 믿고 가더니 ⁵¹ 내려가는 길에서 그 종들이 오다가 만나서 아이가 살아 있다 하거늘 ⁵² 그 낫기 시작한 때를 물은즉 어제 일곱 시에 열기가 떨어졌나이다 하는지라 ⁵³ 그의 아버지가 예수께서 네 아들이 살아 있다 말씀하신 그 때인 줄 알고 자기와 그 온 집안이 다 믿으니라 ⁵⁴ 이것은 예수께서 유대에서 갈릴리로 오신 후에 행하신 두 번째 표적이니라

이 단락의 문학 구조는 다음과 같이 C단락(48절)을 중심으로 교차 대칭 구조를 형성한다. A단락(46절)에서는 갈릴리 가나에서 예수가 베푸신 첫 번째 표적을 언급하며, 가버나움에 있는 왕의 신하의 아들이 병들었다는 정보를 제공

---

108 이 구절의 해석과 관련하여 다양한 의견을 보려면 Carson, 『요한복음』, 421-27을 참조하라.

한다. B단락(47절)에서는 왕의 신하가 예수께 아들의 병을 고쳐 달라고 요청한다. B단락과 대칭이 되는 B′ 단락(49절)에서도 그 요청이 반복된다. A′ 단락(50-54절)은 A단락과 역대칭을 이루면서, 왕의 신하의 아들의 병이 치유되었음을 알리고, 이것이 갈릴리 가나에서의 예수의 두 번째 표적이라고 설명한다. C단락은 이 교차 대칭 구조의 중심축으로, 예수께서 행하신 이 표적에 대한 핵심 메시지를 담고 있다.[109]

    A 갈릴리 가나에서의 첫 번째 표적과 왕의 신하의 아들이 병듦(46절)
        B 왕의 신하가 아들의 병을 고쳐 달라고 요청(47절)
            C 표적과 기사에 대한 예수의 경고(48절)
        B′ 왕의 신하가 아들의 병을 고쳐 달라고 요청(49절)
    A′ 왕의 신하의 아들을 치유하심: 갈릴리 가나에서의 두 번째 표적(50-54절)

46절 '왕의 신하'('바실리코스', βασιλικός)란 왕의 친척이나 헤롯의 군인, 또는 로마 황실의 군인을 의미할 수 있다(참조. BDAG, 170). 예수께서 갈릴리 가나로 다시 오셨다. 이곳은 예수께서 물로 포도주를 만드신 첫 번째 표적을 행하신 곳이다. '다시'('팔린', πάλιν)라는 부사를 통해 이곳이 첫 번째 표적과 밀접한 관계가 있으며, 동시에 또 다른 표적이 이곳에서 일어날 가능성이 있음을 알 수 있다.[110] 저자가 왕의 신하의 아들이 가버나움에서 병들어 죽게 되었다고 설명한다. 이 설명으로 말미암아 독자는 이 신하가 예수를 만나러 가나로 올 것이라는 예측을 할 수 있다.

47절 독자의 예측대로, 왕의 신하가 예수를 찾아온다. 그의 아들이 거의 죽

---

109 C단락은 갈릴리 가나에서의 첫 번째 표적에서 2:4의 기능과 매우 유사하다. 이 단락의 자세한 주해는 조석민, 『요한복음의 새관점』, 233-55을 참조하라.
110 Moloney, *John*, 152-53을 참조하라.

게 되었기에 예수께 병을 고쳐 달라고 요청하러 온 것이다. 그는 예수께서 행하신 표적에 대해 알고 있었다(참조. 2:23; 3:2). 요청하는 행위를 나타내는 헬라어 '에로타'(ἠρώτα)는 미완료 동사로, 그 행위가 일회성이 아님을 보여 준다.[111] 왕의 신하가 예수께 끈질기게 요청하고 있음을 49절에서도 확인할 수 있다.

48절 전체 구조의 핵심 메시지인 예수의 말씀이다. 이 구절은 예수께서 첫 번째 표적을 행하시기 전에 어머니 마리아에게 보이셨던 반응과 매우 유사한 내용이다(참조. 2:4). 예수의 이 말씀은 병을 고쳐 달라는 간청에 대해서 책망하는 것처럼 보인다. 일종의 거절 같기도 하다. 하지만 뒤의 내용과 연결해서 보면 책망도 아니고 거절도 아니다. 예수께서 신하와 함께 가버나움으로 가지는 않으시지만, '가라, 네 아들이 살아 있다'라고 하시며 치유의 선언을 하시기 때문이다.

이 구절에서 예수께서는 '너희'라는 복수 이인칭을 사용하신다. '너희는 표적과 기사를 보지 못하면'에서 '너희'는 왕의 신하뿐 아니라 예루살렘에서 예수의 표적과 기사를 보고 그것에 근거한 믿음을 소유한 갈릴리 사람들을 모두 포함한다. 요한복음 전체에서 여기에서만 '표적과 기사'('세메이아 카이 테라타', σημεῖα καὶ τέρατα, '표적들과 기사들')라는 표현이 나온다. 성경에서 이 표현은 거짓 그리스도 또는 거짓 선지자가 하나님의 백성을 그릇된 길로 인도할 때 주로 사용된다(참조. 마 24:24; 막 13:22). 신명기 13:1-2에서는 이 표현이 '이적과 기사'('오트 오 모페트', אוֹת אוֹ מוֹפֵת)로 번역된다. 신명기에서 '이적과 기사'는 거짓 선지자 또는 꿈으로 점치는 자의 행위의 표상으로 제시된다.[112] 모세는 신명기 13:1-5에서 선지자나 꿈꾸는 자가 일어나서 이적과 기사를 행하고 백성에게 다른 신들을 섬기자고 하면 그들을 죽이라고 명령한다. 거짓 지도자들이기 때문이다.

---

111 Barrett, 『요한복음(1)』, 397을 참조하라.
112 히브리어 성경(BHS)과 칠십인역(Septuagint)에서는 신명기 13:2에 '이적과 기사'가 언급된다. Craigie, *Deuteronomy*, 222-24; McConville, *Deuteronomy*, 235-38; Christensen, *Deuteronomy*, 271을 참조하라.

예수께서는 '표적과 기사'를 보고 따르는 무리를 경계하시고, 표적과 기사에 의지하는 믿음이 잘못된 것임을 암시하신다. 요한복음은 표적과 기사를 본 사람들이 표적 신앙에 머무르지 않고 그것을 디딤돌(a spring board)로 삼아 그 다음 단계로 나아가 예수의 정체를 하나님의 아들, 메시아로 인식하여 그 사실을 믿고 고백하며, 그들로 하여금 영생을 얻게 하려는 데 집필 목적을 둔다.

49절 예수께서 거의 부정적으로 대답했는데도 왕의 신하가 중단하지 않고 계속하여 아들의 병을 고쳐 달라고 요청한다. 오히려 더 적극적으로 '선생님, 내 아이가 죽기 전에 내려오십시오'라고 간청한다. 여기서 왕의 신하는 예수가 누구이신가 하는 기독론적인 관심이 없다. 단지 표적을 행하는 능력 있는 분이라는 인식으로 충분했다. 또한 아들이 매우 위중했으므로 거절에 가까운 대답에도 굴하지 않았다. 이 구절은 47절과 대칭을 이룬다.

50절 이 표적 사건의 절정 부분에 해당한다. 죽어 가는 신하의 아들을 향해 '생명'(=살아 있다)이라는 핵심 단어가 사용된다. '아들(또는 아이)이 살아 있다'라는 표현이 이후에 반복적으로 사용된다(51, 53절). 여기에는 이 사건을 통해 예수께서 생명을 주시는 분이라는 사실을 알리려는 저자의 의도가 들어 있다. 왕의 신하가 예수께 가버나움으로 내려오실 것을 요청했지만 예수께서는 거기에 직접 가지 않으시고 말씀으로 그 아들의 병을 치유하신다. 그리고 '가라, 네 아이가 살아 있다'라고 말씀하신다. 왕의 신하가 이 말씀을 믿고 집으로 간다.

51-52절 왕의 신하가 가버나움으로 돌아가는 도중에 자기 아들이 살아 있다는 소식을 듣는다. 그가 아들이 병에서 회복된 시간을 묻자 종들이 '어제 일곱 시'('엑떼스 호란 헤브도멘', ἐχθὲς ὥραν ἑβδόμην)라고 대답한다. 그렇다면 왕의 신하가 예수의 말씀을 들은 후 곧바로 길을 나서지 않고 하루가 지난 후에 출발했음을 알 수 있다. 왕의 신하가 예수를 만난 시간을 유추해 보면 전날 '일곱 시'이다. 이 시간은 유대 시간으로는 오후 1시이지만, 로마식으로는 오후 7시이다. 만일 오후 1시라고 볼 경우 신하가 예수의 말을 듣고 즉시 집으로 돌아가

지 않은 이유를 설명하기가 어렵다.¹¹³ 그러므로 로마식 시간 계산법에 따라 오후 7시로 이해할 때 문맥의 흐름에 가장 자연스럽다. 왕의 신하는 야간 여행의 위험을 피하기 위하여 그날 저녁을 가나에서 머물렀을 가능성이 크다. 그리고 다음 날 일찍 가버나움으로 향한 것이다.

왕의 신하가 아들이 낫기 시작한 때를 물어본 이유가 무엇일까? 아마도 예수의 말씀을 완전히 믿지는 못해서일 것이다. 왜냐하면 자연적으로 열기가 떨어질 수도 있고, 어떤 약물과 음식을 사용하여 이미 열기가 떨어졌을 가능성도 있기 때문이다.

53절 아들의 열기가 '어제 일곱 시'부터 떨어졌다는 말을 듣는 순간 신하의 의심이 사라진다. 그 시간이 바로 예수께서 아들이 나았다고 선언하신 때였다. 이로써 그와 그 가족이 모두 예수를 믿게 된다. 그렇다면 50절에 묘사된, '말씀을 믿고'는 온전한 믿음이 아니다. 슈나켄부르그(R. Schnackenburg)와 브라운은 지속적인 성장 단계의 믿음(50절)과 성장의 최종 단계에 이른 믿음(53절)으로 신하의 믿음을 구별한다.¹¹⁴ 하지만 본문은 그 부분을 명확히 말하지 않는다. 이 신하의 믿음은 자기 아들이 살아난 표적 사건을 통해서 시작되었다. 그리고 표적 확인 후 온 가족이 예수를 믿었다. 이는 '너희는 표적과 기사를 보지 못하면 도무지 믿지 아니하리라'(48절)라고 하신 말씀이 성취된 것이다. 하지만 신하와 그 가족은 예수를 표적을 행하는 사람으로 믿었다. 즉 그분이 행한 표적을 확인하고 믿은 표적 신앙이다. 본문에는 그들이 예수를 하나님의 아들, 메시아로 믿었다는 명시적인 언급이나 암시가 전혀 나오지 않는다.¹¹⁵

---

113 Morris, *John*, 258-59을 참조하라.
114 Schnackenburg, *John*, I, 467-69; Brown, 『요한복음, I』, 517-18을 보라.
115 이 사건을 사도행전 16:25-34에 나오는, 간수와 그의 온 집안이 하나님을 믿은 사건과 비교하여 설교자들과 주석가들이 긍정적으로 평가하기도 한다. 그러나 사도행전 사건은 바울의 분명한 복음 제시와 예수에 대한 소개가 있은 후(행 16:31) 간수가 믿음을 고백한 것으로, 이 사건과는 본질적으로 전혀 다르다.

54절 저자가 '이것은 예수께서 유대에서 갈릴리로 오신 후에 행하신 두 번째 표적이니라' 하며 이 사건을 처음 표적과 긴밀하게 연결한다. 예수께서 예루살렘에서 행하셨던 여러 표적을 인정하면서도 이 표적에 '두 번째'라는 서수를 붙인다. 여기서 '두 번째'란 갈릴리 가나 지역에서 행하신 두 번째 표적이라는 의미이다. 이 사건으로 말미암아, 당시 엘리야의 나타나심을 기대하던 유대인들이 예수를 '기적 행하는 선지자'로 인식하게 되었다.

설교자를 위한 적용(4:43-54)

●● 예수께서는 자신이 하나님께로부터 세상에 보내진 선지자라는 자기 인식을 가지고 계셨다. 그렇기에 자신의 사명을 선지자적 자의식 속에서 묵묵히 수행하셨다. 사람들의 환영과 반대에 신경 쓰지 않고 자기의 길을 걸어가셨다. 자신이 누구인지, 무엇을 위해 살아야 하는지 분명히 알고 있는 사람은 어떠한 역경도 이겨 낼 수 있다. 자기 인식이 분명하면 자기 존재를 학대하거나 비하하지 않고, 자기를 허황되게 높이지도 않는다. 자존감이 안정적으로 자리 잡고 있다. 그리스도인의 자기 인식은 하나님의 자녀라는 영적 신분에서 출발해야 한다. 하나님의 자녀는 하나님이 어떤 분인지 분명히 알고 있으며 그분의 존재를 확실하게 믿는다. 그리고 그 믿음과 인식 속에서 새로운 가치관을 수용하여 자기의 삶을 끊임없이 변화해 간다.

자식의 질병 앞에 무기력하게 주저앉아 있는 부모는 없다. 왕의 신하는 예수가 기적을 행하시는 분이라는 소문만 듣고 갈릴리 가나까지 단숨에 달려갔다. 가족 중 누군가의 병이 너무나 위중하여 생사를 넘나들 때 다른 가족들은 지푸라기라도 잡는 심정으로 온갖 치유 방법을 알아본다. 그리고 신이 기적을 베풀어 주시기만을 바란다. 하지만 예수 그리스도를 믿는다는 것은 기적을 경험하거나 우리의 현실적인 문제를 해결받기 위함이 아니다. 사람들은 예수를 주로 고백하면서도 예수가 어떤 분인지에 관심을 두기보다 자신이 당면한 문제를 빨리 해결받는 것을 더욱 중요하게 여긴다. 기적이라도 일어나서 자신의 문제가 해결되기를 기대하는 인간적인 모습 속에서 현실적인 고난과 아픔이

이해될 수 있지만 예수께서 바라시는 온전한 믿음이란 표적과 기사를 보고 믿는 표적 신앙이 아니다. ●●

III. 유대인의 명절과 예수의 표적 사건

5:1–10:42

이 부분에서는 요한복음에 등장하는 유대인의 명절인 유월절(6:4), 초막절(7:2), 수전절(10:22)이 모두 소개된다. 그와 더불어 예수의 표적 사건들이 나열된다. 예수는 갈릴리(4:54)에서 예루살렘(5:1)으로 이동하신 후 갈릴리(6:1)로 오신다.[1] 그리고 다시 예루살렘(7장)으로 가신다.

이 단락의 전체 문학 구조를 간략하게 정리하면 다음과 같다.

안식일에 일어난 첫 번째 표적(5:1-47)
    38년 된 병자를 치유하신 예수(5:1-18)
    영생과 심판을 선언하시는 예수(5:19-29)
    하나님의 아들 예수의 심판 권세(5:30-47)

유월절 표적(6:1-71)
    오천 명을 먹이신 예수(6:1-15)
    바다 위를 걸으신 예수(6:16-29)
    생명의 떡이신 예수(6:30-40)
    생명의 떡과 영생(6:41-59)
    예수를 떠나는 제자들(6:60-71)

초막절과 예수의 정체성(7:1-8:59)
    예수의 초막절 강화(7:1-52)
    *부록: 죄 지은 여인을 용서하신 예수(7:53-8:11)[2]

---

1 예수의 활동 무대는 주로 갈릴리와 예루살렘이었는데 두 곳의 거리가 멀었기에, 적지 않은 학자들이 요한복음 6장의 갈릴리 사역을 4장과 연결시킨다. 즉 4, 6, 5, 7장의 순서대로 사역이 이루어졌을 것이라고 주장한다. 특히 7:14과 7:15 사이에 5장을 삽입하기도 한다. 그러면 5:19-47의 결론이 7:15-24이 되고, 5:1에 나오는 명절은 6:4의 유월절이 된다(참조. Schnackenburg, *John*, II, 4-9). 하지만 이와 관련된 내용의 사본을 발견하기 어렵고, 당시 많은 사람이 갈릴리와 예루살렘을 자주, 쉽게 왕래했다는 사실을 고려할 때 수용하기 어려운 주장이다.

2 7:53-8:11, '죄 지은 여인을 용서하신 예수'에 대한 내용을 본문에서 제외하고 부록으로 다룬 이유는 본서의 해당 주석을 참조하라.

　　　　세상의 빛이신 예수(8:12-29)
　　　　예수와 유대인들의 논쟁(8:30-59)

　　안식일에 일어난 두 번째 표적과 수전절의 예수(9:1-10:42)
　　　　날 때부터 맹인 된 사람을 치유하신 예수(9:1-38)
　　　　예수와 바리새인들(9:39-10:21)
　　　　수전절의 예수(10:22-42)

9. 안식일에 일어난 첫 번째 표적(5:1-47)

저자가 유대인의 명절과 예수를 연결하여 그분의 정체성을 드러내려고 시도한다. 예수께서 유대인의 명절이 되어 예루살렘에 올라가셨다가 38년 된 병자를 안식일에 치유해 주신다. 이 사건이 요한복음에 기록된 두 번의 안식일 표적 사건(참조. 5:1-18; 9:1-12) 중 첫 번째 표적이다. 유대인들이 안식일 노동 금지 규정을 위반했다는 이유로 예수를 핍박하기 시작하여 그들과 예수 사이에 안식일에 대한 논쟁이 벌어진다. 이 논쟁에서 예수는 자신이 하나님이 보내신 그분의 아들이며 자신을 위해 증언하는 증인이 있다고 강조하신다. 또한 구약성경이 자신에 대한 내용을 기록한 것이라고 주장하신다.
　　전체 구조는 다음과 같이 세 부분으로 나뉜다.

　　　　38년 된 병자를 치유하신 예수(5:1-18)
　　　　영생과 심판을 선언하시는 예수(5:19-29)
　　　　하나님의 아들 예수의 심판 권세(5:30-47)

9.1. 38년 된 병자를 치유하신 예수(5:1-18)

이 단락에서는 요한복음에 나오는 예수의 세 번째 표적을 다룬다. 예수께서는

38년 된 병자를 안식일에 치유해 주셨다. 하지만 이 병자가 유대인들에게 예수를 고발한다. 이 일로 인해 유대인들이 예수를 핍박하기 시작한다. 그리고 유대인들과 예수 사이에 안식일 논쟁이 벌어진다.

9.1.1. 예루살렘 양문 곁 베데스다의 병자들과 예수(5:1-3a)

¹ 그 후에 유대인의 명절이 되어 예수께서 예루살렘에 올라가시니라 ² 예루살렘에 있는 양문³ 곁에 히브리 말로 베데스다라 하는 못이 있는데 거기 행각 다섯이 있고 ³ᵃ 그 안에 많은 병자, 맹인, 다리 저는 사람, 혈기 마른 사람들이 누워

1절 예수께서 유대인의 명절이 되어 예루살렘으로 가셨다. '그 후에'('메타 타우타', μετὰ ταῦτα)는 일반적으로 앞 단락의 내용과 시간의 흐름을 연결해 주는 표현이지만, 여기서는 막연한 그 어느 때를 지칭하는, 저자의 습관적인 표현이다. '유대인의 명절'이 어느 명절인지는 분명히 알 수 없지만 아마도 유월절(출 12:1-20; 민 28:16-25; 신 16:1-8), 오순절(출 34:22; 레 23:15-21; 신 16:9-12), 초막절(레 23:33-44), 부림절(에 9:20-32), 나팔절(민 29:1-6) 중 하나일 것이다. 이 단락의 앞뒤 문맥을 고려하면 초막절이나 유월절일 가능성이 높다. 저자가 '유대인의 명절'이라고 표현한 것으로 보아, 아마도 유대인의 명절을 모르는 독자들이 있어서 그들을 배려한 것 같다. 유대인들은 유월절, 오순절, 초막절에는 반드시 예루살렘으로 갔다(참조. 출 23:14-17; 34:18-26; 신 16:1-17).

2절 표적 사건의 구체적인 장소가 나온다. 저자가 자세한 지역 정보를 제공하면서 구체적인 장소를 언급한 이유는 이 표적 사건의 역사적 신빙성을 높이기 위함이다(참조. 1:28; 2:1; 3:23; 4:5; 4:46). 예수께서 성전 가까이에 오셨음을

---

3 '양문'으로 번역된 헬라어 표현에는 '문'에 해당하는 단어가 없다. προβατικῇ는 오히려 '양의 [장소]'라는 의미이다. 2절을 헬라어 문자대로 번역하면 이와 같다. "예루살렘에 있는 양의 못 곁에 히브리 말로 베데스다라고 부르는 [장소]에 행각 다섯이 있었다."

'양문'이라는 단어를 통해 알 수 있다. 하지만 헬라어 표현에는 '문'에 해당하는 단어가 나오지 않는다. 헬라어 본문의 '프로바티케'(προβατική, '양')는 형용사로 사용되었고, '테 프로바티케 콜룸베뜨라'(τῇ προβατικῇ κολυμβήθρα)는 문자 대로 번역하면 '양 못'(the Sheep Pool)이다.[4] '양문'(the Sheep Gate)은 '양의 문'으로, 예루살렘의 옛 도시에서 동북쪽에 위치한 작은 문을 말한다. 이 문 옆에 '베데스다'('베뜨자따', Βηθζαθά)라고 부르는 못이 있는데, 제물로 사용할 양을 성전에 바치기 전에 그곳에서 깨끗하게 씻었다(참조. 느 3:1, 32; 12:39).[5] '히브리 말'('헤브라이스티', Ἑβραϊστί)은 아람어를 뜻한다. 또한 '베데스다'는 히브리어 '베이트 헤세다'의 헬라어 음역으로, '자비의 집'(House of Mercy)을 말한다.[6] '행각 다섯'은 다섯 개의 기둥으로 된, 벽이 없는 장소이다. 본문에 나오는 병자들은 비나 이슬을 피해 그 주랑 안에 머물렀다(3a절).

3a절 베데스다 못 주변에 있는 병자들이 소개된다. 시각 장애인, 다리 저는 사람, 혈기 마른 사람들이며, 그들이 행각 안에 누워 있다. '혈기 마른 사람'('케로스', ξηρός)은 "혈액 부족으로 수족에 위축증이 있는 환자"[7]인데, 팔다리를 사용할 수 없는 사람(=중풍병자)을 뜻하기도 한다. 베데스다 못의 치유 전설을 믿고 몰려든 병자들이 그 못의 주변에서 치유의 기회를 붙잡으려고 '물의 움직임'(3b절)을 기다리고 있다.

9.1.2. 베데스다 못과 치유 전설(5:3b-4)

3b [물의 움직임을 기다리니 4 이는 천사가 가끔 못에 내려와 물을 움직이게 하는데 움

---

4 Morris, *John*, 265-67; Michaels, *John*, 288-89을 보라.
5 '양문'의 위치와 용도는 Blenkinsopp, *Ezra-Nehemiah*, 233-34; Williamson, *Ezra, Nehemiah*, 203-204을 참조하라. 느헤미야 3장에는 예루살렘 성벽 중수와 함께 '어문, 옛문, 본문, 샘문, 마문(말문), 함밉갓문(점호문), 양문'으로 번역된 여러 문이 나온다.
6 '베데스다' 이름에 대한 사본의 다양한 형태에 관하여는 Barrett, 『요한복음(I)』, 404-408; Brown, 『요한복음, I』, 539-40을 참조하라.
7 Brown, 『요한복음, I』, 540.

직인 후에 먼저 들어가는 자는 어떤 병에 걸렸든지 낫게 됨이러라]

3b-4절 개역개정의 본문 각주에는 "어떤 사본에는, 이 괄호 내 구절이 없고 3절의 '누워'는 '누웠으니'로 되어 있음"이라는 설명이 달려 있다. 이 구절들은 현재 우리가 사용하는 헬라어 성경(Nestle-Aland 28판과 United Bible Society 4판)에는 없는 부분이 번역된 것이다. 3b-4절은 우리에게 잘 알려진 알렉산드리아 사본, 시내산 사본, 그리고 바티칸 사본에도 나오지 않는다.[8]

개역개정의 격쇠괄호([ ]) 안에 기록된 본문은 수용 본문(Textus Receptus)을 번역한 것이다. 이 수용 본문의 사본을 비잔틴 사본(Byzantine Text), 또는 다수의 필사본(Majority Manuscripts)이라고 부른다. 이 비잔틴 사본이 네덜란드의 에라스무스(Erasmus)가 최초 편집한 헬라어 성경(1516년 3월 1일 출판)의 기초가 되었다. 이 헬라어 성경을 영어로 번역한 것이 1611년 발행된 영국의 흠정역(King James Version)이다.[9] 최근의 한글 번역인 개정개역, 새번역, 공동번역도 동일하게 이 전통을 따라 수용 본문을 번역하였다. 한글 번역 성경 중에서 『표준 신약전서』만이 현재 사용되는 헬라어 본문(Nestle-Aland 27판)을 따라 번역되었다.[10]

'물의 움직임'은 이 못이 간헐천임을 암시해 준다. 물이 뿜어져 나올 때 가장 먼저 이 못에 들어가면 질병이 치료된다는 속설이 민간에 알려져 많은 병

---

[8] 알렉산드리아 사본(Codex Alexandrinus), 시내산 사본(Codex Sinaiticus), 바티칸 사본(Codex Vaticanus)에 관하여는 장동수, 『신약성경 사본과 정경』, 41-64; K. Aland and B. Aland, *Text of the New Testament*, 2-47을 참조하라.

[9] 그 후 1881년 Westcott와 Holt가 헬라어 성경을 편집했는데, 이것을 영어로 번역한 것이 Revised Version이다. 그러나 안타깝게도 큰 호응을 받지는 못했다. Erasmus의 헬라어 성경은 요한계시록 22:16-21을 라틴어에서 헬라어로 번역하여 누락된 본문을 복원했는데, 나중에 발견된 사본 중 그 어떤 헬라어 사본에서도 Erasmus의 번역과 동일한 헬라어 문장이 발견되지 않았다. 장동수, 『신약성경 사본과 정경』, 93; K. Aland and B. Aland, *Text of the New Testament*, 2-11을 보라.

[10] 『표준 신약전서』(서울: 생명의말씀사, 1983)를 보라. 한글 성경과 달리 대부분의 영어 번역본은 이 부분을 모두 생략한다. 참조. NRSV, REB, NAB, NJB의 해당 본문을 참조하라. 대부분의 주석가가 이 부분의 주석을 생략한다. 예를 들면, Carson, Beasley-Murray, Michaels, Moloney, Morris, Keener 등이다. Brown, Kruse, Haenchen, Schnackenburg 등은 이 부분을 간략하게 주석하면서 사본 문제를 설명한다.

자가 모여든 것이다. 이는 당시 베데스다 못을 매개로 하여 미신적 행위를 한 유대인들의 민속 신앙을 보여 준다(참조. 7절).

9.1.3. 38년 된 병자를 치유하신 예수(5:5-9)

⁵ 거기 서른여덟 해 된 병자가 있더라 ⁶ 예수께서 그 누운 것을 보시고 병이 벌써 오래 된 줄 아시고 이르시되 네가 낫고자 하느냐 ⁷ 병자가 대답하되 주여 물이 움직일 때에 나를 못에 넣어 주는 사람이 없어 내가 가는 동안에 다른 사람이 먼저 내려가나이다 ⁸ 예수께서 이르시되 일어나 네 자리를 들고 걸어가라 하시니 ⁹ 그 사람이 곧 나아서 자리를 들고 걸어가니라 이 날은 안식일이니

5절 이 사건의 핵심 인물인 38년 된 병자가 소개된다. 이 사람이 어떤 병을 앓고 있었는지는 알 수 없다. 다만 38년이나 앓고 있다는 저자의 설명이 이 병이 불치병임을 암시한다. 38년은 이스라엘 백성이 광야에서 생활한 기간과 같지만(참조. 신 2:14), 굳이 이 숫자를 상징적으로 해석할 이유는 없다.[11] 저자는 여기에서 이 사람이 오랫동안 병 때문에 고통당하며 살아왔음을 독자에게 전하려고 할 뿐이다. 이 병자는 베데스다 못 옆에서 다른 병자들과 함께 민간의 속설에 의지하여 그 못의 물이 용솟음칠 때를 기다리고 있었다.

6절 이 표적 사건을 주도적으로 이끌어 가시는 주인공 예수가 소개된다. 예수는 이 병자가 38년이라는 오랜 기간 동안 병을 앓아 왔음을 이미 알고 계신다. 이것은 예수의 초자연적 능력을 보여 준다(참조. 1:48; 4:18). 가나에서 일어났던 앞의 두 표적 사건과 달리 이 사건에서는 병자나 그와 관계된 그 누구의 요청이 없는 상태에서 오히려 예수께서 주도적으로 병자에게 접근하신다. 예

---

11 Brown, 『요한복음, I』, 541을 보라; 김문현은 38년을 이스라엘 백성의 광야 생활을 상징하는 것으로, 또한 3a절에 등장하는 많은 병자도 유대인들의 실상을 상징하는 것으로 해석할 수 있다는 가능성을 제시한다. 김문현, 『예수를 만난 사람들』, 157-77을 참조하라; 하지만 요한복음의 저자는 상징보다는 역사적 사건에 무게를 두고 있다.

수께서 그 사람의 어려운 형편을 아시고 먼저 찾아가 그의 필요를 채워 주고자 질문하신다.

7절 병자가 예수께 자신의 절망적인 상황을 설명할 뿐 치유를 요청하지는 않는다. 물이 솟아오를 때 가장 먼저 뛰어들고 싶지만 재빨리 움직일 수 없는 자신의 처지를 한탄한다. 이 병자는 치열한 생존 경쟁에서 결코 승리할 수 없다. 이 구절은 현재 헬라어 성경에 누락된 3b-4절의 내용을 충분히 보충해 준다. 3b-4절이 없어도 왜 많은 병자가 베데스다 못 주변에 모여 있었는지 그 이유를 이 병자의 대답을 통해서 확인할 수 있다.

8-9절 예수께서는 38년 된 병자의 믿음이나 요청에 전혀 상관없이 표적을 행하신다(참조. 막 2:1-5; 눅 22:49-51). 기적적인 치유에서 수혜자의 믿음이 항상 필수 조건은 아니다. 이 병자가 전혀 예상하지 않았는데 하나님의 은혜와 자비가 그에게 임한 것이다. '네 자리를 들고 걸어가라'라는 예수의 말씀이 이 병자에게 즉각적인 효과를 불러일으킨다. 저자가 이를 '곧'('유페오스', εὐθέως) 나아서'라고 표현한다. 공관복음과 사도행전에도 자주 나오는 표현이다. 병자가 들고 걸어간 '자리'('크라바토스', κράβαττος)는 가난한 자들이 덮고 자던 침구를 뜻한다(참조. BDAG, 563). 예수께서 38년 된 병자에게 치유 이적을 베푸신 날은 안식일이었다.

9.1.4. 유대인들의 안식일 논쟁(5:10-15)

[10] 유대인들이 병 나은 사람에게 이르되 안식일인데 네가 자리를 들고 가는 것이 옳지 아니하니라 [11] 대답하되 나를 낫게 한 그가 자리를 들고 걸어가라 하더라 하니 [12] 그들이 묻되 너에게 자리를 들고 걸어가라 한 사람이 누구냐 하되 [13] 고침을 받은 사람은 그가 누구인지 알지 못하니 이는 거기 사람이 많으므로 예수께서 이미 피하셨음이라 [14] 그 후에 예수께서 성전에서 그 사람을 만나 이르시되 보라 네가 나았으니 더 심한 것이 생기지 않게 다시는 죄를 범하지 말라 하시니 [15] 그 사람이 유대인들에게 가

서 자기를 고친 이는 예수라 하니라

10절 이 표적 사건이 안식일에 일어났고, 병자가 자리를 들고 걸어갔기 때문에 유대인들이 이 사람에게 율법을 범하였다고 지적한다. 당시 규정에 의하면 안식일에는 물건을 나르는 것이 금지되어 있었다. 유대인들은 안식일에 노동하는 것을 금하였는데 이를 39가지로 구분하였다(참조. 렘 17:21-22; Mishnah, *Sabbath* 7:2).[12] 유대인들이 불치의 병에서 치유되어 새로운 인생을 살게 된 사람에게 기쁨과 축하의 인사를 건네지 않고 안식일 규정을 어긴 것에만 초점을 맞추어 이 사람을 정죄하고 있다. 이 과격한 반응을 오늘날에도 교회에서 흔히 볼 수 있다. 죽은 문자와 같은 율법과 명분을 하나님의 섭리와 사랑보다 앞세우고, 교회의 관행과 관습이 성경의 말씀과 믿음보다 더 우월하다고 주장하는 이들이 얼마나 많은가?

11-12절 치유받은 병자가 유대인들에게 지적을 당하자 위기를 모면하려고 예수를 비난하면서 그 규정 위반의 책임을 예수에게 전가한다. 유대인들이 병자에게 너를 치유해 준 사람이 누구냐고 묻는다. 범법자를 찾아내어 처벌하기 위해서이다. 사람은 누구나 위기에 처하면 믿음과 의지로 당당히 맞서기보다 남에게 책임을 전가하거나 다른 핑계를 대기 쉽다.

---

12 Mishnah, *Sabbath* 7:2에 언급된 안식일 노동 금지 규정 39개 조항은 다음과 같다. (1) 씨 뿌리기[Neusner의 첫째 목록 sew는 sow의 오기이다.], (2) 쟁기질, (3) 추수, (4) [추수]단을 묶는 일, (5) 타작하는 일, (6) [곡식] 키질하는 일, (7) 수확물을 고르는 일, (8) 곡식을 빻는 일, (9) 체로 치는 일, (10) 반죽하는 일, (11) 빵 굽는 일, (12) 양털 깎는 일, (13) 양털 세탁하는 일, (14) 양털 두드리는 일, (15) 양털 염색하는 일, (16) 실을 잣는 일, (17) 천을 짜는 일, (18) 고리 둘을 만드는 일, (19) 실로 천을 짜는 일, (20) 천을 둘로 분리하는 일, (21) 묶는 일, (22) 묶인 것을 푸는 일, (23) 두 땀 바느질을 하는 일, (24) 두 땀 바느질을 위하여 [바느질한 것을] 뜯어내는 일, (25) 사슴의 덫을 놓는 일, (26) 사슴을 도살하는 일, (27) 사슴의 가죽을 벗기는 일, (28) 사슴을 염장하는 일, (29) 사슴을 염장하여 덮어 놓는 일, (30) 사슴 가죽을 긁는 일, (31) 사슴 가죽을 자르는 일, (32) 두 글자를 기록하는 일, (33) 두 글자를 쓰기 위하여 두 글자를 지우는 일, (34) 집을 짓는 일, (35) 집을 부수는 일, (36) 불을 끄는 일, (37) 불을 피우는 일, (38) 망치로 두드리는 일, (39) 물건을 나르는 일이다. Danby, *Mishnah*, 106; Neusner, *Mishnah*, 187-88을 참조하라.

13절 이 구절은 저자의 설명적 주석이다. 병자는 예수의 말씀 한마디로 치유의 기적을 체험했지만 자신을 고쳐 준 사람이 누구인지 전혀 알지 못한다. 예수께서 기적을 베푸신 후 바로 그 자리를 떠나셨기에 병자가 확인할 틈이 없었다. 사실 병자는 예수가 누구인지 처음부터 인식하지 못했다. 이는 마치 구원의 은혜를 체험했지만 정작 구원을 베풀어 주신 예수는 모르는 현대인들의 모습과도 유사하다.

14절 예수께서 성전에서 38년 된 병자를 다시 만난 것은 예수의 초자연적 능력을 보여 주는 사건이다. 그때는 유대인의 명절이라 성전에 사람들이 가득했기에 특정한 사람을 쉽게 만날 수 있는 상황이 아니었다. 예수께서는 그에게 '더 심한 것이 생기지 않게 다시는 죄를 범하지 말라'라고 말씀하신다. 이 말씀에서 어떤 특별한 죄를 언급하지는 않으신다. 더욱이 병과 죄의 인과 관계를 암시하지도 않으신다. 요한복음의 저자는 질병과 죄의 직접적인 인과 관계에 대해 의견을 내세우지 않는다(참조. 9:1-3; 11:4).

이 말씀은 병자에게 주는 경고이다. 경고하신 이유를 두 가지로 살펴볼 수 있다. 첫째, 그 사람이 계속 안식일 노동 금지 규정을 위반했기 때문이다. 둘째, 그 병자가 예수를 유대인에게 고발할 것이기 때문이다. 다시 말해서, 예수의 경고는 육적 치유가 영적 치유를 보장하지 않음을 나타낸다(참조. 3:6; 6:63). 예수께서는 이 사람이 영생과 심판 사이에서 심판을 받지 않도록 미리 경고하신 것이다(참조. 3:18-21). 어떤 신비한 체험이나 치유의 기적을 경험했더라도 그것이 영혼 구원과 영생을 보장해 주지는 않는다.

15절 '그 사람이 유대인들에게 가서 자기를 고친 이는 예수라 하니라'에서 헬라어 동사 '아낭겔로'(ἀναγγέλλω)는 구체적인 정보를 제공하여 고발한다는 뜻이다(참조. 막 5:14; 마 28:11; 행 14:27; 19:18; BDAG, 59). 이 병자는 예수와 유대인들이 적대적 관계에 있음을 인식했다. 유대인들이 안식일 규정을 위반한 예수의 정체를 알기 원했기 때문이다(11절). 결국 이 병자는 육체의 질병을 치유받았지만, 하나님의 아들이신 메시아 예수를 믿고 영생을 얻을 기회는 놓쳤다.

예수께서 베풀어 주신 기적을 체험한 이 병자는 요한복음에 나오는 여섯 표적 사건 인물 중 유일하게 예수를 고발한 사람이다.[13]

9.1.5. 예수를 핍박하는 유대인들(5:16-18)

[16] 그러므로 안식일에 이러한 일을 행하신다 하여 유대인들이 예수를 박해하게 된지라 [17] 예수께서 그들에게 이르시되 내 아버지께서 이제까지 일하시니 나도 일한다 하시매 [18] 유대인들이 이로 말미암아 더욱 예수를 죽이고자 하니 이는 안식일을 범할 뿐만 아니라 하나님을 자기의 친 아버지라 하여 자기를 하나님과 동등으로 삼으심이러라

16절 유대인들이 예수를 핍박하게 된 직접적인 동기는 안식일 규정 위반이었다. 그들은 예수가 병자를 안식일에 고쳐 주었고 그에게 자리를 들고 걸어가게 한 것을 문제 삼았다. 이제 유대인들이 예수를 범법자로 여기고 그를 박해하기 시작한다. '박해하다'의 '디오코'(διώκω)는 미완료 시제이므로 예수를 향한 박해가 일회성이 아니라 계속되었음을 나타낸다. '디오코'는 "어떤 목표물을 향해서 전력을 다해 전속력으로 질주하는 행동"(BDAG, 254)을 말한다. 마치 사냥개가 토끼를 잡으려고 전력을 다해 쫓아가는 것과 같다. 이 박해가 점차 강도가 높아지면서 예수를 죽음의 자리로까지 몰아간다. 안식일 노동 금지 규정을 위반한 것은 병에서 치유받은 후 자기 자리를 들고 다닌 사람이지만 유대인들은 예수를 핍박한다.

17절 예수께서 자기를 핍박하는 유대인들에게 '내 아버지께서 이제까지 일하시니 나도 일한다'라고 대답하신다. 이 대답의 배경은 창세기 2:1-3이다. 창세기 본문은 하나님이 창조 사역을 마치신 후 안식하신 내용으로, 하나님께서 지금도 세상을 다스리시고 섭리하심을 알려 준다. 안식일에 사람이 죽고

---

13 요한복음에 나오는 여섯 표적에 대해서는 조석민, 『요한복음의 새관점』, 99-120을 참조하라.

태어난다는 것은 하나님께서 안식일에도 계속 일하신다는 증거이다. 하나님께는 안식일 노동 금지 규정이 적용되지 않는다. 즉 하나님께서 안식일에 물건을 옮기셔도 그것이 죄가 되지는 않는다. 왜냐하면 모든 창조는 하나님의 집과 같으며, 그 하나님의 집 안에서는 안에서 밖으로, 또는 밖에서 안으로 물건을 옮기거나 나르는 것이 아니기 때문이다.[14] 하나님은 예수의 사역을 통해서 계속해서 일하신다(참조. 10:32, 37; 14:10). 예수께서는 이것이 규정 위반이 아님을 다음 단락에서 더 구체적으로 제시하신다.

18절 유대인들이 예수의 말을 잘 이해했다. 그들은 예수가 분명히 안식일 규정을 위반했고, 게다가 하나님을 자신의 아버지라고 하여 하나님과 자신을 동등하게 여겼다고 주장한다(참조. 1:1). 격분한 그들은 예수가 신성모독죄를 범했다고 단정하고 그를 죽이려고 작정한다.

설교자를 위한 적용(5:1-18)

●● 우리 곁에 찾아오시는 예수를 인식하는 것이 은혜이며 복이다. 베데스다 못가에 모인 많은 병자는 민간 속설만 믿고 의지할 뿐 예수를 인식하지도 의지하지도 않았다. 자신이 의지하고 있는 신념과 소망을 버리지 않고 그 속에서 자신의 욕망을 채우려고 발버둥치는 인간들의 모습이다. 예수가 메시아이며 하나님의 아들이심을 깨닫고 믿으려면 자신이 지금까지 신뢰하고 있었던 것들을 내려놓아야 한다. 인간은 어리석게도 자신이 신뢰하는 방법으로 문제를 해결하려고 애쓰다가 결국 실패한 후에야 자기 잘못을 깨닫는다. 세상의 헛된 욕망에 사로잡혀 눈이 어두워지면 영적 세계가 보이지 않는 법이다. 38년 된 병자 역시 스스로 움직일 수도 없는 상태였지만 헛된 욕망에 사로잡혀 그 자리를 떠나지 못했다. 하지만 예수께서는 그를 찾아가 치유의 기적을

---

14 Carson, 『요한복음』, 445-47; Brown, 『요한복음, I』, 557-59을 참조하라.

선물로 베푸셨다.

기적을 체험했다고 해서 영생을 보장받는 것은 아니다. 육적 치유가 영적 치유로 이어지지는 않는다. 38년 된 병자는 예수께 치유받았지만 예수가 누구인지 정확히 알지 못했다. 예수께서 베푸신 기적을 체험했지만 그분을 믿고 따르지 않았으며, 오히려 안식일 규정을 위반하도록 만든 자라고 예수를 고발했다. 안식일의 주인이신 예수를 하나님의 아들로 믿는다는 것은 기적 체험만으로는 충분하지 않다. 예수를 믿는다는 것은 삶의 모든 영역에서 그분을 전적으로 의지하고 신뢰하며 따라가는 것이다. 그분의 삶의 방식과 가치관을 배워서 이 세상에서 예수처럼 살아가는 것이다. 우리가 성경 말씀을 읽고 연구하며 묵상하는 것은 예수의 삶의 방식과 가치관을 배우기 위함이다. ●●

9.2. 영생과 심판을 선언하시는 예수(5:19-29)

이 단락은 예수께서 38년 된 병자를 안식일에 치유하신 사건의 연장이다. 예수께서는 유대인들과 안식일에 대하여 논쟁을 벌이시면서, 안식일에도 병자를 고쳐 주신 이유를 접속사 '가르'(γάρ, '왜냐하면')를 네 번 사용하여 구체적으로 설명하신다(참조. 19, 20, 21, 22절). 그리고 자신이 최고의 재판관으로서 죽은 자를 심판하여 생명의 부활과 심판의 부활에 이르게 할 것이라고 예언하신다. 구약성경에서는 죽은 자를 살리고 심판하는 권세는 오직 하나님만 가지신 신적 특권이라고 설명한다(참조. 삼상 2:6; 신 39:32; 왕하 5:7). 하지만 예수께서는 자신이 그 권세를 가지고 있는데 이는 아버지 하나님께로부터 부여받았다고 하신다. 고대 유대교에서는 의로운 자와 불의한 자가 최후의 심판을 받기 위하여 마지막 날에 모두 부활한다고 가르쳤다.[15]

이 단락은 아들에게 맡기신 심판의 권세에 대한 선언과(5:19-23) 영생과 심판에 대한 내용으로(5:24-29) 나뉜다.

15　Carson, 『요한복음』, 466-67을 참조하라.

9.2.1. 아들에게 맡기신 심판의 권세(5:19-23)

¹⁹ 그러므로 예수께서 그들에게 이르시되 내가 진실로 진실로 너희에게 이르노니 아들이 아버지께서 하시는 일을 보지 않고는 아무 것도 스스로 할 수 없나니 아버지께서 행하시는 그것을 아들도 그와 같이 행하느니라 ²⁰ 아버지께서 아들을 사랑하사 자기가 행하시는 것을 다 아들에게 보이시고 또 그보다 더 큰 일을 보이사 너희로 놀랍게 여기게 하시리라 ²¹ 아버지께서 죽은 자들을 일으켜 살리심 같이 아들도 자기가 원하는 자들을 살리느니라 ²² 아버지께서 아무도 심판하지 아니하시고 심판을 다 아들에게 맡기셨으니 ²³ 이는 모든 사람으로 아버지를 공경하는 것 같이 아들을 공경하게 하려 하심이라 아들을 공경하지 아니하는 자는 그를 보내신 아버지도 공경하지 아니하느니라

19절 접속사 '그러므로'('운', οὖν)는 이 단락이 앞 단락과 내용상 긴밀하게 연결됨을 알려 준다. '진실로 진실로'('아멘 아멘', ἀμὴν ἀμήν)라는 이중 아멘에 대해서는 본서의 1:51 주석에서 자세히 설명하였다. '아들이 아버지께서 하시는 일을 보지 않고는 아무 것도 스스로 할 수 없나니 아버지께서 행하시는 그것을 아들도 그와 같이 행하느니라'라고 말씀하신 것은 예수께서 하나님과 자신을 아버지와 아들의 관계로 비유하여 홀로 활동하지 않으심을 역설한 것으로, 의지의 종속을 의미한다. 이것은 당시 문화와 사회 풍습이 반영된 표현이다. 스승의 일을 그대로 보고 배우는 도제의 모습에 하나님과 예수 자신을 비유한 것이다.[16] 도제는 스승에게 전수받은 비법을 그대로 재현해야 할 책임이 있다. 요한복음에는 이와 같은 사상이 자주 나온다(참조. 5:30; 7:16-18, 28; 8:28, 42; 12:49; 14:10). 이는 예수가 하나님 아버지께 전적으로 의존되어 있음을 보여 준다.

이 구절에서 접속사 '가르'(γάρ, '왜냐하면')가 사용되면서 '내 아버지께서 이제까지 일하시니 나도 일한다'(17절)라고 예수께서 말씀하신 첫 번째 이유가

---

16 Kruse, 『요한복음』, 226; Carson, 『요한복음』, 451-52을 참조하라.

제시된다. 아들 예수가 행하는 모든 일은 아버지 하나님이 행하시는 모든 일과 동일하므로 아들이 독자적으로 어떤 일을 하는 것은 불가능하다. 그러므로 38년 된 병자를 안식일에 고쳐 주신 일은 예수가 혼자 결정하고 행한 일이 아니라, 아버지 하나님께서 행하신 일이라는 것이다. 이는 예수 자신이 하나님이라고 간접적으로 선언하신 것이다.[17] "왜냐하면 아버지가 행하는 것을 보고 그대로 행할 수 있는 분은 오직 아버지처럼 큰 이일 수밖에 없고 아버지처럼 하나님일 수밖에 없기 때문이다."[18] 유대인들은 하나님을 자기의 친아버지라고 하면서 자신과 하나님을 동등하게 여긴 예수에게 신성모독의 죄목을 붙여 예수를 죽이려고 한다(참조. 18절).

20절 예수께서 '가르'(γάρ)를 또 사용하셔서, 아들이 아버지가 행하는 일을 할 수 있다는 두 번째 근거를 제시하신다. 하나님 아버지께서 아들 예수를 사랑하셔서 자신의 일을 모두 아들에게 보여 주시기 때문이라고 하신다. 아버지와 아들 사이의 친밀한 사랑의 관계를 보여 주는 대답이다. 아들도 아버지께 완전히 복종함으로써 아버지를 사랑한다. 이 사랑의 관계에서는 어떤 비밀도 존재할 수 없다. 두 분이 모든 것을 공유하신다. 그리고 아버지는 아들을 위하여 '더 큰 일'을 계획하고 계신다. 지금까지 예수가 행하신 표적들보다 더 큰 일이 일어날 것에 대한 암시이다(참조. 1:50). '더 큰 일'에서 '일'이 헬라어 성경에서는 '일들'('엘가', ἔργα)이라는 복수로 표현된다. 그 일들이 21-22절에서 설명된다. 요약하면, 예수께서 죽은 자를 살리시고, 아버지께서 심판을 다 아들에게 맡기신다는 내용이다.[19] 아버지에 대한 아들의 태도도 놀랍지만 아들에 대한 아버지의 태도 역시 범상하지 않다. 아버지께서 계획하신 '더 큰 일'은 궁극적으로는 예수의 부활 사건을 뜻한다.

---

17 Michaels, *John*, 307-310을 참조하라.
18 Carson, 『요한복음』, 454.
19 Morris, *John*, 278; Michaels, *John*, 307-310; Carson, 『요한복음』, 454-56을 참조하라.

21절 '내 아버지께서 이제까지 일하시니 나도 일한다'의 세 번째 이유가 '가르'(γάρ)를 통해 제시된다. 죽은 자들을 일으키시고 그들에게 생명을 주시는 권세가 하나님께 있듯이 예수에게도 동일한 권세가 있기 때문이다. 구약성경에서는 이 권세가 오직 하나님께만 속한 특별한 권세라고 밝힌다(참조. "여호와는 죽이기도 하시고 살리기도 하시며 스올에 내리게도 하시고 거기에서 올리기도 하시는도다"[삼상 2:6]; "이제는 나 곧 내가 그인 줄 알라 나 외에는 신이 없도다 나는 죽이기도 하며 살리기도 하며 상하게도 하며 낫게도 하나니 내 손에서 능히 빼앗을 자가 없도다"[신 39:32]; "내가 사람을 죽이고 살리는 하나님이냐"[왕하 5:7]). 하지만 예수는 자기에게도 그 권세가 있다고 한다. 예수의 권세에 대한 설명은 하나님과 똑같이 자기가 원하는 자들을 살릴 수 있다. 이 권세에 대한 설명은 후에 나사로를 살려 낼 사건을 암시하고 예언해 준다. 그 사건에서 이 예언이 구체적으로 성취된다(참조. 11:1-44).

22절 네 번째 '가르'(γάρ)가 사용되는 구절이다. 아들은 죽은 자를 살리는 권세뿐 아니라 마지막 날에 심판하는 권세도 아버지와 동일하게 가지고 있다. 그래서 유대인들에게 '내 아버지께서 이제까지 일하시니 나도 일한다'라고 대답할 수 있었던 것이다.[20] '심판을 다 아들에게 맡기셨으니'는 심판이 본질적으로 하나님께 속했지만(참조. 8:50) 그 권한을 아들 예수에게 모두 맡기셨다는 의미이다. 아들은 아버지와 동일한 지위와 권세로 세상을 다스리며, 마지막 날에는 죽은 자를 일으켜 다 심판할 것이다.

23절 아버지가 아들에게 심판의 권세를 다 맡기신 이유가 나온다. 모든 사람이 아버지를 공경하듯이, 아들도 공경하게 하시려는 것이다. '공경하다'의 '티마오'(τιμάω)는 진심을 담아 영접하고 환영하며 존경하고 높이는 것을 말한다(참조. BDAG, 1004-1005). 이 동사의 동족어인 여성 명사 '티메'(τιμή)의 목적격이 '선지자가 고향에서는 높임('티멘', τιμήν)을 받지 못한다'(4:44)에서 사용되었다.

---

[20] Michaels, *John*, 312-14; Carson, 『요한복음』, 458-60을 참조하라.

아버지를 공경하는 것은 하나님을 높이는 것이다. 아들을 존경하지 않는 사람은 그를 보내신 아버지도 공경하지 않는다. 결국 아들을 높이는 것이 곧 아버지를 존경하는 것이며, 아들을 공경하지 않는 것은 아버지를 높이지 않는 것이 된다.

9.2.2. 영생과 심판(5:24-29)

²⁴ 내가 진실로 진실로 너희에게 이르노니 내 말을 듣고 또 나 보내신 이를 믿는 자는 영생을 얻었고 심판에 이르지 아니하나니 사망에서 생명으로 옮겼느니라 ²⁵ 진실로 진실로 너희에게 이르노니 죽은 자들이 하나님의 아들의 음성을 들을 때가 오나니 곧 이 때라 듣는 자는 살아나리라 ²⁶ 아버지께서 자기 속에 생명이 있음 같이 아들에게도 생명을 주어 그 속에 있게 하셨고 ²⁷ 또 인자됨으로 말미암아 심판하는 권한을 주셨느니라 ²⁸ 이를 놀랍게 여기지 말라 무덤 속에 있는 자가 다 그의 음성을 들을 때가 오나니 ²⁹ 선한 일을 행한 자는 생명의 부활로, 악한 일을 행한 자는 심판의 부활로 나오리라

24절 예수께서 영생과 심판을 선언하신다. '내 말을 듣고 또 나 보내신 이를 믿는 자는 영생을 얻었고 심판에 이르지 아니하나니'는 미래가 아니라 현재에 이미 영생을 얻었고 심판에 이르지 않는다는 뜻이다. 하지만 조건이 있다. 예수의 말씀을 듣고 그를 보내신 하나님을 믿는 것이다. 마치 하나님께서 아들을 전권대사로 파송하신 것 같다. 그 대사의 말을 듣고 믿는 것이 바로 아버지의 말씀을 듣고 믿는 것이다. 그러므로 아들을 믿는 것과 아버지를 믿는 것은 동일한 믿음이다.

'[그 사람이] 영생을 얻었고'('에케이 조엔 아이오니온', ἔχει ζωὴν αἰώνιον)에서 '에케이'는 현재형으로 쓰여, 영원한 생명을 현재 소유하고 있다는 뜻이다. 또한 '사망에서 생명으로 옮겼다'('메타베베켄 에크 투 따나투 에이스 텐 조엔', μεταβέβηκεν ἐκ τοῦ θανάτου εἰς τὴν ζωήν)에서 '메타베베켄'은 '메타바이노'(μεταβαίνω) 동사의 완료형으로, '어떤 장소에서 다른 장소로 이동하다' 또는 '어떤 상태나 조건에서 다른 상태로 변화되다'라는 뜻이다(참조. BDAG, 638).

예수께서는 영생과 심판을 미래에 이루어질 어떤 상태나 조건의 변화, 또는 장소의 이동으로 보지 않으시고 현재 누리는 상태, 그리고 이미 장소가 이동된 모습으로 선언하신다. 요한복음에서는 이렇게 실현된 종말론을 강조한다. 그리스도인은 죽어서 천국에 가고 영원한 생명을 얻으려고 예수를 믿는 것이 아니다. 그리스도인은 현재 영생을 소유하고 누리는 변화된 신분으로 이 땅에서 살아가는 존재이다.

25절 예수께서 매우 중요한 선언을 할 때 사용하시는 표현인 '진실로 진실로'가 다시 등장한다. 이 구절에서도 실현된 종말론을 설명한다. "죽은 자들이 하나님의 아들의 음성을 들을 때가 오나니 곧 이 때라 듣는 자는 살아나리라." 여기서 '죽은 자'란 영적으로 죽은 자와 육체적으로 죽은 자를 다 가리킨다(참조. 엡 2:1).[21] '듣는 자'는 죽은 자들 가운데 듣고 있는 자들을 가리킨다. '듣는 자는 살아나리라'는 미래에 임할 심판을 암시한다. 이 선언은 아들 예수의 음성을 듣고 살아난 나사로 사건을 직접적으로 떠올리게 한다(참조. 11:43-44). 요한복음에서 나사로 사건은 실현된 미래의 종말론적 사건이다.

'이미' 심판의 결과가 주어졌지만 미래의 심판이 '아직' 남겨져 있다. 이는 '이미와 아직'의 구조 속에서 현재와 미래가 밀접하게 연결되어 있음을 나타낸다. 믿음의 밭에서는 오늘을 심어 미래를 거둔다. 그리스도인들은 이 땅에서 영생을 누리며 살아가면서 역사의 종말에 있을 미래의 심판을 준비해야 한다.

26-27절 접속사 '가르'(γάρ)를 사용하여, 아들 예수가 어떻게 하나님의 심판을 수행하고 부활 생명을 만들어 낼 수 있는지를 설명한다. 아버지가 아들에게도 생명을 주셔서 아들 속에도 생명이 있게 했기 때문이다.[22] '아버지께서

---

21 Brown, 『요한복음, I』, 554. Brown은 '죽은 자'를 영적으로 죽은 자로 이해한다. 하지만 '죽은 자'라는 표현은 영적 및 육체적으로 죽은 자 모두를 의미할 수 있다.
22 Carson, 『요한복음』, 463-64을 참조하라.

자기 속에 생명이 있음 같이'란 하나님 아버지가 생명의 근원이며 본질 자체임을 나타낸다. 그러므로 그 아들 예수 안에서 생명을 얻은 자들은 하나님 아버지가 주시는 생명을 담지한 자들이다.

생명의 근원이신 아버지께서 그 아들 예수에게 심판하는 권한을 주신다. 그 아들 예수가 '인자'이기 때문이다(참조. 1:51). 요한복음에서는 예수를 자주 '인자'('휘오스 안뜨로푸', υἱὸς ἀνθρώπου)로 묘사한다.[23] 묵시 문학의 종말론적 예언에서 인자는 최고의 재판관 역할을 수행한다(참조. 단 7:13; 에녹서 49:27). 다니엘 7:13-14를 보면, 인자가 모든 민족과 백성을 다스리는 권세와 영광과 왕권을 받는다. 모든 인류와 세계를 다스릴 권세를 소유한 다니엘서의 인자와 요한복음의 인자는 매우 유사한 모습이다(참조. 13:3; 17:2). 요한복음에서는 대부분 예수의 고난과 죽음을 말하는 단락에서 '인자'라는 표현이 사용된다. 즉, 예수께서 십자가에서 고난당하고 죽으심으로써 아버지의 일을 완성하고, 아들을 믿는 모든 자에게 영생을 주심으로써 아들에게로 이끄신다는 내용에서 '인자'가 사용된다. 본문에서 '인자'는 예수의 자기표현으로, 심판자의 역할을 암시한다.

28-29절 '무덤 속에 있는 자가 다 그의 음성을 들을 때가 오나니'와 25절의 '죽은 자들이 하나님의 아들의 음성을 들을 때가 오나니'가 완전히 일치한다. 앞에서는 '영생'이 현재의 사건으로 그려졌다면 이 구절에서는 심판이 미래의 사건으로 언급된다. 무덤 속에 있는 자가 그분의 음성을 듣는 때가 바로 심판의 때이다. 그때가 되면 '선한 일을 행한 자는 생명의 부활로, 악한 일을 행한 자는 심판의 부활로' 나온다. 영생을 얻고 심판을 받는 것이 사람의 윤리적·도덕적인 선행에 따라 결정된다는 말이 아니다. 영생과 심판은 윤리적·도덕적인 개념이 아니라 신학적 개념이다. '선한 일을 행한 자'란 예수 그리스

---

[23] 요한복음에서 이곳에서만 '휘오스 안뜨로푸'(υἱὸς ἀνθρώπου)의 두 명사에 관사가 사용되지 않았다. 그래서 이 표현을 단순히 '사람'이나 '인간'으로 보기도 한다. Brown, 『요한복음, I』, 555; Carson, 『요한복음』, 464; Michaels, *John*, 319-20을 참조하라.

도를 믿고 그 믿음대로 실천하며 살아가는 사람을 가리킨다. 또한 예수 그리스도의 십자가 보혈을 통해 모든 죄를 용서받은 사람이다. 이들은 자신이 행한 선한 일이 하나님으로 말미암아 이루어졌음을 분명히 드러내기 위해 빛으로 나온다(참조. 3:21). '악한 일을 행한 자'는 근본적으로 예수를 믿지 않은 사람을 뜻한다. 그들은 아버지께서 보내신 자를 믿지 않았다. 그리고 자신들의 행위가 악하므로 빛보다 어둠을 더 사랑한다(참조. 3:19).[24]

예수께서 마지막에 있을 심판을 언급하시면서 그때에는 신자와 불신자가 모두 부활할 것임을 암시하신다(참조. 단 12:2; 사 26:19; 호 13:14). 심판의 초점이 부활에 있다. 그 부활이 생명의 부활과 심판의 부활로 나뉜다(참조. 계 20:12-15). 이는 행위 심판을 암시한다. 행위 심판이란 역사의 종말에 자신의 행위에 따라 하나님 앞에서 심판이나 보상을 받는다는 사상이다(참조. 롬 2:6-8; 마 25:31-46). 이때 보상은 단순히 인간의 행위 결과가 아니라 하나님의 선물이다.

설교자를 위한 적용(5:19-29)

●● 마지막 때에 그리스도인은 자신의 윤리적·도덕적 행위를 근거로 심판을 받는다. 그리스도인의 윤리적·도덕적 행위의 기준은 하나님의 말씀에서 교훈하는 삶의 원리들이다. 성경이 가르치는 삶의 원리는 일반 상식을 초월하거나 그 상식을 무시하지 않는다. 그리스도인이 세상에서 상식적인 사람으로 행동해야 하는 이유가 바로 이것이다. 그리스도인은 자신의 행위가 하나님 앞에서 심판의 근거가 된다는 사실을 잘 알고 있다. 그래서 지혜로운 사람은 작은 행동 하나, 말 한마디에도 신중을 기하며 믿음의 삶을 살아간다. 그리스도인의 삶이란 세상에서 하나님이 지으신 선한 인간으로서 하나님을 경배하며 살아가는 것이다.

그리스도인의 믿음은 현실의 삶 속에서 구체적으로 드러나야 한다. 예배당

---

24 Michaels, *John*, 320-23을 참조하라.

안에서만 '믿습니다'를 외치는 종교적인 모습이 믿음일 수 없다. 예수를 믿는다는 것은 예수의 말씀을 듣고 일상에서 정직하게 그 말씀을 실천하는 행위이다. 그리스도인은 실천적인 믿음을 통해 하나님의 통치를 받으며 날마다 예수를 닮아 간다. 이렇게 일상의 삶과 예수에 대한 믿음은 서로 밀접하게 연결되어 있다. 그리스도인은 일상생활 자체가 하나님 앞에서 정직한 일기장이 되도록 행동과 언어를 다스려야 한다. 그리스도인의 행동과 언어는 일반인들과 차이가 나거나 특별하지는 않지만 성경의 세계관과 가치관이 반영되어 나타난다.

오늘날 생명과 부활의 심판을 올바로 인식하고 살아간다는 것은 기독교인으로서 매우 중요한 일이다. 생명과 부활의 심판은 윤리적·도덕적인 개념이 아니라 신학적인 개념으로, 하나님께 속한 주권적 섭리의 결과이다. 윤리적·도덕적인 선행에 따라 영생과 심판이 결정되는 것은 아니지만, 그리스도인은 윤리적·도덕적으로 올바른 삶을 살아야 할 의무가 있는 사람들이다. 의무에는 반드시 책임이 따르며 그 책임의 결과는 아무도 피할 수 없다. 하나님을 아는 지식, 그리고 그 지식을 현재의 삶에서 실천하는 믿음이 그 사람의 미래를 결정한다. 본문에서 '선한 일'이란 예수를 그리스도로 믿고 그 신앙을 가지고 살아가는 것을 가리키고, '악한 일'이란 예수를 믿지 않은 채 스스로의 세계관 속에서 살아가는 것을 가리킨다. ●●

9.3. 하나님의 아들 예수의 심판 권세(5:30-47)

예수와 유대인들 사이의 마지막 논쟁 부분이다. 이 단락은 내용에 따라 다섯 부분으로 나눌 수 있다. 첫째, 서론: 참된 증인(5:30-32), 둘째, 세례자 요한의 증언(5:33-35), 셋째, 예수의 사역과 하나님의 증언(5:36-38), 넷째, 구약성경의 증언(5:39-44), 다섯째, 결론: 모세의 증언(5:45-47)이다. 이 단락에서 예수는 심판자로서의 자신의 권세를 선언하시고 자신에 대한 증언을 제시하신다. 그리고 스스로 증언하지 않고 자신에 대한 객관적 증인으로 세례자 요한과 하나님²⁵을 세우고, 객관적 증거로 구약성경과 모세의 기록을 제시하신다.

9.3.1. 참된 증인(5:30-32)

³⁰ 내가 아무 것도 스스로 할 수 없노라 듣는 대로 심판하노니 나는 나의 뜻대로 하려 하지 않고 나를 보내신 이의 뜻대로 하려 하므로 내 심판은 의로우니라 ³¹ 내가 만일 나를 위하여 증언하면 내 증언은 참되지 아니하되 ³² 나를 위하여 증언하시는 이가 따로 있으니 나를 위하여 증언하시는 그 증언이 참인 줄 아노라

30절 아버지와 아들의 연합과 소통이 계속 선언된다. 예수는 심판도 자기를 보내신 자 곧 하나님 아버지의 뜻대로 시행한다. '내가 아무것도 스스로 할 수 없다'는 것은 모든 일에 전적으로 하나님을 의존하고 있다는 뜻이다. 안식일 논쟁의 시작 부분을 기억나게 하는 표현이다(참조. "아들이 아버지께서 하시는 일을 보지 않고는 아무 것도 스스로 할 수 없나니"[19절]). 이 말씀은 예수의 아들로서의 능력 문제가 아니라, 아들과 아버지 간의 의지와 사랑과 복종의 관계를 나타내는 삼위일체의 신비를 설명해 준다. 심판하는 권세는 아버지께로부터 아들이 위임받은 것인데 아버지의 뜻대로 하기 때문에 사사로운 판단이 개입될 수 없다. 즉 예수가 심판을 시행하지만 아버지의 뜻대로 하기 때문에 의로운 심판이 될 수밖에 없다는 뜻이다.

31절 일반적으로, 어떤 사람이 자신을 위하여 증언하는 것은 법적 효력이 없다. 이런 증언은 참된 증언이 아니다. 예수께서 자신에 대한 증언을 언급하면서 사용하신 '참된'('알레떼스', ἀληθής)은 '유효한'이라는 뜻이다. 이 단어가 법률 용어로 사용되면 증거의 능력을 나타낸다. 증언의 효력은 진실함에 있다. 진

---

25 예수가 구약성경의 원리를 인용하여 증인의 법적 유효 숫자를 제시하신다. 유대인의 율법에 의하면, 사형에 해당하는 형사 사건에서 유죄를 입증하려면 두 명의 증인이 필요했다(참조. 신 17:6; 19:15).

실함은 객관성과 합리성이 담보되었을 때 그 효과가 극대화된다.

32절 '증언하시는 이가 따로 있으니 … 그 증언이 참인 줄 아노라'는 예수에 대한 증인이 있는데 그 증인의 증언이 참되다는 뜻이다. 그래서 예수는 스스로를 증언하지 않으신다. 이 구절에서는 그 증인이 누구인지 아직 구체적으로 밝히지 않으신다.

9.3.2. 세례자 요한의 증언(5:33-35)

[33] 너희가 요한에게 사람을 보내매 요한이 진리에 대하여 증언하였느니라 [34] 그러나 나는 사람에게서 증언을 취하지 아니하노라 다만 이 말을 하는 것은 너희로 구원을 받게 하려 함이니라 [35] 요한은 켜서 비추이는 등불이라 너희가 한때 그 빛에 즐거이 있기를 원하였거니와

33절 유대인들이 세례자 요한에게 사람을 보냈었다(참조. 1:19-28). 세례자 요한은 자신이 그리스도가 아니고 자기 뒤에 오실 분이 그리스도라고 증언했다. 세례자 요한의 역할은 진리이신 예수를 합리적이며 객관적으로 증언하는 증인이다. 세례자 요한은 그 역할을 잊지 않고 충실히 증인의 임무를 수행했다. 하나님의 말씀 사역자는 예수의 증인 역할을 수행하고 있다는 사실을 명심해야 한다.

34절 예수에게는 확실하고 완전한 증인이 있었기에 자신의 말을 인정받기 위하여 인간의 어떤 증언이 필요하지 않았다. 그래서 '나는 사람에게서 증언을 취하지 아니하노라'라고 분명히 말씀하신다. 예수께서 자신에 대한 증인으로 세례자 요한을 언급하신 이유는 요한이 유대인들에게 큰 영향력을 행사했기 때문이며, 그의 증언을 통하여 사람들이 구원을 받기를 원하셨기 때문이다. 하지만 당시 유대인들은 세례자 요한의 증언을 믿지 않았고 예수를 메시아로도 인정하지 않았다(참조. 43절).

35절 예수께서 세례자 요한을 등불로 비유하신다. 헤롯 시대 때는 등불을 손에 들고 다녔는데, 등불이 초 한 자루 정도의 밝기였다고 한다.[26] 세례자 요한의 한시적인 증인 역할과 빛 자체이신 예수의 정체성을 대조하는 비유이다. 세례자 요한은 일정한 시간이 지나면 꺼져 버리는 등불이지만, 예수는 영원히 사라지지 않으시는 빛 자체이시다. 사람들은 세례자 요한이라는 등불에 잠시 기뻐했지만 자신들의 어둠이 탄로나자 곧 돌아서 버렸다. 세례자 요한은 예수를 증언하는 등불의 역할을 한시적으로 감당하되 결코 빛이 되려고 하지 않았다. 빛이신 예수를 증언하고 그분께 자리를 마련해 드린 후 역사의 무대 뒤로 사라졌다. 하나님의 말씀을 전하는 모든 사역자가 이 등불의 역할을 해야 한다. 세례자 요한처럼 예수를 증언하는 한시적인 등불 사역에 충실해야 한다. 자신을 빛 자체로 가장하여 사람들을 속이고, 인기를 끌어 인정받으려는 헛된 유혹에 빠지지 않아야 한다.

9.3.3. 예수의 사역과 하나님의 증언(5:36-38)

[36] 내게는 요한의 증거보다 더 큰 증거가 있으니 아버지께서 내게 주사 이루게 하시는 역사 곧 내가 하는 그 역사가 아버지께서 나를 보내신 것을 나를 위하여 증언하는 것이요 [37] 또한 나를 보내신 아버지께서 친히 나를 위하여 증언하셨느니라 너희는 아무 때에도 그 음성을 듣지 못하였고 그 형상을 보지 못하였으며 [38] 그 말씀이 너희 속에 거하지 아니하니 이는 그가 보내신 이를 믿지 아니함이라

36절 예수께서 세례자 요한의 증언에 이어 또 다른 증거로 자신이 행한 기적 사건을 언급하신다. 하나님께서 역사하신 기적 사건을 통해서 예수 자신이 하나님의 아들임을 증명하신다. 기적 사건이 세례자 요한의 증거보다 '더 큰 증거'이며, '아버지께서 내게 주사 이루게 하시는 역사'라고 증언하신다. 하나님

---

26   Michaels, *John*, 326-28을 참조하라.

께서 그 아들 예수를 통해서 기적을 행하게 하신 것이 증거인데 이것이 바로 '내가 하는 그 역사'이다. '아버지께서 내게 주사 이루게 하시는 역사'와 '내가 하는 그 역사'가 서로 동격이다. 여기서 '역사'('엘가', ἔργα)는 예수의 표적 사건을 가리킨다. 하나님이 그 아들 예수께 맡기신 일은 인간의 구원에 관한 일인데, 이 일을 위하여 예수께서는 기적을 행하시면서 자신이 아버지께서 보낸 자임을 보여 주시는 것이다.

37-38절 하나님께서 친히 말씀하시고 인정하시는 아들 예수를 유대인들이 받아들이지 않았다. 하나님의 음성을 직접 듣거나 그 형상을 직접 본 사람은 아무도 없다. 하지만 유대인들은 예수를 통해서 말씀하시는 하나님의 음성을 들을 수 있고, 그 아들 예수를 통해서 하나님의 형상을 볼 수 있는 기회가 있었지만, 그 모든 기회를 거절하였다. 결국 유대인들은 하나님 아버지께서 보내신 예수를 믿지 않았다. 요약하면, 예수는 표적 사건을 통해서 자신이 하나님이 보내신 아들이라는 사실을 증명했지만 유대인들은 이를 받아들이지 않았다. 여기서 유대인들의 잘못을 세 가지로 살필 수 있다. 첫째, 예수를 통해서 말씀하시는 하나님의 음성을 듣지 못하였다. 둘째, 예수를 육신의 눈으로는 보았지만 그분을 통하여 하나님의 형상은 보지 못하였다. 셋째, 하나님이 보내신 아들 예수를 메시아로 믿지 않았다.[27] 예수는 하나님이 보내신 아들 메시아이며, 하나님의 음성이자 형상이시다(참조. 1:18).

9.3.4. 구약성경의 증언(5:39-44)

[39] 너희가 성경에서 영생을 얻는 줄 생각하고 성경을 연구하거니와 이 성경이 곧 내게 대하여 증언하는 것이니라 [40] 그러나 너희가 영생을 얻기 위하여 내게 오기를 원하지 아니하는도다 [41] 나는 사람에게서 영광을 취하지 아니하노라 [42] 다만 하나님을 사랑하는 것이 너희 속에 없음을 알았노라 [43] 나는 내 아버지의 이름으로 왔으매 너희가 영

---

27 Carson, 『요한복음』, 473-75를 참조하라.

접하지 아니하나 만일 다른 사람이 자기 이름으로 오면 영접하리라 ⁴⁴ 너희가 서로 영광을 취하고 유일하신 하나님께로부터 오는 영광은 구하지 아니하니 어찌 나를 믿을 수 있느냐

39절 이 구절에서 '성경'은 구약성경을 말한다. 이 당시 구약성경은 히브리어 성경인 마소라 본문(Masoretic Text)이 아니라 히브리어 성경을 헬라어로 번역한 칠십인역(LXX)이었을 것이다.[28] 예수께서 당시 유대인들이 구약성경을 열심히 연구하는 목적이 영생을 얻기 위함이었다고 밝히신다. 유대인들은 예루살렘 성전이 무너진 후에 성전에서 드리던 희생 제사를 대신하여 토라를 읽고 연구하였다. 그들은 율법을 소유하는 특권을 갖고 있었기에 성경을 열심히 읽고 탐구했지만 가장 중요한 사실을 간과했다. 그 성경이 예수 그리스도에 대하여 기록된 내용이라는 점을 알지 못한 것이다. 예수는 친히 '이 성경이 곧 내게 대하여 증언하는 것'이라고 분명하게 말씀하신다. 이 말씀은 빌립이 나다나엘에게 말한 내용을 떠올리게 한다(참조. 1:45).

40절 예수께서 헛된 종교 행위에 열심을 내는 유대인들을 책망하신다. 유대인들은 하나님을 사랑하지도 않으면서 구약성경을 읽고 연구했다. 그들에게 성경은 또 하나의 우상이었다. 이 우상 숭배를 타파할 수 있는 해결책은 성경의 주제인 예수께로 나아가 영생을 얻는 것이다. 아무리 성경을 묵상하고 연구할지라도 성경이 증언하는 예수를 인격적으로 만나지 못하면 그저 헛된 몸부림에 불과하다. 자기기만 속에 함몰되어 만족하고 있을 뿐이다.

41-42절 예수는 사람에게서 칭찬을 받고 영광을 받으려고 이 세상에 오신 것이 아니다(참조. 34절). 오직 하나님의 영광을 위하여 일하신다. 하나님을 사랑하여 그분을 중심으로 생활하신다. 구약성경이 예수를 증언하고 있지만 유

---

28 신약성경에서 인용한 구약성경 본문이 거의 대부분 칠십인역과 일치하기 때문이다.

대인들은 종교적 행위에만 심취하여 예수를 영접하지 않았다. 하나님을 사랑하는 자는 하나님의 영광을 구하며 살고, 하나님을 사랑하지 않는 자는 남들의 평가에 예민하게 반응하며 산다. 그리고 인기와 명예에 집착한다.

43절 예수께서 '아버지의 이름으로' 세상에 오셨지만 사람들은 그분을 영접하지 않았다. '자기 이름으로' 오는 자는 '사탄' 또는 '적그리스도'일 가능성이 높다(참조. 1:12-13; 8:41-44). 유대인들은 예수를 배척하고 거짓 메시아를 받아들였다.[29] 이러한 반응은 이미 구약성경에도 많이 나온다. 하나님께서 선지자들로 하여금 많은 표적을 행하게 하셔서 그들이 하나님이 보내신 자들임을 증명하셨지만 사람들은 오히려 그 선지자들을 돌로 쳐 죽였다. 신약 시대에도 세례자 요한을 보내어 예수를 증언하게 하셨지만 사람들은 그를 배척했고 예수도 믿지 않았다. 오히려 거짓 선지자가 나타나 진리가 아닌 것을 말하면 쉽게 미혹되어 그 길을 따라갔다.

44절 유대인들은 서로 인간의 영광을 취하고 있었기에 예수를 믿을 수 없었다. '유일하신 하나님께로부터 오는 영광'은 곧 그리스도께서 성육신하신 사건을 말한다. 유대인들은 하나님께로부터 오신, 성육신하신 예수를 향하여 마음을 열지 않았기에 그분을 믿지 않았고, 믿을 수도 없었다(참조. 12:43). 하나님의 영광과 사람의 영광 중 어떤 것을 더욱 소중하게 여기는가 하는 문제는 그 사람의 가치관과 직결된다. 유대인들은 하나님을 향한 사랑 없이 율법을 낭독하고, 사람들에게 보이기 위하여 큰 거리에서 기도하며, 얼굴을 흉하게 하여 금식한다는 티를 내기에 급급했다(참조. 마 6:1-8, 16-18). 이런 행태는 하나님의 영광보다 자신의 영광을 구한 것이다.

---

[29] 예수 당시 이단의 출현과 관련해서는 Michaels, *John*, 334; Carson, 『요한복음』, 479를 참조하라.

9.3.5. 모세의 증언(5:45-47)

⁴⁵ 내가 너희를 아버지께 고발할까 생각하지 말라 너희를 고발하는 이가 있으니 곧 너희가 바라는 자 모세니라 ⁴⁶ 모세를 믿었더라면 또 나를 믿었으리니 이는 그가 내게 대하여 기록하였음이라 ⁴⁷ 그러나 그의 글도 믿지 아니하거든 어찌 내 말을 믿겠느냐 하시니라

45-46절 이 단락의 세 구절은 유대인의 믿음과 관련된 내용이다. 예수는 유대인들의 영웅인 모세에게로 화제를 돌리신다. 유대인들에게 모세는 가장 경건한 신앙의 사람이며 의롭고 지혜로운 인물이었다. 그들은 스스로를 모세의 제자로 여겼다. 그리고 모세의 율법에 순종하는 것을 최고의 명예로 삼았다.[30] 그런데 예수께서는 그들이 모세의 제자도 아니며 모세를 따르지도 않는다고 지적하신다. 모세가 기록한 율법의 핵심 내용은 예수 그리스도이다. 그래서 빌립이 나다나엘에게 예수를 증언하면서 모세의 율법을 말한 것이다(참조. 1:45). 유대인들이 예수를 거부하는 것은 곧 모세의 율법을 거부하는 것과 같다. 그러므로 그들은 모세로부터 정죄를 받을 것이다.

47절 예수의 책망이 계속된다. 유대인들이 모세와 그의 글을 믿고 따른다면 그들은 당연히 예수를 믿고 따라야 한다. 모세의 율법이 처음부터 끝까지 예수를 증언하고 있기 때문이다. 예수께서는 그들이 모세의 율법과 선지자들의 기록을 믿지 못한다면 다른 어떤 것으로도 믿음을 가질 수 없다고 말씀하신다(참조. 눅 20:37; 막 12:26). 다시 말해서, 유대인들이 하나님의 말씀인 구약성경의 기록을 믿지 못한다면 표적과 기사를 경험했을지라도 믿음을 가질 수 없다는 뜻이다. 요한복음에서는 예수께서 행하신 표적을 소개하지만, 역설적으로 그 표적의 경험만으로는 예수가 하나님의 아들이심을 믿을 수 없다는 점

---

30 Morris, *John*, 295; Michaels, *John*, 336-37을 참조하라.

을 강조한다(참조. 20:29). 모세의 율법을 믿지 못하면 예수를 믿을 수 없다. 이런 점에서 모세는 하나님의 아들이신 예수를 믿지 않는 유대인들을 정죄하는 고발자이다.

설교자를 위한 적용(5:30-47)

●● 증인의 사명을 신실하게 감당했던 세례자 요한은 주인공인 예수만 밝히 드러냈다. 세례자 요한과 같은 조연의 역할이 얼마나 중요한지 모른다. 주인공이신 예수를 빛나게 하는 것은 조연들이 연기를 펼쳐 보이는 실제 일상 생활이다. 자신의 책임과 역할을 매일의 삶 속에서 조용히 실천하는 것이 바로 예수를 드러내는 일이다. 그리스도인은 예수 그리스도를 증언하는 조연으로서 만족하며 살 수 있는 비결을 믿음 안에서 배워야 한다.

성경에서는 하나님의 아들 예수가 그리스도라고 분명히 가르친다. 예수는 구약성경에서 예언하던 그 인자이며 메시아이시다. 그 예수께서 지금도 내 삶 속에서 역사하셔서 자신을 경험하게 해 주신다. 하나님께서 보내신 예수를 믿지 않으면 하나님의 음성을 듣지 못하고, 그분의 모습을 보지 못하며, 그 말씀을 마음에 담을 수 없다. 그리스도인이 삶 속에서 예수 그리스도로 말미암아 하나님이 함께하심을 알고 깨닫는 것은 성경을 믿음의 눈으로 읽고, 보고, 듣기 때문이다.

그리스도인이 성경을 읽고 묵상하며 연구하는 이유는 영생을 주시는 하나님의 은혜를 깨닫고 예수를 닮은 삶을 살아가기 위함이다. 성경을 읽고 묵상했기에 영생이 주어지는 것이 아니다. 하지만 그리스도인은 영원한 생명을 선물로 이미 받았기에 하나님의 자녀로서 올바른 삶을 살아가야 한다. 성경에서 영생을 선물로 주시는 예수를 발견하지 못하면 성경을 잘못 읽고 있는 것이다. 날마다 성경을 묵상하고 연구하여 나를 구원하신 예수를 알아 갈 때 내 삶이 조금씩 변화된다. 그렇지 않다면 내가 의미 없는 종교 행위를 습관적으로 반복하고 있는 것은 아닌지 점검해 보아야 한다. ●●

10. 유월절 표적(6:1-71)

6장에서는 오병이어 표적 사건과 예수께서 '나는 생명의 떡이다'라고 선언하신 사건을 다룬다.[31] 6장은 다음과 같이 다섯 단락으로 구분할 수 있다.

오천 명을 먹이신 예수(6:1-15)
바다 위를 걸으신 예수(6:16-29)
생명의 떡이신 예수(6:30-40)
생명의 떡과 영생(6:41-59)
예수를 떠나는 제자들(6:60-71)

10.1. 오천 명을 먹이신 예수(6:1-15)

예수께서 디베랴의 갈릴리 바다 건너편에서 보리떡 다섯 개와 물고기 두 마리로 오천 명을 배부르게 먹이신 기적 사건에 대한 기록이다.[32] 떡과 물고기를 먹은 군중이 예수를 '참으로 세상에 오실 그 선지자'라고 고백한다. 이 오병이어 사건은 사복음서에 모두 기록된 유일한 표적 사건이다(참조. 마 14:13-21; 막 6:34-44; 눅 9:10-17). 요한복음에서는 다른 복음서와는 달리 예수의 제자 중 빌립과 안드레라는 이름이 언급되었고, 이 기적을 경험한 군중의 반응도 기록되어 있다.

---

31 많은 학자가 지리적인 배경을 근거로 들어 6장이 원래 4장 바로 뒤에 있었을 것이라고 주장한다. 즉 6장에서는 예수께서 갈릴리에서 행하셨던 사건들을 다루는 반면 5, 7, 9, 10장에는 예루살렘을 배경으로 하는 사건들이 나오기 때문이다. 하지만 이런 주장은 수용하기 어렵다. 첫째, 사본의 증거가 없다. 둘째, 예수는 오늘날 우리가 생각하는 것보다 더 쉽고 빠르게 (갈릴리에서 예루살렘, 그리고 예루살렘에서 갈릴리로) 여행하셨을지도 모른다. 셋째, 요한복음의 저자가 여행 과정을 일일이 다 기록하지 않고 생략했을 가능성이 있다(참조. 20:30). 6장의 위치에 대한 논의는 Barrett, 『요한복음(I)』, 44-51, 특히 46을 보라; Brown, 『요한복음, I』, 589-90; Carson, 『요한복음』, 483-85; Haenchen, *John*, I, 270을 참조하라.

32 이 단락에 대한 자세한 논의는 조석민, 『요한복음의 새관점』, 259-76을 참조하라.

이 단락은 내용에 따라 다섯 부분으로 나뉜다. 첫째, 오병이어 기적의 서론(6:1-4), 둘째, 예수와 빌립의 대화(6:5-7), 셋째, 예수와 안드레의 대화(6:8-10), 넷째, 오병이어의 기적(6:11-13), 다섯째, 예수의 기적을 경험한 군중의 반응(6:14-15)이다.

10.1.1. 오병이어 기적의 서론(6:1-4)

¹ 그 후에 예수께서 디베랴의 갈릴리 바다 건너편으로 가시매 ² 큰 무리가 따르니 이는 병자들에게 행하시는 표적을 보았음이러라 ³ 예수께서 산에 오르사 제자들과 함께 거기 앉으시니 ⁴ 마침 유대인의 명절인 유월절이 가까운지라

1절 오병이어 기적 사건의 장소로 '디베랴의 갈릴리 바다'가 소개된다. 예수는 '갈릴리 바다 건너편'으로 이동하셨는데 예수께서 어디로부터 출발해서 갈릴리로 오셨는지는 알 수 없다. 갈릴리 바다 '건너편'은 갈릴리의 동쪽을 의미한다. 신약성경에서 '갈릴리' 또는 '갈릴리 호수'(마 15:29; 막 7:31)는 복음서에서 사용되는 명칭이다. 구약성경에서 '갈릴리 바다'는 '긴네렛'으로 표현된다(참조. 민 34:11; 수 13:27; 19:35; 왕상 15:20; 신 3:17). '디베랴'라는 장소가 '갈릴리 바다' 또는 '갈릴리 호수'의 수식어로 사용된 곳은 요한복음밖에 없다. 저자가 '디베랴의 갈릴리 바다'라는 이중적인 수식어를 사용한 이유는, 갈릴리 바다를 알지 못하고 디베랴라는 지명에 더 익숙한 독자와 이와는 반대로 디베랴보다는 일반적으로 더 잘 알려진 지명인 갈릴리 바다라는 표현이 더 익숙한 독자 모두를 배려한 것일 수 있다. '디베랴'는 예수 당시에 사용되지 않았던 지명이다. 저자가 이 명칭을 사용한 것으로 보아, 요한복음을 집필할 당시 로마의 정치와 문화가 팔레스타인에 깊이 영향을 주고 있었음을 알 수 있다. 이 지명은 1세기 말경에 사용되었고, 성경에서 오직 요한복음에만 세 번 나온다(참조. 6:23; 21:1). 이 지역은 헤롯 안티파스(Herod Antipas)가 CE 26년경에 갈릴리 바다 서쪽에 건설한 도시로, 로마 황제 티베리우스(Tiberius, CE 14-37년)의

업적을 기념하여 안티파스가 황제에게 봉헌한 도시이다.[33]

2절 오병이어 기적 사건에 등장하는 인물들이 소개된다. 예수와 그분의 제자들, 그리고 큰 무리이다. 저자는 큰 무리가 예수를 따르는 이유에 대해 병자들을 고치신 '표적' 때문이라고 밝힌다(참조. 2:23-25). 이 '표적'이 헬라어 성경에서는 '표적들'('세메이아', $\sigma\eta\mu\varepsilon\tilde{\iota}\alpha$)이라고 복수로 표현되어, 예수께서 왕의 신하의 아들을 고치신 사건과 38년 된 병자를 고치신 사건을 다 포함한다(참조. 4:43-56; 5:1-18).

3절 '예수께서 산에 오르사'에서 '산'('토 호로스', $\tau\grave{o}$ $\mathring{o}\rho o\varsigma$)은 헬라어 관사가 붙어 있어서 문자 그대로 번역하면 '그 산'이다. '그 산'은 구약성경에서 모세가 율법을 받기 위하여 올라간 '시내 산'을 연상하게 한다(참조. 출 19:20; 31:18; 34:2). 모세가 여호수아와 함께 시내산에 올라갔다면(출 24:12-13), 예수는 그분의 제자들과 함께 그 산에 올라가셨다. '앉으시니'의 헬라어 동사 '카떼마이'($\kappa\acute{\alpha}\theta\eta\mu\alpha\iota$)는 사람이 어떤 장소에 앉아 있는 일반적인 모습을 묘사할 때 주로 쓰인다(참조. 2:14).

4절 이 기적은 유월절이 가까운 때에 일어났다. '잔디가 많은지라'(10절)라는 구절이 이 시기라는 사실을 뒷받침해 준다. 이때는 많은 사람이 예배를 드리기 위하여 예루살렘으로 모여들었다. 저자가 유월절을 수식어 없이 단순하게 표현하지 않고 '유대인의 명절인 유월절'이라고 한 것은 '디베랴의 갈릴리 바다'(1절)와 마찬가지로 독자들을 배려한 설명이다. 유월절은 오직 유대인들만 지키는 절기였기에 이를 모르는 독자들을 위해 수식어를 넣은 것이다. 그리고 그 시기가 '유월절이 가까운' 때라고 한 것은 이 오병이어 기적의 의미가 유월절에 어린양을 먹었던 출애굽 사건과 깊은 관련이 있다는 암시이다.[34]

---

33 Strange, 'Tiberias', *ABD*, VI, 547-49을 참조하라.
34 Carson, 『요한복음』, 485-86을 참조하라. Carson은 유월절이라는 언급에 신학적인 의미가 들

10.1.2. 예수와 빌립의 대화(6:5-7)

⁵ 예수께서 눈을 들어 큰 무리가 자기에게로 오는 것을 보시고 빌립에게 이르시되 우리가 어디서 떡을 사서 이 사람들을 먹이겠느냐 하시니 ⁶ 이렇게 말씀하심은 친히 어떻게 하실지를 아시고 빌립을 시험하고자 하심이라 ⁷ 빌립이 대답하되 각 사람으로 조금씩 받게 할지라도 이백 데나리온의 떡이 부족하리이다

5절 예수께서 자신을 따르는 많은 사람을 불쌍히 여기시고, 또한 빌립을 시험하시려고 그에게 '우리가 어디서 떡을 사서 이 사람들을 먹이겠느냐?'라고 질문하신다. 여기서 '떡'은 물과 밀 또는 보릿가루를 섞은 뒤 구워서 둥글고 두껍게 만든 큰 빵을 가리킨다. 떡을 '사서'('아고라조', ἀγοράζω)라는 표현을 통해서 당시에 상거래로 떡을 매매했음을 알 수 있다(참조. 4:8). 빌립이 근처 '벳새다' 출신이었기에 예수께서 질문하신 것이다(참조. 1:44). 이 질문은 모세가 하나님께 "이 모든 백성에게 줄 고기를 내가 어디서 얻으리이까?"(민 11:13)라고 여쭈어 본 것과 내용과 형식이 매우 유사하다.

6절 예수께서는 빌립이 어떻게 하실지 이미 아시고 그에게 질문하셨다. '시험하다'로 번역된 '페이라조'(πειράζω)는 '시도하다', '시험하다', '유혹하다'라는 뜻을 가진 단어이다(참조. 8:6; 행 9:26; 16:7; 막 10:2; 고전 10:13; 마 4:1, 3; 약 1:13; BDAG, 792-93). 예수께서 빌립의 믿음을 시험하신 것이다. 당시 스승들은 어려운 상황을 만들거나 질문을 던져서 제자들의 해결 능력과 이해력을 확인하곤 했다.

7절 빌립이 사람들에게 떡을 조금씩 나누어 주더라도 200데나리온의 떡이 필요하다고 대답한다. 한 데나리온이 농부나 노동자의 하루 품삯이었으므로

어 있다고 설명한다.

200데나리온이라면 매우 큰 금액이다. 이 대답은 많은 사람이 그곳에 모여 있다는 사실을 알려 주며, 예수의 기적 사건을 더욱 극대화하는 역할을 한다.

10.1.3. 예수와 안드레의 대화(6:8-10)

⁸ 제자 중 하나 곧 시몬 베드로의 형제 안드레가 예수께 여짜오되 ⁹ 여기 한 아이가 있어 보리떡 다섯 개와 물고기 두 마리를 가지고 있나이다 그러나 그것이 이 많은 사람에게 얼마나 되겠사옵나이까 ¹⁰ 예수께서 이르시되 이 사람들로 앉게 하라 하시니 그곳에 잔디가 많은지라 사람들이 앉으니 수가 오천 명쯤 되더라

8-9절 시몬 베드로의 형제 안드레가 한 아이에게 보리떡 다섯 개와 물고기 두 마리가 있다고 예수께 알린다. '보리떡'은 가난한 자들의 양식이었다(참조. 왕하 4:42). '물고기 두 마리'('듀오 옾싸리아', δύο ὀψάρια)에서 '물고기'는 빵과 함께 먹는 작은 생선을 말한다(참조. BDAG, 746). '아이'의 헬라어 명사 '파이다리온'(παιδάριον)은 십대 초반에서 중반의 '어린아이'나 '어린 노예'를 가리킨다(참조. 마 11:16; 창 37:30; BDAG, 748). 안드레 역시 '그러나 그것이 이 많은 사람에게 얼마나 되겠사옵나이까?'라며 회의적인 태도를 보인다. 안드레는 많은 양의 떡이 필요하지만 현재 가진 양은 너무 부족하다는 것을 강조하여 빌립과는 정반대의 역할을 한다. 안드레는 자신의 상식 안에서 이 상황을 분석하고 계산했다. 상식을 뛰어넘는 예수의 능력을 믿지 못했고 예수께서 베푸실 기적도 기대하지 않은 것이다. 오히려 안드레는 예수의 질문이 얼마나 어리석은지 비난하는 듯하다.

10절 예수께서 사람들을 앉게 하라고 명령하신다. 여기서 '앉다'는 3절의 '카떼마이'가 아닌 '아나핍토'(ἀναπίπτω)이다. 이 단어는 당시 로마인들과 유대인들의 식사 자세를 묘사하는 것으로, 몸을 한쪽으로 기대어 비스듬히 앉아 있는 모습을 나타낸다(참조. 6:10; 13:12, 25; 21:20; BDAG, 70). 앞에서도 설명했듯이 '잔디가 많은지라'라는 묘사는 이 시기가 유월절이 가까운 때임을 뒷받침해

준다. 잔디에 앉은 사람들이 모두 오천 명쯤 되었다. 이 계수에는 여자와 아이가 들어 있지 않다(참조. 마 14:21; 막 6:44; 눅 9:14). 아마도 전체 군중은 이만 명 이상이었을 것으로 추정된다.

10.1.4. 오병이어의 기적(6:11-13)

[11] 예수께서 떡을 가져 축사하신 후에 앉아 있는 자들에게 나눠 주시고 물고기도 그렇게 그들의 원대로 주시니라 [12] 그들이 배부른 후에 예수께서 제자들에게 이르시되 남은 조각을 거두고 버리는 것이 없게 하라 하시므로 [13] 이에 거두니 보리떡 다섯 개로 먹고 남은 조각이 열두 바구니에 찼더라

11절 예수께서 떡을 가져 감사기도를 드리신 후에 사람들에게 나누어 주시고 물고기도 그들이 원하는 만큼 나누어 주신다. '가져'('람바노', λαμβάνω)는 적극적인 행동을 나타낸다(참조. 13:12; 18:3; 19:1, 23; 마 27:30; BDAG, 583-85). 어린아이가 가지고 있었던 이 떡과 물고기가 어떻게 예수의 손에 들어갔는지는 알 수 없다. 전후 문맥과 동사 '람바노'의 의미를 고려하면 아이의 자발적인 의지와 상관없이 예수의 손에 들어간 것 같다. 본문에는 아이가 기쁜 마음으로 드렸다는 표현이나 암시가 전혀 나오지 않는다. '축사하다'는 '유카리스테오'(εὐχαριστέω)의 번역으로, '감사하다', '기도하다'라는 뜻이다(참조. BDAG, 414-15).

12절 예수께서 남은 음식을 버리지 말라고 제자들에게 명령하신다. 유대인들에게는 이렇게 남은 것을 거두어 버리지 않는 관습이 있었다.[35] 물질의 낭비와 쓰레기로 인한 환경오염이 심각한 오늘날 본받아야 할 관습이 아닐 수 없다.

---

35 Keener, *John*, I, 668-69을 참조하라.

13절 먹고 남은 것을 거두니 열두 바구니에 가득 찼다. '열두 바구니'는 열두 제자가 남은 음식을 모으느라 봉사했음을 나타내 준다. 그리고 그만큼 많이 남았다는 사실을 알려 준다. '바구니'('코피노스', κόφινος)는 "보통 풀이나 갈대로 엮어서 만든 용기"³⁶를 의미한다(참조. 마 14:20; 16:9; 막 6:43; 8:19; 눅 9:17; BDAG, 563). 이 바구니의 크기가 어느 정도인지는 알 수 없다. 한글 성경에 '광주리'로 번역된 헬라어 '스푸리스'(σπυρίς)가 있지만(참조. 마 15:37; 16:10; 막 8:8, 20; 행 9:25; BDAG, 940), 두 용기의 크기를 비교하는 것은 불가능하다.

오병이어의 기적 사건은 사복음서에 모두 실려 있다. 저자마다 조금씩 다르게 기술한 내용도 있지만 본질적인 요소는 똑같다. 이 사건의 핵심 요소를 정리하면 다음과 같다. (1) 떡 다섯 개와 물고기 두 마리, (2) 예수의 감사기도와 음식 분배, (3) 떡을 먹은 성인 남자가 약 오천 명, (4) 먹고 남은 음식이 열두 바구니. 이 기적은 예수께서 하나님의 아들이시며 그리스도이심을 드러낸 사건이다. 하지만 사람들은 예수를 기적을 행하시는 분 정도로만 인식한다. 예수께서 베푸신 기적을 체험했다고 해서 예수의 정체성을 제대로 인식할 수 있는 것은 아니다. 하나님께서 선물로 주신 믿음이 아니면 우리는 예수를 하나님의 아들, 메시아로 이해할 수 없다.

10.1.5. 예수의 기적을 경험한 군중의 반응(6:14-15)

¹⁴ 그 사람들이 예수께서 행하신 이 표적을 보고 말하되 이는 참으로 세상에 오실 그 선지자라 하더라 ¹⁵ 그러므로 예수께서 그들이 와서 자기를 억지로 붙들어 임금으로 삼으려는 줄 아시고 다시 혼자 산으로 떠나 가시니라

14절 많은 사람이 이 기적 사건을 경험한 후 예수를 '참으로 세상에 오실 그 선지자'로 이해한다. '그 선지자'('호 프로페테스', ὁ προφήτης)란 모세가 신명기

---

36 Pritz, 『성서 속의 물건들』, 345.

18:15-18에서 예언한 내용으로, 하나님께서 마지막 때에 보내 주겠다고 약속하신 모세와 같은 선지자를 말한다. 이런 구약성경의 배경 속에서 사람들이 예수를 '그 선지자'로 인식한 것이다. 아마도 이들은 기적의 떡을 먹으면서 엘리사의 기적을 떠올렸을 것이다. 열왕기하 4:42-44을 보면, 어떤 사람이 보리떡 이십 개와 자루에 담은 채소를 엘리사에게 주자 그것으로 백 명이 나누어 먹고도 남았다는 기적이 기록되어 있다. 이 오병이어의 표적과 엘리사의 기적은 내용 면에서 꽤 흡사하다. (1) '보리떡'이라는 기적의 재료, (2) 적은 양으로 많은 사람이 먹음, (3) 배부르게 먹고도 음식이 남았다는 공통점이 있다.[37]

15절 예수를 '그 선지자'로 인식한 사람들이 예수를 억지로 붙들어 왕으로 삼으려고 한다. 예수를 로마의 정치적 압박에서 구해 줄 정치 지도자로 오해한 것이다. 예수께서 그들의 잘못된 의도를 아시고 혼자 산으로 피하신다. 말씀 사역자들은 이처럼, 자신을 오해하여 따르는 사람들에게 진실을 알리고, 자신이 받는 잘못된 명예와 영광을 거절하는 올바른 태도를 지녀야 한다.

설교자를 위한 적용(6:1-15)

●● 빌립과 안드레는 감당할 수 없는 한계 상황을 보는 눈은 있었지만 자기 앞에 계신 메시아 예수를 알아보는 눈은 없었다. 그렇기에 의심의 눈으로 현실을 바라보았다. 신실한 믿음은 상식을 무시하지 않으면서 그 상식을 초월한다. 예수께서 우리에게 대답하기 어려운 인생의 질문을 던지시는 이유는 예수 자신이 대답임을 알게 하시기 위함이다. 상식에 갇히지도 않고 상식을 무시하지도 않는 믿음은 현실 속에서 예수를 올바로 이해하는 것이다. 이런 믿음이 삶의 현실 속에서 한계 상황을 인정하며 하나님이 주시는 선물을 기대하는 것이다.

---

37 Cho, *Jesus as Prophet*, 212-20을 참조하라.

예수는 사람들에게 기적의 떡을 만들어 주기만 하시는 분이 아니다. 친히 자신이 생명의 떡이 되어 우리에게 값없이 자신을 주시는 분이다. 예수께 기대하는 것이 물질적인 문제의 해결뿐이라면 차라리 세상에서 해결하는 것이 나을지도 모른다. 예수를 하나님의 아들 메시아로 인식하는 것이 바른 신앙이다. 예수께서 병자를 치유하신 표적을 보고 예수를 따르던 많은 사람은 기적의 떡을 먹은 후에도 그분을 메시아로 인정하기보다는 인간의 물질적인 필요를 채우시는 분으로만 바라보았다. 사람들은 눈앞에 보이는 자신들의 문제가 해결되면 예수를 향해 박수를 치며 환호한다. 기복신앙은 현실의 욕망과 물질의 필요를 해결하는 데 초점이 있다. 예수가 하나님의 아들이며 메시아라고 믿음으로 고백하는 일과 기적을 체험하는 일은 다른 차원의 일이다. 믿음은 하나님이 주신 선물이다. ●●

10.2. 바다 위를 걸으신 예수(6:16-29)

예수께서 갈릴리 바다 위를 걸어서 제자들의 배에 타신 후 함께 가버나움으로 가는 장면이다. 이 기적은 공관복음에도 기록되어 있다(참조. 막 6:45-52; 마 14:22-32). 이 기적이 오병이어 표적과 연결되어 있지만 요한복음의 저자는 이를 '표적'('세메이온', σημεῖον)이라고 부르지는 않는다. 요한복음에 나오는 표적 사건은 모두 여섯 개이다(참조. 2:1-13; 4:46-54; 5:1-18; 6:1-15; 9:1-38; 11:1-44).[38] 이 단락에서는 많은 사람이 예수를 찾아 가버나움으로 가는 이야기를 다룬다. 예수께서 그들에게 하나님의 일과 생명의 양식에 대해 교훈하신다.

10.2.1. 바다 위를 걸으신 예수(6:16-21)

¹⁶ 저물매 제자들이 바다에 내려가서 ¹⁷ 배를 타고 바다를 건너 가버나움으로 가는데

---

[38] 요한복음에 나오는 표적 사건이 여섯 개라는 주장에 대해서는 조석민, 『요한복음의 새관점』, 99-120을 보라.

이미 어두웠고 예수는 아직 그들에게 오시지 아니하셨더니 [18] 큰 바람이 불어 파도가 일어나더라 [19] 제자들이 노를 저어 십여 리쯤 가다가 예수께서 바다 위로 걸어 배에 가까이 오심을 보고 두려워하거늘 [20] 이르시되 내니 두려워하지 말라 하신대 [21] 이에 기뻐서 배로 영접하니 배는 곧 그들이 가려던 땅에 이르렀더라

16-17절 해가 지고 어두워진 초저녁에 제자들이 갈릴리 바다로 내려간다. '저물매'로 번역된 16절의 헬라어 '옾시아'(ὀψία)는 늦은 오후와 어둠이 깔리기 직전 사이의 시기를 말한다(참조. 20:19; 마 14:15, 23; BDAG, 746). 요한복음에서 처음으로, 예수와 떨어진 제자들의 모습이 그려진다. 그들이 어둠 속에서 움직이는 모습은 그들의 영적 어둠을 암시한다. 날이 '이미 어두웠고'는 초저녁에서 시간이 그만큼 지났음을 나타내 주는 표현이다. 제자들이 배를 타고 가버나움으로 이동한다. 예수와 떨어진 제자들의 모습이 계속하여 어둠과 함께 묘사된다. '예수는 아직 그들에게 오시지 아니하셨더니'에서 '아직'('우포', οὔπω)은 시간의 흐름 속에서 때가 이르지 않은 상태를 말한다(참조. 2:4; 7:6; 8:20, 57; BDAG, 737). 예수와 제자들 사이에 어떤 만남이 약속되어 있었음을 짐작할 수 있는 표현이다.

18-19절 제자들이 가버나움으로 가는 도중에 큰 바람이 불고 파도가 일어난다. 갑작스러운 폭풍은 갈릴리 바다에서 밤에 어렵지 않게 볼 수 있는 모습이었다. 제자들이 요동치는 바다 위에서 힘겹게 노를 저어 앞으로 나아간다. 하지만 그들의 노력에도 불구하고 달라지는 것은 아무것도 없다. 앞이 전혀 보이지 않는 상태에서 기나긴 터널을 건너는 것처럼 절망적인 상황에 처했다면 그때야말로 예수를 전적으로 의지할 때이다. 제자들이 노를 저어서 간 거리가 '십여 리쯤'('호스 스타디우스 에이코시 펜테 헤 트리아콘타', ὡς σταδίους εἴκοσι πέντε ἢ τριάκοντα)이다. '십여 리쯤'은 '약 25-30스타디아'(σταδίους)의 번역으로, 1'스타디온'(στάδιον)은 약 192미터 정도의 거리이다(참조. BDAG, 940). 오늘날의 미터법으로 환산하면 약 5-6킬로미터 정도이다. 그렇다면 갈릴리 바다의 동서 폭 중 가장 넓은 곳이 12킬로미터이므로 지금 제자들은 바다 한가운데에 있다고

볼 수 있다. 그때 예수께서 '바다 위'를 걸어서 배 가까이로 오신다. '바다 위' ('에피 테스 딸라세스', ἐπὶ τῆς θαλάσσης)에서 '위'(on, upon)는 헬라어 전치사 '에피' (ἐπί)의 번역이다(참조. 6:16, 21; 21:1).[39] 제자들은 눈으로 보고도 믿을 수 없는 일이 일어났기에 공포에 휩싸인다. 인간의 이성으로는 도저히 이해할 수 없는 일이었으므로 당연히 두려워할 수밖에 없다. 이 기적 사건은 예수가 참인간이며 동시에 참하나님이심을 보여 준다.

20절 예수께서 제자들에게 '내니 두려워하지 말라'라고 말씀하시며 자기를 알리신다. '내니'는 헬라어 '에고 에이미'(ἐγώ εἰμί, 'I am', '나는 ~이다')의 번역으로, 이 복음서에 29회 나온다. 이는 신의 현현(theophany)을 암시하는 표현이다. 예수의 자기 선언의 배경을 구약성경에서 찾을 수 있다. "하나님이 모세에게 이르시되 나는 스스로 있는 자이니라 또 이르시되 너는 이스라엘 자손에게 이같이 이르기를 스스로 있는 자가 나를 너희에게 보내셨다 하라"(출 3:14). 예수께서 제자들에게 자신을 하나님, 또는 하나님이 보내신 메시아, 곧 하나님의 아들로 인식하도록 계시하신다.

21절 제자들이 예수를 하나님이 보내신 메시아로 인식한 후에 그분을 기꺼이 배 안으로 모신다. 그러자 배가 곧 가버나움에 도착한다. 바다 한가운데 있었는데 예수가 배에 타시니 즉시 가버나움에 도착했다는 저자의 설명은 또 다른 기적 사건을 암시하는 듯하다. 제자들은 바다 위를 걸어오신 분이 예수인 줄 몰랐을 때는 두려움에 떨었지만 그분을 영접한 후에는 기쁨과 평안을 누렸다.

10.2.2. 가버나움에 계신 예수(6:22-24)

[22] 이튿날 바다 건너편에 서 있던 무리가 배 한 척 외에 다른 배가 거기 없는 것과 또

---

39 Brown, 『요한복음, I』, 610-11을 참조하라.

어제 예수께서 제자들과 함께 그 배에 오르지 아니하시고 제자들만 가는 것을 보았더니 [23] (그러나 디베랴에서 배들이 주께서 축사하신 후 여럿이 떡 먹던 그 곳에 가까이 왔더라) [24] 무리가 거기에 예수도 안 계시고 제자들도 없음을 보고 곧 배들을 타고 예수를 찾으러 가버나움으로 가서

22절 사람들이 오병이어의 기적을 체험한 후 예수를 찾아 헤맨다. 그들은 기적을 체험한 당일 저녁에 '예수께서 제자들과 함께 그 배에 오르지 아니하시고 제자들만 가는 것'을 보았고, 이튿날 '배 한 척 외에 다른 배가 거기 없는 것'을 확인했다. 그러므로 예수께서 물 위를 걸으신 그 기적 사건은 알지 못했다.

23-24절 여러 척의 배가 디베랴로부터 오병이어의 기적이 일어난 장소 가까이에 도착한다. 아마도 이 배들은 갈릴리 북서쪽 해안에서 왔을 것이다. 사람들이 그 배를 타고 예수를 찾으러 가버나움으로 간다. 사람들이 예수를 찾는 목적은 다양한데 그중 한 가지는 그분을 왕으로 삼고 싶기 때문이다(참조. 6:14-15). 예수께서 혼자 산으로 피하셨지만 사람들은 예수께서 다시 디베랴로 오실 것이라고 기대한 것 같다. 하지만 예수가 오시지 않자 그들이 알고 있었던 예수의 사역 장소인 가버나움으로 향한 것이다.

10.2.3. 예수를 찾는 사람들(6:25-29)

[25] 바다 건너편에서 만나 랍비여 언제 여기 오셨나이까 하니 [26] 예수께서 대답하여 이르시되 내가 진실로 진실로 너희에게 이르노니 너희가 나를 찾는 것은 표적을 본 까닭이 아니요 떡을 먹고 배부른 까닭이로다 [27] 썩을 양식을 위하여 일하지 말고 영생하도록 있는 양식을 위하여 하라 이 양식은 인자가 너희에게 주리니 인자는 아버지 하나님께서 인치신 자니라 [28] 그들이 묻되 우리가 어떻게 하여야 하나님의 일을 하오리이까 [29] 예수께서 대답하여 이르시되 하나님께서 보내신 이를 믿는 것이 하나님의 일이니라 하시니

25-26절 무리가 갈릴리 바다 건너편 가버나움에서 예수를 만난다. 사람들이 예수께서 가버나움에 계신 것을 예상 밖의 일로 생각한다. 그 이유는 '예수께서 제자들과 함께 그 배에 오르지 아니하시고 제자들만 가는 것을 보았기'(22절) 때문이다. 사람들은 기적의 떡을 먹었지만 아직도 예수를 하나님의 아들, 메시아로 인식하지 못한다. 그래서 예수를 '랍비'라고 부른다. 단순히 선생 정도로만 이해하고 있는 것이다. 예수께서 그들의 잘못된 동기를 지적하신다. "너희가 나를 찾는 것은 표적을 본 까닭이 아니요 떡을 먹고 배부른 까닭이로다." 즉 그들의 현실적인 필요를 채워 주었기 때문이다. 예수의 표적을 직접 경험했기에 예수가 누구인지 알 수도 있었지만 그들은 자신들의 필요를 공급받는 일에만 관심이 있었다. 오늘날에도 이처럼 예수를 찾고 따르면서도 하나님 나라의 비밀은 깨닫지 못하고 현재의 물질적인 풍요만을 바라는 어리석은 이들이 많다.

27절 예수께서 '썩을 양식을 위하여 일하지 말고 영생하도록 있는 양식을 위하여 하라'라고 가르치신다. '썩을 양식'이란 일차적으로는 음식을 말하고, 넓은 의미로는 세상에 속한 모든 것에 대한 비유적 표현이다. 예수는 무리의 가치관과 예수에 대한 인식을 문제 삼아 교훈하신다. 세상에 속한 모든 것은 영원히 존재할 수 없다. 썩지 않고 '영생하도록 있는 양식'을 '인자'가 주신다. '인자는 아버지 하나님께서 인치신 자'이다(참조. 1:51). '인치다'는 헬라어 동사 '스프라기조'(σφραγίζω)의 번역으로, '신분 확인의 수단이나 안전을 위하여 인치다, 또는 표시하다'라는 뜻이다(참조. 계 7:3; 엡 1:13; 고후 1:22; BDAG, 980).

28-29절 사람들이 '우리가 어떻게 하여야 하나님의 일을 하오리이까?'라고 질문한다. 육신의 양식을 위하여 일을 하듯이 영생하도록 있는 양식을 위해서도 어떤 일을 해야 한다고 생각한 것이다. 예수께서 '하나님께서 보내신 이를 믿는 것이 하나님의 일'이라고 대답하신다. 자신을 믿는 것이 곧 하나님의 일이라는 것이다. 예수를 믿는다는 것은 예배 참석, 헌금, 봉사, 성경 묵상 같은 종교 행위 자체가 아니다. 이 세상에서 예수의 삶을 본받아 그분을 따라 살아

가는 것이다.

설교자를 위한 적용(6:16-29)

●● 요한복음의 예수는 하나님이시다. 예수께서 물 위를 걸으심으로써 그분의 신적 정체성을 드러내셨다. 제자들은 그 모습을 보고 너무나 두려워했다. 세상의 지혜와 상식으로는 하늘에 속한 예수의 말씀과 역사를 이해할 수 없다. 성령으로 거듭나서 하나님을 경험한 사람만이 예수의 말씀과 표적을 이해할 수 있다. 상식을 무시하지 않으면서 상식을 뛰어넘는 믿음이 우리의 삶과 사역에 필요하다. 사람이 상식에만 머물러 있으면 하나님의 존재를 인정하지 못한다. 예수가 베푸는 기적을 통해 떡과 물고기를 먹은 사람들은 예수가 어떻게 해서 가버나움에 가 계신지 알지 못했다. 자기 지식의 한계를 인정하고 예수에 대해 더 알고자 하는 사람만이 그분에 대한 진리를 깨달을 수 있다.

현실적인 필요를 채우기 위해 신을 믿는 것이 바로 기복신앙이다. 사람들은 예수께서 병자를 고치신 표적을 보고 그분을 따랐다. 그리고 기적의 떡과 물고기를 먹은 후 예수를 왕으로 삼으려고 했다. 예수께서는 자신을 따르는 사람들을 향하여 '너희가 나를 찾는 것은 표적을 본 까닭이 아니요 떡을 먹고 배부른 까닭이로다'라고 지적하셨다. 그들은 영혼의 굶주림을 해결해 줄 메시아를 만난 줄은 모르고 단지 육체적으로 허기진 배를 채워 주었기에 예수를 따랐다. 썩을 양식에 집착하지 않고 그분이 주시는, 영생하도록 있는 양식을 위해 사는 것이 지혜이다. 그리스도인은 물질적인 욕망의 성취를 위하여 사는 것이 아니라 예수의 삶을 본받아 살아가야 한다. ●●

10.3. 생명의 떡이신 예수(6:30-40)

사람들이 예수께 표적을 구하면서 모세가 준 기적의 떡 만나를 언급한다. 예수께서는 자신이 하늘에서 내려온 생명의 떡이라고 선언하신다. 사람들이 오병이어의 표적을 경험했는데도 또 다른 표적을 구하는 이유는 예수가 메시아인지 확인하고 싶기 때문이다(참조. 신 13:1-5; 18:15-18). 그리고 더 많은 기적을 경험하고 싶기 때문이다. 예수께서는 표적의 본질을 오해한 유대인들에게 만나의 예를 들어 자신의 신적 정체성을 암시하신다.

10.3.1. 하늘에서 내려온 떡(6:30-33)

³⁰ 그들이 묻되 그러면 우리가 보고 당신을 믿도록 행하시는 표적이 무엇이니이까. 하시는 일이 무엇이니이까 ³¹ 기록된 바 하늘에서 그들에게 떡을 주어 먹게 하였다 함과 같이 우리 조상들은 광야에서 만나를 먹었나이다 ³² 예수께서 이르시되 내가 진실로 진실로 너희에게 이르노니 모세가 너희에게 하늘로부터 떡을 준 것이 아니라 내 아버지께서 너희에게 하늘로부터 참 떡을 주시나니 ³³ 하나님의 떡은 하늘에서 내려 세상에 생명을 주는 것이니라

30절 표적은 그 자체로서 의미가 있는 것이 아니라 표적을 통해 나타내고자 하는 본질을 더 쉽게 이해하도록 돕는 역할을 한다. 유대인들이 예수께 '우리가 눈으로 보고 당신을 믿도록 행하시는 표적이 무엇인가? 당신이 하는 일이 무엇인가?'라고 묻는다. 성전 사건 후에 질문한 내용과 매우 유사하다. "네가 이런 일을 행하니 무슨 표적을 우리에게 보이겠느냐"(2:18). 오병이어의 기적을 경험한 후 '당신은 참으로 세상에 오실 그 선지자입니다'(참조. 6:14)라고 고백해 놓고도 아직 예수를 믿지 못한다. 그래서 또 다른 표적을 요구한다. 오늘날에도 이러한 성도들이 있다. 자신의 믿음의 확신을 위하여 신비로운 기적을 체험하는 데만 관심을 두는 성도들이다. 이들은 기적의 떡과 물고기를 먹었는데도 또 다른 표적을 요구하는 사람들과 다를 바 없다.

31절 유대인들이 자기 조상들이 40년간 광야 생활을 하며 만나를 먹었던 기적 사건을 떠올리면서 예수에게도 이와 같은 표적을 보여 달라고 요구한다. '하늘에서 그들에게 떡을 주어 먹게 하였다'는 "그들에게 만나를 비같이 내려 먹이시며 하늘 양식을 그들에게 주셨나니"(시 78:24[칠십인역 77:24])와 "하늘

에서 양식을 비같이 내리리니"(출 16:4), 또한 "여호와께서 너희에게 주어 먹게 하신 양식이라"(출 16:15)라는 말씀을 배경으로 인용한 것이다.

'만나'의 히브리어는 '만'(מָן)이며, 영어 단어 manna는 칠십인역(LXX)의 '만'(μάν)에서 비롯되었다(출 16:31). '만나'를 시내 반도 일대에 서식하는 타마리스크(tamarisk)라는 식물에 기생하는 어떤 곤충(깍지벌레)의 분비물이라고 주장하는 사람도 있다.⁴⁰ 이 곤충의 분비물은 아침에 채취가 가능하고, 그 맛은 달콤하며, 하루 이상 보관하기 어렵다는 점에서 만나와 유사하다(출 16:15, 20-21, 31). 이 분비물은 황색이고, 6-7월경 야간에 분비된 것은 새벽에 고체화되었다가 해가 뜨면 녹는다.⁴¹ 만나가 무엇이었는지에 대한 논의가 오늘날까지 계속되고 있다. 민수기 11:7에 따르면 만나는 '깟씨'(coriander seed)와 같고 모양이 진주 같다고 했는데(개역개정, 새번역), '깟'은 영어 성경과 공동번역에서 지중해가 원산지인 미나리과 식물 고수풀(coriander)로 번역되었다(참조. NRSV, NAB, NJB, NKJV).⁴²

32-33절 예수께서 유대인들의 표적 요구에 엄중하게 대답하신다. "모세가 너희에게 하늘로부터 떡을 준 것이 아니라 내 아버지께서 너희에게 하늘로부터 참 떡을 주시나니 하나님의 떡은 하늘에서 내려 세상에 생명을 주는 것이니라." 유대인들이 표적의 본질을 오해하고 있다. 그들은 만나를 통해서 만나를 공급해 주신 하나님을 보고 하나님께 영광을 돌려야 하는데 그렇게 하지 않고 만나 자체와 모세에게 열광한다.

예수께서 조상들이 먹은 만나는 하나님이 장차 주실 떡의 상징에 불과한데 하나님께서 '하늘로부터 참 떡'을 주실 것이라고 말씀하신다. 33절에서는 접속사 '가르'(γάρ, '왜냐하면')가 사용되어 32절에서 선언된 '참 떡'의 의미를 생명과 연결한다. 즉 하늘로부터 온 참떡은 하나님의 떡으로서 이 세상에 생명을

---

40 Slayton, 'Manna', 511을 참조하라.
41 Durham, *Exodus*, 225-26을 참조하라.
42 Zohary, *Plants of the Bible*, 142-43을 참조하라.

준다. 이 하나님의 떡이 바로 예수이시다. 하늘로부터 내려오신 예수께서 이 세상에 생명을 주신다. 만나는 물질적이며 한시적인 임시방편의 양식이지만 하나님이 하늘로부터 주시는 참된 양식은 영원한 생명을 준다.

10.3.2. 예수는 생명의 떡(6:34-40)

³⁴ 그들이 이르되 주여 이 떡을 항상 우리에게 주소서 ³⁵ 예수께서 이르시되 나는 생명의 떡이니 내게 오는 자는 결코 주리지 아니할 터이요 나를 믿는 자는 영원히 목마르지 아니하리라 ³⁶ 그러나 내가 너희에게 이르기를 너희는 나를 보고도 믿지 아니하는도다 하였느니라 ³⁷ 아버지께서 내게 주시는 자는 다 내게로 올 것이요 내게 오는 자는 내가 결코 내쫓지 아니하리라 ³⁸ 내가 하늘에서 내려온 것은 내 뜻을 행하려 함이 아니요 나를 보내신 이의 뜻을 행하려 함이니라 ³⁹ 나를 보내신 이의 뜻은 내게 주신 자 중에 내가 하나도 잃어버리지 아니하고 마지막 날에 다시 살리는 이것이니라 ⁴⁰ 내 아버지의 뜻은 아들을 보고 믿는 자마다 영생을 얻는 이것이니 마지막 날에 내가 이를 다시 살리리라 하시니라

34절 사람들이 그 떡을 달라고 한다. 그들은 생명을 주는 떡을 물질적인 떡으로 오해한다. 이는 마치 예수와 사마리아 여성과의 대화와 비슷하다. 예수께서 내가 주는 물을 마시는 자는 영원히 목마르지 않다고 말씀하시자 사마리아 여성이 그 생수를 물질적인 물로 오해하여 그 물을 달라고 요청했었다(참조. 4:14-15). 오늘날에도 이들과 마찬가지로, 하나님을 믿는 이유가 현실적인 문제를 해결받고 풍요롭게 살기를 원하기 때문인 이들이 많다.

35절 예수께서 '나는 생명의 떡이다'('에고 에이미 호 알토스 테스 조에스', ἐγώ εἰμι ὁ ἄρτος τῆς ζωῆς)라고 선언하신다. '에고 에이미'('나는 ~이다') 형식을 사용하셔서 자신의 정체성을 드러내신다. 예수께서 '내게 오는 자는 결코 주리지 아니할 터이요 나를 믿는 자는 영원히 목마르지 아니하리라'라고 말씀하신 것은 영적인 의미이다. 예수를 영접하면 영적 굶주림과 영적 목마름에 허덕이지 않고

영생을 얻을 것이라는 약속이다. 사람들은 허기짐과 목마름의 원인과 이유도 모른 채 그저 눈에 보이는 현실의 필요를 채우기에만 급급하다.

36-37절 예수께서 자기에게 오라고 사람들을 초청하시지만 그들은 예수를 눈으로 보고 그분이 행하시는 기적을 체험하고도 예수께 가지 않고 믿지도 않는다. 생명의 떡을 먹고 영생을 얻는 길을 이야기해도 알아듣지 못한다. 우리는 예수를 대면해서 만나면 당연히 그분을 하나님의 아들로, 생명의 구주로 믿을 것 같은데 유대인들의 반응은 그렇지 않았다. 기적을 경험했다고 해서 그것으로 인하여 반드시 하나님께 나아가지는 않는 것이다. 그래서 예수께서 '보지 못하고 믿는 자들은 복되도다'라고 말씀하셨다(20:29). '아버지께서 내게 주신 자는 다 내게로 올 것이요 내게 오는 자는 내가 결코 내쫓지 아니하리라'라는 구절에는 요한복음의 우주론적 사상(universalism), 개인주의적 사상(individualism), 그리고 예정론적 사상(predestinarianism)이 종합적으로 들어 있다. 하나님께서 보내 주셔야 사람들이 예수께로 갈 수 있다. 예수는 그 사람들을 결코 내쫓지 않고 끝까지 지켜 주신다. 하나님의 주권적인 구원의 섭리가 예수 그리스도 안에서 이루어지며, 그 결과 사람들이 예수께로 가서 그분을 믿으며 영생을 선물로 받게 된다.

38절 예수께서 자신의 기원과 사명을 설명하신다. "내가 하늘에서 내려온 것은 내 뜻을 행하려 함이 아니요 나를 보내신 이의 뜻을 행하려 함이니라." 예수는 갈릴리 나사렛이 아닌 '하늘'에 자신의 기원을 두신다. 예수께서 성육신하셔서 이 땅에 오신 목적은 자신의 뜻을 이루시려는 것이 아니라 오직 하나님의 뜻을 이루시기 위함이다. 예수께서는 자신을 선지자로 암시하시면서 하나님이 보내신 자라는 자기 정체성을 분명히 밝히신다. 하나님의 아들이신 예수의 삶의 목적은 자신을 보내신 아버지의 뜻을 순종하며 실천하는 데 있다.

39-40절 예수께서 '자신을 보내신 아버지 하나님의 뜻'을 두 가지로 설명하신다. 첫째, 자신에게 주신 자를 하나도 잃어버리지 않는 것이다. 그러기에 예

수는 하나님께서 자신에게 보내신 사람들을 끝까지 보호하고 인도하여 영을 얻도록 하신다. 사람들이 예수를 인식하고 그분에게로 가서 그분을 믿고 영접하는 이유는 그들을 하나님이 보내셨기 때문이다. 이런 점에서 영생은 하나님의 주권적인 섭리와 사역이며, 하나님께로부터 태어나는 영적 출생이다 (참조. 1:12-13).

둘째, '아들을 보고 믿는 자마다 영생을 얻는 것'이다. 인간의 지식이나 지혜로는 아들을 보고 믿고 영생을 얻을 수 없다. 이는 전적으로 하나님의 부르심이며, 그분의 인도하심 가운데 이루어지는 신비한 구원의 섭리이다. 예수는 이 하나님의 뜻을 성취하려고 이 땅에 오셨다. '마지막 날에 다시 살리리라'란 예수를 믿고 영생을 얻은 자들이 지금 여기에서 영생을 얻을 뿐 아니라, 마지막 심판의 날에 생명의 부활로 살아나서 영원한 삶을 살게 되리라는 뜻이다.

설교자를 위한 적용(6:30-40)

●● 사람들은 기적을 경험하면 할수록 더 크고 자극적인 기적을 맛보고 싶어 한다. 믿음은 표적 체험에서 시작되지 않으며, 기적의 경험만으로 유지되지도 않는다. 오병이어의 기적을 체험한 사람들이 또 다른 기적을 요구한 것처럼 사람들은 끝없는 욕망에 빠져 날마다 색다른 기적을 맛보기를 원한다. 이는 미신적인 신비 종교에 빠지는 첩경이다. 기적 중의 기적은 예수가 하나님의 아들이심을 믿고 영생을 얻어 현재 이 땅에서 영생을 누리며 살아가는 그리스도인의 삶 자체이다.

믿음은 하나님의 은혜로 시작되고 생명의 떡인 예수를 먹음으로써 성장한다. 믿음은 눈으로 보고 귀로 듣고 몸으로 체험하여 얻는 것이 아니다. 많은 사람이 예수를 눈앞에 두고도 믿지 못했다. 하나님께서 그들에게 믿음을 선물로 주지 않으셨기 때문이다. 믿음은 기적을 체험하지 않아도 매일의 삶에서 생명의 떡이신 예수를 먹고 그 힘으로 사는 것이다. 생명의 떡이신 예수를 먹는다는 것은 하나님이 주시는 영원한 생명을 담지한 그분의 말씀을 따라 살아가는 것을 말한다.

들이 영생을 얻고 하나님의 통치를 온전히 받으며 살기를 ~~바란다. 생~~명의 떡이신 예수를 영접하고 믿음으로 그분 앞에 나아 ~~가야 한다.~~ 내려온 만나처럼 예수는 하나님이 보내셔서 하늘로부 ~~터 온 생명~~의 떡이다. 예수를 믿어서 복 받는다는 것은 이 땅에 ~~서 하~~나님의 사람으로 살아가는 것을 의미한다. 그리스도인은 자신의 믿음이 물질적인 복과 현실적인 필요를 채우기 위하여 예수를 믿는 기복신앙으로 변질되지 않도록 생명의 떡이신 예수를 매일의 양식으로 삼아야 한다. ●●

10.4. 생명의 떡과 영생(6:41-59)

자신이 하늘에서 내려온 떡이라는 예수의 말에 유대인들이 반발하는 장면이다. 예수께서 자신의 살과 피를 먹고 마시는 자는 영생을 얻고 주와 연합하게 된다고 말씀하신다. 하지만 유대인들이 이 말씀을 식인 풍습으로 오해하여 혼란스러워한다.

10.4.1. 믿지 못하는 유대인들(6:41-45)

^{41} 자기가 하늘에서 내려온 떡이라 하시므로 유대인들이 예수에 대하여 수군거려 ^{42} 이르되 이는 요셉의 아들 예수가 아니냐 그 부모를 우리가 아는데 자기가 지금 어찌하여 하늘에서 내려왔다 하느냐 ^{43} 예수께서 대답하여 이르시되 너희는 서로 수군거리지 말라 ^{44} 나를 보내신 아버지께서 이끌지 아니하시면 아무도 내게 올 수 없으니 오는 그를 내가 마지막 날에 다시 살리리라 ^{45} 선지자의 글에 그들이 다 하나님의 가르치심을 받으리라 기록되었은즉 아버지께 듣고 배운 사람마다 내게로 오느니라

41-42절 예수께서 자신을 만나와 비교하여 하늘에서 내려온 떡이라고 하자 유대인들이 당황스러워한다. 예수가 어디서 태어났고 자랐는지, 그리고 그의 가족 관계를 다 알고 있기에 그의 말을 믿지 못한다. 그래서 그가 요셉의 아들

인데 어떻게 하늘에서 내려왔다고 하느냐고 수군거린 것이다. 1:45에서도 예수를 '요셉의 아들'이라고 부른다. 마가복음은 '마리아의 아들 목수'(막 6:3)라고 기록한다. 요한복음에서 '유대인'은 예수를 반대하거나 배척하는 종교 권력자들을 가리킬 때가 많다.

43-44절 예수께서 유대인들에게 '서로 수군거리지 말라'라고 명령하신 후 하나님의 주권적인 선택에 대해 말씀하신다. "나를 보내신 아버지께서 이끌지 아니하시면 아무도 내게 올 수 없으니." 하나님의 자녀는 하나님이 주권적으로 선택하시고 이끄신다. 유대인들이 예수를 믿지 못하는 이유는 하나님의 인도하심을 받지 못했기 때문이다. 그 아들 예수가 하나님께 이끌림을 받은 사람을 마지막 날에 다시 살리실 것이다. '마지막 날'은 역사의 종말이면서 동시에 예수께서 재림하시는 날을 가리킨다(참조. 6:39-40; 7:39). 구원은 하나님이 시작하시고 그 아들 예수가 완성하신다.

45절 예수께서 인용하신 '선지자의 글'은 "네 모든 자녀는 여호와의 교훈을 받을 것이니 네 자녀에게는 큰 평안이 있을 것이며"(사 54:13)이다. 이사야 선지자가 이스라엘 백성이 바벨론 포로 생활로부터 회복될 모습을 예언한 내용이다. 예수께서 이 예언을 자신의 사역에 적용하셔서, 새로운 시대에 자신을 통하여 하나님의 구원 역사가 이루어질 것이라고 말씀하신다. '하나님의 가르치심'을 받는 것은 '아버지께 듣고 배우는 것'인데 베드로가 그 모범이다. 베드로가 예수를 그리스도시요 살아 계신 하나님의 아들이라고 고백했을 때, 예수께서는 "이를 네게 알게 한 이는 혈육이 아니요 하늘에 계신 내 아버지시니라"라고 하시면서 이 고백이 하나님께서 가르치신 결과라고 하셨다(참조. 마 16-17). 하나님께서는 어떤 특별한 체험이나 신비한 방법이 아니라 그분의 말씀을 통해서 자녀를 부르신다.

10.4.2. 만나와 생명의 떡(6:46-51)

⁴⁶ 이는 아버지를 본 자가 있다는 것이 아니니라 오직 하나님에게서 온 자만 아버지를 보았느니라 ⁴⁷ 진실로 진실로 너희에게 이르노니 믿는 자는 영생을 가졌나니 ⁴⁸ 내가 곧 생명의 떡이니라 ⁴⁹ 너희 조상들은 광야에서 만나를 먹었어도 죽었거니와 ⁵⁰ 이는 하늘에서 내려오는 떡이니 사람으로 하여금 먹고 죽지 아니하게 하는 것이니라 ⁵¹ 나는 하늘에서 내려온 살아 있는 떡이니 사람이 이 떡을 먹으면 영생하리라 내가 줄 떡은 곧 세상의 생명을 위한 내 살이니라 하시니라

46절 예수께서 청중의 오해를 풀고자 '아버지를 본 자가 있다는 것이 아니니라 오직 하나님에게서 온 자만 아버지를 보았다'라고 가르치신다. 하나님을 본 자는 오직 예수뿐이다. 이것은 아버지 하나님과 그 아들 예수의 특별한 관계를 나타낸다. 이 세상 누구도 하나님을 보지 못했다(참조. 1:18). 하지만 그리스도인들은 성육신하신 예수를 통해서 하나님을 볼 수 있게 되었다.

47-48절 예수께서 '믿는 자는 영생을 가졌다'라고 엄중하게 선언하신다. 믿는 자들은 이미 이 세상에서 영생을 체험하면서 살아간다. 그래서 영생을 갖는다는 것은 미래에만 일어나는 사건이 아니라 현재의 사건이며 미래와 연결되어 있다. 예수께서는 자신이 '생명의 떡'이라고 반복해서 선언하신다(참조. 35절).

49-50절 예수께서 자신을 백성의 조상들이 광야에서 먹었던 만나와 비교하여 말씀하신다. 조상들은 기적의 떡인 만나를 먹었지만 죽었다. 하지만 생명의 떡인 예수를 먹으면 죽지 않고 영생을 누린다. 예수를 먹는다는 것은 그분을 믿는 것이다.

51절 예수께서 줄 수 있는 떡은 세상의 생명을 위한 '내 살'('사륵스 무', σάρξ μου)이라고 하신다. 자신의 몸을 비유하여 말씀하신 것이다(참조. 2:21-22). 이것

은 예수께서 세상 죄를 진 어린양으로서 십자가에서 살이 찢어지고 피를 쏟으시며 죽으실 것을 암시하신 말씀이다. 자신의 죽음을 미리 내다보며 말씀하셨기에 유대인들은 물론 제자들도 이 내용을 제대로 이해하지 못했다.

10.4.3. 예수의 살과 피(6:52-55)

[52] 그러므로 유대인들이 서로 다투어 이르되 이 사람이 어찌 능히 자기 살을 우리에게 주어 먹게 하겠느냐 [53] 예수께서 이르시되 내가 진실로 진실로 너희에게 이르노니 인자의 살을 먹지 아니하고 인자의 피를 마시지 아니하면 너희 속에 생명이 없느니라 [54] 내 살을 먹고 내 피를 마시는 자는 영생을 가졌고 마지막 날에 내가 그를 다시 살리리니 [55] 내 살은 참된 양식이요 내 피는 참된 음료로다

52절 유대인들이 자신의 살을 먹으라는 예수의 말에 당황하여 서로 다투어 논쟁한다. 지금도 그렇지만 당시에도 인육을 먹는 풍습은 혐오스러운 일이었다. 유대인들은 이방 종교를 믿는 이교도들이 인육과 피를 먹고 마신다는 사실을 알고 있었다.[43] 그래서 예수의 말씀을 이방 종교의 문화적 배경 속에서 문자적으로 이해하여 오해한 것이다.

53절 예수께서 유대인들을 향하여 '인자의 살을 먹지 아니하고 인자의 피를 마시지 아니하면 너희 속에 생명이 없느니라'라고 강력하게 선언하신다. '인자'는 예수 자신을 가리키는 칭호이다. 예수는 자신의 십자가 죽음을 살과 피라는 단어를 사용하여 암시하신다. 인자의 살을 먹고, 인자의 피를 마시는 행위는 성만찬을 상징한다. 인자이신 예수 그리스도의 살과 피를 먹고 마시는 행위 곧 성만찬의 참여는 성도가 믿음을 고백하는 행위이다.

---

[43] 조재형, 『그리스-로마 종교와 신약성서』, 219-46을 참조하라.

54-55절 살과 피는 인간의 몸을 의미하는 유대인의 관용적 표현이다. 예수께서 '내 살을 먹고 내 피를 마시는 자는 영생을 가졌고 마지막 날에 내가 그를 다시 살리리니'라고 말씀하신 것은 예수 그리스도의 삶과 인격을 신뢰하고 그분과 더불어 사는 것을 의미한다. 먹고 마시는 현재의 행위는 예수와 영적 소통 행위를 암시한다. '내 살은 참된 양식이요 내 피는 참된 음료로다'라는 비유적인 표현은 예수에게 영생을 주시는 이상적인 음식과 음료의 기능이 있다는 뜻이다. 하지만 율법은 생명을 줄 수 없다.

10.4.4. 예수와 함께 사는 삶(6:56-59)

[56] 내 살을 먹고 내 피를 마시는 자는 내 안에 거하고 나도 그의 안에 거하나니 [57] 살아 계신 아버지께서 나를 보내시매 내가 아버지로 말미암아 사는 것 같이 나를 먹는 그 사람도 나로 말미암아 살리라 [58] 이것은 하늘에서 내려온 떡이니 조상들이 먹고도 죽은 그것과 같지 아니하여 이 떡을 먹는 자는 영원히 살리라 [59] 이 말씀은 예수께서 가버나움 회당에서 가르치실 때에 하셨느니라

56-57절 예수의 살을 먹고 예수의 피를 마시는 자는 예수 안에 거하고 예수도 그의 안에 거하신다. 즉 믿음이란 정적인 개념이기보다는 동적인 개념으로, 매일 예수 안에서 살아가는 것을 의미한다. 예수께서는 인간의 일상에서 자연스럽게 나타나는 먹고, 마심, 살아감이라는 비유를 통해 믿음을 설명해 주신다. 그만큼 믿음이 일상에서 드러나야 한다는 뜻이다. 예수가 아버지 하나님으로 말미암아 사는 것처럼 예수를 믿는 사람도 예수로 말미암아 산다. 즉 믿음은 예수와 함께 거주하는 것, 머물러 있는 것이다.

58-59절 조상들은 하늘에서 내려온 떡을 먹고도 죽었지만 생명의 떡인 예수를 먹는 자는 영원히 산다. 59절에서는 예수께서 가버나움 회당에서 이처럼 가르치셨다는 정보를 제공한다. 예수는 항상 공개적으로 당당히 가르치셨지 은밀하게 가르치지 않으셨다(참조. 18:20).

설교자를 위한 적용(6:41-59)

●● 이 땅의 지식과 가치관을 가지고는 하늘에서 내려오셨다는 예수의 말씀을 이해할 수 없다. 예수가 요셉과 마리아의 아들임을 알고 있는 사람들은 자신들의 생각을 바꾸려고 하지 않았다. 예수께서 기적을 행하셨지만, 유대인들은 감동과 경이로움이 아니라 불신과 불평을 늘어놓았다. 나사렛에서 무슨 선한 것이 날 수 있느냐는 유대인들의 상식이 예수를 올바로 이해하지 못하게 만들었다. 땅의 기원만 찾고 상식에 머물러 있는 사람들에게 생명의 떡이신 예수는 이해할 수 없는 존재이다. 오늘날 상식적이지만 자기 틀에 갇힌 사람들과 편견에 사로잡힌 사람들이 바로 예수 시대의 유대인들과 같다고 할 수 있다.

생명의 떡이신 예수를 먹는 자는 영원한 생명을 얻는다. 하지만 사람들은 눈에 보이는 이 세상의 떡을 원한다. 이 떡은 영원한 생명을 주지 못한다. 세상의 떡만 구하는 이들은 실은 예수를 거부하는 자들이다. 예수를 거부한다는 것은 곧 그를 보내신 하나님을 거부하는 것이다. 예수를 먹는다는 것은 날마다 하나님의 말씀을 통해 그분의 가르침을 깨닫고 일상 속에서 예수를 닮으려고 노력하는 것이다.

그리스도인은 예수와 연합한 삶을 살아야 한다. 예수께서는 믿는 자들에게 영생을 주시려고 십자가에서 죽으심으로써 그분의 살과 피를 나누어 주셨다. 신앙이란 육체적으로 평안하고 안락하게 살기 위한 수단이 아니다. 영생과 상관없는 일에 인생을 낭비하지 말아야 한다. 영원한 삶을 바라보며 예수와 함께 사는 삶을 위해 시간과 물질을 사용해야 한다. 하나님의 통치가 이 땅 가운데 온전히 이루어지도록, 예배당을 벗어난 일상의 삶 속에서도 예수를 따르며 그분을 닮으려고 애써야 한다. 이것이 예수가 주신 살과 피를 먹고 마시는 삶이다. ●●

10.5. 예수를 떠나는 제자들(6:60-71)

자신의 살과 피를 먹고 마시라는 예수의 말을 이해하지 못한 제자들이 예수를 떠난다. 많은 제자가 떠난 후 결국 열두 제자만 남았을 때 예수께서 '너희도 떠나겠느냐'라고 물으신다. 요한복음에서 '제자'('마떼테스', μαθητής)는 매우 포괄적인 개념으로, 예수를 따르는 모든 사람을 가리킨다(참조. 6:60, 61, 66).

10.5.1. 영생의 말씀에 대한 군중의 반응(6:60-65)

[60] 제자 중 여럿이 듣고 말하되 이 말씀은 어렵도다 누가 들을 수 있느냐 한대 [61] 예수께서 스스로 제자들이 이 말씀에 대하여 수군거리는 줄 아시고 이르시되 이 말이 너희에게 걸림이 되느냐 [62] 그러면 너희는 인자가 이전에 있던 곳으로 올라가는 것을 본다면 어떻게 하겠느냐 [63] 살리는 것은 영이니 육은 무익하니라 내가 너희에게 이른 말은 영이요 생명이라 [64] 그러나 너희 중에 믿지 아니하는 자들이 있느니라 하시니 이는 예수께서 믿지 아니하는 자들이 누구며 자기를 팔 자가 누구인지 처음부터 아심이러라 [65] 또 이르시되 그러므로 전에 너희에게 말하기를 내 아버지께서 오게 하여 주지 아니하시면 누구든지 내게 올 수 없다 하였노라 하시니라

60-61절 많은 이가 예수를 따랐다. 이 구절에서 '제자'('마떼테스', μαθητής)는 열두 제자를 포함하여 예수를 따르는 모든 사람을 가리킨다. 그들은 예수가 행하시는 표적을 보았고 기적의 떡과 생선도 맛보았다. 하지만 생명의 떡이신 예수께서 자신의 살과 피를 마시면 영생을 얻는다고 하자 당황스러워한다. 그래서 제자들이 '이 말씀은 어렵도다 누가 들을 수 있느냐'라고 수군거린다. 이때 '말씀'은 '로고스'(λόγος)의 번역이다.[44] 예수께서 '이 말이 너희에게 걸림이 되느냐'라고 물으신다. '걸림이 되다'('스칸달리조', σκανδαλίζω)는 '죄를 짓게 하다', '죄를 짓도록 유혹하다', '노하게 하다', '격분하게 하다'라는 뜻이다(참조. BDAG, 926). 말씀이 걸림돌로 여겨지지 않는 사람은 복된 사람이며, 하나님이

---

44 '말씀'으로 번역된 '로고스'(λόγος)는 1장에서 4회(1:1〈3회〉, 14), 그리고 2장-21장에서 모두 36회 사용된다(2:22; 4:37, 39, 41, 50; 5:24, 38; 6:60; 7:36, 40; 8:31, 37, 43, 51, 52, 55; 10:19, 35; 12:38, 48; 14:23, 24〈2회〉; 15:3, 20〈2회〉; 25; 17:6, 14, 17, 20; 18:9, 32; 19:8, 13; 21:23).

생명의 길로 인도해 주신 사람이다.

62절 예수께서 자신을 인자라고 칭하면서 '인자가 이전에 있던 곳으로 올라가는 것을 본다면 어떻게 하겠느냐'라고 물으신다(참조. 3:13-14). 십자가 죽음 이후의 부활, 승천 사건을 암시하는 질문이다. 요한복음에 예수의 승천 기사가 없다는 점을 고려하면 이 질문은 부정적인 의미로, '지금은 믿지 못하더라도 내가 하늘로 올라가는 것을 너희 눈으로 확인하면 믿겠느냐?'라는 뜻이다.

63절 '살리는 것은 영이니'에서 '영'은 성령을 말한다(참조. 3:6). 성령의 가장 분명한 역할은 생명을 주시는 것이다(참조. 롬 8:10; 고후 3:6; 창 1:2; 겔 37:1-10). '육은 무익하니라'는 육체가 아무 의미가 없다는 것이 아니라 오로지 육적인 일에만 관심을 갖고 살아갈 때 영생을 이해할 수 없다는 뜻이다. '영이요 생명이라'('프뉴마 에스틴 카이 조에 에스틴', πνεῦμά ἐστιν καὶ ζωή ἐστιν)는 영과 생명을 말하는 것이 아니라 중언(hendiadys)의 용법으로 '영 즉, 생명'이라는 뜻이다.[45] 63절 말씀은 영적인 일을 육적으로 이해하고 인식하려는 자세를 지적하고 있다. 땅에 속한 마음으로는 영생에 참여할 수 없다.

64절 '너희 중에 믿지 아니하는 자들'은 가룟 유다 한 사람이 아닌 여러 사람을 가리킨다. 하지만 예수께서는 자신을 팔아넘길 자가 시몬의 아들 유다임을 처음부터 알고 계셨다. 그가 배반할 것을 아시고도 제자로 선택하신 것이다. 자신의 이익을 위해 예수를 팔아 버리는 일이 오늘날에도 얼마나 흔한가! 다양한 형태의 현대판 가룟 유다를 교회 공동체 안에서 쉽게 찾아볼 수 있다.

65절 예수의 제자가 되는 길은 하나님의 절대 주권에 속한 일이다. '내 아버지께서 오게 하여 주지 아니하시면 누구든지 내게 올 수 없다'라는 말씀은 구

---

45 Dodd, *Interpretation*, 342을 보라.

원이 하나님의 주권적인 섭리이며 은혜의 선물임을 알려 준다. 예수께 오는 자는 하나님이 주시는 은혜의 선물을 받은 것이다. 우리는 사도 바울처럼, 내가 예수의 제자가 된 것이 전적으로 하나님의 은혜로 말미암았다고 고백하며 살아야 한다. 우리가 예수의 제자가 되어 그분을 따르는 것은 하나님의 주권적인 섭리와 역사의 결과이다. 그러므로 우리는 늘 기쁨과 감사를 표현하면서 제자 된 삶을 살아야 한다.

10.5.2. 시몬 베드로와 가룟 유다(6:66-71)

[66] 그 때부터 그의 제자 중에서 많은 사람이 떠나가고 다시 그와 함께 다니지 아니하더라 [67] 예수께서 열두 제자에게 이르시되 너희도 가려느냐 [68] 시몬 베드로가 대답하되 주여 영생의 말씀이 주께 있사오니 우리가 누구에게로 가오리이까 [69] 우리가 주는 하나님의 거룩하신 자이신 줄 믿고 알았사옵나이다 [70] 예수께서 대답하시되 내가 너희 열둘을 택하지 아니하였느냐 그러나 너희 중의 한 사람은 마귀니라 하시니 [71] 이 말씀은 가룟 시몬의 아들 유다를 가리키심이라 그는 열둘 중의 하나로 예수를 팔 자러라

66절 예수의 말씀을 오해하여 제자들까지도 서로 수군거리다가 예수의 곁을 떠났다(참조. 60절). 예수의 말씀이 참된 제자를 구별해 주는 시금석 역할을 한 것이다. 사람들은 이 땅에서의 이득을 원했다. 예수로부터 자신들이 원하는 것을 얻지 못할 것 같자 그들은 곧 등을 돌렸다. 예수께서도 이들을 붙잡지 않으셨다. 아버지 하나님께서 예수에게 오게 하시지 않았기에 그들이 떠났다고 생각하신다(참조. 65절). 그들은 참된 제자가 될 수 없다. 예수를 믿지 않는 많은 사람보다 예수의 말씀을 믿고 따르는 적은 숫자의 제자들이 더 귀하다.

67절 예수께서 남은 열두 제자를 향하여 '너희도 가려느냐?'라고 질문하신다. 물론 예수는 '아닙니다. 우리는 떠나가지 않겠습니다'라는 대답을 기대하며 질문하신 것이다. 이 질문은 현재 우리를 향한 질문이기도 하다. 예수께서

지금 이와 같은 질문을 하신다면 우리는 무엇이라고 대답할 수 있을까? 공관복음과 달리 요한복음에는 열두 제자의 이름이 등장하지 않고, '열둘'('도데카', δώδεκα)이라는 단어로 제자들을 가리킨다. 이 단어가 여기서 처음 사용되었고,[46] 뒤에 세 번 더 나온다(참조. 6:67, 70, 71; 20:24).

68절 시몬 베드로가 마치 제자 공동체의 대표처럼 '주여 영생의 말씀이 주께 있사오니 우리가 누구에게로 가오리까?'라고 대답한다. '영생의 말씀'에서 '말씀'은 '로고스'가 아니라 '레마'(ῥῆμα)의 번역으로, 그 의미는 '말', '진술', '의견', '사건', '일' 등이다(참조. BDAG, 905).[47] 베드로는 예수께서 가르치신 말씀이 영생을 주는 말씀임을 믿는다. 즉 다른 곳에는 영생이 없다는 뜻이기도 하다.

69절 베드로가 이번에도 제자 공동체의 대표처럼 이렇게 고백한다. "우리가 주는 하나님의 거룩하신 자이신 줄 믿고 알았사옵나이다." 헬라어 문장에는 '주'가 나오지 않고, '당신은 하나님의 거룩하신 분입니다'(σὺ εἶ ὁ ἅγιος τοῦ θεοῦ)라는 내용만 나온다. 이는 요한복음에서 베드로가 예수를 거룩하신 하나님이라고 올바로 인식한 최초의 고백이다(참조. 10:36; 행 3:14; 4:27, 30). '거룩하신 자'는 헬라어 '호 하기오스'(ὁ ἅγιος)의 번역으로, 형용사 '하기오스'는 요한복음에 모두 5회 나오는데, 하나님(참조. 6:69; 17:11)과 성령(참조. 1:33; 14:26; 20:22)을 묘사할 때 사용된다.[48] 이 구절에서 '믿다'('피스튜오', πιστεύω)와 '알다'('기노스코', γινώσκω) 동사는 동의어로 사용되어 믿음의 고백을 강조하는 역할을 한다(참조. 17:8).

---

46 '열둘'이라는 단어가 요한복음에 총 여섯 번 나오는데 그중 네 번은 열두 제자를 가리키며, 나머지 두 번은 각각 '열두 바구니'(6:13), '열두 시간'(11:9)이라는 표현에 사용되었다.
47 '레마'는 요한복음에 총 열두 번 나온다(참조. 3:34; 5:47; 6:63, 68; 8:20, 47; 10:21; 12:47, 48; 14:10; 15:7; 17:8).
48 마가복음 1:24에서는 귀신 들린 자가 예수에게 '하나님의 거룩한 자'라고 말한다(참조. 눅 4:34).

70절 요한복음에는 예수께서 열두 제자를 택하시는 장면이 나오지 않고, 열두 제자의 이름도 소개되지 않는다(참조. 막 3:14; 마 10:1; 눅 6:13). 다만 예수께서 제자를 택하셨다는 내용이 13:18과 15:16에 나온다. '마귀'는 '디아볼로스'(διάβολός)의 번역으로, 예수께서는 열두 제자 가운데 한 사람이 마귀라고 말씀하신다. '마귀'(13:2)는 요한복음에서 '사탄'(13:27), '거짓의 아비'(8:44), '거짓말쟁이'(8:44), '살인자'(8:44), '세상 임금'(12:31; 14:30; 16:11) 등과 같은 개념으로 묘사된다. 예수께서 가룟 유다의 배반을 미리 예언하신다. 마치 구약성경에 나오는 선지자와 같은 모습이다. 이 예언이 12:4-8과 18:2-5에서 성취된다.

71절 저자가 '가룟 시몬의 아들 유다'('유단 시모노스 이스카리오투', Ἰούδαν Σίμωνος Ἰσκαριώτου)가 예수를 팔아넘길 자라고 설명한다. 열두 제자 중 열한 명은 팔레스타인 북쪽 갈릴리 출신이고 가룟 유다만 남쪽 그리욧 출신이다. '가룟'(Iscariot)은 헬라어 '이스카리오뜨'(Ἰσκαριώθ)의 음역으로, '그리욧 사람'이라는 히브리어에서 파생되었다(참조. BDAG, 480). 구약성경에서 예레미야가 언급한 그리욧은 유다의 남부 도시인데 헤브론에서 남쪽으로 약 16킬로미터 떨어져 있고(참조. 렘 48:24), 아모스가 말한 그리욧은 모압에 속한 도시이다(참조. 암 2:2). 가룟 유다가 예수의 열두 제자 가운데 한 사람으로 선택받은 것과 예수를 배반한 행동은 신학적으로 이해하기 어려운 부분이다. 예수께서 그를 가리켜 '마귀'라고 부르신 사실에 주목할 필요가 있다. 이는 가룟 유다가 마귀에게 사용되어 그 주인을 거짓되게 고소할 것이라는 뜻이다. 가룟 유다는 명예로운 제자 공동체 중 한 명이었다. 하지만 예수를 팔아넘김으로써 매우 불명예스러운 사람으로 낙인찍히고 말았다.

설교자를 위한 적용(6:60-71)

●● 예수의 십자가 사건은 당시에는 물론 오늘날에도 그리 듣기 좋은 주제는 아니다. 예수께서 자신의 살과 피를 먹고 마시라고 말씀하시면서 십자가 죽음을 암시했지만 제대로 이해하는 사람이 없었다. 하지만 이 사건은 모든

성도가 기억하고 전해야 할 핵심 주제이다. 예수 믿어서 부귀와 영광을 누리려는 사람들에게 십자가의 고난과 죽음은 이해하기도 싫고 이해할 수도 없는 어려운 주제이다. 그러나 생명의 길이 십자가의 죽음 속에 이미 싹트고 있음을 기억하라!

진리의 말씀 때문에 갈등과 고민이 있어도 끝까지 예수를 따라가는 자가 진정한 제자이다. 하나님의 말씀을 따라 살려고 할 때 갈등과 고민이 없다면 이는 거짓말이거나 혹은 말씀을 제대로 실천하지 않았다는 증거이다. 예수께서 우리에게 어떤 희생과 포기를 요구하신다 해도 이는 그분이 당하신 고난과 희생보다 크지 않고, 그 어떤 고난도 우리가 장차 얻을 영광과 비교할 수 없기에 우리는 그분을 따라갈 수밖에 없다. 많은 사람이 예수를 따르겠다고 다짐하지만 확실한 믿음 없이 제자의 길을 끝까지 가기란 불가능하다.

예수를 팔아넘기는 현대판 가룟 유다가 오늘날에도 무수히 많이 존재한다. 예수는 자기를 팔아 이익을 보는 이들을 다 알고 계시지만 그저 내버려 두신다. 이 자체가 하나님의 심판이다. 예수를 팔아 자신의 명예와 부를 사는 자들이 예배당 안에 있다는 것은 그 장소가 이미 회칠한 무덤으로 변해 버렸다는 증거이다. 예수를 떠나지 않고 끝까지 그분 곁에 남아 있기로 결단하는 자가 복 있는 자이다. ●●

11. 초막절과 예수의 정체성(7:1-8:59)

이 단락에서는 초막절을 배경으로 예수의 정체성이 드러나는 사건들이 기술된다. '초막절'은 신약성경에서 유일하게 여기에만 나온다. 유월절이 가까이 다가온 시기를 배경으로 발생한 사건(6:1-71) 이후에 초막절을 배경으로 전개되는 이 이야기는 7:1에서 시작하여 10:21까지 계속된다. 이 긴 본문의 핵심 주제는 '초막절과 예수의 정체성'이다. 초막절 행사와 관련하여 물과 빛이 등장하는데, 예수는 초막절 마지막 날에 성전에서 생수의 강을 비유로 들어 성령의 임재를 예언하신다(7:37-39). 유대인들이 예수의 정체성에 문제를 제기하며 자기네들끼리 쟁론한다(7:40-44). 이후에 예수께서 '나는 세상의 빛이다' (8:12)라고 선언하시자 유대인들이 예수의 정체성에 대하여 더욱 격렬하게 논쟁하는데 그 내용이 8:59까지 계속된다.

전체 단락을 올바로 이해하려면 '초막절'('스케노페기아', σκηνοπηγία)을 알아야 한다.[49] 구약성경에서는 초막절을 장막절 또는 수장절로 부르기도 한다(참조. 레 23:33-36, 39-43; 신 16:13-15; 23:16). 유대인들은 율법 준수의 차원에서 초막절을 지킨다. 초막절은 유대력으로 일곱 번째 달인 티스리월(Tishri, 오늘날 9월과 10월에 해당함) 15일부터 7일간 이어지는 절기인데, 명절의 마지막 날은 하루를 더해서 지킨다(참조. 레 23:34, 36). 초막절의 첫날과 마지막 8일째 되는 날에는 모든 사람이 다 모인다. 초막절 기간에는 7일간 초막(Booths)에서 지내며, 성전에서 매일 번제를 드리고, 자신들을 이집트에서 구원하신 하나님께 종려나무 가지나 다른 과일나무 잎을 흔들어 기쁨과 감사를 표현한다. 또한 비 오기를 기원하는 의미에서 제사장들이 실로암 못에서 물을 길어다가 성전 제단에 붓는 의식을 매일 거행했다(참조. 9:7). 여성들은 초막절 기간 동안 성전 안 여인의 뜰에다 거대한 횃불을 밝혔다(참조. Mishnah, *Sukkah* 5:2-4).[50]

유대인들이 초막절을 명절로 지키며 기념하는 신학적 이유를 세 가지로 요약할 수 있다.

첫째, 하나님께서 이집트에서 구원하셔서 광야 생활을 하게 하셨을 때 초막에 살았던 일을 회상하며 구원의 역사를 기억하기 위함이다(참조. "너희는 이레 동안 초막에 거주하되 이스라엘에서 난 자는 다 초막에 거주할지니 이는 내가 이스라엘 자손을 애굽 땅에서 인도하여 내던 때에 초막에 거주하게 한 줄을 너희 대대로 알게 함이니라 나는 너희 하나님 여호와이니라"[레 23:42-43]).

둘째, 하나님 앞에서 포도와 올리브 등의 과일의 추수를 즐거워하고 감사하기 위함이다("너희 타작 마당과 포도주 틀의 소출을 거두어 들인 후에 이레 동안 초막절을 지킬 것이요 절기를 지킬 때에는 너와 네 자녀와 노비와 네 성중에 거주하는 레위인과 객과 고아

---

49 초막절에 대하여는 본서 '요한복음 이해를 위한 서론'에서 '4. 요한복음의 절기'를 참조하라.
50 Danby, *Mishnah*, 179-80을 참조하라.

와 과부가 함께 즐거워하되 네 하나님 여호와께서 택하신 곳에서 너는 이레 동안 네 하나님 여호와 앞에서 절기를 지키고 네 하나님 여호와께서 네 모든 소출과 네 손으로 행한 모든 일에 복 주실 것이니 너는 온전히 즐거워할지니라"[신 16:13-15]).

셋째, 이 절기에 참여하는 모든 사람이 새로운 출애굽(a new Exodus)을 내다보고 하나님 나라의 축복을 받도록 기대하기 위함이다.

초막절과 예수의 정체성이 주제인 이 단락은 다음과 같이 나눌 수 있다. 첫째, 초막절에 예수께서 예루살렘으로 올라가셔서 말씀을 가르치신다(7:1-52). 둘째, 간음하다 현장에서 붙잡힌 여인을 예수께서 용서하신다. 이 부분은 요한복음이 처음 기록되었을 때 실리지 않았던 내용이다(7:53-8:11).[51] 셋째, 세상의 빛으로 오신 예수의 자기 선언이다(8:12-30). 넷째, 예수와 유대인들이 예수의 정체성에 대해 계속 논쟁한다(8:31-59).

11.1. 예수의 초막절 강화(7:1-52)

예수께서 형제들과 갈릴리에 머물러 계시다가 초막절이 되어 절기를 지키려고 예루살렘으로 올라신다. 초막절은 유월절 다음에 이어지는 절기로, 저자는 유월절이 가까이 다가온 때를 배경으로 일어난 사건들(6:1-71)과 이 명절을 자연스럽게 연결하여 설명한다. 그리고 초막절을 배경으로 독자에게 예수의 정체성을 밝힌다.

이 단락의 문학 구조는 초막절을 중심으로 다음과 같이 세분된다.

　　초막절 전: 예수와 그의 형제들(7:1-9)
　　초막절 당일: 초막절 행사에 참석하신 예수(7:10-13)
　　초막절 중간: 성전에서 가르치시는 예수(7:14-36)
　　　　성전에서 가르치시는 예수(7:14-24)

51　7:53-8:11 부분은 본서의 부록에서 다룬다. 그 이유와 본문 주석은 부록을 참조하라.

　　　　예루살렘 주민들의 질문: 이 사람이 그리스도인가?(7:25-36)
　　　초막절 마지막 날: 성령을 약속하신 예수(7:37-52)
　　　　성령의 임재를 예언하신 예수의 정체성(7:37-44)
　　　　성전 경비병들과 니고데모(7:45-52)

11.1.1. 초막절 전: 예수와 그의 형제들(7:1-9)

¹ 그 후에 예수께서 갈릴리에서 다니시고 유대에서 다니려 아니하심은 유대인들이 죽이려 함이러라 ² 유대인의 명절인 초막절이 가까운지라 ³ 그 형제들이 예수께 이르되 당신이 행하는 일을 제자들도 보게 여기를 떠나 유대로 가소서 ⁴ 스스로 나타나기를 구하면서 묻혀서 일하는 사람이 없나니 이 일을 행하려 하거든 자신을 세상에 나타내소서 하니 ⁵ 이는 그 형제들까지도 예수를 믿지 아니함이러라 ⁶ 예수께서 이르시되 내 때는 아직 이르지 아니하였거니와 너희 때는 늘 준비되어 있느니라 ⁷ 세상이 너희를 미워하지 아니하되 나를 미워하나니 이는 내가 세상의 일들을 악하다고 증언함이라 ⁸ 너희는 명절에 올라가라 내 때가 아직 차지 못하였으니 나는 이 명절에 아직 올라가지 아니하노라 ⁹ 이 말씀을 하시고 갈릴리에 머물러 계시니라

　　예수께서 갈릴리 지역에서 그의 형제들과 대화를 나누고 계신다. 초막절이 다가오자 형제들이 예수에게 유대 지역인 예루살렘으로 가서 정체성을 세상에 분명히 드러내라고 요청한다. 하지만 예수께서는 이 권유를 거절하시고 자신의 때가 아직 이르지 않았다고 말씀하신다. 여기서 형제들이 예루살렘으로 가라고 권유한 이유는 예수를 믿었기 때문이 아니라 오히려 의심했기에 예수의 정체성을 공식적으로 확인받고자 함이었다.

1절 '그 후에'('메타 타우타', μετὰ ταῦτα)는 저자가 앞 단락과 긴밀하게 내용을 연결할 때 자주 사용하는 관용적인 표현이다. 하지만 얼마나 시간이 경과했는지는 알 수 없다. 오병이어 표적과 물 위를 걸어오신 기적 이후를 가리키는데, 정확히 알 수는 없고 다만 유대인들이 예수를 죽이겠다고 마음먹은 때가 38년 된

병자를 고쳐 주신 사건 이후이므로 여기서 '그 후에'는 그 사건 이후의 어떤 시점이라고 짐작할 수 있다(참조. 5:1-18; 7:19-24).

예수는 유대인들이 자신을 죽이려고 한다는 사실을 이미 알고 계셨다(참조. 7:19). 유대인들이 예수를 죽이려는 이유는 예수가 안식일 규정을 위반했다고 여겼기 때문이다(참조. 5:1-18). 저자는 유대인들이 예루살렘에서 예수를 죽이려고 시도한 사실을 연속적으로 기술한다(참조. 7:1, 11, 19, 20, 25, 30, 32, 44; 8:20, 37, 40, 59). 예수께서는 이러한 위협을 잘 알고 계시면서도 예루살렘으로 올라가신다(참조. 7:10). 예수께서 이 땅에 오신 목적이 십자가에서 죽으시고 부활하셔서 믿는 자들에게 영원한 생명과 부활의 소망을 주시는 것이기 때문이다. 자신의 때를 알고 지혜롭게 행동하시는 모습은 모든 그리스도인이 배워야 할 모범이다. 어둠이 짙은 곳에서도 두려워하지 않고 빛을 발하며 그 어둠을 뚫고 나아가는 이 모습이 오늘날 우리에게도 필요하다.

2절 이 단락에서 전개되는 사건이 유대인의 명절인 초막절에 발생했음을 알 수 있다. 참고로 오병이어의 표적 사건은 오늘날 3-4월에 해당하는 유월절이 가까이 다가왔을 때에 일어났었다(참조. 6:4). 본문의 초막절 사건은 그로부터 약 6개월 뒤에 일어났다. 저자가 '유대인의 명절인'이라는 수식어를 붙인 이유는 이 절기를 모르는 독자들을 배려해서이다. 당시 유대인들은 소아시아 전역에 흩어져 살고 있었는데, 이들 중에 유대인의 문화와 종교, 특히 유대인의 명절에 대해 잘 알지 못했던 이들이 있었음을 추측할 수 있다(참조. 7:35). 소아시아와 지중해의 기타 지역에 흩어져 살았던 유대인들을 '디아스포라 유대인'이라고 부르는데 이 중에는 팔레스타인이 아닌 현재 거주 지역에서 태어나 성장한 사람들이 있었다. 이들의 이해를 돕고자 초막절에 대한 설명이 필요했던 것이다.

3절 여기에 나오는 '형제들'은 예수와 혈연관계인 가족이다. 요한복음에는 그 형제들의 이름이 나오지는 않고 가나의 혼례 때 같이 참석했다고만 기록되어 있다(참조. 2:12). '제자들'은 열두 제자를 포함하여, 초막절에 예루살렘으로 올라가던 이들 중 예수를 영접한 사람들을 말한다(참조. 2:23; 4:45). 요한복음에는 다른 공관복음과 달리 열두 제자의 이름이 나오지 않는다(참조. 막 3:13-19; 마 10:2-4; 눅 6:12-16). 또한 이 열두 제자를 특별한 그룹으로 여기지 않는다. 예수께서 행하시는 '일'('엘가', ἔργα)이란 하나님의 아들, 메시아로서 자신을 드러내는 여러 기적 사건을 의미한다.

4절 예수의 형제들은 예수께서 자기 정체성을 공개적으로 드러내기를 원하신다고 오해한다. 그래서 형제들이 예수께 '스스로 나타나기를 구하면서 묻혀서 일하는 사람이 없나니'라고 말한다. 그들은 예수께서 기적을 행하신 후 많은 사람이 따르게 되자 당신이 무슨 일을 하려거든 갈릴리 같은 시골에서 하지 말고 예루살렘으로 올라가서 떳떳하게 자신을 알리라고 권유한다. 예수의 형제들은 예수를 메시아로 이해하기보다는 정치적 해방자로 이해한 듯하다. 형제들의 말을 통해 당시 유대인들이 일반적으로 가지고 있었던 메시아 대망 사상을 엿볼 수 있다. 이들은 메시아가 오면 놀라운 기적을 행할 뿐 아니라, 로마 제국의 정치적 압박에서 자신들을 해방해 줄 것으로 기대했다(참조. 2:18; 4:48; 6:15-16, 30).

5절 예수의 형제들은 예수께서 부활하시기 전까지는 그분을 하나님의 아들, 메시아로 믿지 않았다. 오순절 사건을 경험하고 나서야 비로소 믿을 수 있었다(참조. 행 12:17; 15:13; 21:18; 갈 1:19; 약 1:1; 유 1절). 어쩌면 혈연관계였기에 더욱 믿기 어려웠을지도 모른다.

6절 '내 때'('호 카이로스 호 에모스', ὁ καιρὸς ὁ ἐμὸς)는 2:4의 '내 때'('헤 호라 무', ἡ ὥρα μου)와 같이 예수의 고난과 십자가에서의 죽음의 시간을 암시한다(참조. 7:8). 반면에 '너희 때'('카이로스 호 휘메테로스', καιρὸς ὁ ὑμέτερος)는 예수의 형제들이 맞이하게 될 죽음의 때를 말한다. 일반적으로 '카이로스'(καιρός)는 신학적인 구원의 시간을, '크로노스'(χρόνος)는 연대기적인 시간을 의미하는데(참조. 5:6;

7:33; 12:35; BDAG, 497-98, 1092)⁵² 요한복음에서는 두 단어를 구분하여 사용하지 않는다. 더욱이 이 두 단어보다 일반적인 시간이나 날을 의미하는 '호라'(ὥρα)를 더 많이 사용한다(참조. 2:4; 7:30; 8:20; 12:23; 13:1; 17:1; BDAG, 1102-1103). 예수께서 말씀하신 그의 때는 인간적인 영광을 얻는 때가 아니다. 예수는 하나님이 원하시는 때에 일하시고, 하나님이 원하시는 때에 죽으셔야 한다. 하나님의 구원 계획에 의하면 예수는 유월절에 죽으셔야 하지 초막절에 죽어서는 안 된다. 하지만 예수의 형제들은 메시아가 아니기에 언제든지 죽을 수 있다. 그래서 '너희 때는 늘 준비되어 있다'라고 말씀하신 것이다. 인간의 죽음은 시간의 흐름 속에서 자연스럽게 찾아온다. 만약 우리가 중한 병에 걸려 살날이 얼마 남지 않음을 알게 되었다면 그 남은 시간을 아껴 가며 가장 가치 있는 일에 사용할 것이다. 그리스도인 역시 이처럼 하나님 앞에서 헛되지 않은 삶을 살아야 한다.

7절 예수께서는 세상의 일들이 악하다고 증언하셨다(참조. 3:19-20; 15:18-19). 그래서 세상이 자신을 미워한다는 사실을 알고 계셨다. '세상의 일'이란 인간 사회 속에서 일어나는 다양한 형태의 일들 즉 사회의 구조와 문화, 정치권력 안에서 벌어지는 일들을 말한다. 예수께서 세상에 속하지 않으셨기에 세상은 자기편이 아닌 예수를 미워한다. 그리스도인이 세상에 속해 있다면 어려움을 당하지 않고 핍박을 받지 않는다. 하지만 세상에 속하지 않은 그리스도인의 가치관을 가지고 경건하게 살라치면 반드시 고난과 핍박이 따라온다(참조. 딤후 3:12).

8-9절 예수께서 형제들의 권유에도 불구하고 예루살렘에 가지 않겠다고 선언하신다. "내 때가 아직 차지 못하였으니 나는 이 명절에 아직 올라가지 아니하노라." 예루살렘으로 올라간다는 것은 그분의 죽음을 암시하는 행동이

---

52   Brown, 『요한복음, I』, 699을 참조하라.

다. 예수는 하나님의 구원 계획에 따라 움직이셔야 하므로 아직 그분의 죽음의 때가 되지 않은 초막절에는 공개적으로 예루살렘에 올라가실 수 없다. 그래서 혼자 갈릴리에 머물러 계신다.

설교자를 위한 적용(7:1-9)

●● 하나님의 말씀을 가르치는 사역자는 자신의 임무와 사명을 항상 잊지 말아야 한다. 갈릴리에 머물러 계셨던 예수의 지혜를 배워야 한다. 지혜로운 행동은 자신의 임무와 사명을 잊지 않고 올바로 이해할 때 할 수 있다. 믿음으로 행동한다고 하면서 자신의 존재 이유를 잊어버리는 우를 범하지 않아야 한다. 사명감과 의무감이 확실할 때 목적도 분명하게 보이는 법이다. 한편, 말씀 사역자가 자신의 임무와 사명을 지나치게 확신하면 오히려 성도들을 향하여 '선한 목자의 갑질'을 행할 수도 있음을 명심해야 한다. 누군가를 향한 '갑질'은 예배당 안에서도 나타날 수 있는 현상이다. 사역자는 주님을 섬기고 성도들을 섬겨야 한다.

자기의 때를 알고 행동하는 것은 결코 쉬운 일이 아니다. 우리는 눈앞에 보이는 급한 일을 처리하느라 중요한 일을 놓칠 때가 많다. 자신의 때를 안다는 것은 기회가 주어졌을 때 그 기회를 놓치지 않는 것이다. 또한 자신의 역량을 파악하여 할 수 있는 일과 할 수 없는 일을 구분하는 지혜도 필요하다. 자신을 과신하여 감당할 수 없는 일임에도 불구하고 섣불리 결정하고 행동하는 것은 믿음의 행동이 아니다. 믿음으로 행동한다는 것은 사리를 분별하면서 이성적으로 판단하고 지혜롭게 결정하는 것을 포함하여 결과를 책임지는 것까지를 의미한다. ●●

11.1.2. 초막절 당일: 초막절 행사에 참석하신 예수(7:10-13)

[10] 그 형제들이 명절에 올라간 후에 자기도 올라가시되 나타내지 않고 은밀히 가시니라 [11] 명절 중에 유대인들이 예수를 찾으면서 그가 어디 있느냐 하고 [12] 예수에 대하여

무리 중에서 수군거림이 많아 어떤 사람은 좋은 사람이라 하며 어떤 사람은 아니라 무리를 미혹한다 하나 ¹³ 그러나 유대인들을 두려워하므로 드러나게 그에 대하여 말하는 자가 없더라

예수께서 초막절에 예루살렘으로 비밀리에 올라가신다. 38년 된 병자가 치유받은 사건 이후에 사람들은 예수를 찾아 나서기도 했고, 그가 좋은 사람인지, 아니면 속이는 자인지 확인하고 싶어 했다. 하지만 유대 종교 권력자들은 예수에 대해 공공연하게 말하는 것을 금지하였고, 예수를 찾거든 신고하라고 명령을 내렸다(참조. 11:56-57).

10절 예수께서 갈릴리에서 예루살렘으로 개인적으로 이동하신다. '나타내지 않고'('우 파네로스', οὐ φανερῶς)에서 헬라어 부정사 '우'를 뺀 '파네로스'는 '공개적으로', '대중 앞에서'라는 뜻이다(참조. BDAG, 1048). '은밀히'('크륍토스', κρυπτός)는 '숨기는', '감추는'이라는 뜻의 형용사이다(참조. BDAG, 570-71). 형제들이 예루살렘으로 올라가라고 했을 때 거절하셨던 예수가 '은밀히' 올라가셨다고 하니 언행의 모순처럼 보인다. 이 구절에는 헬라어 성경(Nestle-Aland 28판)에는 나오나 한글 성경에서는 번역하지 않은 '호스 엔'(ὡς ἐν)이라는 문구가 있다.⁵³ 이 문구는 '말하자면'으로 번역할 수 있다(참조. BDAG, 1103-1106). 이 문구를 넣어 직역하면, '그러므로 그의 형제들이 명절에 올라간 것처럼 자신도 올라갔지만 드러내지 않고 말하자면 비밀스럽게 가셨다'이다. 저자는 이 표현을 사용하여 예수의 행위가 모순이나 기만이 아님을 전달해 준다. 예수는 사람들의 권유와 요청이 아닌, 하나님의 구원 계획에 따라 행동하시는 분이다(참조. 2:4; 5:6-8).

11절 유대인들이 예수가 오신다는 소문을 이미 듣고 예수를 찾는다. 이 구절

---

53 '호스'(ὡς)와 관련된 본문 비평에 대하여는 Metzger, 『신약 그리스어 본문 주석』, 179을 보라.

에서 '유대인'은 정치 및 종교 권력자를 가리킨다. '유대인' 앞에 헬라어 관사가 사용되어 '그 유대인들'로 번역될 수도 있는데, 이들은 예수의 적대자들인 종교 권력자들을 암시한다(참조. 1:19). 이들은 예수를 체포하기 위해서 예수를 찾고 있었다.

12절 예수의 정체에 관하여 의견이 분분하다. 어떤 이들은 예수를 '좋은 사람'('아가또스 에스틴', ἀγαθός ἐστιν, '그는 선한 사람이다')이라고 하고, 어떤 이들은 '무리를 미혹한다'('플라나 톤 오클론', πλανᾷ τὸν ὄχλον)라고 한다. 동사 '플라나오'(πλανάω)는 '속이다', '잘못 인도하다'라는 뜻이다(참조. BDAG, 821-22). 유대인 군중의 일부는 예수를 선한 사람이라고 생각했고, 일부는 '속이는 자'라고 생각했다. 이들은 예수께서 38년 된 병자를 고쳐 주신 표적과 오병이어 표적을 들었거나 경험한 사람들이 분명해 보인다(참조. 5:1-18; 6:1-15). 이들이 예수를 찾아다니는 이유는 그분을 믿고 따르려는 것이 아니라 신비한 기적을 더욱 경험하고 싶은 욕망 때문이다. 오늘날에도 자신의 헛된 욕망을 경건으로 포장하여 예수를 따르는 이들이 얼마나 많은지 모른다. 올바른 정보와 인식, 그리고 적절한 분석이 없으면 세상에 떠도는 풍설대로 누군가를 판단하기 쉽다. 우리도 예수가 누구인지에 대하여 성경을 연구하고 깨닫지 않으면 여러 가지 그럴듯한 이론에 넘어가기 쉽다.

13절 일반 군중은 예수에 대한 이야기를 드러내놓고 말할 수 없었다. 유대 종교 권력자들을 두려워했기 때문이다(참조. 7:26, 32). 이 구절에서는 '유대인'이 일반 군중이 아니라 종교 및 정치 권력을 가진 기득권자들을 가리킨다. 이들은 세례자 요한의 정체를 확인하려고 산헤드린 공회를 소집하여 대표자들을 파송할 정도로 힘이 있었다(참조. 1:19-28). 이들에게는 개인을 강제로 출교시켜 삶에 위협을 가할 수 있는 권력이 있었기에 일반 군중이 이들을 두려워하는 것은 당연한 일이었다(참조. 9:22; 12:42; 16:2). 종교가 타락하는 첨경은 모범을 보여야 할 종교 권력자들이 섬김의 대상인 일반 군중을 위협하면서 자신들의 특권을 과시하는 것이다. 더욱이 이들이 정치권력과 손을 잡으면 무소불

위(無所不爲)의 힘을 발휘하여 민중을 핍박한다(참조. 눅 23:1-12).

설교자를 위한 적용(7:10-13)

●● 예수께서는 사람들의 평가에 민감하게 반응하지 않으셨다. 그저 묵묵히 자신의 때에 자신의 사명을 수행하셨다. 하나님의 말씀을 가르치는 사역자 역시 남들의 평가에 일희일비할 필요가 없다. 물론 정당한 평가에는 귀를 기울여야 하겠지만 너무 심각하게 고려하지 않아야 한다. 성실하게 사역했다면 때때로 스스로에게 넉넉한 점수를 주며 칭찬할 줄도 알아야 한다. 사역자가 겸손이라는 미명 아래 너무 지나치게 자신을 몰아세우면 자신이 가야 할 길을 잃어버릴 수도 있다.

한편, 오늘날 일부 종교 권력자들이 자신들의 힘을 과시하고 이익을 얻고자 일반 성도들을 위협하여 두려움을 조장하는 일이 종종 일어난다. 성도들은 종교적 압박 속에서 올바른 판단을 내리지 못하고 공포심에 휩싸여 신앙생활을 제대로 해 나가지 못한다. 이는 하나님 앞에서 너무나 두렵고 무서운 일이다. 사역자들은 성도들이 하나님 안에서 자유를 누리고 감사와 기쁨으로 신앙생활을 하도록 도와주고 격려해 주어야 한다. ●●

11.1.3. 초막절 중간: 성전에서 가르치시는 예수(7:14-36)

이 단락에서는 예수께서 초막절의 중간 기간에 성전에서 유대인들을 향하여 율법을 가르치시는 모습(7:14-24)과 그분의 정체성에 대하여 사람들이 수군거리는 내용(7:25-36)을 다룬다. 마침내 유대 종교 권력자들이 아랫사람들을 동원하여 예수를 체포하려고 시도한다.

11.1.3.1. 성전에서 가르치시는 예수(7:14-24)

14 이미 명절의 중간이 되어 예수께서 성전에 올라가사 가르치시니 15 유대인들이 놀랍

게 여겨 이르되 이 사람은 배우지 아니하였거늘 어떻게 글을 아느냐 하니 [16] 예수께서 대답하여 이르시되 내 교훈은 내 것이 아니요 나를 보내신 이의 것이니라 [17] 사람이 하나님의 뜻을 행하려 하면 이 교훈이 하나님께로부터 왔는지 내가 스스로 말함인지 알리라 [18] 스스로 말하는 자는 자기 영광만 구하되 보내신 이의 영광을 구하는 자는 참되니 그 속에 불의가 없느니라 [19] 모세가 너희에게 율법을 주지 아니하였느냐 너희 중에 율법을 지키는 자가 없도다 너희가 어찌하여 나를 죽이려 하느냐 [20] 무리가 대답하되 당신은 귀신이 들렸도다 누가 당신을 죽이려 하나이까 [21] 예수께서 대답하여 이르시되 내가 한 가지 일을 행하매 너희가 다 이로 말미암아 이상히 여기는도다 [22] 모세가 너희에게 할례를 행했으니 (그러나 할례는 모세에게서 난 것이 아니요 조상들에게서 난 것이라) 그러므로 너희가 안식일에도 사람에게 할례를 행하느니라 [23] 모세의 율법을 범하지 아니하려고 사람이 안식일에도 할례를 받는 일이 있거든 내가 안식일에 사람의 전신을 건전하게 한 것으로 너희가 내게 노여워하느냐 [24] 외모로 판단하지 말고 공의롭게 판단하라 하시니라

초막절의 중간 기간에 예수께서 예루살렘 성전에서 유대인들에게 율법을 가르치신다. 이 가르침은 그분 자신의 정체성을 분명히 밝히면서 시작된다. 예수는 하나님이 보내셔서 세상에 오셨고, 그러므로 자신의 교훈이 하나님께로부터 왔다고 선언하신다. 그리고 모세의 율법을 문자대로 지키려는 유대인들의 잘못된 율법 인식과 관행을 지적하신다. 안식일에 병든 사람을 고쳐 준 사건에 대해 문제를 제기한 유대인들은 사실 자신들도 안식일에 할례를 베풀고 있었다. 이에 예수께서는 율법을 온전히 지키는 자가 누구인지 공의롭게 판단하라고 요구하신다.

14-15절 저자가 '성전'이라는 장소를 밝히는 까닭은 곧 예수의 정체성을 드러내고자 함이다. 예수의 가르침이 범상하지 않기에 유대인들이 모두 놀라워한다. "이 사람은 배우지 아니하였거늘 어떻게 글을 아느냐." 랍비가 되려면 일단 다른 랍비에게 배워야 했는데 예수는 그 과정을 따르지 않았는데도 뛰어난 학식으로 가르치고 있었던 것이다. '글을 아느냐?'라는 물음은 일반적인 학식과

율법에 대한 지식을 갖고 있는지에 대한 질문이다. 복음서에서는 예수가 어떤 정규 교육을 받으셨는지 밝히지 않는다. 하지만 그분의 가르침은 일반 랍비들의 가르침보다 놀라웠다고 한다(참조. 7:46). 유대 종교 권력자들은 예수가 '글을 배우지 않았다'라고 단정한다. '글'('그람마', γράμμα)은 구약성경, 랍비의 교훈, 미쉬나(Mishnah)와 게마라(Gemara)에 이르는 율법 해석 전체를 의미한다.

16-17절 유대인들은 자녀가 6세가 되면 율법을 가르치기 시작했고, 더 나이가 들면 예루살렘에 있는 교육 기관에서 전문적인 교육을 받게 하였다. 하지만 예수는 세상 교육이 아니라 하나님으로부터 가르침을 받아서 사람들을 가르치셨다. "내 교훈은 내 것이 아니요 나를 보내신 이의 것이니라." 이 대답은 신명기 18:18의 내용을 떠올리게 한다. "내가 그들의 형제 중에 너와 같은 선지자 하나를 그들을 위하여 일으키고 내 말을 그 입에 두리니 내가 그에게 명하는 것을 그가 무리에게 다 고하리라." 예수는 마치 마지막 때에 보냄을 받은 모세와 같은 선지자처럼 자신을 암시하신다.

하나님의 뜻을 온전히 행하려는 열망이 있어야 예수의 교훈이 하나님께로부터 온 것인지 알 수 있다. 하나님의 진리를 인식하려면 먼저 그 진리를 온전히 받아들여 실천하겠다는 열망이 있어야 한다. 바리새인들은 이러한 열망이 없었기에 예수의 교훈이 하나님께로부터 온 것인지 아닌지 알 수 없었다. 복음을 가르치는 자에게는 선포된 복음을 있는 그대로 전해야 하는 사명과 책임이 있다. 설교자는 자기의 사상이나 뜻을 전하는 것이 아니라 하나님의 뜻을 잘 헤아려 성도들에게 분명하게 전달해야 한다.

18절 예수께서는 오직 자신을 보내신 아버지의 영광만 구하기 때문에 그분의 가르침은 신실할 수밖에 없다. 그 속에 불의가 없다. 하지만 자기를 나타내고 자기의 뜻과 사상을 말하는 자는 자기 영광을 드러내기에 의롭지 않다. '불의'는 헬라어 '아디키아'(ἀδιxία)의 번역으로, 이 복음서에서 유일하게 이곳에만 나온다. 말씀을 연구하고 선포하는 자들은 하나님의 영광이 아닌 자신의 영광과 이득을 구하고 있지는 않은지 늘 점검해야 한다. 하나님의 뜻을 성실히 준행하려는 목적 아래서 말씀을 연구하고 선포해야 한다.

19절 유대인들은 자신들이 율법에 잘 순종하는 자들이라고 자부했다. 하지만 예수께서는 '너희 중에 율법을 지키는 자가 없도다'라고 선언하신다. 그 근거로 '너희가 안식일에도 사람에게 할례를 행한다'(참조. 22절)라는 예를 드신다. 유대인들은 하나님의 말씀에 순종하려는 진정한 열의 없이 그저 율법의 형식만을 따르려고 애썼다. 그러기에 율법의 진정한 성취자이신 예수를 인식하지 못했다. 오히려 안식일에 병자를 치유하신 예수를 죽이려고 했다. 오늘날에도 율법주의에 얽매여 신앙생활을 하는 자들이 많다. 그들은 예수께서 주시는 자유와 기쁨을 누리지 못한다. 그 속에 교만과 질투가 가득하여 끊임없이 남을 정죄하여 넘어지게 한다.

20절 예수께서 유대인들에게 '너희가 어찌하여 나를 죽이려 하느냐'라고 말했기에 그들이 '당신은 귀신이 들렸도다 누가 당신을 죽이려 하나이까'라고 반응한 것이다. 유대 군중이 예수를 마치 정신 이상자처럼 여긴다. 유대인 군중은 자신들의 의도를 감추고 있다. 거짓말을 하며 자신들의 진심을 숨기고 있다. 거짓으로 진실을 덮을 수 없다. 진실은 언제나 살아 있어서 그 생명력을 유지하며 진실의 꽃을 피우고 그 향기를 온 천하에 퍼뜨린다.

21-22절 '한 가지 일'이란 38년 된 병자를 고쳐 주신 사건을 말한다(참조. 5:1-8). 예수께서 유대인들이 안식일에 할례를 행하는 관습을 언급하시면서 자신이 베푼 치유가 정당하다고 주장하신다. 유대인들은 할례를 모세가 준 율법으로 알고 열심히 준행했다. 하지만 예수께서는 할례가 아브라함 때에 시작되어 계속 이어지다가 모세 때에 이르러 성문화되었음을 알려 주신다(참조. "내가 이것을 말하노니 하나님께서 미리 정하신 언약을 사백삼십 년 후에 생긴 율법이 폐기하지 못하고 그 약속을 헛되게 하지 못하리라"[갈 3:17]). 할례는 태어난 지 8일 된 남자 아기에게 행했는데 그날이 안식일이라도 시행하였다. 율법을 자기 좋을 대로 해석하여 적용하고, 남들에게는 다른 잣대를 들이대며 손가락질하는 유대인 같은 이들이

지금도 얼마나 많은지 헤아리기 어려울 정도이다.

23-24절 예수께서 유대인들의 율법 준수 관습을 지적하신다. 그들은 모세의 율법을 범하지 않으려고 안식일에도 할례를 받았다. 예수께서는 유대인들이 율법을 거룩하게 지키겠다고 몸의 한 부분을 정결하게 하는 할례 의식은 안식일에도 행하면서, 자신이 안식일에 병자의 온몸을 치유해 준 것은 잘못되었다고 하며 죽이려고까지 하니 이것이 옳은 일이냐고 논증하고 계신다. 예수는 그들이 '공의롭게 판단'('텐 디카이안 크리신', τὴν δικαίαν κρίσιν)하지 않았다고 지적하시며, 그들을 향하여 '외모로 판단하지 말라'('메 크리네테 카트 옵신', μὴ κρίνετε κατ' ὄψιν)라고 강력하게 경고하신다.

설교자를 위한 적용(7:14-24)

•• 오늘날처럼 형식과 외형을 중요시하는 시대는 없었다. 우리는 제품의 품질보다 디자인과 색상을 더 중요시하고, 인간의 내적 성품보다 외모에 더 가치를 부여하는 시대를 살아가고 있다. 예수께서 성전에서 가르치실 때 유대인들은 예수의 가르침의 내용에는 관심이 없었고 그가 어느 유명한 스승에게 가르침을 받았는지를 궁금해했다. 설교자는 하나님이 주신 말씀의 의미를 분명히 깨달아 그 교훈을 직접 실천에 옮기기를 힘써야 한다. 피상적인 지식은 오히려 심각한 오해와 오류를 불러올 수 있다.

그리스도인은 문자적으로 율법을 지키는 수준에서 벗어나 그 율법의 정신을 깨달아 예수를 따라가야 한다. 유대인들만큼 율법을 잘 지키고 있다고 자부할 만한 사람들이 없었다. 바리새인들은 율법으로 백성을 정죄하면서 백성 위에 종교 권력으로 군림했다. 실은 자신들도 제대로 지키지 못하면서 남들을 판단했다. 율법의 본질은 잃어버리고 그저 껍데기만 붙들고 살아갔던 것이다.

예수께서 유대인들을 가르치시면서 내린 결론은 '외모로 판단하지 말고 공의롭게 판단하라'라는 것이었다. 오늘날 외모를 가장 중요한 가치로 여기면서 살아가는 모든 이가 귀담아 들어야 할 말씀이다. 그리스도인이라면 눈에 보이지 않지만 영원한 가치가 있음을 깨달아야 한다. 겉모습은 쉽게 변하고 눈에 보이는 것들은 시간이 지나면 사라지기 마련이다. 우리는 겉으로 드러난 모양만을 보고 누군가를 판단해서는 안 된다. 하나님의 시각에서 공의롭게 판단해야 한다. ●●

11.1.3.2. 예루살렘 주민들의 질문: 예수가 그리스도인가?(7:25-36)

25 예루살렘 사람 중에서 어떤 사람이 말하되 이는 그들이 죽이고자 하는 그 사람이 아니냐 26 보라 드러나게 말하되 그들이 아무 말도 아니하는도다 당국자들은 이 사람을 참으로 그리스도인 줄 알았는가 27 그러나 우리는 이 사람이 어디서 왔는지 아노라 그리스도께서 오실 때에는 어디서 오시는지 아는 자가 없으리라 하는지라 28 예수께서 성전에서 가르치시며 외쳐 이르시되 너희가 나를 알고 내가 어디서 온 것도 알거니와 내가 스스로 온 것이 아니니라 나를 보내신 이는 참되시니 너희는 그를 알지 못하나 29 나는 아노니 이는 내가 그에게서 났고 그가 나를 보내셨음이라 하시니 30 그들이 예수를 잡고자 하나 손을 대는 자가 없으니 이는 그의 때가 아직 이르지 아니하였음이러라 31 무리 중의 많은 사람이 예수를 믿고 말하되 그리스도께서 오실지라도 그 행하실 표적이 이 사람이 행한 것보다 더 많으랴 하니 32 예수에 대하여 무리가 수군거리는 것이 바리새인들에게 들린지라 대제사장들과 바리새인들이 그를 잡으려고 아랫사람들을 보내니 33 예수께서 이르시되 내가 너희와 함께 조금 더 있다가 나를 보내신 이에게로 돌아가겠노라 34 너희가 나를 찾아도 만나지 못할 터이요 나 있는 곳에 오지도 못하리라 하시니 35 이에 유대인들이 서로 묻되 이 사람이 어디로 가기에 우리가 그를 만나지 못하리요 헬라인 중에 흩어져 사는 자들에게로 가서 헬라인을 가르칠 터인가 36 나를 찾아도 만나지 못할 터이요 나 있는 곳에 오지도 못하리라 한 이 말이 무슨 말이냐 하니라

이 단락에서는 예수의 정체성에 대한 예루살렘 주민들의 질문과 예수를 그리스도로 인식하는 유대 종교 권력자들을 비웃는 주민들의 모습을 그린다. 예수는 성전에서 계속 가르치시면서 자신이 스스로 세상에 온 것이 아니라 하

나님이 보내셨다고 증언하신다. 주민들은 예수가 행한 표적들과 아직 오지 않은 그리스도의 표적을 비교한다. 종교 권력자들인 대제사장들과 바리새인들이 예수에 대한 소문이 퍼져 나가자 아랫사람들을 시켜 예수를 체포해 오라고 명령한다. 예수께서는 자신을 이 땅에 보낸 아버지 하나님께 돌아갈 것이라고 선언하신다. "너희가 나를 찾아도 만나지 못할 터이요 나 있는 곳에 오지도 못하리라." 하지만 유대인들은 이 말을 제대로 이해하지 못한다.

25-26절 '예루살렘 사람'('히에로솔루미테스', Ἱεροσολυμίτης)은 순례자가 아니라 예루살렘 거주민을 말한다. 이들은 유대 종교 권력자들이 예수를 죽이려고 한다는 사실을 잘 알고 있었다. 하지만 예수께서 사람들을 가르치면서 공개적으로 활동하셔도 종교 권력자들은 예수를 체포하지 않았다. 이를 보고 예루살렘 주민들이 예수가 진짜 그리스도인 줄 알고 저러는가 하며 비웃는다.

27절 예루살렘 사람들은 '그리스도께서 오실 때에는 어디서 오시는지 아는 자가 없으리라'라는 전승을 믿고 있었기에, 예수가 그리스도일 리 없다는 결론을 내린다. 예수의 부모가 누구인지, 예수가 어디에서 살았는지 너무 잘 알았던 것이다. 이들은 메시아 비밀 사상이라는 전승의 토대 위에서 이렇게 단정지었다.[54] 한편, 그리스도가 다윗의 자손으로 베들레헴에서 나시리라는 사실도 알고 있었다(참조. 7:42; 미 2:5). 또 다른 유대 전승에서는 그리스도가 갑자기 나타나실 것이며 그 전까지는 감추어져 있을 것이라고 하였다(참조. 에녹서 48:6; 단 9:25; 말 3:1). 메시아사상이 다양하게 존재했음을 짐작할 수 있다. 잘못된 선입관은 진리를 오해하게 하고 진리를 향해 가는 길을 막는다. 잘못된 선입관을 가진 사람은 그것이 잘못되었음을 깨닫기가 어렵다.

28-29절 저자가 예수께서 가르치는 모습을 마치 구약 시대의 선지자와 같은

---

54 메시아 비밀 사상과 관련해서는 Brown, 『요한복음, I』, 168-75을 참조하라.

모습으로 묘사한다. 예를 들어, '외쳐 이르시되'에서 '외쳐'('크라조', κράζω)가 없어도 내용상 전혀 무리가 없다. 저자가 예수를 선지자처럼 보이게 하려고 부가적으로 사용한 것이다.

예수께서 유대인들이 자신에 대해 이미 알고 있는 정보 즉 요셉의 아들이며 갈릴리 출신이라는 땅의 기원에 대한 정보를 인정하신다. 하지만 유대인들은 예수가 하나님께로부터 오신 신적 존재라는, 하늘의 기원에 대해서는 알지 못한다. 예수는 스스로 오신 것이 아니라 하나님께로부터 보냄을 받아 이 땅에 오셨다. 예수께서는 하나님이 참된 분이라고 증언하신다. 예수를 알되 참하나님과 참사람으로 아는 것이 올바른 이해이다.

30절 이 구절은 저자의 설명과 주석이다. 종교 권력자들이 예수를 체포하려고 했지만 아무도 그분의 몸에 손을 대지 않았다. 저자가 이 상황을 예수의 때가 아직 이르지 않았기 때문이라고 설명한다. 예수께서는 지금 초막절이 아니라 유월절에 죽으셔야 하기 때문에 사람들이 체포하지 않았다는 뜻이다. 하나님의 구속 사역은 그분의 주권적인 섭리 속에서 이루어진다.

31절 사람들은 예수가 기적을 행하시는 분이기에 그분을 믿고 따랐다. 하지만 이러한 믿음은 표적을 보고 믿는 믿음으로, 온전한 믿음이 아니다. 군중이 '그리스도께서 오실지라도 그 행하실 표적이 이 사람이 행한 것보다 더 많으랴'라고 반문하면서 예수의 기적과 그리스도의 표적을 비교한다. 메시아를 기다리는 메시아 대망 사상을 엿볼 수 있는 말이다. 이들은 메시아가 오셔서 놀라운 기적을 많이 행하실 것이라고 기대했다(참조. 2:18; 4:48; 6:30). 기적을 체험하거나 신비한 경험을 기초로 하여 신앙생활을 해 나가면 예수를 인격적으로 만나기가 어렵다. 더 자극적인 체험을 추구하기에 늘 갈증에 시달린다.

32절 예수에 대하여 사람들이 비밀스럽게 이야기하자 바리새인들과 대제사장들이 예수를 체포하려고 '아랫사람들'을 파송한다. '아랫사람들'로 번역된 헬라어 '휘페레타스'(ὑπηρέτας)는 '휘페레테스'(ὑπηρέτης)의 복수형으로, '성전 경비병들'을 가리킨다. '휘페레테스'는 본래 '종' 또는 '돕는 자'라는 뜻이다(참조. BDAG, 1035). 바리새인들이 사두개인들로 구성된 대제사장들보다 군중의 반응을 먼저 파악하고는 예수를 체포하려고 한다. 두 그룹은 평소에 서로 반대되는 성향을 가지고 있었지만 예수를 체포하는 일에는 철저히 연합하였다. 원래 유대교의 대제사장은 한 명이었는데 이 구절에서 복수 형태로 표현된 것은 로마가 유대인들을 통치하기 위한 정치적 수단으로 대제사장들을 많이 임명했기 때문이다. 대제사장들은 산헤드린 공회에서 지배적인 역할을 했고, 성전 구역의 법과 질서를 유지하는 일을 담당하고 있어서 성전 경비병을 거느리고 있었다.[55]

33-34절 예수께서 자신이 죽을 때가 얼마 남지 않음을 아시고 사람들에게 '내가 너희와 함께 조금 더 있다가 나를 보내신 이에게로 돌아가겠노라'라고 말씀하신다. 자신을 체포하러 온 성전 경비병들을 보았지만 이 땅에서 자신에게 주어진 시간이 아직 조금 더 남아 있다고 말씀하신다. 이 땅에 오신 예수는 아버지 하나님의 뜻대로 십자가의 죽음을 통해서 다시 아버지 하나님께로 돌아가실 것이다. 지금은 유대인들이 예수를 체포하겠다고 잡으러 왔지만 때가 되면 예수를 찾아도 만날 수 없으며, 더욱이 예수께서 가시는 그곳은 아무도 갈 수가 없다.

35-36절 유대인들은 예수께서 자신이 있는 곳에 너희가 오지도 못하고 자신을 만나지도 못할 것이라고 말씀하신 내용을 전혀 이해하지 못한다. 그들은 예수께서 '헬라인 중에 흩어져 사는 자들'('텐 디아스포란 톤 헬레논', τὴν διασπορὰν τῶν Ἑλλήνων)에게 가실 것이라고 생각했다. 즉 소아시아 지역에 흩어져 살고 있던 디아스포라 유대인들에게 가셔서 가르치시리라고 추측한 것이다. 이것은 일종의 아이러니(irony)로, 예수의 복음이 온 인류에게 전파될 것을 암시한

---

[55] Baehr, 'Priest, High Priest', 32-44; Carson, 『요한복음』, 583-83; Kruse, 『요한복음』, 524-25을 참조하라.

다. 예수께서 '너희가 나를 찾아도 만나지 못할 터이요 나 있는 곳에 오지도 못하리라'(34절)라고 이미 선언하신 말씀이 이 구절에서 다시 반복된다. 중요한 사실을 강조하기 위한 저자의 문학적 장치로 볼 수 있다. 유대인들이 예수의 중요한 말씀을 전혀 이해하지 못한 것은 그들이 이미 잘못된 생각을 하고 있었고, 그 생각이 전적으로 옳다고 확신하고 있었기 때문이다. 예수에 대한 지식으로 땅의 기원만을 알고 있던 유대인들은 그분이 하나님께로부터 보내심을 받아 이 땅에 오셨다는 사실을 상상할 수도 없었다.

설교자를 위한 적용(7:25-36)

●● 예수의 신적 기원에 대한 내용은 믿음의 문제이지 논리적 설득의 주제가 아니다. 오늘날처럼 과학이 이렇게나 발전된 시대에서는 더더욱 예수의 신성을 믿기가 어려워진다. 그래서 예수의 삶은 본받을 내용으로 수용하지만 예수가 하나님이시라는 진리는 믿지 않고 선을 긋는 이들도 많다. 신구약성경이 분명히 증언하는 예수의 하나님 되심은 믿음으로 받아들일 때만 이해할 수 있다. 과학적 지식으로 예수의 신성을 접근할 것이 아니라 믿음으로 받아들이고 영생을 이 땅에서 맛보는 것이 참된 복이다.

예수께서 행하신 수많은 기적은 그분이 하나님이심을 보여 주는 증거이지만 그 기적에만 기초하여 신앙을 쌓으면 인격적인 예수를 만날 수 없다. 기적 사건은 늘 인간의 호기심을 자극하여 사람들을 끌어모으지만 하나님이 원하시는 진정한 믿음은 이렇게 기적에 근거한 믿음이 아니라 예수와 인격적인 만남에 기초한 믿음이다.

유대인들은 메시아에 대한 그릇된 선입관을 가지고 있어서 눈앞에 메시아를 두고도 알아보지 못했고, 그분의 죽음의 의미도 이해하지 못했다. 그릇된 선입관이 올바른 정보와 인식으로 교정될 때 올바른 진리의 지식을 소유할 수 있다. ●●

11.1.4. 초막절 마지막 날: 성령을 약속하신 예수(7:37-52)

초막절 마지막 날에 예수께서 성령의 임재를 예언하시는 내용이다. 그리고 예수의 정체성에 대한 군중의 다양한 의견을 다룬다. 성전 경비병들이 예수를 체포해 오지 못하자 대제사장들과 바리새인들이 그들을 책망한다. 그들이 자신들이 직접 경험한 예수에 대해 증언하자 바리새인들은 이들이 예수에게 미혹되었다고 여긴다. 바리새인들은 예수에게 미혹된 이들이 모두 율법을 전혀 모르는 무식한 자들이라고 판단한다. 바리새인들이 예수를 체포하려는 것을 알고는 니고데모가 나서서 예수에 대한 공정한 재판을 요청한다.

이 단락은 내용상, 예수께서 성령의 임재를 예언하신 후 사람들이 그분의 정체성에 대하여 다양한 의견을 나눈 것(7:37-44)과 성전 경비병들이 예수를 증언하며, 니고데모가 예수에 대한 공정한 재판을 요청한 것(7:45-52)으로 나눌 수 있다.

11.1.4.1. 성령의 임재를 예언하신 예수의 정체성(7:37-44)

[37] 명절 끝날 곧 큰 날에 예수께서 서서 외쳐 이르시되 누구든지 목마르거든 내게로 와서 마시라 [38] 나를 믿는 자는 성경에 이름과 같이 그 배에서 생수의 강이 흘러나오리라 하시니 [39] 이는 그를 믿는 자들이 받을 성령을 가리켜 말씀하신 것이라 (예수께서 아직 영광을 받지 않으셨으므로 성령이 아직 그들에게 계시지 아니하시더라) [40] 이 말씀을 들은 무리 중에서 어떤 사람은 이 사람이 참으로 그 선지자라 하며 [41] 어떤 사람은 그리스도라 하며 어떤 이들은 그리스도가 어찌 갈릴리에서 나오겠느냐 [42] 성경에 이르기를 그리스도는 다윗의 씨로 또 다윗이 살던 마을 베들레헴에서 나오리라 하지 아니하였느냐 하며 [43] 예수로 말미암아 무리 중에서 쟁론이 되니 [44] 그 중에는 그를 잡고자 하는 자들도 있으나 손을 대는 자가 없었더라

예수께서 자신을 믿는 모든 사람에게 성령이 임할 것이라고 예언하신다. 예수의 예언을 들은 사람 중 어떤 이들은 예수를 '참으로 그 선지자'라고, 어

떤 이들은 '그리스도'라고 인식한다. 또 한 무리는 그리스도가 갈릴리에서 나올 수 없다는 근거를 들어 그리스도가 아니라고 주장한다. 이렇게 예수의 정체성에 대하여 군중의 의견이 세 갈래로 나뉜다.

37-38절 '명절 끝날'('테 에스카테 헤메라', τῇ ἐσχάτῃ ἡμέρα)은 초막절의 8일째 되는 날을 말한다(참조. "이레 동안에 너희는 여호와께 화제를 드릴 것이요 여덟째 날에도 너희는 성회로 모여서 여호와께 화제를 드릴지니 이는 거룩한 대회라 너희는 어떤 노동도 하지 말지니라"[레 23:36]). 예수께서 성전에서 계속 가르치신다. 여기에도 28절과 똑같이 '외쳐'('크라조', κράζω)라는 단어가 나온다.[56] 하나님의 말씀을 선포한 구약 시대의 선지자가 연상되도록 저자가 의도적으로 사용한 단어이다.

개역개정은 '누구든지 목마르거든 내게로 와서 마시라(37b절) 나를 믿는 자는 성경에 이름과 같이 그 배에서 생수의 강이 흘러나오리라'(38절)라고 번역한다. 이렇게 번역하면 38절의 성령의 근원인 '그 배에서 생수의 강'은 예수와 하나님이 아니라 믿는 자들이 된다. 이런 독법과 번역은 요한복음의 신학 사상에 맞지 않는다. 그러므로 다음과 같이 번역해야 한다. "만일 누구든지 목마르면 나를 믿는 그 [사람]를 내게로 오게 하라 그리고 마시게 하라(37b절) [왜냐하면] 성경에서 말했듯이 그 [예수]의 배에서부터 생명수의 강물이 흐를 것[이기 때문]이다"(38절). 이 독법과 번역에 의하면, 37b절에서는 예수께서 믿는 자들을 초청하신 것이며, 38절은 성경을 인용하시어 예수 자신으로부터 생수가 흐를 것이라고 약속하신 것이다. 이렇게 읽고 번역하여 해석하는 것이 3:5과 4:13-14, 19:34과 관련해서 자연스럽다. 요한복음에서는 예수를 생수의 근원이라고 표현한다.[57]

'그의 몸'은 2:13-22의 성전 사건에서 언급된 예수의 육체와 관련이 있다. '그의 몸으로부터'('에크 테스 코이리아스 아우투', ἐκ τῆς κοιλίας αὐτοῦ) 즉, 새롭게

---

56 예수의 외침은 지혜서에 나오는 외침을 떠올리게 한다(참조. 잠 1:20; 8:2-3; 9:5; 사 55:1; 집회서 24:19; 51:3).
57 헬라어 본문 독법 및 해석과 관련해서는 Carson, 『요한복음』, 585-98; Brown, 『요한복음, I』, 735-38을 참조하라.

된 성전으로부터 생수가 흘러나온다. 여기서 생수(물)는 성령에 대한 은유이다(참조. 겔 47: 1-12; 1QS 4:20-22). '생수의 강의 원천'인 예수의 몸으로부터 흘러나오는 생수(=성령)가 중생을 가능하게 한다(참조. 3:3-5). 중생은 예수의 십자가를 통해 일어나는 하나님의 구원이며, 성령의 작용으로 이루어진다.

'성경에 이름과 같이'에서 '성경'은 특정한 하나의 구약성경 구절이 아니라, 이사야 12:3과 에스겔 47:1-12, 그리고 스가랴 14:8의 내용을 모두 함축하는 것처럼 보인다. 새 시대에 성령을 부어 주실 것이라는 사상은 구약 시대 사람들이 일반적으로 기대하고 있었던 내용이었다(참조. 겔 11:19; 36:26-27; 39:29; 사 44:3; 욜 2:28). 여기서 인용된 성경 구절에 대하여 칼뱅(J. Calvin)은 그의 주석에서 "그리스도는 어느 특정한 성경 구절을 가리키는 것이 아니라 선지자들의 일반적인 가르침을 가져온 것이다"라고 자신의 생각을 밝힌다.[58] 하지만 본문은 이사야 12:3("그러므로 너희가 기쁨으로 구원의 우물들에서 물을 길으리로다")을 인용한 것처럼 보인다. 그 이유는 탈무드(Talmud) '수카'(Sukkah) 5:1에서도 초막절과 관련하여 이사야 12:3을 인용하고 있기 때문이다.[59] 그렇지만 본문이 이사야 12:3의 정확한 인용이 아닌 것도 사실이다. 그래서 저자가 이사야 12:3뿐 아니라, 에스겔 47:1-12과 스가랴 14:8을 암시하고 있을 가능성도 있다.

39절 저자가 예수의 예언에 대해 '이는 그를 믿는 자들이 받을 성령을 가리켜 말씀하신 것'이라고 주석한다. 저자의 설명에 의하면 '생수'가 성령을 가리키는 것이 확실하다. 요한복음에서는 예수와 하나님을 성령의 근원으로 소개한다(참조. 14:26; 19:34). 저자가 '예수께서 아직 영광을 받지 않으셨으므로 성령이 아직 그들에게 계시지 아니하다'라는 설명을 덧붙인다. 예수께서 성령을 보내 주실 것이라고 약속하는 내용은 요한복음의 일관된 신학 사상이다(참조. 14:26; 16:7; 20:22).

---

58 Calvin, *John*, I, 198-99.
59 Kruse, 『요한복음』, 285-86을 참조하라.

40절 예수께서 선지자처럼 말씀을 선포하시자 사람들이 그분을 '그 선지자'('호 프로페테스', ὁ προφήτης)라고 고백한다. '그 선지자'는 신명기 18:15-18에 근거한 표현이다. 예수가 누구인지 궁금했던 이들이 마침내 그분을 '그 선지자'라고 고백한 것이다. 이 표현은 방금 선포하신 예언과 더불어 그동안 예수께서 행하신 기적과 가르침이 축적되어 나온 결과이다.

41-42절 한편 예수를 '그리스도'로 고백하는 사람들이 있는가 하면, 예수가 갈릴리에서 나셨기에 그리스도가 아니라고 주장하는 이들도 있었다. "베들레헴 에브라다야 너는 유다 족속 중에 작을지라도 이스라엘을 다스릴 자가 네게서 내게로 나올 것이라 그의 근본은 상고에, 영원에 있느니라"(미 5:2)라는 말씀을 근거로, 메시아의 출생지가 베들레헴으로 예언되었기에 예수가 그리스도가 아니라고 주장하는 것이다. 그렇지만 요한복음에서는 예수의 기원이 이 땅이 아니라 하늘임을 거듭 강조한다(참조. 1:11; 3:13, 31).

43-44절 예수의 정체성에 대한 세 가지 주장이 나오면서 무리 가운데 갈등 상황이 야기되었다. 거기에는 예수를 잡고자 하는 이들도 있었지만 아무도 예수께 손을 대지 않았다(참조. 7:30). 하나님이 정하신 때가 되기 전까지는 예수께서 사람들의 손에 잡히지 않으신다. 예수의 정체성에 대한 논란은 오늘날에도 계속 진행 중이다. 예수를 그리스도로 믿지 않는 사람들은 계속해서 그분의 정체성을 의심한다.

11.1.4.2. 성전 경비병들과 니고데모(7:45-52)

⁴⁵ 아랫사람들이 대제사장들과 바리새인들에게로 오니 그들이 묻되 어찌하여 잡아오지 아니하였느냐 ⁴⁶ 아랫사람들이 대답하되 그 사람이 말하는 것처럼 말한 사람은 이 때까지 없었나이다 하니 ⁴⁷ 바리새인들이 대답하되 너희도 미혹되었느냐 ⁴⁸ 당국자들이나 바리새인 중에 그를 믿는 자가 있느냐 ⁴⁹ 율법을 알지 못하는 이 무리는 저주를 받은 자로다 ⁵⁰ 그 중의 한 사람 곧 전에 예수께 왔던 니고데모가 그들에게 말하되 ⁵¹

우리 율법은 사람의 말을 듣고 그 행한 것을 알기 전에 심판하느냐 [52] 그들이 대답하여 이르되 너도 갈릴리에서 왔느냐 찾아 보라 갈릴리에서는 선지자가 나지 못하느니라 하였더라

성전 경비병들이 예수를 증언한다. 하지만 바리새인들은 그 증언을 무시하며 그들이 예수에게 미혹되었다고 판단한다. 이에 니고데모가 바리새인들에게 예수에 대하여 율법에서 정한 공정한 재판을 하도록 요구한다.

45-46절 바리새인들과 대제사장들이 예수를 체포하라고 파송한 성전 경비병들이 그냥 빈손으로 돌아오자 그들에게 그 이유를 묻는다. "그 사람이 말하는 것처럼 말한 사람은 이 때까지 없었나이다." 경비병들의 대답은 예수께서 가르치시는 방식과 내용이 다른 사람들과 현저하게 다름을 증언해 준다(참조. 막 1:22; 마 7:29; 눅 4:32). 성전 경비병들은 감히 예수를 체포할 수가 없었고, 오히려 예수가 범상한 인물이 아님을 체험하였다. 예수의 말씀을 직접 들으면 누구든지 그 말씀 앞에 굴복할 수밖에 없다.

47-49절 경비병들의 대답에 바리새인들이 '너희도 미혹되었느냐?'라고 묻는다. 이 질문을 통해 바리새인들이 예수를 '사람을 미혹하는 자'로 이미 확신하고 있음이 드러난다. 그들은 종교 및 정치 권력자 중 아무도 예수를 믿지 않는다고 자신 있게 말한다. 경비병들은 율법을 모르기 때문에 예수에게 미혹되었다고 생각한 것이다. 하지만 실제로는 자기들이야말로 율법을 알지 못하는 무지한 자들이었다.

50-52절 바리새인들이 예수를 대하는 태도를 지켜본 니고데모가 예수를 위하여 항변하기 시작한다. 그는 유대 종교 권력자로서, 저자는 이 사람이 3:1-15에 등장했던 인물임을 독자에게 알려 주려고 '전에 예수께 왔던 니고데모'라고 수식어를 덧붙인다. 요한복음에 니고데모가 총 세 번 나오는데 지금이 두 번째이고, 19:38-42에 또 한 번 등장한다. 니고데모가 예수에 대한 성급하

고도 불공정한 재판에 대하여 바리새인들에게 항의한다.

율법에 의하면 어떤 일을 판결하기 전에 허망한 풍설에 의존해서는 안 되었다. "너는 거짓된 풍설을 퍼뜨리지 말며 악인과 연합하여 위증하는 증인이 되지 말며 다수를 따라 악을 행하지 말며 송사에 다수를 따라 부당한 증언을 하지 말며 가난한 자의 송사라고 해서 편벽되이 두둔하지 말지니라"(출 23:1-3). 재판관들은 최종적인 판단을 하기 전에 먼저 양편의 말을 자세히 들어 보고 그 내용을 샅샅이 조사해야 했다(참조. 신 17:2-5; 19:15-19). "내가 그 때에 너희의 재판장들에게 명하여 이르기를 너희가 너희의 형제 중에서 송사를 들을 때에 쌍방간에 공정히 판결할 것이며 그들 중에 있는 타국인에게도 그리 할 것이라 재판은 하나님께 속한 것인즉 너희는 재판할 때에 외모를 보지 말고 귀천을 차별 없이 듣고 사람의 낯을 두려워하지 말 것이며 스스로 결단하기 어려운 일이 있거든 내게로 돌리라 내가 들으리라 하였고"(신 1:16-17).

니고데모가 공평한 재판을 하도록 공개적으로 요구한 일은 자신을 곤경에 처하게 할 수도 있는 행동이었다. 니고데모는 예수에 대한 믿음의 고백을 하지는 않았지만 예수를 위하여 적극적으로 항의한다. 니고데모의 태도가 변화되었음을 알 수 있다. 자기희생을 각오한 실천적인 믿음의 한 모습이다.

대제사장들과 바리새인들이 니고데모에게 '너도 갈릴리에서 왔느냐 찾아 보라 갈릴리에서는 선지자가 나지 못하느니라'라고 말한다. 니고데모를 예수와 엮어서 함께 곤경에 빠뜨리려는 의도가 담긴 말이다. 그리고 갈릴리 출신에 대한 차별이 존재했음을 추측할 수 있다. 하지만 선지자 호세아와 나훔은 갈릴리 출신이다. 요나 또한 갈릴리 지방 가드헤벨 출신이다(참조. 왕하 14:25). 바벨론 탈무드에 의하면, "이스라엘에는 선지자를 배출하지 못한 마을이나 부족이 없다."(TalBab, *Sukkah* 27b).[60]

초기 사본 중 하나인 P^{66}에서는 '선지자'('프로페테스', προφήτης, 'a prophet')가 아니라 관사가 붙은 '그 선지자'('호 프로페테스', ὁ προφήτης, 'the prophet')로 표기

---

[60] Brown, 『요한복음, I』, 733; Carson, 『요한복음』, 606을 보라.

되어 있다.⁶¹ 이 본문을 '그 선지자'로 읽으면 군중이 예수를 '그 선지자'로 이해한 40절과 연결되며, 그 선지자는 갈릴리에서 나온 예수라는 의미이다.

설교자를 위한 적용(7:37–52)

●● 성령을 주시겠다는 예수의 약속은 믿는 자들을 향한 특별한 은혜이자 기쁨의 소식이다. 예수께서 이 약속을 우리가 쉽게 이해할 수 있도록 '생수의 강'이라는 시각적인 묘사를 통해서 설명하신다. 이 성령은 영혼의 갈증을 해결해 주는 생수이다. 예수를 믿고 영접한 사람들에게 주시는 성령이 우리의 삶을 인도하시며 우리에게 참생명을 주신다.

예수를 알되 하나님의 말씀에 근거하여 알고 있어야 한다. 유대인 군중이 예수의 정체성에 대해 의견을 나눌 때 그 인식의 근거는 하나님의 말씀이었다. 예수를 '그 선지자'로 이해한 사람들은 신명기 18:15-18에 근거를 두었다. '그리스도'로 인식하고 고백한 사람들은 미가 5:2의 말씀을 잘 알고 있었다. 이들은 예수가 베푸신 기적들을 체험했다. 하지만 그들이 예수를 인식한 분명한 근거는 하나님의 말씀이었다. 오늘날 예수에 대한 고백은 있지만 그 고백이 자신의 개인적인 특별한 경험에 기초한 것이라면 표적 신앙이 아닌지 점검해 보아야 한다.

믿음은 단순한 입술의 고백을 넘어 행동하는 삶으로 증명되어야 한다. 요한복음에서는 니고데모를 통해서 믿음이 무엇인지를 잘 보여 준다. 니고데모는 예수를 직접 만나서 하나님 나라에 대하여 들었고 영생을 주제로 대화를 나누었다(참조. 3:1-15). 하지만 그는 예수에 대한 믿음의 고백이 없었다. 그런데 본문을 보면 니고데모의 태도가 예전과 완전히 달라졌다. 그는 예수가 바리새인들에게 부당하고 불공평하게 취급당하는 것을 보고서는 자기희생을 각오하고 예수를 위하여 항변한다. 니고데모의 태도는 믿음이 무엇인지를 잘 보여

61　Metzger, 『신약 그리스어 본문 주석』, 181을 참조하라.

준다. 믿음은 행동으로 실천하는 삶 자체이다.

*부록: 죄 지은 여인을 용서하신 예수(7:53-8:11)

⁵³ [다 각각 집으로 돌아가고 ⁸:¹ 예수는 감람 산으로 가시니라 ² 아침에 다시 성전으로 들어오시니 백성이 다 나아오는지라 앉으사 그들을 가르치시더니 ³ 서기관들과 바리새인들이 음행중에 잡힌 여자를 끌고 와서 가운데 세우고 ⁴ 예수께 말하되 선생이여 이 여자가 간음하다가 현장에서 잡혔나이다 ⁵ 모세는 율법에 이러한 여자를 돌로 치라 명하였거니와 선생은 어떻게 말하겠나이까 ⁶ 그들이 이렇게 말함은 고발할 조건을 얻고자 하여 예수를 시험함이러라 예수께서 몸을 굽히사 손가락으로 땅에 쓰시니 ⁷ 그들이 묻기를 마지 아니하는지라 이에 일어나 이르시되 너희 중에 죄 없는 자가 먼저 돌로 치라 하시고 ⁸ 다시 몸을 굽혀 손가락으로 땅에 쓰시니 ⁹ 그들이 이 말씀을 듣고 양심에 가책을 느껴 어른으로 시작하여 젊은이까지 하나씩 하나씩 나가고 오직 예수와 그 가운데 섰는 여자만 남았더라 ¹⁰ 예수께서 일어나사 여자 외에 아무도 없는 것을 보시고 이르시되 여자여 너를 고발하던 그들이 어디 있느냐 너를 정죄한 자가 없느냐 ¹¹ 대답하되 주여 없나이다 예수께서 이르시되 나도 너를 정죄하지 아니하노니 가서 다시는 죄를 범하지 말라 하시니라]

본서에서 이 단락을 부록으로 다루는 이유는 초기 사본 및 많은 필사본(the Majority Manuscripts)에 이 본문이 포함되지 않았기 때문이다.[62] 또한 고대 여러 번역본에도 나오지 않는다. 12세기 이전에는 헬라 교부들도 이 본문을 알지 못했던 것 같다. 그중 누구도 이 부분을 언급한 적이 없다. 카슨(D. A. Carson)은

---

[62] 개역개정은 이 사항을 독자들이 어느 정도 짐작할 수 있도록 각주에서 '어떤 사본에, 7:53부터 8:11까지 없음'이라고 표시하였다. 이런 점에서 성경을 읽는 독자는 한글 성경의 각주를 세심하게 살펴보면서 읽어야 할 필요가 있다. 이 단락이 전혀 포함되지 않은 중요한 사본들은 예를 들면, P^{66}, P^{75}, ℵ, B, L, N, T, W, Θ, Ψ, 33, 157, 565, 1424 등이다. Metzger, 『신약 그리스어 본문 주석』, 181-83을 보라. 이 본문에 대한 다양한 견해를 Kreitzer and Rooke (eds.), *Ciphers in the Sand*에서 참조하라.

이 본문에 대하여 "주후 10세기 이전의 동방 교부들 중에서 이 단락을 인용하고 있는 이는 아무도 없다."⁶³라고 밝힌다. 이 본문은 350년경 이전의 모든 요한복음의 필사본에서 발견되지 않는다. 이 이야기는 5세기가 될 때까지 어떤 헬라어 사본에도 나오지 않는다.

메츠거(B. Metzger)는 "동방의 경우에, 가장 오래된 형태의 시리아어 번역본뿐만 아니라(syr^{c,s}와 syr^{p}의 최고 사본들), 사히딕과 남부아크미믹(sub-Achmimic) 번역본들과 더 오래된 보하이릭 번역본 사본들에 이 문단이 없다."⁶⁴라고 한다. 이 단락이 후기 사본들에 삽입되었을 때, 그 위치가 서로 달랐다. 이 단락은 요한복음의 초기 사본들 가운데 7:36(사본 225) 다음에 삽입되기도 하고, 또는 7:44 다음에 들어 있기도 했다. 심지어 21:25(f¹) 뒤에 첨부되기도 했다. 누가복음 21:38 뒤에 포함된 사본(f¹³)도 있다. 이 단락은 서방 교회에서 구전으로 유포되다가 마침내 라틴 불가타 성경(Vulgate, 4세기 라틴어 번역판 성경)에 들어갔다가 후기 헬라어 사본들로 유입되었을 것으로 추정된다.⁶⁵

이 단락이 요한복음에서 누락된 이유는 예수께서 간음한 여인에게, '나도 너를 정죄하지 아니하노니 가서 다시는 죄를 범하지 말라'(11절)라고 말씀하신 용서의 내용이 간음에 대하여 "너무 관대한 의미로 해석될 수 있으므로 그 문단을 제4복음서에서 의도적으로 삭제하였다는 주장이 종종 제기된다. 그러나 도덕적 신중함 때문에 필사자가 긴 문단을 삭제한 경우가 다른 곳에 없을 뿐만 아니라",⁶⁶ 그 유래를 찾아보기도 어렵다. 이런 점에서 거의 모든 요한복음 학자들이 이 단락이 이 복음서에 본래 속하지 않았다는 사실에 동의한다.

이 단락에 사용된 어휘와 문체는 공관복음의 성격과 유사하다. 8:3의 '서기관'('호이 그람마테이스', οἱ γραμματεῖς)과 11절의 '내가 너를 정죄하지 않는다'('우

---

63 Carson, 『요한복음』, 607.
64 Metzger, 『신약 그리스어 본문 주석』, 181.
65 Kruse, 『요한복음』, 293-98; Barton et al., 『요한복음』, 282-83, "이 이야기에 성경과 동일한 권위를 부여해서는 안 된다."; Moloney, *John*, 259-60; Brown, 『요한복음, I』, 743-53; Barrett, 『요한복음(I)』, 516-22; Carson, 『요한복음』, 606-614; Keener, *John*, I, 735-38을 참조하라.
66 Metzger, 『신약 그리스어 본문 주석』, 183.

데 에고 세 카타크리노', οὐδὲ ἐγώ σε κατακρίνω)에서 '정죄'는 공관복음에 자주 나오는 단어이다. 요한복음에서는 이 단락에만 이런 헬라어 어휘들이 사용되었다(참조. 마 12:41, 42; 20:18; 27:3; 막 10:33; 14:64; 16:16; 눅 11:31, 32).

이 단락은 간음하다 현장에서 붙들린 여인을 예수 앞에 소환하는 내용이다. 서기관들과 바리새인들이 예수의 반응을 시험해 본다. 예수께서는 '너희 중에 죄 없는 자가 먼저 돌로 치라'라고 말씀하신다. 그러자 모두 떠나고 여인과 예수만 남는다. 예수께서 '나도 너를 정죄하지 아니하노니 가서 다시는 죄를 범하지 말라'라고 하시며 이 여인의 죄를 용서해 주신다.

이 단락은 다음과 같이 네 부분으로 나눌 수 있다.

> 서론(7:53-8:2)
> 서기관들과 바리새인들, 그리고 예수(8:3-6a)
> 예수와 서기관들과 바리새인들(8:6b-9)
> 간음한 여인과 예수(8:10-11)

이 단락과 매우 유사한 이야기가 구약외경 수산나(Susanna) 1:36-40에 기록되어 있다.

> "노인들이 말하기를 '우리가 정원을 조용히 산책할 때 이 여인이 두 여종과 들어와서 정원의 문을 닫았고 두 여종은 떠났다. 그때 한 젊은이가 그 정원에 숨어 있었는데, 그 여인에게 다가가서 그녀와 함께 누웠다. 우리가 정원 구석에 있었을 때 그 사악한 일을 보고 그들에게 달려갔다. 우리는 그들이 부둥켜안고 있는 것을 보았지만, 그 남자가 우리보다 힘이 있어서 그를 붙잡을 수 없었다. 그 남자는 문을 열고 도망가 버렸다. 하지만 우리는 이 여인을 붙잡았다. 그리고 그 남자가 누구인지 물었다.'" … [67]

---

[67] Susanna 1:36-40, (36)The elders said, "While we were walking in the garden alone, this woman came in with two maids, shut the garden doors, and dismissed the maids. (37)

수산나의 전체 내용을 요약하면 다음과 같다. 주인공 수산나에게 음욕을 품은 두 노인이 수산나를 겁탈하려다가 실패한다. 이에 두 노인이 오히려 수산나에게 누명을 씌워 수산나가 음행한 죄인이라고 거짓 고발을 한다. 하지만 이 여인은 죽기 직전에 극적으로 누명을 벗고 하나님을 찬양한다.[68]

7:53-8:1 '다 각각 집으로 돌아가고'에서는 무리가 어느 장소에서 집으로 돌아간 것인지 분명하게 나오지 않는다. 마치 어떤 이야기의 마무리 단락처럼 보인다. '감람산'은 예루살렘 동편에 위치한 해발 약 800미터 정도의 산으로, 기드론 계곡 건너편에 있고 감람나무(Olive Tree)가 많아서 이 이름으로 불리게 되었다.

2절 '아침에 다시 성전으로 들어오시니'에서 부사어 '다시'('팔린', πάλιν)를 통해 비슷한 상황이 반복되고 있음을 알 수 있다. 예수께서는 전날 저녁에도 성전에 계셨다. '앉으사 그들을 가르치시더니'에서 '앉으사'는 당시 성전에서 가르침을 베푸는 사람의 통상적인 자세였다.

3-4절 서기관들과 바리새인들이 음행 중에 현장에서 붙잡힌 여인을 예수 앞으로 끌고 온다. 이 여인이 정말 '음행 중에' 잡혔는지 아니면 모함을 받아 끌려왔는지는 명확히 알 수 없다. 그리고 처녀인지 유부녀인지도 알 수 없다. 다만 그 시대에는 간통죄가 결혼한 남녀 모두에게 적용되었기에 '간음하다가'('모이케이아', μοιχεία, '음행', '간음')라는 단어의 사용을 통해 결혼한 여인이라고 추측해 볼 수 있다.

Then a young man, who was hiding there, came to her and lay with her. (38)We were in a corner of the garden, and when we saw this wickedness we ran to them. (39)Although we saw them embracing, we could not hold the man, because he was stronger than we, and he opened the doors and got away. (40)We did, however, seize this woman and asked who the young man was, …"(NRSV).
68 구약외경 수산나와 관련해서는 Metzger, 『외경이란 무엇인가』, 105-111; deSilva, *Introducing the Apocrypha*, 231-36; Collins, *Invitation to the Apocrypha*, 109-121을 참조하라.

5절 서기관들과 바리새인들이 모세의 율법을 언급하면서 예수를 시험한다. 이들이 신명기와 레위기를 근거로 하여 이 여자를 돌로 쳐서 죽일 수 있음을 언급한다. 만일 처녀가 이런 죄를 범했을 경우, 신명기 22:28-29에서는 "만일 남자가 약혼하지 아니한 처녀를 만나 그를 붙들고 동침하는 중에 그 두 사람이 발견되면 그 동침한 남자는 그 처녀의 아버지에게 은 오십 세겔을 주고 그 처녀를 아내로 삼을 것이라 그가 그 처녀를 욕보였은즉 평생에 그를 버리지 못하리라"라고 규정한다.

남자와 약혼한 여자는 처녀와는 다른 처벌을 받았다. "처녀인 여자가 남자와 약혼한 후에 어떤 남자가 그를 성읍 중에서 만나 간통하면 너희는 그들을 둘 다 성읍 문으로 끌어내어 그들을 돌로 쳐 죽일 것이니 그 처녀는 성안에 있으면서도 소리 지르지 아니하였음이요 그 남자는 그 이웃의 아내를 욕보였음이라 너는 이같이 하여 너희 가운데 악을 제할지니라"(신 22:23-24).

유부녀가 이러한 죄를 범했을 때는 그 상대도 함께 사형에 처해졌다. "누구든지 남의 아내와 간음하는 자 곧 그의 이웃의 아내와 간음하는 자는 그 간부와 음부를 반드시 죽일지니라"(레 20:10). 신명기에서도 동일한 율법 사상이 나타난다. "어떤 남자가 유부녀와 동침한 것이 드러나거든 그 동침한 남자와 그 여자를 둘 다 죽여 이스라엘 중에 악을 제할지니라"(신 22:22).

하지만 서기관들과 바리새인들은 율법을 사용하여 예수에게 덫을 놓고 있다. 만일 예수께서 그 여인을 죽이라고 하면 모세의 율법에는 순종하는 것이지만 로마법에는 어긋난다. 더욱이 그동안 사람을 용서하고 원수까지 사랑하라고 가르치신 예수의 가르침과 모순이 된다. 반대의 경우는 모세의 율법을 지키지 않는 것이어서 예수께서 어떤 결정을 내리더라도 딜레마에 빠질 수밖에 없는 상황이다. 율법을 알고 있는 자들이 그 율법을 자신의 삶에 적용하는 것이 아니라 예수를 시험하려는 수단과 방법으로 사용하고 있다. 성경을 묵상하고 연구하는 이유가 나를 하나님 앞에서 변화시키며 예수를 닮아 가기 위함이 아니라면 예수를 시험하려는 이들과 다를 바 없다.

6a절 "그들이 이렇게 말함은 고발할 조건을 얻고자 하여 예수를 시험함이러

라." 예수께서 어떤 대답을 하셔도 그들이 파놓은 함정에 빠질 수밖에 없었다. 이들은 예수를 고발하려고 혈안이 된 상태였다. 하나님의 율법을 전문적으로 연구하고 가르치는 서기관들과 바리새인들이 율법이 말하는 사랑과 공의를 아예 무시한 채 자신들의 욕심과 분노를 해결하기 위하여 이 율법을 수단과 방법으로 사용하고 있다. 오늘날에도 성경 말씀을 올바르게 가르치지 않고 실천하지도 않으면서 오히려 남들을 넘어뜨리고 자신의 욕망을 채우는 수단과 방법으로 성경 말씀을 사용하는 사역자들이 있다. 바로 예수 시대의 종교 권력자들과 같은 사람들이다.

6b-8절 "예수께서 몸을 굽히사 손가락으로 땅에 쓰시니." 예수께서 어떤 의도로 이러한 행동을 하셨는지, 그리고 어떤 내용을 쓰셨는지에 대해 다양한 의견이 제시되지만 명확하게 알 수는 없다. 분명한 것은 예수께서 땅에 무언가를 쓰셨을 때 모두 예수의 손가락에 주목했을 것이라는 사실이다. 그러는 동안 격렬했던 감정이 가라앉고 차츰 이성적으로 이 사건을 보게 되었을 것이다. 서기관들과 바리새인들이 계속해서 예수께 답을 요구한다. 예수의 대답은 '너희 중에 죄 없는 자가 먼저 돌로 치라'이다. 그리고 '다시 몸을 굽혀 손가락으로 땅에' 무언가를 또 쓰신다. 이 행위 역시 사람들의 관심을 끌기에 충분했을 것이다.

9절 예수의 답을 들은 사람들이 '양심에 가책을 느껴 어른으로 시작하여 젊은이까지 하나씩 하나씩' 현장에서 떠나간다. 개역개정은 본문에 의미를 첨가한('양심에 가책을 느껴') 번역을 제시한다. 문자대로 직역하면, '그러므로 [예수께서 하신 말씀을] 들은 사람들은 늙은이로부터 시작해서 하나씩하나씩 떠나고'(οἱ δὲ ἀκούσαντες ἐξήρχοντο εἷς καθ' εἷς ἀρξάμενοι ἀπὸ τῶν πρεσβυτέρων)이다. 현장에 있던 사람들은 죄의 본질을 깨닫고, 자기들의 죄를 기억했을 것이다. 결국 예수와 그 여인만 현장에 남게 되었다.

율법에서는 죄를 범한 자를 돌로 쳐서 사형시키려고 할 때 가장 먼저 돌로 치는 자가 증인이 되었다. "이런 자를 죽이기 위하여는 증인이 먼저 그에게 손을 댄 후에 뭇 백성이 손을 댈지니라 너는 이와 같이 하여 너희 중에서 악을 제할지니라"(신 17:7), "여호와의 이름을 모독하면 그를 반드시 죽일지니 온 회중이 돌로 그를 칠 것이니라 거류민이든지 본토인이든지 여호와의 이름을 모독하면 그를 죽일지니라"(레 24:16).

예수께서 이 율법을 죄 지은 여인을 둘러싸고 있는 사람들에게 선포하시며, 그들의 양심을 자극하셨다. 결국 그 누구도 이 여인에게 돌을 들지 못했다. 이 상황은 이 여인이 현행범으로 잡혀 왔으나 그 범죄에 대한 증인이 한 명도 없음을 암시한다. 그렇다면 이 여인은 어쩌면 무고하게 끌려왔을 수도 있다.

10-11절 '예수께서 일어나사'라는 표현으로 보아 예수께서는 사람들이 다 떠날 때까지 땅에 무언가를 계속 쓰고 계셨던 것 같다. 이윽고 예수께서 이 여인을 향해 '여자여 너를 고발하던 그들이 어디 있느냐 너를 정죄한 자가 없느냐'라고 물으신다. 그리고 이 여인에게 용서의 은혜와 긍휼을 베푸신다. "나도 너를 정죄하지 아니하노니 가서 다시는 죄를 범하지 말라 하시니라."

11.2. 세상의 빛이신 예수(8:12-29)

예수께서 초막절 직후 성전에서 '나는 세상의 빛이다'라고 선언하신다. 자신의 정체성을 분명히 드러내신 것이다. 예수는 자신을 보내신 아버지 하나님과 함께 있으며, 하나님이 자신의 증인이라고 말씀하신다. 그리고 자신의 십자가 죽음을 암시하면서 '내가 가리니 내가 가는 곳에는 너희가 오지 못하리라'라고 말씀하신다. 유대인들이 이 말을 예수가 자살할 것이라고 오해해서 해석한다. 예수는 유대인들을 향해서 자신을 믿지 못하면 그들이 그들 죄 가운데서 죽을 것이라고 선언하시고, 자신을 하나님이 보내셨다고 다시 강조하신다.

이 단락은 예수가 세상의 빛이라고 선언하시는 장면(8:12-20)과 십자가에서의 죽음을 예언하시는 장면(8:21-29)으로 나뉜다.

11.2.1. 세상의 빛(8:12-20)

¹² 예수께서 또 말씀하여 이르시되 나는 세상의 빛이니 나를 따르는 자는 어둠에 다니지 아니하고 생명의 빛을 얻으리라 ¹³ 바리새인들이 이르되 네가 너를 위하여 증언하니 네 증언은 참되지 아니하도다 ¹⁴ 예수께서 대답하여 이르시되 내가 나를 위하여 증언하여도 내 증언이 참되니 나는 내가 어디서 오며 어디로 가는 것을 알거니와 너희는 내가 어디서 오며 어디로 가는 것을 알지 못하느니라 ¹⁵ 너희는 육체를 따라 판단하나 나는 아무도 판단하지 아니하노라 ¹⁶ 만일 내가 판단하여도 내 판단이 참되니 이는 내가 혼자 있는 것이 아니요 나를 보내신 이가 나와 함께 계심이라 ¹⁷ 너희 율법에도 두 사람의 증언이 참되다 기록되었으니 ¹⁸ 내가 나를 위하여 증언하는 자가 되고 나를 보내신 아버지도 나를 위하여 증언하시느니라 ¹⁹ 이에 그들이 묻되 네 아버지가 어디 있느냐 예수께서 대답하시되 너희는 나를 알지 못하고 내 아버지도 알지 못하는도다 나를 알았더라면 내 아버지도 알았으리라 ²⁰ 이 말씀은 성전에서 가르치실 때에 헌금함 앞에서 하셨으나 잡는 사람이 없으니 이는 그의 때가 아직 이르지 아니하였음이러라

예수께서 자신을 빛이라고 선언하시자 바리새인들이 스스로 자신을 위하여 하는 증언은 효력이 없다고 반박한다. 이에 예수는 자신은 자신의 기원과 운명을 알고 있고, 아버지 하나님과 불가분리(不可分離)의 관계이기에 증언이 유효하다고 주장하신다. 그리고 자신과 하나님을 율법이 요구하는 두 증인으로 내세우신다.

12절 초막절이 지난 후에 예수께서 성전에서 자신의 정체를 드러내며 '나는 세상의 빛이니'('에고 에이미 토 포스 투 코스무', ἐγώ εἰμι τὸ φῶς τοῦ κόσμου)라고 선언하신다. 이 선언은 예수의 자기 계시이다. 예수께서 자신을 세상의 빛으로 선언하신 것은 곧 자신이 하나님이심을 드러내신 것과 같다. 이스라엘 백성은 시편 27:1에서 "여호와는 나의 빛이요 나의 구원이시니 내가 누구를 두려워하리요 여호와는 내 생명의 능력이시니 내가 누구를 무서워하리요"라고 노래

했다.

요한복음에서는 '세상의 빛'이신 예수께서 사람들에게 생명을 주시기에 세상의 빛은 곧 '생명의 빛'('토 포스 테스 조에스', τὸ φῶς τῆς ζωῆς)이라고 기술한다(참조. 1:4). 예수가 세상의 빛이라는 진리를 그분의 정체성과 관련하여 처음부터 일관되게 강조한다(참조. 1:4-5; 9:4-5). 빛으로 오신 예수께서 세상을 어둠으로 규정하신다. 어두운 세상은 빛을 미워한다. 빛이신 예수를 따르는 자는 어둠에 머물러 있지 않는다. 세례자 요한은 자신이 그 빛에 대하여 증언하러 온 사람이라고 밝힌다(참조. 1:7-8). 예수께서는 자신이 빛인 것과 대조적으로 세례자 요한을 가리켜 '켜서 비추이는 등불'이라고 표현하신다(5:35).

예수가 사용하신 선언의 형식은 자기의 정체성을 드러내는 메시아적 자기표현이다(참조. 6:35, 48, 51; 8:12, 24, 28; 10:7, 9, 11, 14; 11:25; 14:6; 15:1, 5; 18:5, 6, 8). 세상의 빛이라는 표현은 초막절에 행하던 유대인들의 풍습, 즉 성전 안 여인의 뜰에서 거대한 횃불과 함께 황금 촛대를 밝히는 의식과 밀접한 관련이 있다(참조. Mishnah, *Sukkah* 5:2-4).[69] 촛불 점화 의식은 여호와를 이스라엘의 빛으로 믿는 신앙과 관련이 있다(참조. 출 13:21-22; 14:19-25; 시 27:1).[70] 세상의 빛 되신 예수를 따라가려면 그 빛을 드러내는 삶을 살아가야 할 책임을 져야 한다.

13절 인간의 증언 효력을 근거로 바리새인들이 예수의 '증언'('마르투리아', μαρτυρία)을 문제 삼는다. 사람이 자기를 위하여 증언하면 법적으로 효력이 없다는 것이다. "네가 너를 위하여 증언하니 네 증언은 참되지 아니하도다." 모세의 율법뿐 아니라 세상의 상식에 기초하여 예수의 증언이 무효라고 주장한다. 하지만 예수는 하나님이시기에 그분의 증언은 항상 참되고 정당하다. 자기주장을 스스로 할 수 있는 분이기에 자기 정체성에 대하여 스스로 선언하실 수 있었다.

69　Danby, *Mishnah*, 179-80을 참조하라.
70　Brown, 『요한복음 I』, 762-64; Carson, 『요한복음』, 615-18; Keener, *John*, I, 739-42을 참조하라.

14절 예수께서 자신의 증언이 참된 이유에 대해 본인이 하나님의 아들이기 때문이며, 하나님과 자신이 하나이기 때문이라고 주장하신다. 하나님의 아들은 곧 하나님이시다. 하나님의 증거는 거짓이 있을 수 없기에 예수의 증언은 항상 옳을 수밖에 없다. 예수는 인간과 다르게 자신의 기원과 운명을 알고 있으시므로 자신에 대하여 증언하실 수 있다 "내가 나를 위하여 증언하여도 내 증언이 참되니 나는 내가 어디서 오며 어디로 가는 것을 알거니와."

15-16절 바리새인들은 세상에 속한 기준, 즉 세상의 가치관으로 사람을 판단한다. 그러므로 하나님인 예수를 정확하게 이해할 수 없고 판단할 수 없다. 하지만 예수의 판단은 언제나 참되시다. 자신을 보내신 하나님과 늘 함께하시기 때문이다. 하나님과 예수는 불가분리의 관계이다. 진정한 판단을 내릴 수 있는 분은 자신과 인간에 대해 완전한 지식을 가지신 예수밖에 없다. 이와 같은 사상이 29절에도 반복해서 나온다.

17-18절 여기서 '율법'은 모세의 율법을 말한다. "사람의 모든 악에 관하여 또한 모든 죄에 관하여는 한 증인으로만 정할 것이 아니요 두 증인의 입으로나 또는 세 증인의 입으로 그 사건을 확정할 것이며"(신 19:15). 두 사람은 법에서 인정하는 증인의 최소 인원이다. 예수께서는 자신의 증언이 율법의 조건을 충족한다고 주장하신다. 모세의 율법에 의하면 두 사람의 증언이 참되다고 했는데(참조. 신 17:6), 예수는 자기 자신과 자기를 세상에 보내신 아버지 하나님을 증인으로 내세우신다. 이와 같은 논증은 5:31-37에서 이미 언급된 적이 있다. 예수는 하나님과 내적 일치와 외적 연합의 관계를 유지하신다. 예수는 한 분이시지만 그 안에 계신 하나님 아버지로 인하여 두 명의 증인 역할을 하신다. 이는 율법에서 요구하는 조건에 충족되는 인원수이다. 예수는 유대인들이 율법의 요구를 내세우고 있기에 그 율법의 조건을 충족시키기 위한 근거를 제시하신 것이다. 비록 인간의 판단을 받지 않으시는 예수이시지만 그들의 요구에 따라 주고 계신다. 더욱이 예수는 율법을 완성하시는 분이고 율법 위에 존재하시며, 율법의 절대 기준이시다. 만일 두 증인의 증언이 일치하지 않으면

그 증언을 진실하다고 볼 수 없다. 당시 거짓 증언은 사형에 해당하는 범죄였다. 예수께서는 아버지 하나님과 자신이 하나임을 암시하시면서 언제나 둘 사이의 뜻이 일치한다는 것을 보여 주신다. 예수는 '나를 보내신 아버지도 나를 위하여 증언한다'라고 말씀하신다. 증인의 가장 큰 역할은 진실한 증언을 하는 것이다. 그리스도인은 복음의 증인으로서 진실한 삶을 통해서 예수를 증언해야 한다.

19절 바리새인들이 '네 아버지가 어디 있느냐?'라고 질문한다. 예수의 증인이 될 아버지를 법정으로 데려오라는 뜻이다. 이들은 예수의 말씀을 올바로 이해하지 못하고 있다. 이에 대해 예수께서 '너희는 나를 알지 못하고 내 아버지도 알지 못하는도다'라고 대답하신다. 유대인들과 예수께서 기독론에 대해 논쟁을 벌였던 5장의 상황이 다시 반복되고 있다. 그 아들 예수를 알면 그를 보내신 아버지도 알 수 있지만, 바리새인들은 지금 예수도 아버지도 알지 못한다. 아들을 믿고 받아들인다는 것은 곧 아버지 하나님을 믿고 받아들이는 것이다. 반대로, 아들을 믿지 않는다는 것은 곧 하나님을 믿지 않는 것이다. 그렇다면 바리새인들이 예수를 믿지 않는다는 것은 결국 하나님도 믿지 않는다는 뜻이다.

20절 예수께서 이와 같은 가르침을 헌금함 앞에서 하셨다고 저자가 설명한다. '헌금함'('가조퓔라키온', γαζοφυλάκιον, '보물 창고')이라는 단어가 마가복음 12:41-43, 그리고 누가복음 21:1에도 나온다(참조. BDAG, 186).[71] 그렇다면 '나는 세상의 빛이다'라고 선언하신 장소도 성전 안 헌금함 근처이다. 미쉬나(Mishnah, *Shekalim* 2:1; 6:1, 5)에 의하면 성전 안 여인의 뜰에는 행각 기둥이 많

---

71 헌금함 앞에 장소를 나타내는 전치사 '엔'(ἐν)이 붙어 있다. 그래서 ἐν τῷ γαζοφυλακίῳ를 문자대로 번역하면 '보물 창고 안에'이다. 하지만 예수께서 '보물 창고 안에' 들어가셔서 말씀을 가르치셨을 리는 없으므로 여기서는 이 전치사를 '곁에'로 번역하는 것이 적합하다. Brown, 『요한복음, I』, 760; Keener, *John*, I, 742을 참조하라.

이 있었다. 성전 안에는 나팔 모양으로 생긴 헌금함이 13개 있었다.[72] 이곳은 여자들도 헌금을 하도록 출입이 허용되었기에 성전 안에서 가장 붐비는 장소였을 것이다. 예수께서는 가능한 한 많은 사람에게 생명의 말씀을 전하시려고 이곳을 선택하셨을 것이다. 저자가 '성전'('히에론', ἱερόν)이라고 장소를 언급한 것은 예수의 가르침과 선언, 그리고 논쟁이 마치 구약 시대의 선지자의 것처럼 보이도록 하려는 의도가 있기 때문이다(참조. 7:14, 28; 8:2, 20, 59). 59절에도 '성전'이라는 단어가 한 번 더 나온다.

예수께서 헌금함 앞에서 논쟁을 하셨지만 아무도 예수를 잡지 않았다. '그의 때'가 아직 이르지 않았기 때문이다. '때'는 예수의 십자가 죽음을 암시하는 표현으로, '내 때'와 함께 요한복음에 반복해서 나온다(참조. 2:4; 7:8, 30).

11.2.2. 예수의 죽음 예언(8:21-29)

[21] 다시 이르시되 내가 가리니 너희가 나를 찾다가 너희 죄 가운데서 죽겠고 내가 가는 곳에는 너희가 오지 못하리라 [22] 유대인들이 이르되 그가 말하기를 내가 가는 곳에는 너희가 오지 못하리라 하니 그가 자결하려는가 [23] 예수께서 이르시되 너희는 아래에서 났고 나는 위에서 났으며 너희는 이 세상에 속하였고 나는 이 세상에 속하지 아니하였느니라 [24] 그러므로 내가 너희에게 말하기를 너희가 너희 죄 가운데서 죽으리라 하였노라 너희가 만일 내가 그인 줄 믿지 아니하면 너희 죄 가운데서 죽으리라 [25] 그들이 말하되 네가 누구냐 예수께서 이르시되 나는 처음부터 너희에게 말하여 온 자니라 [26] 내가 너희에게 대하여 말하고 판단할 것이 많으나 나를 보내신 이가 참되시매 내가 그에게 들은 그것을 세상에 말하노라 하시되 [27] 그들은 아버지를 가리켜 말씀하신 줄을 깨닫지 못하더라 [28] 이에 예수께서 이르시되 너희가 인자를 든 후에 내가 그인 줄을 알고 또 내가 스스로 아무 것도 하지 아니하고 오직 아버지께서 가르치신 대

---

[72] Danby, *Mishnah*, 152-62을 보라. Carson, 『요한복음』, 622; Barrett, 『요한복음(II)』, 74, "소파르는 불면 트럼펫 소리가 나는 호른이었고, 그 용기들은 그 형태에 따라 이름이 붙여졌을 것이다."; Keener, *John*, I, 742을 참조하라.

로 이런 것을 말하는 줄도 알리라 ²⁹ 나를 보내신 이가 나와 함께 하시도다 나는 항상 그가 기뻐하시는 일을 행하므로 나를 혼자 두지 아니하셨느니라

예수께서 자신의 죽음을 '간다'('휘파고', ὑπάγω)라는 동사를 통하여 간접적으로 암시하시지만 유대인들은 이 말을 제대로 이해하지 못한다. 예수께서 그들을 향하여, 나를 믿지 못하면 너희가 너희 죄 가운데서 죽을 것이라고 선언하시고, 자신은 하나님이 보내신 자라고 거듭 말씀하신다.

21절 '너희가 나를 찾다가 너희 죄 가운데서 죽겠고'는 유대인들이 메시아인 예수를 알아보지 못하고 평생토록 다른 메시아를 기다리다가 끝내 자신들의 죄를 용서받지 못한 채 죽을 것이라는 뜻이다. 유대인들은 예수를 의심하여 끝까지 받아들이지 않았다. 요한복음에서는 공관복음과 달리 예수가 당하실 수난에 대한 예고가 나오지 않는다(참조. 막 8:31; 9:31; 10:33-34; 마 16:21, 24-25; 17:22-23; 눅 9:44). 다만 '간다'라는 헬라어 동사를 사용하여 예수의 죽음을 간접적으로 언급한다. 예수를 끝까지 거부하고 받아들이지 않는다면 그 누구라도 자기 죄 가운데서 죽을 수밖에 없다. 우리에게 영원한 생명을 주시려고 십자가 위에서 죽으신 예수를 메시아로, 또한 하나님으로 고백할 때 우리는 영생을 선물로 받는다.

22절 예수께서 자신의 죽음을 암시하며 '내가 가는 곳에는 너희가 오지 못하리라'라고 말씀하시자 유대인들이 이를 '자살'('아포크테네이 헤아우톤', ἀποκτενεῖ ἑαυτόν)로 받아들인다. 이들은 이미 예수를 죽이려고 계획하고 있었다(참조. 7:1). 그래서 '설마 자살하지는 않겠지?'라며 조롱한다. 예수의 자기희생적 죽음에 대하여 무의식적으로 내뱉은 말이다. 유대인들은 "내가 반드시 너희의 피 곧 너희의 생명의 피를 찾으리니 짐승이면 그 짐승에게서, 사람이나 사람의 형제면 그에게서 그의 생명을 찾으리라"(창 9:5)라는 말씀에 근거하여 자살을 하나님 나라에 합당하지 않은 죄로 간주하였다.

23-24절 예수께서 자신의 출생의 기원을 밝히심으로써 자신과 유대인들이 근본적으로 다른 존재임을 나타내신다. 예수는 위에서 오신 분으로서 출생의 기원이 하늘에 있고, 유대인들은 아래에서 났으며 땅에 기원을 둔다. 그래서 예수는 세상에 속하지 않았지만 유대인들은 세상에 속하였다. 이렇게 서로 속한 세계가 다르기에 예수가 가시는 곳으로 유대인들이 오지 못하는 것이다.

예수께서 자신을 믿지 않는 유대인들을 향해 믿지 않음이 죄악이라는 사실을 직설적으로 더욱 분명하게 설명하신다. 예수를 메시아로 받아들이지 않고 믿지도 않으면 유대인들은 죄 가운데서 죽을 수밖에 없다. '죄'('하마르티아이스', ἁμαρτίαις)는 '하마르티아'(ἁμαρτία)의 복수형으로, 다양한 형태의 죄들을 의미한다. 유대인들은 이방인들을 죄인이라고 생각했고, 자신들은 하나님의 선택을 받은 선민이며 율법을 잘 지키면서 살아가므로 의인이라고 생각했다. 하지만 예수께서는 이방인은 물론 유대인도 모두 죄인이라고 말씀하신다. 그리스도인은 이 땅에서 살고 있기에 땅에 속하였지만 하나님의 자녀가 되는 은혜를 받았기에 이 땅에서도 하늘 백성의 신분으로 살아갈 수 있다.

25절 유대인들이 또다시 예수에게 '네가 누구냐'라고 묻는다. 예수께서 '나는 처음부터 너희에게 말하여 온 자니라'라고 대답하신다. 예수는 다양한 방법으로 계속해서 자신의 정체를 밝혀 오셨지만(참조. 3:1-15; 4:3-42) 사람들은 자기들의 욕심과 기대에 눈이 멀어 예수를 알아보지 못했다. 이 구절에서 유대인들의 분노가 표출된 것을 알 수 있다. 유대인들 사이에서는 이미 예수의 정체성에 대해 의견이 나뉜 상태였다. 어떤 이들은 '그 선지자'로 또는 '그리스도'(참조. 7:31, 40-41)로 인식했고, 다른 이들은 이런 이해를 거부했다(참조. 7:47-48). 하지만 예수는 그동안 공개적으로, 인자(참조. 5:27), 하나님이 보내신 자(참조. 5:23-30, 36-38; 7:16, 28-29, 33), 그리고 하나님의 아들(참조. 5:25-26)로서 자신을 드러내 오셨다.

26-27절 예수께서 유대인들을 향하여 '내가 너희에게 대하여 말하고 판단할 것이 많으나'라고 하시면서 그들이 자신을 받아들일 준비가 되어 있지 않음

을 지적하신다. 그리고 자신을 오해하는 유대인들에게 분명히 자신은 하나님께로부터 보냄을 받았다고 다시 강조하신다. 자신과 하나님 아버지의 관계를 또 한 번 밝히신 것이다. 이런 점에서 하나님을 믿는 것과 그분이 보내신 아들을 믿는 것은 동일하다. 예수께서 하나님 아버지를 증언하셨지만 유대인들은 전혀 깨닫지 못한다. 예수의 말씀을 믿지 못하면 다른 방법으로는 그분을 믿을 수 없다. 나아가, 그분을 이 땅에 보내신 하나님도 믿을 수 없다. 예수께서는 자신이 마치 구약 시대의 선지자처럼 하나님께 들은 대로 세상에 증언한다고 덧붙이신다.

28절 예수께서 자신을 인자라고 칭하시면서 '인자를 든 후에'라는 표현을 통하여 자신의 십자가 죽음을 암시하신다. 개역개정에서 '든(=들리다)'은 '높이 매달다'의 의미인데 헬라어 동사 '휩쏘오'(ὑψόω, '들어 올리다', '높이다', '영광스럽게 하다')의 번역이다(참조. BDAG, 1045-46). 요한복음에서는 '인자가 들림을 받는다'라고 표현하여 예수의 죽음을 예고한다. 이 표현이 요한복음에 세 번 나온다(참조. 3:14; 8:28; 12:33-34). 예수께서 십자가에 달리신 후에야 사람들이 비로소 그분이 메시아임을 알게 될 것이다. 인자이신 예수께서 십자가 위에 높이 들려질 때가 메시아이신 그분의 정체성을 알리는 최고 절정의 순간이다. 인자가 높이 들리는 일은 십자가 사건 자체뿐 아니라 예수를 영광으로 이끄는 일련의 사건들, 즉 표적 사건들 속에서 메시아이신 그분의 정체성이 이미 연속적으로 드러난 것을 포함한다. 유대인들은 예수께서 자의로 말하고 행동하는 것이 아니라, 아버지께서 가르치신 대로 말씀하신다는 사실을 알아야 한다. 예수의 운명을 결정하는 것은 하나님의 주권적 의지이다. 예수가 하나님의 아들로 세상에 보내진, 메시아이심을 알고 그분의 십자가 죽음의 의미를 깨달을 때 비로소 성육신하신 예수를 이해할 수 있다.

29절 예수는 아버지께서 자신을 보내셨고 자신과 항상 함께하신다는 내용을 8장에서 네 번이나 말씀하신다(참조. 8:16, 18, 26, 29). 다음 구절을 보면 유대인들이 이 말씀을 듣고 그분을 믿었다고 하는데 이는 온전한 믿음이 아니다. 온전한 믿음에 이르려면 예수께서 세상에 보내진 하나님의 아들이며 메시아이 심을 믿고, 십자가에서 죽으신 예수를 이해하고 예수 안에서 살아가야 한다. 진정한 믿음이란 예수께서 아버지와 함께하신 것처럼 그리스도 안에 머물며 함께 사는 것이다.

설교자를 위한 적용(8:12-29)

●● 예수는 세상의 빛이시다. 이 빛은 세상에 생명을 주는 빛이다. 세상의 빛이신 예수께서 모든 죄악을 물리치시고 사람들에게 생명을 주신다. 예수를 따르는 자는 어둠에 머물러 있을 수 없다. 아직도 어둠에 묻혀서 죄악 가운데 사는 사람은 세상의 빛을 보지 못한 것이다. 빛은 어둠을 물러가게 하고 어둠의 그림자가 존재할 수 없게 한다.

예수는 하나님이시다. 예수는 자신의 증언이 참된 이유가 하나님과 함께 계시기 때문이라고 말씀하신다. 예수는 하나님을 아버지라고 부르는, 하나님 아버지의 아들이시다. 인간의 아들이 인간인 것처럼 하나님의 아들은 곧 하나님이시다. 예수는 하나님의 유일하신 아들이시다. 예수를 단순히 모범적인 인간으로 이해하고 그분의 삶을 닮으려는 것은 그분을 하나님으로 인정하고 믿는 것이 아니다.

예수의 십자가 죽음을 올바로 이해할 때 믿음이 깊이 뿌리내릴 수 있다. 유대인들은 메시아가 이 세상에 오셔서 십자가 위에서 죽으리라고는 상상도 못했다. 유대인들의 믿음을 가로막은 장애물은 잘못된 지식과 자신들의 기대와 욕심이었다. ●●

11.3. 예수와 유대인들의 논쟁(8:30-59)

예수와 유대인들 사이에 논쟁이 벌어진다. 먼저 예수께서 유대인들을 향하여 '진리를 알지니 진리가 너희를 자유롭게 하리라'(8:32)라고 선언하신다. 그리고 유대인들과 그들이 아브라함의 자손인지, 아니면 죄의 종인지에 대하여 논하신다. 예수께서 유대인들에게 마귀의 자식이라고 하시자 유대인들이 반발하여 예수가 귀신이 들렸다고 비꼰다.

이 단락은 세 부분으로 나뉜다. 첫째, 예수께서 유대인들에게 '진리가 너희를 자유롭게 하리라'라고 선언하신다(8:30-38). 둘째, 예수께서 유대인들을 향하여 '너희 아버지는 마귀'라고 주장하신다(8:39-47). 셋째, 예수께서 자신은 아브라함이 나기 전부터 있었다고 주장하시면서 자신의 기원을 밝히신다 (8:48-59).

11.3.1. 진리와 자유(8:30-38)

30 이 말씀을 하시매 많은 사람이 믿더라 31 그러므로 예수께서 자기를 믿은 유대인들에게 이르시되 너희가 내 말에 거하면 참으로 내 제자가 되고 32 진리를 알지니 진리가 너희를 자유롭게 하리라 33 그들이 대답하되 우리가 아브라함의 자손이라 남의 종이 된 적이 없거늘 어찌하여 우리가 자유롭게 되리라 하느냐 34 예수께서 대답하시되 진실로 진실로 너희에게 이르노니 죄를 범하는 자마다 죄의 종이라 35 종은 영원히 집에 거하지 못하되 아들은 영원히 거하나니 36 그러므로 아들이 너희를 자유롭게 하면 너희가 참으로 자유로우리라 37 나도 너희가 아브라함의 자손인 줄 아노라 그러나 내 말이 너희 안에 있을 곳이 없으므로 나를 죽이려 하는도다 38 나는 내 아버지에게서 본 것을 말하고 너희는 너희 아비에게서 들은 것을 행하느니라

예수께서 유대인들에게 진리가 그들을 자유롭게 할 것이라고 선언하신다. 유대인들이 죄의 종노릇을 하고 있다는 뜻이다. 하지만 그들은 자신들이 아브라함의 자손이며 종이 된 적이 없었다고 주장한다. 예수는 유대인들이 아브라함의 자손답게 행동하지 않고 자신을 죽이려고 한다고 말씀하신다.

30절 유대인들이 예수의 말씀을 듣고 믿었다. 하지만 예수를 메시아로 온전히 이해하고 믿은 것은 아니다. 이어서 벌어지는 논쟁으로 보아 단순히 예수의 말에 귀를 기울인 정도였다고 볼 수 있다.

31-32절 예수께서 참제자란 예수의 말에 거하는 자라고 가르치신다. '내 말에 거하면'은 예수 안에서 믿음으로 살아가는 것을 말한다. 믿음은 입술의 고백으로 끝나는 것이 아니라 삶 속에서 행동으로 나타나야 한다. 즉 정적인 개념이 아니라 역동적인 개념이다.

'진리를 알지니 진리가 너희를 자유롭게 하리라'에서 '자유'는 영적 자유를 말한다. 다시 말해서 죄로부터의 자유이다. 육체적으로는 노예의 상태일지라도 영적인 자유를 누릴 수 있다.[73] 유대인들은 그 당시 로마의 지배를 받고 있었기에 정치적·사회적으로 자유롭지 못했다. 하지만 예수를 믿고 예수 안에 머물러 있으면 영적 자유를 누릴 수 있다는 뜻이다. '진리'는 예수 자신이시다. 예수를 온전히 알면 그 안에서 자유를 누릴 수 있다.

33절 유대인들이 예수의 선언을 듣고 반발한다. 그래서 이렇게 반문한다. "우리가 아브라함의 자손이라 남의 종이 된 적이 없거늘 어찌하여 우리가 자유롭게 되리라 하느냐." 여기서 '자손'('스페르마', σπέρμα, 'sperm')은 '씨'를 의미한다(참조. BDAG, 937). 요한복음에서 처음으로 '아브라함'이 등장하는데 8장에만 총 11회 나온다(참조. 8:33, 37, 39〈3회〉, 40, 52, 53, 56, 57, 58). 유대인들은 아브라함의 자손이라는 혈통에 근거하여 영적 자부심이 있었다.

34절 예수께서 그들에게 '죄('텐 하마르티안', τὴν ἁμαρτίαν)를 범하는 자마다 죄의 종이라'라고 선언하신 것은 비록 육체적인 자유가 있을지라도 영적으로는 죄의 종이 되어 살 수 있다는 뜻이다. '죄' 앞에 헬라어 관사 '텐'(τὴν)이 붙어 있는데 이는 죄를 하나의 인격적인 세력으로 취급한 것이다. 유대인들은 자신들이 얼마나 오랫동안 죄의 종으로 살아왔는지, 그리고 지금도 여전히 영적 노예로 살아간다는 사실을 전혀 알지 못했다.

---

73 예수 시대에는 유대인 종과 이방인 종이 있었다. 유대인 종은 일반적으로 그 예속 기간이 6년이었고, 그 후에는 자유를 얻을 수 있었다. 이방인 종은 소유자의 결정에 따라 자유의 신분이 될 수 있었다. Keener, *John*, I, 747-48을 참조하라.

35-36절 '종'과 '아들'은 아브라함의 두 아들을 비교하여 설명하신 것이다. 이스마엘은 사라의 여종 하갈에게서 태어났으므로 아브라함의 집에 영원히 거하지 못하고 쫓겨났고, 자유로운 여인 사라에게서 태어난 아들 이삭은 상속을 받고 영원히 아버지 집에서 살았다(참조. 창 21:10). '아들은 영원히 거하나니'는 예수께서 하나님의 아들로서 하나님의 집에 영원히 머물러 계심을 뜻한다.

예수께서 '아들이 너희를 자유롭게 하면 너희가 참으로 자유로우리라'라고 하시며 죄의 종노릇하는 삶으로부터 벗어나 예수 안에서 진정한 자유를 누리며 살아가라고 권고하신다. 하지만 유대인들은 종이 된 적이 없었는데 무슨 소리냐며 크게 분노한다(참조. 8:48).

37-38절 예수께서 유대인들의 조상이 아브라함이라고 인정하신다. 이것은 혈통적·생물학적 관계를 인정하신 것이다. 하지만 영적으로는 아브라함의 자손이 아니라고 하신다. 유대인들은 육신의 혈통을 자랑하며 내세울 것이 아니라 아브라함의 믿음을 상속받아야 했다. 하지만 예수를 믿지 못하는 유대인들은 예수를 죽이려고 작정했고 그 사실을 예수도 알고 계셨다. 예수께서 아버지 하나님께로부터 직접 보고 들은 계시를 전하여도 유대인들은 믿지 않았다. 이것은 유대인들이 아브라함의 자손이 아니라 마귀의 자손이라는 증거이다.

11.3.2. 유대인과 아브라함(8:39-47)

[39] 대답하여 이르되 우리 아버지는 아브라함이라 하니 예수께서 이르시되 너희가 아브라함의 자손이면 아브라함이 행한 일들을 할 것이거늘 [40] 지금 하나님께 들은 진리를 너희에게 말한 사람인 나를 죽이려 하는도다 아브라함은 이렇게 하지 아니하였느니라 [41] 너희는 너희 아비가 행한 일들을 하는도다 대답하되 우리가 음란한 데서 나지 아니하였고 아버지는 한 분뿐이시니 곧 하나님이시로다 [42] 예수께서 이르시되 하나님이 너희 아버지였으면 너희가 나를 사랑하였으리니 이는 내가 하나님께로부터 나와서 왔음이라 나는 스스로 온 것이 아니요 아버지께서 나를 보내신 것이니라 [43] 어찌하여 내 말을 깨닫지 못하느냐 이는 내 말을 들을 줄 알지 못함이로다 [44] 너희는 너희

아비 마귀에게서 났으니 너희 아비의 욕심대로 너희도 행하고자 하느니라 그는 처음부터 살인한 자요 진리가 그 속에 없으므로 진리에 서지 못하고 거짓을 말할 때마다 제 것으로 말하나니 이는 그가 거짓말쟁이요 거짓의 아비가 되었음이라 45 내가 진리를 말하므로 너희가 나를 믿지 아니하는도다 46 너희 중에 누가 나를 죄로 책잡겠느냐 내가 진리를 말하는데도 어찌하여 나를 믿지 아니하느냐 47 하나님께 속한 자는 하나님의 말씀을 듣나니 너희가 듣지 아니함은 하나님께 속하지 아니하였음이로다

예수께서 유대인들을 향하여 마귀의 자식이라고 하신다. 왜냐하면 그들이 하나님이 보내신 예수를 믿지 않고 오히려 죽이려고 하기 때문이다. 예수는 아브라함의 자손이면 아브라함처럼 행동하라고 경고하신다.

39절 유대인들이 '우리 아버지는 아브라함'이라고 주장한다. 이 사실이 그들에게는 자랑이자 명예이다. 하지만 아브라함은 진리를 듣고 믿었으나 유대인들은 듣고 거부했다. 그러므로 그들은 아브라함의 자손이 아니다. 하나님이 보내신 예수께서 말씀을 전하시지만 그들은 오히려 그분을 죽이려고 한다. 그들을 향하여 예수께서 '너희가 아브라함의 자손이면 아브라함이 행한 일들을 하라'라고 강권하신다. 아브라함은 상식적으로는 도무지 이해할 수 없는 상황에서도 하나님을 신뢰했다. 죽은 자를 살리신다는 하나님의 약속을 믿었다. 하지만 유대인들은 입으로는 아브라함의 자손이라고 주장하고 행동은 사탄의 자녀처럼 하고 있다.

40절 예수께서 유대인들이 아브라함의 자손이 아니라는 증거를 대신다. "지금 하나님께 들은 진리를 너희에게 말한 사람인 나를 죽이려 하는도다." '하나님께 들은 진리'는 예수께서 지금까지 계속해서 전하신 말씀을 가리킨다. 예수께서 자신이 하나님의 아들이며 그분이 자신을 보내셨다는 사실을 여러 증거와 진리의 말씀으로 제시해도 그들은 믿지 않았다. 예수는 '아브라함은 이렇게 하지 아니하였느니라'라고 하시며 유대인들과 아브라함을 비교하신다.

41절 '아비가 행한 일'은 유대인들을 조종하는 아버지가 있는데 그가 아브라함과는 정반대의 일을 했다는 뜻이다. 즉 유대인들이 아브라함의 자손이 아니라 호세아 선지자의 메시지처럼 음란한 데서 출생했다고 말씀하고 계신다. 유대인들이 아브라함의 적자가 아니라 사생자일 뿐이라는 의미이다. 유대인들이 예수에 주장에 당황해서 '우리가 음란한 데서 나지 아니하였고'라며 반격한다. 자신들이 불법적인 자손이 아니라는 뜻이다. 이어서 '아버지는 한 분뿐이시니 곧 하나님이시로다'라고 덧붙인다. 예수와 유대인들의 감정 대립이 최고조에 달하고 있다. 지금까지는 예수께서 자기 아버지가 하나님이라고 주장하셨는데 이제는 유대인들이 그렇다고 주장한다. 더욱이 아버지는 한 분뿐이라고 하며 자신들의 정통성을 내세운다. 유대인들은 진리도, 하나님 아버지도, 그 아버지로부터 보냄을 받은 예수도 알아보지 못한다. 예수를 메시아로 인정하지도 않고 믿지도 않으면서, 더욱이 그를 죽이려고까지 작정했으면서 자신들이 아브라함의 자손이라고 주장하는 것은 어불성설이다.

42-43절 유대인들은 하나님을 자신들의 아버지라고 하면서도 하나님이 보내신 예수를 사랑하지 않았다(참조. 5:23). 예수께서 자기를 죽이려고 작정한 유대인들을 향하여 그들의 주장과 태도가 모순됨을 증언하신다. 그리고 자신이 하나님께로부터 왔으며 언제나 하나님과 함께한다는 사실을 반복해서 강조하신다. 하지만 유대인들은 예수의 가르침을 무시한다. 말씀에 대한 이해가 부족하고, 예수를 의지적으로 거절하는 마귀의 자식이기 때문이다. 그러므로 듣지 않는 유대인들이 예수의 말씀에 순종하지 않는 것은 너무나 당연한 결과이다.

44-45절 예수께서 '너희는 너희 아비 마귀에게서 났으니 너희 아비의 욕심대로 너희도 행하고자 하느니라'라고 지적하신다. 유대인들의 행위가 마귀의 일과 같다는 뜻이다. 예수께서는 마귀를 이렇게 설명하신다. "처음부터 살인한 자요 진리가 그 속에 없으므로 진리에 서지 못하고 거짓을 말할 때마다 제 것으로 말하나니 이는 그가 거짓말쟁이요 거짓의 아비가 되었음이라." '마귀'

('디아볼로스', διάβολος)라는 단어는 요한복음에 세 번 나온다(참조. 6:70; 13:2). 마귀를 살인자와 거짓말하는 자로 인격화하는 배경은 창세기 2-3장의 내용에 근거한다. 유대인의 전통에서는 뱀의 거짓말이 아담과 하와를 넘어지게 했고, 가인도 마귀의 영향을 받아 아벨을 살해했다고 해석한다(참조. 지혜서 2:24; 5:24).

46-47절 '너희 중에 누가 나를 죄로 책잡겠느냐'라는 예수의 질문은 유대인들이 예수의 죄를 증명할 수 없음을 내포한다. '책잡다'의 헬라어 '엘렝코'(ἐλέγχω)는 '드러나다', '책망하다'라는 의미로(참조. BDAG, 315), 요한복음에 모두 세 번 나온다(참조. 3:20; 16:8). 예수께서 유대인들에게 '내가 진리를 말하는데도 어찌하여 나를 믿지 아니하느냐'라고 하시며 그들의 불신과 오만을 책망하신다. 유대인들이 예수의 말을 믿지 않는 이유는 그들이 하나님께 속하지 않았기 때문이다.

설교자를 위한 적용(8:30-47)

●● 진정한 자유란 죄에서 해방되는 것이다. 사람이 죄로부터 해방되려면 진리를 알아야 한다. 그 진리가 바로 이 땅에 오신 하나님의 아들 예수이시다. "진리를 알지니 진리가 너희를 자유하게 하리라." 죄악의 속박으로부터 자유를 얻을 수 있는 유일한 길은 하나님이 보내신 자 예수를 알고 믿는 것이다.

아브라함은 이성적 판단과 논리적 결과에 상관없이 그저 하나님의 말씀이라는 이유로 그 말씀을 믿고 순종했다. 하지만 유대인들은 자신들이 아브라함의 자손이라고 주장하면서도 아브라함의 믿음은 본받지 않았다. 아브라함의 자손이란 하나님이 선택하신 하나님의 백성이라는 뜻이다. 하지만 아무리 아브라함의 자손일지라도 죄에서 해방되지 않으면 하나님의 백성이 될 수 없다. 하나님의 말씀을 듣고 믿는 자들이 하나님의 백성이며 아브라함의 자손이다. ●●

11.3.3. 아브라함이 나기 전부터 계신 예수(8:48-59)

⁴⁸ 유대인들이 대답하여 이르되 우리가 너를 사마리아 사람이라 또는 귀신이 들렸다 하는 말이 옳지 아니하냐 ⁴⁹ 예수께서 대답하시되 나는 귀신 들린 것이 아니라 오직 내 아버지를 공경함이거늘 너희가 나를 무시하는도다 ⁵⁰ 나는 내 영광을 구하지 아니하나 구하고 판단하시는 이가 계시니라 ⁵¹ 진실로 진실로 너희에게 이르노니 사람이 내 말을 지키면 영원히 죽음을 보지 아니하리라 ⁵² 유대인들이 이르되 지금 네가 귀신 들린 줄을 아노라 아브라함과 선지자들도 죽었거늘 네 말은 사람이 내 말을 지키면 영원히 죽음을 맛보지 아니하리라 하니 ⁵³ 너는 이미 죽은 우리 조상 아브라함보다 크냐 또 선지자들도 죽었거늘 너는 너를 누구라 하느냐 ⁵⁴ 예수께서 대답하시되 내가 내게 영광을 돌리면 내 영광이 아무 것도 아니거니와 내게 영광을 돌리시는 이는 내 아버지시니 곧 너희가 너희 하나님이라 칭하는 그이시라 ⁵⁵ 너희는 그를 알지 못하되 나는 아노니 만일 내가 알지 못한다 하면 나도 너희 같이 거짓말쟁이가 되리라 나는 그를 알고 또 그의 말씀을 지키노라 ⁵⁶ 너희 조상 아브라함은 나의 때 볼 것을 즐거워하다가 보고 기뻐하였느니라 ⁵⁷ 유대인들이 이르되 네가 아직 오십 세도 못되었는데 아브라함을 보았느냐 ⁵⁸ 예수께서 이르시되 진실로 진실로 너희에게 이르노니 아브라함이 나기 전부터 내가 있느니라 하시니 ⁵⁹ 그들이 돌을 들어 치려 하거늘 예수께서 숨어 성전에서 나가시니라

예수와 유대인들 간의 논쟁이 상승 곡선을 그리며 최고점에 이른다. 예수께서 유대인들에게 너희는 아브라함의 자녀가 아니라 마귀의 자녀라고 하자, 그들이 예수에게 당신은 사마리아 사람이거나 혹은 귀신 들린 자라고 조롱한다. 그리고 예수가 아브라함이 나기 전부터 자신이 존재하셨다고 하자 그들이 예수를 돌로 치려고 한다.

48절 유대인들이 예수의 말에 강력하게 반발한다. 예수를 '사마리아 사람'('사마리테스', Σαμαρίτης)이라고 억지를 부리고, '귀신 들렸다'라고 주장한다(참조. 8:52; 7:20; 행 8:9-11). '사마리아 사람'이라는 말은 당시 가장 상스러운 욕설 중

하나로, 매우 심한 언어폭력을 행사한 것이다. 유대인들은 예수의 부모가 요셉과 마리아라는 사실을 이미 알고 있었지만 예수에게 모욕감을 주려고 이렇게 심한 욕을 한 것이다(참조. 6:42). 예수는 그 말에 대하여 굳이 해명하지 않으신다.

49-50절 유대인들이 예수를 미친 사람으로 취급한다. 이에 대해서는 예수께서 적극적으로 해명하신다. "나는 귀신 들린 것이 아니라 오직 내 아버지를 공경함이거늘 너희가 나를 무시하는도다." 오직 하나님을 공경했을 뿐인데 유대인들이 예수를 조롱하고 무시한다. 예수는 자신의 영광을 구하지 않으신다. 영광받으실 분은 하나님 한 분이시기 때문이다.

51절 '영원히 죽음을 보지 아니하리라'는 영적으로 영원히 죽지 않는다는 뜻이다(참조. 3:36; 5:24). 예수의 말씀을 지켜 행하면 영생을 얻는다. 하지만 유대인들은 문자 그대로 이해하여 육체적인 죽음을 보지 않는다고 받아들인다.

52-53절 '사람이 내 말을 지키면 영원히 죽음을 보지 아니하리라'라는 예수의 말에 유대인들이 곧바로 반격을 시작한다. '지금 네가 귀신 들린 줄을 아노라' 하며 예수를 모욕한다. 자신들이 이해할 수 없는 말을 하자 예수를 정신 이상자로 몰아세우고 있다. 그리고 '아브라함과 선지자들도 죽었거늘 네 말은 사람이 내 말을 지키면 영원히 죽음을 맛보지 아니하리라 하니 너는 이미 죽은 우리 조상 아브라함보다 크냐'라고 묻는다. 4장에 나오는, 사마리아 여성의 질문이 떠오른다. "당신이 야곱보다 더 크니이까?"(4:12) 유대인들이 이제 예수께 단도직입적으로 묻는다. "너는 너를 누구라 하느냐?"('티나 세아우톤 포이에이스', τίνα σεαυτὸν ποιεῖς;) 헬라어를 문자 그대로 해석하면 '당신은 스스로를 누구로 만드는 것인가?'이다. 이 세상에서 죽음을 피할 수 있는 인간은 하나도 없는데 그러면 '당신이 하나님이냐?'라고 질문한 것이다.

54-55절 "내가 내게 영광을 돌리면 내 영광이 아무 것도 아니거니와 내게

영광을 돌리시는 이는 내 아버지시니 곧 너희가 너희 하나님이라 칭하는 그이시라." 죽음을 보지 않는다는 주제에서 영광이라는 주제로 화제가 전환된다. 예수는 하나님을 '내 아버지'라고 부르시고 유대인들에게는 '너희가 너희 하나님이라 칭하는 그'라고 구별해서 말씀하신다(참조. 20:17). 인간이 영광을 구하고 받는 것은 아무 의미가 없고 하나님께 구하고 영광받는 것이 진정한 영광이다. 예수는 하나님을 알고 그분의 말씀을 지키신다. 하지만 유대인들은 하나님을 올바로 알지 못했기에 그분의 말씀도 지키지 못한다.

56절 이 구절은 창세기 17:17에 나오는 아브라함의 웃음과 관련이 있다.[74] 아브라함이 이삭의 출생 약속을 통해서 메시아의 날 곧, 그리스도의 오심에 대한 하나님의 약속을 믿고 기뻐하였다고 예수께서 말씀하신다(참조. 갈 3:16). '나의 때'는 메시아의 날을 의미한다. "예수께서 아브라함의 모든 소망과 기쁨의 궁극적인 성취를 자신의 인격 및 사역과 결부시키고 있다."[75] 요한복음 저자는 아브라함을 통해서 암시된 구원 사역이 예수에게서 완성되었다고 이해한다.

57절 '네가 아직 오십 세도 못되었는데 아브라함을 보았느냐'라는 질문에서 예수의 나이를 추측해 볼 수 있다. 하지만 유대인들은 예수의 나이가 아무리 넉넉하게 잡아도 50세가 안 되었다는 뜻으로 말한 것일 뿐이다. 예수의 실제 나이는 "예수께서 가르치심을 시작하실 때에 삼십 세쯤 되시니라"(눅 3:23)라는 말씀을 고려해야 한다.

58절 예수께서 자신이 아브라함보다 선재하셨다고 선언하신다(참조. 1:1-3). 예수께서 아브라함이 나기 전에 계셨다는 것은 그분이 하나님이시라는 뜻이다. 이 선언은 이사야의 두 구절이 그 배경이다(참조. 시 90:2) "이 일을 누가 행

74　Barrett, 『요한복음(II)』, 94-95; Carson, 『요한복음』, 653-55을 참조하라.
75　Carson, 『요한복음』, 655.

하였느냐 누가 이루었느냐 누가 처음부터 만대를 불러내었느냐 나 여호와라 처음에도 나요 나중 있을 자에게도 내가 곧 그니라"(사 41:4). "과연 태초로부터 나는 그이니 내 손에서 건질 자가 없도다 내가 행하리니 누가 막으리요"(사 43:13). 예수는 창세 이전에 하나님과 함께 계셨으며, 만물을 창조하셨고, 때가 되어 이 세상에 인간의 몸으로 오셨다(참조. 1:14).

59절 예수가 자신을 하나님이라고 증언하자 유대인들이 신성모독의 죄를 범한 예수를 돌로 쳐서 죽이려고 한다(참조. 레 24:16). 예수께서 숨어서 성전을 빠져나가신다.

설교자를 위한 적용(8:48-59)

●● 유대인들은 공공연하게 예수를 무시했다. 오늘날에도 여전히 예수를 무시하며 살아가는 사람들이 많다. 하지만 예수는 생명을 주시는 분이시다. 영생은 죽지 않고 수명이 연장되는 것을 의미하지 않는다. 영원한 생명은 하나님과의 관계가 회복되어 그분의 은혜와 사랑 안에서 풍성한 삶을 영원토록 누리는 것이다. 이러한 생명을 주시는 분이 예수이시다.

예수는 이 땅의 누구와도 비교할 수 없는 분이다. 유대인들이 예수를 아브라함과 비교해 보려고 했지만 비교 대상조차 되지 못했다. 예수는 성육신하신 참사람이고 동시에 참하나님이시다. 예수께서는 자신이 아브라함이 나기 전부터 있었다고 말씀하신다. 유대인들은 이 말을 제대로 이해하지 못하고 현실의 잣대로 예수의 나이를 계산한다.

오늘날 예수를 믿고 따르는 그리스도인들이 현실적인 기준만으로 예수를 이해하고 있는 것은 아닌지 살펴볼 필요가 있다. 예수를 자신이 믿고 싶은 대로 믿고, 따르고 싶은 대로 따르는 그리스도인들이 예수를 현실적인 기준에 맞추어서 이해한다. 실용주의와 편리주의적인 사고가 사람들을 믿음에서 떠나게 한 결과이다. 내 기준은 나의 가치관과 사고를 반영하는데 그것이 어디로부터 유래했는지 분명히 확인할 필요가 있다. ●●

12. 안식일에 일어난 두 번째 표적과 수전절의 예수(9:1-10:42)

예수께서 날 때부터 맹인 된 사람을 안식일에 고쳐 주셨다. 이 표적 사건은 예수가 빛이심을 실증적으로 보여 준다. 이 사건의 기록이 9:1에서 시작해서 10:21까지 계속된다. 중간에 예수께서 바리새인들과 논쟁을 벌이는 장면이 나오기는 하지만 10:19-21 단락에서 사람들이 이 사건을 다시금 언급한다.

예수는 세상의 빛이시다. 예수는 생명을 주려고 이 땅에 오셨다(1:4-5, 9). 예수께서 '나는 세상의 빛이다'(8:12)라고 선언하신다. '세상의 빛'이라는 주제는 8장과 9장을 연결하는 고리 역할을 한다.

10:22-39에서는 수전절을 소개하고, 예수께서 자신이 하나님의 아들임을 밝히자 유대인들이 예수를 돌로 치려고 하는 내용을 다룬다. 수전절의 때가 겨울이라는 저자의 설명은 유대인들이 영적으로 얼어붙은 차가운 상태임을 상징한다. 마지막 단락인 10:40-42에서는 예수와 세례자 요한을 비교한다.

9-10장은 주제별로 다음과 같이 크게 세 부분으로 구분할 수 있다.

날 때부터 맹인 된 사람을 치유하신 예수(9:1-38)
예수와 바리새인들(9:39-10:21)
메시아이며 하나님의 아들이신 예수(10:22-42)

12.1. 날 때부터 맹인 된 사람을 치유하신 예수(9:1-38)

이 단락에 기록된 예수의 표적 사건은 초막절에 여인들이 성전에서 불을 밝히는 행사(7장)와 긴밀하게 연결된다. 예수께서는 자신을 '세상의 빛'(9:5)이라고 선언하시면서 날 때부터 맹인 된 사람의 눈을 치유해 주신다(참조. 8:12). 이 사건이 안식일에 일어났기에(9:14) 바리새인들은 예수가 안식일을 지키지 않았다고 단정한다. 바리새인들이 눈을 뜬 사람을 붙잡아 심문하는 내용은 예수의 정체성을 드러내 준다.

이 표적 사건을 다음과 같이 여섯 단락으로 나눌 수 있다.

날 때부터 맹인 된 사람의 치유 사건(9:1-7)

시력을 회복한 사람과 그 이웃들(9:8-12)

바리새인들의 1차 심문(9:13-17)

시력을 회복한 사람의 부모와 바리새인들(9:18-23)

바리새인들의 2차 심문(9:24-34)

예수와 시력을 회복한 사람과의 재회(9:35-38)

12.1.1. 날 때부터 맹인 된 사람의 치유 사건(9:1-7)

¹ 예수께서 길을 가실 때에 날 때부터 맹인 된 사람을 보신지라 ² 제자들이 물어 이르되 랍비여 이 사람이 맹인으로 난 것이 누구의 죄로 인함이니이까 자기니이까 그의 부모니이까 ³ 예수께서 대답하시되 이 사람이나 그 부모의 죄로 인한 것이 아니라 그에게서 하나님이 하시는 일을 나타내고자 하심이라 ⁴ 때가 아직 낮이매 나를 보내신 이의 일을 우리가 하여야 하리라 밤이 오리니 그 때는 아무도 일할 수 없느니라 ⁵ 내가 세상에 있는 동안에는 세상의 빛이로라 ⁶ 이 말씀을 하시고 땅에 침을 뱉어 진흙을 이겨 그의 눈에 바르시고 ⁷ 이르시되 실로암 못에 가서 씻으라 하시니 (실로암은 번역하면 보냄을 받았다는 뜻이라) 이에 가서 씻고 밝은 눈으로 왔더라

세상의 빛 되신 예수께서 날 때부터 맹인 된 사람을 치유해 주신다. 예수의 제자들은 이 맹인을 불쌍히 여기거나 도와주기보다는 이 사람이 누구의 죄 때문에 눈이 멀었는지에만 관심을 보인다.

1절 '길을 가실 때에'란 바로 앞 절의 설명에 의하면 유대인들을 피해 예수께서 성전 바깥으로 나와서 제자들과 함께 길을 가실 때를 말한다.[76] '날 때부터 맹인 된 사람'에서 '날 때부터'('에크 게네테스', ἐκ γενετῆς)라는 표현은 하나님의

---

76 하지만 이 구절은 접속사 '카이'(καί, '그리고')로 시작하여 앞뒤 문맥의 연결이 갑작스럽다. 한글 성경은 이 단어를 번역하지 않았다.

징벌이나 노여움의 결과로 시각 장애인이 되지 않았음을 암시해 준다.[77] 하지만 유대인 공동체에서는 이런 사람도 율법적인 관점에서 부정하다고 보았다. 신체가 온전하지 못하거나, 병이 있는 사람, 예를 들면, 나병환자, 맹인, 지체가 자유롭지 못한 사람들은 성전 안에 들어갈 수 없었고 성전 밖에서 구걸하면서 비참하게 살아갔다. 장애인에 대한 차별은 예수 당시에 이미 일반적인 현상이었다(참조. 행 3:1-10; 삼하 5:8).[78]

2절 제자들이 예수를 '랍비'라고 부른다. 이는 그들이 예수를 율법 교사나 유대교의 선생 정도로 이해했음을 알려 준다. 제자들이 이 눈먼 사람이 누구의 죄로 말미암아 이렇게 되었는지 예수께 질문한다. 당시 팽배했던 유대교의 죄와 징벌 사상의 단면을 보여 주는 질문이다. 유대인들은 병이나 고난, 죽음의 원인을 죄의 결과로 보았다.[79] 제자들은 날 때부터 맹인 된 사람의 비참한 형편을 보고도 도울 생각은 하지 않고 오히려 그가 무슨 죄로 말미암아 이 상태가 되었는지 궁금해한다. 구약성경에서는 지체 장애자들을 배려하라고 가르친다(참조. "너는 귀먹은 자를 저주하지 말며 맹인 앞에 장애물을 놓지 말고 네 하나님을 경외하라 나는 여호와이니라"[레 19:14]; "맹인에게 길을 잃게 하는 자는 저주를 받을 것이라 할 것이요 모든 백성은 아멘 할지니라"[신 27:18]). 하지만 예수의 제자들은 구약의 가르침을 기억하지 못했고 사회적 약자인 시각 장애인을 도우려고 하지 않았다. 본문에서는 예수의 제자들을 통해서 인간의 악한 본성을 드러내고, 사회적 약자들을 그리스도인이 어떻게 대해야 할지 암묵적으로 교훈한다.

3절 예수께서 제자들의 잘못된 시각을 정정해 주신다. 이 사람이 눈이 먼 것

---

77 Brown, 『요한복음, I』, 810에서 Brown은 본문의 헬라어 표현 ἐκ γενετῆς를 '어머니의 태로부터'(from the mother's womb)로 번역하는 것이 적절하다고 주장한다.
78 Keener, *Acts*, II, 1050, 각주 72를 참조하라.
79 유대인들은 질병과 죄가 밀접한 관계가 있다고 생각했다. 구약성경에서 질병을 죄의 결과로 여기는 용례가 많이 나오기 때문에 질병과 불행을 하나님의 징벌 또는 노여움의 표시로 이해하는 것이 일반적이었다(참조. 출 4:11; 신 32:39). 초대 교회와 바울도 죄의 결과로 보았다(참조. 마 9:5; 고전 11:27-32; 약 5:15-16).

은 어떤 죄의 결과가 아니라 '그에게서 하나님이 하시는 일을 나타내고자 하심이라'라고 대답하신다. 즉 질병의 원인을 죄나 사탄의 영향으로 보지 않으신다. '하나님이 하시는 일'이란 6:29에 나온 대로 '하나님께서 보내신 이를 믿는 것'이다(참조. 4:34-38). 그리스도인은 질병과 고난, 불행과 죽음이 죄의 결과라는 사상을 도식화하거나 일반화하여 적용하지 않아야 한다. 현재에도 많은 사람이 삶 속에서 일어나는 불행을 죄의 결과로 해석하려고 한다. 하지만 인간은 하나님이 하시는 일을 다 이해할 수도 없고 알 수도 없다.

4절 '낮과 밤'은 문자 그대로 자연적인 낮과 밤이라는 의미와 또한 예수의 구속 사역과 관련된 상징적인 의미로 사용되었다. 즉 이중 의미(Double Entendre)를 가진 표현이다. '때가 아직 낮이매'는 예수께서 이 세상에서 활동하시는 공생애 기간을 뜻한다. '밤이 오리니'는 공생애 기간이 끝나고 죽음을 맞이한다는 것을 상징적으로 비유하신 것이다. 하나님의 아들이신 예수가 세상에 머무시는 동안은 빛이 있는 낮이고, 아들이 떠나가시면 어두운 밤이 된다. '나를 보내신 이의 일을 우리가 하여야 하리라'는 예수께서 이 세상에 오신 목적을 분명히 인식하고 계심을 보여 주며, 동시에 제자들을 부르신 이유와 그 사역에 대해 암시한다.

5절 '내가 세상에 있는 동안'은 4절에서 '때가 아직 낮이매'와 같은 내용으로, 십자가 사건이 발생하기 전까지의 공생애 기간을 말한다. 이 표현으로 말미암아 예수께서 이 땅에서 사명을 감당하실 시간이 제한되어 있음을 알 수 있다. '세상의 빛'이신 예수는 이 기간 동안 어둠 가운데에서 사는 사람들에게 계속 빛을 비추신다(참조. 11:9-10; 12:35-36, 46). 예수가 빛으로 세상에 오셨고, 그 빛이 어두운 세상을 비추어 준다는 사상은 요한복음의 중심 내용 중 하나이다(참조. 1:4-5, 9; 8:12; 9:5, 39-41; 10:19-21). 하나님을 알고 복음 안에서 산다고 하면서 어둠에 거하면 그 사람은 거짓말을 하고 있거나 아니면 하나님을 거짓말하시는 분으로 만들고 있는 것이다(참조. 요일 1:6-10).

6절 예수께서 '땅에 침을 뱉어 진흙을 이겨 그의 눈에 바른' 이유를 정확하게 알기는 어렵다. 침(타액)을 사용하신 기록이 공관복음에도 나오지만(참조. 막 7:33; 8:23) 이렇게 침을 뱉어 반죽하여 진흙으로 만드신 내용은 요한복음에만 나온다. '진흙을 이겨'('에포이에센 펠론', ἐποίησεν πηλὸν)를 문자대로 직역하면 '그[예수]가 진흙을 만들었다'이다. 진흙을 눈먼 사람에게 바른 행위를 나타내는 동사 '에피크리오'(ἐπιχρίω)에는 '기름을 바르다'(anoint)라는 뜻도 포함되어 있다(참조. BDAG, 387).[80] 유대교의 미쉬나(Mishnah, *Sabbath* 14:4)에 의하면 주중에 매일 기름을 바른 사람에게는 안식일에도 기름을 바르는 것이 허락되었다. 그러나 일반적으로 사용하지 않았던 물질을 사용하여 치료하는 행위는 허락되지 않았다.[81] 교부 이레니우스(Irenaeus)는 진흙을 눈먼 사람에게 바른 행위를 예수의 창조 사역과 연결하여 해석한다.[82] "여호와 하나님이 땅의 흙으로 사람을 지으시고 생기를 그 코에 불어넣으시니 사람이 생령이 되니라"(창 2:7)라는 말씀을 배경으로 하여 이 행위를 창조 행위로 보려고 한다. 하지만 창조의 의미로 해석하기에는 어려움이 많다(참조. 욥 4:19; 10:9).[83] 예수께서 진흙에 침을 뱉어 반죽하신 행위는 안식일 노동 금지 행위를 의도적으로 위반하신 것이어서 하나님이 사람을 창조하신 행위와 연결할 수 없다.

7절 '실로암 못에 가서 씻으라'라는 예수의 명령은 엘리사가 나아만에게 요단강에 가서 씻으라고 명령한 것과 내용과 형식 면에서 매우 유사하다(왕하 5:10-13).[84] 구약 시대 때 제사장은 초막절에 이 '실로암 못'('텐 콜륌베트란 투 실로암', τὴν κολυμβήθραν τοῦ Σιλωάμ)에서 물을 길어 성전 제단에 부었다. '실로암'이 보냄을 받았다는 뜻이라는 저자의 설명은 예수께서 하나님으로부터 보냄을

---

80 헬라어 동사 '에피크리오'(ἐπιχρίω)는 영어 성경에서 'smear'(NAB), 'spread'(NRSV, REB), 'anoint'(RSV)로 각각 표현되었다.
81 Keener, *John*, I, 779-81을 참조하라.
82 Elowsky, *John* 1-10, 324-25을 보라.
83 Morris, *John*, 427을 참조하라.
84 조석민, 『요한복음의 새관점』, 115-16을 보라.

받은 것을 암시한다. '실로암'은 히브리어 '샬라흐'(שׁלח)에서 나온 단어로, '보내다'라는 뜻이다(참조. *HALOT*, 1511-18). 칠십인역(LXX)의 이사야 8:6에서는 부드럽게 흐르는 '실로아의 물'과 세상 권력을 상징하는 티그리스 강의 거친 물을 대조한다. 구약 시대 때는 실로암 못을 '옛날 못' 또는 '아랫못'으로 불렀다(참조. 사 22:9, 11). 실로암 못은 다윗 성전의 남서쪽에 있었고, 예루살렘을 중심으로 보면 동쪽 끝에 위치한다. 이 못은 "기혼에서 운하를 통해 흐르는 물을 모아둔 저수지"이다.[85]

12.1.2. 시력을 회복한 사람과 그 이웃들(9:8-12)

⁸ 이웃 사람들과 전에 그가 걸인인 것을 보았던 사람들이 이르되 이는 앉아서 구걸하던 자가 아니냐 ⁹ 어떤 사람은 그 사람이라 하며 어떤 사람은 아니라 그와 비슷하다 하거늘 자기 말은 내가 그라 하니 ¹⁰ 그들이 묻되 그러면 네 눈이 어떻게 떠졌느냐 ¹¹ 대답하되 예수라 하는 그 사람이 진흙을 이겨 내 눈에 바르고 나더러 실로암에 가서 씻으라 하기에 가서 씻었더니 보게 되었노라 ¹² 그들이 이르되 그가 어디 있느냐 이르되 알지 못하노라 하니라

날 때부터 맹인 된 사람이 기적적으로 시력을 회복한 후 이웃 사람들을 만난다. 사람들이 처음에는 이 사람을 잘 알아보지 못한다. 믿지 못할 일이 벌어졌기에 어떻게 시력을 회복했는지 이 사람에게 직접 묻는다. 그는 예수께서 진흙을 이겨 그의 눈에 바르고 실로암에 가서 씻으라고 하셔서 씻었더니 보게 되었다고 정확하게 진술한다.

8절 나면서부터 눈먼 사람이 걸인이었음을 알 수 있다. 당시 앞을 보지 못하는 사람들의 삶의 질이 얼마나 형편없었는지를 암시해 준다. 아울러 지체 장

---

85 Brown, 『요한복음, I』, 813; Keener, *John*, I, 781-83을 참조하라.

애인들이 대부분 사회에서 보호를 받지 못하고 힘든 생활을 했음을 짐작할 수 있다.

9절 이웃들이 이 사람이 눈을 뜬 것을 보고 매우 혼란스러워한다. 직접 보고도 믿지 못하는 사람들도 있다. 기적을 믿지 못하면 오히려 혼란이 가중된다. 개안(開眼)의 기적을 체험한 이 사람이 자신이 맹인이었다고 증언한다. '내가 그라'라는 표현은 헬라어 '에고 에이미'(ἐγώ εἰμί)의 번역으로, 예수께서 자기 정체성을 드러내실 때 사용하시는 어법이다(참조. 4:26; 6:20, 35; 8:12, 24, 28; 10:9; 11:25; 14:6).

10절 이웃 사람들이 그에게 어떻게 해서 눈을 뜨게 되었느냐고 질문한다. 도저히 믿을 수 없는 초자연적인 일이 일어난 것이다.

11절 개안의 기적을 체험한 사람이 '예수'가 자기의 눈을 뜨게 해 주었다고 분명하게 증언하면서 당시의 상황을 자세히 설명한다. "예수라 하는 그 사람이 진흙을 이겨 내 눈에 바르고 나더러 실로암에 가서 씻으라 하기에 가서 씻었더니 보게 되었노라."

12절 기적의 치유 사건을 사실대로 말해도 그 이웃들이 믿지 못한다. 그래서 예수가 어디 있느냐고 묻는다. 하지만 예수는 이미 그곳을 떠나셨다. 예수께서는 기적을 베푸신 후 자주 그 자리를 떠나신다. 오병이어의 기적 사건 후에도 혼자 산으로 가셨다(참조. 6:15). 자기 이름을 명예롭게 알릴 기회가 있어도 조용히 사라지셨다. 사람들의 주목을 끌고자 기적을 베푸신 것이 아니었기 때문이다.

설교자를 위한 적용(9:1-12)

●● 시각 장애인의 절실한 필요를 아시는 예수께서 그에게 먼저 다가가셔

서 치유의 기적을 베푸신다. 예수가 긍휼히 여겨서 찾아와 주시면 비참한 인생도 하나님의 영광을 드러내는 도구가 된다. 실로암은 '보냄을 받았다'라는 뜻으로, 예수께서 하나님이 보내신 분이라는 뜻과 그분의 정체성에 대한 상징이 담긴 단어이다. 예수가 시각 장애인을 즉시 고쳐 주지 않고 실로암 못으로 보내신 이유는 그분이 누구인지 깨닫게 하시기 위함이다. 날 때부터 맹인 된 자는 예수의 말에 순종하여 실로암 못으로 향했다. 그 순종의 결과로 시력의 회복이라는 놀라운 선물을 받았다. 우리는 나의 길을 인도하실 예수를 항상 바라보며 그분을 기다려야 한다.

예수께서는 장애의 원인이 누구의 죄 때문이 아니라 하나님이 하시는 일을 나타내기 위함이라고 선언하신다. 예수께서 치유의 기적으로 하나님이 하시는 일을 드러내신다. 예수가 곧 하나님이시다. 하나님이 하시는 일이 나를 통해서 드러나도록 주님께 내 삶을 맡겨야 한다. 때때로 이해할 수 없는 어려움과 고난을 당할지라도 감내하며 나아가야 한다. 주변 사람들이 내 속에서 일어난 놀라운 변화를 감지하지 못할지라도 우리는 주님만 바라보며 주님이 인도하시는 대로 걸어가야 한다. ●●

12.1.3. 바리새인들의 1차 심문(9:13-17)

¹³ 그들이 전에 맹인이었던 사람을 데리고 바리새인들에게 갔더라 ¹⁴ 예수께서 진흙을 이겨 눈을 뜨게 하신 날은 안식일이라 ¹⁵ 그러므로 바리새인들도 그가 어떻게 보게 되었는지를 물으니 이르되 그 사람이 진흙을 내 눈에 바르매 내가 씻고 보나이다 하니 ¹⁶ 바리새인 중에 어떤 사람은 말하되 이 사람이 안식일을 지키지 아니하니 하나님께로부터 온 자가 아니라 하며 어떤 사람은 말하되 죄인으로서 어떻게 이러한 표적을 행하겠느냐 하여 그들 중에 분쟁이 있었더니 ¹⁷ 이에 맹인되었던 자에게 다시 묻되 그 사람이 네 눈을 뜨게 하였으니 너는 그를 어떠한 사람이라 하느냐 대답하되 선지자니이다 하니

날 때부터 맹인이었던 사람이 눈을 뜨게 된 날은 안식일이었다. 이웃 사람

들이 이 사람을 바리새인들에게 데려간다. 바리새인들이 맹인이었던 사람을 심문하자 그가 예수가 자기 눈을 치유해 주었다고 분명하게 대답한다. 그러자 바리새인들 사이에서 분쟁이 일어난다. 맹인이었던 자는 예수를 선지자로 인식한다.

13절 이웃 사람들이 맹인이었다가 눈을 뜬 사람을 바리새인들에게 데리고 간다. 왜 데리고 갔는지 정확하게 알 수는 없지만, 전후 문맥을 통해서 짐작할 수 있는 점은 도저히 믿을 수 없는 일이 안식일에 발생했기에 이 일에 대한 공적 판단을 기대했던 것 같다. 당시 종교 권력자의 지위와 권세를 엿볼 수 있는 부분이다.

14절 예수께서 맹인의 눈을 뜨게 하신 날이 안식일이라고 저자가 설명한다. 예수께서는 안식일 노동 금지 조항 중 하나를 위반하셨다.[86] 즉 침을 뱉은 행위가 아니라 침으로 진흙을 만든 행위가 위반 조항에 속한다. 예수가 그날이 안식일인 줄 모르고 이와 같은 행동을 하신 것이 아니다. 말씀 한마디로도 즉시 치유해 주실 수 있었지만 의도적으로 흙을 반죽하여 그의 눈에 바르고 실로암 못에 가서 씻게 하셨다(참조. 4:46-54; 5:1-18). 이 기적 사건을 통해서 자신의 정체성을 드러내시기 위함이다.

15절 바리새인들이 예수께서 안식일 노동 금지 규정을 위반한 것에 초점을 맞추어 전에 시각 장애인이었던 사람을 심문하기 시작한다. 이 사람이 이웃 사람들에게 증언한 내용(11절)을 바리새인들에게도 반복해서 말한다. 증인의 증언이 매우 분명하고 일관성이 있지만 바리새인들은 좀처럼 믿으려고 하지 않는다. 믿지 않으려고 하면 어떤 확고부동한 증거를 제시해도 소용이 없다.

---

[86] 안식일 노동 금지 규정에 대하여는 본서의 5:10 주석을 참조하라.

16절 바리새인 중 한 그룹은 예수가 안식일 규정을 지키지 않았음을 근거로 해서 하나님께로부터 온 사람이 아니라고 주장하고, 다른 그룹은 '죄인으로서 어떻게 이러한 표적을 행하겠느냐'라고 주장하면서 분쟁이 일어난다. 같은 바리새인들이지만 기적 사건을 두고 의견이 나뉜다. 분쟁은 한 사건을 다른 시각으로 바라볼 때 일어난다. 다양성을 인정하면서 각자의 의견을 존중하면 분쟁이 일어나지 않는다.

17절 바리새인들이 논쟁을 그치고자 맹인이었던 자에게 예수의 정체에 대해 다시 묻는다. 그가 아무 주저함 없이 예수는 선지자라고 대답한다. 개안의 기적을 체험한 후 예수가 선지자라고 고백한다. '그는 선지자이다'('프로페테스 에스틴', προφήτης ἐστίν)라는 대답을 헬라어 구문론에서 관사를 사용한 문장처럼 번역할 수 있다(참조. 4:19). 그래서 '그는 그 선지자이다'라는 번역이 가능하다 (참조. 신 18:15-18).[87] 맹인이었던 자가 선지자의 개념을 이미 어느 정도 알고 있었다고 짐작할 수 있다. 구약성경에서는 기적을 행하고 하나님으로부터 메시지를 전달받아 선포하는 사람을 선지자라고 부른다. 시력을 회복한 사람은 자신에게 일어난 기적을 근거로 해서 예수를 선지자라고 고백한다. 시간이 지날수록 이 고백의 내용이 계속 발전해 나간다.

12.1.4. 시력을 회복한 사람의 부모와 바리새인들(9:18-23)

[18] 유대인들이 그가 맹인으로 있다가 보게 된 것을 믿지 아니하고 그 부모를 불러 묻되 [19] 이는 너희 말에 맹인으로 났다 하는 너희 아들이냐 그러면 지금은 어떻게 해서 보느냐 [20] 그 부모가 대답하여 이르되 이 사람이 우리 아들인 것과 맹인으로 난 것을 아나이다 [21] 그러나 지금 어떻게 해서 보는지 또는 누가 그 눈을 뜨게 하였는지 우리는 알지 못하나이다 그에게 물어 보소서 그가 장성하였으니 자기 일을 말하리이다 [22] 그 부모가 이렇게 말한 것은 이미 유대인들이 누구든지 예수를 그리스도로 시인하는

---

[87] Cho, *Jesus as Prophet*, 190-94; Colwell, 'A Definite Rule', 12-21을 참조하라.

자는 출교하기로 결의하였으므로 그들을 무서워함이러라 ²³ 이러므로 그 부모가 말하기를 그가 장성하였으니 그에게 물어 보소서 하였더라

바리새인들이 날 때부터 맹인으로 있다가 보게 된 자의 치유 사실을 믿지 못하고 그 부모를 소환한다. 부모에게 당신들의 아들이 맞는지, 그가 어떻게 해서 눈을 뜨게 되었는지 심문한다. 그 부모는 자기 아들이 성인이니 직접 질문하라고 대답한다. 저자는 부모가 직접 대답하지 않은 이유가 유대 종교 권력자들이 예수를 그리스도라고 시인하면 출교하기로 결정했기에 그들을 두려워했기 때문이라고 설명한다.

18-19절 유대인으로 표현된 바리새인들은 전에 눈이 멀었던 사람이 기적 사건을 통해서 보게 된 것을 믿지 못한다. 기적의 체험자인 맹인이 직접 그 사건을 증언했지만 믿지 못한다. 그 이유는 기적을 인정하고 확인하는 일을 자신들의 권력과 의무로 이해했기 때문이다. 당시 바리새인들이 가졌던 종교 권력의 위상을 짐작할 수 있다. 바리새인들이 그 시각 장애인의 부모를 소환해서 그 사람이 그들의 아들인지, 어떻게 해서 눈을 뜨게 되었는지 묻는다.

20-21절 부모가 개안의 기적을 체험한 사람이 자신들의 아들인 것과 그가 태어나면서부터 맹인이었음을 확인해 준다. 하지만 어떻게 해서 눈을 뜨게 되었는지는 알지 못한다고 대답한다. 그리고 자기 아들이 장성한 사람이므로 본인에게 직접 물어보라고 요청한다.

22-23절 이 두 구절은 저자의 설명적 주석이다. 저자가 그 부모가 왜 바리새인들의 심문에 직접 대답하지 않았는지 그 이유를 제시한다. 즉 유대인들이 누구든지 예수를 그리스도(메시야)로 시인하면 유대인의 회당에서 '출교'하기로 이미 결의하였기에 그들을 두려워해서 대답하지 않았다고 한다. 더욱이 그런 두려움 때문에 아들에게 직접 물어보라고 대답했다는 설명을 덧붙인다.

'출교'(ἀποσυνάγωγος)로 번역된 헬라어 '아포쉬나고고스'는 신구약성경에서

오직 요한복음에만 3회 나오고(참조. 9:22; 12:42; 16:2), 칠십인역이나 요세프스의 문헌, 그리고 세속 문헌 어디에도 나오지 않는다(참조. BDAG, 123). 이 헬라어 단어는 종교 전문 용어로, CE 90년경 얌니아에서 열렸던 유대인의 종교 회의에서 사용되었다.[88] 이 얌니아 종교 회의(Council of Jamnia)에서 유대인들은 이방인을 회당에서 출교하기로 공식적으로 결의하였다. 이 헬라어 단어는 예수 이후 90년대의 종교 상황을 반영한다.[89]

하지만 당시 예수의 제자들 가운데 예수를 이미 그리스도로 인식하는 자가 있었다(참조 1:41). 또한 '이미 유대인들이 누구든지 예수를 그리스도로 시인하는 자는 출교하기로 결의하였으므로 그들을 무서워함이러라'(22절)에서 '이미'('에데', ἤδη)와 '결의하였다'('쉬네테페인토', συνετέθειντο)는 출교를 결의한 시점이 과거에 이미 완료되었음을 나타내며, 출교의 위협과 박해가 이른 시기에 결정된 사실을 알려 준다. 즉 유대 종교 권력자들의 출교 결정 이후에 많은 사람이 상당한 박해와 위협을 받고 있었던 것이다(참조. 눅 6:22; 마 5:11). 이 표현들은 이 상황이 요한복음의 기록 당시에도 지속되었음을 암시해 준다.

유대교에서 출교는 일시적인 출교와 영구적인 출교로 구별되었다. "전통적으로 일시적인 출교는 '니두이'(נדוי)로, 영구적인 출교는 '헤렘'(חרם)으로 구별된다. 하지만 이 구별이 얼마나 오래된 것인지는 알 수 없다."[90] 바레트(C. K. Barrett)는 요한복음의 출교가 "보통 회당에서 행해졌던 축출을 뜻하는지는 의심스럽다"라고 하며, "가볍고 비공식적인 벌로는 '네지파'(nezipha)라고 하는 것이 있었고 공식적인 벌은 이와 달리 '니두이'(nidduy) 또는 '샤마타'(shammattah)라고 하였다"라고 설명한다.[91] '니두이'는 공식적인 출교지만 일시적인 파문으로, 보통 30일 정도 일반 백성과 교류가 금지된다. 하지만 이 기

---

[88] 얌니아는 지금의 야브네(Yavneh)인데 팔레스타인의 북부 해안 쪽인 욥바에서 남쪽으로 약 20킬로미터 떨어진 지점에 위치한 도시이다; Lewis, 'Jamnia', *ABD*, III, 634-35을 보라.
[89] Martyn, *History and Theology*, 37-62을 보라.
[90] Schürer, *History of the Jewish People*, II, 432.
[91] Barrett, 『요한복음(II)』, 112-13; Schürer, *History of the Jewish People*, II, 431-32을 보라. Schürer는 '니두이'(נדוי)와 '샤마타'(שמתא)가 동의어로 사용되었으나 '샤마타'는 후에 사용되지 않았다고 주장한다.

간에도 종교 예식에는 참여할 수 있었다. 하지만 '헤렘'은 영구적인 출교로, 공식 집회는 물론 다른 유대인들과의 매매 행위나 식사 교제가 금지되는, 사실상의 공민권 박탈이었다.⁹² 하지만 이러한 출교가 신약 시대에 존재했는지는 정확히 알 수 없다.⁹³

12.1.5. 바리새인들의 2차 심문(9:24-34)

²⁴ 이에 그들이 맹인이었던 사람을 두 번째 불러 이르되 너는 하나님께 영광을 돌리라 우리는 이 사람이 죄인인 줄 아노라 ²⁵ 대답하되 그가 죄인인지 내가 알지 못하나 한 가지 아는 것은 내가 맹인으로 있다가 지금 보는 그것이니이다 ²⁶ 그들이 이르되 그 사람이 네게 무엇을 하였느냐 어떻게 네 눈을 뜨게 하였느냐 ²⁷ 대답하되 내가 이미 일렀어도 듣지 아니하고 어찌하여 다시 듣고자 하나이까 당신들도 그의 제자가 되려 하나이까 ²⁸ 그들이 욕하여 이르되 너는 그의 제자이나 우리는 모세의 제자라 ²⁹ 하나님이 모세에게는 말씀하신 줄을 우리가 알거니와 이 사람은 어디서 왔는지 알지 못하노라 ³⁰ 그 사람이 대답하여 이르되 이상하다 이 사람이 내 눈을 뜨게 하였으되 당신들은 그가 어디서 왔는지 알지 못하는도다 ³¹ 하나님이 죄인의 말을 듣지 아니하시고 경건하여 그의 뜻대로 행하는 자의 말은 들으시는 줄을 우리가 아나이다 ³² 창세 이후로 맹인으로 난 자의 눈을 뜨게 하였다 함을 듣지 못하였으니 ³³ 이 사람이 하나님께로부터 오지 아니하였으면 아무 일도 할 수 없으리이다 ³⁴ 그들이 대답하여 이르되 네가 온전히 죄 가운데서 나서 우리를 가르치느냐 하고 이에 쫓아내어 보내니라

바리새인들이 맹인이었던 사람을 다시 소환하여 자신들의 주장을 인정하라고 강요한다. 그들은 1차 심문 때와 마찬가지로 어떻게 해서 보게 되었는지 묻는다. 그리고 예수가 안식일 노동 금지 규정을 위반했다고 주장한다. 시력

---

92   Schürer, *History of the Jewish People*, II, 431-33; Barrett, 『요한복음(II)』, 112-14; Carson, 『요한복음』, 678-83; Kruse, 『요한복음』, 335-36을 참조하라.
93   Kimelman, 'Birkat Ha-Minim', 226-44을 참조하라.

을 회복한 사람이 바리새인들을 향하여 자신의 증언을 믿지 않고 같은 질문을 반복하는 것은 혹시 예수의 제자가 되고 싶어서 그런 것이냐고 풍자적으로 질문한다. 그는 자신의 눈을 뜨게 해 준 예수가 하나님께로부터 온 사람이라고 강력하게 주장한다. 결국 바리새인들이 그를 쫓아내 버린다.

24절 바리새인들이 개안의 기적을 체험한 사람을 두 번째로 소환하여 '하나님께 영광을 돌리라'라고 요구한다. 곧 예수에 대한 진실을 말하라는 압박이자 예수가 죄인이라는 그들의 판단을 인정하고 고백하라는 요구이다. 바리새인들은 이 기적 사건을 믿지 않는다. 그들이 예수가 죄인이라고 단정하는 근거는 안식일 규정을 지키지 않아서이다(참조. 16절).

25-27절 개안의 기적을 체험한 이 사람이 '한 가지 아는 것은 내가 맹인으로 있다가 지금 보는 그것이니이다'라고 분명하게 증언한다. 바리새인들이 다시 또 '그 사람이 어떻게 네 눈을 뜨게 하였느냐'라고 묻는다. 이에 맹인이었던 사람이 이미 말했는데도 믿지 않는다고 지적하면서 '당신들도 그의 제자가 되려 하나이까' 하며 빈정거린다.

28-29절 바리새인들이 분노하여 너는 예수의 제자이지만 자신들은 '모세의 제자'라고 주장한다. 하지만 그들은 모세의 율법을 지키지 않는다(참조. 5:45-46; 6:32; 7:19-23). 바리새인들은 하나님이 모세와는 대면하여 말씀하셨지만 예수라는 사람의 기원은 알 수 없다고 주장한다. 그들은 이미 예수에 대한 땅의 기원을 알고 있었지만(참조. 6:42) 이 기적 사건을 믿지 않으려고 억지를 부리고 있다.

30-31절 시각 장애인이었던 사람이 개안의 기적 체험을 다시 말하면서 바리새인들이 예수의 기원을 알지 못하는 것에 대하여 의심을 드러낸다. 그리고 예수께서 자신의 눈을 뜨게 해 주시려고 하나님께 기도하셨고 하나님께서 그 기도에 응답하셨음을 암시하는 말을 한다. "하나님이 죄인의 말을 듣지 아니

하시고 경건하여 그의 뜻대로 행하는 자의 말은 들으시는 줄을 우리가 아나이다." 이 증언은 시편 66:18, 잠언 15:29, 이사야 1:15의 사상에 배경을 둔다.

32-34절 맹인이었던 사람이 예수께서 자신에게 행하신 기적을 이렇게 평가한다. "창세 이후로 맹인으로 난 자의 눈을 뜨게 하였다 함을 듣지 못하였으니." 이런 기적은 세상이 창조된 이후로 예수께서만 행하셨다는 뜻이다. 그리고 예수가 하나님께로부터 오지 않았다면 이러한 기적을 행하지 못하셨을 것이라고 덧붙인다. 여기서 이 사람이 예수를 부르는 칭호가 점차 발전되어 감을 알 수 있다. 처음에는 '예수'(11절)였다가 '선지자'(17절)로, 그리고 '선지자'에서 '하나님께로부터 온 자'(33절)로 변화되었다.

바리새인들은 개안의 기적을 체험한 사람이 죄인이기에 맹인으로 태어났다고 간주하며 그를 쫓아내 버린다. 당시 바리새인들이 죄와 질병을 어떻게 연결해서 보았는지 그들의 사상이 드러나는 부분이다. 예수의 제자들도 이러한 사상을 가지고 있었다(참조. 9:2).

12.1.6. 예수와 시력을 회복한 사람과의 재회(9:35-38)

35 예수께서 그들이 그 사람을 쫓아냈다 하는 말을 들으셨더니 그를 만나사 이르시되 네가 인자를 믿느냐 36 대답하여 이르되 주여 그가 누구시오니이까 내가 믿고자 하나이다 37 예수께서 이르시되 네가 그를 보았거니와 지금 너와 말하는 자가 그이니라 38 이르되 주여 내가 믿나이다 하고 경배하는지라

시력을 회복한 사람이 예수를 다시 만나서 예수께 믿음을 고백하고 경배한다.

35-36절 예수께서 시력을 회복한 사람이 바리새인들에게 쫓겨났다는 소식을 들은 후 그를 다시 만나서 '네가 인자를 믿느냐?'라고 물으신다. '인자'는 예수께서 이미 1:51; 3:13-14; 6:27, 62 등에서 자신에 대한 정체성을 묘사할

때 사용하셨던 칭호이다(참조. 12:23; 13:31).⁹⁴ 이에 대한 대답은 '내가 인자를 믿습니다' 또는 '내가 인자를 믿지 않습니다'라고 해야 할 것이다. 하지만 시력을 회복한 사람은 예수가 어떤 분인지 잘 인식하지 못했고, 더욱이 인자에 대한 개념은 아예 없었다. 그래서 '주여 그가 누구시오니이까 내가 믿고자 하나이다'라고 대답한다.

37절 예수께서 시력을 회복한 사람에게 인자에 대해 '네가 그 사람을 보고 있고 너와 말하고 있는 사람이다'(저자 사역)라고 분명하게 알려 주신다(참조. 4:26). 신약성경 전체에서 가장 명확하게 예수께서 스스로 인자(The Son of Man)이심을 밝히시는 구절이다.

38절 예수의 답변을 듣고 이 사람이 즉시 '주여 내가 믿나이다'라고 반응을 보인다. 입술의 고백에 이어 경배도 한다. '경배하다'의 '프로스퀴네오'(προσκυνέω)는 존경하는 대상에게 무릎 꿇고 엎드려 절하는 행동을 묘사할 때 사용된다(참조. BDAG, 882-83). 이때 존경하는 대상에는 하나님이나 그리스도뿐 아니라 사람과 이방 신, 귀신도 포함되었다.⁹⁵

이 사람은 처음에는 예수라는 이름을 알았고(11절), 그다음에는 그분을 선지자라고 인식했으며(17절), 곧이어 하나님께로부터 오신 분(33절)으로 이해했다. 그리고 예수가 하나님의 아들이며, 그리스도인 것을 알지 못했지만 자신의 체험을 근거로 예수를 '인자'로 믿고 경배하였다.

아마도 이 사람은 자신을 치유해 준 예수를 메시아로 믿었다기보다는 유대교에서 기다리던, 종말에 나타나서 기적을 행하는 인자로 믿었던 것 같다(참조. 2:18; 3:2; 6:30). 이 인자는 다니엘 7:13에 나오는 '인자'가 아니라 여호와께서

---

94 '인자'에 대하여는 본서의 1:51 주석을 참조하라.
95 그 경배의 대상은 사람(마 18:26; 행 10:25; 계 3:9), 하나님(마 4:10; 요 4:20-23; 12:20; 행 24:11; 고전 14:25; 히 11:21; 계 4:10; 14:7; 19:4), 이방 신(행 7:43), 마귀와 사탄(마 4:9; 눅 4:7; 계 9:20; 13:4; 14:9, 11), 천사(계 22:8), 그리스도(마 2:2, 8, 11; 8:2; 9:18; 14:33; 20:20; 15:25; 28:9, 17; 막 5:6; 15:19; 눅 24:52) 등이다.

에스겔 선지자를 부르셨던 별칭인 '사람(인자)'일 가능성이 있다(참조. 겔 2:1, 3, 6, 8; 3:4, 10, 17, 25). 에스겔서에 나오는 그 '사람'을 문자대로 번역하면 '사람의 아들'(인자)이다. 한편 이 사람이 예수를 하나님께로부터 보냄을 받은 선지자로 이해했을 가능성도 있다.[96]

설교자를 위한 적용(9:13-38)

●● 우리가 경험한 가장 큰 기적은 현재 예수를 그리스도로 믿고 나의 구주, 메시아로 고백하며 살아가는 것이다. 율법에 매여 살았던 바리새인들은 그 율법이라는 한계에 갇혀 예수의 기적 사건을 받아들이지 못했다.

날 때부터 맹인 된 사람에게는 예수의 기적으로 말미암아 현재 볼 수 있게 되었다는 경험만큼 확실한 것은 없다. 그래서 이 사람은 아주 확실하게 예수를 증언할 수 있었다. 그는 불이익을 당할지도 모르는 상황에서도 자신의 경험과 믿음을 분명하게 증언했다. 어떤 상황에서도 예수를 증언할 수 있는 힘은 예수에 대한 경험과 그분에 대한 믿음의 확신이다. 예수를 경험하는 일은 특별한 사건의 체험을 통해서도 가능하고, 하나님의 말씀을 읽고 연구하며, 묵상하고 실천함으로써도 가능하다. 말씀에 순종하는 삶을 통해서 예수를 경험한 사람은 확실하고 진실한 예수의 증인이 될 수 있다.

영적인 일을 보지 못하는 영적 시각 장애인들에게 내가 만나서 경험한 예수를 증언하여 시력을 되찾게 해 주어야 할 책임이 우리에게 있다. 그리스도인들은 자신이 만나고 경험한 예수를 정직하고 진실하게 증언해야 한다. 예수에 대한 경험과 고백은 내 삶은 물론 타인의 삶을 변화시키는 원동력이다.
●●

---

96 Cho, *Jesus as Prophet*, 190-202을 참조하라.

12.2. 예수와 바리새인들(9:39-10:21)

이 단락에서는 예수께서 바리새인들에게 경고와 책망의 말씀을 하시며, 자신의 십자가 죽음을 예고하신다. 이 단락을 구성하는 9:39-41과 10:1-21은 내용상 긴밀하게 연결된다. 9:39-41에서는 예수께서 바리새인들에게 너희야말로 맹인이라고 하시면서 그들의 영적 어둠의 상태를 지적하신다. 10:1-21은 이 바리새인들을 향하여 질책하시는 내용으로, 양의 우리와 목자의 비유를 들어 예수 자신이 선한 목자임을 암시하신다.

이사야 56:10-12, 예레미야 23:1-4, 에스겔 34장, 스가랴 11장 등에도 양과 목자의 비유가 나오는데 이 중 본문과 어울리는 구약성경의 배경은 에스겔과 예레미야이다. 이 두 성경에서는 유대의 사악한 지도자들을 목자로 소개하고, 목자에 대한 경고도 기록되어 있다.[97] 예수께서는 이 단락에서 선한 목자가 양들을 위하여 목숨을 버리듯이 자기 역시 양 같은 세상 사람들을 위하여 죽으실 것이라고 말씀하신다.

이 단락은 다음과 같이 크게 두 부분으로 나뉜다.

> 영적으로 눈먼 바리새인들을 향한 경고(9:39-10:10)
> 양들을 위하여 목숨을 버리는 선한 목자(10:11-21)

12.2.1. 영적으로 눈먼 바리새인들을 향한 경고(9:39-10:10)

³⁹ 예수께서 이르시되 내가 심판하러 이 세상에 왔으니 보지 못하는 자들은 보게 하고 보는 자들은 맹인이 되게 하려 함이라 하시니 ⁴⁰ 바리새인 중에 예수와 함께 있던 자들이 이 말씀을 듣고 이르되 우리도 맹인인가 ⁴¹ 예수께서 이르시되 너희가 맹인이 되었더라면 죄가 없으려니와 본다고 하니 너희 죄가 그대로 있느니라 ¹⁰:¹ 내가 진실로

---

[97] 본문의 목자의 이미지는 구약성경에 나오는 목자 이미지와 비슷하다(참조. 시 23편; 95:7; 100:3; 사 40:10-11).

진실로 너희에게 이르노니 문을 통하여 양의 우리에 들어가지 아니하고 다른 데로 넘어가는 자는 절도며 강도요 ² 문으로 들어가는 이는 양의 목자라 ³ 문지기는 그를 위하여 문을 열고 양은 그의 음성을 듣나니 그가 자기 양의 이름을 각각 불러 인도하여 내느니라 ⁴ 자기 양을 다 내놓은 후에 앞서 가면 양들이 그의 음성을 아는 고로 따라오되 ⁵ 타인의 음성은 알지 못하는 고로 타인을 따르지 아니하고 도리어 도망하느니라 ⁶ 예수께서 이 비유로 그들에게 말씀하셨으나 그들은 그가 하신 말씀이 무엇인지 알지 못하니라 ⁷ 그러므로 예수께서 다시 이르시되 내가 진실로 진실로 너희에게 말하노니 나는 양의 문이라 ⁸ 나보다 먼저 온 자는 다 절도요 강도니 양들이 듣지 아니하였느니라 ⁹ 내가 문이니 누구든지 나로 말미암아 들어가면 구원을 받고 또는 들어가며 나오며 꼴을 얻으리라 ¹⁰ 도둑이 오는 것은 도둑질하고 죽이고 멸망시키려는 것뿐이요 내가 온 것은 양으로 생명을 얻게 하고 더 풍성히 얻게 하려는 것이라

예수께서 눈먼 사람을 치유해 주신 기적 사건을 바리새인들을 향한 책망과 경고로 사용하시면서 그들의 영적 상태를 맹인이라고 비유하신다. 목자와 양에 대한 비유는 긍정적인 면에서는 예수와 믿는 자들의 관계를 나타내고, 부정적인 면에서는 바리새인들을 강도로 암시한다. 예수께서는 바리새인들이 '문을 통하여 양의 우리에 들어가지 않는 자들'이라고 설명하신다. 또한 '도둑이 오는 것은 도둑질하고 죽이고 멸망시키려는 것뿐'이라고 하시면서 바리새인들의 행태를 지적하신다. 하지만 예수가 이 땅에 오신 목적은 양으로 생명을 얻게 하시기 위함이다. 예수라는 문으로 들어가면 누구든지 구원을 받는다.

39절 예수께서 영적으로 맹인인 바리새인들의 실상을 지적하시며 공개적으로 심판을 선언하신다.

40절 바리새인들이 예수의 선언을 올바로 이해한다. 그들은 눈으로 기적을 보고 확인했지만 믿지 않았다. 그래서 스스로 말하기를 '우리도 맹인인가'라고 반문한다. 자신들의 질문에 부정적인 대답을 기대하고 있다.

41절 만일 바리새인들이 시각 장애인이었다면 그들은 심판을 면할 수 있었을 것이다. 하지만 예수를 눈으로 확인하고도 믿지 않았기에 정죄를 받을 수밖에 없다고 예수께서 지적하신다.

10장 1-2절 이중 아멘을 사용하여 선언하신 경고는 당시 종교 권력자들이었던 바리새인들을 향한 심판의 말씀이다. 구약성경에서 "백성들을 잘못 인도하여 파멸로 이끌었던 무책임하고 잘못된 목자들을 철두철미하게 단죄하신 것"[98]을 바리새인들에게 적용하신 것이다. 예수께서 바리새인들을 향하여 '문을 통하여 양의 우리에 들어가지 아니하고 다른 데로 넘어가는' 절도며 강도라고 언급하신다. 문을 통하여 양의 우리에 들어가지 않는다는 것은 당연히 비정상적인 행동을 뜻한다. 양의 우리에 들어갈 권한이 없는 자들이 담을 넘거나 다른 데로 들어간다. 주로 양을 훔치거나 죽이려는 목적으로 우리 안에 침입하는데 예수께서 바로 그와 같은 행동을 하는 이들이 바리새인들이라고 하신 것이다. 이와는 반대로, 문을 통해서 들어가는 자는 양의 목자이다.

이 비유는 에스겔 34:2-4의 말씀을 떠올리게 한다.[99]

> "인자야 너는 이스라엘 목자들에게 예언하라 그들 곧 목자들에게 예언하여 이르기를 주 여호와께서 이같이 말씀하시되 자기만 먹는 이스라엘 목자들은 화 있을진저 목자들이 양 떼를 먹이는 것이 마땅하지 아니하냐 너희가 살진 양을 잡아 그 기름을 먹으며 그 털을 입되 양 떼는 먹이지 아니하는도다 너희가 그 연약한 자를 강하게 아니하며 병든 자를 고치지 아니하며 상한 자를 싸매 주지 아니하며 쫓기는 자를 돌아오게 하지 아니하며 잃어버린 자를 찾지 아니하고 다만 포악으로 그것들을 다스렸도다"

유대의 지도자들은 여호와의 양 떼, 곧 하나님의 백성을 돌보도록 위임을

---

[98] Clements, 『예레미야』, 217.
[99] Carson, 『요한복음』, 700-702을 참조하라.

받았다. 그들은 목자의 사명을 위임해 준 양 떼의 주인을 위하여 마땅히 책임과 의무를 다해야 한다. 하지만 이들은 양 떼를 멸망시키고 흩어 버렸다.

3-5절 '문지기'('뛰로로스', θυρωρός)는 목자를 돕는 보조 목자이다. 그는 목자를 알아보고 문을 열어 주고 양들을 들어오게 한다. 목자는 양들의 이름을 각각 불러서 인도하여 낸다. 여기서 '문'('뛰라', θύρα)은 양들이 지내는 우리의 입구를 가리킨다. '우리'는 집 옆에 낮은 담으로 둘러싸인 작은 공간이다. 이와는 대조적으로, 7-21절에 등장하는 목자와 양은 대부분 집에서 멀리 떨어져 있는 들판에서 생활한다.[100] 양들은 목자의 음성을 듣고 목자를 따라 그 문 안으로 들어간다. 하지만 자기 목자가 아닌 다른 사람의 음성을 들으면 도망간다.

6절 헬라어 단어 '파로이미아'(παροιμία, '비유')는 요한복음에서 이곳과 16:25, 29에만 나온다(참조. 벧후 2:22). 예수께서 비유를 통해서 바리새인들에게 경고하셨지만 그들은 깨닫지 못했다. 그들은 마치 절도범과 강도들처럼 양의 털과 고기에만 관심이 있었다.

7-8절 예수께서 다시 비유로 '나는 양의 문이라'('에고 에이미 헤 뛰라', ἐγώ εἰμι ἡ θύρα)라고 선언하신다. 이 표현을 9절에서 다시 반복하시는데 거기에서는 그 뜻도 설명하신다. 고대 세계에서 '문'은 하늘과 땅 사이를 연결하는 통로를 상징했다. '하늘 문'이라는 표현이 구약성경과 묵시 문학 작품에 등장한다(참조. 창 28:17; 시 78:23; 계 4:1; 에녹서 72-75; 바룩3서 6:13).[101] '나보다 먼저 온 자'는 예수보다 먼저 나타난 거짓 메시아와 거짓 종교 권력자들을 암시한다. 이 구절은 거짓 목자들이 등장하는 에스겔 34장과 예레미야 23:1-4 말씀에 그 배경을

---

100   Kruse, 『요한복음』, 344-47을 참조하라.
101   '문'과 관련된 논의를 Barrett, 『요한복음(II)』, 130-32과 Carson, 『요한복음』, 707-708에서 서로 비교하여 참조하라.

둔다.

9-10절 7절에서 '나는 문이다'라고 선언하신 내용을 반복하여 '문'이신 자신의 역할을 설명하신다(참조. 1:51; 3:13, 31). '문'은 양들이 생명을 얻는 통로이다. 문이신 예수를 통과해야 안전과 생명이 보장되고, 영원한 생명을 누리며 하나님을 만나게 된다. 예수께서 이 땅에 오신 목적이 바로 '생명을 얻게 하고 더 풍성히 얻게 하려는 것'이다. 여기서 생명은 단순히 육체적인 생명이 아니라 영적 생명을 의미한다. 예수는 지상의 인간들을 하나님께 인도하여 연결해 주는 통로이시다. "누구든지 나로 말미암아 들어가면 구원을 받고 또는 들어가며 나오며 꼴을 얻으리라." '들어가며 나오며'는 예수와 더불어 일상을 살아가는 모습을 암시한다.

12.2.2. 양들을 위하여 목숨을 버리는 선한 목자(10:11-21)

[11] 나는 선한 목자라 선한 목자는 양들을 위하여 목숨을 버리거니와 [12] 삯꾼은 목자가 아니요 양도 제 양이 아니라 이리가 오는 것을 보면 양을 버리고 달아나나니 이리가 양을 물어 가고 또 헤치느니라 [13] 달아나는 것은 그가 삯꾼인 까닭에 양을 돌보지 아니함이나 [14] 나는 선한 목자라 나는 내 양을 알고 양도 나를 아는 것이 [15] 아버지께서 나를 아시고 내가 아버지를 아는 것 같으니 나는 양을 위하여 목숨을 버리노라 [16] 또 이 우리에 들지 아니한 다른 양들이 내게 있어 내가 인도하여야 할 터이니 그들도 내 음성을 듣고 한 무리가 되어 한 목자에게 있으리라 [17] 내가 내 목숨을 버리는 것은 그것을 내가 다시 얻기 위함이니 이로 말미암아 아버지께서 나를 사랑하시느니라 [18] 이를 내게서 빼앗는 자가 있는 것이 아니라 내가 스스로 버리노라 나는 버릴 권세도 있고 다시 얻을 권세도 있으니 이 계명은 내 아버지에게서 받았노라 하시니라 [19] 이 말씀으로 말미암아 유대인 중에 다시 분쟁이 일어나니 [20] 그 중에 많은 사람이 말하되 그가 귀신 들려 미쳤거늘 어찌하여 그 말을 듣느냐 하며 [21] 어떤 사람은 말하되 이 말은 귀신 들린 자의 말이 아니라 귀신이 맹인의 눈을 뜨게 할 수 있느냐 하더라

선한 목자와 삯꾼 목자가 비교되면서 예수를 선한 목자라고 소개한다. 선한 목자는 진실 되고 흠이 없는 목자로, 그 진실함이 자기희생적인 죽음을 통해서 암시된다. 하나님의 구원 계획은 선한 목자이신 예수께서 십자가 위에서 피 흘려 죽으심으로써 성취된다는 것이다. 이 단락의 마지막 부분인 19-21절은 10:1-18의 내용이 날 때부터 맹인 된 사람을 고쳐 주신 사건(9장)과 긴밀하게 연결되어 있음을 보여 준다. 유대인들은 맹인이었던 자를 불러다가 그의 눈을 뜨게 해 준 예수에 대해 조사했지만 여전히 예수가 누구인지 잘 알지 못한다.

11절 예수께서 '나는 ~이다'('에고 에이미', ἐγώ εἰμι)라는 형식을 사용하여(참조. 6:35) '나는 선한 목자라'('에고 에이미 호 포이멘 칼로스', ἐγώ εἰμι ὁ ποιμὴν ὁ καλός)라고 자신의 정체성을 밝히신다. 선한 목자는 양들을 위하여 목숨을 버리는 진실 되고 흠이 없는 목자이다. 구약성경의 배경에서 선한 목자는 다윗의 몸에서 태어날 메시아이다. 하나님께서는 그 선한 목자를 통해서 흩어진 양 떼를 다시 모으고 친히 먹이겠다고 약속하신다(참조. 렘 23:2-3; 겔 34:11-16). 선한 목자는 자신이 양을 돌보는 사명을 맡고 있음을 항상 인식하고 있다. 양들을 돌보는 목자 역할은 주로 한 집의 아들 중 한 명이 감당했고, 아들이 없을 경우에는 딸 두 명이 함께 이 일을 했다. 만약 이렇게 할 수 없을 때에는 임금(삯)을 주기로 약속하고 사람을 고용했다. 이 목자가 삯꾼 목자 즉, 계약직으로 고용된 목자이다.[102]

12절 자기 소유의 양을 직접 돌보는 것과 고용된 사람이 남의 양을 돌보는 방식에는 큰 차이가 존재한다. "삯꾼은 목자가 아니요 양도 제 양이 아니라 이리가 오는 것을 보면 양을 버리고 달아나나니." 양을 물어 가거나 헤치려고 '이리'('뤼코스', λύκος, 'wolf')가 달려드는 위급한 상황을 만나면 자기 양을 돌보

---

102 Kruse, 『요한복음』, 344-45을 참조하라.

는 목자는 목숨을 걸고 이리와 싸운다. 하지만 삯군 목자는 자기 목숨을 보호하기에 바빠서 결국 양을 그대로 버려두고 도망간다.

13절 삯군 목자가 '달아나는 것은 그가 삯군인 까닭에 양을 돌보지 아니함'이기 때문이다. 그렇지만 선한 목자는 양을 위해 자기 생명까지도 바친다.

14절 예수께서는 자신이 선한 목자이기에 양에 대하여 잘 알고 양을 위하여 자신의 목숨까지도 버린다고 말씀하신다. '나는 내 양을 알고'는 각 양의 특징을 잘 알고 계시기에 그들의 필요를 공급해 주시면서 돌보아 주신다는 뜻이다.

15절 "아버지께서 나를 아시고 내가 아버지를 아는 것 같으니 나는 양을 위하여 목숨을 버리노라." 아버지 하나님께서 아들 예수를 알듯이 예수께서 자기의 양을 알고 있다고 비유로 표현하신다. 예수께서 양을 위하여 목숨을 버린다고 반복해서 말씀하시는 것은 이미 자신의 죽음을 염두에 두고 사역하고 계심을 보여 준다. 예수는 이 세상에 죽기 위하여 오셨고, 그 죽음을 향하여 한 걸음씩 발걸음을 옮기고 있는 것이다. 예수의 발걸음은 인간을 생명으로 인도하시려는 구원 계획을 실천하는 행위이다.

16절 '우리에 들지 아니한 다른 양들'은 이방인들을 암시하는 표현으로, 하나님의 구원 계획에 이방인들도 포함되어 있음을 알 수 있다. 이방인들도 유대인들과 함께 한 무리가 되어 한 목자인 예수의 인도를 받게 될 것이다. 예수께서 범세계적이며 우주적인 교회의 모습을 제시하신다. 이는 마치 4:22에서 사마리아 여자에게 하신 말씀 '구원이 유대인에게서 남이라'와 상반되는 내용 같다. 하지만 본문은 구원의 본래 계획과 의도를 설명하는 것으로, 예수는 하나님의 구원 계획 속에서 그 구원을 이루어 가시는 구원의 실행자로 묘사된다(참조. 3:16). 예수의 구원 속에서 유대인과 이방인은 하나가 되어 한 목자인 예수의 음성을 듣게 될 것이다.

17절 예수께서 자기 목숨을 버리신 후 부활하실 것이라고 말씀하신다. 생명을 버리는 것을 마치 선한 목자가 양을 구하기 위하여 생명을 버리는 것에 비교하신다. 이 내용을 12장에서 다시 설명하신다. "내가 진실로 진실로 너희에게 이르노니 한 알의 밀이 땅에 떨어져 죽지 아니하면 한 알 그대로 있고 죽으면 많은 열매를 맺느니라 자기의 생명을 사랑하는 자는 잃어버릴 것이요 이 세상에서 자기의 생명을 미워하는 자는 영생하도록 보전하리라"(12:24-25).

18절 하나님의 구원 계획 속에서 예수의 생명이 희생되는 것은 이미 계획된 일이었다. 예수께서는 자신이 생명을 빼앗기는 것이 아니라 자발적으로 희생하는 것이라고 밝히신다(참조. 5:30; 7:28; 8:28, 42; 14:10). 예수에게는 생명의 권세가 있으셔서 자신의 생명을 주실 수도 있고, 다시 얻으실 수도 있다.

19절 예수께서 목자와 양이라는 비유를 사용하여 자신의 죽음을 암시하셨지만 바리새인들은 그 참된 의미를 이해하지 못하고 오해하여 서로 분쟁한다.

20-21절 유대인들이 예수의 정체성을 놓고 분쟁하고 있다. 한 그룹은 '그가 귀신 들려 미쳤거늘'(참조. 7:20; 8:48, 52)이라고 평가하면서 예수의 기적 사건을 부인한다. 하지만 다른 사람들은 눈먼 사람의 눈을 뜨게 하신 기적을 기억하면서 예수가 귀신 들린 것이 아니라고 항변한다. 9장에 나오는 이 사건이 다시 언급됨으로써 이 구절이 그 내용과 밀접한 관련이 있음을 보여 준다.

설교자를 위한 적용(9:39-10:21)

●● 바리새인들은 예수의 기적 사건을 통해서 날 때부터 맹인 된 사람이 눈을 뜨게 되었다는 것을 믿지 못했다. 세상 사람들은 자신의 눈에 보이는 것과 손으로 만져지는 표피적이며 감각적인 경험만 진리라고 생각한다. 하지만 분명히 초자연적인 영적 세계가 존재한다. 이 영적 세계는 하나님의 은총이라는 조명을 통해서만 볼 수 있다. 육신의 눈으로 볼 수 있는 세계가 전부라고 믿기

보다는 영적 세계의 존재를 인식하고 내 눈을 떠서 하늘의 기이한 법을 보게 해 달라고 간구하는 지혜가 필요하다. 영적으로 맹인이었던 바리새인들이 되지 않도록 그리스도인은 날마다 자신을 점검해야 한다.

예수께서 바리새인들을 책망하신 후 그들에게 절도며 강도라고 비판하신다. 종교 권력자들이 사명과 책임을 등한시하고 정욕과 욕심을 채우는 데만 급급하면 결국은 예수께 심판을 받을 수밖에 없다. 양들이 자기 목자를 따르는 이유는 목자가 푸른 초장으로 인도해 주고 정성껏 돌보며 생명을 다해 보호해 주기 때문이다. 오늘날 누가 선한 목자인지 점검해 보려면 그가 자기 양들을 얼마나 세밀하게 알고 있으며 얼마나 사랑하고 희생하는지를 보면 된다.

예수는 자신이 '양의 문'과 '선한 목자'라고 선언하신다. 양의 문이신 예수는 양들이 생명을 얻으려고 들어가는 통로이다. 선한 목자이신 예수께서 자기 양들의 이름을 부르며 그들을 우리 안으로 인도하신다. 양들이 선한 목자의 음성을 듣고 그분을 따라갈 때 목자의 사랑과 보호 아래서 안전한 길로 다닐 수 있다. 예수는 십자가 위에서 죽으심으로써 우리를 구원의 문으로 들어가게 하셨고 영생을 주셨으며 또한 우리를 하나님께로 연결해 주셨다. ●●

12.3. 수전절의 예수(10:22-42)

이 단락에서는 예수께서 수전절에 성전 안 솔로몬 행각을 거니시는 모습을 묘사한다. 유대인들이 예수의 정체성에 대하여 계속해서 의문을 갖고 있으며 집요하게 질문한다. 이 단락에서 예수는 자신이 하나님이 보내신 메시아이시며 하나님의 아들이라고 분명히 증언하신다.

이 단락은 주제에 따라 크게 두 부분으로 나뉜다. 첫째, 메시아이신 예수를 묘사한 부분(10:22-30)과 둘째, 하나님 아들이신 예수를 소개한 부분이다(10:31-42).

12.3.1. 메시아이신 예수(10:22-30)

²² 예루살렘에 수전절이 이르니 때는 겨울이라 ²³ 예수께서 성전 안 솔로몬 행각에서 거니시니 ²⁴ 유대인들이 에워싸고 이르되 당신이 언제까지나 우리 마음을 의혹하게 하려 하나이까 그리스도이면 밝히 말씀하소서 하니 ²⁵ 예수께서 대답하시되 내가 너희에게 말하였으되 믿지 아니하는도다 내가 내 아버지의 이름으로 행하는 일들이 나를 증거하는 것이거늘 ²⁶ 너희가 내 양이 아니므로 믿지 아니하는도다 ²⁷ 내 양은 내 음성을 들으며 나는 그들을 알며 그들은 나를 따르느니라 ²⁸ 내가 그들에게 영생을 주노니 영원히 멸망하지 아니할 것이요 또 그들을 내 손에서 빼앗을 자가 없느니라 ²⁹ 그들을 주신 내 아버지는 만물보다 크시매 아무도 아버지 손에서 빼앗을 수 없느니라 ³⁰ 나와 아버지는 하나이니라 하신대

예수께서 자신을 메시아라고 암시하신다. 유대인들은 예수가 그리스도이심을 믿지 못하고 그리스도이신 증거를 찾고 있었다. 하지만 예수는 이미 그들에게 여러 가지 기적을 베푸셨는데 이 기적들이 메시아의 증거라고 제시하신다. 그리고 '너희가 내 양이 아니므로 믿지 아니하는도다'라고 하시며, '나와 아버지는 하나이니라'라고 선언하신다.

22절 '수전절이 이르니 때는 겨울이라'라는 문장은 수전절의 시기가 12월경임을 알려 준다. 그리고 '겨울'은 수전절의 시기를 잘 모르는 독자들을 배려하고, 당시 유대인들의 영적인 분위기가 그만큼 춥고 암울했음을 의도적으로 보여 주는 단어이다. '예루살렘'은 예수께서 죽음을 맞이할 장소와 참성전 되시는 그분의 정체성을 암시한다. '수전절'('엥카이니아', ἐγκαίνια, the Feast of Dedication)은 신약성경에서 유일하게 요한복음에만 나온다.¹⁰³ 수전절은 '새롭게 한 날' 또는 '깨끗하게 한 날'이라는 의미이다.¹⁰⁴ 이 절기는 모세의 율법

---

103 수전절에 대하여는 본서의 '요한복음 이해를 위한 서론'에서 '4. 요한복음의 절기'를 참조하라.
104 공동번역 마카베오상 4:36-59; 마카베오하 1:9, 18; 10:1-8을 참조하라.

에는 기록되지 않았고, BCE 164년 유다 마카베오(Judas Maccabaeus)와 그의 형제가 시리아 군대를 격파하고 예루살렘 성전을 청결하게 한 후, 하나님께 그 성전을 봉헌한 것을 기념하여 유대인들이 해마다 12월 중순경에 지키는 승리의 절기이다.[105]

23절 '성전 안 솔로몬 행각'은 솔로몬이 건축한 성전 안의 원기둥을 가리킨다. 저자가 솔로몬 성전의 주랑을 걷고 계신 예수를 묘사한 것은 수전절의 이미지와 예수의 십자가 사건을 통해서 참되고 새로운 성전을 세우실 그분의 정체성을 잘 반영한다. 유대인들이 적그리스도에게서 승리한 날인 수전절을 기념하여 축제를 하고 있지만 싸늘한 겨울철 온도는 그들의 영적 상태를 암시한다.[106]

24절 유대인들이 예수가 누구인지 확신을 하지 못한다. "당신이 언제까지나 우리 마음을 의혹하게 하려 하나이까 그리스도이면 밝히 말씀하소서." '우리 마음'('텐 푸쉬켄 헤몬', τὴν ψυχὴν ἡμῶν)을 문자대로 번역하면 '우리 목숨'이다. 즉 '당신이 어느 때까지 우리의 목숨을 빼앗아 가겠느냐?'(ἕως πότε τὴν ψυχὴν ἡμῶν αἴρεις)라고 번역할 수 있다. 유대인들이 예수로 인하여 마음을 졸이고 애간장을 태운다는 뜻이다. 이는 유대인들이 얼마나 메시아를 간절히 기다리고 있었는지를 보여 준다. 하지만 그들은 예수가 메시아라는 사실을 믿지 못했다(참조. 눅 22:67).

25-26절 예수께서 유대인들의 질문에 이미 메시아로서 자신을 드러내셨다고 대답하신다. '내가 내 아버지의 이름으로 행하는 일들'은 예수가 행하신 표적 사건들을 가리킨다. 예수께서는 이미 말씀을 통하여 또한 표적 사건을 통하여 하나님의 아들, 그리스도이심을 증언하셨다. 하지만 유대인들은 이 사실

---

105 Yee, *Jewish Feasts*, 83-88을 보라.
106 Beasley-Murray, *John*, 173을 보라.

을 믿지 않고 거부했다. 그들이 믿지 않은 이유는 예수의 양이 아니기 때문이다. 예수는 목자와 양의 비유를 들어 그들의 불신앙을 설명하셨다. 그리고 심판의 메시지를 이미 선언하셨다(참조. 10:1-21).

27-28절 예수께서 4-5절의 내용을 반복하신다. "내 양은 내 음성을 들으며 나는 그들을 알며 그들은 나를 따르느니라." 예수께서 자신을 따르는 양에게는 영생을 주시고 영원히 멸망하지 않게 하신다. 예수는 영생을 주시려는 대상자들에게 어떤 다른 조건을 제시하지 않으신다. 그저 자신을 믿고 따르는 자에게 영생을 주신다고 약속하신다. 그 영생은 썩거나 파괴되지 않으며 어느 누구도 빼앗아 갈 수 없다. 이 약속은 예정론의 성격을 띤다.

29-30절 영생 얻을 자들을 예수께 보내 주신 분은 바로 아버지 하나님이시다. 하나님께는 이들을 보호하시는 능력이 있다. 그러므로 그 누구도 아버지의 손에서 그들을 빼앗아 갈 수 없다. 이 구절에서 영생에 대한 예정론이 다시 제시된다. '나와 아버지는 하나이니라'라는 선언은 영생 얻은 자들을 보호하시는 측면에서 예수와 하나님 아버지가 완전하게 하나라는 뜻이다. 예수와 하나님이 하나라는 사상은 요한복음 전체에 걸쳐 나타난다(참조. 5:17; 10:30).

12.3.2. 하나님의 아들 예수(10:31-42)

³¹ 유대인들이 다시 돌을 들어 치려 하거늘 ³² 예수께서 대답하시되 내가 아버지로 말미암아 여러 가지 선한 일로 너희에게 보였거늘 그 중에 어떤 일로 나를 돌로 치려 하느냐 ³³ 유대인들이 대답하되 선한 일로 말미암아 우리가 너를 돌로 치려는 것이 아니라 신성모독으로 인함이니 네가 사람이 되어 자칭 하나님이라 함이로라 ³⁴ 예수께서 이르시되 너희 율법에 기록된 바 내가 너희를 신이라 하였노라 하지 아니하였느냐 ³⁵ 성경은 폐하지 못하나니 하나님의 말씀을 받은 사람들을 신이라 하셨거든 ³⁶ 하물며 아버지께서 거룩하게 하사 세상에 보내신 자가 나는 하나님의 아들이라 하는 것으로 너희가 어찌 신성모독이라 하느냐 ³⁷ 만일 내가 내 아버지의 일을 행하지 아니하거

든 나를 믿지 말려니와 ³⁸ 내가 행하거든 나를 믿지 아니할지라도 그 일은 믿으라 그러면 너희가 아버지께서 내 안에 계시고 내가 아버지 안에 있음을 깨달아 알리라 하시니 ³⁹ 그들이 다시 예수를 잡고자 하였으나 그 손에서 벗어나 나가시니라 ⁴⁰ 다시 요단 강 저편 요한이 처음으로 세례 베풀던 곳에 가사 거기 거하시니 ⁴¹ 많은 사람이 왔다가 말하되 요한은 아무 표적도 행하지 아니하였으나 요한이 이 사람을 가리켜 말한 것은 다 참이라 하더라 ⁴² 그리하여 거기서 많은 사람이 예수를 믿으니라

예수께서 자신의 정체성을 '아버지와 하나'라고 선언하시자 유대인들이 돌을 들어 예수를 치려고 한다. 이 사건 이후 유대인들과 예수가 신성모독이라는 주제로 논쟁을 벌인다. 예수께서는 자신이 아버지와 하나라는 사상을 발전시켜서 유대인들을 향해 선포하신다. 유대인들이 예수를 체포하려고 하지만 예수께서 그 자리를 피하신다. 이 단락의 마지막 40-42절에서는 사람들이 예수의 표적 사건을 세례자 요한의 사역과 비교한다. 세례자 요한에 대한 이야기가 요한복음에서 마지막으로 등장하는 부분이다.

31-32절 유대인들이 돌을 들어 예수를 치려고 하자 예수께서 무슨 이유로 이런 행동을 하느냐고 물으신다. "내가 아버지로 말미암아 여러 가지 선한 일로 너희에게 보였거늘 그 중에 어떤 일로 나를 돌로 치려 하느냐." '여러 가지 선한 일'은 예수께서 행하신 표적들로, 구체적으로 말하면 2, 4, 5, 6, 9장에 기록된 다섯 개의 표적 사건을 가리킨다.

33절 유대인들이 예수가 신성을 모독했기 때문에 돌로 치려 한다고 대답한다. 이들이 문제 삼은 신성모독은 예수가 38년 된 병자를 고쳐 주신 후 자신을 하나님과 동등하게 여긴 것(참조. 5:18)과 방금 아버지와 하나(10:30)라고 선언한 것으로 추정된다. 구약성경을 보면 신성모독은 돌로 쳐서 죽이는 벌을 내렸다. "여호와의 이름을 모독하면 그를 반드시 죽일지니 온 회중이 돌로 그를 칠 것이니라 거류민이든지 본토인이든지 여호와의 이름을 모독하면 그를 죽일지니라"(레 24:16). 유대인들이 예수께 분명하게 '네가 사람이 되어 자칭

하나님이라 함이로라'(참조. 19:7)라고 박해의 이유를 밝힌다. 이들은 예수가 사람의 몸으로 세상에 오신 하나님임을 전혀 알지 못한다.

34-36절 예수께서 구약성경 말씀을 구체적으로 적용하시면서 자신과 하나님이 하나인 이유를 제시하신다. '율법'('노모스', νόμος)은 구약성경 전체를 암시한다. 예수께서 유대인들을 향하여 '내가 너희를 신이라 하였노라'라고 말씀하신다. 여기서 '신'은 복수 명사 '떼오이'(θεοί)가 사용되어 '신들'을 뜻한다. 그들에게 왜 신이라고 하셨는지 그 이유가 다음 구절에 나온다. "성경은 폐하지 못하나니 하나님의 말씀을 받은 사람들을 신이라 하셨거든." '하나님의 말씀을 받은'은 하나님께서 모세(출 7:1)와 호세아(호 1:1), 그리고 예레미야(렘 1:2)와 같은 선지자들을 부르신 신적 소명을 나타내는 표현이다.

예수께서 시편 82:6("내가 말하기를 너희는 신들이며 다 지존자의 아들들이라 하였으나")을 인용하신 것이다. 이스라엘 백성이 "율법을 받고 그 율법에 따라 살면 그들이 거룩하게 되고 신들처럼 살게 될 것이다."[107] 예수의 논증은 하나님이 율법을 주신 사람들을 신들이라고 불렀다면, 하나님께서 거룩하게 하사 세상에 보내신 자가 '나는 하나님의 아들이다'('휘오스 투 떼우 에이미', υἱὸς τοῦ θεοῦ εἰμι)라고 말하는 것이 왜 신성모독인가 하는 반론이다.[108] 예수는 자신을 하나님이 세상에 보내신 자라고 주장하신다.

37-38절 요한복음에서는 예수께서 자신이 아버지 하나님의 일을 행한다고 자주 언급하신다(참조. 5:36; 10:25, 37-38; 14:10; 17:4). 그리고 자신이 하나님의 일을 하지 않는다면 자신을 믿지 말라고까지 말씀하신다. '하나님의 일'은 예수께서 행하신 기적들을 가리킨다. 예수께서는 유대인들에게 자신의 정체성이나 말은 믿지 못할지라도 그 기적은 믿으라고 권면하신다. 이러한 믿음은 기적에 기초한 것이기에 이상적인 믿음이 아니다. 하지만 이러한 믿음이라도 가

---

107 Kruse, 『요한복음』, 361.
108 Carson, 『요한복음』, 729-35; Brown, 『요한복음, I』, 873-80을 참조하라.

지라고 권면하시는 이유는 그 기적 사건을 통해서 하나님 아버지께서 예수 안에 계시고 예수가 아버지 안에 있음을 깨달아 알게 될 것이기 때문이다. 유대인들이 자신을 하나님의 아들로 인정하지 않을지라도 자신이 행한 기적을 믿고 조금이라도 예수가 메시아이심을 깨닫기를 기대하신 것이다. 그러나 유대인들은 예수를 거절했기에 그 기적들도 하나님이 행하셨다고 여기지 않았다.

39절 유대인들이 예수의 기대와는 반대로 행한다. 다시 예수를 잡으려고 한다. 예수께서 그들의 손에서 벗어나 다른 곳으로 가신다. 예수를 잡고자 하는 유대인들의 시도는 예수의 때가 아직 되지 않았기에 번번이 실패한다(참조. 7:30).

40절 예수께서 유대인들을 피하여 다시 '요단 강 저편', 즉 '요한이 처음으로 세례 베풀던 곳'인 요단강 건너편 '베다니'로 가신다(참조. 1:28). 현재 이 지역이 어디인지는 정확히 알 수 없다.

41-42절 저자가 세례자 요한의 역할을 다시 확인해 주고, 예수가 행한 표적과 세례자 요한의 역할을 비교한다. 세례자 요한은 예수처럼 표적을 행하지는 못했지만 사람들이 그의 증언을 신뢰하고 있음을 알 수 있다. 그가 증언의 사역을 진실하게 수행했음을 사람들이 인정한다. 결국 세례자 요한의 증언으로 많은 사람이 예수를 믿게 되었다. 세례자 요한은 오늘날 모든 사역자가 본받아야 할 모범이다.

설교자를 위한 적용(10:22-42)

●● 양은 자기를 돌보아 주는 목자만을 따른다. 유대인들은 예수께 속한 양이 아니었기에 그분의 음성을 들었지만 따라가지 않았다. 그들은 자신들이 듣고 싶은 말을 해 주는 목자가 나타나기만을 기다린 것이다. 원하는 것을 얻으려고만 했을 뿐이다. 목자의 음성을 듣고 따라가는 양을 목자가 세심히 보살

편다. 만물보다 크신 아버지 하나님의 손에서 그분의 양을 빼앗아 갈 수 있는 자는 아무도 없다. 우리는 날마다 목자의 음성을 듣고 잘 따라가고 있다는 증거가 무엇인지 늘 살펴보고 점검해야 한다.

예수가 하나님이시라는 그분의 증언을 분명히 깨닫고 이해했다면 신앙생활이 변화될 수밖에 없다. 성경은 예수가 육체를 입고 세상에 오신 하나님이라고 증언한다. 어리석게도, 유대인들은 눈으로 확인하고 본 것을 믿지 못하고 예수를 향하여 돌을 들었다. 안타깝게도, 현대인들 역시 성경 말씀을 눈으로 읽고 귀로 들으며, 머리로 생각하고 연구하며, 날마다 묵상하지만 예수를 올바로 믿지 못한다.

세례자 요한은 예수를 증언하기 위하여 세상에 태어났다. 그가 비록 아무 표적도 행하지 않았지만 예수에 대한 그의 증언이 진실했기에 그 증언을 듣고 많은 사람이 예수를 믿었다. 권력과 명예에 영합하지 않고 그저 묵묵히 예수를 증언한다면 언젠가는 반드시 선한 결실을 맺을 것이다. ●●

IV. 병들어 죽은 나사로의 부활과 예수의 죽음 암시

11:1–12:50

요한복음에는 모두 여섯 개의 표적 사건이 기록되어 있는데, 2장에서 12장까지에 집중되어 있다. 이 단락(11-12장)은 마지막 여섯 번째 표적 사건에 대한 기록이다. 예수의 표적 사건이 기록된 첫째 단락은 2장에서 4장까지로, 갈릴리 가나에서 물로 포도주를 만드신 사건(2장)과 왕의 신하의 아들을 치유하신 사건(4장)을 소개한다. 둘째 단락은 5장에서 10장으로, 유대인의 명절에 예루살렘에서 38년 된 병자를 고쳐 주신 사건(5장), 유월절에 오병이어로 오천 명을 먹이신 사건(6장), 그리고 초막절 마지막 날에 날 때부터 맹인 된 사람을 고쳐 주신 사건(9-10장)이 나온다.

이 단락에서는 병들어 죽은 나사로를 살리신 표적 사건과 이를 듣고 보고서도 믿지 못하는 유대인들의 모습을 묘사하고(11장), 마리아와 마르다가 예수를 위하여 잔치를 베풀며, 마리아가 예수의 발에 향유를 부은 사건과 예수의 예루살렘 입성을 그린다(12장). 나사로 사건은 앞의 다섯 개의 표적 사건(2-10장)과 예수의 십자가 고난과 죽음 및 부활을 기록한 단락(13-20장)을 연결하는 고리 역할을 한다. 나사로와 마리아 사건은 예루살렘 입성이라는 사건 속에서 '예수의 죽음 암시'라는 하나의 주제로 서로 긴밀히 연결된다. 11-12장에서는 앞으로 전개될 13-20장의 내용인 예수의 고난과 죽음 및 부활을 암시한다.

이 단락은 다음과 같이 크게 세 부분으로 나뉜다.

병들어 죽은 나사로를 살려 내신 예수(11:1-44)
예수와 산헤드린 공회(11:45-57)
예수의 죽음 암시(12:1-50)

13. 병들어 죽은 나사로를 살려 내신 예수(11:1-44)

예수께서 죽은 나사로를 살리셨다.[1] 이 사건이 일어나기 전 예수는 5장에서 두 번이나 이 사건을 예언하신다. "진실로 진실로 너희에게 이르노니 죽은 자들이 하나님의 아들의 음성을 들을 때가 오나니 곧 이 때라 듣는 자는 살아나리라"(5:25), "이를 놀랍게 여기지 말라 무덤 속에 있는 자가 다 그의 음성을 들을 때가 오나니 선한 일을 행한 자는 생명의 부활로, 악한 일을 행한 자는 심판의 부활로 나오리라"(5:28-29).[2] 따라서 이 기적 사건은 예수의 예언이 성취된 것으로 이해할 수 있다.[3]

이 사건의 핵심 인물은 나사로가 아니라 예수이다. 나사로는 예수를 두드러지게 해 주는 조연 역할이다. 전체 이야기 속 등장인물들은 나사로와 두 자매, 예수, 그리고 간접적으로 언급된 하나님, 그리고 예수의 제자들, 유대인들, 바리새인들, 대제사장들이다. 나사로 사건에 등장하는 여러 인물은 예수의 정체성을 구체적으로 드러내 주며, 이 사건의 메시지를 전달하기 위하여 그 나름대로 독특한 역할을 수행한다.

이 단락은 다음과 같이 네 부분으로 나뉜다.

> 병든 나사로의 죽음(11:1-16)
> 부활이요 생명이신 예수(11:17-27)
> 예수의 눈물을 이해하지 못한 유대인들(11:28-37)
> 나사로를 살리시는 예수(11:38-44)

---

1 공관복음에도 죽은 사람을 살리신 기적들이 기록되어 있다. 예를 들면, 야이로의 딸(참조. 마 9:18-19, 23-26; 막 5:22-24, 38-43; 눅 8:41-42, 49-56)과 나인 성 과부의 아들(참조. 눅 7:11-15)을 살리셨다. 하지만 이 사건들은 요한복음에는 나오지 않는다. 반대로, 나사로 사건은 공관복음에 나오지 않는다.
2 5:25, 28-29에 대한 내용은 본서의 해당 본문을 참조하라.
3 Stibbe, *John*, 80을 보라.

13.1. 병든 나사로의 죽음(11:1-16)

¹ 어떤 병자가 있으니 이는 마리아와 그 자매 마르다의 마을 베다니에 사는 나사로라 ² 이 마리아는 향유를 주께 붓고 머리털로 주의 발을 닦던 자요 병든 나사로는 그의 오라버니더라 ³ 이에 그 누이들이 예수께 사람을 보내어 이르되 주여 보시옵소서 사랑하시는 자가 병들었나이다 하니 ⁴ 예수께서 들으시고 이르시되 이 병은 죽을 병이 아니라 하나님의 영광을 위함이요 하나님의 아들이 이로 말미암아 영광을 받게 하려 함이라 하시더라 ⁵ 예수께서 본래 마르다와 그 동생과 나사로를 사랑하시더니 ⁶ 나사로가 병들었다 함을 들으시고 그 계시던 곳에 이틀을 더 유하시고 ⁷ 그 후에 제자들에게 이르시되 유대로 다시 가자 하시니 ⁸ 제자들이 말하되 랍비여 방금도 유대인들이 돌로 치려 하였는데 또 그리로 가시려 하나이까 ⁹ 예수께서 대답하시되 낮이 열두 시간이 아니냐 사람이 낮에 다니면 이 세상의 빛을 보므로 실족하지 아니하고 ¹⁰ 밤에 다니면 빛이 그 사람 안에 없는 고로 실족하느니라 ¹¹ 이 말씀을 하신 후에 또 이르시되 우리 친구 나사로가 잠들었도다 그러나 내가 깨우러 가노라 ¹² 제자들이 이르되 주여 잠들었으면 낫겠나이다 하더라 ¹³ 예수는 그의 죽음을 가리켜 말씀하신 것이나 그들은 잠들어 쉬는 것을 가리켜 말씀하심인 줄 생각하는지라 ¹⁴ 이에 예수께서 밝히 이르시되 나사로가 죽었느니라 ¹⁵ 내가 거기 있지 아니한 것을 너희를 위하여 기뻐하노니 이는 너희로 믿게 하려 함이라 그러나 그에게로 가자 하시니 ¹⁶ 디두모라고도 하는 도마가 다른 제자들에게 말하되 우리도 주와 함께 죽으러 가자 하니라

나사로 사건의 서론으로, 등장인물과 사건 장소, 사건의 개요를 설명한다. 나사로의 여자 형제들인 마리아와 마르다가 예수께 나사로가 병들었음을 알린다. 하지만 예수는 즉시 오시지 않고, 나사로가 죽은 후에야 제자들과 함께 베다니에 오신다. 제자들은 예수의 행동을 이해하지 못하고, 예수께서 나사로의 죽음을 비유로 말씀하신 것도 그 의미를 깨닫지 못한다. 예수께서 제자들에게 자신이 즉시 나사로에게 가지 않은 이유를 설명해 주신다.

1절 저자가 나사로를 '어떤 병자'라고 설명한다. 나사로가 어떤 질병을 앓았

는지는 구체적으로 알 수 없지만 육체가 연약한 상태인 것을 '병자'로 번역된 헬라어 현재 분사('아스떼논', ἀσθενῶν)에서 유추할 수 있다. 헬라어 동사 '아스떼네오'(ἀσθενέω)는 '허약하다', '병들다', '(경제적으로) 빈곤하다'라는 뜻이다(참조. BDAG, 142). 나사로가 살고 있는 장소는 베다니인데, 이는 1:28에 소개된 요단 강 건너편 동쪽이 아니라, 예루살렘에서 약 3킬로미터 정도 떨어져 있는 곳이다(참조. 11:18). 마리아와 마르다는 '자매'('아델페', ἀδελφή) 사이로, 병든 나사로의 가족이다.

2절 나사로의 가족이 소개되면서 마리아에게 초점을 맞춘다. 마리아는 '향유를 주께 붓고 머리털로 주의 발을 닦던 자'이고(참조. 12:1-3), 나사로는 마리아의 남자 형제이다. 마리아가 향유를 부은 행동이 아직 소개되지 않았기에 이 설명은 독자에게 궁금증을 자아내게 하여 계속해서 이 복음서를 읽도록 자극한다. 예수를 암시하는 '주'('퀴리오스', κύριος)라는 단어는 여기서 '선생'의 의미로 사용되었다. 개역개정에서 '오라버니'라고 번역된 헬라어 '아델포스'(ἀδελφός)는 남자 형제를 뜻한다. 저자가 마리아를 이렇게 소개한 것은 11장이 12장과 깊은 연관성이 있음을 의도적으로 보여 주기 위함이다.

3절 마리아와 마르다가 예수께 사람을 보내어 나사로가 병든 것을 알려서 예수께 도움을 요청한다. 이때 두 자매는 예수를 '선생'으로 생각하여 '주'라고 부른다. 여기서는 '사랑하시는 자'의 헬라어 동사로 '필레오'(φιλέω, '사랑하다')가 사용되었지만, 5절에 나오는 '사랑하시더니'의 헬라어는 '아가파오'(ἀγαπάω, '사랑하다') 동사이다. 이는 요한복음의 저자가 의미를 구별하지 않고 동의어를 교차 사용하고 있음을 보여 준다. '그 누이들'('하이 아델파이', αἱ ἀδελφαί)로 번역된 헬라어는 단순히 여자 형제를 의미할 뿐이어서 나사로와 두 자매 중 누가 더 나이가 많은지는 알 수 없다.[4] 그 누이들이 예수께 나사로

---

4 나사로 사건에 나오는 헬라어 단어 '아델포스'(ἀδελφός, '형제')를 '오라버니'(2, 19, 21, 23, 32절)로, '아델페'(ἀδελφή, '자매')를 '누이'(3, 39절) 또는 '동생'(5절) 등으로 번역한 것은 나이에 따

가 병들었다고 알렸지만 예수는 즉시 오지 않으셨다(6절).

4절 나사로가 병든 것이 '하나님의 영광을 위함'이라고 예수께서 직접 증언하신다. 나사로 사건의 의미가 마리아와 마르다뿐만 아니라, 예수의 제자들과 이 복음서를 읽는 독자들에게 분명하게 제시된다. 나사로의 병은 죽을병이 아니라 '하나님의 영광을 위함'이며, 동시에 하나님의 아들 예수 그리스도가 영광을 받게 하려는 것이다. 요한복음에서 예수가 영광을 받는다는 표현은 십자가 사건과 부활을 암시한다. '이로 말미암아'는 헬라어 구문 '디 아우테스'(δι' αὐτῆς)를 번역한 것으로, 여성형 인칭 대명사가 사용되었기에 나사로의 병이 아니라 하나님의 영광을 가리킨다. '하나님의 아들'('호 휘오스 투 떼우', ὁ υἱὸς τοῦ θεοῦ)은 요한복음 안에서 이 구절과 5:25에서만 예수를 직접 가리키는 표현으로 사용된다. 나사로는 예수의 정체성을 효과적으로 드러내기 위한 조연 역할을 하는 인물이다.

5-6절 예수께서는 마리아와 마르다, 그리고 나사로를 사랑하셨다. 하지만 나사로가 병들었다는 소식을 듣고도 즉시 오지 않으셨다. 그 이유를 나중에 '내가 거기 있지 아니한 것을 너희를 위하여 기뻐하노니 이는 너희로 믿게 하려 함이라'(15절)라고 설명하신다. 제자들의 믿음을 독려하기 위해서 즉시 베다니로 오지 않으셨고 머물고 계셨던 장소에서 이틀을 더 유하신 것이다.

7-8절 나사로가 병들었다는 소식을 듣고도 베다니로 가지 않으셨던 예수께서 이제는 때가 되었기에 제자들에게 유대로 다시 가자고 말씀하신다. 예수는 인간의 요구나 의지가 아니라 자신의 의지와 계획에 따라 행동하시는 분이다(참조. 7:8, 10). 예수의 제자들이 당황스러워하며, '랍비여 방금도 유대인들이 돌로 치려 하였는데 또 그리로 가시려 하나이까'라고 묻는다. 제자들이 여전히

른 서열을 강조하는 한국의 유교 문화의 영향이다. 헬라어에는 가족 관계를 나타내는 '오빠', '동생', '형', '누나' 등의 명사가 따로 없다.

예수를 '랍비'(참조. 1:38)로 이해하고 있다. 제자들은 유대인들이 예수를 돌로 치려고 했던 사건을 언급하면서 예수를 만류한다(참조. 8:59; 10:31, 33). 이처럼 나사로 사건에서는 제자들이 부정적인 모습으로 묘사된다. 이들은 예수의 발걸음을 가로막는 사람들이다.

9-10절 9절의 '세상의 빛'은 9:5과 8:12에 나오는 '세상의 빛'과 연결 고리를 형성한다. 예수께서는 '나는 세상의 빛이니'라고 선언하심으로써 자신의 정체성을 드러내셨다(8:12). 예수께서 유대로 가시는 것과 유대인들을 만나는 것에 대하여 선혀 두려움이 없음을 비유로 말씀하신다. 예수는 낮에 다니기에 빛이 있어서 실족하시지 않는다. 하지만 밤에 다니는 사람은 빛이 없기에 어둠 속에서 실족할 수 있다. 예수께서 자신의 행동과 사역을 낮으로 비유하신다(참조. 9:4). '낮이 열두 시간'('도데카 호라이', δώδεκα ὧραί)이란 해가 뜨는 시간부터 해가 지는 시간까지를 의미하는 낮 시간의 구분이다.[5] 하지만 이 '낮'이 유대인들의 시간 개념을 의미하는지, 아니면 로마인들이 사용한 시간 개념을 말하고 있는지는 분명하지 않다.[6]

11-12절 예수께서 유대로 가기로 결정하신 후에 '우리 친구 나사로가 잠들었도다 그러나 내가 깨우러 가노라'라고 언급하신다. 나사로의 죽음을 '잠들었다'라고 표현한 것은 예수의 초자연적 능력을 보여 준다. 예수께서 이미 나흘 전에 죽은 나사로의 상태를 제자들에게 알린 것이다(참조. 17절). 하지만 제자들이 이 말씀을 오해하여 '그가 잠들었으면 낫겠나이다'라고 반응한다. 예수의 말씀을 이해하는 수준이 어떠한지 적나라하게 드러나는 부분이다.

13절 요한복음 저자의 해설이다. 예수께서 나사로의 죽음을 '잠'이라는 비유로 말씀하셨는데 제자들은 이를 문자 그대로 '쉬는 것'이라고 오해한다. 오늘

---

5   Morris, *John*, 480-81을 보라.
6   Bruns, 'Use of Time', 286을 참조하라.

날에도 '잠'을 죽음에 대한 비유로 표현하곤 한다. 저자는 제자들이 오해했다고 설명하면서 독자들이 분명한 의미를 깨닫도록 한다(참조. 4:15, 33).

14-15절 예수께서 제자들의 오해를 정정해 주신다.[7] 제자들에게 비유의 의미를 설명하시면서 '나사로가 죽었다'라고 분명히 알려 주신다. 그리고 나사로가 병들었다는 소식을 듣고도 즉시 가지 않으셨던 이유를 말씀하신다. "내가 거기 있지 아니한 것을 너희를 위하여 기뻐하노니 이는 너희로 믿게 하려 함이라." 즉 제자들의 믿음을 위해서이다. '믿게 하려 함'은 제자들이 예수를 따라다니기는 하지만 아직은 예수를 하나님의 아들, 메시아로 온전히 믿고 있지 않음을 드러낸다. 예수는 제자들이 보는 가운데 죽은 나사로를 다시 살리실 의도로 나사로에게 가지 않으셨고, 이 사건을 통해서 제자들의 믿음이 강화될 것을 기대하신 것이다. '이 병은 죽을 병이 아니라 하나님의 영광을 위함이요 하나님의 아들이 이로 말미암아 영광을 받게 하려 함이라'(4절)라고 말씀하신 의미를 제자들이 깨닫게 하시려는 의도이다. 예수는 제자들뿐 아니라 독자들도 예수가 부활이요 생명 되심을 믿게 하려고 나사로를 살리신다.

16절 디두모(Didymus)라고도 하는 도마(Thomas)가 예수께서 유대 땅으로 죽으러 가시는 줄 알고 동료 제자들에게 예수와 함께 죽으러 가자고 권유한다. '디두모'는 헬라어 '디두모스'(Δίδυμος)의 음역으로, 도마의 헬라식 이름이며(참조. BDAG, 242) '쌍둥이'라는 뜻이다. 도마의 말은 예수의 죽음을 풍유적으로 암시한다. 예수는 유대 땅 예루살렘에서 죽으실 것이다. 하지만 도마는 자신이 알지 못하는 말을 하고 있다(참조. 14:5; 20:24-29). 이것은 당시 대제사장 가야바가 '한 사람이 백성을 위하여 죽어서 온 민족이 망하지 않게 되는 것이 너희에게 유익한 줄을 생각하지 아니하는도다'(11:50)라고 말한 것과 상황이 비슷하다. 저자는 가야바의 말에 대하여 이러한 해설을 덧붙인다. "이 말은 스스로

---

[7] Carson, 'Understanding', 59-89을 보라.

함이 아니요 그 해의 대제사장이므로 예수께서 그 민족을 위하시고 또 그 민족만 위할 뿐 아니라 흩어진 하나님의 자녀를 모아 하나가 되게 하기 위하여 죽으실 것을 미리 말함이러라"(11:51-52).[8] 이후로는 제자들이 나사로 사건에 더는 등장하지 않는다.

13.2. 부활이요 생명이신 예수(11:17-27)

[17] 예수께서 와서 보시니 나사로가 무덤에 있은 지 이미 나흘이라 [18] 베다니는 예루살렘에서 가깝기가 한 오 리쯤 되매 [19] 많은 유대인이 마르다와 마리아에게 그 오라비의 일로 위문하러 왔더니 [20] 마르다는 예수께서 오신다는 말을 듣고 곧 나가 맞이하되 마리아는 집에 앉았더라 [21] 마르다가 예수께 여짜오되 주께서 여기 계셨더라면 내 오라버니가 죽지 아니하였겠나이다 [22] 그러나 나는 이제라도 주께서 무엇이든지 하나님께 구하시는 것을 하나님이 주실 줄을 아나이다 [23] 예수께서 이르시되 네 오라비가 다시 살아나리라 [24] 마르다가 이르되 마지막 날 부활 때에는 다시 살아날 줄을 내가 아나이다 [25] 예수께서 이르시되 나는 부활이요 생명이니 나를 믿는 자는 죽어도 살겠고 [26] 무릇 살아서 나를 믿는 자는 영원히 죽지 아니하리니 이것을 네가 믿느냐 [27] 이르되 주여 그러하외다 주는 그리스도시요 세상에 오시는 하나님의 아들이신 줄 내가 믿나이다

나사로가 죽자 많은 유대인이 마르다와 마리아를 찾아와 위로한다. 마르다가 예수를 맞이하면서 섭섭함과 작은 믿음을 솔직하게 고백한다. 예수께서는 나사로가 다시 살아날 것을 말씀하시며, 자신이 부활과 생명이라고 선언하신다. 그리고 마르다에게 자신을 믿고 있는지 질문하시자, 이에 마르다가 '주는 그리스도시요 세상에 오시는 하나님의 아들'이라고 고백한다.

17절 병들어 죽은 나사로가 무덤에 있은 지 벌써 나흘째라는 정보가 제공된

---

8 Moloney, *John*, 326을 보라.

다. 예수께서 나사로의 집에 오신 날은 이미 나사로를 장사지낸 지 나흘이나 지난 때였다. 유대인들은 무덤에 있은 지 삼 일이 되면 죽은 사람의 영혼이 육체와 분리되어 다시는 살아날 수 없다고 믿었다.[9]

18-19절 저자가 지역 정보를 상세히 기술한 것으로 보아 팔레스타인 지리에 익숙한 사람임을 알 수 있다. 여기서 나오는 베다니는 1:28이나 10:40에 소개되는 베다니와는 다른 지역이다. 나사로가 살던 베다니는 예루살렘에서 15스타디아('스타디온 데카펜테', σταδίων δεκαπέντε, 약 2.5-3킬로미터) 떨어져 있는 지역이다. 저자가 상세한 지리 정보를 제공하여 나사로 사건이 역사적 사건임을 드러낸다. 당시 유대인들에게는 가까운 사람이 죽으면 그 가정을 찾아가 유가족을 조문하고 위로하는 풍습이 있었다. 하지만 본문에서처럼 '많은 유대인'이 조문하러 왔다는 것은 흔한 일이 아니었다. 이는 나사로의 가족이 동네에서 잘 알려져 있었음을 암시해 준다.

20절 마르다와 비교해 볼 때 마리아의 역할이 제한적으로 묘사된 것처럼 보인다. 하지만 그렇지 않다. 마르다는 예수께서 오신다는 말을 듣고 곧 나가서 맞이하고, 마리아는 조문하러 온 많은 유대인을 집에서 맞이하고 있다. 장례에서 두 자매의 역할 분담이 기술된 것이다(참조. 32절).

21-22절 마르다가 예수를 맞이한 후 그 자리에서 섭섭함과 함께 작은 기대와 믿음을 솔직하게 토로한다. 섭섭함은 예수께서 나사로의 소식을 듣고 즉시 오셨더라면 나사로가 죽지 않았을 것이라는 자기감정의 표현이다. 작은 기대와 믿음은 마르다가 예수께 '이제라도 주께서 무엇이든지 하나님께 구하시는 것을 하나님이 주실 줄을 아나이다'라고 고백한 내용을 통해서 알 수 있다. 마르다는 하나님의 능력을 믿었다.

---

9   Carson, 『요한복음』, 757을 보라.

23-24절 예수께서 '네 오라비가 다시 살리라'라고 말씀하신다. 마르다는 이 말씀을 '마지막 날 부활 때에' 나사로가 다시 살아난다는 뜻으로 받아들인다. '마지막 날 부활 때'란 유대교의 종말의 때를 의미한다. 바리새인들을 포함한 대부분의 유대인은 세상의 마지막 때에 부활이 있다고 믿었다(참조. 단 12:2-3; 행 23:8).[10] 하지만 유대인들 가운데 사두개파는 부활 신앙을 거부하였다(참조. 막 12:18-27; 행 23:8). 나사로의 죽음을 통해서 마르다의 신앙이 확인되고 있다. 마르다는 당시 유대인들과 마찬가지로 마지막 때의 부활을 믿고 있었다.

25-26절 마르다의 오해(misunderstanding)는 급기야 예수께서 자신의 정체를 드러내시도록 한다. 예수께서는 요한복음에 자주 나오는 '나는 ~이다'('에고 에이미', ἐγώ εἰμί)의 형식을 사용하여 '나는 부활이요 생명이니 나를 믿는 자는 죽어도 살겠고 무릇 살아서 나를 믿는 자는 영원히 죽지 아니하리니'라고 선언하신다. '나는 부활이요 생명이니'라는 선언을 통해 마르다의 오해를 풀어 주려고 하신다. 여기서 '부활'은 예수 그리스도의 능력으로 말미암아 마지막 날에 일어날 신자의 최후 부활을 가리킨다. 함께 언급된 '생명'은 영원한 생명을 의미하는 것으로, 부활의 실재가 설명된 것이다. '나를 믿는 자는 죽어도 살겠고 무릇 살아서 나를 믿는 자는 영원히 죽지 아니하리니'라는 말씀은 영원한 생명을 죽음 이후가 아니라 현재 예수를 영접하여 믿고 살아가는 가운데 경험할 수 있다는 뜻이다(참조. 8:51; 17:3). 인간은 죽을 수밖에 없지만 예수께서 영원한 생명을 주시는 분임을 믿는다면 현재부터 그 생명을 누리며 살아갈 수 있다. 예수께서 마르다에게 부활과 생명을 설명하신 후에 '이것을 네가 믿느냐'라고 질문하신다. 부활과 생명이신 예수께서 마르다뿐만 아니라 모든 독자에게도 동일하게 묻고 계신다.

27절 마르다가 '주여 그러하외다 주는 그리스도시요 세상에 오시는 하나님

---

10 Moloney, *John*, 327-28을 보라.

의 아들이신 줄 내가 믿나이다'라고 대답한다. 마태복음 16:16에 나오는 베드로의 신앙 고백 "주는 그리스도시요 살아 계신 하나님의 아들이시니이다"와 매우 흡사한 내용이다. 차이가 있다면 마르다는 '세상에 오시는'('호 에이스 톤 코스몬 엘코메노스', ὁ εἰς τὸν κόσμον ἐρχόμενος)이라고 고백한 반면에 베드로는 '살아 계신'('투 존토스', τοῦ ζῶντος)이라고 표현한 것이다. 요한복음 저자는 신앙 고백에 있어서 여성인 마르다에게 베드로와 같은 위상을 부여하고 있다. 여성에 대하여 긍정적으로 평가하고 있는 것이다. 예수의 열두 제자가 아닌 마르다가 예수를 그리스도와 하나님의 아들이라고 증언한다. 저자는 이 고백을 통하여, 예수가 누구인지 잘 알지 못했던 독자들도 마르다처럼 예수가 그리스도이며 하나님의 아들이심을 깨닫고 믿으라고 격려한다. 마리아보다는 마르다를 통하여 예수의 정체가 더욱 잘 드러난다.

13.3. 예수의 눈물을 이해하지 못한 유대인들(11:28-37)

28 이 말을 하고 돌아가서 가만히 그 자매 마리아를 불러 말하되 선생님이 오셔서 너를 부르신다 하니 29 마리아가 이 말을 듣고 급히 일어나 예수께 나아가매 30 예수는 아직 마을로 들어오지 아니하시고 마르다가 맞이했던 곳에 그대로 계시더라 31 마리아와 함께 집에 있어 위로하던 유대인들은 그가 급히 일어나 나가는 것을 보고 곡하러 무덤에 가는 줄로 생각하고 따라가더니 32 마리아가 예수 계신 곳에 가서 뵈옵고 그 발 앞에 엎드리어 이르되 주께서 여기 계셨더라면 내 오라버니가 죽지 아니하였겠나이다 하더라 33 예수께서 그가 우는 것과 또 함께 온 유대인들이 우는 것을 보시고 심령에 비통히 여기시고 불쌍히 여기사 34 이르시되 그를 어디 두었느냐 이르되 주여 와서 보옵소서 하니 35 예수께서 눈물을 흘리시더라 36 이에 유대인들이 말하되 보라 그를 얼마나 사랑하셨는가 하며 37 그 중 어떤 이는 말하되 맹인의 눈을 뜨게 한 이 사람이 그 사람은 죽지 않게 할 수 없었더냐 하더라

이 단락의 내용은 마리아에게 초점이 맞추어져 있다. 마리아가 예수를 맞이하면서 마르다와 비슷한 반응을 보인다(참조. 21-22절). 예수께서는 마리아와

온 유대인들이 우는 것을 보시고 '심령에 비통히 여기시고' 눈물을 흘리신다. 이에 유대인들이 예수의 눈물에 대하여 오해한다.

28-30절 예수께서 마르다를 먼저 만나신 후에 마리아를 만나신다. 마르다가 여전히 예수를 '선생님'('호 디다스칼로스', ὁ διδάσκαλος)이라고 부르는데, 이는 예수께서 부활하시기 전까지 제자들이 예수를 부르던 칭호였다. 마르다가 마리아에게 예수를 개인적으로 조용히 만날 수 있도록 배려한다. 예수께서는 아직 마을로 들어오지 않으셨고 마르다를 만났던 그 장소에 그대로 계셨다. 마리아가 예수를 영접하러 나간다.

31-32절 마리아가 급히 나가자 유대인들이 무덤에 곡하러 가는 줄 알고 마리아를 따라간다. 당시에는 죽은 사람의 무덤에 가서 애곡하는 관습이 있었다.[11] 마리아가 '예수 계신 곳에 가서 뵈옵고 그 발 앞에 엎드리어' 예수를 영접한다. 평상시 그녀가 예수를 얼마나 존경하고 있는지를 보여 주는 행동이다. 마리아는 마르다가 원망 섞인 말로 예수께 말한 것처럼 '주께서 여기 계셨더라면 내 오라버니가 죽지 아니하였겠나이다'라고 반응한다(참조. 21절).

33-34절 예수께서 마리아가 우는 것과 '함께 온 유대인들이 우는 것'을 보신다. 여기서 사용된 헬라어 '클라이오'(κλαίω)는 '소리 내어 슬피 우는 것'을 묘사하는 동사이다(참조. BDAG, 545). 전문적으로 애곡하는 사람을 고용하는 것이 당시 장례의 관례였다. 카슨은 "유대인들의 장례 관습에 의하면, 아무리 가난한 집일지라도 적어도 두 명의 피리 연주자들과 한 명의 전문적으로 애곡하는 여자를 고용하게 되어 있었다(Mishnah, *Ketuboth* 4:4)"[12]라고 설명한다. 예수께서 이런 장면을 보시고 '심령에 비통히 여기셨다'('에네브리메사토 토 프뉴마티', ἐνεβριμήσατο τῷ πνεύματι). 예수의 감정을 표현한 헬라어 동사 '에네브리메

---

11 King and Stager, 『고대 이스라엘 문화』, 487-88을 참조하라.
12 Carson, 『요한복음』, 765.

사토'는 '엠브리마오마이'(ἐμβριμάομαι)의 부정 과거로, '무엇을 강하게 주장하다', '밖으로 화를 드러내다', 또는 '마음에 깊이 감동을 받다'라는 뜻이다(참조. BDAG, 322). 이 단어가 38절, '속으로 비통히 여기시며'('엠브리모메노스 엔 헤아우토', ἐμβριμώμενος ἐν ἑαυτῷ)에서 한 번 더 사용된다. 저자가 이 단어를 사용하여 예수의 마음에 일어난 분노와 격분, 감정적인 분개를 묘사한다(참조. 막 1:43; 14:5; 마 9:30; 12:18). '불쌍히 여기사'는 헬라어 동사 '에타락센'(ἐτάραξεν)의 번역으로, '타라쏘'(ταράσσω)의 부정 과거이다. 이 동사는 '걱정하다', '당혹스러워하다', '동요하다', '두려워하다'라는 뜻으로, 예수의 번민과 마음의 동요를 표현해 준다(참조. 5:7; 12:27; 13:21; 14:1, 27; BDAG, 990-91). 예수께서는 마리아와 유대인들이 우는 것을 보시고 분노하고 당혹스러워하셨다.

35절 '예수께서 눈물을 흘리시더라'에 사용된 헬라어 동사 '다크뤼오'(δακρύω)는 신약성경에서 이곳에만 나온다. '다크뤼오'는 어떤 어려움을 앞두고 크게 소리 내지 않고 깊이 탄식하며 눈물 흘리는 것을 묘사하는 단어이다(참조. BDAG, 211). 이 동사의 의미를 고려하면, 예수의 눈물은 나사로의 죽음으로 인한 마리아와 유대인들의 슬픈 감정에 공감한 반응이 아니라, 예수 자신을 이해하지 못하고 믿지 못하는 유대인들, 더욱이 자신의 죽음도 알지 못하는 사람들을 향한 분노와 탄식 때문에 흘리신 눈물이다.[13] 만일 예수께서 나사로의 죽음으로 인한 슬픔 감정에 공감하셔서 우셨다면 '클라이오'(κλαίω)가 사용되어야 한다. 하지만 저자는 '다크뤼오' 동사를 사용하여 예수의 감정이 단순한 슬픔이 아니라는 사실을 독자에게 전달하고 있다. 예수께서 자신의 죽음을 내다보며 고민하시는 모습을 마치 그림처럼 보여 주는 장면이다. 이 장면은 공관복음에 묘사된, 겟세마네 동산에서 기도하시는 예수의 모습과 유사하다.[14] 저자는 예수 주변의 인물들과 독자들에게, 예수의 눈물을 통하여 그분의 죽음이 임박했음을 미리 예측하게 한다.

---

13 Morris, *John*, 494-95; North, *Lazarus Story*, 50.
14 North, *Lazarus Story*, 50을 보라.

36-37절 예수께서 눈물을 흘리시자 유대인들이 나사로를 매우 사랑해서 우시는 것으로 오해한다. 유대인들은 예수의 눈물을 나사로를 깊이 사랑한 증거로 받아들이지만 저자는 예수께서 유대인들의 무지와 몰이해로 인하여 분개하였음을 '다크뤼오'와 '엠브리마오마이' 동사를 사용하여 알려 준다(참조. 11:33, 35, 38).[15] 더욱이 이 유대인들 중에는 날 때부터 맹인 된 사람을 눈뜨게 한 예수의 기적을 경험하거나 소문으로 들은 사람들도 있었다(참조. 9:1-10:21). 그들은 눈먼 사람을 눈뜨게 한 예수가 나사로를 죽지 않게 할 수는 없었느냐고 말한다. 예수의 정체를 온전히 알지 못하고 단순히 기적을 베푸는 사람으로만 이해하고 있는 것이나. 예수를 인간의 필요와 문제를 해결해 주는 해결사 정도로 이해하고 믿는 것이 인간의 비극이다.

13.4. 나사로를 살리시는 예수(11:38-44)

³⁸ 이에 예수께서 다시 속으로 비통히 여기시며 무덤에 가시니 무덤이 굴이라 돌로 막았거늘 ³⁹ 예수께서 이르시되 돌을 옮겨 놓으라 하시니 그 죽은 자의 누이 마르다가 이르되 주여 죽은지가 나흘이 되었매 벌써 냄새가 나이다 ⁴⁰ 예수께서 이르시되 내 말이 네가 믿으면 하나님의 영광을 보리라 하지 아니하였느냐 하시니 ⁴¹ 돌을 옮겨 놓으니 예수께서 눈을 들어 우러러 보시고 이르시되 아버지여 내 말을 들으신 것을 감사하나이다 ⁴² 항상 내 말을 들으시는 줄을 내가 알았나이다 그러나 이 말씀 하옵는 것은 둘러선 무리를 위함이니 곧 아버지께서 나를 보내신 것을 그들로 믿게 하려 함이니이다 ⁴³ 이 말씀을 하시고 큰 소리로 나사로야 나오라 부르시니 ⁴⁴ 죽은 자가 수족을 베로 동인 채로 나오는데 그 얼굴은 수건에 싸였더라 예수께서 이르시되 풀어 놓아 다니게 하라 하시니라

나사로 사건의 절정에 해당하는 장면으로, 나사로가 다시 살아나는 모습을

---

15 Beasley-Murray, *John*, 192-93; Keener, *John*, II, 845-46; Carson, 『요한복음』, 765-69을 참조하라.

묘사한다. 예수께서 나사로의 무덤에 가셔서 돌을 옮겨 놓게 하신다. 그리고 아버지 하나님께 감사의 기도를 드리신 후에 나사로를 무덤에서 나오라고 부르신다. 죽어서 장사지낸 나사로가 예수의 음성을 듣고 무덤에서 살아서 나온다.

38-39절 예수께서 자신을 하나님의 아들, 메시아로 믿지 못하는 유대인들을 향해서 다시 분노하시며 나사로의 무덤으로 가신다. 그리고 무덤 입구를 막고 있는 돌을 옮겨 놓으라고 명령하신다. 이에 마르다가 '주여 죽은 지가 나흘이 되었으매 벌써 냄새가 나나이다'라고 대답하면서, 나사로가 다시 살아날 가능성이 없음을 예수께 알린다. 죽은 자도 살리시는 예수의 능력을 의심하고 있음을 보여 주는 분명한 증거이다.[16] 하지만 이런 마르다도 믿게 하시려고 예수께서 나사로를 무덤에서 불러내신다. 마르다는 독자들에게 참된 믿음이 무엇인지를 다시금 확인하게 하는 역할을 한다.[17] 그리고 예수의 신분이 분명하게 드러나게 하는 역할도 했다. 마르다가 예수의 말씀을 오해함으로써 오히려 독자는 예수의 정체를 확실히 알게 되었다. 마르다는 앞에서 예수께 '주는 그리스도시요 세상에 오시는 하나님의 아들이신 줄 내가 믿나이다'(27절)라고 하며 자신의 신앙을 분명히 고백했다. 하지만 그저 명목상의 고백이었음이 지금 드러난다. 예수께서 '네 오라비가 다시 살리라'(23절)라고 선언하심으로써 마르다의 오해를 분명히 바로잡아 주셨지만, 마르다는 예수께 죽은 자를 살리시는 능력이 있음을 의심한다. 입술의 신앙 고백이 삶에서 행동으로 나타나지 않으면 그 고백은 오히려 거짓의 증거가 된다.

40절 마르다가 죽은 자를 살리시고 생명을 주시는 예수의 능력을 의심하자 예수께서 '네가 믿으면 하나님의 영광을 보리라'라고 말씀하신다. 이는 '이 병은 죽을 병이 아니라 하나님의 영광을 위함'(4절)이라는 말씀을 떠올리게 한다. 예수께서 나사로 사건을 통하여 드러내고자 하시는 것은 하나님의 영광이

---

16   Moloney, 'Can Everyone', 505-27을 보라.
17   Stibbe, *John*, 125-26을 보라.

다. 예수는 죽은 나사로를 살리시면서 자신의 죽음과 부활을 예표적으로 미리 보여 주신다.

41-42절 '눈을 들어 우러러 보시고'는 유대인들이 하나님께 기도를 드릴 때 하늘을 향하여 손을 드는 모습을 묘사한 것이다(참조. 17:1). 나사로 사건에서는 하나님의 존재가 간접적으로 언급된다(참조. 4, 22, 27, 40절). 하나님은 기도를 들으시는 분으로 예수 그리스도와의 관계 속에서 등장하신다. 이 관계가 예수께서 하나님을 직접적으로 '아버지'라고 부르시면서 드러난다. 기도의 출발은 관계이다. 기도하는 자와 기도를 듣는 대상이 서로 관계가 없으면 기도 자체가 성립되지 않는다. 예수의 기도는 아버지 하나님께서 자신의 기도에 이미 응답하셨다는 것을 전제로 감사드리는 기도이다. 예수와 하나님은 아버지와 아들의 관계이며, 이러한 친밀한 관계가 지속되고 있음을 '항상 내 말을 들으시는 줄 내가 알았나이다'라는 기도에서 알 수 있다. 예수는 병들어 죽은 나사로를 살려 내는 일을 통해서 자신이 하나님 아버지께서 보내신 메시아라는 사실을 사람들로 하여금 믿게 하려고 아버지께 기도를 드린다.

43-44절 예수께서 나사로를 살리기 전에 하나님께 먼저 기도한 후 무덤에 있는 나사로를 부르시자 그 기도가 응답되어, 죽었던 나사로가 무덤에서 걸어 나온다. 나사로 사건에서 하나님의 존재는 기도를 들으시는 분으로 묘사된다. 이 사건은 예수의 기도를 들으시고 응답하신 하나님의 역사이다. 하나님에 대한 언급은 나사로 사건이 하나님의 영광과 깊이 관련되어 있음을 잘 보여 준다. 이 사건의 등장인물로서의 나사로의 행동은 병들어 죽은 것, 무덤에서 예수의 부르심을 듣고 '수족을 베로 동인 채로' 나온 것이며, 대사는 한마디도 없다. '베'로 번역된 헬라어 '케이리아'(χειρία)는 '붕대'(bandage), '상처를 싸매는 천'을 의미한다(참조. BDAG, 538). '그 얼굴은 수건에 싸여' 있었는데 이는 그가 유대인의 장례 법에 따라서 잘 장사되었음을 보여 준다. '수건'의 헬라어

'수다리온'(σουδάριον)은 '땀수건' 또는 '손수건'을 뜻한다(참조. BDAG, 934).[18] 나사로는 한마디 대사도 하지 않았지만 병듦과 죽음, 그리고 다시 살아남을 통하여 예수가 어떤 분인지를 실제적으로 보여 주었다. 예수는 자신이 부활이요 생명임을 이미 증언하셨다. 독자는 나사로를 통하여 예수의 정체를 충분히 확인할 수 있다. 나사로의 죽음과 부활 사건은 예수의 죽음과 부활의 예언적 표적이다.

설교자를 위한 적용(11:1-44)

●● 생노병사(生老病死)는 인간이 피할 수 없는 운명이다. 나사로의 병듦과 죽음에서 인간이라는 존재의 비애를 확인할 수 있다. 하나님의 영광은 나사로의 병과 죽음을 통해서도 드러난다. 예수는 인간의 눈앞에서 벌어진 사건 너머의 상황까지도 헤아리신다. 나사로가 병들어 죽어 가고 있었지만 예수는 그의 병과 죽음 이후의 일들을 알고 계시기에 비극적인 상황에서도 하나님의 영광에 대해 말씀하실 수 있었다. 한 치 앞도 볼 수 없는 인간이지만 하나님을 전적으로 신뢰하고 의지할 때 알 수 없는 미래까지도 평안을 기대할 수 있다. 삶과 죽음에 대한 주권이 전적으로 하나님께 있음을 믿고 그분을 의지할 때 우리는 염려와 걱정에서 벗어날 수 있다.

예수의 제자들이 스승의 죽음을 염려하여 유대로 가시려는 예수의 발걸음을 막는다. 물론 이유가 있는 행동이었지만 때때로 인간은 자기 판단에 매몰된 근거를 바탕으로 행동하곤 한다. 자신에게 파묻혀 있을 때 인간은 객관성을 유지하지 못하고 편견을 드러낸다. 예수께서 나사로의 죽음을 비유로 말씀하셨을 때 제자들은 그 비유를 이해하지 못했다. 도마의 오해는 '우리도 주와 함께 죽으러 가자'라는 열정적이지만 선동적인 말 속에서 숨김없이 드러나

---

18 예수의 시신을 싸맸던 '고운 베'의 헬라어 '오또니온'(ὀθόνιον)은 나사로의 장례 때 사용된 '케이리아'와 달리 '베로 만든 붕대', '시체를 싸는 붕대'를 가리키는 단어이다(참조. 19:40; 29:5, 6, 7; 눅 24:12; BDAG, 693). 예수의 머리를 쌌던 '수건'으로 번역된 헬라어는 나사로의 장례 때 사용된 것과 같은 단어 '수다리온'(σουδάριον)이다(참조. 20:7).

그 마음의 실상을 보여 준다. 병들어 죽은 나사로를 살리시려는 예수의 발걸음은 오늘도 죽음을 향해 걸어가고 있는 모든 사람에게 삶의 한 가닥 소망이다. 예수가 부활이요 생명이시기 때문이다. 예수를 믿는 믿음은 생명 되신 예수와 함께 이 땅에서 영생을 맛보며 살아가는 일상의 삶 자체이다.

죽음 앞에서 인간은 눈물을 보이고 원망도 하지만 그 슬픔 속에서 위로받기를 원한다. 하지만 너무 큰 슬픔 속에 잠기게 되면 어떤 위로로도 부족하다. 나사로의 죽음을 두고 많은 사람이 위로와 함께 동정을 보이지만 죽은 나사로를 살리려고 그 앞에 오신 예수는 알아보지 못한다. 예수께서는 나사로 주변에 모여든 사람들이 자신을 이해하시 못하자 분노하신다. 하지만 예수는 죽은 나사로를 무덤에서 불러내셔서 그를 살려 내신다. 예수를 올바로 이해하고 깊은 신뢰 속에서 그분을 믿고 따라간다는 것은 말처럼 그렇게 쉬운 일이 아니다. ●●

14. 예수와 산헤드린 공회(11:45-57)

이 단락에서는 병들어 죽은 나사로를 예수께서 다시 살리시자 유대인들이 보인 반응이 기술된다. 나사로가 살아난 것으로 인하여 믿음을 가지게 된 유대인들이 있었던 반면에 이 사건을 종교 권력자들에게 보고하고 고발한 이들도 있었다. 유대 종교 권력자들은 나사로가 죽었다가 살아난 표적을 통해서 예수의 정체를 파악하고 이해하기보다는 예수를 오히려 백성을 현혹하고 로마의 압박을 가중시킬 위험한 인물로 여긴다. 산헤드린 공회는 예수를 죽이려고 모의한 후 결국 예수를 체포하여 처형하기로 결정한다.

이 단락은 첫째, 예수의 죽음을 모의하는 산헤드린 공회(11:45-54)와 둘째, 유월절과 예수를 찾는 유대인들(11:55-57)로 나뉜다.

14.1. 예수의 죽음을 모의하는 산헤드린 공회(11:45-54)

⁴⁵ 마리아에게 와서 예수께서 하신 일을 본 많은 유대인이 그를 믿었으나 ⁴⁶ 그 중에 어떤 자는 바리새인들에게 가서 예수께서 하신 일을 알리니라 ⁴⁷ 이에 대제사장들과 바리새인들이 공회를 모으고 이르되 이 사람이 많은 표적을 행하니 우리가 어떻게 하겠느냐 ⁴⁸ 만일 그를 이대로 두면 모든 사람이 그를 믿을 것이요 그리고 로마인들이 와서 우리 땅과 민족을 빼앗아 가리라 하니 ⁴⁹ 그 중의 한 사람 그 해의 대제사장인 가야바가 그들에게 말하되 너희가 아무 것도 알지 못하는도다 ⁵⁰ 한 사람이 백성을 위하여 죽어서 온 민족이 망하지 않게 되는 것이 너희에게 유익한 줄을 생각하지 아니하는도다 하였으니 ⁵¹ 이 말은 스스로 함이 아니요 그 해의 대제사장이므로 예수께서 그 민족을 위하시고 ⁵² 또 그 민족만 위할 뿐 아니라 흩어진 하나님의 자녀를 모아 하나가 되게 하기 위하여 죽으실 것을 미리 말함이러라 ⁵³ 이 날부터는 그들이 예수를 죽이려고 모의하니라 ⁵⁴ 그러므로 예수께서 다시 유대인 가운데 드러나게 다니지 아니하시고 거기를 떠나 빈 들 가까운 곳인 에브라임이라는 동네에 가서 제자들과 함께 거기 머무르시니라

나사로의 부활 사건에 대한 유대인들의 반응이다. 유대인들 가운데는 예수께서 베푸신 기적을 보고 그분을 믿기 시작한 자들이 있었다. 하지만 그중 몇 사람은 당시 종교 권력자들인 바리새인들에게 가서 이 사건을 보고하면서 정치적 우려를 표명했다. 당시 대제사장인 가야바는 로마 제국과의 관계를 고려하여 희생양이 필요하다고 의견을 제시한다. 마침내 유대인들이 예수를 정치적 희생양으로 삼아 죽이려고 모의한다.

45-46절 '마리아에게 와서 예수께서 하신 일'을 보고 많은 유대인이 예수를 믿었다. 하지만 이 사람들의 믿음이 참된 믿음인지는 확인되지 않는다. 나사로가 무덤에서 살아서 나온 기적 사건을 본 후 유대인들이 예수를 새롭게 인식하고 믿었다. 하지만 하나님의 아들이나 메시아로 믿은 것은 아니다. 한편, 유대인 중 몇 사람이 바리새인들에게 가서 예수를 고발한다. 요한복음에서 '유대인

들'의 정체는 명확하게 정의될 수 없지만 때때로 부정적인 모습, 즉 예수의 적대자로 묘사된다.[19] 나사로 사건에서도 유대인들이 부정적으로 묘사된다.

47-48절 종교 권력자들인 대제사장들과 바리새인들이 공회를 소집한다. 이 공회의 의제는 예수가 '많은 표적을 행하니 우리가 어떻게 하겠느냐'이다. 이들은 예수가 표적을 행하여 사람들에게 영향을 주고 있는데, 이대로 두었다가는 로마 제국의 권력자들이 자신들을 더욱 압박할 것이고 유대 종교를 믿는 자유도 빼앗을 것이라고 우려한다. '로마인들이 와서 우리 땅과 민족을 빼앗아 가리라'에서 '땅과 민족'은 유대 종교와 유대 민족을 가리킨다. '땅'의 헬라어 '토포스'(τόπος)는 유대인의 성전을 의미하는 비유적인 표현이다(참조. BDAG, 1011-12). 유대 종교 권력자들이 예수를 유대의 종교적·정치적 적대자라고 규정한다. 그래서 예수를 죽이려고 공모한다.

49-50절 당시 대제사장인 가야바가 '너희가 아무 것도 알지 못하는도다 한 사람이 백성을 위하여 죽어서 온 민족이 망하지 않게 되는 것이 너희에게 유익한 줄을 생각하지 아니하는도다'라고 말한다. 이것은 일종의 정치적 발언으로, 많은 사람이 다치지 않으려면 예수를 희생양으로 삼아서 죽여야 한다고 사람들을 설득하는 말이다. 그는 유대 민중의 무지함을 꾸짖은 후 자신이 지혜롭게 제시하는 대안을 받아들이라고 한다. 사실은 그동안 누려 온 자신의 권력이 힘을 잃을까 봐 이렇게 제안하는 것이다. 즉 예수를 희생양으로 삼는 것이 유대 민족과 유대 종교의 유익을 위한 일이라고 포장해서 말하지만 실상은 자신의 종교 및 정치 권력을 유지하기 위한 속셈에서 나온 말이었다.

51-52절 가야바의 발언을 저자가 해설해 주는 부분이다. 이 해설 중에 예수

---

[19] 요한복음에 등장하는 유대인의 정체와 관련해서는 de Boer, 'Depiction of "the Jews" in John's Gospel', 141-57; Collins, 'Speaking of the Jews', 158-75; Motyer, *Your Father the Devil?*을 참조하라.

의 십자가 죽음에 대한 의미가 밝히 드러난다. 가야바는 자신이 이해하지 못하고 알지도 못하는 말을 내뱉은 것인데 이는 하나님의 섭리 가운데 하나이다. 저자는 가야바가 '예수께서 그 민족을 위하시고 또 그 민족만 위할 뿐 아니라 흩어진 하나님의 자녀를 모아 하나가 되게 하기 위하여 죽으실 것을 미리' 말하고 있다고 한다. 하나님의 구속의 섭리가 어떻게 인간의 역사 속에서 자연스럽게 진행되고 있는지를 잘 보여 주는 예이다. 예수의 죽음은 유대 민족을 위한 죽음일 뿐 아니라 흩어진 하나님의 모든 자녀를 위한 대속의 죽음이기도 하다.

53절 가야바가 예수를 희생양으로 삼자고 제안한 다음부터 유대 종교 권력자들이 예수를 죽이려고 작정한다. '그들이 … 모의하니라'는 헬라어 동사 '에불류산토'(ἐβουλεύσαντο)의 번역이다. '불류오'(βουλεύω) 동사가 '결정하다', '작정하다'라는 뜻이므로, '에불류산토'를 '그들이 … 작정하였다'로 번역하는 것이 문맥에 적절하다(참조. 12:10; 행 27:39; 15:37; BDAG, 181).

54절 예수께서 자기를 죽이려는 유대인들의 계획을 아시고 사람들의 눈에 띄지 않도록 에브라임이라는 동네에 가서 제자들과 머물러 계신다. '에브라임'은 구약성경에 나오는 '에브론'(참조. 대하 13:19)으로, 오늘날 '에트-타이이베'(Et-Taiyibeh)라고 불리는, 벧엘에서 북동쪽으로 약 6킬로미터, 예루살렘에서는 약 20킬로미터 정도 떨어진 장소이다.[20]

14.2. 유월절과 예수를 찾는 유대인들(11:55-57)

[55] 유대인의 유월절이 가까우매 많은 사람이 자기를 성결하게 하기 위하여 유월절 전에 시골에서 예루살렘으로 올라갔더니 [56] 그들이 예수를 찾으며 성전에 서서 서로 말하되 너희 생각에는 어떠하냐 그가 명절에 오지 아니하겠느냐 하니 [57] 이는 대제사장

---

20 Carson, 『요한복음』, 782을 보라.

들과 바리새인들이 누구든지 예수 있는 곳을 알거든 신고하여 잡게 하라 명령하였음이러라

이 단락은 앞 단락인 11:45-54과 이어지는 단락인 12:1-11을 연결하는 교량 단락으로, 나사로 사건을 마무리하면서 동시에 12장에서 벌어질 사건을 자연스럽게 연결시킨다. 유대인의 유월절이 가까이 다가오자 사람들이 정결 의식을 하기 위하여 예루살렘으로 올라간다. 사람들이 여전히 예수에 대한 관심을 버리지 않고 예수께서 명절에 예루살렘으로 오지 않을까 생각한다. 산헤드린 공회는 이미 예수에 대한 체포 명령을 내렸다.

55절 유월절에 대한 언급이 요한복음에 총 세 번 나온다(2:13, 23; 6:4; 11:55). 만일 5:1의 명절을 유월절로 간주한다면 네 번이다. 하지만 그 명절이 어떤 명절이었는지는 정확히 알 수가 없다. 유월절 전에 '정결 의식'(ceremonial cleansing)을 행하는 것은 유대인의 관습이었다(참조. 민 9:6-12; 대하 30:17-18; Mishnah, *Pesahim* 9:1). 유대인들이 율법을 따라 유월절 절기를 지키려고 일찍부터 시골에서 출발하여 예루살렘으로 향한다. '시골'은 헬라어 '코라'(χώρα)의 번역으로, 같은 단어가 54절에서는 에브라임을 의미하는 '동네'로 번역되었다. 이는 '많은 사람'이 예수께서 머물러 계셨던 에브라임 지역에서 올라왔다는 사실을 암시한다. 그러므로 이 사람들은 예수를 이미 알고 있었을 것이다.

56절 사람들이 예루살렘 성전에 모여서 예수가 과연 유월절에 참여할 것인지를 놓고 궁금해한다. 이들은 나사로를 살리신 기적 사건을 알고 있었을 것이다. 또한 산헤드린 공회에서 예수를 체포하기로 결정한 사실도 알고 있었을 것이다. 그래서 예수가 모습을 드러낼지 궁금해하고 있었음을 짐작할 수 있다.

57절 대제사장들과 바리새인들이 예수를 보면 신고하라고 대중에게 공지한다. 대제사장들과 바리새인들이 예수가 있는 곳을 정말로 몰랐는지 의심스럽다. 53-54절에 의하면 예수가 에브라임 지역으로 가서 숨어 계셨기 때문에 거

처를 알 수 없었을 개연성은 있다. 분명한 것은 예수의 지상 사역의 마지막 단계에서 종교 권력자들이 예수를 체포하겠다고 공식적으로 결정하고 대중에게 공지했다는 사실이다. 이러한 정황은 예수의 죽음이 임박했음을 암시한다.

설교자를 위한 적용(11:45-57)

●● 예수께서 죽은 사람을 살려 내는 기적을 행하신다면 그 기적을 보고 많은 사람이 예수가 하나님의 아들이며 메시아라고 믿을 것이다. 하지만 나사로를 예수께서 다시 살리셨을 때 유대인들이 보여 준 반응을 보면 기적을 경험했다고 해서 반드시 믿음을 갖게 되는 것은 아님을 알 수 있다. 예수의 기적 사건을 목격한 당시 종교 권력자들은 예수를 위험인물로 지목하고 대책을 세우기까지 했다. 그 표적을 통해서 예수의 정체를 올바로 파악하고 이해해야 했지만 그들은 정치적으로 행동했다. 그리하여 결국에는 예수를 십자가에 못 박는 일에 앞장서고 말았다.

교회 공동체는 신자들을 위하여 하나님의 능력을 삶에서 체험할 수 있도록 배려하며 실천하면서 도와야 한다. 교회는 기적을 보여 주기보다는 예수가 누구신지 증언함으로써 신자들이 일상생활에서 흔들림 없는 온전한 믿음을 갖도록 격려하고 붙들어 주어야 한다. 공동체의 결정은 항상 신중해야 한다. 하지만 당시 산헤드린 공회는 예수의 기적 사건을 올바로 이해하지 못하고 적절히 다루지 못했다. 오히려 예수의 죽음을 모의했다. 교회 공동체의 결정이 소속된 신자들의 삶에 어떤 영향을 줄지 항상 신중하게 고려되어야 한다. 교회가 예수를 증언하는 공동체로 건강하게 세워지려면 공동체의 각 개인이 자신의 신앙을 말과 행동으로 일상의 삶에서 고백하며 살아가야 한다. ●●

15. 예수의 죽음 암시(12:1-50)

이 단락에서는 네 개의 서로 다른 에피소드가 연결되면서 계속 예수의 죽음을 암시한다.

(1) 마리아가 예수의 발에 향유를 붓는다(12:1-11). 나사로가 죽었다가 다시 살아난 후에 마르다와 마리아는 예수를 위하여 감사의 잔치를 베푼다. 이 자리에서 마리아가 예수께 향유를 붓자 예수께서 그 행위의 의미를 자신의 장례와 연결하신다.

(2) 예수께서 자신이 죽으실 장소인 예루살렘에 입성하시자 많은 군중이 환호하며 예수를 맞이한다(12:12-19). 하지만 이들은 예수를 정치적 해방자로 인식하여 환영한 것일 뿐 예수를 만왕의 왕으로, 그리고 세상의 구주로 받아들이지 않는다.

(3) 예루살렘으로 예배하러 올라온 헬라인들이 예수를 만나기 원하고, 예수께서는 자신의 죽음을 비유로 암시하신다(12:20-36).

(4) 유대인들이 예수의 기적을 경험했는데도 예수를 믿지 못한다(12:37-50). 예수는 유대인의 불신앙을 이사야 선지자의 예언으로 설명하신다. 그리고 영생과 심판에 대해 말씀하신다.

다시 정리하면, 이 단락을 다음과 같이 크게 네 부분으로 나눌 수 있다.

> 예수의 발에 향유를 부은 마리아(12:1-11)
> 예수의 예루살렘 입성(12:12-19)
> 예수의 죽음 암시(12:20-36)
> 유대인들의 불신앙(12:37-50)

15.1. 예수의 발에 향유를 부은 마리아(12:1-11)

[1] 유월절 엿새 전에 예수께서 베다니에 이르시니 이 곳은 예수께서 죽은 자 가운데서 살리신 나사로가 있는 곳이라 [2] 거기서 예수를 위하여 잔치할새 마르다는 일을 하고 나사로는 예수와 함께 앉은 자 중에 있더라 [3] 마리아는 지극히 비싼 향유 곧 순전한 나드 한 근을 가져다가 예수의 발에 붓고 자기 머리털로 그의 발을 닦으니 향유 냄새

가 집에 가득하더라 ⁴ 제자 중 하나로서 예수를 잡아 줄 가룟 유다가 말하되 ⁵ 이 향유를 어찌하여 삼백 데나리온에 팔아 가난한 자들에게 주지 아니하였느냐 하니 ⁶ 이렇게 말함은 가난한 자들을 생각함이 아니요 그는 도둑이라 돈궤를 맡고 거기 넣는 것을 훔쳐 감이러라 ⁷ 예수께서 이르시되 그를 가만 두어 나의 장례할 날을 위하여 그것을 간직하게 하라 ⁸ 가난한 자들은 항상 너희와 함께 있거니와 나는 항상 있지 아니하리라 하시니라 ⁹ 유대인의 큰 무리가 예수께서 여기 계신 줄을 알고 오니 이는 예수만 보기 위함이 아니요 죽은 자 가운데서 살리신 나사로도 보려 함이러라 ¹⁰ 대제사장들이 나사로까지 죽이려고 모의하니 ¹¹ 나사로 때문에 많은 유대인이 가서 예수를 믿음이러라

이 단락에서는 베다니라는 장소를 소개하면서 나사로 사건을 직접 언급하기에 이 단락이 11장과 밀접하게 연결되어 있음을 알 수 있다. 예수를 위한 잔치 자리이지만, 마리아가 예수께 나드 향유를 부음으로써 예수의 죽음이 암시된다. 그리고 살아난 나사로와 그를 살리신 예수에 대한 유대인들의 반응이 기록되어 있다.

1-2절 '유월절 엿새 전'에서 '엿새'는 상징이 아니라 실제의 시간을 표현한 것이다. 저자는 유월절이 가까이 다가오고 있다는 시간의 묘사를 통해 예수의 죽음도 다가오고 있음을 암시하며, 동시에 이것이 역사적 사건임을 보여 주려고 의도한다. 예수는 유월절 예비일에 처형당하신다(참조. 19:31). 1절을 보면 예수께서 베다니에 머물고 계신다. 이곳은 나사로를 살리신 기적의 장소이다(참조. 11:18). 이곳에서 예수를 위한 잔치가 벌어지고 있다. 아마도 마리아와 마르다, 나사로의 집일 것이다. 마르다는 일을 하고 나사로는 예수께 기대어 앉아 있다. 마르다와 나사로는 예수와 함께 11장과 12장을 연결해 주는 중심인물이다.

3절 예수께 향유를 부은 사건에 대한 기록이 공관복음에도 나온다.

	요한복음 12:1-8	마가복음 14:3-9	마태복음 26:6-13	누가복음 7:36-5
지역	베다니	베다니	베다니	알 수 없음
구체적인 장소	나사로의 집	나병환자 시몬의 집	나병환자 시몬의 집	바리새인 시몬의 집
향유를 부은 자	마리아	한 여자	한 여자	죄 지은 한 여자
향유를 부은 위치	예수의 발	예수의 머리	예수의 머리	예수의 발
여자의 행동	향유를 부은 후 머리털로 닦음	옥합을 깨뜨려 향유를 부음	옥합을 가지고 나아옴	눈물로 예수의 발을 적시고 자기 머리털로 닦고 입맞춘 후 향유를 부음
언급된 내용	가난한 자 예수의 장례 300데나리온	가난한 자 예수의 장례 300데나리온	가난한 자 예수의 장례	500; 50데나리온 빚진 자의 탕감
시간	예루살렘 입성 전	예루살렘 입성 후	예루살렘 입성 후	예루살렘 입성 전

도표를 보면 약간의 차이점은 있지만, 베다니라는 장소와 한 여자의 등장, 향유를 붓는 행동, 가난한 자와 예수의 장례가 언급된 것을 근거로 하여 요한복음과 마가복음, 마태복음에 나오는 사건을 같은 사건이라고 볼 수 있다. 단지 요한복음에서는 저자의 신학적 의도가 반영되어 기록되었을 뿐이다(참조. 2:13-22).[21]

마리아의 행동은 깊은 헌신의 의미를 담고 있다. 많은 양의 향유를 예수의 발에 붓고 여인의 영광을 상징하는 머리털로 그 발을 닦은 것은 예수를 향한 마리아의 사랑과 헌신의 정도를 나타내 준다(참조. 고전 11:15; 벧전 3:3). 마리아가 부은 나드 한 근은 순전한 것이기에 향기가 집 안에 가득했다. '한 근'은 헬라어 한 '리트라'(λίτρα)인데, '리트라'는 로마의 무게 단위로, 오늘날의 중량으로 환산하면 약 327.45그램이다. '향유'의 헬라어 '뮤론'(μύρον)은 "일반적으로

---

[21] 저자가 이 사건을 성전 사건과 매우 유사한 신학적 의도를 가지고 기술하고 있다.

몰약으로 만든 향유나 연고를 가리킨다."[22] '나드'는 헬라어 '나도스'(νάρδος)의 번역으로, 이 '나드 향유'는 나드 식물(nard plant)의 뿌리와 이삭으로부터 추출한 기름으로 만든 것인데 당시에 향수로 사용되었다(참조. 막 14:3).[23] 이 향수는 매우 값비싼 것이어서 가룟 유다는 그 값을 어림잡아 300데나리온 정도로 추정했다(참조. 12:5).

4-5절 예수의 제자 가운데 유다를 '예수를 잡아 줄 가룟 유다'라고 소개한다.[24] 유다가 마리아를 향하여 '이 향유를 어찌하여 삼백 데나리온에 팔아 가난한 자들에게 주지 아니하였느냐'라고 책망한다. 당시 한 데나리온은 일꾼의 하루치 품삯이었다. 노동을 할 수 없었던 안식일과 율법에서 명한 날, 그리고 궂은 날 등을 제외하면 300데나리온은 오늘날 1년치 연봉에 해당하는 금액이다. 유다가 가난한 자들을 위하여 이렇게 책망하는 말을 한 것 같지만 그렇지 않다. 다음 절에 나오는 저자의 주석에서 이를 확인할 수 있다.

6절 저자가 유다의 발언에 대하여 '이렇게 말함은 가난한 자들을 생각함이 아니요 그는 도둑이라 돈궤를 맡고 거기 넣는 것을 훔쳐 감이러라'라고 주석한다. 유다가 예수의 제자들 공동체에서 회계를 맡아 재정을 담당하고 있었음을 짐작할 수 있다(참조. 13:29). 하지만 유다는 재정을 정직하게 사용하지 않고 공금을 횡령하거나 유용한 것 같다. 저자가 유다를 가리켜 직설적으로 '도둑'이라고 표현한다.

7절 예수께서 마리아의 행동을 자신의 죽음과 연결해서 설명하신다. 예수의 죽음과 그에 따른 장례의 묘사는 19:38-42에 나온다. 예수께서는 '나의 장례할 날'('텐 헤메란 투 엔타피아스무 무', τὴν ἡμέραν τοῦ ἐνταφιασμοῦ μου)이라고 하여

---

22 Brown, 『요한복음, I』, 938-39.
23 나드 향유에 대해서는 Brown, 『요한복음, I』, 939; Carson, 『요한복음』, 791을 참조하라.
24 '가룟 유다'는 6:71의 주석을 참조하라.

자신의 죽음을 직접적으로 언급하신다. 명사 '엔타피아스모스'(ἐνταφιασμός)는 '장례 준비'(preparation for burial) 또는 '매장'(burial)을 의미한다(참조. BDAG, 339). '그를 가만 두어 나의 장례할 날을 위하여 그것을 간직하게 하라'라는 말씀은 문맥 속에서 쉽게 이해되지 않는다. 마리아가 나드 향유를 발에 다 붓고 난 후에 이 말씀을 하셨기에 장례를 위해 남겨서 간직할 만한 향유가 없었다. 이 말씀은 예수께서 마리아의 행동에 정당성을 부여해 주신 것으로, 그녀가 나드 향유를 지금까지 간직하고 있었던 것은 예수 자신의 장례를 준비하기 위함이고, 지금 바로 그 행동을 했다고 설명하신 것이다(참조. "예수께서 이르시되 가만 두라 너희가 어찌하여 그를 괴롭게 하느냐 그가 내게 좋은 일을 하였느니라"[막 14:6]; "그는 힘을 다하여 내 몸에 향유를 부어 내 장례를 미리 준비하였느니라"[막 14:8]; "예수께서 아시고 그들에게 이르시되 너희가 어찌하여 이 여자를 괴롭게 하느냐 그가 내게 좋은 일을 하였느니라"[마 26:10]; "이 여자가 내 몸에 이 향유를 부은 것은 내 장례를 위하여 함이니라"[마 26:12]).

8절 '가난한 자들은 항상 너희와 함께 있거니와'는 신명기 15:11("땅에는 언제든지 가난한 자가 그치지 아니하겠으므로 내가 네게 명령하여 이르노니 너는 반드시 네 땅 안에 네 형제 중 곤란한 자와 궁핍한 자에게 네 손을 펼지니라")의 사상을 배경으로 하신 말씀이다. 이는 가난한 자들을 돌보지 않아도 된다거나, 항상 가난한 사람들이 있기에 특별한 상황으로 여기지 말라는 뜻이 아니다. 가난한 자들을 돕는 일은 마음만 있으면 언제든지 가능하지만, 예수는 이 세상에 항상 계시지는 않는다는 의미이다. 즉 자신이 이 세상을 떠날 때가 임박했음을 제자들에게 간접적으로 알리고 계신 것이다(참조. "가난한 자들은 항상 너희와 함께 있으니 아무 때라도 원하는 대로 도울 수 있거니와 나는 너희와 항상 함께 있지 아니하리라"[막 14:7]).

9절 유대인들이 예수와 나사로를 보려고 나사로의 집으로 몰려들고 있다. 나사로가 죽었다가 다시 살아났다는 사실을 모든 사람이 알고 있다. 예수의 기적으로 말미암아 살아난 사람과 그 기적을 일으킨 예수를 눈으로 직접 확인하고자 사람들이 모여들었다. 기적의 위력이 얼마나 대단한지 알 수 있다. 기적 사건에 대해 사람들이 뜨거운 반응을 보이는 것은 예수의 시대나 지금이나 똑같다.

10-11절 대제사장들은 처음에는 예수만 처형하여 없애기로 모의했다(참조. 11:47-53). 하지만 나사로가 다시 살아났다는 소문이 퍼져서 많은 유대인이 예수를 믿자 나사로까지 죽이기로 계획한다. 유대의 종교 권력자들이 예수의 대적자 역할을 하고 있다.

설교자를 위한 적용(12:1-11)

●● 마리아가 예수께 사랑과 감사를 표현하고자 예수의 발에 향유를 부었다. 하지만 이렇게 순수한 마음으로 행한 일을 전혀 다르게 해석하는 이들도 있다. 가룟 유다는 이 행동을 귀한 물질을 의미 없이 허비하는 어리석은 짓으로 이해했다. 자신의 욕심과 선입견 때문에 눈이 가려진 것이다. 그는 그럴듯한 말로 포장해서 마리아를 비난하고 책망한다. 사람은 눈에 보이는 일을 자신이 보는 관점에 따라 해석하고 이해한다. 그 이해가 옳지 않을 수도 있다는 가능성을 항상 열어 둔 채 말하고 행동한다면 실수를 줄일 수 있을 것이다. 날마다 일어나는 여러 가지 일과 사건 속에서 본래의 의도와 실체를 파악하는 것이 중요한데 인간의 선입관은 그런 파악을 방해한다.

예수는 가난한 자들의 형편을 아시지만 지금은 마리아가 꼭 필요한 일을 했다고 여기시며 마리아의 행동을 귀하게 받으셨다. 그리고 이 행동이 예수 자신의 장례를 준비한 것이라고 새로운 의미를 부여해 주셨다. 가난한 자들을 생각하는 척하는 유다의 발언은 그 자체가 아무리 선한 뜻을 가졌을지라도 거짓되고 진실 없는 말에 지나지 않는다. 그리스도인이라면 마리아처럼 예수를 향한 사랑과 감사를 실천적으로 표현할 수 있어야 한다. 말과 행동을 가장 적절한 때 실천할 수 있다면 그것보다 좋은 것은 없다. 때에 맞는 말과 행동을 하려면 지혜가 필요하다. 잠언 기자도 "경우에 합당한 말은 아로새긴 은 쟁반에 금 사과니라"(잠 25:11)라고 했다. 대부분 일을 그르치는 것은 때와 시기를 놓쳤을 때이다. 아무리 좋은 말과 행동이라도 적절한 상황과 때가 아니면 웃

음거리가 될 수 있다.

15.2. 예수의 예루살렘 입성(12:12-19)

¹² 그 이튿날에는 명절에 온 큰 무리가 예수께서 예루살렘으로 오신다는 것을 듣고 ¹³ 종려나무 가지를 가지고 맞으러 나가 외치되 호산나 찬송하리로다 주의 이름으로 오시는 이 곧 이스라엘의 왕이시여 하더라 ¹⁴ 예수는 한 어린 나귀를 보고 타시니 ¹⁵ 이는 기록된 바 시온 딸아 두려워하지 말라 보라 너의 왕이 나귀 새끼를 타고 오신다 함과 같더라 ¹⁶ 제자들은 처음에 이 일을 깨닫지 못하였다가 예수께서 영광을 얻으신 후에야 이것이 예수께 대하여 기록된 것임과 사람들이 예수께 이같이 한 것임이 생각났더라 ¹⁷ 나사로를 무덤에서 불러내어 죽은 자 가운데서 살리실 때에 함께 있던 무리가 증언한지라 ¹⁸ 이에 무리가 예수를 맞음은 이 표적 행하심을 들었음이러라 ¹⁹ 바리새인들이 서로 말하되 볼지어다 너희 하는 일이 쓸 데 없다 보라 온 세상이 그를 따르는도다 하니라

이 단락에서는 예수의 예루살렘 입성을 묘사한다. 내용에 약간의 차이는 있지만 이 장면이 공관복음에 다 기록되어 있다(참조. 막 11:1-11; 마 21:1-11; 눅 19:28-40). 예수께서 입성하시자 유대인들이 환호하며 예수를 맞이한다. 유대인들이 예수를 열렬히 환영하는 이유는 예수께서 나사로를 살리신 표적을 행하셨기 때문이다.

12절 '그 이튿날'은 저자가 이야기의 연속성과 역사성을 강조하기 위하여 사용한 표현인데, 그날이 언제인지는 본문에서 정확히 알 수가 없다. 많은 사람이 예수의 입성 소문을 듣고 거리로 몰려나온다. 하지만 이들이 이 소식을 어떻게 들었는지에 대해서는 저자가 침묵한다. '명절'은 요한복음에 세 번째로 등장하는 유월절을 의미한다.

13절 '종려나무 가지'는 초막절과 수전절에 예배드릴 때 사용되었다(참조. 레

23:40; 마카베오상 13:51). 그리고 승리와 왕권의 상징이기도 했다. 그러므로 군중이 종려나무 가지를 가지고 예수를 맞으며 '호산나 찬송하리로다 주의 이름으로 오시는 이 곧 이스라엘의 왕이시여'라고 환호한 것은 예수를 왕으로 영접한다는 상징적 행위이다. '호산나'(ὡσαννά)는 히브리어 '호쉬아나'(הוֹשִׁיעָה נָּא)의 헬라어 음역으로, '지금 구원하소서'(참조. *HALOT*, 243)라는 뜻이고, 시편 118:25("여호와여 구하옵나니 이제 구원하소서 여호와여 우리가 구하옵나니 이제 형통하게 하소서")이 그 배경이다.[25] 유대 군중이 메시아의 구원을 찬양하고 그 구원에 감격하여 예수를 향하여 '호산나'라고 외친다. 그리고 시편 118:26-27("여호와의 이름으로 오는 자가 복이 있음이여 우리가 여호와의 집에서 너희를 축복하였도다 여호와는 하나님이시라 그가 우리에게 빛을 비추셨으니 밧줄로 절기 제물을 제단 뿔에 맬지어다")을 인용하면서 예수를 '이스라엘의 왕'으로 영접하고 환호하고 있다.

14-15절   예수께서 한 어린 나귀를 타고 예루살렘으로 들어오신다. 거리상으로 보면 굳이 나귀를 타실 필요가 없었다. 베다니에 있는 나사로의 집에서 출발하여 예루살렘으로 들어가시는 길이었다면 그 거리가 약 2-3킬로미터 정도에 불과했기 때문이다(참조. 11:18). 하지만 예수께서는 '시온 딸아 두려워하지 말라 보라 너의 왕이 나귀 새끼를 타고 오신다 함과 같더라'라는 구약성경의 말씀을 성취하기 위하여 어린 나귀를 타셨다. 이 말씀은 스가랴 9:9("시온의 딸아 크게 기뻐할지어다 예루살렘의 딸아 즐거이 부를지어다 보라 네 왕이 네게 임하시니 그는 공의로우시며 구원을 베푸시며 겸손하여서 나귀를 타시나니 나귀의 작은 것 곧 나귀 새끼니라")과 관련이 있다. 정확한 인용은 아니지만 메시아가 나귀를 타고 오신다는 사상과는 일맥상통한다. 예수께서 나귀 새끼를 타고 예루살렘으로 들어오신 행동은 평화의 왕으로 자신을 드러내시는 상징적인 행동이다. 당시에 말을 타는 것은 전시에 승리를 위한 행동이었지만 나귀를 탄다는 것은 평상시에 평화를 상징하는 행동이었다.

---

25   Morris, *John*, 519을 보라.

16절 이 구절은 저자 요한의 설명적 주석이다. 이처럼 저자가 설명하는 부분이 요한복음에 자주 나온다(참조. 2:17, 22; 6:71; 7:39; 13:2, 28-30). 저자는 제자들이 예수께서 어린 나귀를 타고 예루살렘에 입성하시는 의미를 당시에는 전혀 깨닫지 못했고 예수의 고난과 십자가 죽음, 그리고 부활 사건 후에야 비로소 그 의미를 깨닫게 되었다고 설명한다.

17-18절 예수를 보려고 모여든 군중 중에는 예수께서 나사로를 무덤에서 불러내실 때 곁에 있었던 무리도 있었다. 이들이 계속해서 예수의 기적에 대해 증언하였기에 더욱 많은 사람이 모여들었다. 군중은 나사로를 살리신 '그 표적'('토 세메이온', τὸ σημεῖον)으로 인하여 예수께 모여들었고 예수를 환대했다.

19절 바리새인들은 예수를 따르는 군중이 많아지자 위협을 느껴서 예수도 죽이고 나사로도 죽이려고 계획했었다. 이들도 기적을 체험했지만 예수를 믿지 못하고 있음을 알 수 있다(참조. 37절). 바리새인들은 예수가 있는 곳을 알면 신고하라고 대중에게 공표까지 했었다(참조. 11:57). 하지만 그 모든 일이 수포로 돌아가고 있음을 그들 스스로도 알고 있다. 그들이 자조적으로 '너희 하는 일이 쓸 데 없다 보라 온 세상이 그를 따르는도다'라고 말한다. 여기서 '온 세상이 그를 따르는도다'는 과장된 표현이면서 동시에 반어법적인 묘사이다. 예수께서 바로 이 온 세상을 구원하려고 오셨기 때문이다(참조. 3:16, 17).

설교자를 위한 적용(12:12-19)

●● 많은 사람이 베다니에서 예루살렘으로 들어오시는 예수를 '이스라엘의 왕'이라고 환호하며 환영했다. 군중이 예수를 환영한 이유는 그분이 많은 기적을 베풀었기 때문이다. 기적을 체험한 사람들은 예수가 어떤 일이든지 다 능히 행하리라는 막연한 기대 속에서 그분을 자신들의 왕으로 받아들였다. 로마 제국의 압박을 받으며 살아가던 이들의 막연한 기대가 예수를 정치적 왕으로 만들어 버린 것이다. 하지만 예수께서는 정치적 왕으로서 어떤 일을 행

하거나 시도하지 않으셨다.

그리스도인들이 개인의 필요와 욕구를 충족하기 위하여 예수를 믿고 따르기 때문에 기독교가 무속 종교화되고 있다. 예수를 누구라고 고백하든지 간에 그 고백 속에 자신의 욕구와 필요가 투영되어 있다면 그 고백은 잘못된 것이다. 예수께서 나귀를 타시고 예루살렘으로 들어오신 오직 한 가지 목적은 세상의 모든 사람을 위하여 십자가에서 죽으시기 위해서였다. 그토록 예수를 환영하고 예수의 이름을 외치던 이들은 그분이 십자가에 매달려 돌아가시리라고는 꿈에서도 생각하지 않았다. 예수께서 과연 내 삶의 왕으로 자리 잡고 계신지 그리스도인들은 날마다 내면을 들여다보아야 한다.

예수를 영접한 사람 중에는 나사로가 살아난 기적을 직접 목격한 이들도 있었다. 일반적으로 사람들은 기적을 목격하면 놀랍고 신비하게 여기며 또한 자신도 그 기적을 경험하고 싶어 한다. 하지만 그 기적이 그의 삶을 윤택하게 하거나 더 나은 삶으로 이끌어 주지는 않는다. 그리스도인들은 어떤 기적을 체험하기 위하여 예수를 믿는 존재가 아니다. 기적이란 우리의 일상의 삶 자체일 수도 있다. 또한 우리가 예수를 하나님의 아들과 구세주로 믿는 것 자체가 기적일 수도 있다. 예수를 믿고 그분을 닮아 가며 살아가는 것이 기적이기에 우리에게는 감사와 찬양이 있을 수밖에 없다. ●●

15.3. 예수의 죽음 암시(12:20-36)

이 단락에서는 예수의 죽음이 간접적으로 암시된다. 저자는 예수의 죽음이 유대인뿐 아니라 헬라인을 위한 대속의 죽음임을 예루살렘으로 예배하러 가는 헬라인들을 통해서 암시한다. 예수께서는 자신을 만나려는 헬라인들의 방문 소식을 듣고 '한 알의 밀'을 비유로 들어 자신의 죽음과 그 의미를 묘사하신다. 그리고 그 죽음 앞에서 하나님 아버지께 고뇌의 기도를 드리신다. 마지막으로, 세상의 심판을 언급하신 후 빛과 어둠의 대조를 통해서 자신이 세상에 잠시 머물러 있을 것을 예고하시면서 자신의 죽음을 암시하신다.

이 단락은 다음과 같이 세 부분으로 나뉜다. 첫째, 헬라인들의 등장과 예수의 죽음 암시(12:20-26), 둘째, 죽음을 앞둔 예수의 기도(12:27-30), 셋째, 예수의 십자가 죽음 암시(12:31-36)이다.

15.3.1. 헬라인들의 등장과 예수의 죽음 암시(12:20-26)

[20] 명절에 예배하러 올라온 사람 중에 헬라인 몇이 있는데 [21] 그들이 갈릴리 벳새다 사람 빌립에게 가서 청하여 이르되 선생이여 우리가 예수를 뵈옵고자 하나이다 하니 [22] 빌립이 안드레에게 가서 말하고 안드레와 빌립이 예수께 가서 여쭈니 [23] 예수께서 대답하여 이르시되 인자가 영광을 얻을 때가 왔도다 [24] 내가 진실로 진실로 너희에게 이르노니 한 알의 밀이 땅에 떨어져 죽지 아니하면 한 알 그대로 있고 죽으면 많은 열매를 맺느니라 [25] 자기의 생명을 사랑하는 자는 잃어버릴 것이요 이 세상에서 자기의 생명을 미워하는 자는 영생하도록 보전하리라 [26] 사람이 나를 섬기려면 나를 따르라 나 있는 곳에 나를 섬기는 자도 거기 있으리니 사람이 나를 섬기면 내 아버지께서 그를 귀히 여기시리라

이 단락에서는 명절에 예배하러 예루살렘으로 올라가는 헬라인들이 등장한다. 그들이 예수를 만나 뵙기를 원한다고 빌립에게 요청한다. 빌립이 이를 안드레에게 말하고 두 사람이 함께 예수께 가서 이들의 면담 요청을 알린다. 예수께서는 '인자가 영광을 얻을 때가 왔도다'라고 하시며 '한 알의 밀'을 비유로 들어 자신의 죽음을 암시하신다.

20절 '명절'은 앞 단락과 연관지어 생각할 때 유월절이 분명하다. 그리고 '헬라인 몇'은 헬라어를 사용하는 유대인들이 아니라, 아마도 유대교로 개종한 이방인이었을 가능성이 있다. 이들이 유월절을 맞아 예루살렘으로 예배하러 올라가는 길이었기 때문이다.

21-22절 헬라인들이 갈릴리 벳새다 사람 빌립에게 가서 예수를 만나 뵙기를 요청한다(참조. 1:44). 무슨 이유로 예수를 만나려고 했는지는 알 수 없지만, 아

마도 기적 사건과 관련된 예수의 소문을 이미 들었으리라고 짐작할 수 있다. 이들이 빌립을 찾아간 이유는 그가 유대인이지만 헬라식 이름을 가졌기 때문일 것이다. 예수의 제자 중 빌립과 안드레만 헬라식 이름을 가졌다. 빌립이 안드레에게 헬라인들의 방문을 이야기하고 두 사람이 함께 예수께 가서 헬라인들의 면담 요청을 알린다.

23절 예수께서 두 제자로부터 헬라인들의 면담 요청을 듣고 '인자가 영광을 얻을 때가 왔도다'라고 말씀하신다. '인자가 영광을 얻을 때'는 그리스도가 십자가에서 죽고 부활하실 때를 암시한다. 요한복음에는 '때'라는 표현이 여러 번 나온다(참조. 2:4; 7:6, 8, 30; 8:20; 12:23, 27[2회]; 13:1; 16:32; 17:1). 그런데 이 '때'가 십자가의 고난과 죽음을 직접적으로 설명하는 18-19장과 예수의 부활을 묘사하는 20장에는 전혀 나오지 않는다.

24절 '한 알의 밀이 땅에 떨어져 죽지 아니하면 한 알 그대로 있고 죽으면 많은 열매를 맺느니라'라는 선언은 예수께서 자신의 죽음을 암시하는 비유이다. 예수께서 이 비유를 통해서 자기희생의 원리를 말씀하신다. 하나님 나라에서는 살고자 하는 자는 죽고, 죽고자 하는 사람은 산다. 한 알의 밀 비유는 농경사회라는 배경에서 쉽게 이해할 수 있는 비유였다. 밀 하나가 땅에 심겨져 한 알 그대로 있으면 열매를 맺을 수 없다. 그 한 알의 밀이 땅속에서 싹을 틔우면 죽은 것 같지만 결국 자라나서 많은 열매를 맺게 된다. 이 비유는 예수의 십자가 죽음과 그 죽음으로 말미암아 많은 사람이 구원받게 될 것임을 나타낸다. 예수께서 헬라인들의 면담 요청을 받은 뒤 이 말씀을 하신 것은 유대인뿐 아니라 이방인들에게도 구원의 빛이 비치게 될 것을 암시하신 것이다.

25절 예수께서 제자들에게 '자기의 생명을 사랑하는 자는 잃어버릴 것이요 이 세상에서 자기의 생명을 미워하는 자는 영생하도록 보전하리라'라고 말씀하신다. 이 말씀은 한 알의 밀 비유와 함께 요한복음이 표방하는 제자도를 보여 준다. '이 세상에서 자기의 생명을 미워하는 자'란 예수의 제자로서 지녀야 할 태도와 모습, 즉 자기 자신을 부인하고 날마다 자기 십자가를 지고 살아가는 사람이다(참조. 막 8:34). 그는 그 생명을 영생하도록 보전하게 될 것이다. 예수의 제자는 이 세상에서 자신의 생명 유지를 최우선으로 두지 않고 자기 생명을 마치 한 알의 밀과 같이 이 세상에 심는 자이다. 예수께서는 생명을 유지하려고 애쓰는 사람은 세상에서 그 생명을 잃어버릴 것이며, 자기 생명을 세상에 뿌리는 자는 많은 생명을 구하고 자신도 영생을 얻을 것이라고 교훈하신다.

26절 예수께서 '사람이 나를 섬기려면 나를 따르라'라고 명령하신 것은 예수의 섬기는 삶이 모든 사람에게 모범이 되기 때문이다. 섬기는 삶은 자기를 부인하고 자기 십자가를 질 수 있을 때 가능하다. '나 있는 곳에 나를 섬기는 자도 거기 있으리니'는 예수의 삶을 본받아 그분을 따르며 섬기는 사람은 미래에 있을 예수의 영광에 참여하게 되리라는 뜻이다. '사람이 나를 섬기면 내 아버지께서 그를 귀히 여기시리라'는 예수의 제자로서 예수를 본받아 살아갈 때 세상은 그를 멸시하고 핍박하겠지만 하나님은 이들을 귀하게 여기실 것이라는 약속이다.

15.3.2. 죽음을 앞에 둔 예수의 기도(12:27-30)

27 지금 내 마음이 괴로우니 무슨 말을 하리요 아버지여 나를 구원하여 이 때를 면하게 하여 주옵소서 그러나 내가 이를 위하여 이 때에 왔나이다 28 아버지여, 아버지의 이름을 영광스럽게 하옵소서 하시니 이에 하늘에서 소리가 나서 이르되 내가 이미 영광스럽게 하였고 또다시 영광스럽게 하리라 하시니 29 곁에 서서 들은 무리는 천둥이 울었다고도 하며 또 어떤 이들은 천사가 그에게 말하였다고도 하니 30 예수께서 대답하여 이르시되 이 소리가 난 것은 나를 위한 것이 아니요 너희를 위한 것이니라

이 단락은 십자가에 달려 돌아가실 날이 임박해 오자 예수께서 아버지 하나님께 간구하시는 기도 내용이다. 이는 공관복음에 기록된 겟세마네의 기도

와 유사하다(참조. 막 14:35-36; 마 26:39, 42; 눅 22:42). 하나님께서 그 기도에 응답하신 것을 곁에서 들은 유대인들이 이를 천둥소리와 천사의 소리로 오해한다.

27절 예수께서 자신의 죽음을 암시하는 한 알의 밀 비유와 죽음과 생명에 대하여 말씀하신 후에 '지금 내 마음이 괴로우니 무슨 말을 하리요' 하시며 자신의 심정을 솔직하게 드러내신다. 예수께서 마음이 괴로우신 이유는 자신이 곧 맞이할 죽음에 대한 공포 때문이다. 예수도 인성을 가지셨기에 죽음에 대한 두려움과 공포를 인간들과 똑같이 느끼실 수밖에 없었다. 죽음을 앞둔 예수께서는 인간적인 고뇌가 극심하였기에 '무슨 말을 하리오'라고 자문하신다. 그래서 '아버지여 나를 구원하여 이 때를 면하게 하여 주옵소서'라고 간구하신다. 하지만 곧 자신이 바로 이 일을 위해서 세상에 온 것을 인정하시면서 '그러나 내가 이를 위하여 이 때에 왔나이다'라고 기도하신다. 여기서 독자는 예수의 두 마음을 읽을 수 있다. 예수께서는 매우 괴로우셨지만 마침내 확고한 결심과 의지를 보이신다. 이 기도는 겟세마네 동산에서 하신 기도와 내용이 같다. "아빠 아버지여 아버지께서는 모든 것이 가능하오니 이 잔을 내게서 옮기시옵소서 그러나 나의 원대로 마시옵고 아버지의 원대로 하옵소서"(참조. 막 14:36).

28절 예수께서 '아버지여, 아버지의 이름을 영광스럽게 하옵소서'라고 말씀하시며 기도를 마치신다. '아버지의 이름을 영광스럽게' 하는 것은 예수의 죽음으로 이루어진다. 예수는 아버지 하나님께 기꺼이 순종할 것을 다짐하며 기도하신 것이다. 예수께서 기도하시자 하늘에서 소리가 들린다. 하나님께서 아들의 기도를 듣고 응답하신 것이다. "내가 이미 영광스럽게 하였고 또다시 영광스럽게 하리라." 예수의 표적 사역을 통해서 하나님께서 자신의 이름을 이미 영광스럽게 하셨고, 그 아들 예수의 십자가 죽음을 통해서 또다시 영광스럽게 하시리라는 뜻이다.

29절 예수의 곁에 서 있던 무리가 하나님의 응답을 들었지만 그들은 그 소리의 내용과 의미를 전혀 이해하지 못한다. 그래서 어떤 이들은 '천둥이 울었다' 라고 하고, 어떤 이들은 '천사가 그에게 말하였다'라고 말한다. 하늘에서 난 소리는 예수가 평범한 사람이 아니라 하나님이 보내신 분임을 나타내 준다. 사람들은 이 소리를 듣고 예수의 정체성에 대하여 심각하게 고민했을 것이다.

30절 예수께서 하늘에서 들려온 하나님 아버지의 응답이 자신을 위한 것이 아니라 '너희' 무리를 위한 것이라고 설명해 주신다. 예수께는 하나님의 음성이 필요하지 않았다. 예수는 이미 아들과 아버지라는 관계 속에서 하나님 아버지의 영광을 위해 걸어가시는 중이었기에 다른 보증이 필요하지 않았다. 그래서 '너희를 위한 것'이라고 말씀하신 것이다. 예수께서는 나사로를 살리기 전에도 아버지께 기도하셨는데 그때도 그 기도가 '둘러선 무리를 위함'이라고 말씀하셨다(참조, 11:41-42).

15.3.3. 예수의 십자가 죽음 암시(12:31-36)

³¹ 이제 이 세상에 대한 심판이 이르렀으니 이 세상의 임금이 쫓겨나리라 ³² 내가 땅에서 들리면 모든 사람을 내게로 이끌겠노라 하시니 ³³ 이렇게 말씀하심은 자기가 어떠한 죽음으로 죽을 것을 보이심이러라 ³⁴ 이에 무리가 대답하되 우리는 율법에서 그리스도가 영원히 계신다 함을 들었거늘 너는 어찌하여 인자가 들려야 하리라 하느냐 이 인자는 누구냐 ³⁵ 예수께서 이르시되 아직 잠시 동안 빛이 너희 중에 있으니 빛이 있을 동안에 다녀 어둠에 붙잡히지 않게 하라 어둠에 다니는 자는 그 가는 곳을 알지 못하느니라 ³⁶ 너희에게 아직 빛이 있을 동안에 빛을 믿으라 그리하면 빛의 아들이 되리라 예수께서 이 말씀을 하시고 그들을 떠나가서 숨으시니라

이 단락에서 예수는 자신이 십자가 위에서 죽을 것인데 그때가 가까이 왔음을 암시하신다. 자신의 죽음을 인자가 들리는 것으로 묘사하고, 자신이 세상에 있는 것을 빛이 비치는 것으로 비유하면서 빛이 세상에 있을 동안에 빛을 믿으라고 권고하신다.

31절 예수께서 자신의 죽음을 세상의 심판과 연결하여 말씀하신다. '이르렀으니'라는 번역은 해당 헬라어가 없는 상태에서 의역한 것이다. 헬라어 본문을 직역하면 '지금은 이 세상의 심판이 있다. 지금은 이 세상의 통치자가 쫓겨날 것이다'이다. 예수께서 이 세상의 심판을 말씀하신 것은 매우 역설적인 표현으로, 예수 자신을 죽게 한 세상을 하나님이 예수의 십자가 죽음으로 말미암아 심판하실 것이라는 의미이다. '이 세상의 임금'('호 알콘 투 코스무 투투', ὁ ἄρχων τοῦ κόσμου τούτου)이라는 표현이 요한복음에 모두 세 번 나온다(참조. 12:31; 14:30; 16:11). 이 세상의 임금은 사탄의 권세 아래서 인간을 다스리고, 인간이 죽음을 두려워하게 하여 평생 죽음에 종노릇하게 하는 사악한 통치자를 가리킨다(참조. 요일 5:19; 엡 2:2; 히 2:14-15). 예수의 십자가 죽음은 세상에 대한 심판으로, 이 세상 통치자의 권세가 무너지고 통치자가 쫓겨나는 결과를 가져올 것이다. 예수는 인간의 죄와 죽음의 문제를 자신이 십자가에서 죽고 부활하심으로써 해결하셨다.

32절 예수는 자신이 어떻게 죽게 될지 미리 알고 계셨다. 그래서 십자가에서의 죽음을 '내가 땅에서 들리면'이라고 비유로 말씀하신다. '들리면'('휩쏘또', ὑψωθῶ)은 헬라어 동사 '휩쏘오'(ὑψόω, '높이다', '올리다', '끌어올리다')의 번역이다(참조. 3:14; BDAG, 1045-46). 그리고 자신이 십자가 위에서 죽게 될 때 '모든 사람을 내게로 이끌겠노라'라고 말씀하신다. 이는 한 알의 밀이 죽어서 많은 열매를 맺는 것처럼 많은 사람을 구원에 이르게 하시겠다는 뜻이다(참조. 12:24). 여기서 '이끌겠노라'('엘퀴소', ἑλκύσω)는 동사 '엘코'(Ἕλκω, '이끌다'; 참조. BDAG, 318)의 미래형이다. '엘코' 동사는 요한복음에 다섯 번 나온다(참조. 6:44; 12:32; 18:10; 21:6, 11).

33절 '이렇게 말씀하심은 자기가 어떠한 죽음으로 죽을 것을 보이심이러라'는 저자 요한의 설명적 주석이다. '내가 땅에서 들리면'(32절)이라는 표현은 예수께서 십자가에 달려 죽으실 것을 암시한다고 저자가 설명하고 있다.

34절 예수를 환호했던 무리가 예수께서 자신이 '들릴 것'이라고 하니 당황스러워한다. 군중은 들린다는 것과 예수의 죽음이 연결되어 있음을 알고 있다. 그래서 '너는 어찌하여 인자가 들려야 하리라 하느냐 이 인자는 누구냐'라고 묻는다. 요한복음에서는 '인자'라는 표현이 모두 예수의 입에서 나오는데 이 구절에서만 예외적으로 군중의 입을 통하여 두 번 나온다. 하지만 군중은 인자에 대해 전혀 알지 못한다. 그저 자신들의 지식을 내세워서 '우리는 율법에서 그리스도가 영원히 계신다 함을' 알고 있다고 말한다. 군중이 언급한 '율법'은 모세 오경이 아니라 구약성경 전체를 가리킨다. 구약성경에 일반적으로 나오는 메시아사상을 배경으로 말한 것이다. 그들이 들은 구약성경은 시편 89:3-4, 20-37과 110:4, 그리고 이사야 9:6-7이다.

35-36절 예수께서 자신의 죽음에 대한 질문을 받자 군중을 향하여 '아직 잠시 동안 빛이 너희 중에 있으니 빛이 있을 동안에 다녀 어둠에 붙잡히지 않게 하라 어둠에 다니는 자는 그 가는 곳을 알지 못하느니라'라고 대답하신다(참조. 11:9-10). 예수께서 죽기 전까지는 아직 빛이 있는 낮과 같다. 하지만 그분이 죽으시면 어둠이 세상을 붙잡을 것이다. 예수라는 빛에 다가가지 않으면 어둠 속에 갇혀서 길을 잃고 헤매게 될 것이다. 그래서 예수께서 '너희에게 아직 빛이 있을 동안에 빛을 믿으라 그리하면 빛의 아들이 되리라'라고 권고하신다. '빛의 아들'은 쿰란 문서에 나오는 '빛의 자녀들과 어둠의 자녀들'이라는 대조와 유사하다. 하지만 예수께서 빛이 있을 동안에 빛을 믿으라고 권고하신 것은 쿰란 문서와 내용상 분명한 차이를 보인다.[26] 예수께서는 이 말씀을 마치고 숨으셨는데 이는 군중이 예수의 말씀을 받지 않았음을 보여 준다.

---

[26] Morris, *John*, 534을 참조하라.

설교자를 위한 적용(12:20-36)

●● 한 알의 밀 비유는 오늘을 살아가는 그리스도인들에게 많은 것을 생각하고 고민하게 한다. 잘살기 위해 경쟁하며 애쓰는 현대인들에게 죽어야 사는 것이라는 교훈은 이해되기 어려울 것이다. 예수께서 자기희생의 원리를 모범적으로 삶에서 보여 주셨듯이 그리스도인들도 마땅히 그 삶을 본받아 살아야 한다. 하지만 무한 경쟁 속에서 이 삶의 원리를 실천하기란 쉽지 않다. 사즉생(死卽生) 생즉사(生卽死)의 원리를 그리스도인들이 삶의 현장에서 실천하지 못하는 이유가 무엇일까? 빈손으로 이 세상에 온 인생들이기에 현재 이미 소유하고 있는 것을 생각해 보면 감사할 수밖에 없다. 빈손으로 와서 빈손으로 갈 것인데 무엇을 그리 움켜쥐려는 것일까? 그리스도인들은 예수께서 '자기의 생명을 사랑하는 자는 잃어버릴 것이요 이 세상에서 자기의 생명을 미워하는 자는 영생하도록 보전하리라'라는 말씀을 날마다 기억하며 실천하면서 살아야 할 것이다.

어떤 한계에 부딪혀 마치 낭떠러지에 매달려 있는 것 같은 상황이라면 그 누구라도 살기 위해 몸부림을 칠 것이다. 예수께서도 죽음을 앞두고 이와 같은 심정이셨다. 그래서 하나님께 '내 마음이 괴로우니 무슨 말을 하리요 아버지여 나를 구원하여 이 때를 면하게 하여 주옵소서'라고 기도하셨다. 예수께서는 이처럼 괴로워하고 두려워하는 인간적인 마음을 가지셨기에 우리 인간을 더욱 깊이 이해하실 수 있는 분이다. 하지만 예수는 자신의 사명을 잊지 않고 곧바로 '그러나 내가 이를 위하여 이 때에 왔나이다 아버지여, 아버지의 이름을 영광스럽게 하옵소서'라고 기도하신다. 하나님께 받은 사명이 무엇인지 분명하게 알고 있는 사람은 그 사명을 이루어 가면서 당하는 수많은 고난과 역경에서 무너지지 않는다. 기회가 오면 그 기회를 놓치지 않는다. 그리스도인들에게는 살아 있다는 것 자체가 기회이다. ●●

15.4. 유대인들의 불신앙(12:37-50)

이 단락은 예수의 지상 사역이 종결되는 장면으로, 요한복음 1부(2-12장)의 결론 부분이다. 예수께서 유대인들 앞에서 많은 표적을 행하셨으나 그들은 예수를 메시아로 믿지 않았다. 예수는 이 불신앙이 이사야 선지자의 예언이 성취된 것이라고 말씀하신다. 그리고 믿음과 영생을 가르치시면서 마지막 날에 있을 심판에 대해 경고의 말씀을 하신다.

이 단락은 예수를 믿지 않는 유대인들(12:37-43)과 믿음과 영생을 가르치시는 예수(12:44-50)로 나뉜다.

15.4.1. 예수를 믿지 않는 유대인들(12:37-43)

37 이렇게 많은 표적을 그들 앞에서 행하셨으나 그를 믿지 아니하니 38 이는 선지자 이사야의 말씀을 이루려 하심이라 이르되 주여 우리에게서 들은 바를 누가 믿었으며 주의 팔이 누구에게 나타났나이까 하였더라 39 그들이 능히 믿지 못한 것은 이 때문이니 곧 이사야가 다시 일렀으되 40 그들의 눈을 멀게 하시고 그들의 마음을 완고하게 하셨으니 이는 그들로 하여금 눈으로 보고 마음으로 깨닫고 돌이켜 내게 고침을 받지 못하게 하려 함이라 하였음이더라 41 이사야가 이렇게 말한 것은 주의 영광을 보고 주를 가리켜 말한 것이라 42 그러나 관리 중에도 그를 믿는 자가 많되 바리새인들 때문에 드러나게 말하지 못하니 이는 출교를 당할까 두려워함이라 43 그들은 사람의 영광을 하나님의 영광보다 더 사랑하였더라

이 단락에서는 유대인들이 예수의 표적을 보고서도 예수를 메시아로 믿지 않는 이유가 제시된다. 이사야 선지자가 말했듯이, 유대인들은 하나님께서 '그들의 눈을 멀게 하시고 그들의 마음을 완고하게' 하셨기 때문에 예수를 메시아로 믿지 못했다. 그 가운데 믿는 자들도 있었지만 그들은 출교를 당할까 두려워하여 드러나게 말할 수 없었다.

37절 예수께서 유대인들 앞에서 많은 표적을 행하셨다. 하지만 유대인들은 떡과 생선을 먹고도 예수를 믿지 않았다. 표적을 직접 목격하기도 했고 소문으로 듣기도 했지만 믿지 않았다. 예수를 하나님의 아들, 메시아로 믿는다는 것은 하나님의 은혜이다.

38절 '주여 우리에게서 들은 바를 누가 믿었으며 주의 팔이 누구에게 나타났나이까'라는 말씀은, 이사야 53:1("우리가 전한 것을 누가 믿었느냐 여호와의 팔이 누구에게 나타났느냐")을 인용한 것이다. 여기서 '우리에게서 들은 바'란 이사야가 하나님께로부터 받은 말씀을 가리킨다. '주의 팔'은 하나님의 능력이 나타난 표적들을 의미한다. 이사야가 하나님께 메시지를 받아 전파했지만 믿는 사람이 없었다. 예수 역시 많은 표적을 행하셨지만 유대인들이 믿지 않았다.

39-40절 유대인들이 믿지 못하는 것은 이사야 선지자의 예언대로 된 것이다. '그들의 눈을 멀게 하시고 그들의 마음을 완고하게 하셨으니 이는 그들로 하여금 눈으로 보고 마음으로 깨닫고 돌이켜 내게 고침을 받지 못하게 하려 함이라'(40절)는 이사야 6:9-10("여호와께서 이르시되 가서 이 백성에게 이르기를 너희가 듣기는 들어도 깨닫지 못할 것이요 보기는 보아도 알지 못하리라 하여 이 백성의 마음을 둔하게 하며 그들의 귀가 막히고 그들의 눈이 감기게 하라 염려하건대 그들이 눈으로 보고 귀로 듣고 마음으로 깨닫고 다시 돌아와 고침을 받을까 하노라")의 인용이다. 여기서 '눈으로 보고'는 나사로 사건을 암시한다. 유대인들이 예수의 표적을 보고 듣고서도 믿지 않은 것은 하나님의 심판의 결과이다.

41절 '이사야가 이렇게 말한 것은 주의 영광을 보고 주를 가리켜 말한 것이라'는 이사야 6:1-5와 관련이 있다.

> "웃시야 왕이 죽던 해에 내가 본즉 주께서 높이 들린 보좌에 앉으셨는데 그의 옷자락은 성전에 가득하였고 스랍들이 모시고 섰는데 각기 여섯 날개가 있어 그 둘로는 자기의 얼굴을 가리었고 그 둘로는 자기의 발을 가리

였고 그 둘로는 날며 서로 불러 이르되 거룩하다 거룩하다 거룩하다 만군의 여호와여 그의 영광이 온 땅에 충만하도다 하더라 이같이 화답하는 자의 소리로 말미암아 문지방의 터가 요동하며 성전에 연기가 충만한지라 그 때에 내가 말하되 화로다 나여 망하게 되었도다 나는 입술이 부정한 사람이요 나는 입술이 부정한 백성 중에 거주하면서 만군의 여호와이신 왕을 뵈었음이로다 하였더라"

저자는 이사야가 환상 중에 예수의 영광을 보았다고 암시적으로 설명한다. 성육신하시기 전의 예수를 보았고, 예수를 하나님으로 이해했다고 한다. 즉 예수와 하나님을 동일시하며 연결시킨다.

42절 관리 중에 예수를 믿는 자들이 많았다고 한다. 하지만 '관리 중에도 그를 믿는 자'들은 아직 공개적으로 믿음을 고백하지 못했다. 왜냐하면 바리새인들로부터 회당에서 '출교'('아포쉬나고고스', ἀποσυνάγωγος)를 당하게 될까 봐 두려워했기 때문이다(참조. 9:22; 16:2). 당시 출교를 당한다는 것은 사회에서 추방당하는 것 이상의 의미였기에 현실적으로 큰 어려움과 고난을 겪어야 했다. 그래서 숨어서 믿는 그리스도인들이 많았다.

43절 저자가 믿음을 공개적으로 고백하지 못한 이들은 하나님의 영광보다 사람의 영광을 더 사랑하는 자들이라고 단정짓는다. 실제적인 불이익과 고난을 극복하기란 쉽지 않다. 인간은 본성적으로, 눈에 보이지 않는 하나님보다는 눈에 보이는 사람을 더 두려워하기 마련이다. 하지만 저자는 은밀한 믿음은 아무 유익이 없다고 단호하게 말하면서 공개적이며 행동하는 믿음을 가지라고 격려한다.

15.4.2. 믿음과 영생을 가르치시는 예수(12:44-50)

⁴⁴ 예수께서 외쳐 이르시되 나를 믿는 자는 나를 믿는 것이 아니요 나를 보내신 이를

믿는 것이며 ⁴⁵ 나를 보는 자는 나를 보내신 이를 보는 것이니라 ⁴⁶ 나는 빛으로 세상에 왔나니 무릇 나를 믿는 자로 어둠에 거하지 않게 하려 함이로라 ⁴⁷ 사람이 내 말을 듣고 지키지 아니할지라도 내가 그를 심판하지 아니하노라 내가 온 것은 세상을 심판하려 함이 아니요 세상을 구원하려 함이로라 ⁴⁸ 나를 저버리고 내 말을 받지 아니하는 자를 심판할 이가 있으니 곧 내가 한 그 말이 마지막 날에 그를 심판하리라 ⁴⁹ 내가 내 자의로 말한 것이 아니요 나를 보내신 아버지께서 내가 말할 것과 이를 것을 친히 명령하여 주셨으니 ⁵⁰ 나는 그의 명령이 영생인 줄 아노라 그러므로 내가 이르는 것은 내 아버지께서 내게 말씀하신 그대로니라 하시니라

이 단락은 유대인들을 향한 예수의 마지막 메시지이다. 예수는 자신을 믿는 것이 하나님을 믿는 것이라고 선언하신다. 그리고 유대인들에게 마지막 심판에 대하여 경고하시고, 자신이 세상에 온 것은 심판하기 위해서가 아니라 세상을 구원하기 위함이며, 아버지의 명령은 영생을 주시기 위함이라고 증언하신다.

44절 '예수께서 외쳐 이르시되'에서 '외쳐'('크라조', κράζω)는 선지자가 공적으로 무언가를 엄중하게 선언할 때 사용되는 단어이다(참조. 1:15; 7:28, 37).[27] 그러므로 예수의 선지자적 정체성을 암시하는 표현이라고 볼 수 있다. 예수께서는 '나를 믿는 자는 나를 믿는 것이 아니요 나를 보내신 이를 믿는 것'이라고 선언하신다. '나를 보내신 이'란 요한복음에서 예수께서 여러 번 밝히셨듯이 바로 하나님 아버지이다. 예수 자신을 믿는다는 것은 하나님 아버지를 믿는다는 것과 같다고 말씀하심으로써 예수와 하나님이 하나라는 사상을 암시하고 계신다.

45절 앞 절과 동일한 사상 안에서, 예수께서 '나를 보는 자는 나를 보내신 이

---

27 Cho, *Jesus as Prophet*, 24-26; Fendrich, 'κράζω', 313-14을 참조하라.

를 보는 것'이라고 선언하신다. 즉 하나님을 본 사람은 없지만, 예수를 눈으로 보는 것이 하나님을 보는 것이므로, 예수는 사람이 눈으로 볼 수 있는 성육신 하신 하나님이시라는 뜻이다. 이와 같은 사상이 '나를 본 자는 아버지를 보았거늘'(14:9)이라는 말씀에도 담겨 있다.

46절 '나는 빛으로 세상에 왔나니'는 예수께서 앞에서 자신의 정체를 '나는 세상의 빛이니'(8:12)라고 선언하신 것과 똑같은 내용이다. 예수께서 세상의 빛으로 오신 이유는 사람들이 어둠에 머물지 않게 하시기 위함이다. 이 구절은 35-36절("아직 잠시 동안 빛이 너희 중에 있으니 빛이 있을 동안에 다녀 어둠에 붙잡히지 않게 하라 어둠에 다니는 자는 그 가는 곳을 알지 못하느니라 너희에게 아직 빛이 있을 동안에 빛을 믿으라 그리하면 빛의 아들이 되리라")의 사상을 반복 요약한 것이다.

47절 '사람이 내 말을 듣고 지키지 아니할지라도 내가 그를 심판하지 아니하노라 내가 온 것은 세상을 심판하려 함이 아니요 세상을 구원하려 함이로라'라는 말씀은 3:17과 8:15의 내용을 반복한 것이다. 하지만 세상을 심판하겠다고 밝히신 구절들도 많다(참조. 5:22, 27, 30; 8:16, 26; 9:39). 예수께서는 세상에 계실 동안에 아무도 심판하지 않으실 것인데, 그 이유는 세상을 구원하려고 오셨기 때문이다.

48절 예수께서 자신의 말을 거부한 사람들을 심판할 것이라고 하신다. 마지막 날, 즉 예수께서 이 세상에 다시 오실 때에 분명히 심판하실 것이다.

49절 '내가 내 자의로 말한 것이 아니요 나를 보내신 아버지께서 내가 말할 것과 이를 것을 친히 명령하여 주셨으니'는 신명기 18:18-19의 말씀과 관련이 있다. 한글 성경에서 '명령'으로 번역된 헬라어 '엔톨레'(ἐντολή)는 '계명', '명령', '법률', '지시' 등의 뜻을 지녔다(참조. BDAG, 340). 예수께서 자의로 말씀하지 않으신다는 것은 자신을 보내신 아버지께로부터 메시지를 받아서 전하신다는 의미이다. 이는 마치 구약의 선지자들처럼 하나님께로부터 메시지를 받아 전하는 것과 같다. 그러므로 예수의 말씀을 거부하는 것은 곧 하나님의 말씀을 거부하는 것이다.

50절 하나님의 명령이 영생이다. 그러므로 예수께서 선포하신 내용은 하나님이 주신 명령으로서 이를 믿고 따르는 자들에게 영생이 주어진다(참조. "헐몬의 이슬이 시온의 산들에 내림 같도다 거기서 여호와께서 복을 명령하셨나니 곧 영생이로다"[시 133:3]).

설교자를 위한 적용(12:37-50)

●● 오늘날 많은 사람이 표적 사건과 같은 영적 체험을 원한다. 이 중에는 '그리스도인'들도 있다. 그리스도인이란 눈에 보이지 않는 영이신 하나님을 믿으며, 하나님께서 이 세상에 보내신 성육신하신 예수를 믿는 사람들이 아니던가! 그런데도 영적으로 무언가를 더 경험하고 싶어서 안달을 한다. 이들은 정말 더욱 잘 믿기 위하여 기적을 찾아 헤매는 것일까? 아니면 단순히 영적 호기심 때문인가? 어쩌면 이들은 신앙과 불신앙의 경계선에 서 있는지도 모른다.

유대인들에게 믿음과 영생을 가르치시면서 마지막 날에 있을 심판에 대해 경고하신 예수께서는 그들이 자기의 말을 믿고 따라오기를 바라셨다. 예수의 말씀은 하나님께로부터 전달받은 말씀이었다. 그 말씀에 순종하는 자들에게는 영생이 주어진다. 믿음의 삶이란 그 말씀을 믿고 실천하면서 이 세상에서 영생을 맛보며 살아가는 것이다. 그리스도인들은 영생을 얻기 위해 몸부림치는 사람들이 아니라, 믿음으로써 영생을 얻었기에 그 믿음의 내용을 이 세상에서 실천하는 사람들이다. 영생을 맛보는 삶은 예수가 누구인지 알고 그분과 깊은 교제를 나눌 때 가능하다. 그리스도인들은 분명히 현재를 살아가고 있지만 곧 다가올 미래를 오래된 미래로 인식하고서 현재가 끝나는 그날까지 이 세상에서 살아간다. ●●

V. 예수의 최후 만찬과 고별 설교 및 기도

13:1–17:26

이 긴 단락은 세 개의 큰 장면으로 구성되어 있다. 첫 번째는 예수께서 죽음을 앞두고 제자들과 최후의 만찬을 잡수시다가 제자들의 발을 씻기고 가르치시면서 자신의 죽음을 암시하시는 장면이다(13:1-30). 두 번째는 유언과도 같은 고별 설교로, 예수께서 저녁 식사 후에 두려워하는 제자들을 위로하시고 그들이 세상에서 핍박과 고난을 받을 것이지만 담대하라고 말씀하시면서 보혜사 성령을 보내 주겠다고 약속하시는 장면이다(13:31-16:33). 세 번째는 예수께서 자신의 죽음을 내다보면서 제자들을 위하여 기도하시는 장면이다(17:1-26).

16. 예수의 세족 행위와 최후 만찬(13:1-30)

유월절 전에 예수께서는 이 세상에서 마지막으로 열두 제자와 식사를 하시면서 그들의 발을 씻어 주심으로써 사랑과 섬김을 교훈하신다. 발을 씻어 주신 것은 복음서 전체에서 전례를 찾아볼 수 없는 매우 독특한 행위이다. 예수께서 모범을 보이신 세족 행위가 실제로 초대 교회에서 시행되었던 것 같다(참조. "선한 행실의 증거가 있어 혹은 자녀를 양육하며 혹은 나그네를 대접하며 혹은 성도들의 발을 씻으며 혹은 환난 당한 자들을 구제하며 혹은 모든 선한 일을 행한 자라야 할 것이요"[딤전 5:10]).[1] 물론 세족 행위는 초기 유대교와 구약성경 및 그레코로만(Graeco-Roman) 문화 속에서 쉽게 접할 수 있는 관습이었다.[2] 이 단락에서 예수는 자기를 팔아넘길 제자가 가룟 유다임을 암시하고, 제자들에게 자신의 고난과 죽음을 간접적으로 알리신다.

16.1. 예수의 세족 행위(13:1-17)

[1] 유월절 전에 예수께서 자기가 세상을 떠나 아버지께로 돌아가실 때가 이른 줄 아시

---

1 Bauckham, *Testimony*, 203-206을 참조하라.
2 세족 행위의 문화와 관습에 관해서는 Thomas, *Footwashing*, 26-60을 참조하라.

고 세상에 있는 자기 사람들을 사랑하시되 끝까지 사랑하시니라 ² 마귀가 벌써 시몬의 아들 가룟 유다의 마음에 예수를 팔려는 생각을 넣었더라 ³ 저녁 먹는 중 예수는 아버지께서 모든 것을 자기 손에 맡기신 것과 또 자기가 하나님께로부터 오셨다가 하나님께로 돌아가실 것을 아시고 ⁴ 저녁 잡수시던 자리에서 일어나 겉옷을 벗고 수건을 가져다가 허리에 두르시고 ⁵ 이에 대야에 물을 떠서 제자들의 발을 씻으시고 그 두르신 수건으로 닦기를 시작하여 ⁶ 시몬 베드로에게 이르시니 베드로가 이르되 주여 주께서 내 발을 씻으시나이까 ⁷ 예수께서 대답하여 이르시되 내가 하는 것을 네가 지금은 알지 못하나 이 후에는 알리라 ⁸ 베드로가 이르되 내 발을 절대로 씻지 못하시리이다 예수께서 대답하시되 내가 너를 씻어 주지 아니하면 네가 나와 상관이 없느니라 ⁹ 시몬 베드로가 이르되 주여 내 발뿐 아니라 손과 머리도 씻어 주옵소서 ¹⁰ 예수께서 이르시되 이미 목욕한 자는 발밖에 씻을 필요가 없느니라 온 몸이 깨끗하니라 너희가 깨끗하나 다는 아니니라 하시니 ¹¹ 이는 자기를 팔 자가 누구인지 아심이라 그러므로 다는 깨끗하지 아니하다 하시니라 ¹² 그들의 발을 씻으신 후에 옷을 입으시고 다시 앉아 그들에게 이르시되 내가 너희에게 행한 것을 너희가 아느냐 ¹³ 너희가 나를 선생이라 또는 주라 하니 너희 말이 옳도다 내가 그러하다 ¹⁴ 내가 주와 또는 선생이 되어 너희 발을 씻었으니 너희도 서로 발을 씻어 주는 것이 옳으니라 ¹⁵ 내가 너희에게 행한 것 같이 너희도 행하게 하려 하여 본을 보였노라 ¹⁶ 내가 진실로 진실로 너희에게 이르노니 종이 주인보다 크지 못하고 보냄을 받은 자가 보낸 자보다 크지 못하나니 ¹⁷ 너희가 이것을 알고 행하면 복이 있으리라

저자가 유월절이 다가온 것과 가룟 유다의 등장을 통해서 예수의 수난과 죽음이 임박했음을 알린다. 예수께서 제자들과 함께 마지막 저녁 식사를 하면서 제자들의 발을 씻겨 주신다. 예수의 행동을 이해하지 못한 베드로가 자신의 발은 씻길 수 없다고 거절했다가, 다시 발뿐 아니라 손과 머리도 씻겨 달라고 요청한다. 예수께서는 베드로의 오해를 통해서 제자들에게 자신의 죽음을 암시하신다. 그리고 서로 사랑하고 섬기라고 가르치신다.

1절 1절은 13-20장의 서론 역할을 한다. '유월절 전'이라는 시간 표현은 앞

으로 진행될 만찬이 공관복음에 나오는 최후의 만찬과 같음을 암시해 준다. 그리고 '유월절 엿새 전에'(12:1)와 마찬가지로 독자에게 유월절에 희생되는 어린양을 떠올리게 하고, 동시에 예수의 죽음이 임박했음을 알려 준다. 더욱이 '예수께서 이 세상을 떠나 아버지께로 가야 할 자신의 때가 이른 줄 아시고'라고 하여 예수의 죽음이 문턱까지 다가왔음을 보여 준다(참조. 12:27, 31-32). '아버지께로 가야 할 자신의 때'란 예수께서 십자가에 달려 죽으실 때를 가리킨다(참조. 2:4). 예수께서는 자신이 언제, 어떻게 죽을지를 다 알고 계셨고, 그 운명의 끝을 향해 평생 걸어오셨다. 이 죽음을 앞두고 예수는 '자기 사람들을 사랑하시되 끝까지 사랑'하셨다. 모든 사람을 온 마음과 정성을 다하여 차별 없이 사랑하신 것이다. 이는 자신을 배반하여 적대자들에게 넘겨줄 가룟 유다까지도 사랑하셨다는 뜻이다.

2절 유다는 처음 등장할 때부터 예수를 팔 자로 묘사된다(참조. 6:64, 70-71; 12:4).[3] 예수께서는 유다가 자신의 죽음과 깊은 연관이 있는 인물임을 처음부터 알고 계셨다. 유다의 배신은 결코 사소한 주제가 아니기에 저자가 13장에서 이 주제를 반복해서 언급한다(참조. 13:2, 11, 18, 21, 26-30). 유다는 예수의 제자로서 최소한 3년 정도를 예수와 함께 동고동락했다. 더욱이 제자 그룹에서 돈궤를 맡을 정도로 신임을 얻은 사람이기도 했다(참조. 13:29).

요한복음에서 '마귀'('디아볼로스', διάβολος, 참조. 6:70; 8:44)는 '사탄'(13:27) 또는 '귀신'('다이모니온', διάμονιον, 참조. 7:20; 8:52; 10:20)을 가리키는 표현으로, 이 단어들이 서로 교차 사용된다. '마귀가 벌써 시몬의 아들 가룟 유다의 마음에 예수를 팔려는 생각을 넣었더라'라고 번역한 개역개정에서는 헬라어 성경에 나오는 '카이 데이프누 기노메누'(καὶ δείπνου γινομένου, '그리고 만찬 동안에')를 생략했다.[4] 이 헬라어 구문은 시몬의 아들 가룟 유다의 마음에 예수를 팔려는

---

[3] 요한복음에서 유다가 총 여덟 번 나오는데, '유다'라는 이름으로 4회(13:29; 18:2, 3, 5), '가룟 유다'로 1회(12:4), '가룟 시몬의 아들 유다'로 3회(6:71; 13:2, 26) 나온다. 유다에 대해서는 본서의 6:71 주석을 참조하라.

[4] Metzger, 『신약 그리스어 본문 주석』, 196; Coloe, 'Welcome into the Household of God',

생각을 마귀가 넣은 때가 만찬 중임을 알려 준다. 일반적으로 '만찬'('데이프논', δεῖπνον)은 가정에서 온 가족이 함께하는 저녁 식사를 의미한다(참조. BDAG, 215). 본문에서는 예수께서 이 세상에서 제자들과 함께하신 마지막 저녁 식사를 의미한다. 이 만찬이 공관복음에 기록된 최후의 만찬이 아니라는 의견도 있다. 하지만 대다수의 학자가 동일한 만찬으로 이해한다.[5]

3절 세족 행위에서 주인공 역할을 하시는 예수에 대하여 저자가 '아버지께서 모든 것을 자기 손에 맡기신 것과 또 자기가 하나님께로부터 오셨다가 하나님께로 돌아가실 것을 아시고' 세족 행위를 시작하셨다고 설명한다. 예수의 손에 '아버지께서 모든 것을 맡기신 것'이란 곧 예수께서 십자가 죽음과 부활을 통하여 구원 사역을 이루실 것이라는 암시이다. 예수께서는 자신이 하나님께로부터 보냄을 받아 세상에 온 것을 아셨고, 이제 때가 되어 다시 하나님께로 돌아갈 것을 알고 계셨다. '하나님께로 돌아가실' 때란 일차적으로는 십자가에서 죽으실 때이고, 더 나아가서는 부활과 승천의 때를 가리킨다.

4절 '겉옷을 벗고'('티떼신 타 히마티아', τίθησιν τὰ ἱμάτια)[6]에서 '티떼미'(τίθημι, '벗다') 동사는 10:11, 15에서 선한 목자가 자기 양을 위하여 자신의 목숨을 버린다는 묘사에서도 사용되었다. 또한 '수건을 가져다가'('라본 렌티온', λαβὼν λέντιον)에서 '람바노'(λαμβάνω, '취하다')는 10:17, 18에서 선한 목자가 자기 목숨을 버린 후에 다시 얻는다고 할 때 사용되었다. 이런 점에서 예수의 세족 행위

406-407을 참조하라.
5 이 만찬이 공관복음에 나오는 만찬과 같은 것인지에 대해서는 Beasley-Murray, *John*, 222-27; Carson, 『요한복음』, 841-46을 참조하라. 분명한 것은 요한복음에는 유월절 양을 잡아서 그 고기를 먹었다는 내용이 없기 때문에 유월절 만찬이라고 단정하기는 쉽지 않고, 추정만 할 수 있다는 것이다.
6 '겉옷을 벗고'라는 표현은 예수께서 자신의 신분을 종처럼 낮추셨음을 나타냄과 동시에 예수의 성육신 사건을 암시하는 듯하다. 성육신 사건은 하나님이신 예수께서 인간을 구원하려고 자신의 신분을 잠시 내려놓으신 것이기에, 이 세족 행위에서 겉옷을 벗으신 것과 일맥상통한다고 볼 수 있다 (1:1-18; 빌 2:7). Carson, 『요한복음』, 854-55을 참조하라.

는 그분의 죽음과 깊은 관련이 있다. 예수께서는 곧 다가올 자신의 죽음을 제자들의 발을 씻겨 주심으로써 상징적으로 보여 주고 계신다.

5절 세족 행위가 비교적 자세히 묘사된다. 예수께서 직접 대야에 물을 담아 제자들의 발을 씻겨 주신 후 수건으로 닦아 주신다. 이 행동은 섬김을 받는 것이 아니라 섬기러 오신 종의 모습을 그대로 보여 준다(참조. 마 20:28; 막 10:45; 눅 22:27). 유대 사회나 그레코로만 사회에서 남의 발을 씻겨 주는 일은 종이 하는 일이었다. 즉 낮은 계층의 사람이 높은 지위에 있는 사람을 섬기는 행위였다.

6절 예수께서 제자들 한 사람 한 사람에게 다가가셔서 발을 씻겨 주셨음을 '시몬 베드로에게 이르시니'를 통해 알 수 있다. 베드로의 차례가 된 것이다. 베드로가 '주여 주께서 내 발을 씻으시나이까' 하며 예수의 행동을 제지한다. 이러한 일은 예수께서 하실 일이 아니라는 것이다.

7절 예수께서 베드로에게 '내가 하는 것을 네가 지금은 알지 못하나 이 후에는 알리라'라고 대답하신다. 이 행동을 지금은 이해할 수 없으나 나중에는 알게 될 것이라는 뜻이다(참조. 2:17, 22; 7:39; 12:16; 20:9). 곁에 있던 제자들 역시 예수의 행동을 전혀 이해하지 못했음이 분명하다. 이는 문자적으로 발 씻겨 주는 일을 알지 못한다는 뜻이 아니다. 당시 발을 씻겨 주는 것은 일상적인 일이었다. 그런데 예수께서 '지금'은 알 수 없다고 말씀하신 것은 예수의 행동이 문자적인 이해를 넘어서는, 비유적이며 상징적인 뜻을 담고 있다는 암시이다. 그리고 '이 후'는 예수께서 '세상을 떠나 아버지께로 돌아가실 때'(1절)와 '자기가 하나님께로부터 오셨다가 하나님께로 돌아가실'(3절) 때와 관련이 있다. 그때는 예수의 고난과 죽음, 그리고 부활과 승천으로 완성되는 구속 사역이 이루어지는 때이다. 예수는 제자들의 발을 씻기시면서 그 행위를 자신의 십자가 고난과 죽음, 그리고 부활과 상징적으로 연결하고 계신다.

8절 베드로가 자기의 발을 씻기지 말라는 주장을 굽히지 않는다. 당시 문화적 상황에서 이해할 만한 행동이다. 스승이 제자들의 발을 씻겨 주는 일은 일반적인 일이 아니었고, 제자들 역시 스승의 발을 씻어 드리지 않았다. 베드로는 만찬이 이미 시작되었고, 정결 예식을 끝냈기 때문에 예수의 행동을 거부한 것이 아니라 관습에서 벗어난 일이었기 때문에 그렇게 한 것이다.[7] 마침내 예수께서 이 행동의 의미를 이렇게 설명하신다. "내가 너를 씻어 주지 아니하면 네가 나와 상관이 없느니라"(참조. 14:3; 15:2-10; 17:24). '상관이 없다'는 마치 어떤 그룹이나 공동체에서 회원의 권한을 부여받지 못하는 것과 같은 의미이다.[8] '상관'의 헬라어 '메로스'(μέρος)는 '상속', '몫', '분깃'이라는 뜻이다(참조. BDAG, 633-44). 칠십인역(LXX)에서 '메로스'는 이스라엘 각 부족이 상속받을 약속의 땅 가나안을 가리키는 단어였다(참조. 민 18:20; 신 12:12; 14:27).[9] 가나안 땅은 하나님께서 주기로 약속하신 주요 선물 가운데 하나였다. 예수는 '상관'이라는 표현을 통하여 이 세족 행위를 자신의 죽음과 부활에 연결하신다. 세족 행위는 예수께서 십자가 죽음과 부활을 통해서 제자들에게 주실 선물을 상징적으로 나타낸다. 선물은 더 이상 땅이 아니라 예수와 함께하는 영생의 삶이다(참조. 14-16장).[10]

9-10절 베드로가 예수의 설명을 듣고서는 '주여 내 발뿐 아니라 손과 머리도 씻어 주옵소서'라고 요청한다. 예수의 말씀을 문자적으로 이해한 것이다. 이에 예수께서 '이미 목욕한 자는 발밖에 씻을 필요가 없느니라 온 몸이 깨끗하니라'라고 대답하신다. 이 대답은 세 가지로 해석할 수 있다. (1) 식사 전 손과 발을 씻는 유대인들의 관습을 설명한 것이다(참조. 2:6; 막 7:3-4). (2) 유월절 준비를 위한 '성결'을 의미한다(참조. 11:55). (3) 세례와 세례 후 죄 짓는 것과

---

7 Bauckham, *Testimony*, 192-93; Thomas, *Footwashing*, 26-60을 참조하라.
8 Beasley-Murray, *John*, 234을 보라.
9 Carson, 『요한복음』, 858-62; Schneider, 'μέρος', 594-98; Köstenberger, *John*, 406; Coloe, 'Welcome into the Household of God', 409을 참조하라.
10 조석민, '예수의 세족행위와 그 의미(요 13:1-17)', 139-68을 참조하라.

관련된 설명이다(참조. 15:3).[11] 세 번째 해석은 8절과 연결하여 이해하려는 시도인데 본문의 문맥에서 벗어났기에 가능성이 거의 없다.

11절 예수께서 10b절에서 '너희가 깨끗하나 다는 아니니라'라고 말씀하심으로써 유다를 간접적으로 암시하시는데 저자가 이 내용을 11절에서 설명한다. '자기를 팔 자가 누구인지' 아시기에 '다는' 깨끗하지 않다고 말씀하셨다고 한다. '팔 자'의 헬라어 '톤 파라디돈타'(τὸν παραδιδόντα)는 '넘겨줄 자'라는 뜻이다(참조. 6:47; 13:18-30; BDAG, 761-63). '넘겨줄 자'인 가룟 유다에 대한 소개는 13:18-30에 비교적 자세하게 나온다.

12절 예수께서 제자들의 발을 다 씻기고 겉옷을 입은 후에 다시 만찬 자리에 앉으셔서 자신의 행위를 토대로 가르침을 시작하신다. '내가 너희에게 행한 것을 너희가 아느냐'라는 질문은 제자들에게 자신의 행동의 의미를 이해했느냐고 물으신 것이다. '옷을 입으시고 다시 앉아'라는 설명으로 보아 그 전까지는 식사가 본격적으로 시작되지 않았음을 유추해 볼 수 있다. 음식은 준비되어 있었으나 아직 잡수시지 않은 것이다. 이 사실을 '내가 떡 한 조각을 적셔다 주는 자가 그니라 하시고 곧 한 조각을 적셔서 가룟 시몬의 아들 유다에게 주시니'(26절)에서 확인할 수 있다.

13-14절 먼저, 예수께서 자신과 제자들과의 관계를 '너희가 나를 선생이라 또는 주라 하니 너희 말이 옳도다 내가 그러하다'라고 설명하신다. 제자들이 사용한 '주님'('큐리오스', κύριος)이라는 칭호는 가르치고 이끌어 주시는 분을 부르는, 즉 '선생님' 정도의 존경을 표현하는 흔한 용어였다. 예수께서는 그 칭호가 올바르다고 말씀하신다. 예수가 존경받을 '선생님' 또는 '주님'이시기 때문이다. 이러한 분이 제자들의 발을 씻겨 주셨다는 것은 지극한 겸손과 헌신

---

11 Kruse, 『요한복음』, 418-20을 참조하라.

을 나타내는 행동이었다. 예수는 제자들에게도 종의 마음과 자세로 서로 겸손히 섬길 것을 교훈하신 것이다. '너희도 서로 발을 씻어 주는 것이 옳으니라'라는 말씀은 문자적인 실천은 물론 '발을 씻겨 주는 행위'가 상징하는 섬김의 여러 가지 모습도 같이 행할 것을 요구한다(참조. 13:34-35).

15절 저자가 한글 성경에는 번역되지 않은 접속사 '가르'(γάρ, '왜냐하면')를 사용하여 예수께서 본을 보이신 이유를 제시한다. 즉 제자들도 행하게 하시기 위함이다. 여기서 '본'으로 번역된 헬라어 '휘포데이그마'(ὑπόδειγμα)는 신약 성경에서 '모범, 본보기'(example) 또는 '모형, 본'(model)이라는 뜻이다(참조. BDAG, 1037).[12] 외경에서 '휘포데이그마'는 모범적인 죽음에 대한 권면을 위하여 사용되고 있다(참조. "이렇게 그는 자기의 죽음을 젊은이에게뿐만 아니라 대부분의 동포들에게 용기의 모범과 덕행의 본보기로 남기고 죽었다."[마카베오하 6:28, 31]; "에녹은 주님을 기쁘게 해 드리고 하늘로 불려 올라갔다. 그래서 후대를 위하여 회개의 모범이 되었다."[집회서 44:16]).[13] 외경에서의 의미를 고려하면 예수께서 본을 보이신 세족 행위는 곧 다가올 자신의 죽음을 내다보면서 특별한 의미를 부여하신 상징적인 행동이라고 이해할 수 있다. 또한 제자들이 서로 발을 씻겨 주는 섬김의 행위를 하도록 모범을 보이신 겸손한 행동이기도 하다.

16-17절 예수께서 당시의 격언을 인용하셔서 '종이 주인보다 크지 못하고 보냄을 받은 자가 보낸 자보다 크지 못하나니'라고 말씀하신다(참조. 15:20; 마 10:24; 눅 6:24). 예수께서 제자들의 발을 씻겨 주셨다고 해서 그들이 예수보다 높은 것은 아니라는 뜻이다. 종들은 주인의 행동에 영향을 받는다. 그러므로 제자들도 예수의 행동에 영향을 받아 그분의 행동을 따라해야 한다. 이를 '이중 아멘'의 어법을 사용하여 말씀하셨다는 것은 그만큼 이 내용이 중요하다는 뜻이다. 이것은 마치 구약성경에 등장하는 선지자가 상징적인 행동을 한

---

12 Schlier, 'ὑπόδειγμα', 32-33을 참조하라.
13 Culpepper, 'Johannine *hypodeigma*', 142-43을 참조하라.

후에 메시지를 선포하는 형식과 매우 흡사하다.[14] '너희가 이것을 알고 행하면 복이 있으리라'라는 말씀은 제자들이 예수의 교훈을 깨달아 자발적으로 행동하기를 기대하신다는 뜻이다.

설교자를 위한 적용(13:1-17)

●● 예수의 세족 행위는 그리스도인들에게 사랑의 실천을 교훈한다. 예수께서 자기를 팔아넘길 유다의 발까지도 씻겨 주신 것은 '네 원수를 사랑하라'라고 가르치신 교훈을 몸소 행동으로 보여 주신 것이다. 예수께서는 이 세상을 떠나 아버지께로 돌아가셔야 할 자신의 때, 곧 죽음이 임박한 것을 아셨지만 자기 사람들을 사랑하시되 끝까지 사랑하셨다. 그 사랑의 행위가 제자들의 발을 씻겨 주시는 실천적인 행동으로 드러난 것이다.

예수의 세족 행위는 그리스도인들에게 겸손의 모범을 제시한다. 그분은 제자들의 주님이며 선생님으로서 그들의 발을 씻겨 주셨다. 섬김을 받아 마땅한 지위에서 오히려 섬기신, 지극한 겸손의 모범이다. 주인처럼 행세하려는 사람은 많지만, 주인인데도 종처럼 겸손히 행동하는 사람은 찾아보기 어렵다. 언젠가부터 우리 사회에서는 '갑질'이라는 단어가 흔해졌다. 이럴 때일수록 그리스도인들이 '갑'일지라도 '을'의 입장에서 '을'을 배려하며 겸손히 섬기는 모습을 세상에 보여 주어야 한다. ●●

16.2. 최후의 만찬과 제자의 배신(13:18-30)

[18] 내가 너희 모두를 가리켜 말하는 것이 아니니라 나는 내가 택한 자들이 누구인지 앎이라 그러나 내 떡을 먹는 자가 내게 발꿈치를 들었다 한 성경을 응하게 하려는 것이니라 [19] 지금부터 일이 일어나기 전에 미리 너희에게 일러 둠은 일이 일어날 때에 내가 그인 줄 너희가 믿게 하려 함이로라 [20] 내가 진실로 진실로 너희에게 이르노니

14　이중 아멘(Double Amen)에 대하여는 1:51의 주석을 참조하라.

내가 보낸 자를 영접하는 자는 나를 영접하는 것이요 나를 영접하는 자는 나를 보내신 이를 영접하는 것이니라 ²¹ 예수께서 이 말씀을 하시고 심령이 괴로워 증언하여 이르시되 내가 진실로 진실로 너희에게 이르노니 너희 중 하나가 나를 팔리라 하시니 ²² 제자들이 서로 보며 누구에게 대하여 말씀하시는지 의심하더라 ²³ 예수의 제자 중 하나 곧 그가 사랑하시는 자가 예수의 품에 의지하여 누웠는지라 ²⁴ 시몬 베드로가 머릿짓을 하여 말하되 말씀하신 자가 누구인지 말하라 하니 ²⁵ 그가 예수의 가슴에 그대로 의지하여 말하되 주여 누구니이까 ²⁶ 예수께서 대답하시되 내가 떡 한 조각을 적셔다 주는 자가 그니라 하시고 곧 한 조각을 적셔서 가룟 시몬의 아들 유다에게 주시니 ²⁷ 조각을 받은 후 곧 사탄이 그 속에 들어간지라 이에 예수께서 유다에게 이르시되 네가 하는 일을 속히 하라 하시니 ²⁸ 이 말씀을 무슨 뜻으로 하셨는지 그 앉은 자 중에 아는 자가 없고 ²⁹ 어떤 이들은 유다가 돈궤를 맡았으므로 명절에 우리가 쓸 물건을 사라 하시는지 혹은 가난한 자들에게 무엇을 주라 하시는 줄로 생각하더라 ³⁰ 유다가 그 조각을 받고 곧 나가니 밤이러라

이 단락의 초점은 예수를 팔아넘길 가룟 유다에게 맞추어져 있다. 예수께서 유다가 자신을 배신하리라고 다시 예언하신다. 가룟 유다의 배신이 6:64, 70-71; 12:4; 13:2, 10-11, 18, 21-27에 계속 언급된다. 참고로, 예수의 이 예언이 성취되는 장면은 18:1-11에 나온다. 유다는 예수에게서 떡 한 조각을 받은 후에, 그분을 팔아넘기기 위해 그 만찬 자리를 떠난다.

18절 예수께서는 제자들을 선택하셔서 그들과 함께 떡을 먹고 동고동락하셨지만 제자 중 누가 자신을 팔아넘길 자인지 이미 알고 계셨다. '내 떡을 먹는 자가 내게 발꿈치를 들었다'는 말씀은 칠십인역 시편 41:10[9]의 인용이다.¹⁵ 어제까지 함께 떡을 나누어 먹으며 지내던 친구가 오늘에 와서 원수가 된다는 뜻이다. 여기서 '발꿈치를 들었다'는 표현은 말(馬)이 갑자기 발꿈치를 들

---

15   대괄호 [ ] 안의 숫자는 개역개정의 절수이다.

어 뒷발로 주인을 걷어차는 행동을 묘사한 것으로, 은혜를 저버렸다는 의미이다. "중동 문화에서 환대를 받고 친밀하게 떡을 나눠 먹던 사람이 그들의 주인을 배반하는 것은 무엇보다도 비난받을 만한 일이었다."[16] 예수께서는 시편을 인용하셔서 자신을 배신할 유다를 가리키시고 이 배신이 성경 예언을 성취하는 사건이라고 말씀하신다.

19절 예수께서 자신의 죽음과 유다의 배신을 미리 알려 주는 이유를 말씀하신다. 제자들의 믿음이 실족하지 않도록 하시기 위함이다. 자신이 체포되어 죽음의 길을 가게 될지라도 자신이 다윗의 자손 메시아임을 제자들로 하여금 믿게 하시려고 미리 알리신 것이다. '내가 그인 줄'은 헬라어 '에고 에이미'(ἐγώ εἰμί)의 번역이다(참조. 4:26; 8:24, 28).

20절 예수께서 이중 아멘 '진실로 진실로'의 어법을 사용하셔서 '내가 보낸 자를 영접하는 자는 나를 영접하는 것이요 나를 영접하는 자는 나를 보내신 이를 영접하는 것이니라'라고 선언하신다. 예수가 부활하신 후에 제자들의 믿음이 회복되어 예수께서 명령하신 복음 전파 사역을 수행할 때, 그들의 말을 믿는 사람들은 곧 예수의 말씀을 믿는 것이며, 예수를 믿는다는 것은 곧 예수를 보내신 하나님 아버지를 믿는 것이라는 의미이다.

21절 이 구절에서 '이 말씀'은 앞에 나오는, 유다의 배신과 예수 자신의 죽음에 대한 말씀이다. 예수께서는 유다의 배신과 곧 닥칠 자신의 죽음으로 인해 '심령이 괴로우셨다.' '괴로워'는 헬라어 '타라소'(ταράσσω) 동사로, 마음의 동요를 나타낼 때 사용된다(참조. 12:27). 그 의미는 '어려워하다', '걱정하다', '동요하다', '두려워하다'이다(참조. BDAG, 990-91). 예수께서는 자신의 죽음보다 사랑하는 제자의 배신 때문에 마음이 더욱 동요되셨던 것 같다. 그래서 이중

---

16 Kruse, 『요한복음』, 425.

아멘을 사용하여 '너희 중 하나가 나를 팔리라'라고 유다의 배신을 다시 한 번 알리신다. '나를 팔리라'('파라도세이 메', παραδώσει με)에서 동사 '파라디도미' (παραδίδωμι)는 '넘겨주다', '양도하다', '건네주다', '맡기다'(참조. BDAG, 761-63) 라는 뜻인데, 여기에서는 '팔다'라고 의역되어서 유다가 예수를 로마의 군병 들에게 넘겨줄 것을 암시한다.

22절 '너희 중 하나가 나를 팔리라'라는 예수의 말씀에 대하여 제자들이 '의 심'이라는 반응을 보인다. 제자들이 너무 당혹스러워하며 서로 의심하면서 누 가 선생님을 팔 자인지 확인하려고 한다. 마가복음에서는 이 장면을 "그들이 근심하며 하나씩 하나씩 나는 아니지요 하고 말하기 시작하니"(막 14:19)라고 묘사한다(참조. 마 26:22; 눅 22:23).

23절 '그가 사랑하시는 자'는 '혼 헤가파 호 예수스'(ὃν ἠγάπα ὁ Ἰησοῦς)의 번역 으로, '예수께서 사랑하신 자'라는 뜻이다. 요한복음에서 '예수께서 사랑하신 제자'가 이 구절에서 처음 소개된다(참조. 19:26; 20:2; 21:7, 20). '예수의 품에 의지 하여 누웠는지라'는 예수와 제자들이 같이 식사하는 자리에서 '예수께서 사 랑하신 자'가 예수의 옆에 기댄 모습을 묘사한 것이다. 유대인들은 낮은 식탁 에서 옆으로 누워 왼팔로 몸을 받치고, 오른손으로 음식을 먹는다. 따라서 오 른편에 있는 사람의 등이 옆 사람에게 향하고 머리는 옆 사람 앞에(또는 위에) 기대고 있는 모습이 된다(참조. 13:25).[17] 공동 식사는 초기 유대교의 유월절 명 절의 행사에서 의무 사항이었다.[18]

24-25절 '시몬 베드로가 머릿짓을 하여'는 예수께서 사랑하신 제자에게 베 드로가 보내는 몸짓 언어로, 예수를 팔 자가 누구인지 주께 물어보라는 표현 이다. 베드로가 예수께 직접 여쭈어 보지 못하고 예수께서 사랑하신 제자를

---

17 Carson, 『요한복음』, 875-76; Kruse, 『요한복음』, 427을 보라.
18 Beasley-Murray, *John*, 222-27을 보라.

통해서 질문을 하고 있다. 이처럼, 요한복음에서는 마태복음 또는 누가복음과 비교해 볼 때 베드로를 평가절하하여 소개하는 것처럼 보인다. 베드로의 요청을 받은 후 예수께서 사랑하신 제자가 예수의 품에 기대어 '주여 누구니이까'라고 묻는다.

26절 예수께서 그 제자에게 '내가 떡 한 조각을 적셔다 주는 자가 그니라'라고 대답하시고, '곧 한 조각을 적셔서 가룟 시몬의 아들 유다'에게 주신다. 여기서 '떡'은 헬라어 성경에 없는 단어가 추가로 번역된 것이다. '한 조각'의 헬라어 '프소미온'(ψωμίον)은 '조각' 또는 '작은 양'을 의미하기에, 그것이 떡인지 쓴 나물인지 아니면 양고기인지는 알 수가 없다(참조. BDAG, 1100). 예수께서 건네주시는 '조각'은 예수를 팔 제자가 누구인지를 알려 주는 암호이며 증거물이다(참조. 26[2회], 27, 30절). 예수께서 곧바로 유다에게 떡 한 조각을 건네신 것으로 보아 유다가 예수와 가까운 곳에 앉아 있었음을 알 수 있다. 식사 자리에서 떡 한 조각을 적셔다 주는 것은 당시에 집주인이 손님에게 특별한 사랑과 경의를 표하는 풍습이었다.[19] 예수께서 유다가 자신을 배신할 것을 아시면서도 이렇게 행하신 것은 마지막까지 유다를 사랑하셨음을 나타내 준다.

27절 저자가 예수께서 주시는 조각을 유다가 받은 후에 곧 사탄이 그 속에 들어갔다고 설명한다. 이는 2절에서 가룟 유다를 소개하면서 '마귀가 벌써 시몬의 아들 가룟 유다의 마음에 예수를 팔려는 생각을 넣었더라'라는 저자의 설명을 보충해 준다. 예수께서는 유다가 할 일을 이미 아시고 그에게 '네가 하는 일을 속히 하라'라고 하신다. 유다가 '하는 일'은 곧 예수를 넘겨주는 일이다.

28-29절 예수께서 그 사랑하신 제자만 알 수 있도록 대답하시고 행동하셨기에 다른 제자들은 예수께서 유다에게 하신 말의 의미를 잘 몰랐다. 즉 가룟 유

---

19 Köstenberger, *John*, 416; Michaels, *John*, 752을 참조하라.

다가 예수를 팔 자인 줄은 전혀 알지 못했다. 그래서 그 말씀을 두 가지로 오해했는데, 하나는 유월절이 다가오니 명절에 쓸 물건을 사서 준비하라는 뜻으로, 다른 하나는 가난한 자들에게 구제하라는 뜻으로 받아들였다. '유다가 돈궤를 맡았으므로' 그의 직분과 관련하여 오해가 생긴 것이다. 유다는 제자들의 공동체에서 재정을 담당하고 있었다.

30절 저자가 가룟 유다가 예수께서 주신 조각을 받고 곧 나가니 '밤'이었다고 기술한다. 유다가 밤에 나갔다는 것은 그가 영적으로 암흑 상태였음을 상징적으로 암시한다(참조. 3:2; 19:39).

설교자를 위한 적용(13:18-30)

●● 유다가 예수를 배반했다는 사실은 신학적으로 이해하기 어려운 주제이다. 유다는 예수께서 선택하신 제자였으며, 예수께서는 유다가 어떤 일을 행할지 이미 알고 계셨다. 게다가 유다의 그 배반 행위를 두고 그 속에 마귀가 들어갔기 때문이라고 설명한 부분도 이해하기 어렵다. 마치 단독 범행이 아니라 어떤 점에서는 주범이 교사한, 종속된 배신자처럼 보이기에 더욱 그러하다. 하지만 가룟 유다를 통해서 인간의 배신이라는 주제를 심각하게 생각해 볼 필요가 있다. 무한한 신뢰를 무참히 밟아 버리고 배신하는 동기가 무엇인지 깊이 헤아려 볼 필요가 있다.

예수의 세족 사건 속에 등장하는 가룟 유다와 마귀는 그리스도인들이 마음을 쉽게 빼앗기지 않도록 조심해야 한다고 가르친다. 유다가 예수를 넘겨주었던 것은 자신의 의도도 포함되어 있겠지만 더 큰 이유는 마귀가 유다의 마음을 빼앗았기 때문이었다. 저자는 이러한 상황을 분명하게 묘사하면서 유다의 배신을 반복해서 언급한다. 유다는 예수와 아주 가깝게 지낸 사이였다. 곁에서 예수의 일상을 보았고, 그분의 교훈을 들었지만 결국 유다는 예수를 배반한다. 이는 말씀을 읽고 묵상하며 연구하는 그리스도인이라도 유다처럼 예수를 배반할 가능성이 있다는 사실을 부인할 수 없게 만든다. ●●

17. 예수의 고별 설교(13:31-16:33)

예수의 유언과도 같은 고별 설교는 14장이 아닌, 13:31부터 시작된다. 그러므로 13:31-38을 고별 설교의 서론으로 볼 수 있다. 이 단락에서는 새 계명을 언급하고, 예수의 떠나심과 제자들이 지금은 예수께서 떠나는 그곳으로 갈 수 없다는 내용을 다룬다.[20] 고별 설교의 본론은 14:1-16:33이다. 전체 고별 설교(The Farewell Speech)는 다락방 강화(The Upper Room Discourse), 고별 강화(The Farewell Discourse), 예수의 유언(The Testament of Jesus) 등으로 다양하게 불린다. 고별 설교는 전체적으로 네 부분으로 나뉜다. 첫째, 고별 설교의 서론(13:31-38), 둘째, 제자들을 위로하시는 예수(14:1-31), 셋째, 제자들의 믿음을 격려하시고 핍박을 예고하신 예수(15:1-16:4a), 넷째, 제자들에게 보혜사 성령을 보내기로 약속하신 예수(16:4b-33)이다. 본론의 마지막 구절인 16:33("이것을 너희에게 이르는 것은 너희로 내 안에서 평안을 누리게 하려 함이라 세상에서는 너희가 환난을 당하나 담대하라 내가 세상을 이기었노라")에서 설교의 끝맺음을 찾아볼 수 있다. 참고로, 17장에 나오는 제자들을 위한 예수의 기도는 설교는 아니지만 전체 고별 설교의 결론에 해당한다고 이해할 수 있다.

17.1. 고별 설교의 서론(13:31-38)

[31] 그가 나간 후에 예수께서 이르시되 지금 인자가 영광을 받았고 하나님도 인자로 말미암아 영광을 받으셨도다 [32] 만일 하나님이 그로 말미암아 영광을 받으셨으면 하나님도 자기로 말미암아 그에게 영광을 주시리니 곧 주시리라 [33] 작은 자들아 내가 아직 잠시 너희와 함께 있겠노라 너희가 나를 찾을 것이나 일찍이 내가 유대인들에게 너희

---

[20] '예수의 고별 설교'가 14-16장인지, 아니면 13장, 17장도 포함되는지에 대한 상세한 논의는 Segovia, *Farewell*, 59-121; Tolmie, *Jesus' Farewell*, 1-32, 105-108; Brouwer, *Literary Development*, 9-14을 참조하라. 고별 설교가 13:31-38에서 이미 시작되었다는 주장에 대해서는 조석민, '예수의 고별설교(1)', 88-119; Carson, 『요한복음』, 882-92; Beasley-Murray, *John*, 244-45을 참조하라.

는 내가 가는 곳에 올 수 없다고 말한 것과 같이 지금 너희에게도 이르노라 [34] 새 계명을 너희에게 주노니 서로 사랑하라 내가 너희를 사랑한 것 같이 너희도 서로 사랑하라 [35] 너희가 서로 사랑하면 이로써 모든 사람이 너희가 내 제자인 줄 알리라 [36] 시몬 베드로가 이르되 주여 어디로 가시나이까 예수께서 대답하시되 내가 가는 곳에 네가 지금은 따라올 수 없으나 후에는 따라오리라 [37] 베드로가 이르되 주여 내가 지금은 어찌하여 따라갈 수 없나이까 주를 위하여 내 목숨을 버리겠나이다 [38] 예수께서 대답하시되 네가 나를 위하여 네 목숨을 버리겠느냐 내가 진실로 진실로 네게 이르노니 닭 울기 전에 네가 세 번 나를 부인하리라

이 단락은 고별 설교의 서론으로, 예수께서 자신의 죽음을 영광으로 암시하면서 제자들을 위로하시고 서로 사랑하라고 명령하시는 장면이다. 예수께서 떠나가신다는 사실을 알게 되자 베드로가 자신의 각오와 결심을 밝히지만 예수께서는 오히려 그가 자신을 모른다고 부인할 것을 예언하신다.

31절 가룟 유다가 만찬 자리에서 사라진 것은 예수의 죽음의 행진이 시작되었음을 알리는 신호이다. 예수께서는 이때 고별 설교를 하려고 준비하신 것 같다. '지금 인자가 영광을 받았고 하나님도 인자로 말미암아 영광을 받으셨도다'라고 하시며 예수께서 고별 설교를 시작하신다. 여기서 '인자'는 다니엘 7:13-14과 관련이 있다. '인자가 영광을 받았고'는 예수의 죽음을 향한 고난을 뜻하는 표현이다. 예수의 십자가 죽음은 그 자체가 영광이기에 그 죽음 속에서 하나님의 영광이 드러난다는 것을 '하나님도 인자로 말미암아 영광을 받으셨도다'라고 묘사한 것이다. 요한복음에서 '영광'은 예수의 죽음과 관련이 있다.

32절 예수의 죽음과 부활은 하나님의 영광을 나타내며, 동시에 예수 그리스도의 영광을 드러낼 것이다. 이는 앞 절의 내용을 하나님의 관점에서 반복하여 기술한 것이다.

33절 예수께서 유대인들에게 '너희는 내가 가는 곳에 올 수 없다'라고 하시면서 이미 여러 차례 자신의 죽음에 대해 알렸듯이(참조. 7:33-34; 12:32-33) 이 구절에서도 제자들에게 '작은 자들아 내가 아직 잠시 너희와 함께 있겠노라'라고 말씀하시면서 자신의 죽음이 임박했음을 알리신다. 하지만 제자들은 예수의 죽음을 전혀 이해하지 못한다. 예수를 거부했던 유대인들은 그들의 죄 가운데서 죽을 것이다(참조. 8:21).

34-35절 예수께서 제자들에게 '서로 사랑하라 내가 너희를 사랑한 것 같이 너희도 서로 사랑하라'라고 새 계명을 주신다. '서로 사랑하라'는 새 계명은 14절의 '서로 발을 씻어 주라'는 명령에서 구체적인 적용과 함께 이미 말씀하신 것으로 이해할 수 있다. 새 계명의 근거는 '내가 너희를 사랑한 것 같이'이다. 우리를 사랑하셔서 세상에 오신 예수의 사랑을 본받아 우리도 사랑을 실천하라고 명령하신다. 이 계명을 실천할 때 이로써 모든 사람이 우리가 예수의 제자인 줄을 알게 될 것이라고 교훈하신다. 이 실천적 교훈을 지키지 않는 자는 예수의 제자가 아니다.

36절 시몬 베드로가 예수께서 떠나신다는 말씀을 듣고 '주여 어디로 가시나이까'라고 질문하자 예수께서 '내가 가는 곳에 네가 지금은 따라올 수 없으나 후에는 따라오리라'라고 대답하신다. 예수는 십자가에서의 고난과 죽음을 통해서 아버지께로 나아가지만 베드로는 아직 그러한 혹독한 고난을 감당할 수 없기에 나중에 따라오게 될 것이라는 의미이다. 예수께서 자신의 죽음과 베드로의 죽음에 대해 암시하신다(참조. 21:18-19).

37절 베드로가 예수의 말씀을 알아듣지 못하고, '주여 내가 지금은 어찌하여 따라갈 수 없나이까'라고 다시 질문한다. 그리고 예수의 죽음에 대해 제대로 이해하지 못하는 상황에서 '주를 위하여 내 목숨을 버리겠나이다'라고 각오를 밝힌다. 당시 제자들의 열성을 엿볼 수 있는 발언이다. 이는 도마의 말과 비슷한 성격을 띤다(참조. 11:16). 하지만 열성만 가지고는 예수를 따라갈 수 없다.

38절 예수께서 '네가 나를 위하여 네 목숨을 버리겠느냐'라고 질문하시며, 베드로의 배신에 대해 구체적으로 예언하신다. "닭 울기 전에 네가 세 번 나를 부인하리라." 유다가 만찬 자리를 밤에 떠났는데, 그 밤이 지나가기 전에 베드로가 예수를 부인할 것이라고 예언하신 것이다. 이 예언이 18:17, 25, 26-27에서 정확하게 성취된다.

설교자를 위한 적용(13:31-38)

●● 제자들이 예수의 십자가 고난과 죽음을 이해하지 못하고 염려하며 당황스러워하고 있을 때 예수께서 '서로 사랑하라'는 새 계명을 주신다. 어느 한쪽의 일방적인 사랑은 집착으로 변질되어 상대를 오히려 괴롭게 할 수도 있다. 서로 사랑하라는 계명은 상대방을 헤아리고 배려하려는 마음에서 출발해야 한다. 인간은 연약하기에 서로 사랑하지 않으면 오래 사랑하기가 어렵다. 예수께서는 제자들이 배신할 것을 이미 알고 계시면서도 그들을 끝까지 사랑하셨지만, 우리는 그런 사랑을 흉내 낼 수도 없다. 유다가 자신을 팔 것을 알고 계셨고, 베드로가 자신을 모른다고 부인할 것도 알고 계셨지만 예수께서는 그들을 품에 안으시고 죽음을 향해 걸어가셨다.

예수께서 주신 새 계명은 사실 우리가 지키기에는 너무나 벅차고 힘겨운 명령이다. 예수께서는 우리를 사랑하시되 십자가에 매달려 죽기까지 사랑하셨으며, 그 사랑에는 자기희생이 뒤따른다는 모범을 보이셨다. 우리는 예수의 고난과 죽음 속에 담긴 사랑을 본받아 서로 사랑하라고 하신 명령을 실천해야 한다. 그 실천은 자기를 희생할 각오가 전제되어야 한다. 그리고 가족과 믿음의 공동체, 그리고 지역사회를 넘어 온 세상을 향해 사랑을 베풀어야 한다. 우리가 그 사랑을 구체적으로 실천할 때 세상 사람들은 우리가 예수의 제자인 줄 알게 될 것이다. ●●

17.2. 제자들을 위로하시는 예수(14:1-31)

이 단락은 크게 세 단락으로 나뉜다. A단락에서는 헬라어 동사 '믿다'('피스튜오', πιστεύω)의 명령형이 1절에 처음 나온 후, 14절까지 연속적으로 세 번이 더 나온다(10, 11, 12절). B단락에서는 '사랑하다'('아가파오', ἀγαπάω)라는 헬라어 동사가 15절에 처음 나오고, 21, 23, 24절에 연속적으로 등장한다. A′ 단락에서는 A단락과 비슷한 주제들이 반복된다.[21] A단락의 1a절과 A′ 단락의 27b절에는 '너희는 마음에 근심하지 말라'('메 타라스세스또 휘몬 헤 카르디아', μὴ ταρασσέσθω ὑμῶν ἡ καρδία)라는 표현이 동일하게 나온다. 또한 A단락과 A′ 단락의 주제 모두 '예수의 떠나심과 제자들을 위로하심'이다. 그러므로 이 단락은 B단락을 중심축으로 해서 아래와 같이 대칭 구조(chiastic structure)를 이룬다.[22]

    A 예수의 떠나심과 제자들을 위로하심(1-14절)
        B 사랑과 믿음의 열매(15-24절)
    A′ 예수의 떠나심과 제자들을 위로하심(25-31절)

저자는 이러한 대칭 구조를 통해서 예수의 떠나심과 제자들을 위로하시는 모습을 강조한다. 예수의 떠나심에 대한 내용이 이미 13:31-38에 잠깐 나왔는데 14장에서는 더욱 자세하게 설명된다.

17.2.1. 예수의 떠나심과 제자들을 위로하심(14:1-14)

[1] 너희는 마음에 근심하지 말라 하나님을 믿으니 또 나를 믿으라 [2] 내 아버지 집에 거할 곳이 많도다 그렇지 않으면 너희에게 일렀으리라 내가 너희를 위하여 거처를 예비

---

21   Moloney, *John*, 391-92을 참조하라.
22   이 문학 구조와 유사한 분석을 Tolmie, *Jesus' Farewell*, 29-30; Moloney, *John*, 391-93에서 확인하라. 14장의 대칭 구조(chiastic structure)와 관련해서는 Brouwer, *Literary Development*, 2-6, 30-45을 참조하라.

하러 가노니 ³ 가서 너희를 위하여 거처를 예비하면 내가 다시 와서 너희를 내게로 영접하여 나 있는 곳에 너희도 있게 하리라 ⁴ 내가 어디로 가는지 그 길을 너희가 아느니라 ⁵ 도마가 이르되 주여 주께서 어디로 가시는지 우리가 알지 못하거늘 그 길을 어찌 알겠사옵나이까 ⁶ 예수께서 이르시되 내가 곧 길이요 진리요 생명이니 나로 말미암지 않고는 아버지께로 올 자가 없느니라 ⁷ 너희가 나를 알았더라면 내 아버지도 알았으리로다 이제부터는 너희가 그를 알았고 또 보았느니라 ⁸ 빌립이 이르되 주여 아버지를 우리에게 보여 주옵소서 그리하면 족하겠나이다 ⁹ 예수께서 이르시되 빌립아 내가 이렇게 오래 너희와 함께 있으되 네가 나를 알지 못하느냐 나를 본 자는 아버지를 보았거늘 어찌하여 아버지를 보이라 하느냐 ¹⁰ 내가 아버지 안에 거하고 아버지는 내 안에 계신 것을 네가 믿지 아니하느냐 내가 너희에게 이르는 말은 스스로 하는 것이 아니라 아버지께서 내 안에 계셔서 그의 일을 하시는 것이라 ¹¹ 내가 아버지 안에 거하고 아버지께서 내 안에 계심을 믿으라 그렇지 못하겠거든 행하는 그 일로 말미암아 나를 믿으라 ¹² 내가 진실로 진실로 너희에게 이르노니 나를 믿는 자는 내가 하는 일을 그도 할 것이요 또한 그보다 큰 일도 하리니 이는 내가 아버지께로 감이라 ¹³ 너희가 내 이름으로 무엇을 구하든지 내가 행하리니 이는 아버지로 하여금 아들로 말미암아 영광을 받으시게 하려 함이라 ¹⁴ 내 이름으로 무엇이든지 내게 구하면 내가 행하리라

이 단락에서는 근심하며 걱정하는 제자들을 위로하시는 예수의 모습에 초점을 맞춘다. 예수는 제자들에게 믿음을 권면하시면서 자신의 정체를 길이요 진리요 생명이라고 다시 알리신 후 자신의 이름으로 무엇을 구하면 다 시행하겠다고 약속해 주신다.

1절 예수께서 고별 설교의 본론에서 첫마디로 '너희는 마음에 근심하지 말라'라고 당부하신다. 이 당부가 14장 끝부분에서 '너희는 마음에 근심하지도 말고 두려워하지도 말라'(27b절)라고 반복된다. '근심하다'로 번역된 헬라어 동사 '타라쏘'(ταράσσω)는 '어려워하다', '걱정하다', '동요하다', '두려워하다'라는 뜻으로, 제자들의 마음의 동요를 표현해 준다(참조. 5:7; 11:33; 12:27; 13:21;

14:1, 27; BDAG, 990-91). '근심'이라는 주제가 고별 설교 전체에 흐르고 있다. 15:18-20에서는 제자들의 근심을 간접적으로 묘사하며, 16:6, 20에서도 근심을 다룬다. 그러므로 이 주제는 예수께서 고별 설교를 하시게 된 동기라고 볼 수 있다.

근심하며 걱정하는 제자들을 향하여 예수께서 하신 말씀, '하나님을 믿으니 또 나를 믿으라'(πιστεύετε εἰς τὸν θεὸν καὶ εἰς ἐμὲ πιστεύετε)는 세 가지로 번역할 수 있다. (1) 두 개의 '피스튜에테'(πιστεύετε)를 모두 직설법으로 이해한 번역이다. "너희는 하나님을 믿고 있다. 그리고 나를 믿고 있다." 하지만 이 번역은 당시 제자들의 심리 상태와 상황에 어울리지 않는다. (2) 처음 '피스튜에테'는 직설법으로, 나중의 것은 명령법으로 이해한 번역이다(Brown). "너희는 하나님을 믿고 있다. 그리고 나를 믿어라!" 이 번역 역시 제자들의 불안한 심리 상태와 동떨어져 있다. (3) '피스튜에테'를 모두 명령법으로 이해한 번역이다(Carson, Beasley-Murray). "하나님을 믿어라. 그리고 나를 믿어라!" 문맥과 정황상 가장 적절한 번역이다.[23]

예수께서 근심하지 말아야 할 이유로 '믿음'을 언급하신다. 요한복음에서는 '믿음'('피스튜오', πιστεύω)이 명사가 아닌 동사로 사용되거나, 동사를 명사화한 형태로 사용된다(참조. 1:12).[24] 고별 설교에서만 이 동사가 10회 사용되고 있다(참조. 14:1[2회], 10, 11, 12, 29; 16:9, 27, 30, 31).[25]

2절 '내 아버지 집에 거할 곳이 많도다'에서 '집'('오이키아', οἰκία)은 사람이 거주하는 공간을 말한다(참조. 11:31; 12:3). 하지만 이것을 근거로 해서 하늘에 있는 대궐 같은 집이나 대저택들을 상상해서는 안 된다.[26] '내 아버지 집'('오이키

---

23 Brown, 『요한복음, II』, 1235; Carson, 『요한복음』, 903; Beasley-Murray, *John*, 249을 보라.
24 영어의 '믿음'(faith)에 해당하는 헬라어 명사 '피스티스'(πίστις)는 공관복음과 로마서에서 주로 사용된다.
25 15장에서는 '피스튜오'(πιστεύω) 대신에 동사 '메노'(μένω)가 믿음을 나타낸다. '메노'는 '거하다', '머물다', '살다', '거주하다'라는 뜻으로, 14장에서 3회(14:10, 17, 25), 15장에서 11회(15:4[3회], 5, 6, 7[2회], 9, 10[2회], 16) 사용된다.
26 Burge, 『요한복음』, 503을 보라.

아 투 파트로스 무', οἰκίᾳ τοῦ πατρός μου)이란 구체적인 어떤 장소가 아니라 상징적인 의미에서 하나님이 계신 장소를 가리킨다. 구약성경에서 하나님이 계신 장소는 성전이었다. 예수께서는 2:16에서 예루살렘 성전을 '내 아버지의 집'이라고 표현하셨다. 하지만 신약성경에서 하나님은 성전인 신자들의 몸에 거하신다(참조. "너희는 너희가 하나님의 성전인 것과 하나님의 성령이 너희 안에 계시는 것을 알지 못하느냐 누구든지 하나님의 성전을 더럽히면 하나님이 그 사람을 멸하시리라 하나님의 성전은 거룩하니 너희도 그러하니라"[고전 3:16-17]; "너희 몸은 너희가 하나님께로부터 받은 바 너희 가운데 계신 성령의 전인 줄을 알지 못하느냐 너희는 너희 자신의 것이 아니라 값으로 산 것이 되었으니 그런즉 너희 몸으로 하나님께 영광을 돌리라"[고전 6:19-20]). '몸'은 신자들의 교회 공동체를 비유한 표현이다.

'거할 곳'은 헬라어 '모네'(μονή, '방', '집')의 번역으로, 이 단어는 칠십인역에서는 사용되지 않고, 신약성경에서는 오직 요한복음에만 두 번 나온다(참조. 14:2, 23; BDAG, 658). 이 단어는 15장에 자주 나오는 헬라어 동사 '메노'(μένω, '거주하다', '머물다')와 연관이 있다(참조. BDAG, 630-31).[27] '거처'의 헬라어 '토포스'(τόπος)는 '어떤 장소', '거주 공간', '지역', '집', '건축물' 등 다양한 뜻이 있다(참조. BDAG, 1011-12). 그렇다고 '거처를 예비하러 가노니'를 어떤 장소가 없어서 준비하러 간다는 뜻으로 이해하면 안 된다. 예수는 자신의 죽음과 부활을, 미래에 제자들을 다시 만나기 위하여 장소를 준비하시는 것으로 비유하여 표현하신 것이다. 예수께서 제자들을 떠나 십자가의 죽음을 향하여 '가시는 행위' 그 자체가 장소를 준비하는 상징적인 행동이라는 뜻이다.[28]

3절 '거처'는 2절과 마찬가지로 '토포스'(τόπος)를 번역한 것이다. 이 단락에서 장소를 나타내는 단어들은 모두 비유적인 표현으로, 하나님이 거하시는 장소나 하나님과 함께 신자들이 거주하는 공동체를 가리킨다. 장소를 가리키는

---

27 요한복음에서 '메노' 동사를 사용한 것은 믿음의 정적인 측면보다는 동적인 속성을 더 강조하기 위함이다. 즉 예수와 함께 살아가는 것, 함께 머물며 같이 가는 것을 암시하는 표현이다. 조석민, '요한복음의 믿음', 27-39를 참조하라.

28 Carson, 『요한복음』, 906-907을 참조하라.

단어들과 함께 예수께서 '다시 올 것'이라고 말씀하신 것은 일반적으로 예수의 재림을 암시한다(참조. 14:18, 23). 하지만 이 문맥에서는 일차적으로 부활 후 제자들에게 다시 오실 것이라는 뜻이다. 이 상황이 20:19-29에서 성취된다.

    예수께서 거처를 예비하신 후 다시 오시리라는 표현은 예수께서 이루실 구속사의 한 과정으로서, 종말론적인 사건을 나타낸다. 이는 예수께서 십자가 죽음 이후에 부활하셔서 제자들에게 다시 돌아오신다는 뜻이다. 고별 설교에서 예수는 자신이 제자들을 떠나 십자가에서 죽으시고 장사된 후에 부활하셔서 그들에게 다시 올 것이라는 사상을 반복하여 교훈하신다. 요한복음에 나오는, 하늘로부터 세상에 오신 예수가 다시 하늘로 돌아가신다는 사상은 그분의 고난과 죽음을 암시한다(참조. 3:13-14, 31; 8:21-30; 12:27-36). 저자 요한은 예수의 수난과 영광스러운 부활과 승천까지의 전 과정을 통하여 신자들이 누릴 하나님 나라의 삶이란 하나님과 함께 영원히 사는 것이라고 밝힌다.

4-5절 '내가 어디로 가는지 그 길을 너희가 아느니라'라는 말씀은, 예수께서 아버지께로 돌아갈 것이고, 십자가에 못 박히시는 고난과 수치의 길을 걸으시며, 부활의 영광을 통해 그 길이 열려 있다는 사실을 알아야 한다는 뜻이다. 하지만 제자들은 예수의 떠나심을 오해한다. 도마가 예수께 '주여 주께서 어디로 가시는지 우리가 알지 못하거늘 그 길을 어찌 알겠사옵나이까'라고 질문한다. 도마가 충성스럽기는 하지만 지혜롭지 못한 제자임을 나타내는 질문이다. 하지만 도마의 오해 또는 몰이해(misunderstanding)로 말미암아 독자들은 오히려 진리의 말씀을 듣게 된다. 도마는 11:16에서도 예수께서 병들어 죽은 나사로를 살리러 가신다는 말을 오해하여 '우리도 주와 함께 죽으러 가자'라고 말한 적이 있었다. 이후에 도마는 부활하신 예수께 '나의 주님이시요 나의 하나님이시니이다'(20:28)라고 명시적으로 자신의 신앙을 고백한다.

6절 도마의 질문에 예수께서 '내가 곧 길이요 진리요 생명이니 나로 말미암지 않고는 아버지께로 올 자가 없느니라'라고 자신의 정체를 밝히신다. 예수는 자신이 하나님께로 가는 유일한 길이고, 진리 자체이며, 그 길에 영원한 생명이 있다고 선언하신다. 이 선언이야말로 요한복음의 핵심 사상이라고 할 수 있다. 예수가 하나님께로 가는 유일한 길이시다. 믿는 자들은 예수 그리스도의 죽음과 부활을 통해서 하나님 아버지께로 갈 수 있으며, 모든 신자가 그런 죽음과 부활을 경험할 것이다. 예수는 진리와 생명의 원천으로서 하나님께 이르는 유일한 수단과 방법이시다.

7절 예수께서 자신과 하나님 아버지가 동일하다는 것을 간접적으로 선언하신다. 이 선언에는 제자들을 향한 질책이 포함되어 있다(참조. 14:9). 제자들이 아직도 예수를 알지 못하고 있다는 것이다. 그래서 하나님도 알지 못한다고 하신다. 예수와 하나님이 하나라는 사상은 요한복음의 핵심적인 신학 사상이다.[29] 예수를 만난 사람은 곧 하나님을 경험하고 만난 사람이다.

8-9절 빌립이 예수의 말씀을 이해하지 못하고 아버지를 보여 달라고 요청한다. 저자는 빌립을 통해서 제자들이 예수도, 아버지도 잘 알지 못했다는 정보를 간접적으로 제시한다. 이 요청은 예수께서 말씀하신 내용에 대한 논증을 전개하는 데 도움을 준다. 빌립의 요청에 예수께서 자신을 본 자는 아버지를 보았다고 선언하신다. 이 선언 역시 요한복음에서 강조하는 일관된 신학 사상이다(참조. 10:30). 예수를 보는 것이 어떻게 아버지 하나님을 보는 것인가? 아버지가 예수 안에, 예수가 아버지 안에 계시기 때문이며, 예수께서 하나님 아버지의 일을 대행하고 있으시기 때문이다(참조. 13:20).

10절 '나를 본 사람은 아버지를 보았다'는 말씀을 예수께서 풀어서 설명해 주신다. '내가 아버지 안에 거하고 아버지는 내 안에 계신 것을 네가 믿지 아니하느냐'라고 빌립에게 하신 질문은 빌립에게 더 큰 믿음을 가지라고 촉구하신 것이다. 예수께서는 '자신과 아버지가 하나이다'라는 사상을 반복하여

---

29 Appold, *Oneness Motif*, 18-47을 참조하라.

설명하시면서 아버지 하나님과 아들 예수가 하나로 연합되어 있음을 밝히신다. 아버지와 아들의 관계는 17장에서 신자들과 예수, 또한 하나님과 하나 될 것과 신자들끼리 서로 하나가 되기를 바라시는 예수의 기도 속에서 다시 한번 자세히 설명된다.

11절 예수께서 제자들에게 자신이 지금까지 '행하는 그 일'을 보고 믿으라고 권면하신다. 이는 이 복음서에 기록된 표적 사건들을 가리킨다. 예수께서는 그동안 행하신 일들이 홀로 하신 일이 아니라, 아버지께서 함께하신 일임을 강조하신다. 아버지는 아들 안에 계시고 아들은 아버지 안에 계신다.

12절 '내가 하는 일' 역시 기적 사건들을 가리킨다. 예수를 믿는 사람은 '그보다 큰 일'(참조. 1:50)을 할 것인데, 이는 예수를 믿고 따르는 자들이 능력 있는 일들을 할 것이라는 뜻이다. 예수의 부활 이후 초대 교회 시대에는 사도들과 신자들에게 기적을 행하는 능력이 있었으며, 또한 그런 능력이 후대에 귀신축출의 능력으로 어느 정도 지속되었던 것처럼 보인다(참조. 행 5:12; 16:18; 10:46; 19:6; 막 16:17-18). 저자는 사도들과 신자들이 행한 기적들을 확실히 인정하기는 했지만, 기적적인 '일'을 주로 하나님의 능력과 특성이 나타나는 다양한 모습으로 이해한 것 같다.

13-14절 '너희가 내 이름으로 무엇을 구하든지 내가 행하리니'라는 약속은 일반적으로 기도에 대한 응답으로 해석할 수 있다. 나아가, '그보다 큰 일'과 연결해서 생각하면 그리스도인들이 모든 일을 예수의 이름으로 행해야 한다는 뜻이다. 그래야 아버지 하나님께서 아들을 통하여 영광을 받으신다는 사실을 '이는 아버지로 하여금 아들로 말미암아 영광을 받으시게 하려 함이라'라는 구절이 뒷받침해 준다. 그렇다면 모든 일이란 기적적인 어떤 일뿐만 아니라, 섬김으로 표현되는 사랑의 행위들도 모두 포함될 수 있다.

기도 응답과 함께 나오는 '내 이름으로'('엔 토 오노마티 무', $\dot{\epsilon}\nu$ τῷ ὀνόματί μου)라는 표현은 13, 14절뿐 아니라 고별 설교에서 계속 사용된다(참조. 15:16; 16:23).

'내 이름으로 구하는 것'은 요한일서 5:14의 '그의 뜻대로 무엇을 구하면'에서 해석적인 도움을 얻을 수 있다. 즉 '내 이름으로' 구하는 것은 '그의 뜻대로' 구하는 것으로, 이름 자체에 대한 어떤 주술적인 힘을 나타내는 표현이 아니다. 여기서 '이름'은 영광 가운데 계시는 예수 그리스도 자신, 그리고 사람들의 생활을 변화시키는 그분의 힘을 상징한다. 14절은 앞 절과 동일한 사상이기에 어떤 사본에는 생략되어 있다.[30]

설교자를 위한 적용(14:1-14)

●● 예수께서 이 세상에 오신 이유는 사람들을 진리의 길로 인도하여 생명을 얻게 하시기 위함이다. 이 일을 완성하기 위해서는 고난과 죽음을 겪은 후 부활을 통해서 다시 아버지께로 돌아가셔야 한다. 하지만 제자들은 예수의 고난과 십자가에서의 죽음, 그리고 부활에 대하여 무지했고 관심도 전혀 없었다. 도마의 질문을 통해서 제자들의 어리석음이 잘 표현되고 있다. 오늘날에도 많은 사람이 왜 예수께서 이 세상에 오셔서 십자가에서 죽으시고 부활하셔서 승천하셨는지 여전히 이해하지 못한다. 그리스도인 가운데 적지 않은 사람들이 예수를 이 세상에서 누릴 행복의 수단으로, 또는 안락한 삶을 위한 하나의 도구로 여긴다. 예수께서 고별 설교에서 분명히 밝히셨듯이, 우리는 예수께서 이 세상에 오신 목적을 명심해야 한다.

그리고 예수께서 자신의 죽음과 부활을 암시하시면서 자신이 아버지께로 갔다가 다시 오겠다고 약속하신 말씀을 기억해야 한다. 현대 그리스도인들은 종말에 있을 예수의 재림을 진정으로 소망하고 있는가? 더욱이 예수의 부활을 정말로 믿고 있는가? 사람들은 다가올 세상이 아니라 현재의 세상에 더욱 큰 관심을 둔다. 삶이 윤택하고 편리해졌기에 이대로 안주하기를 원한다. 그리스도인들도 예외는 아니다. 하지만 예수의 고별 설교를 다시 한 번 묵상함

---

30 생략 이유는 아마도 13절과 같은 내용이라 없어도 될 말씀처럼 보였기 때문일 것이며, 16:26과의 모순을 극복하려는 의도일 수도 있다.

으로써 그분의 부활과 재림을 분명히 믿고 소망하며 살아가야 한다.

예수는 하나님과 동일본체(同一本體)이시다. 이 세상의 역사 속에 오신 예수는 성인군자 가운데 한 사람이 아니라 바로 하나님 자신이시다. 예수가 사람이면서 동시에 하나님이라는 이 신비는 인간의 이성으로는 이해할 수 없고 오직 믿음으로만 깨달을 수 있다. 예수를 인간으로만 묘사하려는 현대의 신학 사상은 분명히 잘못된 사상이다.

예수께서는 우리가 예수의 이름으로 구하는 것은 다 이루어 주겠다고 약속하셨다. 기도는 하나님의 뜻대로 구하는 것이며, 그분의 뜻을 깨달아 나를 변화시키는 것이다. 예수의 이름을 주술적으로 사용하거나 어떤 목적을 이루기 위한 주문처럼 사용해서는 안 된다. 기도를 통해서 하나님을 움직이려고 할 것이 아니라 내 뜻을 그분의 뜻에 맞추어 바꾸려고 노력해야 한다. 하나님의 뜻대로 드리는 기도가 응답된다는 약속은 우리의 기도가 그분의 뜻을 끊임없이 찾는 것이어야 함을 가르친다. 그렇지 않다면 우리의 기도는 '예수의 이름'으로 끝마칠지라도 응답은 되지 않을 것이다. ●●

17.2.2. 사랑과 믿음의 열매(14:15-24)

[15] 너희가 나를 사랑하면 나의 계명을 지키리라 [16] 내가 아버지께 구하겠으니 그가 또 다른 보혜사를 너희에게 주사 영원토록 너희와 함께 있게 하리니 [17] 그는 진리의 영이라 세상은 능히 그를 받지 못하나니 이는 그를 보지도 못하고 알지도 못함이라 그러나 너희는 그를 아나니 그는 너희와 함께 거하심이요 또 너희 속에 계시겠음이라 [18] 내가 너희를 고아와 같이 버려두지 아니하고 너희에게로 오리라 [19] 조금 있으면 세상은 다시 나를 보지 못할 것이로되 너희는 나를 보리니 이는 내가 살아 있고 너희도 살아 있겠음이라 [20] 그 날에는 내가 아버지 안에, 너희가 내 안에, 내가 너희 안에 있는 것을 너희가 알리라 [21] 나의 계명을 지키는 자라야 나를 사랑하는 자니 나를 사랑하는 자는 내 아버지께 사랑을 받을 것이요 나도 그를 사랑하여 그에게 나를 나타내리라 [22] 가룟인 아닌 유다가 이르되 주여 어찌하여 자기를 우리에게는 나타내시고 세상에는 아니하려 하시나이까 [23] 예수께서 대답하여 이르시되 사람이 나를 사랑하면 내 말을

지키리니 내 아버지께서 그를 사랑하실 것이요 우리가 그에게 가서 거처를 그와 함께 하리라 ²⁴ 나를 사랑하지 아니하는 자는 내 말을 지키지 아니하나니 너희가 듣는 말은 내 말이 아니요 나를 보내신 아버지의 말씀이니라

이 단락은 예수께서 보혜사 성령을 보내 주겠다고 약속하시는 내용으로, 예수께서는 먼저 예수 자신을 사랑해야 한다고 강력하게 요구하신다. 그 사랑은 단순히 말이 아니라 행동으로 표현되어야 한다고 교훈하신다. 사랑이 일종의 느낌이나 감정으로만 되는 것이 아님을 암시한다.

15절 '너희가 나를 사랑하면 나의 계명을 지키리라'는 조건문으로, 헬라어 문장은 '만일'('에안', ἐάν)로 시작한다. '지키리라'는 '테레오'(τηρέω)동사의 번역으로, 이 문장에서는 가정법 미래형 '테레세테'(τηρήσετε)가 사용되었다. '테레오'(τηρέω) 동사는 '끝내다', '마치다', '완성하다'라는 뜻이다. 만일 예수를 사랑한다면 그가 명령하신 '서로 사랑하라'라는 계명을 지킬 것이다(참조. BDAG, 1002; 2:10; 9:16; 14:21; 17:12, 15).

16절 '내가 아버지께 구하겠으니'는 예수께서 직접 하나님 아버지께 간구하시겠다는 뜻이다. 그 간구의 내용이 '알론 파라클레톤'(ἄλλον παράκλητον)인데, 개역개정은 '다른 보혜사'로 번역하였다. 이 구절에서 '보혜사'라는 단어가 요한복음 내에서 처음 등장한다. '보혜사'의 '파라클레토스'(παράκλητος)는 사전적으로, 다른 사람을 대신하는 인격체로서 조정, 변호, 중재, 상담, 보조의 역할을 하는 존재를 일컫는다(참조. BDAG, 766).[31] 이 단어는 신약성경 가운데 오직 요한복음과 요한일서에만 등장한다(참조. 14:16, 26; 15:26; 16:7; 요일 2:2). 문맥속에서 '다른'('알로스', ἄλλος)의 의미를 고려할 때(참조. BDAG, 46-47), 예수의 직능과 보혜사의 직능 사이에 매우 강력한 연속성이 제시되고 있음을 알 수 있

---

[31] 영어 성경에서는 'Advocate'가 일반적이다(참조. NRSV, REB, NAB). 일본어 성경에서는 '변호사'로 번역되었다.

다.³² '다른 보혜사'가 오기 전까지는 예수가 제자들에게 '보혜사'이시다(참조. 요일 2:1). 예수께서 약속하신 '보혜사'에 대한 추가적인 설명이 17절에 나오는데 '진리의 영'('토 프뉴마 테스 알레떼이아스', τὸ πνεῦμα τῆς ἀληθείας)이라고 소개된다(참조. 15:26; 16:13).³³ 진리 자체이신 보혜사의 정체성을 드러내는 설명이다.³⁴ 예수께서는 이미 자신이 곧 '진리'('헤 알레데이아', ἡ ἀλήθεια, 6절)라고 밝히셨다 (참조. 요일 4:6; 5:6). 그런데 예수가 아버지께 간구하여 보내 주실 다른 보혜사 역시 '진리의 영'이시다. 보혜사 성령은 아들의 요구로 아버지께서 보내 주시는 것으로, 예수와 동일하게 '진리'이시다.³⁵ 예수와 보혜사 성령의 정체성이 모두 '진리'로 표현되었다면 둘 사이에 매우 강력한 연결 고리가 있음이 분명하다(참조. 14:26; 15:26; 16:7).

17절 예수께서 보내 주실 보혜사 성령과 세상과의 관계가 언급된다. '세상' ('코스모스', κόσμος)은 피조물의 총체라기보다는 인간 세계와 인간사를 의미한다.³⁶ 요한복음에서는 세상이 예수와 예수의 제자들을 미워한다고 설명한다. 하지만 그 세상이 예수의 구원 사역의 장소이며 동시에 구원의 대상이기도

---

32   '알로스'(ἄλλος)는 동종(同種)의 다른 것을 말하며, 헬라어에서 이종(異種)의 다른 것을 뜻할 때는 '헤테로스'(ἕτερος)를 사용한다. BDAG, 399-400을 보라.
33   보혜사 성령에 대한 언급이 14:16, 26 외에 15:26, 16:7에도 나온다. 이 부분들을 종합하여 요약하면, 첫째, 보혜사는 예수가 떠나가신 후에야 오신다. 둘째, 보혜사는 제자들과 함께 머물러 계시며 제자들을 가르치신다. 셋째, 보혜사는 제자들이 위기에 처할 때 대변자가 되신다. 넷째, 보혜사는 예수를 증거하며 마치 여호수아가 모세의 사역을 계승한 것과 같이 예수의 사역을 이어받아 계속한다. 다섯째, 보혜사 성령의 오심은 예수의 오심과 같다. Wijngaards, *The Spirit in John*, 55-78을 참조하라.
34   Brown은 '진리의 영'이라는 표현 자체에 본질적인 의미나 존재론적 의미를 부여하지 않는다 (참조. Brown, 『요한복음, II』, 1268). 하지만 14:6에서 예수께서 자신을 '나는 길이요, 진리요, 생명이다'라고 존재론적 의미를 부여하여 선언하신 것을 고려한다면 성령에도 역시 존재론적 의미를 부여할수 있을 것이다. 보혜사 성령에 대한 자세한 논의는 Brown, 『요한복음, II』, 2045-60을 참조하라.
35   14:26에서 하나님 아버지는 보혜사를 예수의 이름으로 보내신다. 하지만 15:26에서는 예수가 하나님 아버지께로부터 제자들에게 성령을 보내시며, 보혜사 성령은 아버지로께부터 나온다고 기술한다. 더욱이 16:7에서는 예수가 보혜사 성령을 보내신다고 설명한다. Wijngaards, *The Spirit in John*, 66-72; Johnston, *Spirit-Paraclete*, 29-39을 보라.
36   하지만 11:9; 17:5, 24; 21:25은 예외이다.

하다(참조. 3:16-21). 바로 이런 세상에 보혜사를 보내 주겠다고 예수께서 제자들에게 약속하신 것이다. 하지만 세상은 그를 알지 못하기에 맞이할 수 없다. 오직 제자들만 보혜사를 인식할 것이다.

18절 '내가 너희를 고아와 같이 버려두지 아니하고 너희에게로 오리라'는 말씀은 예수의 부활을 가리키는 것으로 보인다(참조. 3절).[37] '고아'('오르파노스', ὀρφανός)는 아버지가 없이 남겨진 자식들이나 스승 없이 남겨진 제자들을 의미하기도 한다.

19절 '조금 있으면'('미크로스', μικρός)은 16:16-19에 집중적으로 나오는 표현이다. 이는 단순히 시간의 흐름만 나타내는 것이 아니라 인내와 기다림이 필요하다는 뜻이다. 그리고 예수의 고난과 죽음, 부활이 임박했음을 알려 준다. '세상은 다시 나를 보지 못할 것'이라는 표현에는 예수의 고난과 죽음이 암시되어 있고, '너희는 나를 보리니 이는 내가 살아 있고 너희도 살아 있겠음이라'는 표현에는 부활이 암시되어 있다. 이 부활 예언이 20:19-23에서 성취된다.

20절 '그 날'('테 헤메라', τῇ ἡμέρᾳ)은 예수께서 부활하실 날을 가리킨다.[38] 또한 종말론적인 표현으로, 예수께서 제자들에게 '너희에게로 오리라'라고 약속하신 말씀을 상기시켜 준다. 예수의 부활은 예수께서 자기 사람들과 영원히 함께 거하시겠다는 사상과 연결된다. 즉 그리스도인들의 삶의 목적을 분명히 보여 주는 사상이다. '내가 아버지 안에, 너희가 내 안에, 내가 너희 안에'라는 구절은 아버지와 아들의 하나 됨이 예수와 제자들과의 연합에 근거해서만 인식될 수 있음을 암시한다. 예수께서 함께 거하신다는 것은 신자들과의 연합을 가리키며, 이는 이 땅에서 하나님의 통치를 받고 살아가는 신자들의 삶의 모습이다.

---

37 Michaels, *John*, 785-86을 보라.
38 Michaels, *John*, 786-87을 보라.

21절 예수를 사랑하는 사람이란 그분의 명령을 지키는 사람이라고 한다. 즉 사랑은 말이 아니라 행동으로 표현해야 한다는 교훈이다. 예수를 사랑하는 자는 하나님 아버지께 사랑을 받을 것이며, 예수를 사랑하는 그 사랑 안에서 예수와 교제를 나눈다.

22절 '가룟인 아닌 유다'는 열두 제자 중 한 사람인 야고보의 아들 또는 형제를 가리킬 수 있다(참조. 6:71; 눅 6:16; 행 1:13). 예수의 형제 중 한 사람도 유다이다(참조. 막 6:3; 마 13:55). 이 구절에 등장하는 '가룟이 아닌 유다'를 7장에 나오는 예수의 형제로 볼 수도 있을 것이다. "그 형제들이 예수께 이르되 당신이 행하는 일을 제자들도 보게 여기를 떠나 유대로 가소서 스스로 나타나기를 구하면서 묻혀서 일하는 사람이 없나니 이 일을 행하려 하거든 자신을 세상에 나타내소서 하니"(7:3-4). 왜냐하면 이 유다가 '주여 어찌하여 자기를 우리에게는 나타내시고 세상에는 아니하려 하시나이까'라고 질문하여 7장과 같은 사상을 드러내기 때문이다. 하지만 이럴 경우 유월절 만찬에 왜 예수의 형제가 참여했는지 설명하기가 어렵다. 그래서 몰로니(F. J. Moloney)와 마이클스(J. R. Michaels)는 이 유다를 요한복음에서 소개하지 않은 어떤 인물로 간주한다. [39]결론적으로, 이 유다는 예수의 형제이기보다는 독자가 정확히 알 수 없는 어떤 인물이다.

23절 '사람이 나를 사랑하면 내 말을 지키리니 내 아버지께서 그를 사랑하실 것이요'는 15절과 21절에 나오는 동일한 사상의 반복이다. '내 말'은 예수께서 제자들에게 전하신 말씀 전체이다(참조. 5:24). 예수를 사랑하여 그분의 말을 지키는 사람에게 '우리가 그에게 가서 거처를 그와 함께 하리라'라는 말씀은 모든 그리스도인에게 주시는 임마누엘의 약속이다. '거처를 그와 함께 하리라'라는 약속은 '말씀이 육신이 되어 우리 가운데 거하시매 우리가 그의 영광

---

39   Moloney, *John*, 408; Michaels, *John*, 787-89을 보라.

을 보니 아버지의 독생자의 영광이요 은혜와 진리가 충만하더라'(1:14)라는 구절에 이미 그 뜻이 암시되어 있다.

24절 23절을 뒤집어서 진술한 것일 뿐 같은 사상을 반복하고 있다. 예수께서는 지금까지 하신 말씀이 모두 자신의 말씀이 아니라 자신을 이 땅에 보내신 하나님 아버지의 말씀이라고 선언하신다. 예수께서 자의로 말씀하시지 않고 하나님의 말씀을 그대로 대변하신다는 사상이 요한복음에 반복하여 기술되는데, 이는 마치 예수가 구약성경의 선지자처럼 임무를 수행하신다는 저자의 의도를 드러내는 표현이다(참조. 8:28, 37-40, 42-43; 12:49).

설교자를 위한 적용(14:15-24)

●● 이 단락에서는 예수를 사랑하는 것과 그분의 계명을 지키는 것과의 관계를 다시 배울 수 있다. 예수께서 제자들이 예수 자신을 사랑한다면 그분의 계명을 지킬 것이라고 말씀하신다. 예수를 사랑한다는 것은 말이나 크고 작은 감정의 표현 정도가 아니라 일상에서 실제적으로 나타나야 한다. 예수께서 고별 설교를 시작하면서 '새 계명을 너희에게 주노니 서로 사랑하라 내가 너희를 사랑한 것 같이 너희도 서로 사랑하라 너희가 서로 사랑하면 이로써 모든 사람이 너희가 내 제자인 줄 알리라'라고 하셨다. 예수를 사랑한다는 것은 '서로 사랑하라'라는 그분의 계명을 지키는 것이다. 즉 내 이웃과 형제자매를 사랑하는 것으로 나타나야 한다. 그러므로 신앙생활은 예배당 울타리 안에서만 머물러 있어서는 안 된다. 만약 우물 안에 생명수가 있다고 해서 그 안에만 머물러 있다면 그것은 우물 안에 갇힌 것과 마찬가지이며 곧 무덤에 있는 것과도 같다. ●●

17.2.3. 예수의 떠나심과 제자들을 위로하심(14:25-31)

²⁵ 내가 아직 너희와 함께 있어서 이 말을 너희에게 하였거니와 ²⁶ 보혜사 곧 아버지께

서 내 이름으로 보내실 성령 그가 너희에게 모든 것을 가르치고 내가 너희에게 말한 모든 것을 생각나게 하리라 ²⁷ 평안을 너희에게 끼치노니 곧 나의 평안을 너희에게 주노라 내가 너희에게 주는 것은 세상이 주는 것과 같지 아니하니라 너희는 마음에 근심하지도 말고 두려워하지도 말라 ²⁸ 내가 갔다가 너희에게로 온다 하는 말을 너희가 들었나니 나를 사랑하였더라면 내가 아버지께로 감을 기뻐하였으리라 아버지는 나보다 크심이라 ²⁹ 이제 일이 일어나기 전에 너희에게 말한 것은 일이 일어날 때에 너희로 믿게 하려 함이라 ³⁰ 이 후에는 내가 너희와 말을 많이 하지 아니하리니 이 세상의 임금이 오겠음이라 그러나 그는 내게 관계할 것이 없으니 ³¹ 오직 내가 아버지를 사랑하는 것과 아버지께서 명하신 대로 행하는 것을 세상이 알게 하려 함이로라 일어나라 여기를 떠나자 하시니라

예수께서 보혜사 성령을 제자들에게 보내 주실 것을 약속하시면서 걱정하지 말라고 당부하신다. 보혜사 성령이 오셔서 제자들을 가르치고 평안을 주실 것이다. 예수께서 제자들에게 다시 오겠다고 약속하신다.

25-26절 여기서 '이 말'은 바로 전에 말씀하셨던 내용을 가리킨다. 이 구절들에서는 예수께서 곧 떠나실 것이며 이제 그 역할을 보혜사 성령께서 맡으실 것을 암시한다. 예수께서는 보혜사를 '아버지께서 내 이름으로 보내실 성령'이라고 설명하신다. '내 이름으로'에는 '내가 간구하기 때문에'라는 의미가 포함되어 있다(참조. 14:16). '성령'('토 프뉴마 토 하기온', τὸ πνεῦμα τὸ ἅγιον)은 가르치고 회상(回想)하게 하는 사역을 하신다(참조. 2:17; 12:16). '너희에게 말한 모든 것'은 예수께서 그동안 가르치신 모든 내용을 가리킨다. 예수께서 부활하신 후에는 성령이 오셔서 제자들에게 예수의 사역의 의미와 예수께서 말한 계시의 내용을 풍성하게 이해하도록 가르치실 것이다.⁴⁰

---

40   Michaels, *John*, 790-92을 참조하라.

27절 '평화'('에이레네', εἰρήνη)라는 단어가 16:33; 20:19, 21, 26에도 나온다.[41] 평화는 두려움이 없고 마음의 동요가 없는 상태로, 예수만이 주실 수 있는 선물이다. 이 평화는 세상의 평화와 다른 개념이며, 이 평화를 주기 위하여 예수께서 십자가의 죽음을 통하여 대가를 치르셨다.[42] 예수께서 제자들에게 약속하신 이 평화는 세상에서 보편적으로 회자되고 있는 평화와 구별되는, 종말에 주어질 궁극적 평화이다. 이 평화는 이 땅에서 하나님의 통치를 통해서 어느 정도 실제적으로 경험할 수 있다. 예수께서 약속하신 평화는 단순하게 평강을 기원하는 인사말 이상의 의미이다(참조. 20:19, 21, 26) 이 평화가 제자들의 두려운 마음을 평안하게 해 줄 것이다. 1절의 '너희는 마음에 근심하지 말라'라는 표현이 이 구절에 다시 나온다.

28절 예수께서 갔다가 다시 오신다는 내용은 이미 2-3절에 나온 사상으로, 고별 설교의 요점을 반복하여 설명하는 것이다. 예수는 죽음을 통해서 아버지의 영광을 나타내실 것이다. 그리고 제자들에게 다시 오셔서 이전보다 더 가깝게 그들과 지내실 것이다. '나를 사랑하였더라면 내가 아버지께로 감을 기뻐하였으리라'라는 말씀은 예수를 진실로 사랑했다면 예수의 승천을 기뻐할 것이라는 뜻이다. 하지만 제자들은 슬퍼했고 근심했다(참조. 14:1, 27). '아버지는 나보다 크심이라'는 아버지가 아들의 존재의 근원이시라는 의미이다.

29절 '이제 일이 일어나기 전에'는 예수께서 제자들을 떠나 고난을 받으시고 십자가에서 죽으실 것과 부활하신 후에 아버지 하나님께로 올라가시는 전 과정을 가리키고, '일이 일어날 때'는 예수께서 체포되어 십자가에서 죽으실 때를 말한다.

30절 '세상의 임금'('투 코스무 알콘', τοῦ κόσμου ἄρχων)은 이 세상의 통치자를

---

41 헬라어 '에이레네'는 '평화', '화평', '평안', '평강' 등으로 문맥에 따라 다양하게 번역되었다.
42 조석민, '신약성서에 나타난 "평화"의 의미', 25-46; Michaels, *John*, 782-93을 참조하라.

의미한다. 여기서는 예수의 재판을 집행한 빌라도를 암시하는 것으로 이해할 수 있다(참조. 16:11).⁴³ 또한 더 나아가서는, 세상의 권세를 잡은 사탄 또는 마귀를 암시한다(참조. 엡 2:2; 골 2:15). 예수께서는 이미 12:31에서 이와 유사한 내용을 말씀하신 적이 있다. "이제 이 세상에 대한 심판이 이르렀으니 이 세상의 임금이 쫓겨나리라." '그는 내게 관계할 것이 없으니'는 세상의 임금이 가진 힘과 권한이 예수께는 아무런 영향도 미치지 않는다는 뜻이다. 왜냐하면 예수는 이 세상에 속하신 분이 아니기 때문이다(참조. 8:46).

31절 예수께서 자신의 방법대로 행하고 계심을 세상에 알리겠다고 하신다. 예수의 떠나심과 다시 오심은 예수께서 아버지를 사랑하고 있음을 세상에 알리시기 위함이다. '일어나라 여기를 떠나자'라는 말씀은 곧 떠날 준비를 하라는 뜻이다.⁴⁴ 예수께서는 이 말씀 이후에도 15장과 16장에서 고별 설교를 이어 가셨다.⁴⁵ 그리고 제자들을 위해 기도하신 후, 늦은 밤에 제자들과 함께 기드론 시내 건너편으로 가셨다.

설교자를 위한 적용(14:25-31)

●● 예수께서 고별 설교를 통해서 근심하는 제자들을 위로하시면서 보혜사 성령을 보낼 것과 자신이 다시 올 것을 약속하신다. 이 설교를 하시는 목적 중 하나는 제자들을 안심시키고 그들의 마음의 동요를 가라앉혀 주시기 위함이

---

43 '알콘'(ἄρχων)은 요한복음 내에서 '지도자'(3:1), '당국자'(7:26, 48), '임금'(12:31), '관리'(12:42) 등으로 다양하게 번역되었다. 이 단어는 공적 업무를 처리하는 지도자를 가리킨다. BDAG, 140을 참조하라.
44 여기까지가 고별 설교의 마지막 부분이라고 주장하는 학자들도 있다. 예수께서 '여기를 떠나자'라고 말씀하신 후 만찬 자리에서 일어나 18:1에 기록된 대로 '제자들과 함께 기드론 시내 건너편'으로 가셨다는 것이다. 이러한 경우 그 중간에 들어 있는 15-17장을 나중에 다른 편집자가 삽입한 것으로 이해하게 된다(Bultmann, *John*, 631; Bernard, *John*, II, 557을 보라). 하지만 예수께서는 실제로 다락방을 떠나지 않으셨다. 이 주장에 대해서는 조석민, '예수의 고별설교(1)', 88-119을 참조하라.
45 Michaels, *John*, 796-99; Moloney, *John*, 414-15을 참조하라.

다. 근심하는 제자들을 향하여 이러한 약속들을 하심으로써 그들에게 평안을 주신다. 참된 평화는 오직 예수를 통해서만 누릴 수 있다. 세상에서는 결코 참된 평화를 누릴 수 없다. 예수께서 아버지께 간구하여 보내 주겠다고 약속하신 성령 역시 근심하는 제자들에게 평화를 주시는 역할을 하신다. 보혜사라는 이름에 그 의미가 들어 있다. 오늘날 성령의 사역을 신비한 일이나 기적을 행하는 것으로만 제한하는 우리의 사고에서 벗어나 성령의 역할을 다시 한 번 생각해 보아야 한다. ●●

17.3. 제자들의 믿음을 격려하시고 핍박을 예고하신 예수(15:1-16:4a)

이 단락에서는 전체적으로 '메노'(μένω, '머무르다', '살다') 동사를 11회 사용하여, 14장에서 언급한 추상적인 '믿음'을 역동적인 관점에서 설명해 준다. 첫째 단락(15:1-11)에서는 '예수 안에 머무름'이라는 주제 속에서,[46] 예수 안에 머물러 있을 때와 그렇지 않았을 때의 결과를 분명히 보여 준다. 둘째 단락(15:12-17)에서는 사랑의 계명으로 한 단위를 이루어, 사랑으로 말미암아 새로운 관계가 형성됨을 교훈한다. 셋째 단락(15:18-16:4a)에서는 세상이 제자들을 반대하고 핍박하는 이유를 제시한다.

17.3.1. 예수 안에 머무름(15:1-11)

[1] 나는 참포도나무요 내 아버지는 농부라 [2] 무릇 내게 붙어 있어 열매를 맺지 아니하는 가지는 아버지께서 그것을 제거해 버리시고 무릇 열매를 맺는 가지는 더 열매를 맺게 하려 하여 그것을 깨끗하게 하시느니라 [3] 너희는 내가 일러준 말로 이미 깨끗하

---

[46] 첫째 단락에서 요한의 성례전(성찬과 세례)이 포도나무의 비유를 통해서 암시되고 있는지는 분명하지 않다. 다만 요한이 상징적인 언어를 사용하여 성례전의 신앙과 의식을 전달하고자 했으리라고 짐작할 뿐이다. 요한복음에서는 공관복음과 달리 성례전에 대해 분명히 언급하지 않고(참조. 마 26:29; 막 14:25; 눅 22:18), 상징적으로만 표현한다(참조. 6:47-58). 즉 공관복음에 나오는 것처럼 포도나무의 열매즙을 마신다는 직접적인 표현이 없다.

여겼으니 ⁴ 내 안에 거하라 나도 너희 안에 거하리라 가지가 포도나무에 붙어 있지 아니하면 스스로 열매를 맺을 수 없음 같이 너희도 내 안에 있지 아니하면 그러하리라 ⁵ 나는 포도나무요 너희는 가지라 그가 내 안에, 내가 그 안에 거하면 사람이 열매를 많이 맺나니 나를 떠나서는 너희가 아무 것도 할 수 없음이라 ⁶ 사람이 내 안에 거하지 아니하면 가지처럼 밖에 버려져 마르나니 사람들이 그것을 모아다가 불에 던져 사르느니라 ⁷ 너희가 내 안에 거하고 내 말이 너희 안에 거하면 무엇이든지 원하는 대로 구하라 그리하면 이루리라 ⁸ 너희가 열매를 많이 맺으면 내 아버지께서 영광을 받으실 것이요 너희는 내 제자가 되리라 ⁹ 아버지께서 나를 사랑하신 것 같이 나도 너희를 사랑하였으니 나의 사랑 안에 거하라 ¹⁰ 내가 아버지의 계명을 지켜 그의 사랑 안에 거하는 것 같이 너희도 내 계명을 지키면 내 사랑 안에 거하리라 ¹¹ 내가 이것을 너희에게 이름은 내 기쁨이 너희 안에 있어 너희 기쁨을 충만하게 하려 함이라

이 단락에서는 예수 그리스도 안에 머무름이라는 주제가 소개되며, 이것을 포도나무와 가지의 비유로 설명한다. 포도나무는 가나안 땅에서 흔히 볼 수 있는 과일나무였고, 구약성경에서도 선지자들이 이스라엘을 포도나무로 상징한 적이 많았기에 이 비유는 누구라도 쉽게 이해할 수 있었다.[47] 예수는 이 비유를 통해 영적 연합을 설명하신다.

1절 '나는 참포도나무요 내 아버지는 농부라'라는 구절은 '나는 포도나무요 너희는 가지라'(5a절)와 평행을 이룬다. '내 아버지는 농부라'라는 표현은 모든 농사가 하나님과 밀접한 관계가 있음을 나타낸다(참조. 고전 3:6-9). 예수께서는 '내 아버지'라고 하나님을 부르심으로써 하나님과 자신의 관계를 아버지와 아들의 관계로 설명하신다. 그리고 자신을 참포도나무라고 비유하심으로써 일반 포도나무와 분명히 구별하신다. 예수께서 자신을 참포도나무로 비유

---

47 구약성경에서 포도나무를 부정적으로 사용한 예는 이사야 5:1-7, 예레미야 2:21 등이고, 긍정적으로 사용한 예는 이사야 27:2-6 등이다(참조. 겔 19:10-11; 시 80:8-11). 이사야 선지자는 이스라엘을 열매 맺지 못하는 들포도나무로 비유했고(참조. 사 5:7), 에스겔 선지자는 포도나무로 비유하여 그들의 교만을 질책했다. 공관복음에도 포도나무에 관한 비유가 등장한다(참조. 막 12:1-12).

하신 것은 포도나무인 이스라엘의 실패를 보여 주며, 자기 정체성을 유대교의 율법과 가르침을 대체하는, 새로운 시대의 메시아로 암시하시려는 의도가 들어 있다.[48]

2절 '제거해 버리시고'는 헬라어 동사 '아이로'(αἴρω)의 번역으로, 그 의미는 '높이 올리다', '제거하다'이다(참조. BDAG, 28-29). '깨끗하게 하시느니라'는 헬라어 동사 '카따이로'(καθαίρω)의 번역으로, '과일나무의 가지치기'를 나타내는 농업 전문 용어이다(참조. BDAG, 488). '무릇 내게 붙어 있어 열매를 맺지 아니하는 가지'가 예수 안에 이미 머물러 있는 사람들을 비유한다고 볼 때 예수의 제자들을 가리키는 것일 수도 있지만, 3-4절에서 제자들을 집단적으로 칭하는 '너희'라는 표현이 따로 나오기에 여기서는 제자들이 아니다. 게다가 '열매를 맺는 가지'로 비유되는 다른 사람들이 바로 등장하므로 더더욱 제자들이 아니다. 이들이 누구인지 확정하기는 어렵지만, '열매 맺는 가지'는 예수의 참제자들과 참그리스도인들을 가리킨다고 유추할 수 있다. 농부로 비유된 하나님 아버지께서는 열매 맺는 가지를 손질하셔서 더 많은 열매를 맺게 하신다. '무릇 내게 붙어 있어 열매를 맺지 아니하는 가지'를 비유적인 표현으로 이해할 때 이 가지는 하나님이 농부로 계시는 포도원에서 포도나무에 붙어 있는 원가지들인 유대인들이다. 이 가지는 '아버지께서 그것을 제거해 버리시고'라는 운명에 처한, 즉 하나님이 제거하신 유대인들을 의미한다(참조. 마 15:13; 21:41; 롬 11:17). 비유적인 진술이기에 '내게 붙어 있어'라는 표현을 고려할 때 특정 유대인이 아니라 변절한 그리스도인들을 뜻할 수도 있다. 이 비유를 통해서 예수는 온전한 그리스도인으로서 살아가야 함을 교훈하신다. 그리스도의 제자라면 당연히 열매 맺는 삶을 살아야 하며(5, 8절), 이는 서로에 대한 사랑을 실천하면서 살아가는 것을 뜻한다(12절).

---

48 Kruse, 『요한복음』, 467-70; Beasley-Murray, *John*, 271-72을 보라.

3절 '너희는 내가 일러준 말로 이미 깨끗하여졌으니'는 예수의 구원의 메시지를 암시한다. '이미 너희는 깨끗해졌다'('에데 휘메이스 카따로이', ἤδη ὑμεῖς καθαροί)에서 '깨끗해졌다'('카따로이')는 2절에서 설명했듯이 가지치기를 말한다. 농사 방법과 종교적인 정결함 모두를 나타내기에 적당한 표현이다(참조. 13:10). 깨끗하게 손질하시는 목적은 '더 열매를 맺게' 하시기 위함이다.

4절 15장의 핵심 주제가 이 구절에서 제시된다. "내 안에 거하라 나도 너희 안에 거하리라 가지가 포도나무에 붙어 있지 아니하면 스스로 열매를 맺을 수 없음 같이 너희도 내 안에 있지 아니하면 그러하리라." 요한복음에서는 믿음을 예수 안에 머물러 있는 상태로 표현한다. '거하다'로 번역된 헬라어 동사는 '메노'(μένω)이다.[49] 믿음을 정적인 개념보다는 동적인 개념으로 설명하고 있는 것이다. 예수께서는 믿음이란 예수 안에 머물러 있는 상태라는 것을 가르치기 위하여 포도나무와 가지의 비유를 통해서 가지들이 원줄기에 붙어 있을 때 포도 열매를 맺을 수 있다고 논증하신다.

5절 예수께서 자신이 참포도나무라고 다시 반복하신다. 제자들과 모든 그리스도인은 포도나무 가지에 해당한다. 예수께 붙어 있는 사람은 참포도나무의 가지가 된다. 더 이상 이스라엘이라는 혈통적·민족적·종교적 신분은 필요 없고 이제 예수의 제자라는 신분으로만 참포도나무의 가지가 될 수 있다. 참포도나무이신 예수께 붙어 있는 그 가지들인 제자들이 새로운 이스라엘, 참 이스라엘이라는 뜻이다. '내가 그 안에 거하면 사람이 열매를 많이 맺나니 나를 떠나서는 너희가 아무 것도 할 수 없음이라'는 예수의 제자들 그리고 모든 그리스도인이 포도나무와 가지처럼 함께 붙어 있을 때 열매를 풍성하게 맺을 수 있다는 뜻이다. 이는 예수 그리스도와 그리스도인들이 서로 내주해야 함을 교훈하며, 그리스도인의 삶이란 그리스도 안에 거하는 것임을 암시해 준다.

---

49 15장에는 '머물다' 또는 '거하다'라고 번역되는 헬라어 동사 '메노'가 총 열 한 번 나온다(4절[3회], 5절, 6절, 7절[2회], 9절, 10절[2회], 16절).

이렇게 상호 거주의 상태일 때 그리스도인들은 교회 공동체 속에서 지속적으로 열매 맺는 삶을 살 수 있다.

6절 '사람이 내 안에 거하지 아니하면 가지처럼 밖에 버려져 마르나니 사람들이 그것을 모아다가 불에 던져 사르느니라'는 그리스도 안에 머물지 않은 결과에 대한 비유이다. 예수 안에 머물러 있지 않으면 밖에 버려져서 마르게 되며 결국은 불에 던져져서 태워지고 만다. 즉 열매 맺지 못하는 가지의 운명과 같다. '가지처럼 밖에 버려져 마르나니'(ἐβλήθη ἔξω ὡς τὸ κλῆμα καὶ ἐξηράνθη)에서 '마르나니'는 헬라어 동사 '케라이노'(ξηραίνω)의 번역으로, 단순 과거 형태로 사용되었고, 이사야 40:7("풀은 마르고 꽃이 시듦은 여호와의 기운이 그 위에 붊이라 이 백성은 실로 풀이로다")의 '(풀은) 마르고'와 유사한 표현이다. '불에 던져 사르느니라'는 열매 맺지 못하는 가지들이 처할 운명을 묘사한다. 여기서 '불'('푸르', πῦρ)은 심판을 상징한다. 신앙이 없는 그리스도인들도 이와 비슷한 운명을 맞이할 것이다(참조. 5:29; 마 13:37-42). 다시 말해서, 그리스도께 순종하지 않는 자들은 심판을 경험하게 될 것을 암시하면서 경고해 주는 말씀이다(참조. 3:18; 8:21, 24; 12:25, 48; 17:12).[50] 이 심판을 경험하게 될 사람을 당장 떠올려 본다면 아마도 가룟 유다일 것이다.

7절 '너희가 내 안에 거하고 내 말이 너희 안에 거하면 무엇이든지 원하는 대로 구하라 그리하면 이루리라'라는 기도 응답의 약속은 14:13-14과 형태만 약간 다를 뿐 내용은 매우 흡사하다. '무엇이든지 원하는 대로 구하라 그리하면 이루리라'라는 말씀은 하나님의 뜻에 순종하는 신자라면 하나님의 뜻에 상반되는 간구를 할 수 없으므로 그의 기도가 반드시 응답받을 것이라는 의미이다(참조. 14:3; 16:23). 예수께서 제자들에게 약속하신 응답에는 조건이 있다. 바로 '너희가 내 안에 거하고 내 말이 너희 안에 거하면'이다. 이는 예수와

50　Barrett, 『요한복음(II)』, 316을 참조하라.

인격적으로 밀접한 관계를 맺는 것을 가리키며, 이것이 곧 믿음이다. 이 구절에서는 6절과는 대조적으로, 그리스도 안에 거하는 이들이 어떤 결과를 맞이할 것인지를 설명한다. 다시 말해서, 예수 그리스도의 말씀을 듣고 끝까지 순종하며 그분을 따르는 사람들은 두려움이 없다. 왜냐하면 하나님의 뜻을 깨닫고 그 뜻에 따라 드린 기도를 하나님께서 들으시고 응답해 주셔서 그들에게 힘이 되어 주실 것이기 때문이다. 하나님과의 교제는 예수 그리스도의 복음에 순종할 때 그리스도 안에서 이루어진다. 그러므로 하나님의 말씀에 순종하지 않으면 하나님과의 교제도, 또한 기도 응답도 기대할 수 없다(참조. 요일 1:1-4).

8절 '너희가 열매를 많이 맺으면 내 아버지께서 영광을 받으실 것이요 너희는 내 제자가 되리라'는 말씀은 기도 응답의 풍성한 결과에 대한 내용이다. 신자는 그리스도와 연합하여 복종과 사랑의 결과로 열매를 맺을 것이며 이로 인해 그리스도의 제자가 될 것이다. 예수 안에 거하는 자들이 열매를 맺어 그분의 제자가 되면 하나님께서 영광을 받으신다. 이 영광이 예수 그리스도를 따름으로써 열매를 맺는 사람들을 통해서도 나타난다.

9-10절 '예수 안에 머무름'이라는 주제가 계속 발전되어, 예수 안에 거하는 것이란 예수의 사랑 안에 거하는 것이라는 결론에 도달한다. 그리스도 안에 머무는 것이 그분의 사랑 안에 거하는 것이다.

이 구절들에서는 사랑과 복종이 상호 의존적인 관계임을 보여 준다(참조. 14:15, 21). 예수께서는 자신의 행동을 모범으로 제시하면서, 사랑 안에 거한다는 것은 예수 그리스도의 계명, 곧 서로 사랑하라는 계명을 구체적으로 지키는 것이라고 말씀하신다(참조. 13:34; 15:12; 요일 2:3-8; 3:22-23). 그리스도인들이 예수의 사랑 안에 거한다는 것은 예수 그리스도의 사랑을 전하며 몸소 실천하는 것이다. 하나님께서는 그리스도를 이 땅에 보내심으로써 사랑을 실천하셨고, 예수께서는 십자가 위에서 죽으심으로써 하나님의 사랑을 증명하셨다. 사랑 안에 거하는 것은 실제적인 것이지 추상적인 것이 아니다(참조. 요일 3:13-18). 하나님 아버지와 그 아들 예수 그리스도께서 행하신 사랑의 실천은 우리에게 제시된 모범 그 자체이다. 하나님에 대한 예수의 순종적인 사랑에 화답하여 하나님께서는 예수를 영광스럽게 하시는 사랑을 보이셨다.

11절 예수께서 지금까지 이렇게 말씀하신 이유가 '내 기쁨이 너희 안에 있어 너희 기쁨을 충만하게 하려 함'이었다고 밝히신다. 여기서 제자들의 기쁨을 언급하신 것은 그들의 근심과 관련이 있다(참조. 14:1, 27). 근심하고 있는 제자들에게 평화를 주고, 동시에 기쁨을 넘치도록 주시려고 이러한 말씀을 하신 것이다.[51] 예수께서 맛보신 기쁨은 아버지의 뜻을 행하신 결과이고, 제자들이 누릴 기쁨은 예수께서 명령하신 것을 지키는 것으로부터 주어질 것이다.

설교자를 위한 적용(15:1-11)

●● 믿음은 추상적인 개념이 아니라 역동적인 개념으로, 예수와 함께 살아가는 것을 의미한다. 예수께서는 제자들에게 믿음을 가지라고 독려하시면서, 자신이 이 세상에서 떠나가더라도 근심하지 말라고 당부하신다. "너희는 마음에 근심하지 말라. 하나님을 믿으라. 그리고 나를 믿으라." 그리고 포도나무와 가지의 비유를 통해서 믿음을 교훈하신다. 포도나무의 가지가 원줄기에 붙어 있어야만 열매를 맺듯이 그리스도인들은 참포도나무이신 예수와 함께 살아가야 한다. 이는 그분의 말씀에 순종하여 사랑을 실천하면서 살아가는 삶이다. 그리스도 안에 머물러 있다는 것은 그분의 사랑을 실천하면서 사는 것이다. 그럴 때에 기도 응답도 가능하다. ●●

---

[51] 이런 기쁨은 구약성경에 의하면 미래에 하나님께서 이루어 주실 구원과 평화의 시대를 보여준다(참조. 시 126:3-5; 사 9:2; 35:10; 55:12; 65:18; 습 3:14). 기쁨이라는 주제가 신약성경에서도 계속 이어진다(참조. 마 25:21, 23; 눅 1:14; 2:10). 요한복음에서는 부활하신 그리스도로 말미암아 새 생명을 살아가는 제자들이 이 기쁨을 누린다고 설명한다. 제자들은 이 기쁨에 충만해야 한다(참조. 17:13; 요일 1:4; 요이 12절). 이런 기쁨은 고통과 고난 속에서도 체험된다(참조. 14:28; 16:20-24).

17.3.2. 사랑의 계명(15:12-17)

¹² 내 계명은 곧 내가 너희를 사랑한 것 같이 너희도 서로 사랑하라 하는 이것이니라 ¹³ 사람이 친구를 위하여 자기 목숨을 버리면 이보다 더 큰 사랑이 없나니 ¹⁴ 너희는 내가 명하는 대로 행하면 곧 나의 친구라 ¹⁵ 이제부터는 너희를 종이라 하지 아니하리니 종은 주인이 하는 것을 알지 못함이라 너희를 친구라 하였노니 내가 내 아버지께 들은 것을 다 너희에게 알게 하였음이라 ¹⁶ 너희가 나를 택한 것이 아니요 내가 너희를 택하여 세웠나니 이는 너희로 가서 열매를 맺게 하고 또 너희 열매가 항상 있게 하여 내 이름으로 아버지께 무엇을 구하든지 다 받게 하려 함이라 ¹⁷ 내가 이것을 너희에게 명함은 너희로 서로 사랑하게 하려 함이라

예수께서 '서로 사랑하라'는 말씀으로 모든 계명을 요약하신다. "내가 너희를 사랑한 것과 같이 너희도 서로 사랑하라." 예수께서 자신을 사랑의 모범으로 제시하고, 이제부터는 제자들을 친구라고 하신다.

12절 예수께서 제자들에게 사랑의 계명을 실천하도록 권고하시면서 자신을 모범으로 제시하신다. 예수께서 친히 제자들을 사랑하신 모범을 따라 제자들은 그리고 모든 그리스도인은 서로 사랑하며 그 사랑을 나누어야 한다. 예수께서는 고별 설교의 시작 부분에서 서로 사랑하라는 새 계명을 이미 주셨다(참조. 13:34-35). 예수 안에 머물러 있다는 것은 곧 사랑을 실천하면서 그 안에 거하는 것으로, 이는 앞부분(9-11절)에서 교훈한 주제를 계속 확장 발전시키는 내용이다. 예수는 사랑에 대한 주제를 반복적으로 말씀하시면서 최고의 사랑이 무엇인지를 가르쳐 주신다. 그리고 그 사랑을 제자들에게 보여 주신다. 예수께서는 제자들을 사랑하시되 끝까지 사랑하셨다(13:1). 또한 사랑의 모범을 보여 주셨다(13:4-17).

13절 예수께서 제자들을 친구라고 하시며 '사람이 친구를 위하여 자기 목숨을 버리면 이보다 더 큰 사랑이 없나니'라고 말씀하신다. "고대 사회에서 우

정은 매우 중요했고, 기능에 따라 적어도 세 종류의 우정이 존재했다. 첫째, 정치적 관계 속에서의 우정으로 당시에 어떤 부류의 사람들은 '왕의 친구들'(friends of Caesar)로 알려지기도 했다(참조. 19:12). 둘째, 경제이해 관계 속에서의 우정으로 부유한 사람들이 때때로 가난한 사람들의 후원자가 되어 그들과 친구 관계를 맺는 것이다. 마지막 세 번째는 두 사람 사이의 친밀한 우정으로 두 사람이 동등하게 우정을 나누는 것이다. 이 세 번째 우정은 모든 것을 함께 나누며, 아주 특별한 경우에는 자신의 생명까지도 자기 친구를 위하여 내놓는 것을 의미한다."[52] 예수께서 제자들을 사랑하신 것은 세 번째 종류의 우정에 해당하는 것으로, 매우 특별한 우정에 속한다. 예수의 제자라면 남을 위해 자신의 것들을 아낌없이 내놓고, 때때로 자기희생적인 사랑까지도 실천하면서 살아가야 한다.

14절 구약성경에서 하나님이 아브라함과 모세를 "하나님의 친구"(friends of God)라고 부르신 것처럼 예수께서도 제자들을 친구라고 부르신다(참조. 출 33:11; 대하 20:7; 사 41:8; 약 2:23). 예수의 친구가 되는 것과 그분의 사랑 안에 거하는 것 사이에는 어떤 본질적인 차이가 없다. 하지만 예수의 친구가 되기 위해서는 한 가지 조건이 충족되어야 한다. 예수께서 명령하신 것을 실제적으로 실행하는 것이다. 즉 서로 사랑하는 것이다. 예수의 제자들은 예수의 친구라고 불렸지만, 예수께서는 제자들의 친구로 불리지 않으셨다(참조. 11:11; 15:13-15).[53]

15절 이 구절에서는 제자들을 사랑하시는 예수의 모습을 볼 수 있다. 제자들을 택하신 예수께서 이제는 자신의 제자들과 특별한 관계가 되었다고 언급하신다(참조. 13:19b-20). 예수의 제자들은 더 이상 종이 아니라 그분의 친구로 신분이 격상된다. 유대인들은 자신들의 위대한 지도자들이 '하나님의 친구'

---

52 Kruse, 『요한복음』, 477을 보라.
53 마태복음 11:19과 누가복음 7:34에서 유대인들이 예수를 조롱하면서 그분을 '세리와 죄인의 친구'라고 말한 것은 세리들과 죄인들이 예수를 친구라고 불렀다는 것을 뜻하지는 않는다.

인 것을 알고 있었다(참조. "여호와께서 이르시되 내가 하려는 것을 아브라함에게 숨기겠느냐"[창 18:17]). 고대 사회에서 우정의 중요한 조건은 자신이 확신하는 것과 알고 있는 것을 서로 공유하는 것이었다. 그러므로 '너희를 친구라 하였노니'라는 말씀은 예수께서 제자들에게 숨기는 것이 하나도 없고, 예수께서 알고 계시는 모든 것을 제자들도 알고 있다는 사실을 암시한다. 이것이 진정한 친구 관계이다. 종은 주인의 의도도 모른 채 주인의 명령만을 실행할 뿐이다. 그러나 친구는 서로 모든 것을 알고 있기에 서로 자발적으로 순종한다. 예수께서 제자들을 친구라고 하신 이유는 '내가 내 아버지께 들은 것을 다 너희에게 알게' 하시기 위함이다. 그러므로 예수의 뜻을 알고 있다면 예수의 친구라고 불릴 수 있다.

16절 선택 예정 사상이 설명되면서 하나님의 구속의 은혜가 암시된다. 예수 그리스도와 제자들 사이의 우정은 제자들의 선택의 결과가 아니었다. 예수께서 주도적으로 친구라고 부르신 것에서부터 시작되었다. 예수께서 제자들을 친구로 삼으신 목적은 그들로 하여금 열매를 맺도록 하시기 위함이다. 여기서 '열매'는 첫째 단락(1-11절)에 나오는 포도나무와 가지 비유를 떠올리게 한다. 열매는 15:4에 언급되었듯이 제자들의 사역과 삶 속에서 예수 그리스도에게 바치는 순종 그 자체이다. '열매'가 다른 각도에서 부연 설명되고 있는데, 그것은 제자들에게 주어진 선교 사역과 그 결과인 새로운 신자들을 의미한다고 이해할 수 있다.

'내 이름으로 아버지께 무엇을 구하든지 다 받게 하려 함이라'라는 말씀은 고별 설교에서 계속 반복되고 있는, 기도 응답에 대한 약속이다(참조. 14:13-14; 15:7-8, 16-17; 16:23-24). 이 약속은 모두 조건부이다. 제자들이 가서 열매를 맺어야 하며, 예수의 이름으로 구해야 한다는 조건이 붙는 것이다. 이것은 단순히 예수의 이름을 드러내는 것이 아니라, '예수의 뜻대로, 또는 예수를 위한' 기도가 되어야 한다는 것을 의미한다. 사랑이 예수와 제자들 사이에서 새로운 관계를 형성하게 한다. 예수와 제자들의 새로운 관계는 예수께서 십자가 위에서 제자들을 위하여 자기 목숨을 내놓으심으로써 본격적으로 시작된다.

17절 '내가 이것을 너희에게 명함은 너희로 서로 사랑하게 하려 함이라'[54]는 사랑의 계명이라는 주제로 12-13절과 인클루지오 구조를 형성한다. 예수께서는 서로 사랑하라는 계명을 13:34-35에서 이미 말씀하셨다. 이 구절은 둘째 단락(12-17절) 전체의 결론과 요약이다. 서로 사랑하라는 예수의 명령을 실천하는 것은 그리스도인이 예수 안에 거하고 있는지에 대한 시금석이다.

설교자를 위한 적용(15:12-17)

●● 믿음을 포도나무에 가지가 붙어 있는 것으로 비유하신 예수께서 이제 사랑의 계명을 설명하시면서 사랑을 실천하고 순종하는 것이란 그분과 함께 거하는 것이라고 교훈하신다. 눈에 보이지 않는 영이신 예수와 함께 머물러 있는 상태가 바로 사랑의 계명을 실천하는 것이라고 하신다. 사랑의 실천적 교훈을 말씀하시면서, 예수께서 제자들을 먼저 사랑했음을 밝히신다. 예수의 사랑은 친구와 나누는 사랑과도 같다. 그래서 '사람이 자기 친구를 위하여 자기 목숨을 버리는 것보다 더 큰 사랑은 없다'라고 말씀하신다. 예수는 제자들에게 말씀하신 그대로 자신의 목숨을 제자들을 위하여 십자가에서 내주셨다. 그리스도인들이 믿음을 말할 때 사랑의 실천이 없다면 그것은 거짓 믿음이거나 속임수일 뿐이다. 사랑의 실천이 있을 때 새로운 관계가 형성되며, 이런 올바른 관계 속에서 기도도 응답되는 것이다. ●●

17.3.3. 제자들에 대한 반대와 박해(15:18-16:4a)

[18] 세상이 너희를 미워하면 너희보다 먼저 나를 미워한 줄을 알라 [19] 너희가 세상에 속하였으면 세상이 자기의 것을 사랑할 것이나 너희는 세상에 속한 자가 아니요 도리어

---

[54] 본문에서 '히나'(ἵνα, '만일 … 한다면') 절은 '타우타'(ταῦτα, '이것')를 설명한다. 하지만 P[66], D 사본에는 '히나'가 나오지 않는다. 이 독법을 택하여 번역하면 '내가 너희에게 명하는 것은 이것이니 서로 사랑하라'라는 강력한 명령이 된다.

내가 너희를 세상에서 택하였기 때문에 세상이 너희를 미워하느니라 [20] 내가 너희에게 종이 주인보다 더 크지 못하다 한 말을 기억하라 사람들이 나를 박해하였은즉 너희도 박해할 것이요 내 말을 지켰은즉 너희 말도 지킬 것이라 [21] 그러나 사람들이 내 이름으로 말미암아 이 모든 일을 너희에게 하리니 이는 나를 보내신 이를 알지 못함이라 [22] 내가 와서 그들에게 말하지 아니하였더라면 죄가 없었으려니와 지금은 그 죄를 핑계할 수 없느니라 [23] 나를 미워하는 자는 또 내 아버지를 미워하느니라 [24] 내가 아무도 못한 일을 그들 중에서 하지 아니하였더라면 그들에게 죄가 없었으려니와 지금은 그들이 나와 내 아버지를 보았고 또 미워하였도다 [25] 그러나 이는 그들의 율법에 기록된 바 그들이 이유 없이 나를 미워하였다 한 말을 응하게 하려 함이라 [26] 내가 아버지께로부터 너희에게 보낼 보혜사 곧 아버지께로부터 나오시는 진리의 성령이 오실 때에 그가 나를 증언하실 것이요 [27] 너희도 처음부터 나와 함께 있었으므로 증언하느니라 [16:1] 내가 이것을 너희에게 이름은 너희로 실족하지 않게 하려 함이니 [2] 사람들이 너희를 출교할 뿐 아니라 때가 이르면 무릇 너희를 죽이는 자가 생각하기를 이것이 하나님을 섬기는 일이라 하리라 [3] 그들이 이런 일을 할 것은 아버지와 나를 알지 못함이라 [4a] 오직 너희에게 이 말을 한 것은 너희로 그 때를 당하면 내가 너희에게 말한 이것을 기억나게 하려 함이요

이 단락에서는 세상이 제자들을 반대하고 박해하는 이유가 제시된다. 그리스도인들도 제자들처럼 세상에서 예수로 말미암아 핍박당할 것임을 암시하면서 교훈하고 있다. 그 핍박을 견딜 수 있게 해 주신 분이 보혜사 성령이었듯이, 우리 역시 성령의 힘으로 세상의 핍박을 견뎌 낼 수 있다.

18절 세상이 제자들을 반대하고 박해할 때면 '너희보다 먼저 나를 미워한 줄을 알라'라고 하시면서 예수께서 제자들을 미리 위로하고 격려해 주고 계신다. 예수께서는 제자들을 위로하시고자 자신도 세상에서 반대를 당하고 핍박을 받았다는 경험을 털어놓으신다. 바레트(C. K. Barrett)는 세상이 제자들을 반대하고 핍박하는 이유는 그것이 세상의 본성이기 때문이라고 말한다. 그리스도의 본성이 사랑인 것처럼 세상의 본성은 예수의 제자들을 반대하고 박해

하는 것이다.⁵⁵ 그리스도인들이 세상에서 박해를 당할 때 기억해야 할 사실은 그 고난이 예수께서 받으신 고난보다 크지 않다는 것이다. 그 고난의 절정이 바로 십자가에서의 죽음이었다.

19절 제자들과 세상과의 관계성을 설명해 주는 내용이다(참조. 요일 2:15-17). 세상이 예수의 제자들을 반대하고 핍박하는 이유는 제자들이 세상에 속하지 않았고, 또한 예수께서 그들을 세상에서 선택하셨기 때문이다. 선택 예정론이 부분적으로 다시 반복되고 있다. 예수의 제자가 되었다면 이 세상에서 대가를 치러야 한다(참조. 딤후 3:12).

20절 '종이 주인보다 더 크지 못하다'라는 격언을 세상의 박해에 적용하여, 세상이 예수를 박해하였다면 예수의 제자들도 당연히 박해할 것이라고 설명한다. 오히려 박해를 당하지 않으면 제자가 아니거나 예수께 속한 사람이 아님을 드러내는 증거일 수 있다. 예수께서는 '내 말을 지켰은즉 너희 말도 지킬 것이라'라는 말씀으로 제자들에게 작은 소망을 준다. 제자들을 박해하는 사람들도 있지만 다른 한편으로는 그들의 말을 듣고 지킬 사람들도 있을 것이다.

21절 예수가 신적 이름을 갖고 있기 때문에 세상이 예수의 제자들을 미워하고 반대하는 것이 아니라, 예수를 세상에 보내신 아버지 하나님을 잘 알지 못하기 때문에 박해하는 것이다.

22-23절 '내가 와서 그들에게 말하지 아니하였더라면 죄가 없었으려니와'는 예수께서 세상 사람들의 죄를 지적하신 것을 의미한다. 예수는 어두운 세상에 빛으로 오셨기에 사람들이 숨긴 잘못된 행위들을 드러나게 하신다. 22절은 23절("나를 미워하는 자는 또 내 아버지를 미워하느니라")을 중심으로 24절("내가 아

---

55 Barrett, 『요한복음(II)』, 323을 보라.

무도 못한 일을 그들 중에서 하지 아니하였더라면 그들에게 죄가 없었으려니와")과 함께 인클루지오 구조를 형성하여 핵심 교훈을 제시한다. '핑계'로 번역된 '프로파시스'(πρόφασις)는 요한복음에서 오직 이곳에만 사용되었는데, 세상 사람들이 죄로 말미암아 심판을 받게 될 것을 암시해 준다. 예수를 미워하는 자들은 그분을 세상에 보내신 아버지 하나님도 미워한다. 이는 예수와 하나님이 동일하다는 사상을 다른 각도에서 설명한 것이다.

24절 '아무도 못한 일'은 예수께서 행하신 기적 사건들을 가리킨다. 그 사건들은 그분의 메시아 되심을 증명하는 것으로서, 이 기적 사건들을 보고도 믿지 않는 자들은 그들의 죄를 핑계할 수 없다.

25절 '율법'은 넓은 의미에서 구약성경 전체를 말한다(참조. 8:17; 10:34). '그들이 이유 없이 나를 미워하였다'는 시편 35:19("부당하게 나의 원수 된 자가 나로 말미암아 기뻐하지 못하게 하시며 까닭 없이 나를 미워하는 자들이 서로 눈짓하지 못하게 하소서")의 인용이다. 예수께서는 시편을 인용하셔서, 세상의 권력자들과 악한 사람들에게 박해받는 가난한 사람들의 탄식을 자신에게 적용하심으로써 구약성경의 말씀이 성취되었음을 알리신다.

26-27절 예수께서 보혜사 성령의 오심과 기원에 대하여 설명하신다. 예수께서는 보혜사 성령을 보내실 것이고 제자들은 그분을 맞이할 것이다. 성령의 근원(source)은 하나님 아버지이시다. 보혜사가 진리의 영이라는 설명은 그 정체성과 함께 성격을 규정해 준다. 성령은 예수에 대하여 증언하는 증인의 역할을 하며, 제자들도 이와 유사한 역할을 할 것이다.[56] 성령이 세상에 직접 말을 하실 수 없기에 예수의 제자들이 성령의 도움을 받아 그 역할을 대신하는 것이다. 제자들이 박해를 받으리라는 내용 뒤에 문맥과 어울리지 않게 보혜사

---

56 Segovia, *Farewell*, 198-202을 참조하라.

성령에 대한 내용이 나오므로 이 부분을 후대에 삽입된 것이라고 보기도 한다.[57] 하지만 예수의 고별 설교 전체의 문맥 속에서는 매우 적절한 내용이다. 보혜사는 갑자기 등장한 것이 아니라 이미 14:15-17, 25-26에서도 언급된 바 있다.

16장 1절 이 구절은 세상이 제자들을 반대하고 핍박하는 이유를 제시하는 단락(16:1-4a)의 시작 부분이다. 전체 구조(15:1-16:4a) 안에서 셋째 단락(15:18-16:4a)의 마지막 부분인 16:1-4a은 세상이 제자들을 반대하고 박해하는 이유(15:18-25)를 반복하여 제시하면서 인클루지오 구조를 형성한다. '실족하다'로 번역된 헬라어 동사 '스칸달리조'(σκανδαλίζω)는 '덫이나 올가미 등으로 사람들을 걸려 넘어지게 하다'라는 뜻이다(참조. BDAG, 926). 이 동사에서 '스칸달론'(σκάνδαλον)이라는 명사가 파생되었다. 이 구절에서는 제자들이 세상의 반대와 박해로 인하여 그들의 신앙을 포기하게 될 가능성이 있음을 전제한다.[58]

2절 예수께서 제자들이 당하는 반대와 핍박이 '출교'('아포쉬나고고스', ἀποσυνάγωγος)로 이어지리라고 구체적으로 제시하신다(참조. 9:22; 12:42; 16:2).[59] '출교'란 유대인들이 이방인들과 그리스도인들을 회당에서 공식적으로 내쫓는 것이다. 또한 '출교'에서 끝나지 않고 더욱 심각한 상황인 죽음을 맞이하리라고 암시하신다.[60] '때가 이르면 무릇 너희를 죽이는 자가 생각하기를 이것이 하나님을 섬기는 일이라 하리라'라는 표현은 열심당(Zealot)에서 유래한 사상으로, 열심당원들의 전통에는, "[하나님을 부정하는] 악인의 피를 쏟는 이는 [하나님께] 희생제물을 바치는 것과 비슷하다"라는 내용이 있다.[61] 즉 제자들을 향한 박해가 신의 이름, 즉 하나님의 이름으로 자행될 것이다.

---

57 Schnackenburg, *John*, III, 117-20을 참조하라.
58 Barrett, 『요한복음(II)』, 332-33을 보라.
59 '출교'에 대하여는 본서의 9:22을 참조하라.
60 Segovia, *Farewell*, 202-208을 참조하라.
61 Carson, 『요한복음』, 985, 각주 11; Beasley-Murray, *John*, 277-78을 참조하라.

3절 제자들이 핍박당하는 이유가 '그들이 … 아버지와 나를 알지' 못하기 때문이라고 예수께서 말씀하신다(참조. 15:21, 23, 24b). 여기서 '그들'은 유대교의 종교 지도자들을 가리키는 것 같다. 이들은 제자들을 회당에서 쫓아낼 사람들이 분명하다. 유대교의 종교 지도자들은 예수가 하나님의 아들이라는 사실을 예수가 십자가에 달리셨을 때에도 알지 못했다.

4a절 예수께서는 제자들이 박해를 당할 때 예수의 이 예언을 기억하게 함으로써 그들의 신앙을 더욱 강하게 하시려고 이러한 말씀을 하신 것이다. '그 때'는 예수의 십자가 사건뿐 아니라 제자들이 박해당하는 때도 암시하는 표현이다. 저자가 이 복음서를 기록할 때도 기독교에 대한 박해가 있었음을 알 수 있다.

설교자를 위한 적용(15:18-16:4a)

●● 예수께서는 제자들에게 세상에서 반대와 핍박을 당할 것인데 그러한 고난 가운데서 인내하라고 교훈하신다. 세상은 제자들을 박해하기 전에 이미 예수를 박해하였다. 이런 점에서 그리스도인들은 세상에서 고난을 당할 때 그리스도의 고난을 기억할 필요가 있다. 요한복음의 저자는 예수께서 당하신 고난이 제자들보다 극심했다는 사실을 '종이 주인보다 더 크지 못하다'라는 말로 설명한다. 세상의 속성은 예수를 미워하고 그리스도인들을 박해하는 것이다. 그러므로 진정한 그리스도인이라면 박해받는 것이 당연하다(참조. 딤후 3:12). 한 번도 박해를 당하지 않았다면 어쩌면 세상에 속한 사람일 수도 있다. 예수께서는 그 박해가 출교와 죽음으로까지 이어지지만, 진리의 영이신 보혜사 성령이 오셔서 제자들을 위로해 주신다고 하시며 제자들을 격려하신다. 더욱이 고난에 대하여 예언해 주심으로써 미리 그 고난을 준비하도록 하신다. 그리스도인들은 예수께서 당하신 고난을 기억하면서 이 세상에서의 고난을 이겨 내야 한다. ●●

17.4. 제자들에게 보혜사 성령을 보내기로 약속하신 예수(16:4b-33)

16:4b부터는 새로운 내용이 시작되어 16장의 마지막 절인 33절까지 계속 전개된다.[62] 이 단락에서는 14:1-31과 동일하게, 예수의 말씀을 이해하지 못한 제자들이 아버지 하나님께로 다시 돌아가시는 예수를 가로막는 모습을 묘사한다. 예수께서 구원 역사의 계획대로 십자가에서의 죽음과 부활, 승천을 통하여 하나님께로 다시 돌아가시리라고 제자들에게 말씀하시지만 제자들은 이를 전혀 이해하지 못한다. 이에 예수께서는 제자들에게 근심하지 말라고 당부하시면서 그들을 위하여 보혜사 성령을 선물로 보내 주겠다고 약속하신다.

16:4b-33의 중심 내용은 '예수의 떠나심'이며, 이 주제가 처음(16:4b-20)과 마지막 부분(16:25-33)에 반복적으로 나온다. 저자는 이 주제를 강조하고자 대칭 구조를 사용한다. 예수께서 제자들의 심리 상태를 출산할 여인의 상황에 비유하여 설명하신다(16:21-24). 제자들의 근심과 기쁨(16:21-24)에 대한 내용이 이 대칭 구조 속에서 가운데에 위치한다.

    A 예수의 떠나심(4b-20절)
        B 제자들의 근심과 기쁨(21-24절)
    A′ 예수의 떠나심(25-33절)

17.4.1. 예수의 떠나심(16:4b-20)

이 단락에서 예수는 제자들에게 자신이 이 세상을 떠나갈 시간이 임박했음을 '조금 있으면'이라는 시간의 비유로 설명하신다. 그때가 되면 제자들은 통곡할 것이지만 세상 사람들은 기뻐할 것이다. 제자들은 잠시 근심하겠지만 결국에는 기쁨을 맛볼 것이다. 이 단락의 전체 주제는 '예수의 떠나심'이다.

---

[62] 4b절부터 새로운 내용이 시작된다고 이해하는 학자는 Schnackenburg와 Witherington III, Brown, Köstenberger, Beasley-Murry, Carson, Burge 등이다.

17.4.1.1. 예수의 떠나심(16:4b-6)

⁴ᵇ 처음부터 이 말을 하지 아니한 것은 내가 너희와 함께 있었음이라 ⁵ 지금 내가 나를 보내신 이에게로 가는데 너희 중에서 나더러 어디로 가는지 묻는 자가 없고 ⁶ 도리어 내가 이 말을 하므로 너희 마음에 근심이 가득하였도다

이 단락의 주제는 '예수의 떠나심'과 '제자들의 근심'인데, 먼저 예수의 떠나심이 강조된다. 예수가 떠나신다는 사실로 말미암아 제자들이 근심하고 혼란스러워한다.

4b절 '이 말'은 제자들이 박해받을 것을 말씀하신 내용이다. 예수께서는 이 내용을 15:18-16:4a에서 이미 분명하게 언급하셨다.[63] 요한복음에서 예수는 공생애 사역 초기에는 이 내용을 언급하지 않으신다. 십자가의 죽음이 임박해 오자 비로소 고별 설교 속에서 유언처럼 이 말씀을 하신다. 예수께서는 자기를 세상에 보내신 아버지께로 돌아갔다가 다시 제자들에게 오실 것이다(참조. 7:33; 8:14, 21-22).

5절 '지금 내가 나를 보내신 이에게로 가는데 너희 중에서 나더러 어디로 가는지 묻는 자가 없고'라는 말씀은 베드로의 질문(13:36)과 도마의 질문(14:5)을 생각할 때 논리에 맞지 않는 내용처럼 보인다.[64] 하지만 그동안은 제자들이 예수의 죽음과 부활, 승천을 제대로 이해하지 못하고 질문한 것이다. 예수께서는 자신이 이 세상을 떠나 아버지께로 돌아가신다고 하심으로써 십자가에

---

63 조석민, '예수의 고별설교(2)', 111-18을 참조하라.
64 이 문제를 해결하려고 Bultmann과 Bernard는 고별 설교를 재편집하여 16장을 14장 앞에 위치시키고, 14:31과 18:1을 연결했다. 하지만 이러한 재구성은 오히려 더욱 복잡한 문제를 만들어 낸다. Bultmann, *John*, 457-61, 522-23, 555-95; Bernard, *John*, II, xvii-xxxiii, 500-23을 참조하라. 이 복음서를 편집비평의 입장에서 보는 학자들도 유사한 견해를 제기한다. Schnackenburg, *John*, III, 123-27; idem., *John*, I, 53-56을 참조하라.

서 죽으실 것을 분명히 알리셨지만 제자들은 잘 알아듣지 못했다.

6절 '이 말'은 16:1, 4에서 이미 언급된 대로, 15:18-16:4a의 내용이다. 제자들은 예수께서 떠나시면 자신들에게 어려움과 핍박이 닥쳐올 것을 알았기에 근심할 수밖에 없었다. 이 복음서가 기록되던 때는 기독교가 박해를 받던 시기였다. 예수는 이처럼 제자들이 근심하는 것을 아시고 고별 설교를 통해서 그들을 위로하시면서 보혜사 성령을 보내 줄 것을 약속하신 것이다(참조. 14:25-27).

17.4.1.2. 보혜사 성령의 역할(16:7-15)

⁷ 그러나 내가 너희에게 실상을 말하노니 내가 떠나가는 것이 너희에게 유익이라 내가 떠나가지 아니하면 보혜사가 너희에게로 오시지 아니할 것이요 가면 내가 그를 너희에게로 보내리니 ⁸ 그가 와서 죄에 대하여, 의에 대하여, 심판에 대하여 세상을 책망하시리라 ⁹ 죄에 대하여라 함은 그들이 나를 믿지 아니함이요 ¹⁰ 의에 대하여라 함은 내가 아버지께로 가니 너희가 다시 나를 보지 못함이요 ¹¹ 심판에 대하여라 함은 이 세상 임금이 심판을 받았음이라 ¹² 내가 아직도 너희에게 이를 것이 많으나 지금은 너희가 감당하지 못하리라 ¹³ 그러나 진리의 성령이 오시면 그가 너희를 모든 진리 가운데로 인도하시리니 그가 스스로 말하지 않고 오직 들은 것을 말하며 장래 일을 너희에게 알리시리라 ¹⁴ 그가 내 영광을 나타내리니 내 것을 가지고 너희에게 알리시겠음이라 ¹⁵ 무릇 아버지께 있는 것은 다 내 것이라 그러므로 내가 말하기를 그가 내 것을 가지고 너희에게 알리시리라 하였노라

이 단락은 16:4b-20의 중심축으로, 예수의 떠나심과 보혜사 성령의 오심을 긴밀하게 연결하면서 성령의 역할을 설명한다. 이 단락을 사이에 두고 앞과 뒤에서 '예수의 떠나심'이라는 주제가 반복 강조된다.

7절 예수께서 보혜사 성령의 역할을 설명하기에 앞서 자신의 떠나심과 성령

의 오심에 대한 관계와 그 의미를 간략하게 설명하신다. 자신이 이 세상을 떠나야 보혜사 성령이 오신다고 하신다. 즉 예수께서 아버지 하나님께로 돌아가지 않으시면 성령이 오실 수 없다. 이 세상을 떠나가신다는 것은 십자가에서의 죽음과 부활, 승천을 의미한다. 예수의 떠나심은 구속사적인 관점에서 볼 때 제자들에게 유익한 일이다. 그래서 예수께서 '내가 떠나가는 것이 너희에게 유익이라'라고 말씀하신 것이다.

8절 이 구절에서는 신약성경에서 유일하게, 보혜사 성령의 역할을 세 가지로 나누어서 제시한다. '세상을 책망하시리라'에서 '책망하다'로 번역된 헬라어 동사 '엘렝코'(ἐλέγχω)는 '(누구의 잘못을) 지적하다', '(잘못을) 책망하다', '(실수를) 드러내다'라는 뜻으로, 어떤 사람의 죄가 드러나게 되었을 때 주로 사용된다(참조. BDAG, 315; 눅 3:9; 고전 14:24; 딤전 5:20; 약 2:9). 보혜사 성령은 '세상의 죄, 세상의 의, 세상의 심판'을 지적하고 책망하신다. 이로써 세상이 예수의 죽음에 대해 잘못 알고 있는 내용을 바로잡아 주신다.

예수가 마치 로마 제국에 대하여 반역죄를 범했거나 다른 엄청난 죄, 예를 들어 살인이나 방화, 사기 등의 죄를 저질러서 로마 제국이 정당한 권리를 행사하는 차원에서 예수를 재판하고 수치스러운 십자가형을 선고한 것처럼 보일 수도 있지만, 성령의 개입으로 말미암아 이러한 상황이 완전히 다르게 해석된다는 뜻이다.[65] 보혜사 성령은 정의가 없는 세상을 책망하실 것이다. 즉 세상의 죄를 드러내실 것이다. '세상'은 요한복음에 자주 나오는 단어로, 불신자들이 거주하는 장소를 총체적으로 가리킨다. 이 세상은 어둠 가운데에 있기에 빛을 거부하며 빛 되신 예수를 영접하지 않는다(참조. 1:1-5). 카슨은 이 구절을, 성령의 능력을 힘입은 제자들이 그들의 삶을 통해서 어두운 세상에 빛을 비추어 줌으로써 세상을 책망한다는 뜻으로 이해한다.[66] 성령의 역할은 9-11절에서 더 자세하게 설명된다.

---

65 Kruse, 『요한복음』, 490-91; Brown, 『요한복음, II』, 1372-73을 참조하라.
66 Carson, 『요한복음』, 991-1000을 보라.

9절 보혜사 성령의 첫 번째 역할은 '죄'를 책망하시는 것이다. 여기서 '죄'는 예수를 믿지 않는 것을 말한다. 부도덕하거나 비윤리적인 일을 저지르는 것이 죄가 아니라, 사람들이 예수를 영접하지 않는 것, 즉 예수를 하나님의 아들, 그리스도로 믿지 않는 것이 바로 '죄'라는 사실을 성령께서 깨우쳐 주실 것이다.

10절 보혜사 성령의 두 번째 역할은 세상의 '의'를 책망하시는 것이다. 세상의 의는 세상의 기준에 따른 의로움을 의미하며, 종교적인 자기 의를 말한다. 세상의 의를 책망하시는 방법은 하나님의 정의를 드러내시는 것이다. 여기서 '의'('디카이오쉬네', δικαιοσύνη)는 하나님의 정의를 말한다. 제자들은 예수와 함께 생활함으로써 다른 사람들이 누리지 못하는 혜택을 누렸다. 하지만 예수께서 하나님 아버지께로 돌아가셔야 하나님의 정의가 무엇인지 세상이 알게 될 것이다. '다시 나를 보지 못함이요'는 예수의 죽음과 부활, 승천을 의미한다. 하나님께서는 이 구속사적 사건들을 통하여 제자들을 의롭다고 인정해 주실 것이다.

11절 보혜사 성령의 세 번째 역할은 '심판'에 대하여 세상을 책망하시는 것이다. 성령께서는 '이 세상 임금'을 심판하신다. 예수께서 합법적인 과정을 거쳐 재판을 받지 않으셨기에 그 재판이 공의롭지 않았음을 성령께서 세상에 드러내실 것이다. 예수께서도 세상의 재판이 잘못되었고 불의하다는 것에 대해 이미 언급하신 바 있다(참조. 7:24; 8:15-16). 세상은 하나님이 보내신 그 아들 예수를 공의롭게 재판할 수도 없을뿐더러 그분에 대하여 올바른 판단을 내릴 수도 없다. '이 세상 임금'은 사탄의 역할을 하는 자로, 불의를 행하는 원천이요 뿌리이다(참조. 12:31; 14:30).[67] 성령의 역할로 말미암아 예수의 승리가 필연적인 결과이고, 그때까지 세상을 지배해 온 사탄이 완전히 패배당하고 단죄를 받게 된 것이다(참조. 12:31-32; 14:30; 16:33; 요일 2:13). 예수는 고별 설교의 마지막에서 '이것을 너희에게 이르는 것은 너희로 내 안에서 평안을 누리게 하려 함이라 세상

---

[67] Morris, *John*, 531, 620을 보라.

에서는 너희가 환난을 당하나 담대하라 내가 세상을 이기었노라'(33절)라고 말씀하신다.

12절 예수께서 이 세상을 떠나 아버지께로 돌아가겠다고 말씀하시지만 제자들은 그 의미를 알지 못한다. 십자가에서의 죽음과 부활의 영광에 대한 내용을 제자들이 아직은 다 이해하고 감당할 수 없기에 예수께서는 모두 알려 주지는 않으신다. 하나님의 계시는 우리가 이해할 수 있을 만큼만 조금씩 점진적으로 주어진다. 때로는 당장 이해할 수 없기에 기다려야 할 때도 있다. 예수의 죽음과 부활에 담긴 뜻을 이해하는 것은 그 당시 제자들은 물론 오늘날 우리에게도 매우 중요한 과제이지만 모든 것을 한 번에 이해할 수는 없다. 한편으로 이 구절은 보혜사 성령께서 제자들이 아직 듣지 못한 새로운 일들에 대하여 말씀하실 것이라는 암시를 드러낸다.

13절 '진리의 성령'은 '진리의 영'(14:17), '보혜사 … 진리의 성령'(15:26)을 가리킨다. 구약성경에서는 '진리'가 대부분 율법과 관련되어 사용된다(참조. 시 25:5; 119:43, 142, 151, 160; 말 2:6). 예수께서는 요한복음에서 자신의 정체성을 설명하실 때 '진리'라는 표현을 사용하신다(참조. 14:6). 보혜사 성령은 예수로 말미암아 드러난 진리를 온전히 이해할 수 있도록 그리스도인들을 깨우쳐 주시며 나아가 진리 가운데로 인도해 주신다. 그리고 보혜사 성령은 스스로 말씀하지 않고 하나님께로부터 '들은 것'을 우리에게 말씀하신다. 또한 '장래 일'을 알게 해 주신다. 우리가 성경을 읽고 묵상할 때에도 성령 하나님께서 조명해 주지 않으시면 우리는 신비한 영적 의미를 간과한 채 문자적으로만 성경을 이해하게 된다. '장래 일들'은 좁은 의미로는 앞으로 닥칠 예수의 죽음과 부활 사건으로 볼 수 있고, 넓게는 교회 공동체의 사역 속에서 지속적으로 역사하시는 성령의 일하심을 의미한다고 볼 수도 있다.[68]

---

[68] 그러므로 '장래 일들'을 성령의 은사와 관련해서 해석하기도 한다. Bernard, *John*, II, 511을 참조하라. Burge는 '미래를 드러내 보일 참된 예언적 은사'라고 이해한다(Burge, 『요한복음』, 565).

14-15절 하나님이 바로 예수와 성령의 근원적인 계시자이시다. 여기서 '그'는 '진리의 영'이신 보혜사를 가리킨다. '내 것을 가지고 너희에게 알리시겠음이라'는 진리의 성령이 오셔서 제자들에게 예수께서 가르치신 내용을 기억하게 하고, 예수의 구속 사역을 이해하도록 도와주신다는 뜻이다. '무릇 아버지께 있는 것은 다 내 것이라 그러므로 내가 말하기를 그가 내 것을 가지고 너희에게 알리시리라'는 14절의 내용을 부연 설명한 것이다. '아버지께 있는 것은 다 내 것이라'는 말씀은 예수와 하나님이 그만큼 친밀한 사이임을 나타내 준다. 보혜사 성령께서 알려 주시는 내용은 곧 하나님께서 계시하신 것이며, 동시에 예수 그리스도께서 가르쳐 주신 것이다.

17.4.1.3. 예수의 떠나심(16:16-20)

¹⁶ 조금 있으면 너희가 나를 보지 못하겠고 또 조금 있으면 나를 보리라 하시니 ¹⁷ 제자 중에서 서로 말하되 우리에게 말씀하신 바 조금 있으면 나를 보지 못하겠고 또 조금 있으면 나를 보리라 하시며 또 내가 아버지께로 감이라 하신 것이 무슨 말씀이냐 하고 ¹⁸ 또 말하되 조금 있으면이라 하신 말씀이 무슨 말씀이냐 무엇을 말씀하시는지 알지 못하노라 하거늘 ¹⁹ 예수께서 그 묻고자 함을 아시고 이르시되 내 말이 조금 있으면 나를 보지 못하겠고 또 조금 있으면 나를 보리라 하므로 서로 문의하느냐 ²⁰ 내가 진실로 진실로 너희에게 이르노니 너희는 곡하고 애통하겠으나 세상은 기뻐하리라 너희는 근심하겠으나 너희 근심이 도리어 기쁨이 되리라

이 단락에서는 '예수의 떠나심'이라는 주제가 다시금 분명하게 제시된다. 예수가 곧 떠나실 것과 곧 다시 돌아오실 시간을 '조금 있으면'이라고 표현한다. 예수께서 이중 아멘('아멘 아멘', ἀμὴν ἀμήν) 용법을 사용하셔서 예언자적 메시지를 선포하신다.

그러나 Brown과 Carson은 예수의 역사적 가르침과 정경으로 마무리된 성령의 예언적 사역으로 이해한다.

16절 '조금 있으면'('미크로스', μικρός)은 '잠시 후에'로 번역할 수 있다(참조. BDAG, 651). 이 표현이 16, 17, 19절에 각각 2회, 18절에 1회 나온다. 헬라어 '미크로스'는 제한적인 시간을 나타내는 표현으로, 예수께서 지상 사역을 마치고 하나님께로 돌아가실 날이 얼마 남지 않았음을 알려 준다(참조. 7:33; 8:21; 13:33). 이 구절에서는 '보다'라는 동사가 앞뒤로 두 번 나오는데 각기 다른 헬라어가 사용되었다. '나를 보지 못하겠고'에서 '보다'는 '떼오레오'(θεωρέω)인데, 무엇을 주목하고 이해하며 바라보는 것이다(참조. BDAG, 454). '나를 보리라'에서 '보다'는 '호라오'(ὁράω)로, 눈으로 보고 아는 것을 보편적으로 표현하는 단어이다(참고. BDAG, 719-20). 복음서 저자는 다른 단어를 의도적으로 선택하여 사용함으로써, 죽으시고 부활하셔서 영광스럽게 되신 예수를 제자들이 새롭게 보게 될 것임을 암시해 준다. 또한 앞 문장과 뒤 문장에서 만남의 방식이 달라진다는 사실을 넌지시 드러내 준다.

17-18절 제자들이 예수의 말씀을 듣고 혼란스러워한다(참조. 13:36). 예수께서 '조금 있으면' 다시 오실 것이기에 제자들이 기다리는 기간은 그리 길지 않을 것이다. 하지만 제자들은 예수의 말씀을 제대로 이해하지 못한다.

19절 예수께서 제자들의 마음을 이미 알고 계신다. '그 묻고자 함을 아시고'라는 표현은 예수의 초자연적인 능력을 암시한다. 요한복음에는 예수의 초자연적인 예지 능력에 대한 설명이 자주 나오는데(참조. 1:47-48; 2:24-25; 4:17-18),[69] 이러한 능력은 구약성경의 예언자들에게서 찾아볼 수 있다. '조금 있으면 나를 보리라'는 16절과 동일하게 예수의 부활을 가리킨다.

20절 예수께서 이중 아멘을 사용하여, 구약성경의 선지자처럼 제자들에게

---

[69] 요한복음에서 예수는 구약성경에 나오는 선지자처럼 묘사된다. Cho, *Jesus as Prophet*, 69-77을 참조하라.

일어날 미래의 일을 예언하신다.[70] 예수께서는 제자들이 부활하신 예수를 만나면 기쁨이 넘치게 될 것이라고 예언하셨는데, 실제로 그 예언이 성취되었다(참조. 20:18, 20, 25). 예수께서 떠나신다는 사실로 말미암아 제자들이 크게 슬퍼하고 근심하지만 나중에는 오히려 그 사실이 그들에게 기쁨을 줄 것이다. 제자들이 곡하고 애통한다는 것은 마치 장례식장에서 누군가의 죽음에 대해 슬퍼하는 모습을 연상하게 한다. 당시 곡하고 애통하는 것은 죽음에 대한 슬픔을 묘사하는 보편적인 방법이었다(참조. 11:31, 33; 20:11, 13, 15; 렘 22:10).

설교자를 위한 적용(16:4b-20)

●● 예수께서는 고별 설교에서 자신의 죽음과 부활에 대해 제자들에게 반복적으로 말씀하셨다. 하지만 제자들은 그 의미를 잘 알아듣지 못했다. 예수의 죽음을 올바로 이해할 때 비로소 자신의 삶을 돌아보며 진정한 회개를 할 수 있다. 그리고 성령의 도우심을 기대하며 살아갈 수 있다. 예수께서 왜 십자가에서 죽으셨는지 깨닫지 못하면 예수가 누구이신지, 왜 이 세상에 오셨는지, 또한 하나님의 구속의 은혜가 무엇인지 전혀 알 수가 없다. 제자들이 예수께서 떠나가신다는 것이 어떤 의미인지를 제대로 이해하자 비로소 그들의 슬픔을 극복할 수 있었다. 세상 끝 날까지 우리와 함께하겠다고 약속하신 예수께서 우리 곁에 없다면 우리도 제자들처럼 근심하며 슬퍼할 수밖에 없을 것이다.

예수의 구원 사역과 관련하여 성령의 역할을 올바로 이해해야 한다. 예수께서는 보혜사 성령을 보내겠다고 약속하시면서 성령의 역할에 대해서도 설명해 주셨다. 우리가 예수 그리스도의 죽음의 의미를 알고, 구원 사역을 이해하게 된 것은 성령 하나님께서 우리 안에서 역사하신 결과이다. 성령은 우리로 하여금 성경 말씀을 이해하게 하시고, 예수의 말씀을 기억나게 하신다. 우리에게는 성령의 가르침이 절대적으로 필요하기에 날마다 그분의 도우심을

---

70 Cho, *Jesus as Prophet*, 164-69; Aune, *Prophecy in Early Christianity*, 165을 참조하라.

기대해야 한다. 성령 하나님을 의지한다는 것은 인간적인 판단을 보류하고, 하나님의 말씀에 근거하여 판단을 내리며, 하나님의 말씀이 가르쳐 주는 세계관 속에서 모든 일을 이해하고 인식하는 것이다. 하나님께서는 성령의 사역을 통해서 우리에게 주의 일을 맡기시고, 주님의 교회를 위해 봉사하게 하신다. 성령은 허공 중에 신비하게 임하지 않으시고, 인격체인 사람을 통하여 일하신다. 교회 역시 하나님께서 성령을 통하여 주신 주의 일을 제자들이 감당함으로써 그분의 뜻을 이루어 가는 공동체이다. 다양한 은사가 합력하여 주의 몸 된 교회를 이루어 가는 것이다. ●●

17.4.2. 제자들의 근심과 기쁨(16:21-24)

²¹ 여자가 해산하게 되면 그 때가 이르렀으므로 근심하나 아기를 낳으면 세상에 사람 난 기쁨으로 말미암아 그 고통을 다시 기억하지 아니하느니라 ²² 지금은 너희가 근심하나 내가 다시 너희를 보리니 너희 마음이 기쁠 것이요 너희 기쁨을 빼앗을 자가 없으리라 ²³ 그 날에는 너희가 아무 것도 내게 묻지 아니하리라 내가 진실로 진실로 너희에게 이르노니 너희가 무엇이든지 아버지께 구하는 것을 내 이름으로 주시리라 ²⁴ 지금까지는 너희가 내 이름으로 아무 것도 구하지 아니하였으나 구하라 그리하면 받으리니 너희 기쁨이 충만하리라

예수께서 해산하는 여인을 비유로 들어, 제자들이 경험할 고난과 슬픔, 그리고 그 뒤에 따라올 기쁨을 설명하신다. 제자들은 예수가 떠나실 때 근심하지만 다시 돌아오실 때 기뻐할 것이다.

21절 이 구절은 이사야 26:16-21을 배경으로 한 비유이다.[71] 해산하는 여인의 고통이 이사야 26:17("여호와여 잉태한 여인이 산기가 임박하여 산고를 겪으며 부

---

[71] Burge, 『요한복음』, 567; Barrett, 『요한복음(II)』, 348-49을 참조하라.

르짖음 같이 우리가 주 앞에서 그와 같으니이다")에 잘 표현되어 있다. 또한 이사야 26:20("내 백성아 갈지어다 네 밀실에 들어가서 네 문을 닫고 분노가 지나기까지 잠깐 숨을지어다")에 나오는 '잠깐'('키마트 레가', כְּמְעַט־רֶגַע)은 요한복음 16:16-19에 나오는 '조금 있으면'과 같은 뜻이다.[72]

여자가 해산하는 비유는 구약성경에서 종말에 메시아의 도래에 대하여 설명할 때 자주 사용된다(참조. 사 21:2-3; 66:7-10; 단 12:1; 습 1:14-15). 예수께서도 신약성경에서 유사한 비유로 종말의 때를 암시하신다(참조. 마 24:8, 21, 29; 롬 2:9). 초대 교회 때에도 종말에 많은 고난이 있음을 암시할 때 이처럼 해산하는 여인의 비유를 들었다(참조. 행 14:22; 고전 7:26; 고후 4:17). 예수께서는 해산하는 비유를 통해 제자들이 경험하게 될 미래의 모습을 형상화하신다. 그리스도인들은 예수의 성육신과 십자가에서의 죽음, 그리고 부활과 승천을 통해서 이미 임한 하나님의 통치 가운데서 현재 살고 있으며, 다시 오실 재림의 예수를 기다리면서 아직 완전히 임하지 않은 하나님의 다스림 속에서 살아간다.

22절 제자들은 예수께서 떠나심으로 말미암아 근심하겠지만 결국 부활하신 예수를 만나 기뻐하게 될 것이다. 예수께서 고별 설교를 준비하신 일차적인 동기는 바로 제자들의 근심과 걱정이었다. 제자들의 근심이 잠시 동안일 뿐이라는 사실을 일깨워 주시고자, 해산하는 여인의 비유를 들어 이를 설명하심으로써 그들을 실제적으로 위로해 주신다. 제자들이 근심하는 중에 다시 기뻐하게 될 근거는 예수의 부활이다(참조. 20:20). 예수께서는 자신의 부활을 '내가 다시 너희를 보리니'라고 표현하신다.

23절 이 구절에서 '그 날'은 22절에서 예수가 말씀하신 '내가 다시 너희를' 볼 날을 가리킨다. 즉 종말론적인 미래의 날이라기보다는 예수께서 부활하신 후 제자들을 다시 만날 날이다. '그 날에는 너희가 아무 것도 내게 묻지 아니

---

[72] Childs, *Isaiah*, 192을 참조하라. Childs는 이사야 26:20-21에 예언자적 언어가 포함되어 있다고 이해한다.

하리라'라는 예언이 20:19-29에서 그대로 성취된다. 제자들이 모든 곳의 문들을 닫고 모여 있었을 때 부활하신 예수께서 그들 가운데 신비하게 나타나셨지만 아무도 예수께 질문하지 않았고 그저 모두 기뻐하였다. 예수의 부활은 모든 의심을 순식간에 사라지게 했고, 제자들에게 기쁨을 주었다. 제자들이 예수와 새로운 관계 속으로 들어가게 된 것이다. 예수께서는 '너희가 무엇이든지 아버지께 구하는 것을 내 이름으로 주시리라'라고 하시며 기도 응답을 약속하신다(참조. 14:13-14; 15:7, 16).

24절 지금까지는 제자들이 예수의 이름으로 아무것도 요청하지 않았다. 예수께서는 영광을 얻으신 후에야 제자들 곁에서 현존하시면서 중재의 권한을 완전하게 행사하실 것이다.[73] 그리고 기도 응답에 대한 확증으로 '기쁨'을 제시하신다. 예수의 이름으로 구하면 받을 것이고 기쁨이 충만할 것이다. 고별 설교의 앞부분에서도 기도 응답과 관련하여, '내 이름으로'가 '구하다'와 연결되어 사용되었다(참조. 14:13-14; 15:16).

설교자를 위한 적용(16:21-24)

●● 제자들이 예수께서 이 세상을 떠나신다는 말씀을 듣고 매우 근심한다. 예수께서는 위로의 말씀으로 평안을 주시며, 근심이 변하여 기쁨이 될 것을 약속해 주신다. 걱정하는 마음은 문제 해결에 아무 도움이 되지 못한다. 하지만 인간은 끊임없이 걱정한다. 해산이 가까운 여인이 걱정하는 것은 이해할 만하지만 이 역시 미래를 막연히 추론하여 앞당겨서 걱정하는 것일 뿐이다. 근심이 많기에 누군가에게 도움을 요청하고 그 근심이 사라지도록 나름대로 방책을 마련하는 일 가운데 하나가 기도로 표출된다. 하지만 기도는 근심 해결의 수단이 아니다. 예수께서 '너희가 무엇이든지 아버지께 구하는 것을 내

---

[73] Carson, 『요한복음』, 1013-14; Barrett, 『요한복음(II)』, 351-52을 참조하라. '구하라 그리하면 너희가 받을 것이다'라는 내용이 마태복음 7:7-8, 11; 18:19과 누가복음 11:9-13에도 나온다.

이름으로 주시리라'라고 가르치신 것은 근심 해결을 위한 방법을 제시하신 것이 아니다. 하지만 예수께서 제자들에게 주신 기도 응답의 약속은 그들에게 큰 위로가 되었을 것이다. ●●

17.4.3. 예수의 떠나심(16:25-33)

²⁵ 이것을 비유로 너희에게 일렀거니와 때가 이르면 다시는 비유로 너희에게 이르지 않고 아버지에 대한 것을 밝히 이르리라 ²⁶ 그 날에 너희가 내 이름으로 구할 것이요 내가 너희를 위하여 아버지께 구하겠다 하는 말이 아니니 ²⁷ 이는 너희가 나를 사랑하고 또 내가 하나님께로부터 온 줄 믿었으므로 아버지께서 친히 너희를 사랑하심이라 ²⁸ 내가 아버지에게서 나와 세상에 왔고 다시 세상을 떠나 아버지께로 가노라 하시니 ²⁹ 제자들이 말하되 지금은 밝히 말씀하시고 아무 비유로도 하지 아니하시니 ³⁰ 우리가 지금에야 주께서 모든 것을 아시고 또 사람의 물음을 기다리시지 않는 줄 아나이다 이로써 하나님께로부터 나오심을 우리가 믿사옵나이다 ³¹ 예수께서 대답하시되 이제는 너희가 믿느냐 ³² 보라 너희가 다 각각 제 곳으로 흩어지고 나를 혼자 둘 때가 오나니 벌써 왔도다 그러나 내가 혼자 있는 것이 아니라 아버지께서 나와 함께 계시느니라 ³³ 이것을 너희에게 이르는 것은 너희로 내 안에서 평안을 누리게 하려 함이라 세상에서는 너희가 환난을 당하나 담대하라 내가 세상을 이기었노라

이 단락은 전체 구조(16:4b-33)에서 첫째 단락에 속하는 16:4b-20과 주제가 동일하다. 즉 예수의 떠나심에 대한 내용을 다룬다. 이 단락에서는 예수가 아버지께로 돌아가는 아들로 묘사된다.

25절 '이것'은 예수께서 앞에서 언급하신, 여러 비유를 가리킨다. 해산하는 여인의 비유(16:21)와 제자들의 발을 씻겨 주시면서 말씀하신 내용(13:8-11), 포도나무와 가지의 비유(15:1-17), 그리고 목자와 양의 비유(10:1-18) 등이 다 포함된다. 예수께서는 이해하기 어려운 내용들은 비유를 들어 설명해 주시곤 했다. 여기서 '비유'('파로이미아', παροιμία)란 오늘날 강의나 설교에서 예를 들

어 사용하는 예화 같은 것이 아니라 내용 파악이 어려운 수수께끼 같은 연설(enigmatic speech), 격언, 속담 등을 의미한다(참조. BDAG, 779-80).[74]

'때가 이르면'에서 '때'란 예수께서 영광을 얻으시는 때를 말한다. 즉 십자가에서 죽으신 후 부활하셔서 아버지께로 돌아가시는 때이다. 바로 그때 예수께서 약속하신 보혜사 성령이 오실 것이다. 예수께서 언급하신 '때'는 대부분 자신의 죽음과 부활, 승천과 관련이 있으며, 동시에 성령이 오시는 시기와도 관련이 있다(참조. 2:4; 7:39; 13:31).

26절 '그 날'은 23절과 동일하게, 종말론적인 날이라기보다는 예수의 부활 이후를 가리킨다. 이 구절에서는 '구하다'를 뜻하는 헬라어 동사가 앞에서는 '아이테오'(αἰτέω)가, 그리고 뒤에서는 '에로타오'(ἐρωτάω)가 사용되었다. 이 두 동사는 의미가 매우 유사하기에 교환하여 사용이 가능하다(참조. BDAG, 30, 395). 성령 강림 이전에는 예수께서 제자들을 위하여 기도하셨으나(참조. 14:16; 17:9, 15, 20), 성령 강림 이후에는 제자들이 주의 이름으로 하나님께 직접 기도하게 될 것이다(참조. 16:23-24).

27절 제자들이 하나님 아버지께 직접 기도하고 직접 응답을 받게 되는 이유가 나온다. 바로 하나님께서 제자들을 사랑하시기 때문이다. 아버지는 제자들이 예수를 사랑하고, 예수가 '하나님께로부터 온 줄 믿었으므로' 제자들을 사랑하셨다. 다시 설명하자면, 오직 예수를 사랑하고 그분이 하나님께로부터 오신 분임을 믿어야 하나님 아버지께 사랑을 받을 수 있다.

28절 예수께서 자신이 아버지께로 돌아가겠다고 다시 말씀하신다. 예수가 아버지께로 돌아가신다는 것은 구원 사역의 완성을 의미하며, 동시에 인간들이 하나님과 직접적으로 교제할 수 있는 길이 열리게 됨을 암시한다.

---

74 Carson, 『요한복음』, 1014-16을 참조하라.

29-30절 제자들이 여전히 예수의 말씀을 제대로 이해하지 못하자 예수께서 비유를 사용하지 않으시고 명백하게 드러내서 말씀하신다. 그제야 비로소 제자들이 '우리가 지금에야 주께서 모든 것을 아시고 또 사람의 물음을 기다리시지 않는 줄 아나이다 이로써 하나님께로부터 나오심을 우리가 믿사옵나이다'라고 고백한다. 이 고백만 보면 제자들이 예수의 죽음과 부활, 그리고 보혜사 성령이 오시기 전까지의 예수의 사역에 대해 다 이해한 것처럼 보인다. 그리하여 확실한 믿음을 가진 것처럼 보인다. 하지만 이어지는 내용을 보면 제자들의 지식과 믿음이 여전히 단편적임을 알 수 있다.

31-32절 예수께서 제자들의 고백을 들으신 후 부정적인 수사적 질문을 던지신다. "이제는 너희가 믿느냐?" 이는 너희가 정말로 나를 믿느냐고 반문하신 것이다. 제자들의 믿음이 아직 불완전하다는 것을 암시하는 질문이다.[75] 그러므로 마지막 때가 이르면 제자들은 각각 자기 집으로 가고, 예수께서 혼자 십자가의 죽음을 향해 걸어가실 것이다.

'보라 너희가 다 각각 제 곳으로 흩어지고 나를 혼자 둘 때가 오나니 벌써 왔도다'라는 말씀은 스가랴 13:7("만군의 여호와가 말하노라 칼아 깨어서 내 목자, 내 짝 된 자를 치라 목자를 치면 양이 흩어지려니와 작은 자들 위에는 내가 내 손을 드리우리라")을 자유롭게 인용한 것이다. 예수께서 스가랴 13:7을 배경으로 말씀하신 이유는 십자가 사건으로 말미암아 제자들이 겪을 혼란스러운 상황을 미리 보여 주시기 위함이다. 제자들은 예수께서 붙잡히시자 모두 도망치고 말았다. 18:15에 의하면 그중 베드로와 예수께서 사랑하신 제자만 예수의 뒤를 따른다. 아마도 처음에는 모두 도망쳤다가 두 제자만 예수께서 붙잡혀 계신 장소로 다시 돌아왔을 것이다. '내가 혼자 있는 것이 아니라 아버지께서 나와 함께 계시느니라'라는 말씀은 비록 제자들은 다 도망갔을지라도 아버지 하나님께서 예수와 함께하신다는 뜻이다.[76] 예수와 하나님이 하나라는 진리는 요한복음의 일관

---

75   Morris, *John*, 632을 참조하라.
76   Carson, 『요한복음』, 1018-20을 참조하라. 스가랴 13:7이 마가복음 14:27에서도 인용된다.

된 신학 사상이다.

33절 '평안'('에이레네', εἰρήνη)은 세상이 줄 수 없는 평화를 의미한다(참조. 14:27).[77] 예수의 떠나심으로 말미암아 제자들이 일시적으로 환난과 핍박을 받겠지만, 핍박하는 자들은 제자들에게서 평화까지 빼앗을 수는 없다. 이 평화는 예수께서 주시는 선물로서, 세상의 것과 구별되는, 종말에 주어질 궁극적 평화이다. 예수께서 평화의 주인이시다. 평화라는 선물을 받은 제자들은 근심과 두려움에서 벗어나 더 이상 불안과 공포 때문에 떨지 않는다. 예수 그리스도로 말미암은 평화를 이미 소유하고 있는 것이다. 예수 안에서 또는 그분을 믿는 믿음 안에서 평화는 현재 주어진 것이지만 불의한 세상과 관련해서 생각할 때 예수가 주시는 궁극적 평화는 아직 오지 않은 미래에 속한다. 예수께서 십자가에서 죽으실 수밖에 없었던 사건은 세상이 평화가 없는 불의한 곳임을 단적으로 보여 준다.[78] 예수께서는 '내가 세상을 이기었노라'라고 최종적으로 선언하심으로써 제자들에게 위로와 용기를 주시면서 고별 설교를 끝마치신다.

설교자를 위한 적용(16:25-33)

●● 예수께서 약속하신 보혜사 성령을 예수의 구원 사역과 관련하여 올바르게 이해해 보자. 예수께서 이 세상을 떠나 아버지께로 돌아가셔야 성령이 제자들에게 오실 수 있다. 하지만 제자들은 자기들이 의지해 왔던 스승이 더 이상 이 세상에 계시지 않는다는 사실에만 집중하여 근심하면서 떨고만 있다. 보혜사 성령은 제자들을 인도해 주실 스승이시다. 하지만 제자들은 자신의 필요를 알지 못하고 있다. 하나님은 우리에게 무엇이 필요한지 이미 알고 계시고, 그것을 허락하신다. 하지만 우리는 우리의 욕심 때문에, 우리 방법대로, 우

---

[77] 조석민, '예수의 고별설교(1)', 110. 요한복음에는 '평화'라는 단어가 총 6회 나온다(14:27[2회]; 16:33; 20:19, 21, 26).
[78] Köstenberger, *John*, 477-81; Morris, *John*, 633을 참조하라.

리의 욕심이 원하는 것을 우리의 때에 달라고 보챈다. 하나님의 생각과 우리의 생각에는 엄청난 차이가 있고, 하나님의 어리석음이 인간의 지혜보다 나음을 우리는 인식해야 한다(참조. 고전 1:18-25). 하지만 인간은 자신이 지혜로운 줄 알고 자기 꾀에 빠져서 살아간다. 그러다가 실패와 좌절을 맛본 후에야 비로소 무엇이 필요한지를 알게 된다. 예수는 제자들이 겪을 핍박과 고난을 아셨기에 보혜사 성령을 보내겠다고 약속하셨으며, 그들에게 기쁨과 평화를 주겠다고 말씀하신 것이다. ●●

18. 예수의 기도(17:1-26)

이 단락은 전체가 하나로 이어진 기도문으로, 신약성경에 나오는 예수의 기도 중 가장 긴 기도가 실려 있다. 예수는 세상에 남겨질 제자들을 위하여, 그리고 곧 다가올 자신의 죽음을 위하여 기도하셨다.[79] 이 기도는 '에로탄'(ἐρωτᾶν)[80] 이라는 단어를 중심으로 다음과 같이 세 부분으로 나눌 수 있다.[81] (1) 첫 번째 부분(17:1-8): 예수 자신의 십자가 사건을 위한 기도와 제자들의 구원을 위한 기도. (2) 두 번째 부분(17:9-19): 제자들을 이 세상에서 보전해 달라는 기도. (3) 세 번째 부분(17:20-26): 제자들의 하나 됨과 그 제자들을 통해서 예수를 그리스도로 고백하고 믿게 될 미래의 제자들을 위한 기도, 그리고 우주적 교회의 일치와 연합을 위한 기도.

---

[79] 17장은 David Chyträus(1531-1600)가 '대제사장의 기도'(*precatio summi sacredotis*)라고 명명한 이래로 그동안 진지한 논의 없이 '예수의 대제사장적 기도'(Jesus' high priestly prayer)라고 불려 왔다. 그러나 이 기도를 이렇게 부를 수 있는지에 대해서는 재고할 여지가 많다. 자세한 논의는 Cho, *Jesus as Prophet*, 121-30; Brown, 『요한복음, II』, 1436-42; Carson, 『요한복음』, 1023-27; Ridderbos, *John*, 546을 보라.
[80] 기도를 의미하는 헬라어 '에로탄'은 요한복음에 여섯 번 등장한다(참조. 14:16; 16:26; 17:9[2회], 15, 20).
[81] Brown, 『요한복음, II』, 1442-46; Moloney, *John*, 459; Schnackenburg, *John*, III, 169-78; Beasley-Murray, *John*, 296-98을 참조하라. Kruse는 17장을 네 부분(17:1-5, 6-19, 20-24, 25-26)으로 구분하는데 이는 설득력이 없어 보인다(Kruse, 『요한복음』, 503-19).

18.1. 예수 자신을 위한 기도(17:1-8)

¹ 예수께서 이 말씀을 하시고 눈을 들어 하늘을 우러러 이르시되 아버지여 때가 이르렀사오니 아들을 영화롭게 하사 아들로 아버지를 영화롭게 하게 하옵소서 ² 아버지께서 아들에게 주신 모든 사람에게 영생을 주게 하시려고 만민을 다스리는 권세를 아들에게 주셨음이로소이다 ³ 영생은 곧 유일하신 참 하나님과 그가 보내신 자 예수 그리스도를 아는 것이니이다 ⁴ 아버지께서 내게 하라고 주신 일을 내가 이루어 아버지를 이 세상에서 영화롭게 하였사오니 ⁵ 아버지여 창세 전에 내가 아버지와 함께 가졌던 영화로써 지금도 아버지와 함께 나를 영화롭게 하옵소서 ⁶ 세상 중에서 내게 주신 사람들에게 내가 아버지의 이름을 나타내었나이다 그들은 아버지의 것이었는데 내게 주셨으며 그들은 아버지의 말씀을 지키었나이다 ⁷ 지금 그들은 아버지께서 내게 주신 것이 다 아버지로부터 온 것인 줄 알았나이다 ⁸ 나는 아버지께서 내게 주신 말씀들을 그들에게 주었사오며 그들은 이것을 받고 내가 아버지께로부터 나온 줄을 참으로 아오며 아버지께서 나를 보내신 줄도 믿었사옵나이다

예수께서 먼저 자신의 십자가 사건을 위하여, 즉 사명 완수를 위하여 기도하신 후, 아들을 영화롭게 하여 아버지께 영광을 돌리게 해 달라고 기도하신다. 그리고 세상에 남겨질 제자들을 아버지 앞에 소개하면서 그들을 위하여 기도하신다.

1절 예수의 기도가 고별 설교와 밀접하게 연결되어 있음이 '이 말씀을 하시고'에서 드러난다. 고별 설교 후에 나오는 예수의 기도는 구약성경에서 족장들이 유언을 하면서 자녀들을 축복하는 내용과 매우 유사하다(참조. 창 49:1-27; 신 31:30-32:47). 이 기도가 공식적으로 드려지는 기도라는 사실이 '눈을 들어 하늘을 우러러'라는 자세에서 확인된다. 이 자세는 기도하는 사람의 전 존재가 하늘에 계신 하나님만 바라보며 움직인다는 것을 표현해 주는 자세이다. 성경을 보면 유대인들이 일반적으로 이러한 모습으로 기도드렸음을 알 수 있다(참조. 11:41; 막 6:41; 마 14:19; 눅 9:16; 18:11, 13).

예수께서 하나님을 '아버지'라고 부르면서 기도를 시작하신다(참조. 막 14:36; 눅 11:2). 하나님과 자신과의 관계를 아버지와 아들이라는 관계로 인식하신 토대 위에서 기도를 드리고 계신다. 즉 기도하는 자와 기도를 들으시는 하나님 사이의 친밀한 관계가 기도의 출발선이자 기도의 필수 조건이다. 관계가 형성되어 있지 않으면 기도를 할 수가 없다. 이와 같은 내용이 고별 설교에도 이미 기록되어 있다. "너희가 내 안에 거하고 내 말이 너희 안에 거하면 무엇이든지 원하는 대로 구하라 그리하면 이루리라"(15:7).

예수께서는 자신의 사명을 감당할 때가 가까이 왔음을 알고 계셨다. 그래서 '때가 이르렀사오니'라고 밝히신다. 이 '때'는 그분의 고난과 죽음을 암시하며, 십자가 사건을 통해 그분이 영광스럽게 되시는 순간이다(참조. 2:4; 7:6, 8, 30; 8:20; 12:23, 27-28, 31-32; 13:1, 31; 비교. 마 19:28; 25:31; 막 8:38; 13:26; 롬 8:18). 자신이 십자가 죽음을 통하여 하나님을 영화롭게 해 드릴 것을 알기에 그 죽음을 위하여 기도하신다. 구속 사역을 완성하여 자신도 영광을 얻고 하나님께도 영광을 돌리게 해 달라고 기도하신다. "아들의 영광은 아버지로부터 오는 것이며 아들의 복종의 결과이다."[82]

2절 '아들에게 주신 모든 사람'은 하나님께서 그리스도에게 주신 제자들을 가리킨다. 이와 유사한 표현이 이 기도에 자주 나온다(참조. 6, 7, 11, 12, 24절). 칼뱅(J. Calvin)은 예정론을 주장하면서 '아버지께서 아들에게 주신'이라는 표현에 주목한다. 예정론은 요한복음에 두드러지게 나타나는 사상이다(참조. 12:37-41; 15:16).[83] 요한복음이 말하는 그리스도인 됨은 하나님의 구속 행위의 결과로 인간에게 주어진 선물이며, 예수의 역사적인 구속 사역의 완성과 부르심의 결과이다(참조. 1:12-13). '만민을 다스리는 권세'를 부여받은 하나님의 아들, 예수 그리스도의 지상 사역은 십자가 사건을 통해서 하나님의 영광을 나타내고 또한 영원한 생명을 사람들에게 주는 것이다. 그 '영생'의 의미가 다음 구절에

82　Barrett, 『요한복음(II)』, 364.
83　Calvin, *John* 11-21, 135-36; Ridderbos, *John*, 548-49을 참조하라.

서 정의된다.

3절 이 구절에서는 '영생'('아이오니오스 조에', αἰώνιος ζωή)이 무엇인지 분명하게 정의한다(참조. 1:4; 3:15). 이 구절을 요한복음 저자의 설명적 주석으로 보기도 하지만,[84] 2절에 나오는 '영생'과 관련지어 생각할 때 예수 자신의 기도로 보는 것이 더욱 설득력 있다. '유일하신 참 하나님과 그가 보내신 자 예수 그리스도'에서 '예수 그리스도'는 예수가 자신을 제삼자로 부르시는 칭호이다.[85] "하나님을 아는 것이 생명(구원)의 필수 요건이라는 개념은 히브리 사상과 헬레니즘 사상에서 일반적인 것이다."[86] 구원의 근거가 지식이라는 사실이 일반적인 사상이었다. 이 구절에서 '영생'이 의미하는 바는 첫째, 유일하신 참하나님과 예수 그리스도에 관한 지식이 생명을 준다는 것이다. 둘째, 그 지식은 알아야 할 대상과 내용이 있고, 사실적인 측면이 있으며, 사람은 오직 참되신 하나님을 알아야 한다는 것이다(참조. 8:32). 셋째, 하나님에 관한 지식은 그 아들 예수 그리스도에 관한 지식과 단절될 수 없다는 것이다.[87]

4-5절 '아버지께서 내게 하라고 주신 일'이란 하나님께서 예수에게 맡긴 구속 사역을 가리키는 것으로, 이미 4:34("예수께서 이르시되 나의 양식은 나를 보내신 이의 뜻을 행하며 그의 일을 온전히 이루는 이것이니라")에서 설명한 바 있다(참조. 5:30, 36; 6:38; 8:29; 9:4; 10:37-38; 13:1; 19:30). 이 일이 십자가 위에서 완성될 것이다(참조. 19:30). '일을 내가 이루어 아버지를 이 세상에서 영화롭게 하였사오니'에서는 과거 시제인 '영화롭게 했다'('에독사사', ἐδόξασα)가 사용되었다. 이것은 예수의 지상 사역에서 이미 나타났던 기적 사건들로 말미암아 하나님 아버지를 영화롭게 했다는 의미이다. 이와는 대조적으로 1절에서는 '아들로 아버지를 영화

---

84 Carson, 『요한복음』, 1032-33; Köstenberger, *John*, 488을 보라.
85 Bernard, *John*, II, 561-62; Moloney, *John*, 464; Morris, *John*, 637-38을 참조하라.
86 Barrett, 『요한복음(II)』, 366.
87 Carson, 『요한복음』, 1032-33; Morris, *John*, 637-38; Barrett, 『요한복음(II)』, 366-68을 참조하라.

롭게 하게('독사세', δοξάσῃ) 하옵소서'라고 하여 미래 가정법을 사용하였는데, 이는 아들이 사람들에게 생명을 줌으로써 아버지의 영광을 미래에 나타낼 것이라는 뜻이다. 아들은 아버지가 명령하신 일을 완성하여 아버지를 영화롭게 할 것이다. 이 일은 예수께서 십자가 죽음과 부활을 통해서 이루실 것이다. '내가 이루어'에서 '이루어'는 '텔레이오사스'(τελειώσας)의 번역으로, 동사 '텔레이오오'(τελειόω)의 부정 과거 분사인데, 이 땅에서의 예수의 완전한 삶과 그분의 십자가 죽음을 연상하게 한다(참조. 19:30). 하나님께서 그 아들 예수에게 맡기신 일은 심판하는 일과 생명을 주는 일이다(참조. 5:21-22). '창세 전에 내가 아버지와 함께 가졌던 영화'는 예수께서 성육신 이전에 누렸던 영광으로, 그리스도가 하늘에서 다시 누릴 영광을 의미한다. 예수의 선재(先在) 사상을 상기하게 하는 표현이다(참조. 1:1-3; 8:58).

6-7절 예수의 사역의 목적은 이 세상에서 아버지의 이름을 나타내는 것이다. 하나님의 이름을 나타낸다는 것은 곧 하나님을 영화롭게 하는 것이다. 예수께서 하나님의 이름을 알리는 일은 사람들이 볼 수 없는 하나님을 그들에게 선포하는 것과 같다(참조. 1:18). 출애굽기 3:15("하나님이 또 모세에게 이르시되 너는 이스라엘 자손에게 이같이 이르기를 너희 조상의 하나님 여호와 곧 아브라함의 하나님, 이삭의 하나님, 야곱의 하나님께서 나를 너희에게 보내셨다 하라 이는 나의 영원한 이름이요 대대로 기억할 나의 칭호니라")에서는 하나님의 이름에 대해 분명하게 설명해 준다(참조. 사 52:6; 시 22:22). 예수께서는 제자들이 처음부터 하나님께 속한 자들이었다고 밝히신다. 하나님이 그들을 하나님의 자녀로 처음부터 예정하셨기 때문이다. 하나님께서는 예수에게 모든 권세를 부여하시고, 계시 행위의 한 모습으로 그들을 예수의 제자가 되게 하셨다.[88] 예수께서 제자들에게 하나님의 말씀을 지키도록 명령하셨고, 그들이 순종했다. 제자들이 하나님의 말씀을 지켰다는 것은 예수 안에 있는 하나님의 말씀을 진리로 받아들여 신실하게 선포했음을 의미한다.

---

[88] Carson, 『요한복음』, 1035-39; Morris, *John*, 640-41; Barrett, 『요한복음(II)』, 369-70을 참조하라.

8절 예수의 제자들은 예수께 허락된 모든 것이 하나님께로부터 왔음을 알고 있었다. 예수께서 그들에게 이러한 지식을 알게 하신 것이다. 그들이 예수의 말씀을 받아들였다는 것은 하나님의 말씀을 받아들인 것과 같다. 결국 제자들은 예수의 말씀을 받음으로써 생명을 받았다. '아버지께서 나를 보내신 줄도 믿었사옵나이다'라는 구절은 신명기 18:15-18에 묘사된 '모세와 같은 선지자'를 떠올리게 한다. 예수는 요한복음에서 자신을 소개할 때 하나님께서 '보내신 자'라는 표현을 자주 사용하신다.[89]

18.2. 제자들을 위한 기도(17:9-19)

⁹ 내가 그들을 위하여 비옵나니 내가 비옵는 것은 세상을 위함이 아니요 내게 주신 자들을 위함이니이다 그들은 아버지의 것이로소이다 ¹⁰ 내 것은 다 아버지의 것이요 아버지의 것은 내 것이온데 내가 그들로 말미암아 영광을 받았나이다 ¹¹ 나는 세상에 더 있지 아니하오나 그들은 세상에 있사옵고 나는 아버지께로 가옵나니 거룩하신 아버지여 내게 주신 아버지의 이름으로 그들을 보전하사 우리와 같이 그들도 하나가 되게 하옵소서 ¹² 내가 그들과 함께 있을 때에 내게 주신 아버지의 이름으로 그들을 보전하고 지키었나이다 그 중의 하나도 멸망하지 않고 다만 멸망의 자식뿐이오니 이는 성경을 응하게 함이니이다 ¹³ 지금 내가 아버지께로 가오니 내가 세상에서 이 말을 하옵는 것은 그들로 내 기쁨을 그들 안에 충만히 가지게 하려 함이니이다 ¹⁴ 내가 아버지의 말씀을 그들에게 주었사오매 세상이 그들을 미워하였사오니 이는 내가 세상에 속하지 아니함 같이 그들도 세상에 속하지 아니함으로 인함이니이다 ¹⁵ 내가 비옵는 것은 그들을 세상에서 데려가시기를 위함이 아니요 다만 악에 빠지지 않게 보전하시기를 위함이니이다 ¹⁶ 내가 세상에 속하지 아니함 같이 그들도 세상에 속하지 아니하였사옵나이다 ¹⁷ 그들을 진리로 거룩하게 하옵소서 아버지의 말씀은 진리니이다 ¹⁸ 아버지께서 나를 세상에 보내신 것 같이 나도 그들을 세상에 보내었고 ¹⁹ 또 그들을 위하

---

[89] 요한복음에서 예수의 선지자적 정체성과 '하나님께서 보내신 자'라는 주제에 대해서는 Cho, *Jesus as Prophet*, 153-59을 참조하라.

여 내가 나를 거룩하게 하오니 이는 그들도 진리로 거룩함을 얻게 하려 함이니이다

예수의 기도에서 두 번째에 해당하는 부분으로, 예수께서는 이 단락에서 제자들을 위하여 집중적으로 기도하신다. 앞에서도 설명했듯이, 동사 '에로 탄'(ἐρωτᾶν, '기도하다')이 사용되어 새로운 내용이 시작되었음을 알린다. 예수는 자신이 기도하시는 이유가 세상을 위함이 아니라 아버지께서 주신 제자들을 위함이라고 밝히신 후 세상에서 그들을 보호해 달라고 아버지께 요청하신다.

9절 예수께서 제자들을 위해서 집중적으로 기도하신다. 그들이 바로 '아버지의 것'이기 때문이다. 이 구절에서 '세상'은 보편적인 악한 세상을 의미하면서 동시에 그 세상 속에 있는 교회를 박해하는 특정 집단도 암시한다.[90] 예수는 제자들을 악한 세상 속에서 보호하는 데에 관심을 두고 계신다. 자신은 곧 떠나지만 그들은 세상에 계속 남아 있어야 하기 때문이다.

10절 '내 것은 다 아버지의 것이요 아버지의 것은 내 것'이라는 사상은 16:14-15("그가 내 영광을 나타내리니 내 것을 가지고 너희에게 알리시겠음이라 무릇 아버지께 있는 것은 다 내 것이라 그러므로 내가 말하기를 그가 내 것을 가지고 너희에게 알리시리라 하였노라")에서도 이미 언급된 바 있다. 예수와 하나님이 하나라는 사상은 요한복음 전체를 관통하는 일관된 신학 사상이다(참조. 1:18; 10:30; 14:9). 하나님과 연합되어 있다면 그분의 보호하심은 자연스러운 결과일 것이다. 하지만 예수께서는 제자들이 하나님과 하나가 되라고 기도하신 것이 아니라, 계속해서 하나이기를 기도하셨다. 그들은 이미 예수를 통하여 하나님과 하나가 되었기 때문이다. 예수께서는 제자들로 말미암아 영광을 받으셨다(참조. 2:11).

11절 예수께서 제자들을 위하여 기도하시는 이유가 나온다. 자신은 이 세상

---

[90] Morris, *John*, 642을 보라.

을 떠나 아버지께로 돌아가지만 제자들은 세상에 남아 있기에 그들을 보전해야 하시기 때문이다. 그래서 '거룩하신 아버지여 내게 주신 아버지의 이름으로 그들을 보전하사 우리와 같이 그들도 하나가 되게 하옵소서'라고 기도하시는 것이다. 예수께서 하나님을 '거룩하신 아버지'('파테르 하기에', πάτερ ἅγιε)라고 부르신 것은 요한복음 전체에서 이곳이 유일하다. 예수는 하나님을 일반적으로 '아버지'라고 부르셨다(참조. 1, 5, 24절; 11:41; 12:27-28). '거룩하신 아버지'와 유사한 특별한 칭호가 25절에도 나오는데 바로 '의로우신 아버지'('파테르 디카이에', πάτερ δίκαιε)이다(참조. 마 11:25). '아버지의 이름'에는 제자들을 보전하시는 능력이 있다. 시편 기자 역시 '주의 이름'에 능력이 있음을 알고 있었다. 시편 기자는 대적들로부터의 구원과 어려운 상황을 벗어나게 하는 도움이 주의 이름으로부터 나온다고 노래한다(참조. 시 44:5; 54:1; 124:8).

12절 '내가 그들과 함께 있을 때에 내게 주신 아버지의 이름으로 그들을 보전하고 지키었나이다'는 앞의 내용을 부분적으로 반복한 것이다. '그 중의 하나도 멸망하지 않고 다만 멸망의 자식뿐이오니'는 가룟 유다(Judas Iscariot)를 직접적으로 가리킨다. 예수는 가룟 유다의 배신을 '이는 성경을 응하게 함'이라고 이해하신다. 여기서 '성경'은 시편 41:9("내가 신뢰하여 내 떡을 나눠 먹던 나의 가까운 친구도 나를 대적하여 그의 발꿈치를 들었나이다")을 가리킨다. 예수께서는 열두 제자를 선택하신 후에 이미 유다의 배신에 대해 예언하셨다(참조. 6:70-71; 13:18, 21-30).

13절 예수께서 자신의 죽음을 '아버지께로 가오니'라고 표현하시며 제자들을 위하여 기도하신다. '이 말을 하옵는 것은'에서 '이 말'은 지금까지의 기도 내용이라기보다 고별 설교 전체를 가리키는 것 같다. 그리고 근심하는 제자들을 위하여 그들이 예수 자신의 기쁨을 충만히 누리게 해 달라고 기도하신다.

14절 제자들이 세상에 속하지 않았기 때문에 세상이 그들을 미워한다(참조. 15:18-19). 세상에 속한다는 것은 세상의 가치관과 사회의 관습, 그리고 삶의 법칙을 받아들이고, 그 안에서 기쁨과 만족을 누리며 살아가는 것을 의미한다. 예수께서 세상에 속하지 않았다는 이유로 세상으로부터 박해와 미움을 받으셨듯이 제자들 역시 미움을 받았다. 제자들의 삶이 세상에 속하지 않게 된 것은 예수께서 그들을 '아버지의 말씀'으로 가르치셨기 때문이다.

15절 예수께서 제자들을 위하여 구체적으로 간구하신다. 제자들을 안전한 곳으로 인도해 달라고 요청하시지 않고, 악에 빠지지 않게 보전해 달라고 요청하신다. 이와 비슷한 내용이 주기도문에도 나온다. "다만 악에서 구하시옵소서"(마 6:13). '악에 빠지지 않게'('에크 투 포네루', ἐκ τοῦ πονηροῦ)에서 '악'은 문자적으로 추상적인 개념의 '악'을 나타낼 수도 있고, 하나의 인격체인 '악한 자'를 가리킬 수도 있다. 하지만 헬라어 관사가 사용된 점, 그리고 요한복음 내에서 하나님과 그리스도의 대적이 등장하고, 또한 예수의 제자들까지 위협하는 자가 나오는 것으로 볼 때, 여기서는 후자가 더 적절해 보인다.[91]

16절 이 구절은 14b절("내가 세상에 속하지 아니함 같이 그들도 세상에 속하지 아니함으로 인함이니이다")을 반복한 내용이다.

17절 이제부터는 예수께서 제자들을 거룩하게 하시려는 내용으로 기도가 전개된다. '거룩'이라는 주제는 유대인들이 드리는 기도 내용과 유사하다.[92] '그들을 진리로 거룩하게 하옵소서 아버지의 말씀은 진리니이다'라는 내용은 하나님의 말씀이 제자들을 거룩한 삶으로 인도하는 원리이며, 유일무이한 길임을 암시한다.

18절 예수는 아버지께서 자신을 세상에 보내셨음을 항상 인식하고 계셨다. 그리고 그 인식을 바탕으로, 제자들을 세상에 파송하신다.

---

91 Carson, 『요한복음』, 1049; Köstenberger, *John*, 495을 참조하라.
92 Köstenberger, *John*, 495, 각주 59을 참조하라.

19절 예수께서 자신의 성결함을 위하여 '내가 나를 거룩하게 하오니'라고 기도하시는 이유는 제자들도 거룩함을 얻게 하시기 위함이다. 하지만 예수께서 자신을 어떻게 거룩하게 하시는지에 대한 구체적인 방법은 나오지 않는다. 예수가 자신을 거룩하게 하시는 이유는 '그들도 진리로 거룩함을 얻게 하려' 함이다. 그렇다면 예수께서 거룩해지시는 방법도 '진리'를 통해서라고 이해할 수 있다. 진리이신 하나님의 말씀에 순종하는 것이다. 예수는 이미 앞에서 '그들을 진리로 거룩하게 하옵소서 아버지의 말씀은 진리니이다'(17절)라고 밝히셨다. 아버지의 말씀인 '진리'가 거룩해지는 방법이라는 것이다. 예수께서는 자신을 거룩하게 하시고자 아버지의 말씀에 순종하신다. 여기서 순종이란 제자들을 위하여 마침내 십자가에서 자신을 드려 희생제물이 되심으로써 아버지의 구속 사역을 완성하는 것이다.[93] '그들을 위하여 내가 나를 거룩하게 하오니'라는 표현을 근거로 해서, 17장에 나오는 예수의 기도를 '대제사장적 기도'라고 이해하려는 견해가 있지만, 예수의 기도가 전체적으로 그분의 제자들에게 초점이 맞추어져 있다는 사실을 고려하면 이는 문맥에서 벗어난 해석이다.[94]

18.3. 모든 믿는 자를 위한 기도(17:20-26)

[20] 내가 비옵는 것은 이 사람들만 위함이 아니요 또 그들의 말로 말미암아 나를 믿는 사람들도 위함이니 [21] 아버지여, 아버지께서 내 안에, 내가 아버지 안에 있는 것 같이 그들도 다 하나가 되어 우리 안에 있게 하사 세상으로 아버지께서 나를 보내신 것을 믿게 하옵소서 [22] 내게 주신 영광을 내가 그들에게 주었사오니 이는 우리가 하나가 된 것 같이 그들도 하나가 되게 하려 함이니이다 [23] 곧 내가 그들 안에 있고 아버지께서 내 안에 계시어 그들로 온전함을 이루어 하나가 되게 하려 함은 아버지께서 나를 보

93　Köstenberger, *John*, 497; Ridderbos, *John*, 556을 참조하라.
94　Carson, 『요한복음』, 1050-54을 참조하라. Carson은 17장의 이 기도에 희생 언어(sacrificial language)가 두드러지게 나오지 않는다고 주장한다; Hunter, "Prayers of Jesus", 274-75을 참조하라.

내신 것과 또 나를 사랑하심 같이 그들도 사랑하신 것을 세상으로 알게 하려 함이로소이다 ²⁴ 아버지여 내게 주신 자도 나 있는 곳에 나와 함께 있어 아버지께서 창세 전부터 나를 사랑하시므로 내게 주신 나의 영광을 그들로 보게 하시기를 원하옵나이다 ²⁵ 의로우신 아버지여 세상이 아버지를 알지 못하여도 나는 아버지를 알았사옵고 그들도 아버지께서 나를 보내신 줄 알았사옵나이다 ²⁶ 내가 아버지의 이름을 그들에게 알게 하였고 또 알게 하리니 이는 나를 사랑하신 사랑이 그들 안에 있고 나도 그들 안에 있게 하려 함이니이다

이 단락은 예수의 기도 중 마지막 세 번째 부분이다.⁹⁵ 예수는 자신이 하나님 아버지와 하나이듯이, 제자들과 그 제자들을 통해서 예수를 그리스도로 믿고 고백할 모든 사람이 하나 되기를 원하신다. 이 단락에서 예수의 기도의 동기와 관심사는 공동체로서의 교회의 하나 됨이다.

20절 예수께서 제자들과 제자들의 제자를 위하여 기도하신다. '이 사람들'과 '그들'은 모두 9-19절에 나오는 예수의 제자들이다. 예수께서는 이제 제자들은 물론 제자들의 말씀 사역의 결과로 예수를 그리스도로 믿고 따를 미래의 제자들을 위해서도 기도하신다. 이 구절은 '…뿐만 아니라, 또한 …도'(not only … but also …)의 문장 구조로, 현재의 제자들뿐만 아니라, 또한 미래의 제자들까지도 모두 포함하여 예수께서 기도하고 있음을 보여 준다.⁹⁶

21절 예수께서 모든 제자가 하나 되기를 기도하시면서, 그 하나 됨의 구체적인 모범을 자신과 하나님의 하나 되심으로 제시하신다. "아버지께서 내 안에, 내가 아버지 안에 있는 것 같이 그들도 다 하나가 되어 우리 안에 있게 하사." 이 연합은 내적이며 신비한 연합이다. 논리적으로 설명할 수 없는 하나 됨이며 가시적으로 인식할 수 없는 하나 됨이다. 성자 예수 그리스도와 성부 하나

---

95 본 단락의 자세한 석의는 조석민, '신약적 관점', 248-53을 참조하라.
96 Schnackenburg, *John*, III, 189-90; Beasley-Murray, *John*, 302을 보라.

님 아버지의 연합과 일치는 생명의 연합이며 영의 일치이다. 이 신비한 연합이 예수의 제자들을 넘어 미래의 제자들에게까지 확대된다. 예수와 하나님이 하나라는 사상은 요한복음 전체에서 계속 반복되는 신학 사상이다(참조. 10:38; 14:9-11, 20). 공동체로서의 교회의 하나 됨은 하나님 아버지와 그 아들 예수의 하나 됨에 근원을 둔다. 세상은 하나님께서 예수를 이 땅에 보내신 목적을 교회의 하나 됨을 통해 알 수 있다.

22절 '영광'('독사', δόξα)은 예수의 구속 사역과 관련이 있는 단어이다. 이 사역을 위하여 예수께서 성육신하셔서 십자가 위에서 죽으신 것이다. 예수는 이 사역을 완수하심으로써 아버지께 영광을 돌리고 자신도 영광을 받으신다. 요한복음에서는 예수의 구속 사역을 종종 '영광'으로 표현한다(참조. 12:23, 28; 13:31; 17:1-5, 24). 예수께서는 이 구속 사역을 통해 받은 영광을 미래의 제자들에게 주실 것이다. 하나님과 예수가 하나이듯이 모든 믿는 자들이 하나 되기를 바라시기 때문이다.

23절 '내가 그들 안에 있고 아버지께서 내 안에 계시어 그들로 온전함을 이루어 하나가 되게' 하는 이 연합은 예수 그리스도가 믿는 자들과 영적으로 하나가 되고 아버지 하나님과 하나가 되는 신비한 연합이다. 예수께서는 또한 모든 성도가 하나가 되게 해 달라고 기도하시는데 이는 하나님의 사랑을 세상에 널리 알리시기 위함이다. "아버지께서 나를 보내신 것과 또 나를 사랑하심 같이 그들도 사랑하신 것을 세상으로 알게 하려 함이로소이다."

24절 '아버지여 내게 주신 자도 나 있는 곳에 나와 함께 있어 아버지께서 창세 전부터 나를 사랑하시므로 내게 주신 나의 영광을 그들로 보게 하시기를 원하옵나이다'라는 기도는 13:33, 36에서 예수께서 제자들에게 지금은 자신을 따라올 수 없다고 말씀하신 것과 대조되는 내용처럼 보인다. 하지만 예수께서는 곧바로 '후에는 따라오리라'(13:36)라고 말씀하심으로써 자신이 떠난 후에 자신을 따라오는 것이 가능하다고 밝히셨다. 이것은 예수께서 죽으시고 부활하심으로써 교회가 하나님 안에 있는 그리스도와 함께 있게 되리라는 종말론적 소망을 나타낸다(참조. 14:1-5). 예수는 십자가에서의 죽음으로 말미암아 아버지의 영광에 이를 것이며, 제자들은 하나님 안에 있는 그리스도의 영광을 보게 될 것이다. '아버지께서 창세 전부터 나를 사랑하시므로'는 예수께서 창세 전부터 계셨음을 알려 준다(참조. 5절).

25절 예수께서 하나님을 '아버지', '거룩하신 아버지', '의로우신 아버지'라고 부르신다. 이 구절에 나오는 '의로우신 아버지'라는 칭호의 개념은 레위기 11:44-45("나는 여호와 너희의 하나님이라 내가 거룩하니 너희도 몸을 구별하여 거룩하게 하고 땅에 기는 길짐승으로 말미암아 스스로 더럽히지 말라 나는 너희의 하나님이 되려고 너희를 애굽 땅에서 인도하여 낸 여호와라 내가 거룩하니 너희도 거룩할지어다")이 배경이다.[97] 하나님과 예수는 아버지와 아들의 관계 속에서 서로에 대해 알고 계신다.

26절 예수께서 제자들에게 '아버지의 이름'을 가르치셨기에 제자들이 예수와 하나님에 대해 알게 되었다. 즉 예수의 인격과 가르침, 그리고 행위를 통하여 하나님의 계시가 전달된 것이다(참조. 1:18; 14:9). '이는 나를 사랑하신 사랑이 그들 안에 있고 나도 그들 안에 있게 하려 함이니이다'는 예수께서 아버지께로 가시는 목적을 보여 준다. 제자들을 세상에 홀로 남겨 두려는 것이 아니라 그들 가운데 함께 거하시기 위함이다. 예수는 마지막까지 제자들을 위하여 기도하고 계신다. 이런 점에서 17장의 이 기도는 '대제사장적 기도'라기보다는 제자들을 위한 '선지자의 중보기도'처럼 보인다.

설교자를 위한 적용(17:1-26)

●● 예수는 이 기도 속에서 자신의 죽음을 계속 의식하고 계신다. 또한 이

---

[97] Köstenberger, *John*, 493을 참조하라.

죽음을 '영광'과 연관시키신다. 죽음조차도 아버지의 영광을 위함이다. 하나님의 구속 사역을 이루기 위하여 하나님께 보냄을 받은 자 예수의 기도는 자신의 욕망을 채우기에만 급급한 인간의 기도와 크게 대조된다.

예수께서는 제자들을 사랑하시되 끝까지 사랑하시며, 그들을 보호하기 위하여 하나님께 기도하신다. 선한 목자가 양들을 위해 목숨을 버리듯이 예수께서는 제자들을 위하여 목숨을 버리시고 또한 그들을 위한 기도를 쉬지 않으신다.

예수는 제자들이 아버지의 것이기에 하나님의 선한 뜻을 따라 제자들을 위하여 기도하셨다. 자신의 주장을 관철할 목적으로 드린 기도가 아니었다. 예수께서는 이 기도를 통하여, 기도란 내 소원과 필요를 아뢰는 것이 아니라, 하나님의 뜻을 따라 나를 변화시키는 것임을 보여 주신다.

예수는 하나님과의 친밀한 관계를 바탕으로 기도하셨다. 하나님을 '아버지'(1, 21, 24절), '거룩하신 아버지'(11절), '의로우신 아버지'(25절)로 인식하고 기도하셨다. 또한 자신이 하나님과 하나임을 잊지 않으셨다(4, 10, 11절). 기도는 친밀한 관계에서 시작하는 교제이고, 그 관계를 확인해 주는 수단이며, 동시에 관계를 지속하게 하는 방법이다. ●●

VI. 예수의 수난과 부활

18:1-20:31

이 단락은 요한복음 전체의 문학 구조에서 절정에 해당하는 부분으로, 예수의 수난과 죽음, 장례와 부활을 그린다.

19. 예수의 수난과 십자가 죽음(18:1-19:42)

이 단락에서는 예수가 로마 군인들에게 체포되시는 순간부터 시작하여, 심문, 재판, 십자가 처형, 죽음, 그리고 그분의 장례까지의 전 과정을 자세히 묘사하면서 그분의 수난사를 그린다. 예수께서는 기드론 시내 건너편 감람산에서 체포되신 후 안나스에게 심문을 받고, 가야바를 거쳐 빌라도에게 넘겨지신다. 빌라도는 예수를 심문하다가 마침내 십자가 처형을 판결한다. 예수는 십자가에서 운명하시고, 아리마데 사람 요셉과 니고데모가 예수를 장례한다.

이 단락은 '동산이 있는데'('엔 케포스', ἦν κῆπος, 18:1)에서 시작하여, '동산이 있고'('엔 … 케포스', ἦν … κῆπος, 19:41)로 끝나는, 수미상관 구조(inclusio structure)로 형성되어 있다.[1]

이 단락은 전체적으로 다음과 같이 다섯 단락으로 나눌 수 있다. (1) 가룟 유다의 배신과 체포되신 예수(18:1-14). (2) 베드로의 예수 부인(否認)(18:15-27). (3) 빌라도의 예수 심문과 무죄 선언(18:28-19:16).[2] (4) 십자가에 못 박히신 예수(19:17-27). (5) 예수의 죽음과 장례(19:28-42).

---

1   Moloney, *John*, 481-82. Moloney는 18-19장의 구조를 A단락(18:1-12), B단락(18:13-27), C단락(18:28-19:16), B'단락(19:17-30), A'단락(19:31-42)으로 구분한다. 이 구조는 C단락을 중심으로 A-B-C-B'-A'라는 하나의 병행 구조(parallel structure)를 형성한다. C단락은 빌라도가 예수를 심문하면서 그분의 무죄를 세 차례나 입증하는 내용으로, Moloney가 요한의 의도를 잘 파악하여 구조를 분석했다고 볼 수 있다. 다른 구조에 대하여는 이상훈, 『요한복음』, 507-11을 참조하라.
2   빌라도의 예수 심문과 무죄 선언(18:28-19:16) 단락은 예수 수난의 핵심 장면으로, 빌라도가 관정 안과 밖을 넘나들면서 유대인들과 대화하며 예수를 재판하는 과정을 그린다. 이를 다시 일곱 단락의 대칭 구조로 세분화할 수 있다. 자세한 논의는 본서의 해당 주석을 참조하라.

19.1. 가룟 유다의 배신과 체포되신 예수(18:1-14)

¹ 예수께서 이 말씀을 하시고 제자들과 함께 기드론 시내 건너편으로 나가시니 그 곳에 동산이 있는데 제자들과 함께 들어가시니라 ² 그 곳은 가끔 예수께서 제자들과 모이시는 곳이므로 예수를 파는 유다도 그 곳을 알더라 ³ 유다가 군대와 대제사장들과 바리새인들에게서 얻은 아랫사람들을 데리고 등과 횃불과 무기를 가지고 그리로 오는지라 ⁴ 예수께서 그 당할 일을 다 아시고 나아가 이르시되 너희가 누구를 찾느냐 ⁵ 대답하되 나사렛 예수라 하거늘 이르시되 내가 그니라 하시니라 그를 파는 유다도 그들과 함께 섰더라 ⁶ 예수께서 그들에게 내가 그니라 하실 때에 그들이 물러가서 땅에 엎드러지는지라 ⁷ 이에 다시 누구를 찾느냐 물으신대 그들이 말하되 나사렛 예수라 하거늘 ⁸ 예수께서 대답하시되 너희에게 내가 그니라 하였으니 나를 찾거든 이 사람들이 가는 것은 용납하라 하시니 ⁹ 이는 아버지께서 내게 주신 자 중에서 하나도 잃지 아니하였사옵나이다 하신 말씀을 응하게 하려 함이러라 ¹⁰ 이에 시몬 베드로가 칼을 가졌는데 그것을 빼어 대제사장의 종을 쳐서 오른편 귀를 베어버리니 그 종의 이름은 말고라 ¹¹ 예수께서 베드로더러 이르시되 칼을 칼집에 꽂으라 아버지께서 주신 잔을 내가 마시지 아니하겠느냐 하시니라 ¹² 이에 군대와 천부장과 유대인의 아랫사람들이 예수를 잡아 결박하여 ¹³ 먼저 안나스에게로 끌고 가니 안나스는 그 해의 대제사장인 가야바의 장인이라 ¹⁴ 가야바는 유대인들에게 한 사람이 백성을 위하여 죽는 것이 유익하다고 권고하던 자러라

이 단락에서는 예수께서 가룟 유다가 감람산으로 이끌고 온 로마 군인들에게 체포되시는 장면을 묘사한다. 예수의 고난이 시작되는 장면이다. 예수는 체포되신 후 곧바로 안나스에게로 끌려가신다.

1절 '이 말씀'은 좁게는 17장의 예수의 기도이고, 더 넓게는 예수의 기도를 포함한 고별 설교 (13:31-16:33)를 가리킨다. '기드론 시내'('투 케이마루 투 케드론', τοῦ χειμάρρου τοῦ Κεδρών)는 예수의 수난 사화 속에서 공관복음에는 등장하지 않고 요한복음에만 나오는 장소이다. 이곳은 예루살렘과 감람산 동산 사

이에 위치한 골짜기인데, 우기(雨期)인 겨울철에만 물이 흐른다. 구약성경에서 '기드론 시내'는 다윗 왕의 수난과 관련이 있는 장소이다(참조. 삼하 15:23-24; 왕상 2:37; 왕하 23:6, 12; 대하 15:16; 29:16; 30:14). 여기서 저자는 '기드론 시내' 앞에 관사를 의도적으로 사용함으로써 구약성경의 특별한 장소를 떠올리게 한다. 이 장소를 예수와 다윗 왕을 일치시키는 접촉점으로 삼고 있는 것이다.[3] 이렇게 저자는 기드론이라는 단어를 통해 예수의 수난을 암시한다. 예수께서는 제자들과 함께 올리브 동산인 감람산 속으로 들어가신다.

2절 저자가 감람산을 설명한다. 이곳은 예수와 제자들이 자주 모이는 장소였기에 가룟 유다도 이미 잘 아는 곳이라고 한다. 이렇게 요한복음에만 장소에 대한 자세한 설명이 나온다. 공관복음에서는 이 동산을 겟세마네(Gethsemane)라고 부른다(참조. 막 14:32; 마 26:36).

3절 가룟 유다가 로마 '군대'('스페이라', σπεῖρα)와 '아랫사람들'('휘페레테스', ὑπηρέτης)을 데리고 온다(참조. 눅 22:52). 헬라어 '스페이라'는 약 이백 명 정도의 군인들을 가리킨다.[4] '아랫사람들'은 대제사장들과 바리새인들의 종들인데, 이들은 성전을 경비하는 역할을 맡았다.[5] 그들이 '등과 횃불'('파논 카이 람파돈', φανῶν καὶ λαμπάδων)을 들고 온 것을 통해 예수께서 밤에 체포되셨음을 알 수 있다. 그리고 또 한 가지, 예수께서 13장에서 제자들과 만찬을 드시면서 유언과도 같은 고별 설교를 하셨고, 계속해서 제자들을 위해 기도하신 후, 바로 그 밤에 로마 군인들에게 붙잡히셨음을 알려 준다.

4절 예수께서는 자신이 어떻게 고난을 받고 어떻게 죽으실지 이미 알고 계셨다(참조. 6:62; 13:1-11). "그 당할 일을 다 아시고." 그래서 당황하지 않으시고

---

[3] Brown, 『요한복음, II』, 1532을 보라.
[4] Morris, *John*, 656; Stibbe, *John as Storyteller*, 170을 참조하라.
[5] Keener, *Bible Background Commentary*, 306; Morris, *John*, 656을 참조하라.

그들을 향해 '너희가 누구를 찾느냐'라고 물으신다. 이는 공관복음에는 나오지 않는, 매우 독특한 장면이다. 자신을 체포하러 온 사람들과 마주쳤다면 죄가 전혀 없을지라도 당황하고 두려워하는 것이 당연할 것이다. 하지만 예수께서는 그렇지 않으셨다. 하나님께서 자신에게 맡기신 사명이 무엇인지 정확히 알고 계셨기에 그 길을 당당히 걸어가셨다.

5절 예수의 질문에 로마 군인들과 성전 경비병들이 '나사렛 예수'를 찾으러 왔다고 대답한다. '나사렛'은 헬라어 '나조라이오스'(Ναζωραῖος)의 음역으로, '나사렛 사람'을 의미한다(참조. BDAG, 664-65). 예수께서 로마 군인들에게 '내가 그니라'('에고 에이미', ἐγώ εἰμί)라고 하시며 자신을 드러내신다. 이 표현은 신적 정체성을 밝히는 것으로, 자신이 하나님이라고 주장하는 것과 같다(참조. 6:20).[6] 이렇게 예수께서 자신을 체포하려는 사람들에게 자신의 정체성을 분명히 드러내실 때 유다도 그 자리에 있었다. 하지만 예수가 체포되시는 순간에도 가룟 유다는 아무런 역할을 하지 않는다. 공관복음에서는 유다가 예수께 입을 맞추고 그를 팔아 넘겼다고 묘사한다(참조. 막 14:44-45; 마 26:49; 눅 22:48). 하지만 요한복음에서는 유다의 입맞춤이나 자살에 대한 내용이 생략되었다. 가룟 유다는 이 구절을 끝으로 요한복음에 더 이상 등장하지 않는다.

6절 '그들이 물러가서 땅에 엎드러지는지라'는 예수의 권위에 대한 군인들과 경비병들의 반응을 묘사하는 표현이다. 그들이 엎드러지는 상황이 예수께서 자신의 정체성을 밝히셨을 때 발생했다. 이는 구약성경의 말씀이 성취된 것이다.[7] "악인들이 내 살을 먹으려고 내게로 왔으나 나의 대적들, 나의 원수들인 그들은 실족하여 넘어졌도다"(시 27:2), "내 생명을 찾는 자들이 부끄러워 수치를 당하게 하시며 나를 상해하려 하는 자들이 물러가 낭패를 당하게 하소서"(시 35:4).

---

6 Kruse, 『요한복음』, 204-205; Carson, 『요한복음』, 499, 523, 1074-75을 참조하라.
7 Haenchen, *Gospel of John*, II, 165을 보라.

7-8절 예수께서 로마 군인들과 성전 경비병들에게 누구를 찾느냐고 다시 물으신다. 그들이 '나사렛 예수'라고 대답한다. 이에 예수께서 자신이 바로 나사렛 예수라고 분명하게 밝히신다. 그리고 제자들을 보호하시고자 '이 사람들이 가는 것은 용납하라'라고 말씀하신다. 자신을 찾았으니 제자들은 붙잡지 말라는 것이다. 예수께서는 체포되시는 순간에도 자신보다 제자들을 더욱 염려하셨다.

9절 이 구절은 '나를 찾거든 이 사람들이 가는 것은 용납하라'(8절)에 대한 저자 요한의 설명적 주석이다(참조. 6:37, 39; 10:28; 17:12). 예수께서는 17장에서도 제자들을 위해 기도하셨다. "내가 그들과 함께 있을 때에 내게 주신 아버지의 이름으로 그들을 보전하고 지키었나이다 그 중의 하나도 멸망하지 않고 다만 멸망의 자식뿐이오니 이는 성경을 응하게 함이니이다"(17:12). 이와 비슷한 주제가 오병이어 기적 사건 후 생명의 떡에 대해 말씀하실 때도 나온다. "나를 보내신 이의 뜻은 내게 주신 자 중에 내가 하나도 잃어버리지 아니하고 마지막 날에 다시 살리는 이것이니라"(6:39).

10절 저자가 예수의 체포에 대해 매우 자세한 정보를 제공한다. 이처럼 역사적 사실을 기록함으로써 자신이 현장 목격자임을 암시한다. 그리고 칼을 사용한 자의 이름이 '베드로'였음도 밝힌다(참조. 막 14:46-47; 마 26:51-52; 눅 22:35-38, 49-51).[8] 오직 요한복음에만 나오는 정보이다. 또한 베드로의 칼에 '오른편 귀를' 베인 사람의 이름을 '말고'('말코스', Μάλχος)라고 알려 주는 성경도 요한복음뿐이다(참조. 18:10, 26).[9] 말고의 오른쪽 귀가 베어졌다는 것은 베드로가 왼손잡이일 가능성을 암시한다.

---

8 누가복음 22:35-38의 기록에 의하면, 최후의 만찬에 참석한 제자들은 각기 두 자루의 칼을 가지고 있었다.

9 예수께서 칼에 베인 사람의 귀를 만져 낫게 하셨다는 기록은 누가복음에만 나온다(눅 22:51).

11절 예수께서는 무력을 사용한 베드로를 책망하지는 않으셨지만 '칼을 칼집에 꽂으라'라고 하시며 그를 제지하신다. 그리고 '아버지께서 주신 잔을 내가 마시지 아니하겠느냐'(비교. 막 14:36; 마 26:39)라고 말씀하신다. 여기서 '잔'은 십자가의 고난과 죽음을 비유적으로 표현한 것이다(참조. 시 75:8; 사 51:17, 22; 렘 25:15). 예수는 자신이 어떻게 고난받고 어떻게 죽을지 다 알면서도 아버지 하나님께 기꺼이 순종하셨다.

12-13절 로마 군인들과 천부장, 그리고 성전 경비병들이 예수를 결박하여 '먼저 안나스(Annas)에게로 끌고' 간다. 이는 공관복음의 기록과 차이가 있다. 요한복음은 산헤드린 공회의 공식 재판을 소개하지 않고 안나스의 예비 심문이 있었음을 보여 준다. 아마도 예수께서는 공식 재판 전에 이미 기소되었고 판결을 받으신 것 같다(참조. 11:47-53). '천부장'은 '킬리아르코스'($\chi\iota\lambda\iota\alpha\rho\chi o\varsigma$)의 번역으로, 당시 '군대 호민관'(military tribune) 혹은 '천 명의 군병을 거느린 사령관'을 의미한다(참조. BDAG, 1084). 하지만 천부장의 군병은 천 명이 아니라 약 육백 명 정도였다.

저자가 안나스를 '그 해의 대제사장인 가야바의 장인'이라고 소개한다. 안나스는 CE 5-15년에 대제사장으로 재직했던 인물이었고, 그 당시 대제사장은 가야바(Caiaphas)였다. 하지만 많은 유대인이 안나스를 실질적인 대제사장으로 대했다. 그가 실권을 행사했다는 것은 종교 권력이 타락했음을 단적으로 보여 주는 예이다.

14절 가야바는 11:50에서 '한 사람이 백성을 위하여 죽는 것이 유익하다'라고 권고하던 자이다. 그는 산헤드린 공회 의원이었고(참조. 11:47-53), CE 18-36년 기간에 대제사장을 지냈다.

설교자를 위한 적용(18:1-14)

●● 예수의 수난은 인간의 구원을 위한 마지막 과정이다. 예수는 대속제물

로 죽기 위해 세상에 오셨다. 요한복음은 예수의 수난을 수치나 고통의 길로만 묘사하지 않는다. 예수는 자신의 수난을 알고 있었기에 자신을 체포하러 온 군인들과 배반자 유다에게 당당하게 반응하셨다.

사람이 고난과 역경을 통과해서 지나갈 때 여유로운 반응을 보여 주기란 쉽지 않다. 캄캄한 터널 같은 고난 속에 있을 때는 끝이 보이지 않는 것이 가장 답답하고 힘들다. 하지만 그 고난의 터널 끝이 멀리 보이고 한 가닥 빛이 비치면 비록 지금은 어둠 속에 있을지라도 언젠가는 터널을 벗어날 수 있다는 희망을 갖게 된다.

예수는 체포되는 순간에도 제자들의 안전을 먼저 염려하셨기에 그들을 풀어 줄 것을 요구하셨다. 자신의 고난보다 제자들이 당할 고난을 더 크게 생각해서 배려하신 것이다. 그리스도인들도 이처럼 예수를 본받아야 한다. 홀로 고난당하며 큰 짐을 진 사람이 있다면 말로만 위로하지 말고 실제적으로 도움을 주어야 한다. ●●

19.2. 베드로의 예수 부인(否認)(18:15-27)

[15] 시몬 베드로와 또 다른 제자 한 사람이 예수를 따르니 이 제자는 대제사장과 아는 사람이라 예수와 함께 대제사장의 집 뜰에 들어가고 [16] 베드로는 문 밖에 서 있는지라 대제사장을 아는 그 다른 제자가 나가서 문 지키는 여자에게 말하여 베드로를 데리고 들어오니 [17] 문 지키는 여종이 베드로에게 말하되 너도 이 사람의 제자 중 하나가 아니냐 하니 그가 말하되 나는 아니라 하고 [18] 그 때가 추운 고로 종과 아랫사람들이 불을 피우고 서서 쬐니 베드로도 함께 서서 쬐더라 [19] 대제사장이 예수에게 그의 제자들과 그의 교훈에 대하여 물으니 [20] 예수께서 대답하시되 내가 드러내 놓고 세상에 말하였노라 모든 유대인들이 모이는 회당과 성전에서 항상 가르쳤고 은밀하게는 아무 것도 말하지 아니하였거늘 [21] 어찌하여 내게 묻느냐 내가 무슨 말을 하였는지 들은 자들에게 물어 보라 그들이 내가 하던 말을 아느니라 [22] 이 말씀을 하시매 곁에 섰던 아랫사람 하나가 손으로 예수를 쳐 이르되 네가 대제사장에게 이같이 대답하느냐 하니 [23] 예수께서 대답하시되 내가 말을 잘못하였으면 그 잘못한 것을 증언하라 바른 말을 하

였으면 네가 어찌하여 나를 치느냐 하시더라 ²⁴ 안나스가 예수를 결박한 그대로 대제사장 가야바에게 보내니라 ²⁵ 시몬 베드로가 서서 불을 쬐더니 사람들이 묻되 너도 그 제자 중 하나가 아니냐 베드로가 부인하여 이르되 나는 아니라 하니 ²⁶ 대제사장의 종 하나는 베드로에게 귀를 잘린 사람의 친척이라 이르되 네가 그 사람과 함께 동산에 있는 것을 내가 보지 아니하였느냐 ²⁷ 이에 베드로가 또 부인하니 곧 닭이 울더라

이 단락의 초점은 체포되신 예수와 그분을 모른다고 부인하는 베드로에게 맞추어져 있다. 예수께서 고별 설교를 시작하시면서 베드로에게 '닭 울기 전에 네가 세 번 나를 부인하리라'(13:38)라고 예언하셨는데, 이 단락에서 그 예언이 그대로 성취된다. 예수께서 체포되어 안나스에게 심문을 받으신다. 베드로가 예수를 따라와서 지켜보는 중에 한 여종에게 예수의 제자가 아니냐는 질문을 받는다. 베드로는 예수의 예언대로 세 번이나 예수를 부인한다.

15절 '대제사장의 집 뜰'은 성전이 아니라 안나스 집의 안마당(atrium)을 가리킨다. 그래서 성전 경비병이 아닌 '여종'이 그 집의 문을 지켰다(참조. 16-17절). '또 다른 제자' 한 사람은 21:2에 의하면 베드로와 함께 등장하는 '예수께서 사랑하시던 그 다른 제자'이다(참조. 13:23-24). 이 복음서에서 예수께서 사랑하신 제자는 예수의 고난과 죽음을 직접 목격한 사람으로 묘사된다(참조. 19:25-27, 31-35). 이 제자는 사도 요한일 가능성이 매우 높다. '이 제자는 대제사장과 아는 사람이라'라는 구절은 친분 관계를 언급한 것일 뿐 이 제자가 사회적으로 상위 계급이었다는 뜻은 아니다. 요한은 어부였다(참조. 막 1:16-20; 마 20:20-28). 어쩌면 요한의 아버지 세베대가 대제사장에게 생선을 공급하면서 친분을 쌓았을지도 모른다.[10]

16-17절 베드로가 '그 다른 제자'의 도움으로 대제사장의 집 뜰로 들어온다.

---

10 Morris, *John*, 666. Morris는 각주 37에서 이 제자가 제사장 가정의 출신일 가능성이 없지는 않다고 주장한다.

베드로가 들어와서 처음 한 일은 예수를 부인하는 것이었다. 당시 대제사장의 집 문을 지키는 사람('뛰로로스', θυρωρός)은 '여종'이었다. 여종의 역할이 구체적으로 묘사되고, 그 여종이 베드로에게 거침없이 질문한 것으로 보아 당시 여성과 남성의 신분의 구별이 그리 엄격하지 않았음을 알 수 있다. 브라운은 고대 시리아어 역본과 에티오피아어 역본을 소개하면서, 이 역본들에는 "문 지키는 사람의 여종"으로 표기되어 있는데, "이러한 표현은 문 지키는 자(남자)가 베드로의 출입을 허락하였으나 그의 여종이 베드로를 의심하였다는 뜻이 된다"[11]라고 설명한다. 하지만 '문 지키는 여종'은 그 다른 제자가 대제사장과 아는 사람이기에 예수의 제자가 아니라고 생각했다. 그래서 베드로 역시 예수의 제자가 아니라고 생각하여 '너도 이 사람의 제자 중 하나가 아니냐'라고 질문한다. 베드로에게 피할 길을 이미 내준 것이다. 베드로는 이 질문에 쉽게 예수를 모른다고 부인한다. 베드로가 예수를 모른다고 처음 부인한 사건이다.

18절 팔레스타인 지역은 유월절이 가까워 올 무렵, 낮은 그리 춥지 않지만 저녁 때부터는 바람이 불어 몹시 춥다. 그러므로 '추운 고로 … 불을 피우고 서서 쬐니'는 이 시간이 깊은 밤임을 알려 준다. 이런 추운 밤에 베드로가 성전 경비병들과 함께 불을 쬐고 있다(참조. 21:9).

19절 본문에 나오는 '대제사장'은 당시 대제사장인 가야바가 아니라 안나스이다. 여기서는 안나스를 계속해서 대제사장이라고 부른다(참조. 24절). 그 이유는 안나스가 대제사장 중 원로였고, 당시 대제사장은 종신직이었으며, 그가 실권을 쥐고 있었기 때문이었다. 안나스가 '예수에게 제자들과 그의 교훈'에 대하여 심문한다. 예수를 거짓 선지자로 본 것이다(참조. 7:12, 47). 예수가 거짓된 가르침으로 백성을 미혹하지는 않았는지 확인하고 있다.

11　Brown, 『요한복음, II』, 1562.

20-21절 예수께서 자신의 가르침이 공개적이었다고 밝히신다. '모든 유대인들이 모이는 회당과 성전에서 항상' 가르쳤다고 증거를 대신다. 게다가 '은밀하게는 아무 것도 말하지' 아니하였다고 덧붙이신다. 그리고 부당하게 심문하는 안나스를 향해 당당하게 이렇게 항변하신다. "어찌하여 내게 묻느냐 내가 무슨 말을 하였는지 들은 자들에게 물어 보라 그들이 내가 하던 말을 아느니라."

22-23절 성전 경비병 중 한 명이 예수의 뺨을 쳐서 예수를 모욕한다. 하지만 예수께서는 '내가 잘못하였으면 그 잘못한 것을 증언하라 바른 말을 하였으면 네가 어찌하여 나를 치느냐'라고 항의하시면서 그 사람의 행동을 지적하신다(참조. 19:3. 비교. 마 5:38-39; 행 23:1-5). 참고 침묵하는 것만이 능사는 아니다. 불의한 일에 대하여 항의하며 그 불의를 지적하고, 옳은 일에 대해서는 자신 있게 목소리를 내야 한다.

24절 안나스가 심문을 멈추고, 예수를 결박한 상태 그대로 대제사장 가야바에게 보낸다. 대제사장도 아닌 안나스가 예수를 심문한 것은 부당하며 불법적인 일이었다.

25절 베드로가 서서 불을 쬐고 있을 때 주변 사람들이 다시 '너도 그 제자 중 하나가 아니냐'라고 질문한다. 베드로가 아니라고 강력하게 부인한다. 두 번째로 부인한 것이다. 이는 생각할 겨를도 없이 순간적으로 위기를 모면하려고 나온 대답이었다.

26절 '베드로에게 귀를 잘린 사람의 친척'이 베드로에게 다시 질문을 던진다. 사복음서 중 요한복음에서만 이 사람이 '대제사장의 종'이고 말고의 '친척'이라는 자세한 정보를 제공한다. 신분이 확실한 증인이 베드로를 향하여 '네가 그 사람과 함께 동산에 있는 것을 내가 보지 아니하였느냐'라고 질문하면서 베드로가 예수의 제자라고 증언한다. 베드로는 이 질문에 꼼짝없이 대답해야 할 상황에 처하고 말았다(참조. 18:10).

27절 베드로가 예수를 모른다고 세 번째 부인했을 때 '곧 닭이 울었다.' 즉 이때가 새벽임을 나타내는 표현이다. 이 사건은 13:38("예수께서 대답하시되 네가 나를 위하여 네 목숨을 버리겠느냐 내가 진실로 진실로 네게 이르노니 닭 울기 전에 네가 세 번 나를 부인하리라")에 나오는 예수의 예언이 그대로 성취된 것이다. 브라운은 라그랑쥬(P. Largrange)의 헌신적인 연구 조사를 언급하면서, "3-4월경 예루살렘에서 일반적으로 들을 수 있는 '닭 울음'은 대체로 오전 3-5시 사이이며 가장 빠른 기록은 오전 2시 30분이었다"라고 밝힌다.[12] 이를 근거로 정리해 보면, 안나스가 예수에 대한 심문을 마친 시간이 3-5시경이고, 이때 베드로가 예수를 부인한 것이다. 안나스가 이렇게 밤을 새워 가면서 예수를 심문한 이유는 유월절이 임박했기 때문이었다.[13] 당시 유월절은 안식일과 겹치는, 매우 큰 날이었다. 19:14, 31, 42에 나오는 '준비일'은 안식일을 기준으로 할 때 준비일인 금요일을 가리킨다. 안나스는 밤을 새워 예수를 심문한 후 이른 새벽 시간에 가야바에게 보냈다.

설교자를 위한 적용(18:15-27)

●● 참된 제자는 스승이 가시는 길을 끝까지 따라갈 것이다. 하지만 베드로는 체포되신 예수를 멀찍이 따르다가 다른 제자의 도움으로 겨우 대제사장의 집 뜰에 들어간다. 게다가 한 여종이 '너도 이 사람의 제자 중 하나가 아니냐?'라고 묻자 자신과 예수와의 관계를 부인해 버린다. 이 질문을 오늘날 우

---

12 Brown, 『요한복음, II』, 1570. Bernard는 18:27의 닭 울음소리를 당시에 시간을 알리기 위해서 사용하던 트럼펫(trumpet) 소리라고 이해한다. 이 소리는 세 번째 시간에 울려서 새벽(자정에서 새벽 3시 사이)을 알리며, '닭 울음소리'(cockcrow)라고 불렸다고 주장한다(Bernard, *John*, II, 604). 그의 주장을 수용하더라도 그 시간이 실제로 닭이 우는 시간과 동일하기에 시간을 추정하는 데는 문제가 되지 않는다.

13 Sherwin-White, *Roman Society*, 45에서 Sherwin-White는 '유대인들은 명절 때문에 조급했다'라고 말한다.

리에게도 동일하게 적용할 수 있다.

예수는 많은 사람 앞에서 가르치셨다. 어떤 사악한 것을 몰래 전하신 적이 없었다. 그렇기에 재판정에서도 당당하셨다. 메시아로서의 권위 있는 모습을 보여 주신 것이다. 내 삶이 정당하고 떳떳하다면 어떤 상황에서도 당당할 수 있다. 우리는 예수의 제자답게 예수를 닮아 당당하게 살아가야 한다. ●●

19.3. 빌라도의 예수 심문과 무죄 선언(18:28-19:16)

이 단락은 예수 수난의 핵심 장면으로, 유대인들이 새벽에 예수를 빌라도에게 넘겨주자 빌라도가 예수를 심문하는 내용이다. 유대인들은 유월절이 다가왔기 때문에 이방인인 빌라도의 관정에 들어가지 않은 채 문 밖에서 예수의 심문을 지켜본다. 빌라도가 총독 관정을 들어갔다 나갔다 하며 이 재판을 이어간다. 마침내 빌라도가 예수에 대한 무죄를 세 번이나 선언한다. 하지만 빌라도는 정치적 협박을 이기지 못하고 결국 예수를 십자가에 못 박으라고 판결한다.

이 단락의 구조는 빌라도가 관정 안과 밖을 왔다갔다하는 것을 기준으로 아래와 같이 일곱 단락으로 구분된다.

   A 관정 밖의 빌라도(18:28-32)
    B 관정 안의 빌라도(18:33-38a)
     C 관정 밖의 빌라도(18:38b-40)
      D 관정 안의 빌라도(19:1-3)
     C′ 관정 밖의 빌라도(19:4-8)
    B′ 관정 안의 빌라도(19:9-12)
   A′ 관정 밖의 빌라도(19:13-16)

19.3.1. 빌라도에게 넘겨진 예수(18:28-32)

28 그들이 예수를 가야바에게서 관정으로 끌고 가니 새벽이라 그들은 더럽힘을 받지

아니하고 유월절 잔치를 먹고자 하여 관정에 들어가지 아니하더라 [29] 그러므로 빌라도가 밖으로 나가서 그들에게 말하되 너희가 무슨 일로 이 사람을 고발하느냐 [30] 대답하여 이르되 이 사람이 행악자가 아니었더라면 우리가 당신에게 넘기지 아니하였겠나이다 [31] 빌라도가 이르되 너희가 그를 데려다가 너희 법대로 재판하라 유대인들이 이르되 우리에게는 사람을 죽이는 권한이 없나이다 하니 [32] 이는 예수께서 자기가 어떠한 죽음으로 죽을 것을 가리켜 하신 말씀을 응하게 하려 함이러라

28절 유대인들이 당시 그 지역의 로마 총독이었던 빌라도가 거주하는 관정으로 예수를 끌고 간다. '관정'('프라이토리온', πραιτώριον)은 로마 총독의 '공관'을 의미한다(참조. BDAG, 859). 그들이 새벽에 예수를 대제사장 가야바에게서 빌라도에게 넘겨준다(참조. 막 15:1). '새벽'('프로이', πρωί)은 문자 그대로 '이른 시간'이며, 로마인들이 밤 시간을 구분한 마지막 시간대로서, 새벽 3시에서 6시 사이를 가리킨다(참조. BDAG, 892). 안나스가 심문을 끝낸 후 예수를 가야바에게 보냈고, 유대인들이 예수를 빌라도의 관정으로 끌고 간 사건이 밤과 새벽에 일어났음을 알 수 있다. 그리고 가야바는 예수를 심문하는 일에 관여하지 않았음도 알 수 있다.

빌라도가 이른 새벽에 예수를 심문하고 재판한 이유는 유대인들이 그렇게 요청했기 때문이다. 그들은 곧 다가올 유월절과 겹치는 안식일 때문에 시간적 여유가 전혀 없었다.[14] '그들은 더럽힘을 받지 아니하고 유월절 잔치를 먹고자 하여'는 유월절을 지키는 관습에 대한 설명이다. 구약성경을 보면, 유대인들은 이방인의 집에 들어갔다 나오는 것을 부정하다고 여겨서 하루가 지나가거나 옷을 빨아야 다시 정결해진다고 믿었다(참조. 레 11:24-25, 28, 39-40; 15:19-24; 민 9:6-12; 19:16; 31:19).

29절 빌라도가 예수를 인계받아 관정의 뜰에 둔 채 밖으로 나와서 유대인

---

14 Sherwin-White, *Roman Society*, 45. Sherwin-White는 유대인들이 오전 6시라는 이른 시간에 로마 총독을 만났다는 사실을 이해할 수 없다고 주장한다.

들에게 '너희가 무슨 일로 이 사람을 고발하느냐'라고 묻는다. 요한복음에서 '빌라도'('필라토스', Πιλᾶτος)라는 이름이 처음 등장한다(참조. 눅 3:1; 행 4:27). 빌라도는 당시 로마가 유대 지역을 다스리기 위하여 파송한 이 지역의 최고 실권자로, 아켈라오가 폐위된 후 유대의 다섯 번째 총독으로 부임했다. 그는 CE 26년에서 36년까지 유대, 사마리아, 이두매 지역을 다스렸다.[15]

30절 유대인들이 예수를 '행악자'(an evildoer)라고 하며 고발한다. '행악자'는 헬라어 '카콘 포이온'(κακὸν ποιῶν)의 번역으로, '사악하고 나쁜 일을 행하는 자'를 말한다. 열심당을 고발하는 것처럼 예수를 정치범으로 몰아가고 있는 것이다(참조. 눅 22:35-38; 23:32-33).[16] 빌라도가 총독 관정을 나왔다 들어갔다 하면서 재판을 계속한다. 이 모습은 28절에서 설명했듯이, 유대인들이 유월절을 성결하게 지키고자 이방인의 집에 들어가지 않아서 그런 것이기도 하고, 한편으로는 빌라도가 예수를 재판하는 일이 그렇게 쉽지 않았음을 암시해 준다고도 볼 수 있다.

31절 빌라도가 유대인들에게 '너희가 그를 데려다가 너희 법대로 재판하라'라고 권한다. 그 이유는 빌라도가 이 일로 인해 정치적인 구설수에 오르기를 원하지 않았기 때문이다. 또한 빌라도가 보기에는 고발 내용이 별로 심각해 보이지 않았을지도 모른다. 유대인들이 '우리에게는 사람을 죽이는 권한이 없나이다'라고 대답한다. 하지만 이 대답은 19:7("유대인들이 대답하되 우리에게 법이 있으니 그 법대로 하면 그가 당연히 죽을 것은 그가 자기를 하나님의 아들이라 함이니이다")의 내용과 모순된 것처럼 보인다. 그러나 이 구절에서 '사람을 죽이는 권한'은 로마의 형법을 말하고, 19:7의 '우리에게 법이 있으니'에서 '법'은 유대의 종교법을 가리킨다. 즉 빌라도가 유대의 종교법에 명시된 사형 제도를 언급했지만

---

15 Brown, 『요한복음, II』, 1597-98을 참조하라.
16 누가복음 23:1-2에는 고발 내용이 더 구체적으로 나온다. "무리가 다 일어나 예수를 빌라도에게 끌고 가서 고발하여 이르되 우리가 이 사람을 보매 우리 백성을 미혹하고 가이사에게 세금 바치는 것을 금하며 자칭 왕 그리스도라 하더이다 하니."

유대인들은 예수가 로마의 형법에 의해 처벌받기를 원한 것이다.

32절 저자 요한의 설명적 주석으로, 예수가 로마의 형법에 의하여 십자가 위에서 죽을 것을 암시한다(참조. 3:14; 8:28; 12:32).

19.3.2. 유대인의 왕 예수(18:33-38a)

³³ 이에 빌라도가 다시 관정에 들어가 예수를 불러 이르되 네가 유대인의 왕이냐 ³⁴ 예수께서 대답하시되 이는 네가 스스로 하는 말이냐 다른 사람들이 나에 대하여 네게 한 말이냐 ³⁵ 빌라도가 대답하되 내가 유대인이냐 네 나라 사람과 대제사장들이 너를 내게 넘겼으니 네가 무엇을 하였느냐 ³⁶ 예수께서 대답하시되 내 나라는 이 세상에 속한 것이 아니니라 만일 내 나라가 이 세상에 속한 것이었더라면 내 종들이 싸워 나로 유대인들에게 넘겨지지 않게 하였으리라 이제 내 나라는 여기에 속한 것이 아니니라 ³⁷ 빌라도가 이르되 그러면 네가 왕이 아니냐 예수께서 대답하시되 네 말과 같이 내가 왕이니라 내가 이를 위하여 태어났으며 이를 위하여 세상에 왔나니 곧 진리에 대하여 증언하려 함이로라 무릇 진리에 속한 자는 내 음성을 듣느니라 하신대 ³⁸ᵃ 빌라도가 이르되 진리가 무엇이냐 하더라

33절 빌라도가 관정 안으로 들어가서 예수에게 '네가 유대인의 왕이냐'라고 질문한다. 예수를 유대 민족의 해방자로 본 것이다. 브라운은 "'유대인의 왕'은 팔레스타인에 로마가 나타나기 전 유대의 마지막 독립적인 통치자였던 하스몬 왕조에 의해 처음으로 사용된 특별한 호칭이었을 수 있다"[17]라고 설명한다. 이 구절에서 '유대인의 왕'이라는 표현이 처음 등장한다. 나다나엘은 예수에 대한 믿음을 고백하면서 '이스라엘의 왕'이라는 고대의 칭호를 사용했다(참조. 1:49). 요한복음에 '왕'('바실레우스', βασιλεύς)이라는 단어가 전반부(1-

---

17   Brown, 『요한복음, II』, 1605.

12장)에 4회(참조. 1:49; 6:15; 12:13, 15), 후반부(13-21장)에 12회 나온다(참조. 18:33, 37〈2회〉, 39; 19:3, 12, 14, 15〈2회〉, 19, 21〈2회〉). 요한복음에서는 예수의 수난을 그리면서 예수를 '왕'이라고 부른다.[18]

34-35절 빌라도에게 심문을 받던 예수께서 오히려 그에게 '이는 네가 스스로 하는 말이냐 다른 사람들이 나에 대하여 네게 한 말이냐'라고 질문하신다. 심문자와 피심문자의 역할이 바뀌었다. 빌라도가 '내가 유대인이냐 네 나라 사람과 대제사장들이 너를 내게 넘겼으니 네가 무엇을 하였느냐'라며 예수를 심문한다. 다분히 인종 차별적인 발언이다. 또한 '네 나라 사람'이라는 표현을 통해 당시 로마인들이 유대인들을 경멸했음을 알 수 있다.

36절 예수께서 하나님의 나라에 대하여 설명하신다. 요한복음에는 '하나님의 나라'라는 표현이 두 번 나오는 것이 전부인데(참조. 3:3, 5), 이 구절에는 하나님의 나라를 암시하는 표현인 '내 나라'가 무려 세 번이나 나온다. 예수께서는 하나님의 나라와 세상 나라의 차이점이 무력 사용의 여부에 있다고 밝히신다. 그리고 '내 나라는 여기에 속한 것이 아니니라'라고 하셔서 하나님의 나라의 기원과 본질이 세상에 속하지 않았음을 설명하신다.

37절 '그러면 네가 왕이 아니냐'라는 빌라도의 질문은 그가 예수의 말씀을 올바로 이해했음을 보여 준다. 예수께서 '네 말과 같이 내가 왕이니라'(σὺ λέγεις ὅτι βασιλεύς εἰμι)라고 대답하신다. 이 문장을 직역하면, '너는 내가 왕이라고 말한다'이다. 긍정도 부정도 아닌 대답이다(참조. 막 15:2). 예수께서는 자신이 세상에 오신 이유를 '진리에 대하여 증언하려 함'이라고 언급하신다. 이미 앞에서도 자신을 가리켜 진리라고 증언하신 바 있다(참조. 14:6). '무릇 진리에 속한 자는 내 음성을 듣느니라'는 마치 양이 자신의 목자의 음성을 듣고

---

[18] Kim, *Kingship of Jesus*, 129-58을 보라.

목자를 따라가는 것을 연상하게 한다(참조. 10:3).

38a절 빌라도가 '진리가 무엇이냐'라고 질문한다. 진리를 바로 앞에 두고도 이렇게 어리석은 질문을 던진다. 이는 저자가 오해 기법(misunderstanding literary technic)을 사용한 것이다. 이 기법은 오해를 통해서 실제 의미를 파악하게 하는 문학 기법이다. 예수께서는 고별 설교에서 '내가 곧 길이요 진리요 생명이니 나로 말미암지 않고는 아버지께로 올 자가 없느니라'(14:6)라고 자신의 정체성을 밝히셨다. 요한복음을 읽는 독자들은 빌라도의 이 질문에 대해 어떻게 대답해야 할지 생각해 보아야 한다.

19.3.3. 예수와 바라바(18:38b-40)

^{38b} 이 말을 하고 다시 유대인들에게 나가서 이르되 나는 그에게서 아무 죄도 찾지 못하였노라 ³⁹ 유월절이면 내가 너희에게 한 사람을 놓아 주는 전례가 있으니 그러면 너희는 내가 유대인의 왕을 너희에게 놓아 주기를 원하느냐 하니 ⁴⁰ 그들이 또 소리 질러 이르되 이 사람이 아니라 바라바라 하니 바라바는 강도였더라

38b절 빌라도가 예수를 심문한 후에 다시 관정 밖으로 나가서 유대인들에게 '나는 그에게서 아무 죄도 찾지 못하였노라'라고 선언한다. 이 구절에서 예수의 무죄를 처음 선언하고 있다. 이 선언을 통해, 죄가 전혀 없으신 예수께서 고난당하고 있음이 강조된다.

39절 빌라도가 유월절 특별 사면의 관례를 따라서 예수를 합법적으로 석방하려고 시도한다.[19] 하지만 유대인들은 바라바를 풀어 주기 원한다. 빌라도가

---

19 유월절 특별 사면은 현재까지도 논란이 많은 주제로, 그 논의에 대해서는 Brown, 『요한복음, II』, 1611-13; Barrett, 『요한복음(II)』, 427-28; Morris, *John*, 683; Keener, *John*, II, 1115-17을 참조하라.

예수를 다시 '유대인의 왕'이라고 부른다. 요한복음의 저자는 빌라도의 입을 통해 '유대인의 왕'이라는 예수의 신분을 강조한다.

40절 유대인들이 예수가 아닌 '바라바'를 풀어 달라며 소리를 지른다. '강도'는 명사 '레스테스'(λῃστής)의 번역으로, 이 단어는 "후대에 요세푸스에 의해 로마 제국하에서 자유를 위해 투쟁하는 유대인을 의미하는 거의 전문적인 용어로 사용"[20]되었다(참조. BDAG, 594; 막 11:17; 15:27; 마 27:38; 눅 10:30, 36). 마가복음에 의하면 바라바는 민란을 꾸미고 그 민란 중에 살인하고 체포된 자이다(참조. 막 15:7).[21]

설교자를 위한 적용(18:28-40)

●● 로마의 식민 통치를 받던 유대인들에게는 사형 집행 권한이 없었다. 그래서 이방인인 빌라도의 손을 빌려 예수를 살해하려고 한다. 빌라도는 예수에게 죄가 없음을 알고 예수를 놓아 주려고 했지만 유대인들이 반대하자 곧 물러서고 만다. 자신의 정치 생명과 관련된 현실적인 이해관계를 먼저 고려한 것이다. 유대인들이나 빌라도 모두 이 세상 나라에서의 권력과 명예에만 관심이 있었다.

하나님 나라와 세상 나라의 관계를 이해하는 것은 그리스도인들에게 매우 중요한 과제이다. 이 세상을 초월하는 하나님 나라가 있고 예수께서 그 나라의 왕이심을 아는 것이 진리를 아는 것이다. 그리스도인은 이 세상에 속하여 살아가지만 동시에 하나님 나라의 백성으로서 살아간다. 그러므로 하나님 나라에 속하여 그 나라의 법칙을 따라 살아가야 한다. ●●

---

20 France, 『마가복음』, 1018.
21 Keener, *John*, II, 1117-18; Brown, 『요한복음』, II, 1615을 참조하라.

19.3.4. 채찍질과 가시나무관(19:1-3)

¹ 이에 빌라도가 예수를 데려다가 채찍질하더라 ² 군인들이 가시나무로 관을 엮어 그의 머리에 씌우고 자색 옷을 입히고 ³ 앞에 가서 이르되 유대인의 왕이여 평안할지어다 하며 손으로 때리더라

1절 빌라도가 예수를 데려다가 채찍질한 것은 유대인들에게 보여 주기 위한 정치적 제스처이다. '채찍질'('마스티고오', μαστιγόω)은 일반적으로 십자가형 전에 시행된 체벌이었다(참조. 눅 23:16). 이때 사용된 채찍은 그 끝에 동물의 뼛조각이나 날카로운 쇠붙이를 달아맨 것으로서, 채찍질을 할 때마다 몸에서 살점이 뜯겨 나오도록 고안되었다.²² 브라운은 "로마 사람들은 채찍이나 막대기로 세 가지 형태의 체벌을 가했다. 그들은 매질(fustigatio), 채찍질(flagellatio), 심한 채찍질(ververatio)의 순서로 점차 체벌의 강도를 높였다"²³라고 설명한다. 매질은 경고 차원에서, 채찍질과 심한 채찍질은 십자가형을 받은 사형수에게 가해진 형벌이었다. 요한복음에서 빌라도가 예수께 어떤 형벌을 내렸는지는 분명하지 않지만 아마도 경고 차원의 매질로 보인다.²⁴ 하지만 마태복음 27:26과 마가복음 15:15을 보면, 십자가형 선고와 집행 사이에 사형수에게 행해진 '채찍질'('플라겔로오', φραγελλόω)과 심한 채찍질이 예수께 가해진다. 이런 채찍질은 '매질'('파이듀오', παιδεύω)과 다르다(참조. 눅 23:22). '파이듀오'는 경고와 훈계를 위한 매질이다(참조. BDAG, 749).

2-3절 군인들이 예수를 조롱하고자 가시로 만든 관을 예수의 머리에 씌우고 자색 옷을 입힌다. 마치 왕처럼 꾸민 모습이다. '가시나무로 관을 엮어'에서 '가시나무'는 헬라어 '아칸따'(ἄκανθα)의 번역이다(참조. BDAG, 34; 마 7:16; 눅 6:44).

---

22 Hengel, 『십자가 처형』, 47, 51을 보라.
23 Brown, 『요한복음, II』, 1643.
24 Carson, 『요한복음』, 1110-11을 참조하라.

이러한 종류의 식물이 다양하기에 정확하게 어떤 나무가 사용되었는지는 알 수 없으나, 다만 대추야자나무의 긴 가지들을 엮어서 만들었다고 추정해 볼 수 있다.[25] 로마 군인들이 예수께 '유대인의 왕이여 평안할지어다'라고 하며 조롱한다. 그리고 경배하는 흉내를 내며 손으로 때리기까지 한다.

19.3.5. 하나님의 아들 예수(19:4-8)

[4] 빌라도가 다시 밖에 나가 말하되 보라 이 사람을 데리고 너희에게 나오나니 이는 내가 그에게서 아무 죄도 찾지 못한 것을 너희로 알게 하려 함이로라 하더라 [5] 이에 예수께서 가시관을 쓰고 자색 옷을 입고 나오시니 빌라도가 그들에게 말하되 보라 이 사람이로다 하매 [6] 대제사장들과 아랫사람들이 예수를 보고 소리 질러 이르되 십자가에 못 박으소서 십자가에 못 박으소서 하는지라 빌라도가 이르되 너희가 친히 데려다가 십자가에 못 박으라 나는 그에게서 죄를 찾지 못하였노라 [7] 유대인들이 대답하되 우리에게 법이 있으니 그 법대로 하면 그가 당연히 죽을 것은 그가 자기를 하나님의 아들이라 함이니이다 [8] 빌라도가 이 말을 듣고 더욱 두려워하여

4절 빌라도가 예수를 심문한 후 그를 데리고 다시 관정 밖으로 나온다. 그리고 두 번째 무죄 선언을 한다. 여기서 빌라도는 검사뿐 아니라 변호사의 역할도 하고 있다.

5절 빌라도가 유대인들 앞에 '가시관을 쓰고 자색 옷을' 입은 예수를 세운다. 그리고 '보라 이 사람이로다'라며 예수를 소개한다. 예수는 이미 채찍질을 당하셨고, 머리에는 가시관이 씌워져 있었기에 온몸이 피투성이였을 것이다. 빌라도는 아마도 군중의 동정심을 유발하여 예수를 풀어 주려고 했던 것 같다.

---

25 Carson, 『요한복음』, 1111-12; Brown, 『요한복음, II』, 1643-44을 참조하라.

6절 유대 종교 권력자들인 '대제사장들과' 그 대제사장의 종들인 '아랫사람들이' 예수를 보고 소리를 지른다. "십자가에 못 박으소서 십자가에 못 박으소서." 저자가 군중의 외침을 표현하려고 동일한 문장을 반복하여 기술한다. 빌라도가 대제사장들과 아랫사람들, 그리고 일반 군중을 향하여 '너희가 친히 데려다가 십자가에 못 박으라 나는 그에게서 죄를 찾지 못하였노라'라고 하며 예수의 무죄를 세 번째 선언한다. 그는 예수에게서 아무 죄도 찾지 못했기에 예수를 풀어 주려고 노력한다.

7절 유대인들이 '우리에게 법이 있으니 그 법대로 하면 그가 당연히 죽을 것은 그가 자기를 하나님의 아들이라 함이니이다'라고 말한다. 여기서 '법'은 유대인의 율법이고, '당연히 죽을 것'에 해당하는 죄는 신성모독죄이다. 당시 신성모독죄는 돌로 쳐서 죽이는 형벌을 받았다(참조. 레 24:16). 유대인들이 예수를 증오하게 된 진짜 이유가 이 구절에서 제시된다. "그가 자기를 하나님의 아들이라 함이니이다."

8절 빌라도가 예수가 스스로를 하나님의 아들이라고 주장했다는 말을 듣고 더욱 두려워한다. 마태복음에는 빌라도의 아내가 빌라도에게 충고한 내용이 기록되어 있다. "저 옳은 사람에게 아무 상관도 하지 마옵소서 오늘 꿈에 내가 그 사람으로 인하여 애를 많이 태웠나이다"(마 27:19). 빌라도가 두려워하는 이유를 세 가지로 추측해 볼 수 있다. 첫째, 예수를 하나님으로 느꼈기 때문이다. 둘째, 자기 아내의 말을 기억했기 때문이다. 셋째, 유대인의 폭동 가능성과 자신의 정치적 위기를 생각했기 때문이다.

19.3.6. 예수의 기원과 빌라도의 권한(19:9-12)

⁹ 다시 관정에 들어가서 예수께 말하되 너는 어디로부터냐 하되 예수께서 대답하여 주지 아니하시는지라 ¹⁰ 빌라도가 이르되 내게 말하지 아니하느냐 내가 너를 놓을 권한도 있고 십자가에 못 박을 권한도 있는 줄 알지 못하느냐 ¹¹ 예수께서 대답하시되

위에서 주지 아니하셨더라면 나를 해할 권한이 없었으리니 그러므로 나를 네게 넘겨 준 자의 죄는 더 크다 하시니라 ¹² 이러하므로 빌라도가 예수를 놓으려고 힘썼으나 유대인들이 소리 질러 이르되 이 사람을 놓으면 가이사의 충신이 아니니이다 무릇 자기를 왕이라 하는 자는 가이사를 반역하는 것이니이다

9절 빌라도가 예수를 데리고 관정 안으로 들어가서 '너는 어디로부터냐'라고 예수의 기원을 묻는다. 그러나 예수는 아무 대답도 하지 않으신다. 예수의 침묵을 "그가 곤욕을 당하여 괴로울 때에도 그 입을 열지 아니하였음이여"(사 53:7)의 성취로 이해할 수 있다.

10-11절 빌라도가 자신의 권세를 언급하면서 이를 인지하도록 예수께 설명하지만 예수는 전혀 동요하지 않으신다. 오히려 '위에서 주지 아니하셨더라면 나를 해할 권한이 없었으리니 그러므로 나를 네게 넘겨 준 자의 죄는 더 크다'라고 당당하게 대답하신다. 빌라도의 권세가 하나님의 권한 아래에 있음을 분명히 밝히신다. '나를 네게 넘겨 준 자'는 기룟 유다가 아니라 당시 대제사장이었던 가야바를 가리킨다. 유대인으로서 하나님을 알면서도 예수를 하나님으로, 그리고 하나님의 아들로 인정하지 않았을뿐더러 십자가 위에서 죽게 했기에 가야바의 죄가 빌라도의 죄보다 더 크다는 뜻이다.

12절 빌라도가 예수를 풀어 주려고 노력한다. 하지만 유대 군중이 빌라도에게 예수를 놓아 주면 당신은 '가이사의 충신이 아니니이다'('우크 에이 필로스 투 카이사로스', οὐκ εἶ φίλος τοῦ Καίσαρος)라고 협박한다. '충신'으로 번역된 헬라어 '필로스'(φίλος)는 '친구'라는 뜻이다(참조. BDAG, 1058-59). 유대인들이 빌라도의 정치 생명을 위협하고 있다. 유대인들은 예수가 스스로를 왕이라고 했기에 가이사를 반역했다고 주장한다. 빌라도는 자칭 왕이라고 하는 사람을 풀어 준 일이 가이사의 귀에 들어갈까 봐 두려웠을 것이다.

19.3.7. 십자가 처형 선언(19:13-16)

¹³ 빌라도가 이 말을 듣고 예수를 끌고 나가서 돌을 깐 뜰(히브리 말로 가바다)에 있는 재판석에 앉아 있더라 ¹⁴ 이 날은 유월절의 준비일이요 때는 제육시라 빌라도가 유대인들에게 이르되 보라 너희 왕이로다 ¹⁵ 그들이 소리 지르되 없이 하소서 없이 하소서 그를 십자가에 못 박게 하소서 빌라도가 이르되 내가 너희 왕을 십자가에 못 박으랴 대제사장들이 대답하되 가이사 외에는 우리에게 왕이 없나이다 하니 ¹⁶ 이에 예수를 십자가에 못 박도록 그들에게 넘겨 주니라

13절 빌라도가 유대인들의 말을 듣고 예수를 끌고 나간다. '이 말'은 예수가 자신을 왕이라고 했다는 말이다. 빌라도가 예수를 재판했는지에 대해서는 언급이 없지만 그가 '돌을 깐 뜰(히브리 말로 가바다)'에 있는 재판석에 앉아 있었다고 한다. '돌을 깐 뜰'은 헬라어 '리또스트로토스'(λιθόστρωτος)의 번역이다. 저자가 '리또스트로토스'가 아람어로 '가바다'('가빠따', Γαββαθᾶ)라고 알려 준다. '재판석'('베마', βῆμα)은 재판관이 판결을 내릴 때 앉는 자리로서 돌을 깔아 둔 관정의 뜰에 있었다(참조. BDAG, 175). 빌라도가 재판석에 앉았다는 것은 그가 곧 판결을 내릴 것이라는 사실을 암시한다.

14절 빌라도가 여전히 예수를 유대인의 왕이라고 부른다. 요한복음의 저자는 예수의 십자가 처형 언도가 '유월절의 준비일'('파라스퀘 투 파스카', παρασκευὴ τοῦ πάσχα)인 유월절 전날 즉, 유월절 양 잡는 날에 일어났다고 기록한다(참조. 13:1). 여기서 준비일의 기준은 유월절이 아니라 안식일인데, 당시 유월절이 안식일과 겹치는 날이었음을 알 수 있다. 요한복음의 기록은 예수께서 처형되신 날을 유월절 당일(금요일)로 해석하는 공관복음과 차이가 있어 보인다. 하지만 그렇지 않다. 요한복음 역시 예수의 처형일을 금요일로 본다. 그 근거를 두 가지로 찾아볼 수 있다. 첫째, 당시 매주 금요일은 안식일(오늘의 토요일)을 위한 준비일이었다(참조. 막 15:42). '준비일'은 헬라어 '파라스퀘'(παρασκευή)의 번역으로, 이 단어가 CE 1세기경에는 이미 '금요일'을 나타내는 특수한 용

어가 되어 있었다(참조. BDAG, 771).²⁶ 현대 헬라어에서 '파라스퀘'는 금요일을 의미한다. 둘째, '투 파스카'(τοῦ πάσχα)는 '유월절 주간'을 가리킨다.²⁷ '유월절 주간'(Passover week)이란 아빕월 14일 저녁에 유월절 양을 죽여서 먹은 직후부터 시작되는 7일간의 무교절 기간이다. 유월절에 뒤이어 시작되는 무교절의 주간에 유대인들은 실제로 무교병과 함께 양고기와 쓴 나물을 먹었다. 그래서 무교절의 주간은 매우 자연스럽게 유월절 주간으로 알려지게 되었다. 유월절 주간은 아빕월 15일부터 21일까지 7일간이었다. 사람들은 현실적인 필요에 의해 두 명절을 하나인 것처럼 취급했다. 그래서 본문에 '유월절 주간'이라는 의미를 부여하기 위하여 '주간'('사바톤', σάββατον)이라는 단어를 삽입할 필요가 없었다. '유월절의 준비일'을 이 문맥에서 '유월절 주간의 금요일'로 번역할 수 있기 때문이다. 그렇다면 요한복음의 저자는 공관복음의 기자들과 동일하게 금요일을 예수의 처형일로 기록한 것이다.

요한복음의 저자는 예수를 유월절 어린양으로 묘사하려는 신학적 의도를 가지고 있다(참조. 1:29, 36). 예수의 죽음은 유월절 의식 그 자체의 모형적인 성취를 보여 준다. '제육시'는 유대인의 시간으로 계산하면 유월절 양을 잡기 시작하는 시간이다.²⁸ 저자가 로마 시간으로 '제육시'를 언급하지만, 이는 유월절 양을 잡는 유대인의 시간을 연상하게 한다. 하지만 4:6과 동일한 시간인 '제육시'가 로마 시간으로 오전 6시임은 틀림이 없다. 18:28에서는 예수를 빌라도에게 넘겨준 시간을 '그들이 예수를 가야바에게서 관정으로 끌고 가니 새벽이라'라고 분명하게 밝힌다. '제육시'를 이렇게 해석하면, 마가복음 15:25에 나오는 '제삼시'('엔 호라 트리테', ἦν ὥρα τρίτη)와도 내용상 부딪치지 않는다. 마가복음에서 '제삼시'는 유대인의 시간 개념이므로 오늘날 오전 9시쯤이다.²⁹ 브라운은 예수가 이토록 이른 아침에 빌라도에게 재판을 받았다는 사

---

26 Balz and Schneider, *EDNT*, III, 34; Stott, 'Sabbath, Lord's Day', 408, 410; Carson, 『요한복음』, 1123-26을 참조하라.
27 Carson, 『요한복음』, 1124를 보라.
28 Morris, *John*, 684; Brown, 『요한복음, II』, 1659-60을 참조하라.
29 France, 『마가복음』, 1015-17을 보라.

실을 이해하기 어렵다고 한다.³⁰

하지만 요한복음에서는, 예수에 대한 안나스의 심문이 밤새도록 진행되었는데 그 이유가 유월절과 함께 겹치는 안식일이 얼마 남지 않았기 때문이었다고 밝힌다. 그 후에 예수가 가야바에게 넘겨졌고, 가야바 역시 유월절 때문에 서둘러서 예수를 새벽에 빌라도에게로 넘긴다. 그렇다면 빌라도가 새벽에 예수를 심문한 후, 아침 6시쯤 십자가형을 판결한 것으로 이해할 수 있다.³¹ '제육시'를 로마 시간인 오전 6시로 보면, 예수께서 십자가를 짊어지고 사형 집행 장소까지 걸어가신 시간이 약 세 시간 정도였을 것이라는 추측이 가능하다(참조. 막 15:20-22; 마 27:31-32; 눅 23:25-33).³² 마가복음에 기록된 '제삼시'(오전 9시쯤)는 예수께서 십자가에 못 박히신 시간이다. 즉 요한복음에 기록된 오전 6시에 예수께서 사형 선고를 받은 후 오전 9시까지 십자가를 지시고 온갖 조롱과 모욕을 당하시며 걸어가신 것이다.³³

15절 유대인들이 계속해서 '없이 하소서 없이 하소서'라고 소리를 지른다. '없이 하소서'는 헬라어 '아론'(ἆρον)을 번역한 것으로, '아이로'(αἴρω) 동사의 이인칭 명령형이다. 그 뜻은 '높이 올리다', '들다', '없애 버리다', '제거하다'이다(참조. BDAG, 28-29). 그리고 예수를 '십자가에 못 박게 하소서'('스타우로손 아우톤', σταύρωσον αὐτόν)라고 외친다. 빌라도는 이 구절에서도 예수를 '왕'이라고 부른다. '내가 너희 왕을 십자가에 못 박으랴'라는 빌라도의 질문은 예수와 유대인들 모두를 조롱한 것이다. 대제사장들이 빌라도에게 '가이사 외에는 우리에게 왕이 없나이다'라며 정치적인 아부를 한다.

16절 '이에 예수를 십자가에 못 박도록 그들에게 넘겨 주니라'(Τότε οὖν παρέδωκεν αὐτὸν αὐτοῖς ἵνα σταυρωθῇ)를 헬라어 성경에서 직역하면, '그러므로

---

30 Brown, 『요한복음, II』, 1659을 보라.
31 Sherwin-White, *Roman Society*, 45.
32 Plummer, *St. John*, 341-41; Hendriksen, *John*, 420-21; Tasker, *John*, 209.
33 Miller, 'Time', 158-63; Mahoney, 'New Look', 292-99을 참조하라.

그때 그 사람[빌라도]이 그[예수]를 십자가에 처형하도록 그들에게 넘겨주었다'이다. 빌라도가 예수를 십자가에 처형하도록 형을 집행하는 자들에게 넘겨준 것이다. 여기서 '넘겨주다'의 동사는 '파라디도미'(παραδίδωμι)인데, '건네주다', '넘겨주다', '양도하다', '맡기다', '누구의 뜻에 맡기다'라는 뜻을 가졌다(참조. BDAG, 761-63). 빌라도는 예수께 죄가 없음을 세 번이나 선언했지만 자신의 정치 생명이 끝날 것이 두려워서, 그리고 군중의 협박에 못 이겨서 예수를 사형 집행자들에게 넘겨주고 말았다.

설교자를 위한 적용(19:1-16)

●● 진실을 아는 사람은 그것을 알리고자 소리를 내고 행동해야 한다. 예수를 재판했던 빌라도는 무성의하고 무책임하게도 예수를 군인들의 손에 넘겨주고 만다. 예수의 무죄를 처음부터 알고 있었지만 여러 압력에 굴복하여 잘못된 판단을 내린 것이다. 진실을 알고 있더라도 그 진실을 말하지 않고 행동하지 않으면 진실이 잠시 동안은 묻힐 수 있다. 하지만 언젠가는 살아서 생명력을 보여 줄 것이다.

빌라도는 예수에 대한 재판을 진행하면서 두려움을 느꼈다. 예수가 혹시 하나님일 수도 있다고 생각했고, 예수에게 죄가 없다는 사실도 확실히 알았기 때문이다. 그는 세상적인 권세를 앞세워 예수에게 유죄 판결을 내렸지만 이는 마지막 때의 심판장이신 예수를 몰라본, 매우 어리석은 결정이었다. 빌라도는 창조주이시며 심판주이신 예수 앞에 선 나약한 인간에 지나지 않았다. ●●

19.4. 십자가에 못 박히신 예수(19:17-27)

이 단락은 두 장면으로 나뉜다. 첫째, 예수께서 십자가를 지시고 사형장으로 가셔서 처형당하는 장면이다. 예수의 십자가 형틀 위에는 '유대인의 왕'이라는 죄명을 기록한 패가 걸려 있었다(19:17-22). 둘째, 예수를 십자가에 못 박은 후에 사형을 집행한 군인들이 관습에 따라 예수의 옷을 벗겨서 나누어 가지는 장면이다. 예수의 십자가 곁에는 예수의 어머니와 다른 여인들이 있었다 (19:23-27).

19.4.1. 십자가에 못 박히신 예수(19:17-22)

¹⁷ 그들이 예수를 맡으매 예수께서 자기의 십자가를 지시고 해골(히브리 말로 골고다)이라 하는 곳에 나가시니 ¹⁸ 그들이 거기서 예수를 십자가에 못 박을새 다른 두 사람도 그와 함께 좌우편에 못 박으니 예수는 가운데 있더라 ¹⁹ 빌라도가 패를 써서 십자가 위에 붙이니 나사렛 예수 유대인의 왕이라 기록되었더라 ²⁰ 예수께서 못 박히신 곳이 성에서 가까운 고로 많은 유대인이 이 패를 읽는데 히브리와 로마와 헬라 말로 기록되었더라 ²¹ 유대인의 대제사장들이 빌라도에게 이르되 유대인의 왕이라 쓰지 말고 자칭 유대인의 왕이라 쓰라 하니 ²² 빌라도가 대답하되 내가 쓸 것을 썼다 하니라

17절 '그들이 예수를 맡으매'('파렐라본 운 톤 이예순', Παρέλαβον οὖν τὸν Ἰησοῦν)가 헬라어 성경에는 16절에 포함되어 있다. 앞 절의 사건을 이 일과 연결하는 접속사 '그러므로'('운', οὖν)가 이 문장에 사용되었는데 한글 성경에서는 이를 번역하지 않았다. 십자가형 집행자들이 예수를 사형 장소까지 데리고 간다. 예수께서 자기 십자가를 짊어지시고 사형 장소인 '해골이라 하는 곳'까지 걸어가신다. 당시 십자가형을 판결받은 사형수는 십자가의 수평 기둥을 스스로 사형 장소까지 운반해야 했다.³⁴ 예수도 빌라도 총독의 관정부터 성문까지는 걸어가셨지만 피를 많이 흘렸고 너무나 고통스러워서 그만 쓰러지시고 말았다. 그래서 그 길을 지나가던 구레네 사람 시몬을 군인들이 억지로 징발하여 예수의 십자가를 대신 지고 운반하게 하였다(참조. 막 15:21; 마 27:32; 눅 23:26). '해골이라 하는 곳'('크라니우 토폰', Κρανίου Τόπον)은 예수께서 못 박히신 장소로, 예루살렘 성 밖에 있는 곳이다(참조. 19:20). 헬라어 '크라니온'(κρανίον)은 살

---

34 Carson, 『요한복음』, 1132-33; Kruse, 『요한복음』, 544-45을 참조하라.

이 다 썩어서 머리뼈만 남은 '해골'(骸骨)을 의미한다(참조. BDAG, 564; 막 15:22; 마 27:33; 눅 23:33). '히브리 말'은 아람어를 가리킨다. '골고다'는 헬라어 '골고따' (Γολγοθα)를 아람어로 음역한 것인데 영어로는 Golgotha이다. 우리가 해골이라고 알고 있는 영어의 '갈보리'(Calvary)는 "라틴어 역본인 불가타의 사복음서에서 사용한 '해골'을 뜻하는 라틴어 '칼바리아'(calvaria)로부터 유래"[35]한 것이다. 예수께서 십자가에 못 박히신 장소로 유력한 후보지는 북쪽 성벽 바로 바깥에 있는 성묘교회(the Church of the Holy Sepulchre) 근처이다(참조. 19:20; 마 27:39).[36]

18절 예수께서 '해골이라 하는 곳'에서 십자가에 못 박히셨다. 이 공개된 장소에서는 십자가에 매달려 죽어 가는 사형수들의 모습을 모든 사람이 지켜볼 수 있었다. 로마는 이 끔찍하고 치욕스러운 사형 제도를 통하여 사회에 공포 분위기를 조성하였다. 예수는 다른 두 사형수와 함께 십자가에 못 박히셨는데 그들 사이인 가운데에서 죽음을 맞이하셨다(참조. 눅 23:32-43). 당시 십자가 사형을 집행할 때 집행자는 사형수를 십자가 형틀 위에다 줄로 묶어서 고정시켰다. 사형 집행을 서둘러야 할 경우에는 손목에 못을 박기도 했다.[37]

19절 빌라도가 '나사렛 예수 유대인의 왕'이라고 쓴 '패'를 십자가 위에 붙인다. '패'는 헬라어 '티틀로스'(τίτλος)의 번역으로, 십자가 처형을 받는 죄인의 형벌 이유를 기록한 것이다(참조. BDAG, 1009). 빌라도는 자신이 내린 판결에 대한 사실을 기록했을 뿐이지만 이는 예수가 유대인의 왕이며 만왕의 왕 되심을 선포한 상징적인 의미가 있다(참조. 막 15:26; 마 27:37; 눅 23:38).

20절 예수께서 못 박히신 장소가 성문 밖이며 성에서 가까운 곳임을 알 수

---

35 Carson, 『요한복음』, 1135.
36 Keener, *John*, II, 1134-35; Kruse, 『요한복음』, 544-45; Carson, 『요한복음』, 1135을 참조하라.
37 Hengel, 『십자가 처형』, 51, 63; Keener, *John*, II, 1136을 보라.

있다. 저자는 예수가 십자가 위에서 처형당하신 이유가 '히브리와 로마와 헬라 말'로 기록되어 있다고 알려 준다. 히브리 말은 유대에서 일반적으로 통용되는 아람어이고, 로마 말은 로마 군대의 공식 언어인 라틴어이다. 헬라 말은 로마 제국의 공용어인 그리스어로, 갈릴리와 유대 지역에서도 통용되었다. 여러 언어로 기록되었다는 것은 당시 로마의 정치적·문화적 영향이 팔레스타인을 비롯하여 여러 나라에 확산되었음을 나타내 주며, 로마의 점령 지역 내에서도 라틴어와 헬라어가 보편적으로 사용되었음을 알려 준다. 또한 로마에 반역하는 자들 역시 예수와 똑같이 십자가형에 처하겠다는 경고를 널리 알리기 위함이다.

21-22절 유대인들이 '나사렛 예수 유대인의 왕'이 아니라 '자칭 유대인의 왕'이라고 써 달라며 빌라도에게 항의한다. 하지만 빌라도는 '내가 쓸 것을 썼다'라고 하면서 단호히 거절한다. 빌라도는 유대 종교 권력자들과 군중이 예수를 고발한 대로, 예수가 유대인의 왕을 사칭했다고 판결을 내렸다.

19.4.2. 예수의 겉옷을 나누어 가지는 군병들(19:23-27)

²³ 군인들이 예수를 십자가에 못 박고 그의 옷을 취하여 네 깃에 나눠 각각 한 깃씩 얻고 속옷도 취하니 이 속옷은 호지 아니하고 위에서부터 통으로 짠 것이라 ²⁴ 군인들이 서로 말하되 이것을 찢지 말고 누가 얻나 제비 뽑자 하니 이는 성경에 그들이 내 옷을 나누고 내 옷을 제비 뽑나이다 한 것을 응하게 하려 함이러라 군인들은 이런 일을 하고 ²⁵ 예수의 십자가 곁에는 그 어머니와 이모와 글로바의 아내 마리아와 막달라 마리아가 섰는지라 ²⁶ 예수께서 자기의 어머니와 사랑하시는 제자가 곁에 서 있는 것을 보시고 자기 어머니께 말씀하시되 여자여 보소서 아들이니이다 하시고 ²⁷ 또 그 제자에게 이르시되 보라 네 어머니라 하신대 그 때부터 그 제자가 자기 집에 모시니라

23절 사형 집행자들이 십자가형으로 처형당한 사형수의 옷을 나누어 갖는 것은 그 당시의 관례였다. 그 옷을 일종의 전리품이나 부수입(副收入)으로 취

급한 것이다. 로마 군인 네 명이 예수의 겉옷을 네 조각으로 나누어 가졌는데 아마도 이음새를 따라 찢은 것으로 추정된다. 속옷은 '통으로 짠 것'이었기에 찢을 수가 없었다.

24절 군인들이 예수의 속옷을 '찢지 말고 누가 얻나 제비 뽑자'라고 서로 제안한다. 여기서 중요한 점은 한 군인이 예수의 속옷을 가져갔다면 예수께서 알몸으로 십자가에 매달리셨다는 사실이다. 이처럼, 십자가형을 받은 사형수들의 옷을 모두 벗기는 것이 관례였기에 십자가형은 너무나도 혐오스러운 형벌이었다. 유대인들은 죄인이 나체가 되는 것을 너무나 수치스러운 일로 여겼다(참조. Mishnah, *Sanhedrin* 6:3). 이 구절에는 공관복음에 나오지 않는 내용이 기록되어 있다. 저자가 군인들의 이 행동이 구약성경의 말씀을 성취한 것이라고 설명한다. '그들이 내 옷을 나누고 내 옷을 제비 뽑나이다'(διεμερίσαντο τὰ ἱμάτιά μου ἑαυτοῖς καὶ ἐπὶ τὸν ἱματισμόν μου ἔβαλον κλῆρον)는 "내 겉옷을 나누며 속옷을 제비 뽑나이다"(시 22:18)라는 말씀을 인용한 것이다. 이 인용 구절은 칠십인역 시편 21:19과 정확히 일치한다.[38]

25절 로마 군인들의 활기찬 모습과는 대조적으로, 십자가 곁에 여인들이 무력하게 서 있다(참조. 막 15:40; 마 27:55-56; 눅 23:49). 이 여인들은 예수의 어머니 마리아와 예수의 이모, 그리고 글로바의 아내 마리아와 막달라 지역 출신의 마리아이다.

26-27절 예수께서 어머니에게 '여자여 보소서 아들이니이다'라고 하시며 자신이 사랑한 제자를 '아들'로 소개하신다. 그 제자에게는 '보라 네 어머니라'라고 말씀하신다. 죽어 가시면서도 육신의 어머니를 부탁하신 것이다. 그 제자가 그때부터 예수의 어머니를 자기 집에 모신다. 이는 그리스도인들이 가족

---

[38] 시편 22:18(칠십인역 21:19)에 대한 자세한 논의는 Carson, 『요한복음』, 1138-44을 참조하라.

처럼 서로 사랑하고 섬겨야 함을 교훈해 준다.

설교자를 위한 적용(19:17-27)

●● 예수께서 십자가를 지고 골고다로 가서 십자가에 못 박히신다. 빌라도가 '나사렛 예수 유대인의 왕'이라고 쓴 죄패를 십자가 형틀 위에 붙인다. 예수는 유대인의 왕으로서 십자가 위에 달리셨다. 죄인이 아닌 온 세상의 왕, 만왕의 왕으로서 우리를 구원하시려고 십자가에 달리신 것이다. 수치스러운 십자가가 하나님의 구원 계획 속에서 영광의 상징물로 바뀌었다.

군인들이 십자가에 달리신 예수의 옷을 신나게 나누어 가진다. 하지만 이러한 작은 일 하나까지도 하나님의 구원 계획 안에서 오차 없이 진행된다. 예수는 십자가 형틀 위에 달려 죽어 가시면서도 가족을 잊지 않으신다. 예수께서 자기 어머니를 제자에게 부탁하자 그 제자가 그날 이후로 자기 집으로 모시고 어머니로 섬긴다. 십자가는 배려와 희생, 그리고 순종과 사랑의 상징물이다. ●●

19.5. 예수의 죽음과 장례(19:28-42)

이 단락에서는 예수께서 운명하시는 과정과 군인들이 예수가 죽었는지를 확인하는 절차를 묘사한다(19:29-37). 그리고 아리마대 사람 요셉과 니고데모가 예수의 시신을 가져다가 장례를 치른 후 무덤에 안치하는 장면을 소개한다(19:38-42).

19.5.1. 예수의 죽음(19:28-37)

28 그 후에 예수께서 모든 일이 이미 이루어진 줄 아시고 성경을 응하게 하려 하사 이르시되 내가 목마르다 하시니 29 거기 신 포도주가 가득히 담긴 그릇이 있는지라 사람들이 신 포도주를 적신 해면을 우슬초에 매어 예수의 입에 대니 30 예수께서 신 포

도주를 받으신 후에 이르시되 다 이루었다 하시고 머리를 숙이니 영혼이 떠나가시니라 ³¹ 이 날은 준비일이라 유대인들은 그 안식일이 큰 날이므로 그 안식일에 시체들을 십자가에 두지 아니하려 하여 빌라도에게 그들의 다리를 꺾어 시체를 치워 달라 하니 ³² 군인들이 가서 예수와 함께 못 박힌 첫째 사람과 또 그 다른 사람의 다리를 꺾고 ³³ 예수께 이르러서는 이미 죽으신 것을 보고 다리를 꺾지 아니하고 ³⁴ 그 중 한 군인이 창으로 옆구리를 찌르니 곧 피와 물이 나오더라 ³⁵ 이를 본 자가 증언하였으니 그 증언이 참이라 그가 자기의 말하는 것이 참인 줄 알고 너희로 믿게 하려 함이니라 ³⁶ 이 일이 일어난 것은 그 뼈가 하나도 꺾이지 아니하리라 한 성경을 응하게 하려 함이라 ³⁷ 또 다른 성경에 그들이 그 찌른 자를 보리라 하였느니라

28절 예수께서는 모든 일이 이미 이루어진 줄을 알고 계셨다. 저자가 예수께서 '내가 목마르다'라고 말씀하신 것이 구약성경 "목마를 때에는 초를 마시게 하였사오니"(시 69:21)를 성취하시려는 행동이라고 설명한다(참조. 2:17; 15:25). 채찍에 맞아 피를 많이 흘리시고 뜨거운 햇빛 아래서 오랫동안 매달려 계셨기에 탈수 현상이 와서 자연스럽게 말씀하신 것이지만 이것을 저자는 시편 69:21의 성취로 이해한다.³⁹

29절 그릇에 담긴 '신 포도주'('오코스', ὄξος)는 하등품의 포도주를 말한다(참조. 막 15:36; 마 27:48). 사람들이 신 포도주를 적신 해면을 우슬초에 매어 예수의 입에 대주었다. '해면'('스퐁고스', σπόγγος)은 '해융', '갯솜'이라고도 하며, 수심이 깊은 민물이나 바다의 바위 밑에 서식하는 해양 식물이다(참조. BDAG, 938).⁴⁰ '우슬초'('휘쏘포스', ὕσσωπος)는 저자 요한의 신학적 해석이 들어간 단어이다. 마태복음과 마가복음에서는 '갈대에 꿰어'라고 묘사한다(참조. 마 27:48; 막 15:36). 구약성경에서는 이스라엘 백성이 이집트를 탈출하기 전날 밤에 모세가 유월절 어린양의 피를 뿌리라고 명령할 때 '우슬초'가 언급된다(참조. "우슬초 묶음을

---

39   Carson, 『요한복음』, 1152-54을 참조하라.
40   해면은 영어 성경에서 sponge로 번역되었다(참조. NRSV, REB, NAB, NJB).

가져다가 그릇에 담은 피에 적셔서 그 피를 문 인방과 좌우 설주에 뿌리고 아침까지 한 사람도 자기 집 문 밖에 나가지 말라"[출 12:22]). '우슬초'는 제사 의식의 정결함를 위하여 사용되었다.[41]

30절 예수께서 신 포도주를 받으신 후에 '다 이루었다'('테텔레스타이', τετέλεσται)라고 말씀하시고 운명하셨다. '다 이루었다'는 예수께서 구속 사역을 위하여 지금까지 걸어오신 길이 끝났음을 암시한다. 요한복음과 달리 공관복음에서는 예수께서 포도주를 받지 않으셨다고 기록한다. 그 이유는 몰약을 탄 포도주라서 일종의 마취제 성분이 들어 있었기 때문이다(참조. 막 15:23).[42] '쓸개 탄 포도주'도 안 받으셨는데(참조. 마 27:34), 역시 마취제 성분이 들어 있었기 때문이다.[43] 예수는 육체적인 고통을 끝까지 다 체험하셨다. 마태복음 27:34은 "그들이 쓸개를 나의 음식물로 주며 목마를 때에는 초를 마시게 하였사오니"(시 69:21)의 성취이다. 저자는 예수의 죽음을 마치 영화의 한 장면처럼 '다 이루었다 하시고 머리를 숙이니 영혼이 떠나가시니라'라고 묘사한다.

31절 '준비일'('파라스케', παρασκευή)은 '안식일의 준비일' 즉, 유월절 중 안식일의 준비일(금요일)을 의미한다. 이날은 안식일과 유월절이 겹치는 날이어서 '큰 날'이라고 불렀다(참조. 출 12:16; 레 23:7). '유대인들은 그 안식일이 큰 날이므로 안식일에 시체들을 십자가에 두지 아니하려 하여'는 당시 이스라엘의 풍습을 보여 준다(참조. 신 22:22; 갈 3:13). 안식일이 곧 다가오므로, 유대인들이 처형당한 이들의 '다리를 꺾어 시체를 치워 달라'라고 빌라도에게 요청한다. '다리를 꺾어'는 사형수가 죽었는지 확실하게 확인하는 방법으로, 일반적으로는 큰 망치로 다리를 쳐서 부러뜨렸다.[44] 이 또한 십자가형을 집행할 때 으레 따라오는

---

41 우슬초는 '마조람'(marjoram)으로 알려져 있다. 우슬초에 대한 자세한 설명은 Koops, 『성서 속의 식물들』, 192-95을 참조하라.
42 France, 『마가복음』, 1012-14을 보라.
43 Nolland, *Matthew*, 1190-91을 보라.
44 Brown, 『요한복음, II』, 1740-41; Pritz, 『성서 속의 물건들』, 105-107을 참조하라.

관습이었다.

32-33절 '군인들이 가서 예수와 함께 못 박힌 첫째 사람과 또 그 다른 사람의 다리를 꺾고'에서 두 사람은 누가복음 23:32-33에 나오는 '두 행악자'이다. 이들에게는 다리를 꺾는 관습이 행해졌다. 하지만 예수는 이미 운명하셨기에 군인들이 그의 '다리를 꺾지 아니하고' 대신 창으로 옆구리를 찔러서 그의 죽음을 확인했다.

34절 한 군인이 예수의 옆구리를 창으로 찌르니 몸에서 '피와 물이' 나왔다고 한다. 이는 예수의 죽음을 유월절 어린양의 희생과 연결하려는 저자의 의도적인 묘사이다. 유대교 제사법에 의하면, 희생양의 피는 절대로 동결 혹은 응결해서는 안 되며, 죽는 순간에 피를 흐르게 하여 뿌려야 했다. '피와 물'에서 '물'은 실제 물이 아니라 담황색의 투명한 액체인 혈청이다. 사람이 상처를 입으면 처음에는 피가 흐르다가 시간이 지나면 맑은 물처럼 보이는 혈청이 나오면서 피가 응고된다. 의학 전문가들은 예수의 옆구리를 찌른 창이 "심장을 뚫고 들어가 심낭에서 (물과 같은) 액체와 심장 그 자체에서 피가 흘러나왔다. … 또 다른 설명은 [창으로 인하여] 가슴에 심각한 손상을 입어 흉곽과 폐 사이의 출혈에 의해 액체가 모이게 되었다"[45]라고 주장한다.[46]

35절 '이를 본 자'는 예수의 죽음을 직접 목격한, 예수께서 사랑하신 그 제자를 가리킨다. 이 제자는 이 복음서의 저자로서, 자신이 현장 증인임을 내세워서 자신의 증언이 신실하고 믿을 만하다는 사실을 강조하고 있다(참조. 20:31).

36절 이 구절은 출애굽기와 민수기 말씀을 자유롭게 인용한 것이다. "한 집에서 먹되 그 고기를 조금도 집 밖으로 내지 말고 뼈도 꺾지 말지며"(출 12:46),

---

45 Kruse, 『요한복음』, 552-53.
46 Carson, 『요한복음』, 1160-64을 참조하라.

"아침까지 그것을 조금도 남겨두지 말며 그 뼈를 하나도 꺾지 말아서 유월절 모든 율례대로 지킬 것이니라"(민 9:12). 유월절 어린양은 그 뼈를 꺾으면 안 되었다. 어린양 되신 예수는 십자가에서 죽으셨지만 그 뼈가 하나도 꺾이지 않으셨다. 이는 구약성경의 성취이다.

37절 '또 다른 성경에 그들이 그 찌른 자를 보리라 하였느니라'에서 '다른 성경'은 "내가 다윗의 집과 예루살렘 주민에게 은총과 간구하는 심령을 부어 주리니 그들이 그 찌른 바 그를 바라보고 그를 위하여 애통하기를 독자를 위하여 애통하듯 하며 그를 위하여 통곡하기를 장자를 위하여 통곡하듯 하리로다"(슥 12:10)라는 스가랴 말씀을 가리킨다. '그들'은 아마도 예수를 처형한 로마 군인들, 십자가 곁에 서 있었던 여인들과 예수께서 사랑하신 제자, 그리고 종교 권력자들과 유대 군중을 가리키는 것 같다. 요한복음의 저자는 땅에 있는 모든 족속이 창에 찔린 예수를 보고 애곡할 마지막 날을 생각한 것 같다(참조. 계 1:7).[47]

19.5.2. 예수의 장례(19:38-42)

[38] 아리마대 사람 요셉은 예수의 제자이나 유대인이 두려워 그것을 숨기더니 이 일 후에 빌라도에게 예수의 시체를 가져가기를 구하매 빌라도가 허락하는지라 이에 가서 예수의 시체를 가져가니라 [39] 일찍이 예수께 밤에 찾아왔던 니고데모도 몰약과 침향 섞은 것을 백 리트라쯤 가지고 온지라 [40] 이에 예수의 시체를 가져다가 유대인의 장례법대로 그 향품과 함께 세마포로 쌌더라 [41] 예수께서 십자가에 못 박히신 곳에 동산이 있고 동산 안에 아직 사람을 장사한 일이 없는 새 무덤이 있는지라 [42] 이 날은 유대인의 준비일이요 또 무덤이 가까운 고로 예수를 거기 두니라

---

47 Kruse, 『요한복음』, 554을 보라.

38절 '아리마대 사람 요셉'(Joseph of Arimathea)은 공관복음에서 존경받는 공회원으로(막 15:43), 부자로(마 27:57), 선하고 의로운 사람으로(눅 23:50) 소개된다. 이 구절에서는 '예수의 제자이나 유대인이 두려워 그것을' 숨기는 사람이라고 묘사된다(참조. 12:42). 예수를 몰래 따라다닌, 숨은 그리스도인이라고 볼 수 있다. 이 요셉이 빌라도에게 예수의 시체를 달라고 요청한다. 빌라도가 이를 허락한 것은 요셉이 공회원이자 부자였기 때문이라고 짐작할 수 있다. 시체를 달라고 요청한 일은 산헤드린 공회 동료 의원들이 알게 되면 크게 비난받을 일이었으나 요셉은 기꺼이 희생하여 그 고난을 감수한다.

39절 '니고데모' 역시 산헤드린 공회원이고(참조. 3:1-15; 7:50-52), 요셉과 더불어 또 다른 숨은 그리스도인으로 암시된다. 니고데모가 예수의 시신을 인도받으려고 찾아왔을 때 '몰약과 침향 섞은 것'(a mixture of myrrh and aloes)을 100리트라쯤 가져왔는데, 약 32.7킬로그램 정도의 양이다. 리트라(litra)는 로마에서 무게를 표시하는 단위(라틴어의 libra)였다(참조. 12:3).[48] '몰약과 침향'은 헬라어 '스뮈르네스 카이 알로에스'(σμύρνης καὶ ἀλόης)의 번역이다. 예수의 장례를 위하여 니고데모가 가져온 몰약과 침향의 양은 왕의 장례에 사용될 만큼의 양이다.[49] "'몰약'은 애굽인이 시체를 보존할 때 방부제로 사용하던 향품이며 '침향'은 침구나 옷의 향을 내기 위해 사용하던 가루로 된 단향(sandalwood)으로, 일반적으로 장례용품으로 사용되지 않는다."[50] 요한복음의 저자는 몰약과 침향의 양을 통해서 예수가 왕임을 간접적으로 암시하고 있다. 왕의 신분으로서 죽으신 예수를 소개하고 있는 것이다.

40절 요셉과 니고데모가 예수의 시체를 가져다가 '유대인의 장례 법대로 그 향품과 함께 세마포'로 감쌌다. '유대인의 장례 법'에 의하면 시신을 훼손하

---

48 Köstenberger, *John*, 360-61, 555; Keener, *John*, II, 1163을 보라.
49 Kruse, 『요한복음』, 556을 보라.
50 Brown, 『요한복음, II』, 1751.

지 않고 방부 처리해야 했다(참조. 11:34, 44; 창 50:2). '세마포'('오또니온', ὀθόνιον)는 면으로 된 옷감, 여러 겹의 천이나 붕대처럼 말려진 삼베 등을 의미한다(참조. BDAG, 693; 요 20:5-7).

41-42절 '예수께서 십자가에 못 박히신 곳에 동산이 있고'는 18:1의 '그 곳에 동산이 있는데'와 수미상관 구조인 인클루지오(inclusio)를 구성하는 표현이다. '아직 사람을 장사한 일이 없는 새 무덤'은 마태복음 27:59-60("요셉이 시체를 가져다가 깨끗한 세마포로 싸서 바위 속에 판 자기 새 무덤에 넣어 두고 큰 돌을 굴려 무덤 문에 놓고 가니")에 의하면 아리마대 사람 요셉이 자신의 장례를 위해 파 놓은 새 무덤이다. '유대인의 준비일'은 안식일의 준비일인 금요일을 말한다. 이 표현을 통해 저자는 예수가 유월절과 안식일이 겹치는 안식일의 준비일에 유월절의 어린양으로서 죽으셨다는 사실을 암묵적으로 전달한다. 새 무덤이 십자가 처형 장소와 가까운 곳에 있었기에 두 사람은 예수의 시신을 그곳에 안치했다.

설교자를 위한 적용(19:28-42)

●● 예수께서 '다 이루었다'라고 외치고 죽음을 맞이하셨다. 예수의 생애는 처음부터 끝까지 하나님의 구속 계획을 완성하시려는 목적에만 초점이 맞추어져 있었다. 예수는 능력과 권세가 없어서 십자가에 매달리신 것이 아니다. 아버지께 순종하고자 스스로 십자가를 선택하셨다. 십자가를 통하지 않고는 하나님의 뜻을 성취하실 수 없었다.

예수의 장례에도 하나님의 섭리와 인도가 있었다. 아리마대 사람 요셉과 니고데모는 그동안 유대인들이 두려워서 예수 믿는 것을 숨겼지만 예수의 죽음 앞에서는 그렇게 하지 않았다. 그들은 기꺼이 희생하여 행동으로 자신들의 믿음을 보여 주었다. 숨어 있던 제자들이 예수의 죽음을 목격하자 담대히 믿음을 드러낸 것이다. 예수의 십자가를 자랑하지 않으면 그는 예수의 제자가 아니다. ●●

20. 예수의 부활과 복음서의 기록 목적(20:1-31)

이 단락은 다음과 같이 세 단락으로 나눌 수 있다. 첫째, 막달라 마리아와 예수의 두 제자가 예수의 무덤에 가서 예수의 시신이 사라졌음을 확인하는 장면이다(20:1-18). 빈 무덤은 예수의 부활을 간접적으로 암시한다. 막달라 마리아는 부활하신 예수를 마침내 무덤 밖에서 만난다. 둘째, 제자들이 두려워서 숨어 있던 어느 집에서 부활하신 예수를 만나는 장면이다(20:19-29). 처음에는 도마와 가룟 유다가 제외된 열 명의 제자가 만나고, 나중에는 도마를 포함하여 열한 명의 제자가 예수를 만난다. 셋째, 이 복음서를 기록한 목적을 기술한 부분이다(20:30-31). 이 단락에서 저자는 이 복음서의 집필 과정과 목적을 함축적으로 제시한다.

20.1. 예수 부활의 증인들(20:1-18)

이 단락에서는 예수의 시신이 무덤에 있은 지 삼 일째 되었을 때 막달라 마리아가 예수의 무덤을 찾아갔다가 벌어지는 상황을 묘사한다(참조. 19:41-42). 1-10절에서는 막달라 마리아와 두 제자가 등장하여 예수의 시신이 없어졌음을 알리고, 11-18절에서는 마리아가 부활하신 예수를 만나는 장면을 그린다. 저자는 예수의 시신이 사라진 빈 무덤과 그 사실을 확인한 마리아와 제자들의 반응을 통해서 예수의 부활을 암시한다.[51]

20.1.1. 막달라 마리아와 예수의 두 제자(20:1-10)

¹ 안식 후 첫날 일찍이 아직 어두울 때에 막달라 마리아가 무덤에 와서 돌이 무덤에서 옮겨진 것을 보고 ² 시몬 베드로와 예수께서 사랑하시던 그 다른 제자에게 달려가서 말하되 사람들이 주님을 무덤에서 가져다가 어디 두었는지 우리가 알지 못하겠다 하

---

51 이 단락의 자세한 석의를 조석민, '예수의 부활과 막달라 마리아', 114-47에서 참조하라.

니 ³ 베드로와 그 다른 제자가 나가서 무덤으로 갈새 ⁴ 둘이 같이 달음질하더니 그 다른 제자가 베드로보다 더 빨리 달려가서 먼저 무덤에 이르러 ⁵ 구부려 세마포 놓인 것을 보았으나 들어가지는 아니하였더니 ⁶ 시몬 베드로는 따라와서 무덤에 들어가 보니 세마포가 놓였고 ⁷ 또 머리를 쌌던 수건은 세마포와 함께 놓이지 않고 딴 곳에 쌌던 대로 놓여 있더라 ⁸ 그 때에야 무덤에 먼저 갔던 그 다른 제자도 들어가 보고 믿더라 ⁹ (그들은 성경에 그가 죽은 자 가운데서 다시 살아나야 하리라 하신 말씀을 아직 알지 못하더라) ¹⁰ 이에 두 제자가 자기들의 집으로 돌아가니라

이 단락은 막달라 마리아가 두 제자에게 예수의 시신이 없어졌음을 알리자 두 제자도 예수의 무덤에 가서 이 사실을 확인하는 내용이다. 이 단락을 세 부분으로 나누면, 첫째, 예수의 시신이 없어진 것을 확인한 막달라 마리아(20:1-2), 둘째, 마리아가 전해준 소식을 듣고 예수의 무덤을 향해 달려가는 예수의 두 제자(20:3-5), 셋째, 무덤 안쪽의 상황을 목격한 두 제자의 반응이다(20:6-10).

1절 이 구절의 헬라어 성경에는 개역개정에서 번역하지 않은 접속사 '데'(δέ, '그러나')가 사용되었다. 이 접속사에는 앞 단락과 전혀 다른 상황이 펼쳐졌음을 암시해 주는 기능이 있다. 여기서 앞 단락은 예수의 장례를 묘사한 19:38-42이다. 즉 그때와 전혀 다른 상황이 벌어진 것을 이 접속사를 통해 알 수 있다. 저자가 '안식 후 첫날 일찍이 아직 어두울 때에'라고 새벽 시간을 언급함으로써 태양이 떠오르는 새날이 곧 밝을 것임을 간접적으로 드러내고 있다. 이날은 예수의 시신이 무덤에 있은 지 삼 일째 된 날로, 오늘날로 치면 일요일에 해당한다. 저자는 마리아가 왜 예수의 무덤에 갔는지에 대해서는 침묵한다. 아마도 예수의 죽음을 애곡하기 위해 갔을 것이다(참조. 11:31).

마가복음에서는 막달라 마리아와 다른 여인들이 무덤을 막고 있는 돌 때문에 걱정했다고 밝힌다(참조. 막 15:46; 16:3). 그 돌이 엄청나게 크고 무거웠기 때문이다.[52] 요한복음에서는 마리아가 무덤에 도착했을 때 돌이 무덤에서 이미

---

52 Evans, *Mark 8:27-16:20*, 535; King and Stager, 『고대 이스라엘 문화』, 483-86을 참조하라.

옮겨져 있었다고 기록한다. 하지만 누가 어떻게 옮겼는지에 대해서는 아무런 정보도 제공하지 않는다. 즉 예수의 부활과 관련해서 인간이 이해할 수 없는 일이 벌어진 것이다. 예수의 부활은 인간의 이성과 판단, 과학적 지식을 뛰어넘은 초자연적인 사건이다. '막달라 마리아'(1, 18절)에서 '막달라'는 갈릴리 바다의 서쪽 도시인 디베랴의 북쪽 지역을 나타낸다.[53] 즉 마리아의 출신 지역을 알려 주는 정보이다. 마리아는 부활의 첫 목격자로서 공관복음에 모두 등장하는 인물이다(참조. 마 28:1; 막 16:1; 눅 24:10).

2절 마리아가 시몬 베드로와 예수께서 사랑하시던 그 다른 제자에게 달려가서 예수의 시신이 무덤에서 없어졌음을 알린다. 헬라어 접속사 '운'(οὖν, '그래서', '그러므로')의 사용은 마리아가 예수의 무덤 안으로 직접 들어가서 이 사실을 확인했음을 암시해 준다. '예수께서 사랑하시던 그 다른 제자'는 13:23에 등장했던 사도 요한이다(참조. 18:15-16; 21:20). '우리가 알지 못하겠다'('우크 오이다멘', οὐκ οἴδαμεν)에서 동사 '오이다멘'은 일인칭 복수로, 예수의 무덤에 막달라 마리아뿐 아니라 다른 여성들도 함께 갔었음을 알려 주는 표현이다. 그들은 예수의 시신이 없어져서 너무나 놀랐고, 두려웠으며, 당혹스러웠다. 또한 예수가 부활하셨다는 사실은 생각도 할 수 없었다. 그들은 유대인의 장례 관습에 따라 시신에 향품을 바르거나 애곡하러 예수의 무덤에 간 것이지 부활하신 예수를 만나기 위해서 간 것은 아니었다.

3절 이 구절에 나오는 두 제자는 예수가 로마 군인들에게 붙잡히셨을 때 도망하지 않고 예수를 따라갔고, 십자가 곁에도 있었던 제자들이다(참조. 18:15; 19:26-27). 두 제자가 마리아에게 예수의 시신이 무덤에 없다는 소식을 전해 듣고는 이를 확인하고자 무덤으로 달려간다.[54] 여자의 말에 신빙성을 부여하지

---

53 Strange, 'Magdala', *ABD*, IV, 463-64를 참조하라.
54 공관복음의 기록에 의하면, 제자들은 예수의 시신이 사라진 현장을 직접 목격한 여인들의 증언을 들었다. 그리고 부활하신 예수를 만난 막달라 마리아의 증언도 들었다. 하지만 이를 전혀 믿지 않았다(참조. 마 28:8, 17; 막 16:8, 10-11, 13, 14-15; 눅 24:9-12).

않았던 당시의 모습을 짐작할 수 있는 행동이다.[55] 저자가 이 상황을 헬라어 접속사 '운'(οὖν, '그래서', '그러므로')을 사용하여 묘사한다.

4-5절 예수께서 사랑하신 제자가 베드로보다 더 빨리 무덤에 도착한다. 아마도 그는 베드로보다 더 젊고 건강한 상태였던 것 같다. 하지만 저자는 생물학적으로 우세하다는 정보를 제공하기보다는 그가 예수를 사랑하는 마음이 어떠한지를 나타내려고 이 사실을 기록한 것 같다. 그런데 그 제자는 무덤 입구에서 예수의 시신을 감쌌던 세마포가 놓인 것만 허리를 굽혀 확인하고는 더 깊이 들어가지 않는다.[56] 그 제자가 예수께로부터 받았던 사랑을 기억한다면 이해하기 어려운 행동이다. 그는 왜 무덤 안쪽으로 들어가지 않았을까? 어쩌면 두려워서 그랬을 것이다. 그리고 시체를 만지면 부정해진다는 율법도 생각났을 것이다.

6-7절 시몬 베드로가 예수의 시신이 있었던 그 무덤 안쪽에 들어가서 세마포가 놓여 있는 것과 수건이 따로 놓여 있는 것을 본다. 그는 예수께서 사랑하신 제자와 달리 아주 자세하게 무덤 안쪽의 상황을 살펴본다. 그는 인간이 이해할 수 없는 일이 벌어진 것을 지금 확인하고 있는 중이다.[57]

8절 이렇게 시몬 베드로가 확인한 후에야 그 다른 제자도 따라 들어가서 그 모든 상황을 보고 믿었다. 어떤 학자들은 예수께서 사랑하신 제자가 세마포와

---

55 Jeremias, 『예수 시대의 예루살렘』, 468; Keener, *John*, II, 1192을 보라.
56 예수 당시 무덤의 형태에 관련해서는 Brown, 『요한복음, II』, 1810-11을 참조하라. Brown은 세 가지 형태를 언급하는데, 첫째, '굴을 파서 갱도로 만든 코킴(kokim) 형식', 둘째, '반원형 홈 또는 선반이나 구유 모양의 아르코솔리아(arcosolia) 형식', 셋째, '의자(bench) 형식'이다.
57 마태복음에는 대제사장들과 장로들이 예수의 시신이 없어진 것을 알고 로마의 군인들을 매수하여 시체를 제자들에게 도둑맞았다고 조작하는 내용이 나온다(참조. 마 28:11-15). 대제사장들과 바리새인들은 예수가 사흘 만에 다시 살아날 것이라고 예언하신 말씀을 기억하고 있었다(참조. 마 27:62-66).

수건만 보고 '예수의 부활'을 믿었다고 주장한다.[58] 그 근거는 그가 요한복음에서 모범적이며 이상적인 인물로 묘사되기 때문이라고 한다.[59] 하지만 그 제자만 세마포와 수건을 본 것이 아니다. 오히려 베드로가 먼저 보았다. 이 제자는 막달라 마리아의 증언을 확인하려고 무덤으로 달려간 것이다. 그러므로 그가 눈으로 확인하고 믿은 것은 '마리아의 증언'이지 예수의 부활이 아니다.[60]

9절 저자의 설명적 주석이다. 저자가 제자들과 마리아가 예수의 부활을 믿지 못한 이유를 제시하면서 헬라어 접속사 '가르'(γάρ, '왜냐하면')를 사용한다. '그들'은 8절과 관련하여 생각해 볼 때 베드로와 예수께서 사랑하신 제자가 분명하지만, 마리아도 포함할 수 있다. '성경에 그가 죽은 자 가운데서 다시 살아나야 하리라 하신 말씀'에서 '성경'은 구약성경을 의미한다. 하지만 구약성경 가운데 어떤 구절을 의미하는지는 알 수 없다. 아마도 시편 16:10, 호세아 6:2, 요나 1:17 등을 가리키는 것 같다. 저자는 예수의 부활이 성경에 기록된 하나님의 뜻이라고 설명한다. 이 구절과 비슷한 내용이 고린도전서에도 나온다. "장사 지낸 바 되셨다가 성경대로 사흘 만에 다시 살아나사"(고전 15:4).

10절 두 제자가 예수의 시신이 없어진 사실을 확인하고는 실망하며 '자기들의 집'으로 돌아간다.[61] '이에'로 번역된 헬라어 접속사 '운'(οὖν, '그러므로')은 두 제자가 눈으로 확인하고 믿은 것은 '마리아의 증언'이지 예수의 부활이 아니라는 점을 이해하도록 도움을 준다(참조. 8절). 개역개정의 번역에서 누락된 헬라어 부사 '팔린'(πάλιν, '다시')은 두 제자가 예수의 죽음만 알고 있고 그분의 부활에 대해서는 알지도 믿지도 못한 상태에서, 처음에 그들이 출발했던 그 장

58　Keener, *John*, II, 1184; Ridderbos, *John*, 634; Talbert, *Reading John*, 250; Moloney, *John*, 520을 참조하라.
59　김문현, 『예수를 만난 사람들』, 511-17을 참조하라.
60　Morris, *John*, 737; Michaels, *John*, 993을 참조하라.
61　김광수, 『요한복음 다시읽기, (하)』, 316을 참조하라. 김광수는 10절이 '빈 무덤을 보고 제자들이 가진 예수의 존재의 결말에 관한 무지와 의문을 나타낸다'라고 설명한다.

소로 '다시' 돌아갔음을 암시해 준다. 빈 무덤을 보고는 자신들의 본래 심리 상태로 돌아간 것이다(참조. 눅 24:12).[62] 두 제자는 예수의 부활을 믿지 못한 채 실망하고 당황하면서 자신들의 장소로 다시 돌아갔다.

20.1.2. 부활하신 예수와 막달라 마리아(20:11-18)

[11] 마리아는 무덤 밖에 서서 울고 있더니 울면서 구부려 무덤 안을 들여다보니 [12] 흰 옷 입은 두 천사가 예수의 시체 뉘었던 곳에 하나는 머리 편에, 하나는 발 편에 앉았더라 [13] 천사들이 이르되 여자여 어찌하여 우느냐 이르되 사람들이 내 주님을 옮겨다가 어디 두었는지 내가 알지 못함이니이다 [14] 이 말을 하고 뒤로 돌이켜 예수께서 서 계신 것을 보았으나 예수이신 줄은 알지 못하더라 [15] 예수께서 이르시되 여자여 어찌하여 울며 누구를 찾느냐 하시니 마리아는 그가 동산지기인 줄 알고 이르되 주여 당신이 옮겼거든 어디 두었는지 내게 이르소서 그리하면 내가 가져가리이다 [16] 예수께서 마리아야 하시거늘 마리아가 돌이켜 히브리 말로 랍오니 하니 (이는 선생님이라는 말이라) [17] 예수께서 이르시되 나를 붙들지 말라 내가 아직 아버지께로 올라가지 아니하였노라 너는 내 형제들에게 가서 이르되 내가 내 아버지 곧 너희 아버지, 내 하나님 곧 너희 하나님께로 올라간다 하라 하시니 [18] 막달라 마리아가 가서 제자들에게 내가 주를 보았다 하고 또 주께서 자기에게 이렇게 말씀하셨다 이르니라

이 단락은 막달라 마리아가 예수의 무덤에서 부활하신 예수를 만나는 내용이다. 이 단락을 세 부분으로 나누면 다음과 같다. 첫째, 마리아와 천사의 대화 장면이다(20:11-13). 둘째, 마리아와 부활하신 예수의 만남이다(20:14-16). 셋째, 예수의 말씀을 마리아가 증언하는 장면이다(20:17-18).

11절 마리아가 무덤 밖에서 울고 있다. 두 제자가 실망하면서 자기들의 집으

---

62 Howard-Brook, *Becoming Children of God*, 446-47을 보라.

로 돌아갔다던 앞 절의 내용과 대조된다. 저자가 접속사 '데'(δέ, '그러나')를 사용하여 그 대조를 더욱 뚜렷하게 나타낸다. 마리아는 두 제자와 함께 다시 무덤에 왔다가 그들이 떠난 뒤에도 돌아가지 않고 무덤에 남아 있었던 같다. 저자는 마리아가 우는 모습과 서성이는 행동을 묘사하면서 독자에게 예수의 시신이 사라졌다는 사실을 분명하게 각인시킨다. 공관복음에는 이러한 내용이 나오지 않는다. 저자는 의도적으로, 울고 있는 마리아에게 초점을 맞춘다. 마리아가 울면서 몸을 굽혀 무덤 안쪽을 들여다보았을 때 이 여인은 특별한 상황을 목격한다.

12절 '흰 옷 입은 두 천사'가 예수의 시신이 놓여 있던 곳에서 하나는 머리 쪽에 다른 하나는 발 쪽에 앉아 있다.[63] '흰 옷'은 하늘로부터 온 자들을 상징한다.[64] 구약성경에서는 천사들이 사람의 모습으로 나타나기도 했다(참조. 창 16:7-13; 19:2-3; 32:1-6). 공관복음에서도 예수의 무덤에 천사가 등장한다(참조. 막 16:5-6; 마 28:2-3; 눅 24:4).

13절 그 무덤 안의 두 천사가 사람의 모습을 하고 있기에 마리아는 천사인 줄 알지 못한다. 천사들이 '여자여 어찌하여 우느냐'라고 묻는다. 즉 마리아가 울고 있을 상황이 아님을 역설적으로 암시하는 질문이다. 부활하신 예수께 초점을 맞추고 있는 것이다. 마리아는 예수의 부활을 전혀 알지 못한 채 절망과 슬픔에 빠져 울고 있었다. 천사들은 예수의 시신이 사라진 것을 통해서 예수의 부활을 인식해야 한다고 암시하고 있다. 마리아가 예수의 시신이 사라진 것을 확인한 후 제자들에게 말했던 내용을 그대로 반복해서 천사들에게 대답한다(참조. 2절).

---

63 요한복음에서는 '천사'라는 단어가 이미 1:51("또 이르시되 진실로 진실로 너희에게 이르노니 하늘이 열리고 하나님의 사자(=천사)들이 인자 위에 오르락 내리락 하는 것을 보리라 하시니라")과 12:29("곁에 서서 들은 무리는 천둥이 울었다고도 하며 또 어떤 이들은 천사가 그에게 말하였다고도 하니")에 나오지만, 천사가 직접적으로 등장하는 것은 이 구절이 처음이다.
64 Beasley-Murray, *John*, 374을 참조하라.

14절 막달라 마리아가 뒤로 돌아섰을 때 예수께서 서 계셨다. 하지만 마리아는 그분이 예수인 줄 알지 못한다. 저자는 마리아가 예수를 직접 보고도 부활에 대해 전혀 인지하지 못하는 이 아이러니한 상황을 통해서 오히려 부활을 더욱 극적으로 제시하고 있다.

15절 예수께서 '여자여 어찌하여 울며 누구를 찾느냐'라고 질문하신다. 누가복음에서 천사들이 "어찌하여 살아 있는 자를 죽은 자 가운데서 찾느냐"라고 질문한 것과 유사한 내용이다(참조. 눅 24:5). 마리아와 제자들은 물론 독자들이 찾아야 할 대상이 누구인지 인식하게 해 주는 질문이다(참조. 1:38). 하지만 마리아는 여전히 예수를 알아보지 못하고 '동산지기'('케푸로스', κηπουρός)로까지 오해한다. 신약성경에서 유일하게 이 구절에만 등장하는 '동산지기'는 예수의 무덤이 동산에 있었다는 사실을 떠올리게 한다(참조. 19:41). 당시 동산지기는 사회적으로 가장 낮은 신분에 속했다.[65] 그는 동산의 나무나 과실 또는 농작물을 돌보고 관리하는 일을 했을 것으로 추정된다.[66]

막달라 마리아가 부활하신 예수를 동산지기로 오해하여 그에게 예수의 시신을 옮겼거든 어디에 두었는지 알려 달라고 요청한다. 그리고 자신이 그 시신을 가져가겠다고 밝힌다. 예수를 눈으로 보고도 그분을 알아보지 못하는 이 상황은 제자들이 무덤 안으로 들어가 세마포와 수건을 보고도 예수의 부활을 알아차리지 못했던 상황과 유사하다.

16절 예수께서 '마리아야' 하시며 막달라 마리아의 이름을 부르신다. 그러자 마리아가 즉시 예수를 알아보고 아람어로 '랍오니'(ραββουνι, '나의 선생님')라고 대답한다. 10:3-5에 나오는 비유가 떠오르는 장면이다. 목자가 자기 양의 이름을 부르면 양들이 그의 음성을 알고 따라간다. 마리아는 자기 이름을 부르시는 예수의 음성을 알아들었다.

---

65 Keener, *John*, II, 1190을 보라.
66 Brown, 『요한복음, II』, 1825을 참조하라.

17절 예수께서 '나를 붙들지 말라'('메 무 하프투', μή μου ἅπτου)라고 경고하신다.[67] 다시 말해서, '나를 끌어안고, 매달리지 말라'(don't cling to me)라는 말씀인데, 이는 마리아가 너무나 기쁘고 반가워서 격렬한 반응을 보일 것을 예상하셨기 때문이다.[68] 예수와 마리아가 친밀한 관계였음을 고려하면 포옹하며 매달리는 것은 매우 자연스러운 행동이라고 할 수 있다(참조. 막 16:9; 눅 8:1-2).

예수께서 마리아의 애정 표현을 거절하거나 몸을 만지는 것을 거부하신 것이 아니다(참조. 12:3; 마 28:9). 예수는 도마에게는 자신의 몸을 만져 보라고 허락하셨다(참조. 20:27). 마리아는 예수의 몸을 영원히 소유하려고 했고, 이 현현을 미래에 있을 영구적인 임재(permanent presence)로 오해한 것처럼 보인다.[69] 예수에게는 부활하신 후, 승천하셔서 완성해야 할 하나님의 구속 사역이 있음을 마리아가 이해하지 못한 것이다.

예수께서 마리아에게 '내가 아직 아버지께로 올라가지 아니하였노라'라고 말씀하시면서 자신의 미완료된 구속 사역을 인식시키신다. '올라간다'의 '아나베베카'(ἀναβέβηκα)는 '아나바이노'(ἀναβαίνω) 동사의 일인칭 직설법 능동태 완료 동사이다. 하지만 이 문장에 사용된 부사 '우포'(οὔπω, '아직 아니')는 주어의 미완료된 동작을 나타낸다. 이런 문법적 요소를 고려하면, 예수께서는 부활하셨지만 하늘로 올라가셔서 하나님의 오른편에 앉아야 하는 일이 아직 완료되지 않고 남아 있다는 뜻이다. 부활하셨지만 승천이 완료되지 않은 것이다. 하지만 "마리아에게 자신은 곧 승천할 것이라고 설명할 때 그의 강조점은 비본질적인 문제(시간)에 초점을 맞춘 것이 아니라 부활과 승천의 동일성에 초점을 맞추었던 것이다."[70]

예수께서 마리아에게 '너는 내 형제들에게 가서 이르되 내가 내 아버지 곧 너희 아버지, 내 하나님 곧 너희 하나님께로 올라간다 하라'라고 말씀하신

---

67 Keener, *John*, II, 1193-95을 참조하라.
68 마태는 부활하신 예수께서 막달라 마리아와 다른 마리아에게 자신의 부활하신 몸을 보여 주셨을 때 그 여인들이 예수의 발을 붙들고 경배했다고 기록한다(참조. 마 28:9).
69 Brown, 『요한복음, II』, 1859을 참조하라.
70 Brown, 『요한복음, II』, 1863.

다. 여기에서도 승천을 암시하는 동사 '아나바이노'가 사용된다(참조. 1:51; 3:13; 6:62). 예수께서는 자신이 죽음과 부활 및 승천을 통해서 아버지 하나님께로 돌아갈 것이라고 이미 예언하신 바 있다(참조. 13:1, 3; 14:28; 16:17, 28; 17:1, 5, 11). 예수께서 하늘로부터 내려오셔서 다시 아버지 하나님께로 돌아가시는 승천은 부활 후에 완료된다(참조. 1:51; 3:13). 요한복음의 묘사는 "시간과 공간의 영역이 없는 부활/승천 신학을 연속적 흐름이 반드시 필요한 내러티브 속으로 끼워 넣고 있는 것이다."[71]

예수께서 여성인 막달라 마리아에게 자신의 부활과 승천 사실을 제자들에게 선포하도록 증언 사역을 맡기신다. 이는 매우 이례적이고 파격적인 일이다.[72] 요한복음에 의하면, 막달라 마리아는 예수로부터 증언 사역을 위임받은 최초의 여성이다.[73] 이 구절에서 예수가 제자들을 '내 형제들'이라고 부르시는데, 제자들을 자신을 따르는 추종 집단으로 더 이상 여기지 않으시고 가족으로 인정하시는 친밀한 호칭이다(참조. 막 3:35; 마 28:10). '내 아버지 곧 너희 아버지, 내 하나님 곧 너희 하나님' 역시 제자들을 가족으로 인정하신다는 암시이다(참조. 1:12-13). 하지만 이렇게 '내', '너희'처럼 구별된 호칭을 사용하신 것은 예수와 하나님의 관계가 제자들 및 우리의 관계와는 다르다는 것을 의미한다.[74] 다시 말해서, 제자들 및 우리와 하나님 사이에 새로운 계약이 존재한다는 것으로, 예수와 하나님과의 관계가 있고, 그와는 다른, 제자들 및 우리와 하나님과의 관계가 있다는 뜻이다(참조. 1:12; 요일 3:1-2; 렘 31:33).[75]

18절 마리아가 제자들에게 가서 '내가 주를 보았다 하고 또 주께서 자기에게 이렇게 말씀하셨다'라고 선포한다.[76] 마리아의 사역을 설명하면서 헬라어 동

---

71 Brown, 『요한복음, II』, 1863.
72 Keener, *John*, II, 1192를 참조하라.
73 조석민, 『신약성서의 여성』, 24-28, 73-77을 참조하라.
74 Morris, *John*, 743; Brown, 『요한복음, II』, 1865-67을 참조하라.
75 Chennattu, *Johannine Discipleship*, 152-55를 참조하라.
76 김광수, 『요한복음 다시읽기, (하)』, 330을 참조하라.

사 '엘코마이'(ἔρχομαι, '가다')와 '앙겔로'(ἀγγέλλω, '선포하다')가 사용된다. 마치 사도가 복음을 전하는 모습을 묘사하듯이 '선포하다'라는 동사를 사용한 것이 인상적이다. 마리아는 부활하신 예수를 만난 자신의 체험과 예수께서 위임하신 승천의 메시지를 선포했다.

설교자를 위한 적용(20:1-18)

●● 그리스도인들에게 복음의 메시지는 예수의 부활과 승천이다. 사람들은 예수의 무덤이 비어 있는 것을 보고 시신을 도둑질당했다고 추측한다(참조. 마 28:11-15). 하지만 예수의 무덤은 그분의 시신이 유기되거나 도둑질당한 장소가 아니라 예수의 부활을 강력하게 증언하는 장소이다. 성경은 예수께서 죽은 자 가운데서 다시 살아날 것을 가르쳤지만 제자들은 그 말씀을 깨닫지 못했다. 우리 역시 성경 말씀을 읽고 듣지만 내가 읽고 싶고 듣고 싶은 메시지에만 집중하느라 정작 중요한 '복음'은 놓치고 만다.

그리스도인이라면 누구든지 예수의 부활과 승천을 선포해야 한다. 예수께서 직접 부르셔서 세우신 열두 제자는 예수의 부활과 승천을 선포해야 할 사도들이었다. 하지만 그들은 처음에는 이를 잘 감당하지 못했다. 마리아는 예수의 무덤에 남아 있다가 부활하신 예수를 가까이서 만나 뵙고, 제자들에게 전할 메시지를 예수께로부터 직접 위임받는다. 여성 막달라 마리아가 남성 제자들에게 예수 부활과 승천의 메시지를 분명하게 선포한다. 복음 전파 사역에는 여성과 남성이라는 구별이 있을 수 없다. 인종 및 사회적 신분 등의 그 어떤 차별도 있을 수 없다(참조. 갈 3:26-28). 예수께서 여성인 마리아에게 사역을 위임하신 것은 오늘날 우리가 본받아야 할 모범이다. ●●

20.2. 부활하신 예수를 만난 제자들(20:19-29)

이 단락에서는 제자들이 두려워서 숨어 있던 어느 집 안에서 부활하신 예수를 만나는 모습을 그린다. 처음에는 도마와 가룟 유다가 제외된 열 명의 제자가 만나고(20:19-23), 그다음에는 가룟 유다만 제외된 열한 제자가 부활하신 예수를 만난다(20:24-29).

20.2.1. 도마와 가룟 유다를 제외한 열 제자(20:19-23)

¹⁹ 이 날 곧 안식 후 첫날 저녁 때에 제자들이 유대인들을 두려워하여 모인 곳의 문들을 닫았더니 예수께서 오사 가운데 서서 이르시되 너희에게 평강이 있을지어다 ²⁰ 이 말씀을 하시고 손과 옆구리를 보이시니 제자들이 주를 보고 기뻐하더라 ²¹ 예수께서 또 이르시되 너희에게 평강이 있을지어다 아버지께서 나를 보내신 것 같이 나도 너희를 보내노라 ²² 이 말씀을 하시고 그들을 향하사 숨을 내쉬며 이르시되 성령을 받으라 ²³ 너희가 누구의 죄든지 사하면 사하여질 것이요 누구의 죄든지 그대로 두면 그대로 있으리라 하시니라

부활하신 예수께서 가룟 유다와 도마가 없는 상태에서 제자들에게 나타나신다. 예수께서는 열 명의 제자에게 자신의 상처를 보여 주시면서 평안을 빌고, 제자들을 파송하시면서 성령을 주신다.⁷⁷

19절 '안식 후 첫날 저녁 때'는 예수께서 다시 살아나신 주일 저녁을 말한다. '제자들이 유대인들을 두려워하여'(참조. 9:22; 19:38) 한곳에 모여 문들을 닫고 있었다고 한다. 그들의 두려움이 극심함을 알 수 있다. 예수께서는 문들이 다 닫혔는데도 신비하게 나타나셨다. 부활하신 예수의 몸은 우리 인간의 몸과 다른 상태임을 암시한다. 부활하신 예수께서 제자들에게 가장 먼저 하신 말씀은 '너희에게 평강이 있을지어다'이다.

20절 예수께서 제자들에게 '손과 옆구리'를 보여 주심으로써 자신이 십자가

---

77 이 사건과 관련해서는 마태복음 28:16-20, 마가복음 16:14-18, 누가복음 24:36-49를 참조하라.

에 못 박혔고 창으로 찔렸던 상처를 눈으로 확인하게 하신다. '제자들이 주를 보고 기뻐하더라'라는 표현은 의심이나 두려움 없이 예수를 즉각 알아보았음을 나타낸다. '지금은 너희가 근심하나 내가 다시 너희를 보리니 너희 마음이 기쁠 것이요 너희 기쁨을 빼앗을 자가 없으리라 그 날에는 너희가 아무 것도 내게 묻지 아니하리라'(15:22-23a)라는 예수의 예언이 성취된 것이다.

21절 예수께서 다시 '너희에게 평강이 있을지어다'라고 말씀하신다. 그리고 제자들을 세상에 파송하신다. "아버지께서 나를 보내신 것 같이 나도 너희를 보내노라."

22절 "그들을 향하사 숨을 내쉬며 이르시되 성령을 받으라." 이 말씀은 해석하기 어려운 구절이다. 이 구절을 다시 번역하면 '[예수께서] 숨을 쉬시고 [제자들에게] 말씀하시기를 성령을 받으라'이다.[78] '숨을 내쉬며'는 헬라어 동사 '엠푸사오'(ἐμφυσάω)의 번역인데, 신약성경에서 오직 이곳에만 나온다. 이 동사는 칠십인역(LXX)에서 (1) 하나님께서 인간을 창조하실 때 그 코에 생기(생명)를 불어넣으시는 모습을 묘사할 때 사용되었다(창 2:7). (2) 선지자 엘리야가 과부의 죽은 아들의 코에 생기를 불어넣었을 때 사용되었다(왕상 17:21). (3) 선지자 에스겔이 마른 뼈들이 모여 있는 곳에 생기를 불어넣는 예언을 할 때 사용되었다(겔 37:9).

    이 표현을 성령을 받은 사건으로 이해하면, 사도행전 2장에 나오는 성령 강림과 시기적으로 차이가 생긴다. 사도행전에서는 예수의 승천 이후 오순절에 성령을 받았다고 기록한다. 요약하면, 요한복음은 예수의 부활 직후 제자들이 성령을 받았고, 사도행전은 예수의 승천 후 성령을 받았다고 한다. 이처럼 성령을 받은 것과 관련해서 몇 가지 다른 견해들이 있다. 예를 들면, (1) 요

---

[78] 영어 성경 New International Version은 헬라어 원문에 없는 on them('그들에게')을 추가 삽입하여 본문을 번역했다(참조. 'And with that he breathed on them and said, "Receive the Holy Spirit"').

한복음에서는 성령을 부분적으로 받았고, 오순절 때는 복음을 증거할 능력을 받았다(Calvin). (2) 요한복음에 묘사된 예수의 언행은 상징적이었기에 실제로 성령이 임한 것은 아니다. (3) 제자들이 성령을 받은 것은 예수 부활 직후이고, 오순절 때는 삶의 능력, 즉 그리스도인으로서 살아가는 삶의 힘을 받았다(Bernard, Bruce). (4) '성령을 받으라'라는 표현에는 저자 요한의 신학적 관점이 들어 있다. 저자는 예수의 죽음, 부활, 승천을 시간적인 순서에 따라 발생한 사건들로 이해하기보다는 신학적으로 동시에 발생한 동심원적인 사건으로 이해한다. 그래서 부활 후에 받은 성령이나 승천 후에 받은 성령을 신학적으로 모두 동일한 성령으로 이해한다(Brown, Beasley-Murray). 이 중 마지막 견해가 가장 설득력이 있다. 다른 견해들은 성령 강림을 두 차례로 보거나, 성령을 두 종류로 구분해서 설득력이 없다.[79]

'성령을 받으라'('라베테 프뉴마 하기온', λάβετε πνεῦμα ἅγιον)를 하나님께서 생명을 주시는 것과 관련지어 이해하기도 한다. 특히 창세기 2:7과 에스겔 37:9 등을 연관시켜 예수를 창조의 하나님으로서 생명을 주시는 분이라고 해석한다. 하지만 창조의 하나님을 언급하는 것은 본문에서 벗어난 해석이다. '숨을 내쉬며'라는 묘사는 저자 요한이 영지주의 사상을 배격하고자 의도적으로 사용한 표현이다. 즉 요한복음의 반영지주의적 기독론(Anti-Docetic Christology)을 나타낸다.[80] 이와 비슷한 표현이 '예수께서 눈물을 흘리시더라'이다(참조. 11:35). 그리고 이런 반영지주의적 사상은 21:12-13에서 예수께서 부활하신 후에 제자들과 함께 음식(떡과 생선)을 잡수신 것처럼 묘사하는 장면에도 나온다(참조. 눅 24:36-43). 저자가 묘사한 '숨을 내쉬며'는 예수께서 육체를 가지신 몸으로 부활하셨음을 간접적으로 증명한다. 다시 말해서, 인간이 말을 하기 전에 숨을 들이쉬고 다시 내쉬듯이 그렇게 숨을 쉬면서 '성령을 받으라'라고 말씀하신 것이다. 즉 살아 있는 인간의 자연스러운 호흡을 묘사한 것이다.

---

79   Calvin, *St. John*, II, 204-206; Bernard, *John*, II, 677-78; Bruce, *John*, 391-92; Brown, 『요한복음, II』, 1876-78; Beasley-Murray, *John*, 380-82을 참조하라.
80   Schnelle, *Antidocetic Christology*, 125-35, 228-36을 참조하라.

요한복음에서 예수께서는 성령을 보내 주겠다고 이미 여러 차례 약속하셨
다(참조. 7:37-39; 14:16-17, 26, 28; 15:26-27; 16:7-15). 이 구절이 그 약속에 대한 성
취이다. 만일 예수께서 말씀만 하시고 실제로는 성령을 주지 않으셨다면 요한
복음에는 성령을 주겠다는 약속은 있으나 그 약속에 대한 성취는 없는 것이다.
예수께서 '성령을 받으라'라고 말씀하셨을 때 제자들은 그때 성령을 받았다.

23절 이 구절 역시 해석에 많은 논란이 있어 왔다. 이 구절은 성령을 받은 자
들이 죄를 용서하거나 심판하는 권세를 받았다는 뜻이다. 예수는 제자들이 성
령을 받은 후에 세상을 심판하거나 용서하는 권세를 받았다고 말씀하신 것이
다(참조. 16:7-13).

예수께서 베드로에게 사죄의 권한을 주셨다. "내가 천국 열쇠를 네게 주리
니 네가 땅에서 무엇이든지 매면 하늘에서도 매일 것이요 네가 땅에서 무엇
이든지 풀면 하늘에서도 풀리리라 하시고"(마 16:19). 가톨릭교회는 베드로의
사도직을 계승했다고 믿는 교황에게 마태복음 16장의 말씀을 근거로 해서 사
죄의 권한을 부여한다. 그러나 요한복음에서는 사도들 모두가 이 권한을 가
졌다고 밝힌다. 마태복음 18장에서도 일반 신자들에게 사죄의 권한이 주어
졌다고 설명한다. "진실로 너희에게 이르노니 무엇이든지 너희가 땅에서 매
면 하늘에서도 매일 것이요 무엇이든지 땅에서 풀면 하늘에서도 풀리리라"(마
18:18).

이 구절은 '성령 받음'과 관련해서 해석해야 한다. 성령을 받은 제자들은 다
른 사람의 죄를 용서할 수 있다는 의미이다. 사죄의 권한은 하나님 한 분에게
밖에 없다(참조. 막 2:7; 시 32:5; 사 43:25). 이 땅에 오신 예수는 하나님의 사죄의 권
한을 행사하셔서 인간의 죄를 용서하시고(참조. 마 9:6), 또한 정죄하셨다(참조.
9:41, 15:22, 24). 저자 요한은 예수께서 제자들에게 성령을 주시고 세상에 보내
심으로 복음이 전파되어 새로운 세상의 질서가 시작되었다는 뜻으로 기술한
것이다. 새로운 세상의 질서는 복음을 받은 제자들이 세상에 그 복음을 선포
하고 성령의 능력을 힘입어서 자신들이 선포한 메시지를 따라서 살아가는 것
을 뜻한다. 요한은 요한복음의 시작 부분에서는(1:1-3) 첫 창조를 언급하고, 종

결 부분에서는 예수의 수난과 죽음과 부활을 통한 새로운 시작을 제시한다.

20.2.2. 부활하신 예수와 도마(20:24-29)

²⁴ 열두 제자 중의 하나로서 디두모라 불리는 도마는 예수께서 오셨을 때에 함께 있지 아니함이라 ²⁵ 다른 제자들이 그에게 이르되 우리가 주를 보았노라 하니 도마가 이르되 내가 그의 손의 못 자국을 보며 내 손가락을 그 못 자국에 넣으며 내 손을 그 옆구리에 넣어 보지 않고는 믿지 아니하겠노라 하니라 ²⁶ 여드레를 지나서 제자들이 다시 집 안에 있을 때에 도마도 함께 있고 문들이 닫혔는데 예수께서 오사 가운데 서서 이르시되 너희에게 평강이 있을지어다 하시고 ²⁷ 도마에게 이르시되 네 손가락을 이리 내밀어 내 손을 보고 네 손을 내밀어 내 옆구리에 넣어 보라 그리하여 믿음 없는 자가 되지 말고 믿는 자가 되라 ²⁸ 도마가 대답하여 이르되 나의 주님이시요 나의 하나님이시니이다 ²⁹ 예수께서 이르시되 너는 나를 본 고로 믿느냐 보지 못하고 믿는 자들은 복되도다 하시니라

이 단락에서는 도마에게 초점을 맞추어서 예수의 부활을 묘사한다. 도마는 처음에는 예수의 부활을 믿지 못했지만 예수를 직접 만난 후에는 마침내 그분 앞에서 신앙을 고백한다.

24절 '디두모라 불리는 도마'는 죽은 나사로가 다시 살아나는 사건에 처음 등장하여, 비장한 각오를 드러내면서 예수와 함께 죽으러 가자고 주장했던 인물이다(참조. 11:16). '디두모'('디두모스', Δίδυμος)는 '쌍둥이'라는 뜻이다. 요한복음 내에서 도마가 두 번째로 등장하는 때는 예수께서 고별 설교를 하실 때이다(참조. 14:5). 도마는 부활하신 예수께서 제자들에게 처음 나타나셨을 때 함께 있지 않았다. 도마는 마지막으로, 디베랴 호수에서 고기를 잡을 때 등장한다(21:2).

25절 도마가 부활하신 예수를 보았다는 제자들의 증언을 믿지 않는다. "내가

그의 손의 못 자국을 보며 내 손가락을 그 못 자국에 넣으며 내 손을 그 옆구리에 넣어 보지 않고는 믿지 아니하겠노라." 믿기 위한 조건을 분명히 제시하고 있다. 도마는 실증적 믿음, 체험적 믿음에 근거한 사람처럼 보인다. 하지만 예수 부활에 대한 도마의 의심은 이성적이고 합리적인 의심이다. 확실한 믿음을 갖기 위해서는 합리적 의심의 단계를 거쳐야 한다. 합리적 의심은 믿음을 더욱 굳게 해 준다.

26절 '여드레를 지나서'는 다시 주일이 되었다는 의미이다. '제자들이 다시 집 안에 있을 때에 … 문들이 닫혔는데'라는 묘사는 제자들이 부활하신 예수를 만났지만 여전히 두려움 가운데 있었음을 암시해 준다. 이때 예수께서 다시 오셔서 처음 나타나셨을 때와 똑같이 '너희에게 평강이 있을지어다'라고 인사하신다.

27절 부활하신 예수께서 도마에게 이렇게 말씀하신다. "네 손가락을 이리 내밀어 내 손을 보고 네 손을 내밀어 내 옆구리에 넣어 보라 그리하여 믿음 없는 자가 되지 말고 믿는 자가 되라." 도마가 부활을 의심하며 내뱉은 말을 마치 곁에서 들으신 것처럼 그대로 반복하신다. 예수께서는 도마의 의심을 해소해 주신다. 그리고 '믿는 자가 되라'라고 격려하신다. 예수는 도마의 의심을 책망하거나 무시하지 않으셨고, 오히려 체험을 통해서 의심을 없애고 믿음을 가지라고 격려하셨다.

28절 도마는 예수를 직접 보았기에 이제는 손으로 상처를 만지고 확인할 이유가 없어졌다. 예수를 경험한 것이다. 그래서 이렇게 고백한다. "나의 주님이시요 나의 하나님이시니이다." 오늘날 우리도 성경 말씀을 통해서 예수를 경험할 수 있다. 그분의 인격과 삶이 성경 말씀 속에 있기 때문이다. 우리는 입으로 주님께 고백하며, 주님을 닮는 삶을 살아가야 한다.

29절 예수께서 신앙을 고백하는 도마를 향하여 '너는 나를 본 고로 믿느냐 보지 못하고 믿는 자들은 복되도다'라고 말씀하신다. 도마는 기적을 통해서 믿음을 가진 것이 결코 아니다. 요한복음에서는 신비한 기적을 체험하여 믿게 되는 것을 참된 신앙이라고 보지 않는다. 오히려 보지 않고 믿는 것이 참된 신앙이라고 교훈한다. 성경을 읽고 예수를 그리스도로 믿는 사람이 바로 보지 못하고 믿는 사람이다. 예수께서는 이 사람이 '복되도다'라고 칭찬하신다.

설교자를 위한 적용(20:19-29)

●● 우리의 믿음은 어느 정도의 수준일까? 오랫동안 예수를 알아 왔고 믿고 있다고는 하지만, 정말 알고 있고 정말 믿고 있을까? 예수 없는 교회에서, 예수와 함께 살려고 하는 것은 아닐까? 자신의 욕망을 채우는 데 급급하고, 그 욕망을 그럴듯한 믿음으로 포장하고 있다면 그 거짓이 드러나는 것은 시간문제이다. 그리스도인들은 믿음의 수준을 높여야 한다. 내가 듣고 싶은 것만 듣지 말고, 내가 하고 싶은 것만 하지 말고, 성경 말씀에 귀를 기울여야 한다. 부활하신 예수를 만난 제자들은 기쁨과 평안을 누렸다.

도마는 동료 제자들의 증언을 믿지 못했다. 자신의 경험과 지식으로는 도저히 이해할 수 없는 일이었기 때문이다. 그래서 믿기 위한 조건을 제시한다. 억지를 부린 것이 아니다. 자신의 한계를 분명히 인정한 후, 자신이 합리적으로 의심하고 있는 부분을 말한 것뿐이다. 믿음이란 때로 의심의 단계를 거쳐야 더욱 굳건해진다.

우리는 교회 공동체 안에서 요구하는 무조건적인 믿음을 경계해야 한다. 이는 길들이기에 지나지 않는다. 종교적 길들이기가 교회 공동체 안에 숨겨져 있다. 이성적인 판단과 합리적 의심을 거부하는 것이 그 증거이다. 하나님의 말씀을 연구하며 묵상한 후 그 말씀의 의미를 깨달아 믿음을 올바로 고백할 수 있어야 한다. 믿음은 정성을 쌓거나 물질로 제사를 지낸다고 해서 생기는 것이 아니다. 합리적인 의심의 문제를 해결할 때 온전한 믿음을 고백할 수 있다. 자신의 믿음 없음을 고백하는 사람이야말로 믿음을 굳게 가질 수 있는 소망이 있는 사람이다. 합리적 의심이 믿음을 위하여 필요하다. ●●

20.3. 요한복음의 결론과 기록 목적(20:30-31)

³⁰ 예수께서 제자들 앞에서 이 책에 기록되지 아니한 다른 표적도 많이 행하셨으나 ³¹ 오직 이것을 기록함은 너희로 예수께서 하나님의 아들 그리스도이심을 믿게 하려 함이요 또 너희로 믿고 그 이름을 힘입어 생명을 얻게 하려 함이니라

요한복음의 결론 단락이다. 이 단락에서는 저자가 이 복음서의 집필 과정을 간략하게 소개하고 집필 목적을 함축적으로 제시한다. 사복음서 중 요한복음에만 집필 목적이 기록되어 있다.

30절 이 구절에 사용된 접속사 '운'(οὖν, '그러므로')은 앞 단락과의 사고의 흐름이 연결되어 있음을 나타내 준다. '이 책에 기록되지 아니한 다른 표적'은 예수께서 제자들과 함께 다니시면서 행하신 표적들이 많다는 것을 암시한다(참조. 눅 1:1-4). 요한복음의 저자는 이 많은 표적을 모두 기록하지 않고 선택적으로 기록했다고 밝힌다.

31절 저자가 예수께서 행하신 표적들을 기록한 목적을 밝힌다. '하나님의 아들 그리스도'라는 표현은 예수의 신성을 나타내는 칭호이다. 또한 아버지 하나님과 아들 예수의 관계와 예수가 메시아이심을 나타낸다. 유대인들에게 '하나님의 아들'과 '메시아'는 같은 의미의 다른 표현일 뿐이다. 표적들의 기록 목적 중 첫 번째는 예수를 하나님의 아들, 즉 하나님이 보내시는 메시아로 '믿게 하려 함'이다. '믿게'('피스튜[세]에테', πιστεύ[σ]ητε)로 번역된 단어는 다음과 같이 현재 가정법과 부정과거 가정법으로 해석할 수 있는데, 두 경우가 비슷한 수의 사본에서 발견된다.[81]

(1) '피스튜에테'(πιστεύητε)는 '피스튜오'(πιστεύω)의 이인칭 복수 현재 가정

---

81 Carson, 『요한복음』, 1232-36; Brown, 『요한복음, II』, 1924-26

법으로, 계속적인 동작을 나타낸다. 그래서 '너희가 계속해서 믿도록' 또는 '너희 믿음을 계속 확증하도록'이라고 해석할 수 있다. 신앙을 권면하고 격려하는 차원으로, 이 복음서를 읽는 독자들로 하여금 계속 믿음 안에 머물러 있게 하려는 의도로 사용되었다. 요한복음의 사본 중 P⁶⁶에 이 단어가 사용되었다.

(2) '피스튜세테'(πιστευσήτε)는 '피스튜오'(πιστεύω)의 이인칭 복수 부정과거 가정법으로, 목적과 결과 및 조건절 속에서 사용된다. 그러므로 '너희가 지금 여기서 믿도록' 또는 '너희가 지금 그리스도인들이 되도록'이라는, 선교적인 의미로 해석할 수 있다. 믿음이 없는 사람들에게 예수를 메시아로 믿는 신앙을 갖도록 격려하는 의도로 사용된 것이다.

두 단어는 헬라어 알파벳에서 '시그마'(ς) 하나가 차이가 난다. 이 차이가 본문의 의도와 해석을 바꾸어 놓는다. 각 해석을 지지하는 사본들의 수가 비슷하지만, 유력한 사본인 P⁶⁶에 이 단어가 사용된 것을 고려할 때 (1)의 해석이 더 적절해 보인다.

표적들을 기록한 두 번째 목적은 '너희로 믿고 그 이름을 힘입어 생명을 얻게 하려 함'이다. '그 이름'은 하나님이 보내신 아들, 메시아이신 '예수'라는 이름이다. '그의 이름을 힘입어'라고 번역한 것은 믿음의 사상을 의미하는 여격(dative)을 번역한 것이다. '얻게'('에케테', ἔχητε)는 현재 가정법으로 사용되어, 계속적인 동작을 나타낸다. 즉, 복음서를 집필한 목적은 이 복음서를 읽고 생명을 계속 소유하도록 하기 위함이라는 뜻이다.

VII. 부록: 부활하신 예수의 현현

21:1–25

21. 부활하신 예수의 현현(21:1-25)

이 복음서의 마지막 부분인 21장은 1-20장보다 훨씬 후에 기록된 것으로 보인다. 그 이유는 제자들에게 세 번째 나타나셨다는 내용이 요한복음의 집필 목적을 밝히는 앞 단락과 자연스럽게 연결되지 않으며, 실제로 세 번째도 아니기 때문이다(참조. 21:14). 이 장에서는 베드로가 중심 인물로 등장하고, 예수께서 베드로를 만나 주시는 장면들로 내용을 나눌 수 있다. 첫째, 부활하신 예수께서 디베랴 바다에서 물고기를 잡고 있는 베드로를 만나신다(21:1-14). 둘째, 예수께서 베드로가 수치스러운 사건을 회복할 수 있도록 기회를 주시고, 그의 죽음을 예언하신다(21:15-19). 셋째, 예수께서 사랑하신 제자의 죽음에 대한 베드로의 질문과 예수의 대답이 소개되고, 그 제자가 요한복음을 기록했다는 증언이 나온다(21:20-25).

21.1. 부활하신 예수와 베드로(21:1-14)

[1] 그 후에 예수께서 디베랴 호수에서 또 제자들에게 자기를 나타내셨으니 나타내신 일은 이러하니라 [2] 시몬 베드로와 디두모라 하는 도마와 갈릴리 가나 사람 나다나엘과 세베대의 아들들과 또 다른 제자 둘이 함께 있더니 [3] 시몬 베드로가 나는 물고기 잡으러 가노라 하니 그들이 우리도 함께 가겠다 하고 나가서 배에 올랐으나 그 날 밤에 아무 것도 잡지 못하였더니 [4] 날이 새어갈 때에 예수께서 바닷가에 서셨으나 제자들이 예수이신 줄 알지 못하는지라 [5] 예수께서 이르시되 얘들아 너희에게 고기가 있느냐 대답하되 없나이다 [6] 이르시되 그물을 배 오른편에 던지라 그리하면 잡으리라 하시니 이에 던졌더니 물고기가 많아 그물을 들 수 없더라 [7] 예수께서 사랑하시는 그 제자가 베드로에게 이르되 주님이시라 하니 시몬 베드로가 벗고 있다가 주님이라 하는 말을 듣고 겉옷을 두른 후에 바다로 뛰어 내리더라 [8] 다른 제자들은 육지에서 거리가 불과 한 오십 칸쯤 되므로 작은 배를 타고 물고기 든 그물을 끌고 와서 [9] 육지에 올라보니 숯불이 있는데 그 위에 생선이 놓였고 떡도 있더라 [10] 예수께서 이르시되 지금 잡은 생선을 좀 가져오라 하시니 [11] 시몬 베드로가 올라가서 그물을 육지에 끌어

올리니 가득히 찬 큰 물고기가 백쉰세 마리라 이같이 많으나 그물이 찢어지지 아니하였더라 ¹² 예수께서 이르시되 와서 조반을 먹으라 하시니 제자들이 주님이신 줄 아는 고로 당신이 누구냐 감히 묻는 자가 없더라 ¹³ 예수께서 가셔서 떡을 가져다가 그들에게 주시고 생선도 그와 같이 하시니라 ¹⁴ 이것은 예수께서 죽은 자 가운데서 살아나신 후에 세 번째로 제자들에게 나타나신 것이라

이 단락에서는 베드로와 다른 제자들이 디베랴 호수에서 물고기를 잡는 장면을 그린다. 그들은 밤새도록 아무것도 잡지 못했다. 하지만 그들은 부활하신 예수를 새벽에 만나 물고기를 많이 잡게 되고, 예수께서 준비해 두신 아침 식사도 함께한다.

1절 '그 후에'('메타 타우타', μετὰ ταῦτα)는 요한복음의 저자가 자주 사용하는 표현이다(2:12; 5:1; 6:1; 19:38). 이 표현은 앞 장의 예수 부활 사건과 직접 연결되는 시간을 의미하지 않는다(참조. 14절). 저자가 갈릴리 호수를 '디베랴 호수'('딸라쎄스 테스 티베리아도스', θαλάσσης τῆς Τιβεριάδος)라고 기록한 것은 그 호수를 모르는 사람들을 배려한 것으로 이해할 수 있다. '디베랴'는 로마가 팔레스타인을 점령한 후 공식적으로 사용하기 시작한 지명이다(참조. 6:1, 23).[1] 이 지명은 오직 요한복음에만 나온다(참조. 6:1, 23).

2절 디베랴 호수에 일곱 명의 제자가 모여 있었다. 시몬 베드로, 디두모라 하는 도마(참조. 11:16; 20:24), 갈릴리 가나 사람 나다나엘(참조. 1:45, 46, 47, 48; 2:1), '세베대의 아들들' 즉, 요한과 야고보(참조. 마 4:21), 그리고 이름이 나오지 않은 두 제자이다. 요한복음에서 나다나엘이라는 이름은 1장에, 갈릴리 가나라는 지명은 2장과 4장에 주로 나온다. 이 이름과 지명이 21장에 또 등장한 것은 1-20장을 기술한 저자가 21장도 기록했다는 증거 중 하나가 될 수 있다.

---

1 '디베랴' 지명에 대한 자세한 설명은 본서의 6:1 주석을 참조하라.

3절 베드로는 아마도 양식을 얻고자 물고기를 잡으러 가겠다고 한 것 같다. 다른 제자들이 '우리도 함께 가겠다'라고 응답한 것은 세상의 물질을 탐하는 타락을 말하지 않는다. 단지 일상생활에 필요한 양식을 얻고자 함이었다. 하지만 그들은 물고기를 전혀 잡지 못했다.

4-5절 제자들이 '날이 새어갈 때'까지 호수에 있었다는 것은 밤새도록 물고기를 잡으려고 시도했음을 나타낸다. 그 정도로 궁핍한 상황이었던 것 같다. 그 새벽에 '예수께서 바닷가에 서셨으나 제자들이 예수이신 줄 알지'(참조. 20:14) 못한다. 예수께서 '얘들아 너희에게 고기가 있느냐'라고 질문하시자, 제자들이 '없나이다'라고 대답한다. 여기서 '고기'('프로스파기온', προσφάγιον)는 빵에 곁들여 먹는 반찬과도 같은 작은 생선을 가리킨다(참조. BDAG, 886). 이렇게 대화를 나누면서도 제자들이 예수를 알아보지 못한다.

6절 예수께서 '그물을 배 오른편에 던지라 그리하면 잡으리라'라고 명령하신 대로 제자들이 행하자 물고기가 많이 잡힌다. 이 내용은 에스겔 47:10("또 이 강 가에 어부가 설 것이니 엔게디에서부터 에네글라임까지 그물 치는 곳이 될 것이라 그 고기가 각기 종류를 따라 큰 바다의 고기 같이 심히 많으려니와")이 그 배경으로 고려될 수 있다. '물고기'('익뚜스', ἰχθύς)는 식용 생선을 가리킨다(참조. BDAG, 485). '오른편'은 헬라어 '데키오스'(δεξιός)의 번역으로, '오른쪽'은 중요한 가치, 신뢰, 명예, 능력이라는 긍정적인 의미를 가진 단어이다(참조. BDAG, 217-18).

7절 '예수께서 사랑하시는 그 제자'('호 마떼테스 에케이노스 혼 헤가페 호 예수스', ὁ μαθητὴς ἐκεῖνος ὃν ἠγάπα ὁ Ἰησοῦς)가 다시 등장한다. 그 제자가 예수를 알아보고 베드로에게 '주님이시다'라고 소리치니 시몬 베드로가 겉옷을 두른 후에 바다로 뛰어내린다. 당시 어부들이 옷을 벗고 일을 했음을 알 수 있다. '겉옷'으로 번역된 헬라어 '에펜뒤테스'(ἐπενδύτης)는 신약성경에서 오직 이 구절에만 나온다. 베드로는 육지에 올라간 후에 예수께 예의를 갖추기 위하여 겉옷을 입었을 것이다.

8-9절 다른 제자들이 배를 타고 육지로 와서 물고기가 든 그물을 끌어내린다. 호수와 육지의 '거리가 불과 한 오십 칸쯤' 된다는 설명에서 '오십 칸쯤'('페콘 디아코시온', πηχῶν διακοσίων, '200규빗')은 오늘날 약 91.4미터이다. 참고로, 1'규빗'('페쿠스', πῆχυς)은 약 45.7센티미터이다(참조. BDAG, 812). 제자들이 육지에 올라와 보니 '숯불'('안뜨라키아', ἀνθρακιά) 위에 생선이 놓였고 떡도 있었다. '숯불'은 예수가 체포되시던 날 밤에 안나스의 집 뜰에서 곁불을 쬐고 있던 베드로를 떠올리게 한다(참조. 18:15-24).

10-11절 예수께서 '지금 잡은 생선을 좀 가져오라'라고 말씀하신다. '생선'은 '옾싸리온'(ὀψάριον)의 번역으로, 오병이어 표적에 나오는 '물고기'와 같은 단어이다(참조. 6:9, 11).[2] 그들이 잡은 생선이 총 153마리이다. 이렇게 많은데 그물이 찢어지지 않았다고 한다. 153이라는 숫자에 대해 다양하게 해석하면서 상징성을 부여하지만 대부분은 설득력이 없다.[3] 이 숫자를 게마트리아(gematria)에 의하여 해석하기도 하는데 이 복음서가 묵시 문학에 속하지 않기에 가능성이 없는 해석 방법이다. 저자는 구체적인 숫자를 제시하여 이 사건이 역사적 사실이라는 점에 신빙성을 높인다.

12-13절 '와서 조반을 먹으라'라는 말씀은 예수께서 제자들의 육적 필요까지도 세심히 살피시는 분임을 암시한다. 제자들은 이미 예수를 알아보았기에 '당신이 누구냐'라고 감히 묻지 않는다. 예수께서 떡과 생선을 제자들에게 나누어 주신다. 제자들과 함께 아침 식사를 하셨음을 짐작할 수 있다. 이것은 부활하신 예수께서 몸을 가지신 분임을 암시한다(참조. 눅 24:36-43).

14절 '살아나신 후에 세 번째로 제자들에게 나타나신 것'이라는 설명은 20장

---

2 저자가 '물고기'('익뚜스', ἰχθύς)와 '고기'('프로스파기온', προσφάγιον), 그리고 '생선'('옾싸리온', ὀψάριον)이라는 단어를 요한복음 내에서 같은 의미를 가진, 상호 교환 가능한 표현으로 사용한다.
3 Carson, 『요한복음』, 1252-55을 참조하라.

에 나오는 예수의 현현 사건들에 대한 정보와 잘 맞지 않는 설명이다. 예수께서는 부활하신 후에 첫 번째, 막달라 마리아에게 나타나셨고(20:14-17), 두 번째, 도마를 제외한 열 제자가 모여 있었을 때 나타나셨고(20:19-23), 세 번째, 도마가 다른 제자들과 함께 있었을 때 나타나셨다(20:26-29). 그렇다면 이번이 네 번째로 나타나신 것이다. 어쩌면 갈릴리 호수에서만 세 번째로 나타나신 것이라는 설명일 수도 있다. 또 다른 해석도 가능하다. 막달라 마리아를 제자의 범주에 넣지 않는 것이다. 그렇다면 '세 번째로 제자들에게 나타나신 것'이 맞다. 하지만 요한복음에서는 열두 제자를 특별하게 취급하지 않고, '제자'라는 단어를 열두 제자로 제한하지 않으며, 열두 제자를 의미할 때는 항상 '열둘'로 표현한 것을 고려하면, 굳이 막달라 마리아를 제자에서 제외할 필요가 없다(참조. 6:60, 66, 67, 70-71; 20:24).

설교자를 위한 적용(21:1-14)

●● 예수가 살기 위하여 몸부림치며 밤새도록 물고기를 잡으려고 노력했던 제자들에게 찾아오셔서 이렇게 물어보신다. "너희에게 물고기가 있느냐?" 이것은 우리가 노력한 삶의 열매가 무엇인지를 확인시키시는 질문이다. 물고기도 한 마리 잡지 못하고 허탈해하는 제자들에게 예수는 그물을 배 오른쪽에 던지라고 권고하신다. 제자들에게 선택과 포기를 요구하신 것이다. 제자들이 예수의 말씀을 듣고 자신들의 상황에서 올바른 선택을 한다. 결과를 알 수 없었지만 일단 순종했다.

인생을 살면서 한쪽을 포기해야 할 때가 있다. 새로운 결단을 통해서 모험을 감수해야 할 때가 있다. 한쪽을 선택하는 순간 다른 한쪽은 포기해야 한다. 그런데 무엇을 기준으로 선택과 포기를 정해야 할까? 바로 예수의 말씀이다. 예수의 말씀을 따라 결단하는 삶은 의미가 있다. ●●

21.2. 부활하신 예수와 베드로의 고백(21:15-19)

¹⁵ 그들이 조반 먹은 후에 예수께서 시몬 베드로에게 이르시되 요한의 아들 시몬아 네가 이 사람들보다 나를 더 사랑하느냐 하시니 이르되 주님 그러하나이다 내가 주님을 사랑하는 줄 주님께서 아시나이다 이르시되 내 어린 양을 먹이라 하시고 ¹⁶ 또 두 번째 이르시되 요한의 아들 시몬아 네가 나를 사랑하느냐 하시니 이르되 주님 그러하나이다 내가 주님을 사랑하는 줄 주님께서 아시나이다 이르시되 내 양을 치라 하시고 ¹⁷ 세 번째 이르시되 요한의 아들 시몬아 네가 나를 사랑하느냐 하시니 주께서 세 번째 네가 나를 사랑하느냐 하시므로 베드로가 근심하여 이르되 주님 모든 것을 아시오매 내가 주님을 사랑하는 줄을 주님께서 아시나이다 예수께서 이르시되 내 양을 먹이라 ¹⁸ 내가 진실로 진실로 네게 이르노니 네가 젊어서는 스스로 띠 띠고 원하는 곳으로 다녔거니와 늙어서는 네 팔을 벌리리니 남이 네게 띠 띠우고 원하지 아니하는 곳으로 데려가리라 ¹⁹ 이 말씀을 하심은 베드로가 어떠한 죽음으로 하나님께 영광을 돌릴 것을 가리키심이러라 이 말씀을 하시고 베드로에게 이르시되 나를 따르라 하시니

이 단락은 베드로와 예수의 대화 장면이다. 예수께서 베드로에게 '네가 나를 사랑하느냐?'라고 세 번이나 질문하신다. 베드로는 이미 자기의 마음을 헤아리고 계신 예수께 '내가 주님을 사랑하는 줄 주님께서 아시나이다'라고 대답한다. 예수께서 '내 양을 먹이라', '내 양을 치라'라는 사명을 베드로에게 주신 후 그의 죽음에 대하여 예언하신다.

15절 예수께서 아침 식사 후에 베드로를 직접 부르셔서 이렇게 질문하신다. "요한의 아들 시몬아 네가 이 사람들보다 나를 더 사랑하느냐." 요한복음에서는 베드로를 '요한의 아들 시몬'이라고 부른다(참조. 1:42). '이 사람들'은 헬라어 지시 대명사 '투톤'(τούτων)의 번역으로, '이것들'이라는 뜻이다. 그러므로 '이것들'은 방금 잡은 물고기들일 수도 있고, 또한 배와 그물을 가리킬 수도

있으며, 다른 제자들을 뜻할 수도 있다.[4] 문맥상 제자들을 나타내는, '이 사람들'이라고 번역했지만, 나머지 두 가지로 번역해도 상관없다.

예수의 첫 번째 질문에 베드로가 '내가 주님을 사랑하는 줄 주님께서 아시나이다'라고 대답한다. 매우 겸손한 대답 같지만 사실은 머뭇거리며 주저하는 모습으로 볼 수 있다. 예수께서 베드로에게 이렇게 말씀하신다. "내 어린 양을 먹이라." 여기서 '먹이라'는 헬라어 동사 '보스코'(βόσκω)의 명령형으로, 양을 돌보고 인도하라는 의미이다(참조. BDAG, 181). 한글 성경의 '어린 양'은 의역이고, 헬라어 본문에는 단순히 '양'('아르니온', ἀρνίον)이라고만 나온다. '양'은 예수를 따르는 모든 사람을 가리킨다.

16절 예수께서 베드로에게 동일한 내용으로 다시 한 번 질문하시자, 베드로 역시 첫 번째와 동일하게 대답한다. 이번에는 예수께서 '내 양을 치라'라고 명령하신다. '치라'는 헬라어 동사 '포이마이노'(ποιμαίνω)의 명령형으로, '목양하다', '가축을 치다', '지키다'라는 뜻이다(참조. BDAG, 842). '양을 치라'와 '양을 먹이라'에 사용된 각 동사는 의미상 차이가 미미하다. 이 구절에서 '양'은 복수 형태이며 '프로바타'(πρόβατά)가 사용된다. 15절에 나오는 '아르니온'(ἀρνίον)과 이 구절의 '프로바톤'(πρόβατον) 역시 의미의 차이가 없다.

17절 예수께서 같은 내용으로 세 번째 질문을 던지신다. 이에 베드로는 근심하면서 처음과 동일하게 대답을 한다. 예수께서 '내 양을 먹이라'('보스케 타 프로바타 무', βόσκε τὰ πρόβατά μου)라고 명령하신다. 이때 '양'은 16절에 나온 명사를, '먹이라'는 15절에 나온 동사를 그대로 사용하신다. 예수께서 세 번씩이나 같은 질문을 반복하신 것은 아마도 베드로가 세 번씩이나 예수 자신을 부인했던 사건과 관련이 있을 것이다(참조. 18:15-27). 예수께서는 베드로의 그 수치스러운 기억을 지워 주시고 예수를 향한 사랑만을 굳건하게 고백하도록, 의도

---

4 Carson, 『요한복음』, 1259-60을 참조하라.

적으로 이렇게 질문하신 것이다.

18-19절 예수께서 이중 아멘 용법을 사용하셔서 베드로의 죽음을 암시하신다. "네가 젊어서는 스스로 띠 띠고 원하는 곳으로 다녔거니와 늙어서는 네 팔을 벌리리니 남이 네게 띠 띠우고 원하지 아니하는 곳으로 데려가리라." 전승에 의하면, 베드로는 네로 황제가 기독교를 박해하던 시기인 CE 64년경에[5] 십자가에서 처형당했다.[6] '네 팔을 벌리리니'는 고대 세계에서 십자가형을 가리키는 데 사용되는 표현이었다.[7] 19절은 저자의 설명적 주석으로, 베드로의 죽음에 대한 예언의 해석이다(참조. 2:21; 8:27; 11:13; 12:6).

설교자를 위한 적용(21:15-19)

●● 베드로가 갈릴리 바다에서 부활하신 예수를 다시 만났을 때는 이미 세 차례나 예수를 부인하고 난 뒤였다. 하지만 예수께서는 베드로를 용서하시고 위로해 주신다. 우리는 예수를 수없이 배신하지만 예수는 언제나 우리가 돌아와서 용서받기를 기다리신다. 예수께서 우리의 선한 목자이시기 때문이다. 예수께서 우리에게 '네가 나를 사랑하느냐?'라고 질문하시면 우리는 어떻게 대답해야 할까?

예수께서 베드로에게 자신의 양을 먹이고 치라고 명령하신다. 목회자는 하나님의 백성인 양들을 돌보고 살피면서 양육하는 자이다. 생명을 다하여 양들을 돌보는 선한 목자의 비유가 목회자들에게 적용되어야 한다. 예수를 사랑하는 마음으로 주님의 양들을 위하여 사랑을 쏟아부어야 한다. 말을 듣지 않거나 잘 따라오지 않는 양이 있는지 늘 살펴야 하며 행여 그러한 양을 발견하면 절대로 포기하지 말고 무리 안으로 인도해야 한다. 마음을 다해 헌신하며 양을

---

5 Eusebius, *Ecclesiastical History*, 3.1.을 보라.
6 Brown, 『요한복음, II』, 2004-2006을 참조하라.
7 Haenchen, *John*, II, 226-27을 참조하라.

돌보는 일은 결코 쉽지 않다. 하지만 선한 목자의 마음으로 양들을 끝까지 돌보면 언젠가는 양들도 그 사랑을 통해 예수의 사랑을 느끼게 될 것이다. ●●

21.3. 베드로와 예수께서 사랑하신 제자(21:20-25)

[20] 베드로가 돌이켜 예수께서 사랑하시는 그 제자가 따르는 것을 보니 그는 만찬석에서 예수의 품에 의지하여 주님 주님을 파는 자가 누구오니이까 묻던 자더라 [21] 이에 베드로가 그를 보고 예수께 여짜오되 주님 이 사람은 어떻게 되겠사옵나이까 [22] 예수께서 이르시되 내가 올 때까지 그를 머물게 하고자 할지라도 네게 무슨 상관이냐 너는 나를 따르라 하시더라 [23] 이 말씀이 형제들에게 나가서 그 제자는 죽지 아니하겠다 하였으나 예수의 말씀은 그가 죽지 않겠다 하신 것이 아니라 내가 올 때까지 그를 머물게 하고자 할지라도 네게 무슨 상관이냐 하신 것이러라 [24] 이 일들을 증언하고 이 일들을 기록한 제자가 이 사람이라 우리는 그의 증언이 참된 줄 아노라 [25] 예수께서 행하신 일이 이 외에도 많으니 만일 낱낱이 기록된다면 이 세상이라도 이 기록된 책을 두기에 부족할 줄 아노라

이 단락에서는 예수께서 사랑하신 제자에 대해 베드로와 예수가 대화하는 내용을 소개한다. 이 대화 속에서, 예수께서 사랑하신 제자의 죽음에 대해 예언하신 말씀을 제자들이 오해한다. 마지막으로, 예수께서 사랑하신 제자가 이 복음서를 기록했다는 증언이 나온다.

20-21절 요한의 설명적 주석으로, '예수께서 사랑하시는 제자'를 베드로와 동등한 위치에 세우려는 의도가 있다. 이 제자에 대한 묘사는 13:23("예수의 제자 중 하나 곧 그가 사랑하시는 자가 예수의 품에 의지하여 누웠는지라")을 반복한 것이다. 베드로의 질문 즉 '주님 이 사람은 어떻게 되겠사옵나이까'에는 그 제자를 향한 우정과 호기심이 들어 있다.

22절 '네게 무슨 상관이냐'('티 프로스 세', τί πρὸς σέ;)는 다른 제자에 대한 불필

요한 관심을 멈추라는 뜻이다. 더욱이 베드로에게 '너는 나를 따르라'라고 말씀하신 것은 과거의 잘못된 행실을 되풀이하지 말고 오직 예수만 바라보라는 뜻이다.

23절 제자들이 예수의 말씀을 잘못 이해하여 '예수께서 사랑하시는 제자'가 죽지 않을 것이라고 생각한다. 이에 대해 저자 요한이 이렇게 해명한다. "그 제자는 죽지 아니하겠다 하였으나 예수의 말씀은 그가 죽지 않겠다 하신 것이 아니라 내가 올 때까지 그를 머물게 하고자 할지라도 네게 무슨 상관이냐."

24-25절 저자가 요한복음에 기록된 예수의 언행을 '증언'이라고 표현하면서 그분의 증언이 참되시다고 밝힌다. 그리고 이 증언을 기록한 사람이 바로 예수께서 사랑하신 제자라고 언급한다. 저자는 '우리'라는 일인칭 복수 대명사로 자신을 지칭함으로써 화자의 화법을 구사한다(참조. 1:14, 16; 3:2, 11). '우리'는 요한 공동체를 가리킬 수도 있다. '예수께서 행하신 일'은 요한복음에 기록된 표적 사건들을 말한다. 저자는 예수께서 행하신 일이 너무나 많기에 만일 낱낱이 기록한다면 그 책들이 이 세상을 가득히 채우고도 남을 것이라고 말한다(참조. 20:30).

설교자를 위한 적용(21:20-25)

●● 남과 자신을 비교하려는 행동은 불안정한 마음 상태에서 비롯된다. 인간은 때로는 자만심 때문에 때로는 열등감 때문에 남과 자신을 비교한다. 이는 결국 자신을 깎아내려서 심각한 우울감을 경험하게 한다. 비교하는 것에서 벗어나려면 일단 하나님 앞에서 나 자신의 장단점을 솔직하게 드러내 놓고 인정해야 한다. 그리고 주님께서 내게 맡기신 일에 충실해야 한다. 베드로가 예수께서 사랑하신 제자를 가리키며 '주님 이 사람은 어떻게 되겠사옵나이까?'라고 그의 죽음에 대하여 질문했을 때, 예수는 이렇게 대답하셨다. "네게 무슨 상관이냐 너는 나를 따르라."

예수께서 베드로에게 '내가 올 때까지 그를 머물게 하고자 할지라도 네게 무슨 상관이냐'라고 대답하신 내용을 듣고 제자들이 오해하여 잘못된 소문을 퍼뜨린다. 오해는 그릇되게 해석하거나 뜻을 잘못 알 때 발생한다. 제자들이 결국 가짜 뉴스를 퍼뜨린 것이다. 증인이라면 사실과 올바른 정보, 그리고 정확한 해석을 바탕으로 내용을 전달해야 한다. 예수의 증인 된 자로서 우리는 그분의 말씀을 잘못 해석하지 않도록 주의하고 또 주의해야 한다. ●●

참고 문헌

권해생.『요한복음』. 대한예수교장로회 고신총회 설립 60주년기념 성경주석. 서울: 대한
예수교 장로회 고신 총회출판국, 2016.

―――. '요한복음의 새 창조 모티브: 표적, 십자가와 부활, 성전',「신약연구」48(2017),
135-75.

김광수.『요한복음 다시읽기, (상, 하)』. 대전: 침례신학대학교출판부, 2004.

김문경.『요한신학』. 서울: 한국성서학연구소, 2004.

김문현.『예수를 만난 사람들』. 서울: 도서출판 영성네트워크, 2017.

김선정.『요한복음서와 로마황제숭배』. 서울: 한들출판사, 2003.

이상훈.『요한복음』. 서울: 대한기독교서회, 1993.

장동수.『신약성경 사본과 정경』. 대전: 침례신학대학교출판부, 2005.

정양모 역주.『디다케: 열두 사도들의 가르침』. 왜관: 분도출판사, 2006.

조석민.『신약성서의 여성: 배제와 혐오의 대상인가?』. 대전: 대장간, 2018.

―――. '예수의 부활과 막달라 마리아(요 20:1-18)',「성경과 교회」16(2018), 114-47.

―――.『요한복음의 새관점』. 서울: 솔로몬, 개정증보판, 2015.

―――. '예수의 세족행위와 그 의미(요 13:1-17)',「성경과 교회」12(2014), 139-68.

―――. '예수의 고별설교(3): 요한복음 16:4b-33의 석의적 연구',「성경과 교회」
11(2013), 95-124.

―――. '예수의 고별설교(2): 요한복음 15:1-16:4a의 석의적 연구',「성경과 교회」
10(2012), 90-122.

―――. '예수의 고별설교(1): 요한복음 14장의 석의적 연구',「성경과 교회」9(2011), 88-
119.

―――. '예수의 기도: 요한복음 17장의 석의적 연구',「성경과 교회」8(2010), 98-122.

―――. '신약성서에 나타난 "평화"의 의미',「장로교회와 신학」7(2010), 25-46.

―――. '요한복음의 믿음',「그 말씀」5월호(2009), 27-39;「그 말씀」6월호(2009), 110.

―――. '신약적 관점에서 본 한국 장로교회의 일치: 에베소서 4:1-6, 요한복음 17:20-

23을 중심으로', 「장로교회와 신학」 3(2006), 248-53.

―――. '로고스의 개념과 기능(요한복음 1:1-18)', 「프로에클레시아」 7(2005), 34-57.

―――. '영생과 하나님 나라(요한복음 3:1-21)', 「프로에클레시아」 7(2005), 67-91.

조재형. 『그리스-로마 종교와 신약성서』. 부천: 부크크, 2018.

홍창표. 『신약과 문화』. 수원: 합동신학교출판부, 1995.

Aland, K. and B. Aland, *The Text of the New Testament: An Introduction to the Critical Editions and to the Theory and Practice of Modern Textual Criticism*. trans. E. F. Rhodes. Grand Rapids: Eerdmans, 2nd edn, 1989.

Appold, M. L., *The Oneness Motif in the Fourth Gospel: Motif Analysis and Exegetical Probe into the Theology of John*. WUNT 2.1. Tübingen: J. C. B. Mohr(Paul Siebeck), 1976.

Aune, D. E., *Prophecy in Early Christianity and the Ancient Mediterranean World*. Grand Rapids: Eerdmans, 1983.

Baehr, J., 'Priest, High Priest', *NIDNTT*, III, 32-44.

Ball, D. M., *'I Am' in John's Gospel: Literary Function, Background and Theological Implications*. JSNTSS 124. Sheffield: Sheffield Academic Press, 1996.

Barrett, C. K., 한국신학연구소 번역실 역. 『요한복음(I), (II)』. 2 vols. 서울: 한국신학연구소, 1984.

Barton, B. B. et al., 전광규 역. 『요한복음』. 서울: 성서유니온선교회, 2005.

Bauckham, R., *The Testimony of the Beloved Disciple: Narrative, History, and Theology in the Gospel of John*. Grand Rapids: Baker Academic, 2007.

―――. *Jesus and the Eyewitnesses: The Gospels as Eyewitness Testimony*. Grand Rapids: Eerdmans, 2006.

―――. 'Papias and Polycrates on the Origin of the Fourth Gospel', *JTS* 44(1993), 24-69.

―――. 'The Beloved Disciple as Ideal Author', *JSNT* 49(1993), 21-44.

Beasley-Murray, G. R., *John*. WBC. Nashville: Thomas Nelson, 2nd edn, 1999.

Bernard, J. H., *Gospel according to St. John*. 2 vols. ICC. Edinburgh: T. & T. Clark, 1928.

Blass, F. and A. Debrunner, *A Greek Grammar of the New Testament and Other Early Christian Literature*. trans. and ed. R. W. Funk. Chicago: University of Chicago Press, 1961.

Blenkinsopp, J., *Ezra-Nehemiah: A Commentary*. Philadelphia: Westminster Press, 1988.

Brouwer, W., *The Literary Development of John 13-17: A Chiastic Reading*. SBL Dissertation Series 182. Atlanta: Society of Biblical Literature, 2000.

Brown, R. E., 최흥진 역.『요한복음, I, II』. 2 vols. AYB. 서울: 기독교문서선교회, 2013.

Bruce, F. F., *The Gospel of John*. Grand Rapids: Eerdmans, 1983.

Bruns, J. E., 'The Use of Time in the Fourth Gospel', *NTS* 13(1967), 285-90.

Bultmann, R., *The Gospel of John: A Commentary*. trans. G. R. Beasley-Murray. et al. Philadelphia: Westminster Press, 1971.

―――. 'πιστεύω κτλ', *TDNT*, VI, 174-228.

Burge, G. M., 김병국 역.『요한복음』. 서울: 솔로몬, 2011.

Burkett, D., *The Son of the Man in the Gospel of John*. JSNTSS 56. Sheffield: JSOT Press, 1991.

Calvin, J., *The Gospel according to St John*. 2 vols. trans. T. H. L. Parker. Grand Rapids: Eerdmans, 1961.

Carson, D. A., 박문재 역.『요한복음』. 서울: 솔로몬, 2017.

―――. 'Understanding Misunderstandings in the Fourth Gospel', *TynB* 33(1982), 59-89.

Chennattu, R. M., *Johannine Discipleship as a Covenant Relationship*. Peabody: Hendrickson, 2006.

Childs, B. S., *Isaiah*. Louisville: Westminster John Knox Press, 2001.

Cho, S., *Jesus as Prophet in the Fourth Gospel*. NTM 15. Sheffield: Sheffield Phoenix Press, 2006.

Christensen, D. L., *Deuteronomy 1:1-21:9*, WBC. Nashville: Thomas Nelson 2001.

Clements, R. E., 김회권 역.『예레미야』. 서울: 한국장로교출판사, 2002.

Collins, J. J., *Invitation to the Apocrypha*. Grand Rapids: Eerdmans, 1999.

Collins, R. F., 'Speaking of the Jews: "Jews" in the Discourse Material of the Fourth Gospel', R. Bieringer. et al. (eds.), *Anti-Judaism and the Fourth Gospel*. Louisville: Westminster John Knox Press, 2001, 158-75.

Coloe, M. L., 'Welcome into the Household of God: The Foot Washing in John 13', *CBQ* 66(2004), 400-15.

Colwell, E. C., 'A Definite Rule for the Use of the Article in the Greek New Testament', *JBL* 52(1933), 12-21.

Craigie, P. C., *The Book of Deuteronomy*. NICOT. Grand Rapids: Eerdmans, 1976.

Cross, F. L. and E. A. Livingstone. (eds.), *Oxford Dictionary of the Christian Church*. Oxford: Oxford University Press, 3rd edn, 1997.

Crown, A. D., 'F. Dexinger, "Der Taheb"', *JQR* 80(1989), 139-41.

Culpepper, R. A., 권종선 역.『요한복음 해부』. 서울: 요단출판사, 2000.

―――. *Jesus and the Eyewitnesses: The Gospels as Eyewitness Testimony*. Grand Rapids: Eerdmans, 2006.

―――. 'The Beloved Disciple as Ideal Author', *JSNT* 49(1993), 21-44.

―――. 'The Johannine hypodeigma: A reading of John 13', *Semeia* 53(1991), 133-52.

―――. 'The Pivot of John's Prologue', *NTS* 27(1980), 1-31.

Daly-Denton, M., *David in the Fourth Gospel: The Johannine Reception of the Psalms*. Leiden: Brill, 2000.

Danby, H.(trans.), *The Mishnah: Translated from the Hebrew with Introduction and Brief Explanatory Notes*. Oxford: Oxford University Press, 1933.

de Boer, M. C., 'The Depiction of "the Jews" in John's Gospel: Matters of Behavior and Identity', R. Bieringer. et al. (eds.), *Anti-Judaism and the Fourth*

Gospel. Louisville: Westminster John Knox Press, 2001, 141-57.

deSilva, D. A., *Introducing the Apocrypha: Message, Context, and Significance*. Grand Rapids: Baker Academic, 2002.

de Vaux, R., *Ancient Israel: Its Life and Institutions*. trans. J. McHugh. London: Darton, Longman & Todd, 2nd edn, 1965.

Dexinger, F., 'Limits of Tolerance in Judaism: The Samaritan Example', E. P. Sanders. (ed.), *Jewish and Christian Self-Definition, vol. II: Aspects of Judaism in the Graeco-Roman Period*. 3 vols. Philadelphia: Fortress Press, 1981, 88-114.

———. *Der Taheb: Ein "messianischer" Heilsbringer der Samaritaner*. Salzburg: O. Müller, 1986.

Dodd, C. H., *The Interpretation of the Fourth Gospel*. Cambridge: Cambridge University Press, 1953.

Durham, J. I., *Exodus*. WBC 3. Waco: Word Books, 1987.

Elowsky, J. C. (ed.), *John 1-10*. ACCS. Downers Grove: InterVarsity Press, 2006.

———. *John 11-21*. ACCS. Downers Grove: InterVarsity Press, 2006.

Endo, M., *Creation and Christology: A Study on the Johannine Prologue in the Light of Early Jewish Creation Accounts*. WUNT 2.149. Tübingen: Mohr Siebeck, 2002.

Evans, C. A., *Mark 8:27-16:20*. WBC 34B. Nashville: Thomas Nelson, 2001.

Eusebius, *The Ecclesiastical History*. 2 vols. trans. K. Lake and J. E. L. Oulton. LCL. Cambridge, MA: Harvard University Press, 1926-32.

Fendrich, F., 'κράζω', *EDNT*, II, 313-14.

France, R. T., 'Faith', *DJG*, 223-26.

———. 이종만 외 2인 역. 『마가복음』. NIGTC. 서울: 새물결플러스, 2017.

Greenlee, J. H., *Introduction to New Testament Textual Criticism*. Carlisle: Paternoster, rev edn, 1995.

Grundmann, W., 'κράζω, κτλ', *TDNT*, III, 898-903.

Guthrie, D., *New Testament Theology*. Leicester: IVP, 1981.

Haenchen, E., *A Commentary on the Gospel of John*. 2 vols. trans. R. W. Funk. Philadelphia: Fortress Press, 1984.

Hendriksen, W., *The Gospel of John*. London: Banner of Truth Trust, 1954.

Hengel, M., *The Johannine Question*. trans. J. Bowden. London: SCM Press, 1989.

――――. *The 'Hellenization' of Judaea in the First Century after Christ*. London: SCM Press, 1989.

――――. 김명수 역.『십자가 처형』. 현대신서 122. 서울: 대한기독교서회, 1982.

Horsley, G. H. R., 'The Inscriptions of Ephesos and the New Testament', *NovT* 34(1992), 105-68.

Howard-Brook, W., *Becoming Children of God: John's Gospel and Radical Discipleship*. Maryknoll: Orbis Books, 1994.

Hunter, W. B., "The Prayers of Jesus in the Gospel of John." Unpublished PhD Thesis, Aberdeen: University of Aberdeen, 1979.

Jeremias, J., 한국신학연구소 번역실 역.『예수 시대의 예루살렘』. 서울: 한국신학연구소, 1992.

Johnston, G., *The Spirit-Paraclete in the Gospel of John*. SNTSMS 12. Cambridge: Cambridge University Press, 1970.

Josephus, F., *Jewish War*(vol. 2-4) & *Jewish Anitiquities*(vol. 5-12). trans. H. St. J. Thackeray. et al. 12 vols. LCL. Cambridge: Harvard University Press, 1926-65.

Kalantzis, G., 'Ephesus as a Roman, Christian, and Jewish Metropolis in the First and Second Centuries C. E.', *Jian Dao* [Hong Kong] 8(1997), 103-119.

Keener, C. S., *Bible Background Commentary: New Testament*. Downers Grove: InterVarsity Press, 1993.

――――. *The Gospel of John: A Commentary* I, II. 2 vols. Peabody: Hendrickson, 2003.

――――. *Acts: An Exegetical Commentary*. 4 vols. Grand Rapids: Baker Academic, 2012.

Kim, J. K., 'A Korean Feminist Reading of John 4:1-42', *Semeia* 78(1997), 100-119.

Kim, S., *The Kingship of Jesus in the Gospel of John*. Eugene: Pickwick, 2018.

Kimelman, R., 'Birkat Ha-Minim and the Lake of Evidence for an Anti-Christian Jewish Prayer in Late Antiquity', E. P. Sanders. et al. (eds.), *Jewish and Christian Self-Definition*, II, London: SCM Press, 1981, 226-44.

King, P. J. and L. E. Stager., 임미영 역.『고대 이스라엘 문화』. 서울: 기독교문서선교회, 2014.

Klink, E. W., 'What Concern Is That to You and to Me? John 2:1-11 and the Elisha Narratives', *Neot* 39(2005), 273-87.

Koehler, L. and W. Baumgartner, *The Hebrew and Aramaic Lexicon of the Old Testament*. 2 vols. Brill: Leiden, 2001.

Koester, C. R., *Symbolism in the Fourth Gospel: Meaning, Mystery, Community*. Minneapolis: Fortress Press, 1995.

──────. *The Word of Life: A Theology of John's Gospel*. Grand Rapids: Eerdmans, 2008.

Koops, R., 권성달 역.『성서 속의 식물들』. 서울: 대한성서공회, 2015.

Köstenberger, A. J., *John*. BECNT. Grand Rapids: Eerdmans, 2004.

Kreitzer, L. J. and D. W. Rooke. (eds.), *Ciphers in the Sand: Interpretations of the Woman Taken in Adultery (John 7.53-8.11)*. Sheffield: Aheffield Acasdemic Press, 2000.

Kruse, C. G., 배용덕 역.『요한복음』. 서울: 기독교문서선교회, 2013.

Kysar, R., *Preaching John*. Minneapolis: Fortress Press, 2002.

Lewis, J. P., 'Jamnia (Jabneh), Council of', *ABD*, III, 634-37.

Lincoln, A. T., *The Gospel according to St John*. BNTC. London: Continuum, 2005.

Louw, J. P. and E. A. Nida, *Greek-English Lexicon of the New Testament Based on Semantic Domains*. 2 vols. New York: United Bible Societies, 2nd edn, 1989.

Mahoney, A., 'A New Look at "the Third Hour" of Mk 15,25', *CBQ* 28(1966), 292-99.

Marshall, I. H., 'Son of Man', *DJG*, 775-81.

Martyn, J. L., *History and Theology in the Fourth Gospel*. Nahsville: Abingdon, 1979.

McConville, J. G., *Deuteronomy*. Leicester: Apollos, 2002.

Menken, M. J. J., *Old Testament Quotations in the Fourth Gospel: Studies in Textual Form*. Contributions to Biblical Exegesis and Theology 15. Kampen: Kok Pharos, 1996.

Metzger, B., 민영진 역. 『외경이란 무엇인가』. 서울: 컨콜디아사, 1979.

―――. 장동수 역. 『신약 그리스어 본문 주석』. 서울: 대한성서공회 성경원문연구소, 2005.

Michaels, J. R., *The Gospel of John*. NICNT. Grand Rapids: Eerdmans, 2010.

Miller, J. V., 'The Time of the Crucifixion', *JETS* 26(1983), 157-66.

Mlakuzhyil, G. *The Christocentric Literary Structure of the Fourth Gospel*. AnBib 117. Roma: Pontificio Istituto Biblico, 1987.

Moloney, F. J., *The Johannine Son of Man*. BSR 14. Rome: RAS, 2nd edn, 1978.

―――. *The Gospel of John*. Sacra Pagina 4. Collegeville: Liturgical Press, 1998.

―――. 'Can Everyone be Wrong? A Reading of John 11,1-12,8', *NTS* 49(2003), 505-27.

Morris, L., *Jesus is the Christ: Studies in the Theology of John*. Grand Rapids: Eerdmans, 1989.

―――. *The Gospel according to John*. NICNT. Grand Rapids: Eerdmans, 2nd edn, 1995.

Motyer, S., *Your Father the Devil? A New Approach th John and 'the Jews.'* Carlisle: Paternoster Press, 1997.

Neusner, J.(trans.), *The Mishnah: A New Translation*. New Haven: Yale University Press, 1988.

Neyrey, J. H., 'Jacob Traditions and the Interpretation of John 4:10-26', *CBQ* 41(1979), 419-37.

Nolland, J., *The Gospel of Matthew*. NIGTC. Grand Rapids: Eerdmans, 2005.

North, W. E. S., *The Lazarus Story within the Johannine Tradition*. JSNTSS 212. Sheffield: Sheffield Academic Press, 2001.

Olsson, B., *Structure and Meaning in the Fourth Gospel: A Text-Linguistic*

Analysis of John 2:1-11 and 4:1-42. trans. J. Gray. CBNTS 6. Uppsala, Sweden: CWK Gleerup Lund, 1974.

Painter, J., *The Quest for the Messiah: The History, Literature and Theology of the Johannine Community*. Edinburgh: T. & T. Clark, 1991.

Perkins, P., *Peter: Apostle for the Whole Church*. Edinburgh: T. & T. Clark, 1994.

Plummer, A., *The Gospel according to St. John*. Cambridge: Cambridge University Press, 1880.

Porton, G. G., 'Sadducees', *ABD*, V, 892-95.

Pritz, R., 김창락 외 4인 역.『성서 속의 물건들』. 서울: 대한성서공회, 2011.

Ridderbos, H., *The Gospel of John: A Theological Commentary*. trans. J. Vriend. Grand Rapids: Eerdmans, 1997.

Schenck, K., 송혜경 역.『필론 입문』. 서울: 바오로딸, 2008.

Schlier, H., 'ὑπόδειγμα', *TDNT*, II, 32-33.

Schnackenburg, R., *The Gospel according to John*. 3 vols. trans. K. Smyth. et al. Kent: Burns & Oates, 1968-82.

Schneider, J., 'μέρος', *TDNT*, IV, 594-98.

Schnelle, U., *Antidocetic Christology in the Gospel of John*. Minneapolis: Fortress Press, 1992.

Schrage, W., 'ἀποσυνάγωγος', *TDNT*, VII, 848-52.

Schürer, E., *The History of the Jewish People in the Age of Jesus Christ (175 B.C. -A.D. 135)*. 3 vols. Edinburgh: T. & T. Clark. rev edn, 1973.

Segovia, F. F., *The Farewell of the Word: The Johannine Call to Abide*. Minneapolis: Fortress Press, 1991.

Sherwin-White, A. N., *Roman Society and Roman Law in the New Testament*. Grand Rapids: Baker Book House, 1963.

Slayton, J. C., 'Manna', *ABD*, IV, 511.

Smith, D. M., 최홍진 역.『요한복음 신학』. 서울: 한들출판사, 1999.

Staley, J. L., *The Print's First Kiss: A Rhetorical Investigation of the Implied Reader in the Fourth Gospel*. SBLDS 82. Atlanta: Scholars Press, 1988.

Stibbe, M. W. G., *John*. Sheffield: JSOT Press, 1993.

──── . *John as Storyteller: Narrative Criticism and the Fourth Gospel*. SNTSMS 73. Cambridge: Cambridge University Press, 1992.

Stott, W., 'Sabbath, Lord's Day', *NIDNTT*, vol. III, 405-411.

Strange, J. F., 'Tiberias', *ABD*, VI, 547-49.

──── . 'Magdala', *ABD*, IV, 463-64.

Talbert, C. H., *Reading John: A Literary and Theological Commentary on the Fourth Gospel and the Johannine Epistles*. London: SPCK, 1992.

Tasker, R. V. G., *The Gospel according to St. John*. TNTC. Grand Rapids: Eerdmans, 1960.

Thomas, J. C., *Footwashing in John 13 and the Johannine Community*. JSNTSup 61. Sheffield: JSOT Press, 1991.

Tolmie, D. F., *Jesus' Farewell to the Disciples: John 13:1-17:26 in Narratological Perspective*. Biblical Interpretation Series 12. Leiden: E. J. Brill, 1995.

Twelftree, G. H., 'Sanhedrin', *DGJ*, 728-32.

Vanderkam, J. C., 'Ancient Israelite and Early Jewish (Calendars)', *ABD*, I, 814-20.

van der Watt, J., *An Introduction to the Johannine Gospel and Letters*. London: T. & T. Clark, 2007.

van Tilborg, S., *Reading John in Ephesus*. NovTS 83. Leiden: E. J. Brill, 1996.

Westcott, B. F., *The Gospel according to St John*. London: John Murray, 1908.

Westermann, C., *The Gospel of John: In the Light of the Old Testament*. trans. Siegfried S. Schatzmann. Peabody: Hendrickson, 1998.

Wijngaards, J., *The Spirit in John*. Wilmington: Michael Glazier, 1988.

Wilckens, U., *Das Evangelium nach Johannes*. NTD 4. Göttingen: Vandenhoeck & Ruprecht, 17th edn, 1998.

Williamson, H. G. M., 'Samaritans', *DJG*, 724-28.

──── . *Ezra, Nehemiah*. WBC 16. Waco: Word Books, 1985.

Yee, G. A., *Jewish Feasts and the Gospel of John*. Zacchaeus Studies: New Testament. Wilmington: Michael Glazier, 1989.

Zohary, M., *Plants of the Bible: A Complete Handbook*. Cambridge: CUP, 1982.

저자 색인

권해생 52

김광수 476, 481

김문경 21

김문현 160, 476

김선정 24

이상훈 435

장동수 159

정양모 142

조석민 22, 24, 31, 50, 62, 73, 78, 84, 90, 105, 111, 119, 127, 130, 132, 133, 135, 146, 164, 183, 191, 270, 356, 365, 372, 384, 385, 403, 417, 428, 472, 481

조재형 205

홍창표 24

Aland, K. and B. Aland 41, 159

Appold, M. L. 374

Aune, D. E. 410

Baehr, J. 231

Ball, D. M. 119

Barrett, C. K. (바레트) 6, 21, 40, 41, 70, 71, 87, 104, 106, 107, 109, 110, 112, 126, 127, 128, 133, 134, 147, 241, 158, 251, 264, 277, 278, 286, 390, 397, 398, 400, 411, 413, 420, 421, 422, 451

Barton, B. B. 241

Bauckham, R. 34, 35, 351, 356

Beasley-Murray, G. R. 38, 136, 159, 293, 314, 354, 356, 362, 365, 371, 388, 400, 402, 418, 428, 478, 485

Bernard, J. H. 57, 59, 67, 385, 403, 407, 421, 445, 485

Blass, F. and A. Debrunner. 106, 136

Blenkinsopp, J. 158

Brouwer, W. 365, 369

Brown, R. E. (브라운) 6, 21, 23, 26, 40, 41, 52, 53, 55, 56, 58, 59, 65, 70, 71, 79, 94, 97, 98, 104, 112, 119, 125, 126, 130, 131, 133, 134, 138, 149, 158, 159, 160, 165, 171, 172, 183, 193, 219, 229, 234, 238, 241, 248, 250, 268, 271, 296, 327, 371, 402, 405, 408, 418, 437, 443, 445, 448, 449, 451, 452, 453, 454, 458, 459, 467, 470, 475, 479, 480, 481, 485, 490, 502

Bruce, F. F. 133, 485

Bruns, J. E. 24, 127, 306

Bultmann, R. 31, 73, 385, 403

Burge, G. M. 371, 402, 407, 411

Burkett, D. 79

Calvin, J. (칼뱅) 235, 420, 485

Carson, D. A. (카슨) 6, 24, 37, 51, 52, 57, 56, 58, 60, 63, 79, 94, 95, 108, 111, 124, 126, 133, 141,

142, 159, 165, 166, 167, 168, 169, 171, 172, 178, 180, 183, 185, 231, 234, 238, 240, 241, 248, 251, 264, 278, 285, 286, 296, 307, 309, 312, 314, 321, 327, 354, 356, 362, 365, 371, 372, 400, 402, 405, 408, 413, 415, 416, 418, 421, 422, 426, 427, 438, 453, 454, 458, 461, 462, 464, 466, 468, 490, 498, 501

Chennattu, R. M. 481

Childs, B. S. 412

Cho, S. 41, 42, 56, 59, 65, 79, 90, 134, 144, 190, 275, 282, 345, 409, 410, 418, 423

Christensen, D. L. 147

Clements, R. E. 285

Collins, J. J. 243

Collins, R. F. 320

Coloe, M. L. 353, 356

Colwell, E. C. 134, 275

Craigie, P. C. 147

Cross, F. L. and E. A. Livingstone 41

Crown, A. D. 130

Culpepper, R. A. 24, 25, 26, 27, 358

Daly-Denton, M. 96

Danby, H. 128, 162, 214, 248, 251

de Boer, M. C. 320

deSilva, D. A. 243

de Vaux, R. 133

Dexinger, F. 129, 130

Dodd, C. H. 209

Durham, J. I. 198

Elowsky, J. C. 270

Endo, M. 52

Evans, C. A. 473

Eusebius (유세비우스) 34, 502

Fendrich, F. 59, 345

France, R. T. 31, 33, 452, 458, 467

Greenlee, J. H. 41

Grundmann, W. 59

Guthrie, D. 33

Haenchen, E. 159, 183, 438, 502

Hendriksen, W. 24, 459

Hengel, M. 24, 26, 34, 453, 462

Horsley, G. H. R. 38

Howard-Brook, W. 477

Hunter, W. B. 427

Jeremias, J. 475

Johnston, G. 379

Josephus, F. 30, 98, 124

Kalantzis, G. 38

Keener, C. S. 23, 25, 40, 51, 52, 54, 58, 60, 66, 84, 86, 88, 90, 93, 95, 103, 104, 119, 126, 130, 131, 159, 188, 241, 248, 250, 251, 257, 268, 270, 271, 314, 437, 451, 452, 462, 470, 475, 476, 479, 480, 481

Kim, J. K. 133

Kim, S. 450

Kimelman, R. 278

King, P. J. and L. E. Stager 312, 473

Klink, E. W. 90

Koehler, L. and W. Baumgartner 107

Koester, C. R. 21, 23, 127

Koops, R. 467

Köstenberger, A. J. 356, 363, 402, 417, 421, 426, 427, 430, 470

Kreitzer, L. J. and D. W. Rooke 240

Kruse, C. G. (크루즈) 6, 59, 104, 106, 107, 108, 109, 110, 112, 113, 119, 124, 125, 131, 138, 141, 142, 159, 167, 231, 235, 241, 278, 286, 288, 296, 357, 361, 362, 388, 394, 405, 418, 438, 461, 462, 468, 469, 470

Kysar, R. 32

Lewis, J. P. 37

Lincoln, A. (링컨) 24, 90, 126

Louw, J. P. and E. A. Nida 31

Mahoney, A. 459

Marshall, I. H. 79

Martyn, J. L. 277

McConville, J. G. 147

Menken, M. J. J. 40

Metzger, B. (메츠거) 239, 240, 241, 243, 353

Michaels, J. R. (마이클스) 88, 158, 159, 168, 169, 172, 173, 177, 180, 181, 363, 380, 381, 383, 384, 385, 476

Miller, J. V. 459

Mlakuzhyil, G. 100

Moloney, F. J. (몰로니) 79, 84, 86, 87, 88, 89, 100, 134, 135, 136, 146, 159, 241, 308, 310, 315, 369, 381, 385, 418, 421, 435, 476

Morris, L. (모리스) 24, 25, 27, 126, 128, 149, 158, 159, 168, 181, 270, 306, 313, 331, 340, 406, 416, 417, 421, 422, 424, 437, 442, 451, 458, 476, 481

Motyer, S. 320

Neusner, J. 10, 162

Neyrey, J. H. 130

Nolland, J. 467

North, W. E. S. 313

Olsson, B. 130

Painter, J. 31

Perkins, P. 36

Plummer, A. 24, 459

Porton, G. G. 37

Pritz, R. 189, 467

Ridderbos, H. 134, 418, 420, 427, 476

Schenck, K. 52

Schlier, H. 358

Schnackenburg, R. (슈나켄부르그) 33, 51, 58, 60, 78, 104, 108, 109, 112, 119, 125, 149, 155, 159, 400, 402, 403, 418, 428

Schneider, J. 356

Schnelle, U. 485

Schrage, W. 37

Schürer, E. 277, 278

Segovia, F. F.   365, 399, 400

Sherwin-White, A. N.   445, 447, 459

Slayton, J. C.   198

Smith, D. M.   21, 23

Staley, J. L.   50

Stibbe, M. W. G.   302, 315, 437

Stott, W.   458

Strange, J. F.   25, 185, 474

Talbert, C. H.   50, 476

Tasker, R. V. G.   24, 459

Thomas, J. C.   356

Tolmie, D. F.   365, 369

Twelftree, G. H.   64

Vanderkam, J. C.   28

van der Watt, J.   37

van Tilborg, S.   25, 27, 38

Westcott, B. F.   24, 27, 159

Westermann, C.   40

Wijngaards, J.   379

Wilckens, U.   117

Williamson, H. G. M.   158

Yee, G. A.   26, 29, 293

Zohary, M.   198